Ohne Taube und Kamel

*Wir danken ganz herzlich für die großzügige
Unterstützung bei der Drucklegung durch die*

ARAMEAN CHARITABLE FOUNDATION

Ohne Taube und Kamel

Die vier Evangelien des Neuen Testaments
aus der aramäischen Peschittā

übersetzt und mit Anmerkungen
versehen von Georg Bubolz

VERLAG
H.J. MAURER

Die Abbildungen auf dem Schutzumschlag sowie auf Seite 3, 31, 237, 341 und 513 stammen aus dem *Rabbula Evangeliar*, das neben dem Text der Peschitta auch diese Miniaturen enthält.

Giuseppe Furlani, Carlo Cecchelli, Mario Salmi: *The Rabbula Gospels. Facsimile Edition of the Miniatures of the Syriac Manuscript Plut. I, 56 in the Medicaean-Laurentian Library / Evangeliarii Syriaci, Vulgo Rabbulae*, Verlag Urs Graf: Dietikon-Zürich / Schweiz 1959

Copyright © 2019 by Georg Bubolz
Alle Rechte vorbehalten.

Korrektorat: Andrea Bistrich
Innenlayout und Satz: Hans-Jürgen Maurer
Umschlag: Kurt Liebig, *www.liebig-mediendesign.com*

Verlag Hans-Jürgen Maurer
Frankfurt am Main
www.maurer.press

Erstausgabe

ISBN 978-3-929345-88-9

Inhalt

Zum Geleit 7

Vorwort: Die Evangelien in neuem Licht 9

Matthäusevangelium
Die Botschaft von der freudigen Hoffnung nach Matthäus 31

Markusevangelium
Die Botschaft von der freudigen Hoffnung nach Markus 237

Lukasevangelium
Die Botschaft von der freudigen Hoffnung nach Lukas 341

Johannesevangelium
Die Botschaft von der freudigen Hoffnung nach Johannes 513

Nachwort: Jesus sprach aramäisch 641

Literatur 681

Zum Autor 686

Zum Geleit

Schlāmā, Friede allen,

mit großer Freude begrüße ich diese Übersetzung der Evangelien nach der Vorlage der aramäischen Peschitta, der verbreitetsten Bibel des syrischen Christentums. In der Peschitta kristallisiert sich der reiche Schatz syrischer Tradition; ihre Anfänge reichen bis in das 1. Jahrhundert zurück. Sie beinhaltet das Fundament liturgischer, spiritueller und theologischer Überlieferungen.

Wer sich auf die aramäische Sprache einlässt, kommt dem Fühlen und Denken Jesu von Nazaret in der poetischen Gestaltung seiner Lehre ganz nahe. So wird es möglich nachzuvollziehen, wie er als der von Gott erhöhte Herr bezeugt wird.

Die Evangelien wurden von Subdiakon Dr. Georg Bubolz ins Deutsche übertragen, dessen Anliegen besonders in der Förderung des syrisch-orthodoxen Religionsunterrichts liegt. Die Übersetzung ist insofern für den Gebrauch an Schulen gedacht, sie richtet sich aber in erster Linie an alle, die etwas vom Geist des orientalischen Christentums erfahren wollen. Lesenswert sind zudem sein Vorwort als Einführung in die Prinzipien der Übersetzung und seine Erwägungen zum Vaterunser im Nachwort.

Das Buch soll Menschen anregen, sich für die syrischen Traditionen zu interessieren. Ich wünsche mir, dass es zu gemeinschaftsstiftenden Gesprächen ermutigt, Impulse zum liturgischen Leben der Gemeinden gibt sowie zum spirituellen Wachstum von jedem und jeder Einzelnen beiträgt.

Philoxenos Mattias Nayis
Erzbischof der syrisch-orthodoxen Kirche in Deutschland
Kloster St. Jakob von Sarug, Warburg/Westfalen

Orte, die in den Evangelien angeführt werden
(Karte: Ranja Ristea-Makdisi)

Vorwort

Die Evangelien in neuem Licht

Inwiefern es zu einem besseren Verständnis der Evangelien beiträgt, sich auf die aramäische Peschitta zu beziehen. – Und: Nach welchen Prinzipien werden sie aus dem Aramäischen übertragen?

Problemstellung

Im Italienischen gibt es das Begriffspaar „Traduttore – Traditore". Diese Begriffe sind zwar nur ein Wortspiel, dennoch wird prägnant deutlich, was es mit dem Übersetzen auf sich hat: Es kann schnell zu einem *Verrat* führen. Übersetzen ist nämlich gar nicht so leicht, wie mancher Zeitgenosse meint. Einzelne Begriffe aus der zu übersetzenden Sprache besitzen beispielsweise eine große Bedeutungsvielfalt. In der Zielsprache existiert jedoch kein angemessener Begriff, der alle Nuancen auszudrücken vermag. Ein wesentlicher Bedeutungsüberschuss wird verschwiegen und geht verloren. Wer auf eine authentische Übersetzung gesetzt hat, wird dabei hintergangen. Denn schnell ist der ursprüngliche Sinn verschoben, manchmal sogar verfälscht. Es kommt zu Vertrauensmissbrauch, manchmal mit erheblichen Folgen. Wen wundert es, dass mehr als einmal empfohlen wurde, das Wort „übersetzen" daher kurzerhand ohne die beiden ersten Buchstaben „üb" zu schreiben – also „ersetzen". Der jüdische Religionswissenschaftler Pinchas Lapide formuliert diesen Gedanken prägnant in den Worten: „Übersetzung übt Ersetzung".[1]

Bei genauerem Hinsehen erweist sich auch die Übersetzung der Bibel als eine „Verratsgeschichte". Exemplarisch ist das etwa an der aramäischen Peschitta zu erkennen, einer Sammlung von Texten aus Tora, Propheten und

---

[1] Vgl. Pinchas Lapide, *Ist die Bibel richtig übersetzt?*, S. 7.

Schriften sowie dem Großteil neutestamentlicher Schriften. Der neutestamentliche Teil wird spätestens auf das 5. Jahrhundert datiert. Einzelnes ist wohl auch früher anzusetzen, denn die Kopisten datierten ihre Texte üblicherweise mit dem Datum ihrer Abschrift und nicht mit der Abfassungszeit der Vorlage. Der aramäische Begriff „Peschitta" bedeutet: „einfach", „rein", „ursprünglich", „original", „leicht verständlich". In jedem Fall ist die Peschitta ausgezeichnet dazu geeignet, in die semitische Denk- und Gefühlswelt in Abgrenzung zum griechischen Sprechen und Denken einzuführen: Denn in diesen oder jenen grammatischen Konstruktionen hat Jesus wohl gedacht, so oder so hat er wohl empfunden, dieses oder jenes Wort entspricht seiner sprachlichen Umwelt. Vielleicht wird auch an der einen oder anderen Stelle manches, das zuvor nur vage, dunkel blieb, verständlicher, wenn nun der sprachliche, linguistische, idiomatische und kulturelle Hintergrund nach vorne gerückt wird. Jedenfalls tritt uns die spezifische Denkweise entgegen, die Aramäisch sprechenden Menschen zu eigen ist.

Wie Sprache das Denken vorschreibt, hat Hans-Georg Gadamer[2] in einem berühmten Aufsatz reflektiert: Wenn wir wissen, welche Sprache ein Mensch spricht, können wir bestimmte Rückschlüsse auf sein Denken und Empfinden ziehen.

---

[2] Vgl. Hans-Georg Gadamer, „Wie weit schreibt Sprache das Denken vor?" In: Ders., *Gesammelte Werke. Band 2: Hermeneutik II. Wahrheit und Methode. Ergänzungen, Register*, S. 199–206. – Bereits ein kurzer Blick auf uns vertraute westliche Sprachen macht auch schon deutlich, wie unterschiedlich Gedanken ausgedrückt werden. Einige gängige Beispiele: Das Französische kennt kein Neutrum, alles Bezeichnete ist entweder männlich oder weiblich. Das hat natürlich Konsequenzen im Hinblick auf eine geschlechtsspezifisch polare Sichtweise. Im Englischen ist das Geschlecht zumeist hinter dem geschlechtsumfassenden Artikel „the" versteckt, sodass es offen bleibt, ob es sich bei „teacher" etwa um eine Lehrerin handelt oder einen Lehrer. Im Finnischen gibt es – vereinfachend dargestellt – keine grammatikalischen Geschlechter. Wo im Deutschen also zwischen „sie" und „er" unterschieden wird, gibt es nur „hän". Bis zum Ende eines Romans kann es beispielsweise offenbleiben, ob der Protagonist als Mann oder als Frau beschrieben wird – ein Stilmittel, das die deutsche

Das gilt für Sprachen, die einer Sprachfamilie zuzurechnen sind, und das gilt umso mehr für Sprachen, die so ganz unterschiedliche Grammatiken und Begrifflichkeiten verwenden wie etwa das Griechische als indogermanische und das Aramäische als semitische Sprache. Bestimmte Sachverhalte können weder in der einen wie in der anderen Sprache gleich differenziert formuliert werden. Zu erforschen wäre demnach, wie bestimmte in Aramäisch fixierte Gedanken in die grammatische Struktur des Griechischen passen. So werden Möglichkeiten sichtbar, in welchem Spektrum Ausdrucksmöglichkeiten bestanden oder bestehen, die in der jeweils anderen Sprache nicht vorkommen. Ein Blick auf die unterschiedlichen Denkweisen macht dies klar.

Unterschiedliche Denkweisen

Hier einige Schlaglichter auf Unterschiede in der Denkweise, die idealtypisch[3] dargelegt sind, aber oft im Alltag der Menschen in einer je verschiedenen Mischung aufgetreten sind bzw. auftreten:

Sprache nicht kennt. (Man wird sich die Probleme beim Übersetzen eines solchen Romans ausmalen dürfen, oftmals sind Fehler nicht auszuschließen.)
Das Grönländische hat nur Zahlen bis 20. Was darüber hinaus zu zählen ist, kann nur in einer anderen Sprache (z. B. Dänisch) erfolgen. Möglicherweise ist dies der Grund, dass keine bedeutenden grönländischen Mathematiker bekannt sind. Andererseits kennen die Inuit viele verschiedene Bezeichnungen für Schnee. Für die Farbe Weiß soll es mehr als hundert Begriffe geben, je nach Beschaffenheit und Farbton.

[3] Dieses Vorgehen bezieht sich wissenschaftstheoretisch auf den soziologischen Ansatz von Max Weber (1864–1920). Ein Idealtypus beschreibt, ordnet und erfasst Ausschnitte der sozialen Wirklichkeit, indem er die wesentlichen Aspekte der sozialen Realität heraushebt und oft mit Absicht überzeichnet. Insofern stellt er ein Gedanken- bzw. Idealbild dar und grenzt dieses vom empirisch durchschnittlich gegebenen Realtypus ab. In einem erweiterten Sinne kann man heute sagen, dass die Analyse der sozialen Realität mithilfe von Idealtypen ein geläufiges Mittel sozialwissenschaftlicher Theoriebildung darstellt.

- Grundsätzlich kann gesagt werden, dass in den semitischen Sprachen (etwa Aramäisch, Hebräisch) das Wirkliche sich bewegt, während es sich im Griechischen in Ruhe und Harmonie befindet. Thorleif Boman beschreibt dies im Hinblick auf das Hebräische mit den Worten: „Die dynamische Denkart der Hebräer verraten besonders ihre Verben, deren Grundbedeutung immer eine Bewegung oder Wirksamkeit ausdrücken."[4] Das gilt auch für das Aramäische. Ein Beispiel: Im Zusammenhang mit der Übersetzung des Gottesnamens JHWH (יהוה) spricht die Septuaginta, die griechische Übersetzung von Tora, Propheten und Schriften, von Gott tendenziell als dem „unbewegten Beweger". Denn Ruhe ist das höchste Sein. Im Hebräischen/Aramäischen wird mehr darauf abgehoben, dass יהוה wirksam ist. Er ist am Werk. Streng genommen gibt es die Aussage „Er ist" grammatikalisch überhaupt nicht.

- Ein weiterer gravierender Unterschied betrifft das hebräische/aramäische Denken, das überwiegend als Beziehungsdenken zu erfassen ist, während das Griechische eher als ein auf die *οὐσία* – usía, das „Wesen", bezogenes Denken (lateinisch „Substanzdenken") zu charakterisieren ist. Bei den Griechen geht es um das Wesen von Dingen und Personen, auch Gottes. Der Theologe Herbert Vorgrimler gibt zu bedenken:

> „Das ‚Wesen' ist das nicht der Erfahrung und den Sinnen, sondern nur dem Denken zugängliche Was-Sein; die Wesensfrage lautet: Was ist das? Was macht das zu dem, was es ist und was es von allem anderen unterscheidet?"[5]

Dieses Wesen (die *οὐσία* – usía) ist im Griechischen entscheidend. Ganz anders verhält es sich im semitischen Sprachgebrauch. Dort wird mehr personal, in Beziehungen gedacht.

---

[4] Thorleif Boman, *Das hebräische Denken im Vergleich mit dem griechischen*, S. 19.

[5] Herbert Vorgrimler, *Wie griechisch ist das Evangelium?*, S. 6 f.

- Griechisches Denken ist ein Denken in Kreisläufen. Bomann schreibt dazu: „Die Geschichte ist eine ewige Wiederholung. (...) Wenn man Gott finden will, muss man ihn in dem Unveränderlichen, in dem geistigen Sein, in den Ideen suchen."[6] Dagegen wird idealtypisch hebräisches/aramäisches Denken gesetzt:

    „Den Israeliten offenbarte sich Gott in der Geschichte, nicht in den Ideen. Er offenbarte sich, indem er handelte und schuf. Sein Wesen lernt man nicht in Lehrsätzen, sondern in Handlungen kennen. (...)"[7]

- Auch die griechische und hebräische/aramäische Zeitauffassung unterscheiden sich: Griechischem Denken und Empfinden entspricht es, mit dem Gesicht der Zukunft entgegenzugehen. Wenn ein Hebräer/Aramäer[8] sagt, sein Leben liege vor ihm, dann ist er alt und betagt. Er geht mit dem Rücken in die Zukunft. Er schaut zurück auf sein Leben. Der Europäer kennt Vergangenheit, Gegenwart und Zukunft, der Hebräer/Aramäer kennt nur die vollendete und die unvollendete Handlung.[9] Der Hebräer/Aramäer spricht daher auch nicht von der „Ewigkeit" als einer unbeweglichen zweiten Welt, die über dieser sichtbaren steht. In hebräischem/aramäischem Denken wird an die „unbegrenzte" Zeit in Vergangenheit oder Zukunft gedacht, die auch kürzer sein kann.

- Zum unterschiedlichen Wortverständnis bemerkt Boman, das griechische Denken spreche eher die Vernunft an, das hebräisch/aramäische Wort dagegen den Willen. Die griechische Religion sei eine Religion des Bildes, die biblische Religion dagegen eine Religion des Wortes.

---

[6] Boman, a.a.O., S. 148 f.
[7] Ebd.
[8] Unter „Aramäer" werden hier aramäischsprachige Syrer, Chaldäer oder Assyrer gefasst. Die Sprache steht im Vordergrund, keinesfalls eine bestimmte Nationalität.
[9] Vgl. Boman, S. 124 f.

Ohne Taube und Kamel

- Schließlich lasse sich idealtypisch das biblische semitische Denken als ganzheitlich im Gegensatz zum Griechischen charakterisieren. Die anthropologischen Begriffe „Geist", „Seele" und „Leib" werden in griechischem Denken für die verschiedenen Teile des Menschen verwendet. Aus diesem Denken heraus kann der Gedanke entstehen, der Leib sei ein Kerker für die Seele und der Tod befreie aus diesem Kerker.[10] In semitischem Denken und Empfinden ist stets der ganze Mensch gemeint, wenn auch etwa die Bezeichnungen „Geist", „Seele" und „Fleisch" bestimmte Teilaspekte im Blick haben.

Hermeneutische Prinzipien vor aramäischem Hintergrund

Zuweilen wird vorgeschlagen, „sieben Schlüssel" zu verwenden, um die Texte der Bibel zu „erschließen": aramäische Sprache, Idiome/Redewendungen der Bibel, nahöstliche Mystik, Kultur des Nahen Ostens, Psychologie, Symbolik, sowie Tendenzen zur Ausschmückung.[11] Dazu hier einige Beispiele, die für diese Übersetzung der Evangelien relevant sind:

Wer sich der Mühe der Lektüre unterzieht, wird manche Anregung zur Auseinandersetzung im Detail erhalten. Dabei ist es hilfreich zu wissen, dass die Vielzahl von Bedeutungen eines einzigen Begriffes dazu herausfordert, aus dem jeweiligen Kontext heraus eine Entscheidung für die angemessene Bedeutung zu treffen. Dabei sind syntaktische und theologische Ambiguitäten zu erkennen. Interessant ist auch, dass in den semitischen Sprachen zumeist eine meist drei Konsonanten umfassende Wurzel („einfacher Stamm") das Bedeutungszentrum enthält. Oft erschließt sich ein ungeahnter Sinn über die Betrachtung der jeweiligen Wortwurzel. Die Wurzel ܡܠܟܘ – *mlkw, mlkwt*[12] = Königreich, Herrschen (als Ausdruck von Herrschaft, der geltenden Maßstäbe), wird nach Rocco A. Errico, dem renommierten Experten für aramä-

---

[10] Man denke an platonische und neuplatonische Philosophie.
[11] Vgl. Rocco A. Errico, *Treasures*, S. IX f.; auch: Ders., *Es werde Licht*.
[12] Zur Umschrift siehe die Tabelle im Anschluss an das Vorwort.

ische Bibelstudien, übersetzt mit „Ratschlag" bzw. „Rat".[13] Das bedeutet, *malkutha* wird nicht mit Reich, sondern mit *Ratschlag* übersetzt.[14]

Zur aramäischen Sprache kann zudem angemerkt werden, dass es sich um eine Sprache mit verhältnismäßig wenigen Wörtern handelt. Das hat zur Folge, dass ein Wort oft viele Bedeutungen hat. Aus dem Vorhandensein sehr weniger Begriffe, die allerdings jeweils viele Bedeutungen haben können, ergibt sich Vieldeutigkeit als Problem und Chance. Der Übersetzer hat sich manchmal aus der Fülle von Bedeutungen auf eine festzulegen, muss aus dem Kontext erschließen, welcher Bedeutung er den Vorrang gibt oder welcher Sinn eher zu vernachlässigen ist. Oft sind mehrere Bedeutungen gleichzeitig angemessen. Dennoch ist Festlegung gefordert. Das Logion Mt 19,24 aus dem griechischen Text, in dem ein Kamel vorkommt, das eher durch ein Nadelöhr geht, als dass ein Reicher in den Himmel kommt, mag zur Veranschaulichung dienen. Aus dem Aramäischen ergibt sich, dass *gamlā* u.a. sowohl „Kamel" wie „Seil" bedeuten kann. Der Kontext legt allerdings eine Übersetzung wie die folgende nahe:

*„Leichter geht ein Seil durch ein Nadelöhr,
als dass ein Reicher dem Rat Gottes folgt."*

Die Anmerkung verdeutlicht: ܓܡܠܐ – *gamlā* (Substantiv, Singular) – Wurzel: ܓܡܠ – *gmlᵓ* = Seil, Tau; auch: Kamel; im griechischen und lateinischen Text ist vom Kamel die Rede. George M. Lamsa, der berühmte assyrische

---

[13] Vgl. Rocco A. Errico, *Treasures*, S. 12 f.

[14] Das Aramäische kennt – vereinfacht dargestellt – zudem Sprachformen, die es im Deutschen so nicht gibt und die deshalb zuweilen nur unzureichend übersetzt werden. Gedacht werden kann etwa an den „Peal", der eine Handlung oder einen Zustand verstärkt („intensiver Stamm"). – Das gesamte grammatische System kann hier nicht weiter ausgeführt werden. Verwiesen wird u.a. auf den Anhang des folgenden Buches: Rüdiger Bartelmus, *Einführung in das Biblische Hebräisch;* Michael J. Bazzi und Rocco A. Errico, *Classical Aramaic. Elementary Book 1.*

Übersetzer der Bibel aus dem Aramäischen ins Englische, gibt im Hinblick auf den aramäischen Text sinngemäß zu bedenken, das Wort ܓܡܠܐ – *gamlā* könne mit Kamel, aber auch Strick oder gar Balken übersetzt werden. In Verbindung mit „reiten" sei natürlich das „Kamel" angesprochen, in Verbindung mit „Nadelöhr" bedeute es natürlich „Strick" oder „Seil".

„In keinem einzigen aramäischen Sprichwort, und auch nirgends in der ganzen aramäischen Literatur wird das Kamel je in Zusammenhang mit einem Nadelöhr erwähnt. Dagegen bestehen im Sprachgebrauch Redewendungen, in denen gleichzeitig von einem Strick und einer Nadel gesprochen wird. Beim Kaufen von Nähfäden sagen orientalische Frauen u.a. oft: ‚Der ist ja geradezu ein Seil, den kann ich nicht brauchen', womit sie andeuten wollen, dass der Faden für die Ösen ihrer Nadeln viel zu dick ist. Stricke und Seile gibt es in jedem nahöstlichen Haushalt, denn man braucht sie zum Festbinden von Traglasten auf den Rücken von Männern und Tieren. Vor und nach solcher Verwendung hängt man sie an den Hauswänden auf (…)."[15]

Die rhetorische Hyperbel „Kamel" und „Nadelöhr" ergibt also keinen Sinn. Hintergrund für dieses Missverständnis ist also die begrenzte Zahl vorhandener Wörter im Aramäischen. Die gefundene stimmige Übersetzung war wahrscheinlich nicht im sprachlichen Horizont des Übersetzers.

Möglicherweise hat auch der phonetisch ähnliche Begriff *gamlan* („reicher, wichtiger Mann"), der in diesem Logion nicht vorkommt, aber in manchen Ohren Assoziationen zu *gamlā* („Kamel") hervorrufen dürfte, zu der eigenartigen Übersetzung ins Griechische geführt.

Auch bestimmte grammatische Konstruktionen tragen zur Vieldeutigkeit bei. Der Aphel ist beispielsweise grammatikalisch eine Möglichkeit, entweder ein Tun oder ein Zulassen zu beschreiben. Bei der sechsten Vaterunserbitte in Mt 6,13 ist die folgende Übersetzung sinnvoll:

---

[15] George M. Lamsa, *Evangelien*, S. 167 f.

*„Und lass uns nicht in Versuchung geraten
und befreie uns von Irrtum und Fehlern."*

Die Anmerkung zum ersten Teil der Bitte bietet die Begründung: ܬܥܠܢ – ta‛lan (Verb, 2. Person, männlich, Singular, unvollendet, Aphel, Suffix: 1. Person, Plural) – Wurzel: ܥܠ – ‛ll = hineingeraten lassen, hineinführen, hineinkommen; grammatisch handelt es sich – wie gesagt – um einen Aphel, der ermöglicht, den Ausdruck im Sinne des Zulassens und/oder Zufügens zu interpretieren. Lamsa entscheidet sich aus dem Kontext für das Zulassen. Der Kontext gibt ihm recht.

Zum zweiten Teil wird angemerkt: ܒܝܫܐ – bīšā (Adjektiv, männlich, Singular, emphatisch); Wurzel: ܒܐܫ – b’š = schlecht, falsch, irrtümlich, fehlerhaft, an Materielles gebunden. Wahrscheinlich dürfte hier im Vaterunser „Fehler" oder „Irrtum" gemeint sein. Demnach soll Gott uns von Fehlern (z. B. einer zu materialistischen Haltung) fernhalten. Wir sollen davon „befreit" sein. Und wenn wir Fehler begehen, kann er uns auf den rechen Weg zurückführen. So etwa Rocco A. Errico.[16]

Die Mehrdeutigkeit vieler syro-aramäischer Begriffe so wie hier bei ܒܝܫܐ – bīšā lässt allerdings verschiedenste Interpretationen zu, die zu diskutieren sind.[17]

Das Aramäische ist eine Sprache voller Poesie und Metaphorik, was sich in der neuen Übersetzung niederschlägt, wie folgende Beispiele verdeutlichen:

- **Lk 10,18**

In der am griechischen Text orientierten herkömmlichen Übersetzung steht:

„Da sagte er zu ihnen:
*Ich sah den Satan
wie einen Blitz vom Himmel fallen."*

[16, 17] Vgl. Rocco A. Errico, *Das aramäische Vaterunser*, S. 105.

Lamsa erläutert, dass es sich hier um ein aramäisches Idiom handele (vgl. Lamsa, *Evangelien*, S. 306). Die neue, der Metaphorik entsprechende Übersetzung lautet:

„Da sprach er zu ihnen:
*Ich sah Licht aus der Finsternis hervorbrechen,
ich sah die Wahrheit triumphieren.*"

- **Lk 22,36**

In der am griechischen Text orientierten herkömmlichen Übersetzung steht:

„Da sprach er zu ihnen:
*Wer aber kein Geld hat,
soll seinen Mantel verkaufen
und sich dafür ein Schwert kaufen.*"

Die Neuübersetzung unter Berücksichtigung des Idiomatischen lautet nun:

„Da sprach er zu ihnen:
*Jetzt aber soll der,
der einen Geldbeutel hat,
ihn mitnehmen und ebenso die Tasche.
Denn die Lage ist
äußerst alarmierend.*"

Lamsa erläutert: Sinn der idiomatischen Aussage, „seinen Mantel verkaufen und sich ein Schwert kaufen" sei, „die Lage ist alarmierend" (Lamsa, *Evangelien*, S. 346).

Während sich bei diesen Versen der Wortlaut gegenüber dem wortwörtlichen Verständnis in der vorliegenden Übersetzung geändert hat, wird bei den folgenden Versen der Wortlaut beibehalten, um den Kontext der Schriftstelle zu bewahren:

- **Lk 21,27**

In der am griechischen Text orientierten herkömmlichen Übersetzung steht:

> „Dann wird man den Menschensohn auf Wolken kommen sehen,
> mit großer Kraft und Herrlichkeit."

Rocco Errico erläutert, jemanden mit Macht und Glorie auf den Wolken kommen zu sehen, sei ein aramäisches Idiom dafür, dass eine Mission, ein Auftrag erfolgreich zu Ende geführt werde; Wolken stehen dabei für das Höchste, das man sich vorstellen konnte. Es gehe „demnach darum zu zeigen, dass Jesu Verkündigung und seine Botschaft auf der ganzen Welt triumphieren werden" (vgl. Errico, *Treasures*, S. 46).

- **Mt 17,27**

In der am griechischen Text orientierten herkömmlichen Übersetzung heißt es im Zusammenhang des Gesprächs zwischen Jesus und Simon zur Frage nach der Kopfsteuer:

> *„Damit wir aber bei ihnen keinen Anstoß erregen,*
> *geh an den See, wirf die Angel aus und*
> *öffne dem ersten Fisch, den du fängst, das Maul.*
>
> *Dort wirst du eine Münze finden.*
> *Die gib ihnen als Steuer*
> *für mich und für dich."*

Die Neuübersetzung unter Berücksichtigung des Idiomatischen lautet nun:

> *„Du wirst schnell einen Fisch fangen*
> *und ihn für einen Schekel verkaufen."*
> (Vgl. Errico/Lamsa, *Matthew*, S. 229; Lamsa, *Evangelien*, S. 158)

Zuweilen ist aber auch die Begriffsgeschichte von deutschen Wörtern problematisch und missverständlich, sodass nach möglichen neuen Wegen zu suchen ist. „Die Juden" im Johannesevangelium gehört zu solchen Begriffen. Eine Lösung liegt darin, sich die besondere Bevölkerungssituation im Nahen Osten zur Zeit Jesu klarzumachen. In der vorgelegten Übersetzung resultiert daraus, diesen Begriff durch „Yīhūḏāye" ganz zu ersetzen. (Es gibt nur wenige Ausnahmen, eine in Joh 4,22.) Die Anmerkung zur Übersetzung von Joh 1,19 verdeutlicht holzschnittartig die Lage:

„Zur Zeit Jesu gab es drei Regionen, in denen die jüdische Religion eine Rolle spielte:

- Die Yīhūḏāye im Süden mit der Bevölkerung aus den Stämmen Juda und Benjamin. In ihrem Gebiet befand sich auch Jerusalem mit dem Tempel.
- Die Galiläer, die im Norden angesiedelt waren; der assyrische König Salmanasser hat sie nach dem babylonischen Exil dort angesiedelt; die Galiläer verehrten Gott im Tempel von Jerusalem, hielten aber bestimmte Gebote nicht strikt ein, etwa: das Händewaschen vor dem Essen, Fastenzeiten, die Sabbatruhe. Aus diesem Grund wurden die Galiläer von den Yīhūḏāye nicht sehr geschätzt.
- Die Samariter, die geografisch zwischen beiden Regionen lebten; sie verehrten Gott zwar nicht im Tempel von Jerusalem, sondern auf dem Berg Garizim, bekannten sich aber doch zur Tora; von den Yīhūḏāye wurden sie verachtet und man hielt keine Gemeinschaft mit ihnen.
Elf der Jünger Jesu kamen aus Galiläa, einer aus Judäa: Judas Ischariot. (vgl. Lamsa, *Evangelien*, S. 393)."

Zur Arbeitsweise des Übersetzers

Die hauptsächlich zugrunde liegenden syrischen Peschitta-Verse sind von der *British and Foreign Bible Society* 1905/1920 herausgegeben worden. Diese Edition der *Peshitta Gospels* wurde schon vorher durch die Sammlung frühester überlieferter Manuskripte durch P. E. Persey vorbereitet.

Nach dessen Tod wurden diese zuerst durch G. H. Gwilliam 1901 in der vorläufigen Fassung veröffentlicht. Diese Texte, die in Serto-Schrift[18] niedergelegt sind, wurden immer wieder nachgedruckt und dürften nach Sebastian Brock[19] die zuverlässigsten sein, die derzeitig erhältlich sind. Einige Verse fehlen allerdings: Joh 7,53—8,11. Diese wurden aus einer späteren Übersetzung ergänzt.[20]

Die genannte Fassung bildet die Basis einer ersten vorläufigen Übersetzung, die mit verschiedenen anderen Übersetzungen der Peschitta abgeglichen wurde. Anhand dieser bereits vorliegenden Übersetzungen, vornehmlich ins Englische, lässt sich ablesen, wie der Hiatus, der Bruch zwischen semitischem Denken und Fühlen in eine indogermanische Sprachwelt, überbrückt wurde. Die verschiedenen vorhandenen Peschitta-Übersetzungen bieten Hilfen bei der Übertragung ins Deutsche.

Dazu gehört die von George M. Lamsa vorgenommene englische Bibelfassung von 1933, die eine große Verbreitung gefunden hat.[21] Darüber hinaus trägt sein Buch *Die Evangelien in aramäischer Sicht*[22] dazu bei, schwer verständliche Passagen aus den Evangelien durch Darlegung des kulturellen und sprachlichen Hintergrunds zu erhellen.

Daneben kommt Rocco A. Errico und seiner Übersetzung eine herausragende Stellung zu. Seine Textgrundlage in *The Message of Matthew* basiert auf einer Fassung des Neuen Testaments aus dem 6. Jahrhundert.[23] In seiner Kommentarreihe zu den Evangelien *Aramaic Light on the Gospel of Matthew* (3. Auflage 2014), *Aramaic Light on the Gospels of Mark & Luke* (2001) sowie *Aramaic Light on the Gospel of John* (2. Auflage 2016) hat

---

[18] Serto ist eine im 2. Jahrhundert entstandene westsyrische Form der spätaramäischen Schrift. Andere syrische Schriftarten sind z. B. Estrangelā, Chaldäisch, Mandäisch, Uigurisch, Nabathäisch, Palmyrisch.
[19] Renommierter emeritierter Syrologe (Universität Oxford).
[20] Sebastian P. Brock, *The Bible in the Syrian Tradition*, S. 55 f.
[21] Lamsa, George: *Holy Bible from the Ancient Eastern Text* (Grundlage: östlicher Peschitta-Text)
[22] Deutsch: 1963. Englisches Original: *Gospel Light*, 9. Auflage.
[23] Rocco A. Errico, *Message*, S. XVI.

er — auf Vorarbeiten von Lamsa aufbauend — zahlreiche Verständnishilfen bereitgestellt, die für eine Übersetzung von unschätzbarem Wert sind.

Der vergleichende Blick auf die klassische Übersetzung von John Wesley Etheridge ins Englische aus dem Jahr 1846 kann deutlich machen, welche Bandbreite bei der Übertragung möglich ist, aber auch welche Fragen sich stellen. Sollen die Namen und Orte der Bibel in ihrer alten aramäischen Fassung Eingang in die Übersetzung finden? Oder sind diese den gängigen Lesegewohnheiten heutiger Rezipienten anzupassen? Ist es Aufgabe einer Übersetzung, das aramäische Sprachgefühl nachzuempfinden und in der Zielsprache nachzugestalten? Oder soll eine Übersetzung so aussehen, dass eine Übertragung in heutige Sprache erfolgt, die leichter lesbar ist? Eine Schwierigkeit beim Vergleich ist allerdings die Tatsache, dass zum Teil eine andere aramäische Fassung der Übersetzung von Etheridge zugrunde lag. Er stützte sich u.a. auf die westliche Fassung, die auch als Peschitto bezeichnet wird.[24]

Ebenfalls interessant ist die Übersetzung von James Murdock, der 1852 das Neue Testament vom Syrischen[25] ins Englische übersetzt hat. Auch ihm lag die westliche Peschitto-Version als Ausgangstext vor.[26] Wenn sich also Differenzen zwischen den Übersetzungen von Lamsa, Errico einerseits und Etheridge und Murdock andererseits ergeben, wird in der Regel der Übersetzung von Lamsa und Errico gefolgt, die die östliche Vorlage favorisieren. Abweichendes erläutern die Fußnoten.

Nicht zentral, aber dennoch am Rande interessant, ist ein gelegentlicher Blick auf die niederländische Peschitta-Übersetzung[27] von Egbert Nierop, *De heilige boeken van het Nieuwe Testament (NT), Gebaseerd op het Aramees*, AL Zwaag/NL, 2018. Diese Übersetzung gibt es gleich in zwei Fas-

---

[24] John Wesley Etheridge, *The Syrian Churches*.

[25] „Syrisch" ist oft mit „Aramäisch" gleichzusetzen. Es war früher üblich, den Begriff „syrisch" mit den Christen, den Begriff „aramäisch" mit Nichtchristen in Verbindung zu bringen. Heute werden beide Begriffe zumeist synonym verwendet.

[26] James Murdock, *The New Testament, translated from the Syriac Peshito version*.

[27] peshitta.nl

Adressaten entsprechend seiner „christlichen Ausgabe", der „Christelijke editie", wendet. Nierops „Yeshu' editie", die das aramäische Original mit seinen sprachlichen Eigenheiten in den Vordergrund rückt, steht eher dem Vorgehen von Holger Grimme in seinem Übersetzungsprojekt nahe.

- Die sprachlichen und inhaltlichen Anmerkungen beanspruchen keine Vollständigkeit. Das liegt u.a. auch daran, dass das Aramäische häufig weitere Übersetzungen zulässt. Zuweilen wird die Plausibilität für eine bestimmte Übersetzung bestätigt. Zur Einzelexegese sind weitere Studien erforderlich. Die hier präsentierten Ausführungen können als erste Denkanstöße vor dem Hintergrund aramäischer Sichtweisen fungieren.

- Zur Vokalisation in den Anmerkungen: Nicht nur wegen drucktechnischer Schwierigkeiten wurde auf eine Vokalisierung und Setzung von Pluralzeichen verzichtet, sondern auch aus einem anderen, gewichtigeren Grund: Die westsyrische und die ostsyrische Vokalisation unterscheiden sich voneinander. Wenn die Vokalisation fehlt, können beide den aramäischen Text nach ihren Gewohnheiten aussprechen. Die nach dem jeweiligen aramäischen Begriff angefügte Umschrift bietet dazu Hilfen an. Übrigens ist in diesem Zusammenhang darauf hinzuweisen, dass „Syrisch" („Ostsyrisch", „Westsyrisch") hier nicht mit dem Staat Syrien zu identifizieren ist, sondern im antiken Sinne verschiedenste heute nicht mehr zu Syrien gerechnete Regionen und Gruppierungen mit einbezieht. Es handelt sich also um einen inklusiven Begriff.

- Bei Jesusworten wurde versucht, das Poetische durch Strophen- und Versform zum Ausdruck zu bringen. Dabei ist nicht der Reim entscheidend, sondern es stehen Kriterien wie Rhythmus oder Wiederholungen im Vordergrund.

Mit folgenden Tools wurde insbesondere gearbeitet

Hilfreich war der Blick auf das Portal *http://www.dukhrana.com/peshitta/index.php* mit dem „Peschitta-Tool". Genutzt wurde der dort angebotene Peschitta-Text in den verschiedenen Fassungen. Damit sind keine inhaltlichen oder sonstigen Präferenzen impliziert.

Ein inhaltliches Detail im Fokus

Inhaltlich soll – hier am Anfang – nur ein Detail erwähnt werden, das alleine schon den Aufwand einer Übersetzung legitimiert: Der katholische Theologe Paul Petzel schreibt aus der Perspektive des griechischen Textes:

> „Für die Gottesanrede ‚Abba' aus dem Munde Jesu gibt es nur eine einzige Belegstelle (Mk 14,36). (…) Die Wortkombination ‚Abba, patér' (‚Abba, patér' und nur in dieser Kombination kommt Abba im Neuen Testament vor; neben Mk noch zweimal bei Paulus: Röm 8,15; Gal 4,6) war möglicherweise ein bewusstes Gegenstück zum im Römischen Reich verbreiteten ‚Zeus, patér'. Mit dem Ausdruck ‚Abba, patér' antworteten wahrscheinlich Christen aus anderen Völkern im griechischen Kulturraum auf die Frage, wer denn ihr Gott sei: der Gott Israels."[29]

Hätte Paul Petzel in die aramäische Peschitta geschaut, wäre ihm bereits beim Matthäusevangelium aufgegangen, dass es sich bei der aramäischen Abba-Anrede um die gebräuchlichste Form der Gottesanrede Jesu handelt, ganz auf dem Hintergrund der jüdischen Möglichkeiten seiner Zeit und Umwelt. Damit erhält die Darstellung der Gottesbeziehung Jesu und seiner Jünger neue Akzente. So entsteht Jesus vor unseren Augen als aramäischsprachiger galiläischer Jude mit regionalem Kolorit, er wird als Orientale ganz lebendig. Es ist kein anderer Jesus, der hier skizziert wird, aber er ist stellenweise ein wenig anders in Szene gesetzt.

---

[29] Paul Petzel, *Von Abba bis Zorn Gottes: Irrtümer aufklären – das Judentum verstehen.*

Akzeptanz der Peschitta

Interessanterweise ist der Text der Peschitta indirekt auch von römisch-katholischer Seite aus anerkannt, denn sie wird u.a. auch in den unierten Kirchen syrischer Tradition verwendet. Oft ist vielen die Tatsache nicht bewusst, dass sowohl die syrisch-katholische Kirche als auch die chaldäisch-katholische Kirche mit der römisch-katholischen Kirche seit Jahrhunderten vereint sind. Damit einher ging auch die Akzeptanz der syrisch-aramäischen Liturgie.

Da es auch orientalische Kirchen syrischer Tradition gibt, die sich als evangelisch bezeichnen, ist zu überlegen, wie sich in diesem Kontext der Stellenwert der Peschitta darstellt. Es gilt, noch manchen Herausforderungen zu begegnen. Von evangelischer Seite wäre eine offene Forschung zur Exegese des Neuen Testaments hilfreich, die auch das Aramäische berücksichtigt. Einzelne Ansätze sind erkennbar, etwa im Institut für Neutestamentliche Textforschung der Evangelisch-Theologischen Fakultät der Universität Münster, wo die Peschitta akribisch textkritisch untersucht wird. Die Hypothese vom Primat des Griechischen bleibt dabei allerdings bislang bestehen.

Abschließender Gedanke

„Die Sprache Europas ist die Übersetzung", hat der italienische Dichter Umberto Ecco einmal als Bonmot von sich gegeben. Wir dürfen uns auf Übersetzungen einlassen, die der Absicht folgen, ihre „Verratsgeschichte" aufzudecken und manche Irrtümer richtigzustellen, um so der sprachlichen und kulturellen Identität Europas zu dienen. Dazu mag die Übersetzung „der vierfältigen freudigen Botschaft des Messias", des Evangeliums nach Matthäus, Markus, Lukas und Johannes, ein wenig beitragen.

Besonders gedankt sei Malfono Augin Yalcin aus Wiedenbrück, Herrn Adnan Mermertas aus Wanne sowie Hans-Jürgen Maurer von Verlagsseite aus für ihre unermüdliche Ermutigung und Unterstützung.

Ostern 2019   Ihr *Georg Bubolz*

Ikone aus der syrisch-orthodoxen Kirche in Sadad nahe Homs, Syrien (Foto: Georg Bubolz)

Die Übersetzung des aramäischen Textes lautet:

„Ich bin das Licht der Welt. Wer mir nachfolgt, wird nicht in der Finsternis untergehen, sondern wird das Licht des Lebens haben" (Joh 8,12).

Und:

„Kommt alle zu mir, die ihr völlig ausgelaugt und schwer belastet seid, ich will euch zur Ruhe kommen lassen" (Mt 11,28).

Aramäische Begriffe (Umschrift)	Bedeutung
ʾAbbā	Anrede eines nahen Verwandten, intime Anrede eines geliebten Elternteils, liebevoller Vater, gelegentlich auch liebe Mutter
ʾAḇon dəḇašmayyā	unser Vater im Himmel
Centurion	römischer Hauptmann
Eli, Eli	mein Gott, mein Gott
Gehenna	Hölle, Verdammnis
Korban	Opfergabe
Lella	verächtlicher und verweiblichter Feigling
lmana schabachthani	Wozu hast du mich ausersehen?
Malpānā	Lehrer
mār	Herr, Meister
Mārā	Herr, Meister
Matta	Stadt
Messias	Gesalbter
Metta	Tote
Nabī	Prophet
Rabbā	Meister, groß, höchster
Rabbī	Meister, Lehrer
Raca	Ich spucke dir ins Gesicht
Scheol	Totenreich
Schlāmā	Friede, Grußformel
Schlām lekh	Friede dir, sei gegrüßt

Umschrift und Lautschrift
Wissenswertes zum Aramäischen in vereinfachter Form
Konsonanten

Konsonant	Umschrift	Bezeichnung (je nach Dialekt nicht exakt festgelegt)	Bezeichnung (syr.)	Zahlenwert
ܐ	ʾ	olaf/allap	ܐܠܦ	1
ܒ	b	bet̲/beet	ܒܬ	2
ܓ	g	gomal/gammal	ܓܡܠ	3
ܕ	d	dolad̲/dallat	ܕܠܕ	4
ܗ	h	he/heh	ܗܐ	5
ܘ	w	waw	ܘܐܘ	6
ܙ	z	zayn/zein	ܙܝ	7
ܚ	ḥ	ḥet̲/kheth	ܚܬ	8
ܛ	ṭ	ṭet̲/teth	ܛܬ	9
ܝ	y	ywd̲/yodh	ܝܘܕ	10
ܟ	k	kof/kap	ܟܦ	20
ܠ	l	lomad̲/lamadh	ܠܡܕ	30
ܡ	m	mim/meem	ܡܡ	40
ܢ	n	nun/noon	ܢܢ	50
ܣ	s	semkat/simkat	ܣܡܟܬ	60
ܥ	ʿ	ʿe/aih	ܥܐ	70
ܦ	f/p̱	fe/peh	ܦܐ	80
ܨ	ṣ	ṣod̲e/sad'e	ܨܕܐ	90
ܩ	q	qwf/qop	ܩܘܦ	100
ܪ	r	riš/resh	ܪܝܫ	200
ܫ	š	šin/sheen	ܫܢ	300
ܬ	t	taw	ܬܐܘ	400

Ein Punkt unter dem Konsonanten bedeutet eine weiche Aussprache.
Ein Punkt über dem Konsonanten bedeutet eine harte Aussprache.

Vokale

Im Aramäischen gibt es verschieden lange oder kurze Vokale. Die Langvokale sind: a, o, e. i und u. Die Zeichen dafür werden in der Regel jeweils über den betreffenden Konsonanten (westsyrisch) oder unter die Konsonanten (ostsyrisch) gesetzt.

Von a und e gibt es auch Kurzvokale.

Wenn in der Umschrift ein *ǝ* auftaucht, handelt es sich um einen „Murmelvokal". Das bedeutet, das *e* wird nur flüchtig gesprochen (ähnlich dem *e* im deutschen Wort „Schul*e*").

Es werden zumeist – je nach Schrifttyp – *zawce*, d.h. Vokalzeichen, verwendet. Ausnahmen bilden die Buchstaben *waw* und *ywd̲/yud̲*, die immer für u und i stehen, wenn der vorausgegangene Konsonant kein Vokalzeichen trägt.

Endet ein Wort mit *olaf/allap*, wird im Westsyrischen ein *o*, im Ostsyrischen ein *a* artikuliert. Als gemeinsames Umschriftzeichen, das nur jeweils unterschiedlich ausgesprochen wird, gilt das *ā*.

Steht ein Wort im Plural, ist dies mit *syome*, d.h. Pluralpunkten, gekennzeichnet. Dann lautet der Endvokal stets *e*.

\multicolumn{6}{c}{Tabelle zur Umschrift und Aussprache der Vokale}					
i/ī	kurzes oder langes i	a	kurzes a	ū	langes u
ī	langes i	ā	langes a (westsyr. o)	ë	sehr kurzes e
ē	langes e	ɔ	kurzes offenes o	ă	sehr kurzes a
æ	kurzes oder langes ä	ō	langes o	ɔ̆	sehr kurzes offenes o
æ	langes ä	u/ū	kurzes oder langes u	ǝ	flüchtiger e-Laut

Die Botschaft von der freudigen Hoffnung nach Matthäus

Abstammung des Messias

1 1 Aufzeichnungen[1] über die Abstammung Jesu, des Messias[2], des Gesalbten, des Sohnes Davids, des Sohnes Abrahams:
2 Abraham zeugte den Isaak,
Isaak zeugte den Jakob,
Jakob zeugte den Juda und seine Brüder.
3 Juda zeugte den Perez und den Serach mit der Tamar[3].
Perez zeugte den Hezron,
Hezron zeugte den Aram,
4 Aram zeugte den Amminadab,
Amminadab zeugte den Nachschon,
Nachschon zeugte den Salmon.
5 Salmon zeugte den Boas mit der Rahab.
Boas zeugte den Obed mit der Rut.
Obed zeugte den Isai,
6 Isai zeugte David, den König.
David zeugte den Salomo mit der (ehemaligen[4]) Frau des Urija.
7 Salomo zeugte den Rehabeam,
Rehabeam zeugte den Abija,
Abija zeugte den Asa,

---

[1] ܟܬܒܐ, *kəṯāḇā* (Substantiv, Singular, emphatisch); Wurzel: ܟܬܒ, *ktb* = Buch, Schrift, Geschriebenes, schriftlicher Nachweis

[2] ܡܫܝܚܐ, *məšīḥā* (Partizipiales Adjektiv, Singular, emphatisch); Wurzel: ܡܫܚ, *mšḥ* = gesalbt, gesalbter, Gesalbter; vgl. die Übersetzungen von Etheridge und Murdock ins Englische, bei denen der griechische Begriff „Christus" nicht verwendet wird, während Lamsa hier auf die griechische Version des Messiastitels *Christus* abhebt.

[3] In einer polygamen Gesellschaft war zur näheren Unterscheidung von Kindern der Name der jeweiligen Mutter zu nennen.

[4] Erläuterung von Murdock; Batseba wird mit Namen nicht genannt.

Matthäus 1, 8–16

8 Asa zeugte den Joschafat,
Joschafat zeugte den Joram,
Joram zeugte den Usija.
9 Usija zeugte den Jotam,
Jotam zeugte den Ahas,
Ahas zeugte den Hiskija,
10 Hiskija zeugte den Manasse,
Manasse zeugte den Amos,
Amos zeugte den Joschija.
11 Joschija zeugte den Jojachin und seine Brüder; das war zur Zeit des babylonischen Exils[5].
12 Nach dem babylonischen Exil zeugte Jojachin den Schealtiël, Schealtiël zeugte den Serubbabel,
13 Serubbabel zeugte den Abihud,
Abihud zeugte den Eljakim,
Eljakim zeugte den Azor.
14 Azor zeugte den Zadok,
Zadok zeugte den Achim,
Achim zeugte den Eliud,
15 Eliud zeugte den Eleasar,
Eleasar zeugte den Mattan,
Mattan zeugte den Jakob.
16 Jakob zeugte den Josef, den Ehemann[6] Marias. Von ihr wurde Jesus geboren, der der Messias genannt wird.[7]

---

[5] ܓܠܘܬܐ, *gālūṯā* (Substantiv, Singular, emphatisch); Wurzel: ܓܠܐ, *GlW, glwtʾ* = Exil, Gefangenschaft, verbannte Personen; vgl. die Übersetzungen von Etheridge, der von „Exil" spricht, während Murdock und Lamsa hier den Begriff „Gefangenschaft" verwenden. Beides ist möglich. Der Begriff „Exil" trifft den Sachverhalt besser, da die Lebensumstände in Babylon bestimmte „Freiheiten" zuließen, auch im Hinblick auf die Ausübung der Religion.

[6] ܓܒܪܗ, *gaḇrāh* (Substantiv, Singular, emphatisch); Wurzel: ܓܒܪ, *gbr, gbrʾ* = Ehemann, Mann, Wesen, Mensch usw.

[7] Lamsa erörtert: „Hätte Joseph neben Maria keine anderen Frauen gehabt, dann

17 Im Ganzen sind es also von Abraham bis David vierzehn Generationen, von David bis zum babylonischen Exil vierzehn Generationen und vom babylonischen Exil bis zum Messias[8] vierzehn Generationen.

Geburt Jesu

18 Mit der Geburt Jesu, des Messias, verhielt es sich wie folgt: Als für Maria, seine Mutter, das Brautgeld[9] von Josefs Seite her bereits bezahlt war, aber noch bevor sie zusammen lebten, zeigte sich, dass sie durch den Geist Gottes[10] ein Kind erwartete. 19 Josef, ihr Mann, der rechtschaffen war und

---

wäre das Wort *awled* auch bei ihm, wie in den anderen Fällen, gebraucht worden. Der 16. Vers würde dann lauten: ‚Joseph zeugte Jesus.' Da jedoch Marias Name erwähnt wird, ersetzt das Wort *etteled* das Wort *awled*, wodurch angedeutet wird, dass Maria, und keine andere, die Mutter Jesu ist. Auch heute erwähnt man in vielen Ländern des Ostens, in denen Polygamie noch die Gewohnheit ist, bei der Nennung eines Sohnes den Namen seiner Mutter als derjenigen der Frauen einer Familie, die ihn geboren hat." (Lamsa, *Evangelien*, S. 56)

[8] ܡܫܝܚܐ, *lamšīḥā* (partizipiales Adjektiv, Singular, emphatisch); Wurzel: ܡܫܚ, *mšyḥ, mšyḥʾ* = Messias, Christus, Gesalbter; die Peschitta-Übersetzungen von John W. Etheridge und James Murdock ins Englische enthalten den griechischen Begriff „Christus" nicht, während Lamsa auf die griechische Version des Messiastitels abhebt.

[9] Übersetzungsvorschlag von Lamsa. Dieser erklärt die alten hebräischen Heiratsbräuche. Demnach bezahlt der Bräutigam für seine Braut. Vorbild ist Laban, der vierzehn Jahre lang für seine beiden Frauen diente (Gen 29,18). Der Brautvater nimmt das Geld entgegen. Es scheint abzulaufen wie ein übliches Geschäft. Nicht unüblich ist die Verheiratung von neun- oder zehnjährigen Mädchen. Sollte festgestellt werden, dass das Mädchen nicht mehr Jungfrau ist, kann der Mann die Ehe für ungültig erklären lassen. (Vgl. Lamsa, *Evangelien*, S. 56 ff.)

[10] ܕܩܘܕܫܐ, *dəqūḏšā* (Substantiv, männlich, Singular, emphatisch); Wurzel: ܩܕܫ, *qdwš, qwdšʾ* = Heiligkeit; ܪܘܚܐ, *rūḥā* (Substantiv, Singular emphatisch); Wurzel: ܪܘܚ, *rwḥ, rwḥʾ* = Geist, Wind, Hauch; Murdock und Lamsa sprechen vom „Heiligen Geist", Etheridge umschreibt das Wirken Gottes, indem er vom „Geist der Heiligkeit" redet.

Matthäus 1, 20–25

sie nicht bloßstellen wollte, dachte darüber nach, persönlich auf sie zu verzichten. 20 Während er noch darüber nachsann, erschien ihm ein Engel des Herrn im Traum und sagte: Josef, Sohn Davids, fürchte dich nicht, Maria als deine Frau zu dir zu nehmen. Denn das Kind, das sie erwartet, ist vom Geist Gottes, vom Hauch der Heiligkeit. 21 Sie wird einen Sohn gebären und du sollst ihm den Namen Jesus geben. Denn er wird sein Volk von seinen Sünden erretten. 22 Dies alles wird geschehen, damit sich erfüllt, was der Herr durch den Propheten gesagt hat: 23 Die Jungfrau[11] wird empfangen und einen Sohn gebären und sie werden[12] ihm den Namen Immanuel geben, das heißt: Unser Gott ist mit uns. 24 Und als Josef erwachte, tat er, was der Engel des Herrn ihm nahegelegt hatte, und er nahm seine Frau zu sich. 25 Er schlief aber nicht mit ihr, bis sie ihren Sohn gebar. Und *Maria*[13] gab ihm den Namen Jesus[14].

---

[11] ܒܬܘܠܬܐ, *bətūltā*; Wurzel: ܒܬܠ, *btwlh, btwltʾ* = eine Frau, die noch nicht entbunden hat

[12] Nach Murdock: *Du* wirst ihn Emmanuel nennen. Da in Vers 24 Maria als Namensgeberin erscheint, ist dieser Übersetzungsversuch von Murdock eher zu vernachlässigen, denn er führt zu Widersprüchen. Die vorliegende Übersetzung folgt daher Lamsa und Etheridge.

[13] In den griechischen Versionen des Matthäusevangeliums gibt *Josef* dem Neugeborenen den Namen Jesus. Diese Verschiebung in der Peschitta in Richtung Marias dürfte theologisch vor allem ihre Wertschätzung als Handelnde beinhalten: Hier bei Matthäus wird Maria im aramäischen Text eine größere Bedeutung zugeschrieben als im griechischen Text, in dem Josef als Agierender dominiert.

[14] Die aramäische Bedeutung des Namens Jesus/*yešūʿ* ist „Retter" (vgl. Errico, *Treasures*, S. 3 ff.).

[15] ܡܓܘܫܐ, *məgūše* (Substantiv, männlich, Plural, emphatisch); Wurzel: ܡܓܫ, *mgwš, mgwšʾ* = Magi, Magier, Weiser

Sterndeuter

2 1 Als nun Jesus zur Regierungszeit von König Herodes in Betlehem/ Judäa geboren worden war, kamen Sterndeuter[15] aus dem Osten nach Jerusalem 2 und fragten: Wo ist der geborene König der Juden? Denn wir haben seinen Stern im Osten aufgehen sehen und sind gekommen, um ihn anzubeten. 3 Aber als König Herodes das hörte, wühlte ihn das so auf, dass er zitterte, und mit ihm war ganz Jerusalem beunruhigt. 4 Er ließ alle obersten[16] Priester[17] und Schriftkundigen des Volkes zusammenkommen und befragte sie voller Angst nach dem Geburtsort des Messias, des Gesalbten. 5 Sie antworteten ihm: in Betlehem in Judäa. Denn so steht es geschrieben bei dem Propheten: 6 Du, Betlehem in Juda, bist in den Augen der Herrscher von Juda keineswegs die unbedeutendste unter den Königsstädten Judas. Denn aus dir wird ein König hervorgehen, der wie ein Hirte mein Volk Israel weiden wird[18]. 7 Dann rief Herodes die Sterndeuter unter Ausschluss der Öffentlichkeit zu sich und ließ sich von ihnen genau berichten, wann der Stern erschienen war. 8 Danach schickte er sie nach Betlehem und sagte zu ihnen: Geht und forscht sorgfältig nach allem, was mit dem Jungen zu tun hat. Und wenn ihr ihn gefunden habt, unterrichtet mich, damit auch ich hingehe und ihn anbete. 9 Nach diesen Worten des Königs machten sie sich auf den Weg. Und siehe, der Stern, den sie im Osten hatten aufgehen sehen, zog vor ihnen her bis zu dem Ort, wo das Kind geboren worden war, dort

---

[16] ܪܒܝ, *rabbay* (Adjektiv); Wurzel: ܪܒ, *rb* = groß, leitend, hochgestellt

[17] ܟܗܢܐ, *kāhne* (Substantiv, Plural, emphatisch); Wurzel: ܟܗܢ, *khn* = Priester. Zumeist gab es nur *einen* oder zwei Hohepriester in Israel, sodass hier wegen des Plurals eher an hochgestellte, leitende Priester *rb khnyn, rb khnyʾ/rbkhnʾ* zu denken ist.

[18] ܢܪܥܘܗܝ, *nerʿēw* (Verb, unvollendet, Peal); Wurzel: ܪܥܝ, *rʿy* = von: ernähren, pflegen, hüten, herrschen, verantwortlich sein; Murdock übersetzt allerdings ins Englische, ohne die Hirtenmetapher heranzuziehen: der über mein Volk Israel herrschen wird.

blieb er stehen.[19] 10 Als sie den Stern sahen, wurden sie von übergroßer Freude erfüllt. 11 Sie betraten das Haus und sahen den Jungen und seine Mutter Maria. Sie fielen nieder und verehrten ihn. Dann öffneten sie ihre Schätze und überreichten ihm Gold, Weihrauch und Myrrhe als Geschenke. 12 Da ihnen aber im Traum geboten wurde, nicht zu Herodes zurückzukehren, brachen sie auf einem anderen Weg auf, um in ihr jeweils eigenes Land zurückzukehren.

Flucht nach Ägypten

13 Als die Sterndeuter gegangen waren, erschien Josef im Traum ein Engel des Herrn und sagte zu ihm: Steh auf, nimm das Kind und seine Mutter und flieh nach Ägypten. Und bleibe dort, bis ich dir etwas anderes sage. Denn Herodes ist bereit, nach dem Kind zu suchen, um es zu töten. 14 Da stand Josef auf, nahm in der Nacht den Jungen und dessen Mutter und floh nach Ägypten. 15 Dort blieb er bis zum Tod des Herodes. Denn es sollte sich erfüllen, was der Herr durch den Propheten gesagt hat: Aus Ägypten habe ich meinen Sohn gerufen.

Kindermord in Bethlehem

16 Als Herodes merkte, dass ihn die Sterndeuter getäuscht hatten, wurde er sehr zornig. Er sandte Helfer aus, die ihm ergeben waren und ließ in Betlehem und der ganzen Umgebung alle Jungen bis zum Alter von zwei Jahren töten. Das entsprach dem Zeitraum, den er von den Sterndeutern erfahren hatte. 17 Damals erfüllte sich, was durch den Propheten Jeremia gesagt worden war: 18 Ein Geschrei war in Rama zu hören, viel Weinen und Wehklagen: Rahel weinte um ihre Kinder und wollte sich nicht trösten lassen, denn es gibt sie nicht mehr. Niemand kann sie zurückbringen.

---

[19] Lamsa erläutert, die Vorstellung, der Stern sei vor ihnen hergezogen, sei auf eine orientalische Redensart zurückzuführen, die besage, dass die Männer ihre Laufrichtung auf den Stern hin ausrichteten (vgl. Lamsa, *Evangelien*, S. 61 ff.).

Rückkehr aus Ägypten

19 Als König Herodes gestorben war, erschien dem Josef in Ägypten ein Engel des Herrn in einem Traum 20 und sagte zu ihm: Steh auf, nimm das Kind und seine Mutter und zieh in das Land Israel. Denn die Leute, die dem Kind nach dem Leben getrachtet haben, sind tot. 21 Da stand Josef auf, nahm das Kind und dessen Mutter und zog in das Land Israel. 22 Als er aber hörte, dass Archelaus anstelle seines Vaters Herodes in Judäa regierte, fürchtete er sich, dorthin zu gehen. In einem Traum war ihm offenbart worden, dass er in das Gebiet von Galiläa ziehen sollte. 23 Und so machte er sich auf und ließ sich in einer Stadt mit Namen Nazaret nieder. Denn es sollte sich erfüllen, was durch den Propheten[20] gesagt worden ist: Er wird Nazoräer[21] genannt werden.

---

[20] ܒܢܒܝܐ, banḇīā (Substantiv, Singular, emphatisch); Wurzel: ܢܒܝ, nby, nbyʾ, Singular, nicht Plural, wie es Übersetzungen aus dem Griechischen nahelegen

[21] ܕܢܐܨܪܝܐ, dənāṣrāyā (Adjektiv, Singular, emphatisch); Wurzel: ܢܨܪ, nṣry = Nazoräer. Nazoräer wurden in besonderer Weise Gott geweiht. Das konnte schon vor der Geburt geschehen. Es war nicht unüblich, dass kinderlose Frauen ihren Erstgeborenen Gott zu weihen versprachen, wenn ihr Gebet um ein Kind erhört würde, so etwa bei Samuel und Samson (1 Sam 1,27 und Ri 13,7). Für die Nazoräer kennzeichnend ist ihr einfacher Lebenswandel. In der assyrischen Kirche etwa führten Bischöfe und andere Würdenträger – zumindest zu der Zeit, als Lamsa davon berichtete, vielleicht auch heute noch – ein Leben im Geist der Nazoräer, indem sie weder ihren Bart schneiden noch heiraten sowie starke Getränke meiden (vgl. Lamsa, *Evangelien*, S. 64). In der assyrischen Kirche gibt es bis in die Gegenwart noch die Institution der Nazoräer: Bischöfe und andere kirchliche Autoritäten sind Nazoräer (vgl. Errico/Lamsa, *Matthew*, S. 29).

sungen: einmal in der „Yeshu' editie", in der die ursprüngliche Schönheit des Aramäischen herausgestellt wird, Namen und Begriffe sind stark am Aramäischen orientiert. Zum anderen in der „Christelijke editie"[28], die den heutigen Rezipienten einen leichteren Zugang zur Peschitta ermöglichen soll, indem gewohnte Namen und Begriffe beibehalten werden. Beiden Versionen liegt die oben erwähnte Peschitta-Quelle von 1905 zugrunde.

Nierops Arbeiten zeigen, wie schwer es für den Übersetzer ist, einen gangbaren, d.h. lesbaren, flüssigen Text bereitzustellen, aus dem das Besondere hervorgeht, das die Peschitta den Leserinnen und Lesern bieten kann, der aber auch den vielfältigen philologischen Ansprüchen genügt.

Nur ganz am Rande wird ein Blick auf die Peschitta-Übersetzung von Gerrie C. Coetzee geworfen, der in seinem *Pad van Waarheid tot die Lewe* 2015 eine Peschitta-Übersetzung auf Afrikaans vorgelegt hat. Es soll nicht eigens erläutert werden, dass auch diese Übersetzung — zuweilen als „Afrikaanse Lamsa-Bybel" bezeichnet — vom akademischen Mainstream eher kritisch betrachtet wird, dennoch aber manche Denkanstöße vermitteln kann.

Der Blick auf die *King James Version*, der im Auftrag von König Jakob I. von England für die Anglikanische Kirche 1611 herausgegebenen englischen Übersetzung der Bibel (in der Fassung von 1769), ließ gelegentlich Eigenwege der Peschitta klarer konturiert hervortreten.

Dass ein Vergleich auch mit griechischen Fassungen des Neuen Testaments und verschiedenen Übersetzungen aus dem Griechischen ins Deutsche weiterführen konnte, selbst wenn davon abweichend übersetzt wurde, versteht sich von selbst.

Bei der vorliegenden Übertragung ins Deutsche war es notwendig, bestimmte Entscheidungen bezüglich Form und Inhalt zu treffen:

- Die Namen wurden in der Form wiedergegeben, die deutsche Lesende gewohnt sind, also „Jesus" für „Jeshu", „Simon" für „Shemun", „Kephas" für „Kipha" usw. In gewisser Weise entspricht dieses Vorgehen dem, was Egbert Nierop vor Augen hat, wenn er sich an Christen als

---

[28] Egbert Nierop, *De heilige boeken van het Nieuwe Testament.*

Johannes der Täufer

3 1 In jenen Tagen trat Johannes der Täufer auf, der in der Wildnis und Wüste von Judäa[22] verkündete: 2 Tut Buße[23]. Denn der Rat[24] Gottes[25], seine Herrschaft, ist kurz davor, sich zu verwirklichen. 3 Er war es, von dem der Prophet Jesaja sprach: Die Stimme eines Rufers in der Wildnis: Bereitet den Weg des Herrn und macht gerade seine Straßen.[26] 4 Johannes trug ein Gewand aus Kamelhaaren und einen ledernen Gürtel um seine Hüften. Seine Nahrung bestand aus gerösteten Heuschrecken[27] und wildem Honig.

---

[22] Wenn von „Wildnis" oder „Wüste" die Rede ist, dürfte ein „unbewohnter Landstrich" gemeint sein, der „als Weide benutzt wurde", also keinesfalls eine „völlig trockene Wüste" (Lamsa, *Evangelien*, S. 220 f.).

[23] ܬܘܒ, *tūḇ* (Verb, 2. Person, männlich, Plural, unvollendet, Peal); Wurzel: ܬܒ, *twb* = umkehren, antworten, speien, erbrechen

[24] ܡܠܟܘܬܐ, *malkūṯā* (Substantiv, weiblich, Singular, emphatisch); Wurzel: ܡܠܟ, *mlkw, mlkwtʾ* = Reich, Herrschaftsform, Königtum; Errico übersetzt die Wurzel ܡܠܟ, *mlkw, mlkwtʾ* von ܡܠܟܘܬܐ, *malkūṯā* mit „Ratschlag" bzw. „Rat" (vgl. Errico, *Treasures*, S. 12 f.).

[25] ܕܫܡܝܐ, *dašmayyā* (Substantiv, Plural, emphatisch); Wurzel: ܫܡܝ, *šmyn, SMY* = Himmel (ehrfürchtige Umschreibung für „Gott")

[26] Orientalische Herrscher schickten auf Reisen Herolde voraus, die zum Teil fürstlich empfangen wurden, sodass der Angekündigte fast in Vergessenheit geraten konnte. Um dem entgegenzuwirken, wurde oft darauf verwiesen, dass der Kommende viel größer als der Vorläufer, der Herold sei (Errico/Lamsa, *Matthew*, S. 34 f.).

[27] ܩܡܨܐ, *qamṣe* (Substantiv, männlich, Plural, emphatisch); Wurzel: ܩܡܨ, *qmṣ, qmṣʾ* = Heuschrecke; Heuschrecken gelten nach der Weisung des Mose als koscher. Als vegane Nahrung brechen sie das Fasten nicht. Lamsa führt verschiedene Theorien an, welche Nahrung unter den „Heuschrecken" zu verstehen sei. Angesichts der Tatsache, dass er niemals beobachten konnte, wie jemand tatsächlich Heuschrecken verzehrte, sieht er etwa die Möglichkeit, dass ein häufig in der Wüste vorkommender kleiner Vogel, der zuweilen „wie Heuschrecken" verbreitet sei, zur Nahrung gedient haben könnte. Lamsa selbst habe diese Art von Vögeln in der Arabischen Wüste verspeist. (Vgl. Errico/Lamsa, *Matthew*, S. 31 f.)

5 Die Leute aus Jerusalem und ganz Judäa und aus dem ganzen Land am Jordan zogen zu ihm hinaus. 6 Und nachdem sie ihre Sünden bekannt hatten, ließen sie sich im Jordan von ihm taufen. 7 Als Johannes aber sah, dass viele Pharisäer und Sadduzäer kamen, um sich taufen zu lassen, sagte er zu ihnen: Ihr Skorpiongezüchte[28], wer hat euch gewarnt, ihr könntet dem nahenden Zorn entkommen? 8 Handelt so, dass erkennbar wird[29]: eure Umkehr zu Gott ist aufrichtig gemeint, 9 denkt nicht, ihr könntet zu euch selbst sagen: Wir haben Abraham zum Vater. Denn ich sage euch: Gott kann aus diesen Steinen dem Abraham Kinder erwecken. 10 Schon ist die Axt an die Wurzel der Bäume gelegt. Jeder Baum, der keine gute Frucht hervorbringt, wird umgehauen und ins Feuer geworfen. 11 Ich taufe euch in der Tat mit Wasser, damit ihr umkehrt. Der aber, der nach mir kommt, ist größer und mächtiger als ich und ich bin es nicht wert, ihm aus den Sandalen zu helfen.[30] Er wird euch mit Gottes Geist und mit Feuer[31] taufen, das heißt von Sünde befreien. 12 Schon hält er die Schaufel in der Hand, um damit das gedroschene Getreide gegen den Wind zu werfen und so die Spreu

---

[28] Hier wird dem Vorschlag von Lamsa gefolgt. In anderen Übersetzungen ist auch von Vipern- und Natterngezüchten die Rede. Sich gerade auf Skorpione zu beziehen, dürfte mit traditionellen orientalischen Vorstellungen von der Geburt dieses Insekts zu tun haben. Man denkt, das Vatertier sterbe bei der Zeugung und die Mutter werde von ihm bei der Geburt getötet. In der verwendeten Metapher wird wohl auf das Fehlen einer geistlichen Führung abgehoben. So wie die Skorpione schutzlos ohne Eltern aufwachsen, so haben die angesprochenen Pharisäer und Sadduzäer keine spirituelle Orientierung. Sie sind auch nicht in Praktiken der Buße eingeübt und stehen so unter Verdacht, tatsächlich nicht zur Buße fähig zu sein – trotz starker Beteuerungen. (Vgl. Lamsa, *Evangelien*, S. 64 f.; Errico/Lamsa, *Matthew*, S. 33 f.)

[29] Wörtlich: bringt Früchte, die zeigen.

[30] Diese Selbstdemütigung stimmt mit dem orientalischen Brauch überein, einen anderen zu ehren, indem man sich selbst klein macht (vgl. Errico, *Treasures*, S. 9 ff.).

[31] Feuertaufe ist ein aramäisches Idiom und bedeutet so viel wie „befreien von Sünde". Dem Feuer kam reinigende Kraft zu, etwa bei der Reinigung von Metallen (Errico/Lamsa, *Matthew*, S. 35 f.).

vom Weizen zu trennen.[32] Er wird den Boden reinigen, auf dem das Korn nach der Ernte gedroschen wird, und den Weizen in seiner Scheune sammeln. Die Spreu aber wird er in einem Feuer brennen lassen[33], das nie verlischt.

Taufe Jesu

13 Dann[34] kam Jesus aus Galiläa an den Jordan zu Johannes, um sich von ihm taufen zu lassen. 14 Johannes aber wies ihn zurück und sagte: Ich muss von dir getauft werden und du kommst zu mir? 15 Aber Jesus antwortete ihm:

Lass es zu.
Es ist notwendig,
damit wir dem gerecht werden,
was die Gerechtigkeit erfordert.

Da erlaubte es Johannes. 16 Als Jesus getauft war, stieg er sogleich aus dem Wasser herauf. Und da öffneten sich die Himmel[35] und er sah den Geist[36]

---

[32] Der letzte Halbsatz ist als Erläuterung hinzugefügt, da sich die Funktion der Schaufel dem bezüglich des Dreschens Unkundigen sonst nicht erschließt.

[33] ܡܘܩܕ, *mawqeḏ* (Verb, 3. Person, männlich, Áphel); Wurzel: ܝܩܕ, *yqd* = brennen; hier handelt es sich um die grammatische Form des Áphel, d.h. einer Form des aktiven Bewirkens, die aber zugleich auch im Zulassen bestehen kann. Der jeweilige Kontext legt die eine oder andere Interpretation nahe.

[34] ܗܝܕܝܢ, *hāydēn* (Partikel); Wurzel: ܗܝܕܝܢ, *hydyn* = danach, dann, weiter etc.

[35] ܫܡܝܐ, *dašmayyā* (Substantiv, Plural, emphatisch); Wurzel: ܫܡܝ, *šmyn*, SMY = Himmel (ehrfürchtige Umschreibung für „Gott")

[36] ܪܘܚܐ, *rūḥā* (Substantiv, Singular emphatisch); Wurzel: ܪܘܚ, *rwḥ, rwḥ'* = Geist, Wind, Hauch usw.

[37] ܐܠܗܐ, *dălāhā* (Substantiv, männlich. Singular, emphatisch); Wurzel: ܐܠܗ, *'lh*, *'lh'* = Gott

[38] ܐܝܟ ܝܘܢܐ, *'ayḵ yawnā* = wie eine Taube, als eine Taube (also übersetzt: Er sah den Geist Gottes wie eine Taube herabkommen.). Diese Übersetzung bereitet

Gottes[37] geradewegs[38] auf sich herabkommen. 17 Und eine Stimme von Gott[39] sprach: Dieser ist mein geliebter Sohn[40], an dem ich meine Freude habe[41].

---

gewisse Schwierigkeiten. Welchen Sinn soll „die Taube" in diesem Kontext haben? Günther Schwarz schlägt daher beim Wort „kejona" (aramäisch bedeutet Jona = „Taube", ke = „wie") vor, eine andere Vokalisation des Textes vorzunehmen – die jetzige Vokalisation erfolgte übrigens erst tausend Jahre nach Niederschrift, was eine Vielzahl von Übersetzungsmöglichkeiten eröffnet und so das Vorgehen als legitim erscheinen lässt. Bei der neuen Vokalisation bedeutet der Begriff nun „geradewegs". Man könnte dann übersetzen: „Er sah den Geist Gottes *geradewegs* auf sich herabkommen." Eine solche Übertragung wäre sinnvoll (vgl. Rudolf Ott am 3.01.2015; *www.theoforum.de* – abgerufen am 26.01.2017) und diskussionswürdig.

Es spricht aber auch einiges für die Beibehaltung der gewohnten Übersetzung: In nahöstlicher Idiomatik kommt die Taube als Symbol der Sanftmut, Demut und Friedfertigkeit vor. Errico führt etwa die Redewendung an, jemand sei so gut und harmlos, dass sogar eine Taube kommt und auf ihm Platz nimmt. So wird mit dieser Metapher die Demut und Güte eines Menschen zum Ausdruck gebracht. (Vgl. Errico, *Treasures*, S. 10f.; Errico/Lamsa, *Matthew*, S. 39ff.). Bedenkenswert ist die Tatsache, dass eine fast tausendjährige Tradition besagte Stelle mit der „Taube" in Verbindung gebracht hat und das sowohl in der syrischen als auch in der griechischen Tradition gleichermaßen, das lässt es trotz möglicher Bedenken als legitim erscheinen, die Übersetzung im traditionellen Sinne vorzunehmen. Das Aramäische/Semitische hält allerdings oft angesichts der offenen Textgestalt eine Vielzahl von Interpretationen bereit.

[39] ܫܡܝܐ, *šəmayyā* (Substantiv, Plural, emphatisch); Wurzel: ܫܡܝ, *šmyn, SMY* = Himmel (hier: Plural); hier: als ehrfürchtige Umschreibung für „Gott"

[40] Der Begriff „Sohn Gottes" hat je nach Kontext verschiedene Bedeutungen. Hier ist auf den messianischen Titel angespielt. Ein Sohn Gottes zu sein, umschreibt in der Bibel eine geistliche Beziehung zwischen Gott und einem menschlichen Wesen. (Vgl. Errico/Lamsa, *Matthew*, S. 39ff.)

Dem ܒܪ ܚܒܝܒܐ, *ber ḥabībā*, dem „geliebten Sohn", dem „Geliebten" (Wurzel: ܚܒ, *ḥbyb*) als dem zuerst geborenen Sohn kommt in altorientalischem Verständnis eine besondere Bedeutung zu.

[41] ܐܨܛܒܝܬ, *ʾeṣṭəḇīṯ* (Verb, Singular, vollendet, Ethpeal); Wurzel: ܨܒܐ, *ṣby* = den

Matthäus 4, 1–3

Versuchung Jesu

4 1 Weiter wurde Jesus vom Geist[42] in die Wüste geführt[43]. Dort sollte er vom Verleumder Gottes[44] auf die Probe gestellt[45] werden. 2 Nachdem er vierzig Tage und vierzig Nächte[46] gefastet[47] hatte, wurde er schließlich hungrig. 3 Da trat der Versucher an ihn heran und sagte: Wenn du Gottes

---

ich mir gewünscht habe (Perfekt); nach meinem Willen; nach meinen Vorstellungen; der mir gefällt; an dem ich Gefallen gefunden habe, an dem ich meine Freude habe

[42] ܪܘܚܐ, *rūḥā* (Substantiv, Singular emphatisch); Wurzel: ܪܘܚ, *rwḥ, rwḥʾ* = Geist, Wind, Atem

[43] Mit der aramäischen Redewendung „vom Geist geführt werden" soll ein Grund angeführt werden, warum sich eine Person so und nicht anders verhält: „ ܪܘܚܐ, *rūḥā*, Wind ist in ihn hineingegangen".

[44] ܐܟܠܩܪܨܐ, *ʾāḵelqarṣā* (Substantiv, männlich, Singular); Wurzel: ܐܟܠ, *ʾkl qrṣʾ* = Widersacher, Ankläger, Verleumder, Gegenspieler, Gegner, Kontrahent, Antagonist, Satan, Teufel, Betrüger, Schwindler. Die Vorstellung vom Teufel in syrischem Umfeld lässt verschiedene Interpretationen zu. Der syrische Kirchenvater Isaak von Ninive (7. Jahrhundert) spricht sinngemäß etwa davon, dass man sich den Teufel nicht als Gegenüber vorstellen solle, sondern als das Böse, das aus dem Inneren kommt. „*,Satan' ist der Name für den Sachverhalt, dass der Wille von der Wahrheit abirrt; es ist nicht die Bezeichnung für ein Wesen*" (nach: Augin Yalcin, *Was Havo und Gabro aus ihrem Leben machen wollen*, S. 47).

[45] ܕܢܬܢܣܐ, *dəneṯnasse* (Verb, 3. Person, männlich, Singular); Wurzel: ܢܣܐ, *nsy* = ausprobieren. Vor dem Beginn einer großen Aufgabe sind Kraft und Fähigkeiten zu erproben. Beim Wirken als Messias handelt es sich um eine solche – überaus große – Tätigkeit, die eine vorhergehende Erprobung erforderlich erscheinen lässt.

[46] ܐܪܒܥܝܢ, *ʾarbaʿīn* (Ziffer 40); Wurzel: ܪܒܥ, *ʾrbʿyn*, die Zahl 40 ist in der Bibel eine heilige Zahl.

[47] ܨܘܡ, *waṣām* (Verb, 3. Person, männlich, Singular, vollendet, Peal); Wurzel: ܨܘܡ, *ṣwm*. Fasten stärkt die geistigen und spirituellen Kräfte. Es kann zu tieferer Einsicht und zur Charakterfestigung führen. Bei den Christen aus dem Orient kommt dem Fasten noch heute eine enorme religiöse Bedeutung zu. Zur päda-

Sohn bist, so befiehl diesen Steinen, dass sie zu Brot werden. 4 Er aber antwortete: Es steht geschrieben: Der Mensch lebt nicht vom Brot allein, sondern von jedem Wort, das aus dem Mund Gottes kommt. 5 Darauf nahm ihn der Verleumder mit zur Heiligen Stadt, stellte ihn oben auf den Tempel 6 und sagte zu ihm: Wenn du Gottes Sohn bist, so stürze dich hinab. Denn es steht geschrieben: Seinen Engeln befiehlt er, was dich betrifft: Sie sollen dich auf ihren Händen tragen, damit dein Fuß nicht an einen Stein stößt. 7 Jesus antwortete ihm:

Es steht auch geschrieben:
Du sollst den Herrn, deinen Gott,
nicht auf die Probe stellen.

8 Wieder nahm ihn der Verleumder mit und führte ihn auf einen hohen Berg; er zeigte ihm alle Reiche der Welt mit ihrer Pracht 9 und sagte zu ihm: Das alles will ich dir geben, wenn du dich vor mir niederwirfst und mich anbetest. 10 Da sagte Jesus zu ihm:

Weg mit dir, Widersacher[48].
Denn es steht geschrieben:
Den Herrn, deinen Gott,
sollst du anbeten und ihm allein dienen.

11 Darauf verließ ihn der Verleumder Gottes und es näherten sich Engel und dienten ihm.

---

gogischen Hinführung zum Fasten siehe auch das aramäische *Märchen von der Großmutter und dem Fuchs* aus dem Tur Abdin (vgl. Eliyo und Maria Aydin, *Die Großmutter und der Fuchs*; Yalcin/Bubolz, *Syrisch-orthodoxes Religionsbuch 3./4. Kommentar*, S. 10).

[48] ܣܛܢܐ, *sāṭānā* (Substantiv, männlich, Singular, emphatisch); Wurzel: ܣܛܢ, *sṭn* = Satan etc.

Matthäus 4, 12–18

Licht in Galiläa

12 Als Jesus hörte, dass Johannes ausgeliefert worden war, kehrte er nach Galiläa zurück. 13 Und er verließ Nazaret, kam und wohnte in Kafarnaum am See im Gebiet von Sebulon und Naftali. 14 So sollte sich erfüllen, was durch den Propheten Jesaja gesagt worden ist: 15 Du Land von Sebulon und Naftali, Straße am See, Gebiet jenseits des Jordan, du bist das Galiläa[49] derer, die Gott nicht vertrauen: 16 Das Volk, das im Dunkeln saß, hat ein helles Licht gesehen. Über denen, die im Land und im Schatten des Todes wohnten, ist ein strahlendes Licht aufgegangen.

Verkündigung von Gottes Rat und erste Jünger

17 Von dieser Zeit an begann Jesus zu verkünden: Tut Buße. Denn Gottes[50] Herrschaft, was Gott rät[51], ist schon dabei, verwirklicht zu werden. 18 Als

---

[49] Nachdem im 8. Jahrhundert v. Chr. die zehn Stämme ins Exil nach Assyrien gebracht worden waren, wurden Menschen aus anderen eroberten Gebieten in Galiläa angesiedelt, die auch ihre Religion mitbrachten. Als die Rückkehrer aus dem Exil mit diesen zusammentrafen, ergaben sich manche Konflikte. Galiläa war insofern ein religiös und kulturell unruhiges Land. Einerseits war Galiläa von jüdischer Frömmigkeit geprägt, andererseits übten die angrenzenden vom Hellenismus bestimmten Städte Einfluss auf die Region aus. Gegenüber der aramäisch sprechenden Bevölkerung Galiläas entwickelten sich daher von Judäa aus manche abwertenden Vorurteile. Die Galiläer wurden oft nicht als „vollwertige" Juden angesehen. So hielt man es zur Zeit Jesu für untragbar, dass der Messias aus Galiläa kommen könnte.

[50] ܫܡܝܐ, *dašmayyā* (Substantiv, Plural, emphatisch); Wurzel: ܫܡܝ, *šmyn, SMY* = Himmel (ehrfürchtige Umschreibung für „Gott" – wie im Judentum damals üblich)

[51] ܡܠܟܘܬܐ, *malkūṯā* (Substantiv, weiblich, Singular, emphatisch); Wurzel: ܡܠܟ, *mlkw, mlkwʾ* = Reich, Herrschaftsform, Königtum; Errico übersetzt die Wurzel ܡܠܟ, *mlkw, mlkwʾ* von ܡܠܟܘܬܐ, *malkūṯā* mit „Ratschlag" bzw. „Rat" (vgl. Errico, *Treasures*, S. 12 f.).

Jesus am See von Galiläa entlangging, sah er zwei Brüder, Simon[52], genannt Kephas[53], und seinen Bruder Andreas. Sie warfen gerade ihr Netz in den See, denn sie waren Fischer. 19 Da sagte er zu ihnen:

Folgt mir nach.
Ich werde euch zu Fischern von Menschen machen.[54]

20 Sofort ließen sie ihre Netze fallen und folgten ihm nach. 21 Als er weiterging, sah er zwei andere Brüder, Jakobus, den Sohn des Zebedäus, und seinen Bruder Johannes; sie waren mit ihrem Vater Zebedäus im Boot und besserten ihre Netze aus. Jesus sprach sie an 22 und sofort[55] verließen sie das Boot und ihren Vater und folgten ihm nach.

Resonanzen

23 Jesus durchstreifte ganz Galiläa, lehrte in ihren Synagogen, verkündete die frohe und hoffnungsvolle Botschaft: die Erwartung erfüllt sich, dass der Rat Gottes angenommen und verwirklicht wird. Er heilte im Volk alle möglichen Krankheiten und Leiden. 24 Und sein Ruf verbreitete sich in ganz Syrien. Sie brachten alle möglichen Menschen, die an den verschiedensten Krankheiten litten und die von starken Schmerzen niedergedrückt waren:

---

[52] ܫܡܥܘܢ, *šemʿon* (Eigenname); Wurzel: ܫܡܢ, *šmn* = Shemun, Simon, wörtlich übersetzt: der, der hört, d.h. der, der aufnahmebereit ist

[53] ܟܐܦܐ, *kīp̄ā* (Eigenname, Spitzname für einen Menschen, der „schwer von Begriff" ist); Wurzel: ܟܐܦ, *kyp* = Kipha, Kephas, Fels usw.

[54] Diese Metapher bedeutet: „Ihr werdet durch euer Wort Menschen einfangen und bekehren." Lamsa erläutert, die Feinde Jesu hätten stets versucht, ihn mit Worten einzufangen, im aramäischen Idiom „durch Fallenstellen zu jagen". Solche „Wortfallen" führten zu Debatten, an deren Ende nicht selten im Orient Bekehrungen standen. (Vgl. Lamsa, *Evangelien*, S. 222)

[55] ܡܚܕܐ, *meḥdā* (Partikel); Wurzel: ܡܚܕ, *mḥdh, mḥdʾ* = unmittelbar, gleich, ohne zu zögern

körperlich und seelisch Kranke[56], Epileptiker und Paralytiker[57], also physisch und psychisch Leidende, und er heilte sie. 25 Große Volksmengen aus Galiläa, aus dem Gebiet der zehn Städte[58], aus Jerusalem und aus Judäa sowie aus dem Gebiet jenseits des Jordan folgten ihm nach.

Bergpredigt

5 1 Als Jesus die vielen Menschen sah, stieg er auf den Berg. Er setzte sich und seine Jünger rückten nahe zu ihm hin[59]. 2 Und er begann zu reden, er lehrte sie und sprach:

Die Gesegneten

> 3 *Segen*[60] *denen,*
> *die arm sind an Überheblichkeit und Hochmut*[61].
> *Denn sie folgen dem, was Gott rät*[62].

---

[56] Die aramäischen Worte „deva" und „shedana" bezeichnen „böse Geister". Lamsa erläutert: Auch wenn diese Ausdrücke „merkwürdig klingen und sich auf Dämonen beziehen, so sind sie doch eigentlich die Namen von Krankheiten, die im Altertum bekannt waren". Sich verbal an die bösen Geister zu wenden, war nicht sinnvoll, da diese keine Auskünfte über seine Heilkraft geben konnten. (Vgl. Lamsa, *Evangelien*, S. 224 f.)

[57] ܘܡܫܪܝܐ, *wamšarayyā* (Partizipiales Adjektiv, männlich, Plural, emphatisch); Wurzel: ܡܫܪ, *mšry* = gelähmt, krank usw. Es wird eine möglichst umfassende Aufzählung versucht.

[58] Griechisch: Dekapolis (Eigenname, zehn Städte)

[59] ܩܪܒ, *qəreḇ* (Verb, 3. Person, männlich, Plural, Perfekt, Peal); Wurzel: ܩܪܒ, *qrb* = sich nähern, berühren, kommen, nahe bringen, anbieten, kämpfen

[60] ܛܘܒܝܗܘܢ, *ṭūḇayhon* (Substantiv, männlich, Singular, emphatisch, Suffix: 3. Person, männlich, Plural); Wurzel: ܛܘܒ, *ṭwb, ṭwbʾ* = Segen, Glückseligkeit, Freude, Güte, gute Dinge

[61] Hier angelehnt an George Lamsa, der ܡܣܟܢ ܒܪܘܚ, *meskīne bərūḥ* mit „arm an Stolz" übersetzt; Errico stimmt mit dieser Übersetzung überein (vgl. Errico,

4 *Segen denen,*
die leiden und trauern.
Denn sie sollen getröstet werden.

5 *Segen denen,*
die einfühlsam und schonend mit anderen umgehen.[63]
Denn sie werden das Land erben.[64]

6 *Segen denen,*
die hungern und dürsten nach Gerechtigkeit.
Denn Gott wird sie satt machen.[65]

Treasures, S. 14 ff.). Etheridge und Murdock übersetzen „die arm sind im Geist (d.h. vor Gott)". „Demut" („Armut an Stolz") passt jedoch besser in den Gesamtzusammenhang. Es geht im vorliegenden Kontext dann um den Verzicht auf die Durchsetzung eigener Impulse des „Lebensatems" zugunsten des Handelns Gottes, also um Demut als Akzeptanz Gottes und seines Willens.

[62] ܡܠܟܘܬܐ, *malkūtā* (Substantiv, weiblich, Singular, emphatisch); Wurzel: ܡܠܟ, *mlkw, mlkwtʾ* = Reich, Herrschaftsform, Königtum; Errico übersetzt die Wurzel ܡܠܟ, *mlkw, mlkwtʾ* von ܡܠܟܘܬܐ, *malkūtā* mit „Ratschlag" bzw. „Rat". (Vgl. Errico, *Treasures,* S. 12 f.)

[63] ܠܡܟܝܟܐ, *ləmakkīke* (Adjektiv); Wurzel: ܡܟܝܟ, *mkyk* = mild, bescheiden, sanftmütig, demütig, unten, tief, behutsam, einfühlsam usw.

[64] ܐܪܥܐ, *larʿā* (Substantiv, weiblich, Singular, emphatisch); Wurzel: ܐܪܥ, *ʾrʿ* = Erde, Land, Boden, Grund. Lamsa erläutert, es gäbe im Nahen Osten den Brauch, das Land eines Mannes ohne männlichen Erben nach seinem Tod an verdiente „Sanftmütige" zu übertragen. Das sind solche Personen, die nicht Gleiches mit Gleichem vergelten. Sie erleiden eher Unrecht, als selbst ungerecht zu handeln. Ihre Bedrücker kommen nicht selten in Kriegen und Aufständen um. Es soll zur Zeit Jesu Fälle von aufständischen Galiläern gegeben haben, die von den Römern hingerichtet wurden und deren Besitz „sanftmütigen" Männern, übereignet wurde, da sie nicht aufrührerisch, sondern *makkīke* waren. (Vgl. Lamsa, *Evangelien,* S. 74 f.; auch: Errico, *Treasures,* S. 17 f.)

[65] Passivum divinum: Um „Gott" nicht als Akteur nennen zu müssen, wird eine Passivkonstruktion verwendet. So wird Ehrfurcht vor dem Gebrauch des Wortes „Gott" in jüdischem Kontext ausgedrückt.

Matthäus 5, 7–11

7 *Segen denen,*
die barmherzig sind.
Denn Gott wird sich ihrer erbarmen.[66]

8 *Segen denen,*
die rein sind im Herzen.
Denn sie werden Gott schauen.

9 *Segen denen,*
die Frieden stiften.
Denn Gott wird sie als seine eigenen Kinder betrachten.[67]

10 *Segen denen,*
die unschuldig verfolgt werden.
Denn sie sind Gottes Rat[68] *nahe.*

11 *Gesegnet seid ihr,*
wenn man euch schmäht und verfolgt
sowie lügenhaft[69] *über euch alles mögliche Böse*
um meinetwillen verbreitet.

---

[66] Passivum divinum, s.o.

[67] Passivum divinum, s.o.; ܕܒܢܘܗܝ, *daḇnaw* (Substantiv, Plural); Wurzel: *br, brʾ* (*bar (ber), brā*) = Sohn; Lamsa und Murdock übersetzen „Söhne", Etheridge übersetzt: „Kinder". Errico kommentiert, mit den Friedensstiftern seien die gemeint, die in sich selbst Frieden gefunden hätten und daher in der Lage seien, auch Frieden zwischen anderen zu stiften; so werde die göttliche Harmonie repräsentiert (vgl. Errico, *Treasures*, S. 22 f.).

[68] ܡܠܟܘܬܐ, *malkūṯā* (Substantiv, weiblich, Singular, emphatisch); Wurzel: ܡܠܟ, *mlkw, mlkwtʾ* = Reich, Herrschaftsform, Königtum; Errico übersetzt die Wurzel ܡܠܟ, *mlkw, mlkwtʾ* von ܡܠܟܘܬܐ, *malkūṯā* mit „Ratschlag" bzw. „Rat" (vgl. Errico, *Treasures,* S. 12 f.).

[69] ܒܕܓܠܘܬܐ, *bəḏaggālūṯā* (Substantiv, weiblich, Singular, emphatisch); Wurzel: ܕܓܠ, *dglw, dglwtʾ* = Lüge, Falschheit, Hinterlist

12 *Dann freut euch und jubelt:*
Denn euer Lohn bei Gott wird groß sein[70].
So wurden nämlich schon die Propheten verfolgt,
die vor euch lebten.

Salz und Licht

13 *In der Tat: Ihr seid das Salz[71] der Erde.*
Wenn das Salz seinen Geschmack verliert,
womit kann man es wieder salzig machen?

Es taugt zu nichts mehr,
außer weggeworfen und
von den Leuten zertreten zu werden.

14 *In der Tat: Ihr seid das Licht der Welt.*
Eine Stadt, die auf einem Berg gebaut ist,
kann nicht verborgen bleiben.

15 *Man zündet auch nicht eine Leuchte an*
und schirmt sie ab, damit andere nicht vom Licht profitieren können,
sondern man stellt sie auf den sichtbaren Leuchter.

---

[70] ܣܓܝ, *səgī* (Verb, 3. Person, männlich, Singular, vollendet, Peal); Wurzel: ܣܓܐ, *sgy, śgyʾ* = von: anwachsen, vervielfältigen, vergrößern; wörtlich übersetzt: angewachsen sein

[71] ܡܠܚܐ, *melḥāh* (Substantiv, weiblich, Singular, emphatisch); Wurzel: ܡܠܚ, *mlḥ, mlḥʾ* = Salz; Claus-Peter März erläutert, zur Zeit Jesu habe man Salz verwendet, das aus dem Toten Meer stammt und das in einem komplizierten Verfahren gewonnen worden sei. Dieses gewonnene Salz sei nicht so gut wie unser heutiges Speisesalz gewesen und hätte leicht verunreinigt und damit unbrauchbar und geschmacklos werden können. Salz kann in kleiner Menge große Wirkung erreichen. Metaphorisch soll deutlich werden: Die kleine Gruppe der Jünger kann den „Geschmack" der Welt verändern. (Vgl. Claus-Peter März/Erfurt, *Salzloses Salz*; www.kathweb.de – abgerufen im Oktober 2019)

Matthäus 5, 16

*Dann spendet sie
allen Licht,
die sich im Haus befinden.*[72]

16 *So soll euer Licht vor den Menschen leuchten,
damit sie eure guten Taten sehen
und Gott*[73]*, euren ʾAbbā*[74]*,
den liebevollen Vater*[75]*, preisen.*

---

[72] ܪܒܝܬܐ, *dabbaytā* (Substantiv, männlich, Singular, emphatisch); Wurzel: ܒܝ, *by, byt* = Haus, Wohnung. Lamsa erhellt den Hintergrund: In einem orientalischen Haus lebten oft mehrere Familien unter einem Dach; jede hatte ihre eigene Lampe. Je nachdem, wie die Lampen positioniert waren, konnten sie den Raum ganz erhellen oder nur bestimmte Teile – etwa hinter einem Pfeiler. Zuweilen diente das Licht nur einzelnen Familien, die nur an ihre Familienmitglieder dachten (Partikularinteresse). Empfohlen wird es, die Lichtquellen so zu befestigen, dass möglichst das ganze Haus beleuchtet wird. Die metaphorische Bedeutung beinhaltet nach Lamsa, dass das „Licht des Glaubens" nicht nur den Juden zukommen, sondern auch den „Heiden" zuteilwerden soll. (Vgl. Lamsa, *Evangelien*, S. 76 f.)

[73] ܕܒܫܡܝܐ, *dəḇašmayyā* (Substantiv, Plural, emphatisch); Wurzel: ܫܡܐ, *šmyʾ* = Himmel (hier: Plural); es handelt sich um eine ehrfürchtige Umschreibung Gottes. Auf diese Weise kann die Nennung Gottes vermieden werden.

[74] ܠܐܒܘܟܘܢ, *laḇūḵon* (Substantiv, männlich, Singular, emphatisch, Suffix: 2. Person männlich Plural); Wurzel: ܐܒ, *ʾb, ʾbʾ*, d.h. *ʾabbā*: Vater, Papa (vor allem als liebevolle Anrede eines Elternteils, meist des Vaters, die Mutter ist aber nicht ausgeschlossen); im Westsyrischen wird von *abbo* gesprochen. Paul Petzel schreibt – vom griechischen Text ausgehend und die Peschitta ignorierend –: *„Für die Gottesanrede ‚Abba' aus dem Munde Jesu gibt es nur eine einzige Belegstelle (Mk 14,36). (...) Die Wortkombination ‚Abba, patér' (‚Abba, patér' und nur in dieser Kombination kommt Abba im Neuen Testament vor; neben Mk noch zweimal bei Paulus: Röm 8,15; Gal 4,6) war möglicherweise ein bewusstes Gegenstück zum im Römischen Reich verbreiteten ‚Zeus, patér'. Mit dem Ausdruck ‚Abba, patér' antworteten wahrscheinlich Christen aus anderen*

Weisungen Gottes

17 *Erwartet nicht, ich sei gekommen,*
   um Tora[76] und Propheten[77] aufzuweichen.
   Ich bin nicht gekommen,
   um sie zu schwächen,
   sondern um sie zu erfüllen.

18 *Amen, ich sage euch:*

   Bis Himmel und Erde vergehen,
   wird kein Jod[78] und kein Häkchen[79] der Tora vergehen,
   bevor nicht alles erfüllt ist.

Völkern im griechischen Kulturraum auf die Frage, wer denn ihr Gott sei: der Gott Israels." (Petzel, *Von Abba bis Zorn Gottes*)
Dagegen steht: Die Peschitta enthält an vielen Stellen den Begriff „ʾAbbā" auch im Matthäusevangelium. Zuzustimmen ist Petzel, dass mit der ʾAbbā-Anrede Gottes durch Jesus kein Bruch mit dem zeitgenössischen Judentum verbunden war. Vielmehr steht Jesus hier ganz in den Möglichkeiten seiner Zeit und Umwelt.

[75] Apposition zur Erläuterung vom Übersetzer ergänzt.
[76] ܢܡܘܣܐ, *nāmūsā* (Substantiv, männlich, Singular, emphatisch); Wurzel: ܢܡܘܣ, *nmws, nmwsʾ* = Gesetz; gemeint ist: Tora
[77] ܢܒܝܐ, *nəḇīe* (Substantiv, männlich, Plural, emphatisch); Wurzel: ܢܒܝ, *nby, nbyʾ* = Propheten
[78] Kleinster Buchstabe des hebräischen Alefbet: ʾ
[79] Was es mit den Häkchen in der Tora auf sich hat, also den Buchstabenbestandteilen, die die einzelnen Buchstaben voneinander unterscheiden, wird deutlich an der Lehrmeinung von Rabbi Akiba (50–135 n. Chr.), der glaubte, „aus jedem Häkchen in der Tora ganze Berge von Halachot zu deuten" (Bab. Men. 29b). Halachot sind im Judentum Rechtsbestimmungen. Der einzelne Vers der Tora wurde so als fester Pflock gebraucht, um die überlieferte Halacha mit den 613 speziellen Geboten und allgemeinen Rechtsgrundsätzen daran festzuma-

Matthäus 5, 19–21

19 *Wer auch nur eines*
von den kleinsten Geboten[80] abschwächt
und die Menschen entsprechend lehrt,
der wird bei Gott der Kleinste sein.

Wer sie aber selbst hält
und andere halten lehrt,
der wird groß sein bei Gott.

20 *Darum sage ich euch:*

Wenn euer Maßstab für Gerechtigkeit
nicht weit strenger ist
als der von Schriftkundigen und Pharisäern,
werdet ihr dem Ratschlag Gottes[81]
nicht genügen und ihn nicht verwirklichen.

Denkanstöße

21 *Ihr habt gehört,*
dass früher gesagt worden ist:
Du sollst nicht töten.
Und: Wer jemanden tötet,
ist rechtlich eines Verbrechens schuldig.

---

chen. Ganz im Gegensatz dazu stand die Lehrauffassung von Rabbi Jischmael (ca. 70–135 n. Chr.), der darauf bestand, dass die Tora die Sprache der Menschen spreche.

[80] ܦܘܩܕܢܐ, *pūqdāne* (Substantiv, männlich, Plural); Wurzel: ܦܩܕ, *pqd* = Gebot, Weisung (hebräisch: Mitzwot)

[81] ܡܠܟܘܬܐ, *malkūṯā* (Substantiv, weiblich, Singular, emphatisch); Wurzel: ܡܠܟ, *mlkw, mlkwtʾ* = Reich, Herrschaftsform, Königtum; Errico übersetzt die Wurzel ܡܠܟ, *mlkw, mlkwtʾ* von ܡܠܟܘܬܐ, *malkūṯā* mit „Ratschlag" bzw. „Rat" (vgl. Errico, *Treasures,* S. 12 f.).

Matthäus 5, 22

22 *Ich aber sage euch:*
Jeder, der grundlos seinen Bruder reizt und provoziert[82],
ist bereits vor Gericht schuldig.

Und: Wer zu seinem Bruder voller Verachtung sagt:
Raca, also: ich spucke dir ins Gesicht[83],
soll dem Spruch der Versammlung[84] übergeben werden.

Wer ihn aber beschimpft
mit der noch schwereren Beleidigung:
Lella, also: verächtlicher und verweiblichter Feigling[85],
und dabei dessen schlechten Charakter herausstellen will,
um ihn in seiner Ehre persönlich zu verletzen
und öffentlich zu vernichten,
soll dem Feuer der Hölle verfallen sein.[86]

---

[82] ܪܓܙ, dənergaz (Verb, 3. Person, männlich, Singular, unvollendet, Peal); Wurzel: ܪܓܙ, rgz = wütend sein, provozieren, zürnen

[83] Lamsa verwendet den Begriff „Raca" und erläutert die Bedeutung: „Ich spucke auf dich!" – eine schlimme, herabwürdigende Beleidigung.

[84] ܠܟܢܘܫܬܐ, laknūštā (Substantiv, weiblich, Singular, emphatisch); Wurzel: ܟܢܫ, knš = Synagoge, Rat

[85] ܠܠܐ, lellā (Adjektiv, männlich, Singular, unvollendet, Peal); Wurzel: ܠܠ, ll (lel, lellyā) = verweiblichter Feigling – eine überaus schwere Beleidigung gegenüber einem orientalischen Mann, weil sie grundsätzlich den Charakter des Betroffenen und nicht eine mehr oder weniger bedeutsame Einzeltat im Blick hat. Seine Ehrenhaftigkeit wird beschmutzt. Der Ehre kommt im Orient eine entscheidende Bedeutung im Zusammenleben zu.

[86] ܒܓܝܗܢܐ, bəgīhannā (Substantiv); Wurzel: ܓܗܢ, ghnʾ = Hölle, Gehenna (nicht zu verwechseln mit Scheol, dem Totenreich). Der metaphorisch und idiomatisch zu deutende Begriff „Gehenna" enthält Anklänge an: Bedauern, Bereuen, gedankliche Qualen, mentales Leiden, Selbstvorwürfe usw., ist also nicht wörtlich konkret zu verstehen. (Vgl. Errico, *Es werde Licht*, S. 58 f.; Errico/Lamsa, *Matthew*, S. 71)

Matthäus 5, 23–25

23 *Falls es vorkommen sollte,*
dass du deine Opfergabe zum Altar bringst
und du dich dabei daran erinnerst,
dass dein Bruder irgendeine Beschwerde
gegen dich vorzubringen hat,
24 *so lass deine Gabe dort vor dem Altar liegen.*
Geh zu ihm und schließe zuerst
Frieden mit deinem Bruder,
dann komm zurück und opfere deine Gabe.[87]

25 *Versuche dich ohne Zögern*
mit deinem Gegner auszusöhnen,
solange du mit ihm noch
auf dem gemeinsamen Weg zum Gericht bist.[88]
Sonst könnte dich dein Gegner vor den Richter zerren
und der Richter dürfte dich dem Gerichtsdiener übergeben
und du wirst ins Gefängnis geworfen werden.

---

[87] Streit zwischen Verwandten und Nachbarn waren keine Seltenheit. Der Aufruf zur Versöhnung fokussiert die Erkenntnis, dass Menschen erst dann mit Gott in Harmonie leben können, wenn sie mit ihren Verwandten und Nachbarn Frieden geschlossen haben.

[88] Im Orient gab es nur an wenigen Orten Gerichte. Sie waren also zumeist sehr weit entfernt. Oft waren mehrere Tagesmärsche nötig, die die gegnerischen Parteien oft gemeinsam zu leisten hatten. Während dieser Zeit auf dem manchmal mehrere Tage dauernden Weg zum Richter war es möglich, ins Gespräch zu kommen und eine außergerichtliche Einigung zu erzielen. Gelang dies nicht und hatten die Parteien vor dem Richter zu stehen, drohten beiden Seiten oft unangenehme Konsequenzen, die bis zum finanziellen Ruin führen konnten. Übertragen kann daran gedacht werden, dieses Leben zur Versöhnung zu nutzen, um nicht einst vor Gott, dem „Richter", stehen zu müssen. (Vgl. Lamsa, *Evangelien*, S. 80 ff.)

26 *Wahrhaftig, ich sage dir:*
Du kommst von dort nicht heraus,
bis du den umstrittenen Geldbetrag vollständig bezahlt hast.

27 *Ihr habt gehört,*
dass schon früher gesagt worden ist:
Du sollst nicht die Ehe brechen.

28 *Ich aber sage euch:*
Jeder, der eine unbekleidete Frau ansieht und sie begehrt,
hat in seinem Herzen schon Ehebruch mit ihr begangen.[89]

29 *Wenn dich dein rechtes Auge*[90] *zum Bösen verführt,*
reiß es aus und wirf es weg.[91]

---

[89] ܓܪܗ, *gārāh* (Verb, 3. Person, männlich, Singular, Perfekt, Peal, Suffix: 3. Person, weiblich, Singular); Wurzel: ܓܪ, *gr* = die Ehe brechen, Ehebruch begehen. Lamsa beschreibt in diesem Kontext die Sitte bei orientalischen Frauen, ihren Körper nicht offen zu zeigen sowie ihr Gesicht mit einem Schleier zu verhüllen, um nicht von fremden Männern gesehen zu werden. Selbst beim Baden verhindern separate Badeplätze, dass Frauen und Männer einander nicht unbekleidet sehen. Für den orientalischen Mann bleibe angesichts der gesellschaftlichen Geschlechtertrennung die Frau ein Geheimnis; es gelüstete allerdings zuweilen einen Mann, eine Frau heimlich zu beobachten. Wenn davon die Rede sei, eine Frau anzusehen, dann bedeute das nicht, ihr ins Gesicht zu schauen, sondern auf ihren nackten Körper. Die biblische Szene von Batseba, die von David beobachtet wird, trifft vielleicht am ehesten die gemeinte Situation (2 Sam 11,2 ff.). *Solches* Ansehen einer Frau werde von Jesus verurteilt. (Vgl. Lamsa, *Evangelien*, S. 83)

[90] ܥܝܢܟ, *ʿaynāk* (Substantiv, weiblich, Singular, emphatisch, Suffix: 2. Person, männlich, Singular); Wurzel: ܥܝܢ, *ʿyn* = Auge; es hat im Orient eine metaphorische Bedeutung. Die Redewendung „Wende dein Auge von meinem Sohn ab", bedeutet so viel wie: „Beneide meinen Sohn nicht." Die Zahl an Beispielen könnte vermehrt werden. Es geht hier in diesem Vers also nicht um physische Selbstverstümmelung, sondern um einen übertragenen tieferen Sinn.

[91] Man könnte den gemeinten Sinn der Redewendung auch in folgender Weise transponieren: Tue nichts Böses mehr.

Matthäus 5, 30

Denn es ist besser für dich,
eines deiner Glieder zu verlieren,
als zu erfahren,
dass dein ganzer Leib in die Hölle[92] stürzt.

Diese Redewendung bedeutet:

Werde dir bewusst,
dass du etwas tust,
das nicht recht ist,
und dann:
Lass es sein.[93]

30 *Und wenn dich deine rechte Hand zum Bösen verführt,*
dann hau sie ab und wirf sie weg.[94]
Denn es ist besser für dich,
eines deiner Glieder zu verlieren,
als zu erleben,
dass dein ganzer Leib zur Hölle fährt.

Diese Redewendung bedeutet:

---

[92] ܓܗܢܐ, bəgīhannā (Substantiv); Wurzel: ܓܗܢ, ghnᵓ = Hölle, Gehenna (nicht zu verwechseln mit Scheol, dem Totenreich). Der metaphorisch und idiomatisch zu deutende Begriff „Gehenna" enthält Anklänge an: Bedauern, Bereuen, gedankliche Qualen, mentales Leiden, Selbstvorwürfe usw., ist also nicht wörtlich konkret zu verstehen. (Vgl. Errico, *Es werde Licht*, S. 58 f.; Errico/Lamsa, *Matthew*, S. 71)

[93] Sinnerhellender Zusatz des Übersetzers.

[94] Zum Verständnis ist es wichtig zu wissen, dass es sich um eine aramäische Redewendung handelt, die keinesfalls wörtlich gemeint ist. „Hacke deine Hand ab von meinem Weingarten!", meint: Halte dich fern von meinen Trauben. „Seine Hand ist zu lang" (vgl. „Langfinger"), charakterisiert jemanden als Dieb. „Verkürze deine Hand", meint: Stiehl nicht. Die Hand steht für die physische Ausführung eines Gedankens.

Wenn du daran denkst,
etwas zu tun,
das nicht recht ist,
lass nicht zu, dass
aus Gedanken Taten werden.[95]

31 *Ferner ist früher gesagt worden:*
Wer seine Frau aus der Ehe entlässt,
muss ihr eine Scheidungsurkunde geben.[96]

32 *Ich aber sage euch:*
Wer seine Frau entlässt,
obwohl sie selbst die Ehe nicht gebrochen hat,
veranlasst sie die bestehende Ehe zu brechen.
Wer eine Frau heiraten will,
die getrennt lebt, aber noch nicht geschieden ist,
bricht ihre noch bestehende Ehe.

33 *Nochmals:*

Ihr habt gehört,
dass früher gesagt worden ist:
Du sollst keinen Meineid
schwören.
Und: Du sollst halten,
was du dem Herrn
geschworen hast.

---

[95] Sinnerhellender Zusatz des Übersetzers.

[96] In einigen orientalischen Völkern ist es üblich, dass Männer sich von ihren Frauen scheiden lassen können, ohne dass moralische oder juristische Gründe vorliegen müssen. Insofern haben die Frauen eine lange erniedrigende Geschichte hinter sich. Jesus unterstützt die Rechte der Frauen.

Matthäus 5, 34–39

34 *Ich aber sage euch:*

Schwört überhaupt nicht,
weder beim Himmel,
denn er ist Gottes Thron,
35 *noch bei der Erde,*
denn sie ist der Schemel seiner Füße,
noch bei Jerusalem,
denn es ist die Stadt eines[97] großen Königs.
36 *Auch bei deinem Haupt sollst du nicht schwören.*
Denn du kannst selbst kein einziges Haar erschaffen,
sei es weiß oder schwarz.

37 *Eure Rede sei: Ja ja, nein nein.*
Was darüber hinausgeht,
ist unehrlich[98].

38 *Ihr habt gehört,*
dass gesagt worden ist:
Ein Auge für ein Auge und einen Zahn für einen Zahn.[99]

39 *Ich aber sage euch:*

---

[97] So bei Lamsa; sonst wird der bestimmte Artikel verwendet.

[98] ܒܝܫܐ, *bīšā* (Adjektiv, männlich, Singular); Wurzel: ܒܐܫ, *bᶜš* = falsch, unehrlich, irreführend, böse. Die Methode des Feilschens ist im Orient verbreitet, birgt aber im Geschäftsverkehr den Nachteil mangelnder Harmonie und Eindeutigkeit.

[99] Dieser jüdische Rechtssatz, der die Wiedergutmachung des angerichteten Schadens begrenzte, war also für den, der den Schaden anrichtete, bedeutsam. Hier bei Matthäus wird dieser Rechtssatz umgedeutet und auf den, der unrechtmäßig Schaden erleiden musste, bezogen. Daraus ergibt sich ab Vers 39 die Antithese: „Ich aber sage euch …"

*Leistet dem, der euch etwas Böses antut,
keinen Widerstand[100],
sondern wenn dich einer auf die rechte Wange schlägt,
dann halt ihm auch die andere hin.*

40 *Und wenn dich einer vor Gericht bringen will,
um dir das Hemd wegzunehmen,
dann lass ihm auch den Mantel[101].*

41 *Und wenn dich einer zwingen will,
eine Meile mit ihm zu gehen,
dann geh zwei mit ihm.[102]*

42 *Wer dich bittet,
dem gib.
Und wer von dir borgen will,
den weise nicht ab.*

43 *Ihr habt gehört,
dass gesagt worden ist:
Liebe deinen Freund,
aber hasse deinen Feind.*

44 *Ich aber sage euch:*

---

[100] ܠܘܩܒܠ, *lūqbal* (Partikel); Wurzel: ܩܒܠ, *qbl* = dagegen (sein), Widerstand (leisten), Gegenteil, Gegenseite

[101] Kleidungsstücke haben im Orient oft auch die Funktion eines Sicherheitspfands. Vor Gericht sind Kleidungsstücke nach Aufforderung abzugeben, sollen weiterreichende Konsequenzen vermieden werden.

[102] Im Römischen Reich war es üblich, dass die Bevölkerung verpflichtet war, z. B. Marschgepäck der Besatzungssoldaten eine Meile zu transportieren. Wenn sich ein so gezwungener Lastenträger bereit erklärte, sogar zwei Meilen die Lasten zu tragen, entspann sich oft ein Gespräch über dieses Verhalten der „Übergebühr". Warum sollte im besetzten Land jemand den ansonsten verhassten Besatzern diese Hilfe, diese Freundlichkeit erweisen? Demut und Sanftmut sollten zu mehr Glück und Frieden führen. Keinen Widerstand zu leisten, ist ein Weg dahin.

Matthäus 5, 45–47

Seid gut zu euren Feinden
und segnet[103] und betet für die,
die euch verfluchen, verschleppen und verfolgen,
45 *damit ihr Söhne[104] Gottes, eures 'Abbā[105],*
des liebevollen Vaters[106], *werdet.*
Denn er lässt seine Sonne aufgehen
über Bösen und Guten
und er lässt regnen über Gerechte[107] und Ungerechte[108].
46 *Wenn ihr nämlich nur die liebt, die euch lieben,*
welchen Lohn erwartet ihr?
Tun das nicht auch die Steuereintreiber[109]?
47 *Und wenn ihr nur eure Geschwister[110] grüßt,*
was tut ihr damit Außergewöhnliches?
Tun das nicht auch die Steuereinnehmer?

---

[103] ܘܒܪܟ, *wəbarrek* (Verb, 2. Person, männlich, Plural, Imperativ); Wurzel: ܒܪܟ, *brk* = segnen,

[104] Lamsa spricht in seiner Übertragung von ܒܢܘܗܝ, *benawa* ins Englische nur von „Söhnen".

[105] ܕܐܒܘܟܘܢ, *dabūkon* (Substantiv, Singular, Suffix in der 2. Person, Plural, männlich, emphatisch); Wurzel: ܐܒ, *ʾb, ʾbʾ* = Vater, *ʾAbbā*, als liebevolle Anrede den Eltern gegenüber

[106] Apposition zur Erläuterung vom Übersetzer ergänzt.

[107] ܟܐܢܐ, *kīne* (Adjektiv, männlich, Plural, emphatisch); Wurzel: ܟܢ, *kʾn* (kēn) = gerecht

[108] ܥܘܠܐ, *ʿawāle* (Adjektiv, männlich, Plural, emphatisch); Wurzel: ܥܘܠ, *ʿwl, ʿwlʾ* (*ʿawwāl, ʿawwālā*) = ungerecht

[109] ܡܟܣܐ, *mākse* (Substantiv, männlich, Plural, emphatisch); Wurzel: ܡܟܣ, *mks, mksʾ* (*mākes, māksā*) = Zöllner, Steuereintreiber, Steuereinnehmer usw.

[110] ܕܐܚܝܟܘܢ, *daḥaykon* (Substantiv, männlich, Plural, emphatisch, Suffix: 2. Person, männlich, Plural); Wurzel: ܐܚ, *ʾḥ, ʾḥʾ* (*ʾaḥ, ʾaḥā* [Plural: *ʾaḥḥīn*]) = Bruder; im Plural auch: Geschwister, Genossen

[111] ܓܡܝܪܐ, *gəmīre* (Adjektiv, 3. Person, männlich, Plural, emphatisch); Wurzel: ܓܡܪ, *gmr* = perfekt, vollkommen, gereift, komplett, abgeschlossen, insgesamt, ganzheitlich, umfassend, übergreifend. Für Errico ist die ganzheitliche und um-

48 *Handelt also ganzheitlich[111],*
richtet den Blick auf alle *Menschen,*
so wie Gott, euer ʾAbbā[112], der liebevolle Vater[113]*,*
übergreifend und umfassend[114] auf alle Menschen schaut.

Almosen

6 1 *Seid sorgfältig darauf bedacht,*
das Gute, das ihr tut[115],
nicht zur Schau zu stellen,
damit es gesehen wird.
Sonst erhaltet ihr keinen Lohn von Gott,
eurem ʾAbbā[116], dem doch so liebevollen Vater[117]*.*

---

fassende Perspektive im vorliegenden Kontext entscheidend (vgl. zur Begriffsbedeutung: Errico, *Treasures*, S. 24 f.).

[112] ܐܒܘܟܘܢ, *daḇūḵon* (Substantiv, Singular, Suffix in der 2. Person, Plural, männlich, emphatisch); Wurzel: ܐܒ, *ʾb*, *ʾbʾ* = Vater, ʾAbbā als liebevolle Anrede den Eltern gegenüber

[113] Apposition zur Erläuterung vom Übersetzer ergänzt.

[114] ܓܡܝܪ, *gəmīr* (Verb, 3. Person, männlich, Singular, Partizip passiv, Peal); Wurzel: ܓܡܪ, *gmr* = perfekt, vollkommen, gereift, komplett, abgeschlossen, insgesamt, ganzheitlich, umfassend; Gottes „Vollkommenheit" und die der Menschen sind natürlich nicht miteinander zu vergleichen. Gottes „Eigenschaften" dienen den Menschen zum Vorbild. Für Errico ist die ganzheitliche und umfassende Perspektive im vorliegenden Kontext entscheidend (vgl. zur Begriffsbedeutung: Errico, *Treasures*, S. 24 f.).

[115] ܒܙܕܩܬܟܘܢ, *bəzeḏqaṯkon* (Substantiv, weiblich, Singular, emphatisch, Suffix: 2. Person, männlich, Plural); Wurzel: ܙܕܩ, *zdq* = Nächstenliebe, Almosengeben, Almosen

[116] ܐܒܘܟܘܢ, *daḇūḵon* (Substantiv, Singular, Suffix in der 2. Person, Plural, männlich, emphatisch); Wurzel: ܐܒ, *ʾb*, *ʾbʾ* = Vater, ʾAbbā als liebevolle Anrede den Eltern gegenüber

[117] Apposition zur Erläuterung vom Übersetzer ergänzt.

Matthäus 6, 2–5

2 *Wenn du Almosen gibst,*
posaune es nicht heraus,
wie es Scheinheilige[118]
in den Synagogen
und auf den Marktplätzen tun,
um von den Leuten geehrt zu werden.

Amen, ich sage euch:

Sie haben ihren Lohn bereits erhalten.
3 *Wenn du Almosen gibst, lass deine linke Hand*
nicht wissen, was deine rechte tut,
4 *sodass dein Almosen verborgen[119] bleibt.*
Und Gott, dein 'Abbā[120], der liebevolle Vater[121], der auch
Verborgenes sieht, wird es dir ganz öffentlich[122] ausgleichen[123].

Beten und Gebet – Vaterunser

5 *Wenn ihr betet,*
macht es nicht wie Schauspieler[124],
die sich beim Gebet gern

---

[118] ܒܐܦܐ, *bappe* (Substantiv, weiblich, Plural, emphatisch); Wurzel: ܐܦܐ, *ʾpʾ* = Heuchler, Scheinheiliger, Schauspieler, Komödiant usw.

[119] ܒܟܣܝܐ, *bəkesyā* (Substantiv, männlich, Singular, emphatisch, Peal); Wurzel: ܟܣܐ, *ksy, ksyʾ* (*ksē, kesyā*) = verborgen, versteckt

[120] ܐܒܘܟ, *waḇūḵ* (Substantiv, männlich, Singular, emphatisch, Suffix: 2. Person, männlich, Singular); Wurzel: ܐܒ, *ʾb, ʾbʾ* (*ʾaḇ, ʾabbā/ʾaḇā*) = Vater, ʾAbbā, als liebevolle Anrede den Eltern gegenüber

[121] Apposition zur Erläuterung vom Übersetzer ergänzt.

[122] ܒܓܠܝܐ, *bəgelyā* (Partikel); Wurzel: ܓܠ, *bglʾ* = offen, öffentlich, erkennbar, sehbar

[123] ܢܦܪܥܟ, *nepraʿāḵ* (Verb, 3. Person, männlich, Singular, unabgeschlossen, Peal, Suffix: 2. Person, männlich, Singular); Wurzel: ܦܪܥ, *prʿ* = ausgleichen, kompensieren (in Anlehnung an Etheridge); belohnen (in Anlehnung an Lamsa)

*in die Synagogen
und an die Straßenecken stellen,
damit sie von den Leuten gesehen werden.*

Wahrlich, ich sage euch:

Sie haben ihren Lohn bereits erhalten.

6 *Du aber, wenn du betest,
geh in einen vom übrigen Haus abgetrennten Raum[125],
schließ die Tür zu und bete zu deinem Vater,
der verborgen ist.
Dein Vater, der auch ins Verborgene sieht,
wird dich dann offen sichtbar belohnen.*

7 *Und wenn ihr betet, seid nicht langatmig wie diejenigen,
die nicht auf Gott vertrauen[126], weil sie meinen,
sie würden nur erhört, wenn sie viele Worte machen.*
8 *Macht es nicht so wie sie.
Denn euer Vater weiß bereits, was ihr braucht,
noch ehe ihr ihn darum bittet.*

9 *Daher betet so:*

---

[124] Oft auch übersetzt mit: Heuchler.

[125] ܠܬܘܢܟ, *ləṯawānāḵ* (Substantiv, männlich, Singular, emphatisch, Suffix: 2. Person, männlich, Singular); Wurzel: ܬܘܢ, *twnʾ* (*tawwān, tawwānā*) = Kammer, Zimmer, Raum. Lamsa erläutert, es handele sich um einen kleinen Raum in einem Haus, der dazu dient, im Inneren Vorräte und Wertsachen aufzubewahren. Da es sonst im Hause keine Privatsphäre gäbe, könne man nur ins „Kämmerlein" gehen, wenn man beim Beten nicht gestört werden wollte. Ansonsten war alles Tun im Haus den Augen der anderen preisgegeben. (Vgl. Lamsa, *Evangelien*, S. 92)

[126] ܚܢܦܐ, *ḥanpe* (Adjektiv, männlich, Plural, emphatisch); Wurzel: ܚܢܦ, *ḥnp, ḥnpʾ* (*ḥnep̄, ḥanpā*) = gottlos, fremd, weltlich, heidnisch

Matthäus 6, 10–14

>*ʾAḇon dəḇašmayyā*[127]

Unser Gott, unser ʾAbbā, unser liebevoller Vater[128]*,
geheiligt werde dein Name*[129]*.*
10 *Deinem Ratschlag*[130] *soll gefolgt werden.
Dein Wille geschehe
wie im Himmel, so auf der Erde.*
11 *Gib uns das Brot*[131]*, das wir Tag für Tag brauchen.*
12 *Und erlass uns unsere Schulden*[132]*,
wie auch wir sie unseren Schuldnern erlassen haben.*[133]
13 *Und lass uns nicht in Versuchung geraten*[134]
und befreie uns von Irrtum und Fehlern.[135]
Denn dein ist der Rat[136] *und die Kraft*[137] *und die Herrlichkeit*[138]
*in alle Ewigkeit.
Amen.*[139]

14 *Wenn ihr den Menschen
ihre charakterlichen Schwächen vergebt,
dann wird Gott, euer ʾAbbā*[140]*,
der liebevolle Vater*[141]*,
auch euch vergeben.*

---

[127] Jesus bewegte sich innerhalb einer jüdischen Sprachmöglichkeit. Er redet Gott mit „ʾAbbā" an, der für das Judentum immer schon – auch – Vater gewesen sei. (So etwa Ulrich Luz, *Das Matthäusevangelium*. Bd. 1, S. 341.) Dass die Anrede ʾAbbā nicht nur kleinen Kindern vorbehalten war, vertritt die amerikanische Exegetin Mary Rose d'Angelo, die es in den einprägsamen Slogan gebracht hat: „Abba isn't daddy". Ihr Argument: Im Griechischen gebe es stets die Übersetzung „ho pater", obwohl dieses auch den Begriff „pappas" als „babytalk" kenne (vgl. Mary Rose d'Angelo, „Abba isn't Daddy", S. 615 f.). Wird der griechische Text des Neuen Testaments zugrunde gelegt, mag diese Argumentation zutreffen. Das Syro-Aramäische lässt allerdings viele Möglichkeiten offen. Hier entscheidet der Kontext, wie ein Begriff zu deuten ist. Wie dies im Einzelnen auch zu sehen sei, „ʾabbā" beinhaltet im Judentum zur Zeit Jesu grundsätzlich

eine sehr enge positive Beziehung zwischen einander Nahestehenden. Es ist die Anrede an eine geliebte Person. Die Form „ʾAbon" (auch: „ʾAbun") verwendet die Grundform „ʾabbā" und stellt mit dem possessiven Suffix den Gemeinschaftsbezug heraus: „*unser ʾabbā*".

Die Vorstellung von einem gütigen und liebenden Gott ist auch in der jüdischen Tradition, z. B. in der Liturgie, fest verwurzelt.

Das Gebet אָבִינוּ מַלְכֵּנוּ – Awinu Malkenu, unser Vater, unser König", das am Jom Kippur (Versöhnungstag) eine Rolle spielt, enthält viermal die Anrede „Unser Vater". Auch der Ausdruck „Unser Vater im Himmel" besteht in jüdischer Gebetstradition von der Antike an. Die jüdische Überlieferung hat mit dieser Anrede Gottes eine Metapher gewählt, bei der die liebevolle Zuneigung Gottes im partnerschaftlichen Umgang von Gott und Mensch zum Ausdruck kommt.

Das Gebet, das Jesus spricht, nimmt seine Jünger als Kinder Gottes mit in die Gottesbeziehung hinein. Das bedeutet nicht unbedingt, als ein kleines Kind betrachtet zu werden, es geht vielmehr um die innige und nahe Beziehung zu Gott.

Die Übersetzung von *dəḇašmayyā* mit „unser Gott" soll verdeutlichen, dass Matthäus „unseren irdischen Vater" vom himmlischen Vater, also „Gott", abgrenzen will. „Himmel" steht als Umschreibung bei Matthäus stets für den nur mit Ehrfurcht und Zurückhaltung verwendeten Begriff „Gott".

[128] ܐܒܘܢ, *ʾaḇon* (Substantiv, männlich, Singular, emphatisch, Suffix: 1. Person, Plural); Wurzel: ܐܒ, *ʾḇ* = *abbo* (westsyrisch) bzw. *abba* (ostsyrisch), eine intime Anrede eines Elternteils, zumeist des Vaters, aber nicht nur, ܐܒܘܢ, *ʾaḇon/ʾaḇun* ist mit dem Possessiv-Suffix (Nominativ Plural) im Ostsyrischen und Westsyrischen identisch. Apposition zur Erläuterung vom Übersetzer ergänzt.

[129] ܫܡܟ, *šəmāḵ* (Substantiv, männlich, Singular, emphatisch, Suffix: 2. Person, männlich, Singular); Wurzel: ܫܡ, *šm* = Name, Ruhm, Ansehen usw.

[130] ܡܠܟܘܬܐ, *malkūṯā* (Substantiv, weiblich, Singular, emphatisch); Wurzel: ܡܠܟ, *mlkw, mlkwtʾ* = Reich, Herrschaftsform, Königtum; Errico übersetzt die Wurzel ܡܠܟ, *mlkw, mlkwtʾ* von ܡܠܟܘܬܐ, *malkūṯā* mit „Ratschlag" bzw. „Rat" (vgl. Errico, *Treasures*, S. 12 f.).

[131] ܠܚܡܐ, *laḥmā* (Substantiv, männlich, Singular, emphatisch); Wurzel: ܠܚܡ, *lḥm, lḥmʾ* = Brot, Nahrung. In der orientalischen Welt ist Brot Hauptnahrungsmittel. Brot zu essen, stiftet Gemeinschaft. „Brot" hat metaphorische Bedeutung: es steht für Leben. Sich in dieser Bitte auf das Nötige zu beschränken, impliziert das Vertrauen, dass Gott sich liebend auch am nächsten Tag um die Menschen sorgt.

Matthäus 6, 10–14

[132] Eingeschlossen ist auch die Schuld, die vergeben werden soll.

[133] ܫܒܩܢ, *šəḇaqn* (Verb, 1. Person, Plural, Perfekt, Peal); Wurzel: ܫܒܩ, *šḇq* = vergeben, erlassen; es handelt sich grammatisch um Perfekt, daher übersetzt Lamsa mit „erlassen haben" und nicht wie Etheridge und Murdock, die eine Formulierung im Präsens wählen.

[134] ܠܢܣܝܘܢܐ, *lənesyūnā* (Verb, 2. Person, männlich, Singular, unvollendet, Áphel, Suffix: 1. Person, Plural); Wurzel: ܢܣ, *nsʾ* = hinein geraten lassen, hineinführen, hineinkommen; grammatisch handelt es sich – wie gesagt – um einen Áphel, der es ermöglicht, den Ausdruck im Sinne des Zulassens und/oder Zufügens zu interpretieren. Lamsa entscheidet sich aus dem Kontext für das Zulassen. Der Kontext gibt ihm recht (vgl. ebenso Lk 11,4).

[135] ܒܝܫܐ, *bīšā* (Adjektiv, männlich, Singular, emphatisch); Wurzel: ܒܫ, *bʾš* = schlecht, falsch, irrtümlich, fehlerhaft, an Materielles gebunden. Wahrscheinlich dürfte hier im Vaterunser bei *bīšā* „Fehler" oder „Irrtum" gemeint sein. Demnach soll Gott uns von Fehlern (z. B. einer zu materialistischen Haltung) fernhalten. Wir sollen davon „befreit" sein. Und wenn wir Fehler begehen, kann er uns auf den rechen Weg zurückführen. So etwa Errico. Die Mehrdeutigkeit vieler syro-aramäischer Begriffe so wie hier bei *bīšā* lässt allerdings verschiedenste Interpretationen zu, die zu diskutieren sind. (Vgl. Rocco A. Errico, *Das aramäische Vaterunser*)

[136] ܡܠܟܘܬܐ, *malkūṯā* (Substantiv, weiblich, Singular, emphatisch); Wurzel: ܡܠܟ, *mlkw, mlkwtʾ* = Reich, Herrschaftsform, Königtum; Errico übersetzt die Wurzel ܡܠܟ, *mlkw, mlkwtʾ* von ܡܠܟܘܬܐ, *malkūṯā* mit „Ratschlag" bzw. „Rat" (vgl. Errico, *Treasures*, S. 12 f.). Impliziert ist natürlich auch „Reich", „Herrschaft", „Königtum" und „Stärke".

[137] ܘܚܝܠܐ, *wəḥaylā* (Substantiv, männlich, Singular, emphatisch); Wurzel: ܚܝܠ, *ḥyl, ḥylʾ* (*ḥayl/ḥēl, ḥaylā*) = Macht, Stärke, Kraft, gewaltige Arbeit, Vorzug

[138] ܘܬܫܒܘܚܬܐ, *wəṯešbūḥtā* (Substantiv, weiblich, emphatisch); Wurzel: ܫܒܚ, *šbḥ* (*te/ušbḥā; tešboḥtā, tušbaḥtā*) = Lob, Ruhm

[139] Vgl. auch das Nachwort, in dem es um das Vaterunser und vor allem die sechste Bitte geht.

[140] ܕܐܒܘܟܘܢ, *daḇūḵon* (Substantiv, männlich, Singular, emphatisch, Suffix: 2. Person, männlich, Plural); Wurzel: ܐܒ, *ʾb* = Vater, *ʾAbbā* als liebevolle Anrede den Eltern gegenüber

[141] Apposition zur Erläuterung vom Übersetzer ergänzt.

15 *Wenn ihr aber den anderen nicht vergebt,*
   dann wird Gott, euer ʾAbbā,
   eure eigenen Schwächen und Fehler
   euch auch nicht vergeben.

Fasten

16 *Wenn du fastest,*
   mach kein trauriges Gesicht wie Schauspieler[142],
   die ihr Aussehen bewusst vernachlässigen,
   damit die Leute merken,
   dass sie fasten.

   Wahrlich, ich sage dir:
   Sie haben ihren Lohn bereits empfangen.

17 *Wenn du fastest,*
   wasche dein Gesicht und mache dich frisch,
18 *damit die Leute nicht merken,*
   dass du fastest,

   vielmehr nur dein ʾAbbā,
   der liebevolle Vater[143],
   der im Verborgenen ist.
   Und dein ʾAbbā, der das Verborgene sieht,
   wird es dir gegenüber offen sichtbar ausgleichen[144].

---

[142] Auch häufig übersetzt mit: Heuchler.

[143] Apposition zur Erläuterung vom Übersetzer ergänzt.

[144] ܢܦܪܥܟ, *neprəʿāk̠*; Wurzel: ܦܪܥ, *prʿ* = ausgleichen, kompensieren, wiedergutmachen, belohnen

Matthäus 6, 19–23

Vorsorge

19 *Sammelt zu eurer Vorsorge nicht Silber- und Goldmünzen*
und begrabt sie nicht unter der Erde an einem Ort,
wo sie von Feuchtigkeit angegriffen
oder gar zersetzt werden.

Sammelt auch keine kostbaren Kleidungsstücke,
die in geheimen Kammern gelagert werden,
wo sie von Motten und Insekten zerfressen werden.
Auch Diebe können einbrechen und eure Schätze stehlen.

20 *Statt dessen sammelt Schätze bei Gott,*
wo sie nicht auf solche Weise wertlos werden
und wo keine Diebe einbrechen
und sie stehlen.

21 *Denn wo*
euer Schatz ist,
da seid ihr auch
mit eurem Herzen[145].

22 *Das Auge ist die Leuchte des Leibes.*
Wenn dein Auge klar ist,
dann wird dein ganzer Leib
erleuchtet sein.

23 *Wenn aber dein Auge*
erkrankt ist,
dann wird dein ganzer Leib
finster sein.

---

[145] ܠܒܟܘܢ, lebbəḵon (Substantiv, männlich, Singular, emphatisch, Suffix: 2. Person, männlich, Plural); Wurzel: ܠܒ, lb, lbʾ (leḇ, lebbāʾ) = Herz; Etheridge verwendet bei seiner Übersetzung den Plural „Herzen".

*Wenn nun das Licht in dir
dunkel ist,
wie groß muss dann
deine innere Finsternis sein?*

24 *Niemand kann zwei Herren dienen:*

*Er wird entweder den einen ablehnen
und den andern mögen
oder er wird den einen ehren
und den andern vernachlässigen.[146]*

*Ihr könnt nicht Gott dienen
und dem Geld[147].*
25 *Aus diesem Grund
sage ich euch:*

*Sorgt euch nicht um euer Leben,
was ihr essen oder trinken sollt,
noch um euer Äußeres[148],
was ihr anziehen sollt.*

---

[146] ܢܫܘܛ, *nəšūṭ*; Wurzel: ܫܛ, *šṭ* = vernachlässigen; auch: hassen. In diesem Kontext ist „hassen" allerdings nicht passend. Bezug genommen wird auf die nicht seltene Situation, dass ein Hausvater stirbt und mehrere Söhne hinterlässt. Da alle in einem Haus weiter zusammenleben, entsteht für die Sklaven eine schwierige Situation, nun anstatt einem Herrn mehreren Herren dienen zu müssen. Rechtlich hat natürlich der älteste Sohn eine Vorrangstellung.

[147] ܘܠܡܡܘܢܐ, *walmāmūnā* (Substantiv, männlich, Singular, emphatisch); Wurzel: ܡܡܘܢ, *mmwn, mmwnʾ* = Mammon, Geld usw.

[148] ܠܦܓܪܟܘܢ, *ləp̄aḡrəḵon* (Substantiv, männlich, Singular, emphatisch, Suffix: 2. Person, männlich, Plural); Wurzel: ܦܓܪ, *pgr, pgrʾ* (*pəḡar, pag̱rā* = Körper, Leib, Leiche, Äußeres, Äußerliches

Matthäus 6, 26–29

Ist nicht das Leben mehr
als die Nahrung
und der Körper mehr
als die Kleidung?

26 *Seht auf die Vögel in der Luft:*
Sie säen nicht,
sie ernten nicht
und legen keine Vorräte in Scheunen an.

Und doch ernährt sie Gott, ʾAbbā,
der liebevolle Vater[149].
Seid ihr nicht viel wichtiger
als sie?

27 *Gibt es jemanden unter euch,*
der in der Lage ist,
mit all seiner Sorge sein Leben
auch nur um ein wenig Zeit zu verlängern?

28 *Warum sorgt ihr euch*
um eure Kleidung?
Betrachtet die Blumen des Feldes,
wie sie wachsen:

Sie kennen
keine harte Arbeit
und schuften nicht
bis zum Umfallen.

29 *Doch ich sage euch:*
Selbst Salomo war

---

[149] Apposition zur Erläuterung vom Übersetzer ergänzt.

in all seiner Herrlichkeit
nicht gekleidet wie eine von ihnen.

30 *Wenn aber Gott schon das Gras*
mit solcher Pracht ausgestattet hat,
das ja heute noch wächst
und morgen schon ins Feuer geworfen wird.

Wie viel mehr sorgt sich Gott
um euch:
Wagt ihm mehr zu vertrauen[150].
31 *Macht euch deshalb keine Sorgen.*

Fragt auch nicht:
Was sollen wir essen?
Was sollen wir trinken?
Was sollen wir anziehen?

32 *Denn nach alldem streben auch Menschen,*
die nicht auf Gott vertrauen.
Gott, euer ʾAbbā, der liebevolle Vater[151],
weiß, dass ihr das alles auch nötig habt.

33 *Sucht aber zuerst Gottes Rat[152],*
seiner Herrschaft,
und seiner Gerechtigkeit zu genügen.
Dann wird euch alles andere dazugegeben.

---

[150] Im Text der Peschitta ist dieser letzte Ausdruck negativ formuliert: ܙܥܘܪܝ ܗܝܡܢܘܬܐ, *zəʿūray haymānūtā* = kleingläubig.

[151] Apposition zur Erläuterung vom Übersetzer ergänzt.

[152] ܡܠܟܘܬܐ, *malkūtā* (Substantiv, weiblich, Singular, emphatisch); Wurzel: ܡܠܟ, *mlkw, mlkwʾ* = Reich, Herrschaftsform, Königtum; Errico übersetzt die Wurzel ܡܠܟ, *mlkw, mlkwʾ* von ܡܠܟܘܬܐ, *malkūtā* mit „Ratschlag" bzw. „Rat" (vgl. Errico, *Treasures*, S. 12 f.).

34 *Sorgt euch also nicht um morgen.*
Denn der morgige Tag wird für sich selbst sorgen.
Jeder Tag macht für sich allein genug Mühe[153]
und bereitet jeweils eigene Schwierigkeiten.

Richten

7 1 *Richtet nicht,*
damit ihr nicht gerichtet werdet.
2 *Denn so wie ihr richtet,*
werdet ihr gerichtet werden.

An den Maßstäben,
mit denen ihr messt,
werdet auch ihr selbst
gemessen werden.

3 *Warum siehst du den Splitter*
im Auge deines Bruders,
aber bemerkst den Balken
in deinem eigenen Auge nicht?

4 *Wie kannst du zu deinem Bruder sagen:*
Lass mich den Splitter
aus deinem Auge herausziehen.
Doch in deinem eigenen Auge steckt ein Querbalken.

5 *Du Komödiant[154], zieh zuerst den Balken aus deinem Auge,*
dann kannst du klar sehen und bedenken,

---

[153] ܣܦܩ, *sāpeq* (Verb, 3. Person, männlich, Singular, Partizip aktiv, Peal); Wurzel: ܣܦܩ, *spq* = ausreichen, genügen, genug sein

[154] Häufig auch übersetzt mit: Heuchler.

wie du den Splitter aus dem Auge deines Bruders herausziehen kannst.

Heiliges

6 *Gebt Heiliges nicht den Hunden
und werft eure Perlen
nicht den Schweinen vor,
da sie diese nicht fressen können.*

*Durch dieses Nahrungsangebot frustriert,
könnten die Schweine die wertvollen Perlen
sogar mit ihren Füßen zertreten,
sich umwenden, euch angreifen und zerreißen.*[155]

Vertrauen

7 *Bittet,
und es wird euch gegeben.
Sucht,
und ihr werdet finden.
Klopft an,
und es wird euch geöffnet.*

8 *Denn jeder,
der bittet,
empfängt.*

---

[155] Hunde werden im Orient eher verabscheut, Schweine gelten im Judentum sogar als „unrein". Metaphorisch geht es um Debatten der Jünger mit Menschen, die ihren Gedanken nicht folgen können, nicht zu ihrem Kreis dazugehören. Denen gegenüber ist es besser zu schweigen oder die Thematik so einfach darzubieten, dass sie diese fassen können.

*Jeder,
der sucht,
findet.
Jedem,
der anklopft,
wird geöffnet.*

9 *Oder ist einer unter euch,
der seinem Sohn einen Stein gibt,
wenn er um Brot bittet,*
10 *oder eine Schlange,
wenn er um einen Fisch bittet?*

11 *Wenn nun ihr,
die ihr irren könnt und Fehler macht,
in der Lage seid,
euren Kindern
Gutes zu tun*[156]*,*

*um wie viel mehr
wird Gott, euer ʾAbbā,
der liebevolle Vater*[157]*,
denen Gutes tun,
die ihn bitten?*

Kern von Tora und Propheten

12 *Alles, was ihr wollt,
dass euch die Menschen tun,
das tut auch ihnen.
Das ist der Kern von Tora und Propheten.*

---

[156] Wörtlich: gute Gaben bzw. Geschenke zu geben.
[157] Apposition zur Erläuterung vom Übersetzer ergänzt.

Matthäus 7, 13–15

Zwei Wege

13 *Tretet ein durch die enge Tür.[158]*
Denn weit ist die Tür
und breit ist die Straße[159],
die zum Untergang führen.

Es sind viele,
die auf ihr reisen.

14 *Wie eng ist doch die Tür*
und wie schmal ist doch die Straße,
die zum Leben[160]
weist[161].

Es sind nur wenige,
die dort zu finden sind.

Falsche Propheten

15 *Hütet euch*
vor den falschen Propheten,
die zu euch in Schafskleidern kommen,
im Inneren aber raubgierige Wölfe sind.

---

[158] Türen sind im Orient oft eng und niedrig. Man denke etwa an den Eingang zur Geburtskirche in Bethlehem.

[159] ܐܘܪܚܐ, ʾūrḥā (Substantiv, weiblich, Singular, emphatisch); Wurzel: ܐܪܚ, ʾwrḥʾ, ʾwrḥ = Weg, Straße, Schnellstraße, Hauptstraße

[160] ܠܚܝܐ, ləhayye (Substantiv, männlich, Plural, emphatisch); Wurzel: ܚܝ, ḥyʾ (ḥayyīn, ḥayyē) = Leben, Heil, Erlösung, Rettung

[161] ܕܡܘܒܠܐ, dəmawbəlā (Verb, 3. Person, weiblich, Singular, Partizip aktiv, Áphel); Wurzel: ܝܒܠ, ybl = führen, kommen lassen, leiten, bringen. Hier wird das Dop-

Matthäus 7, 16–21

16 *Ihr werdet falsche von echten*
an ihren Früchten unterscheiden.
Erntet man etwa von Dornen Trauben
oder von Disteln Feigen?

17 *Jeder gute Baum*
trägt gute Früchte,
ein schlechter Baum
aber trägt schlechte Früchte.

18 *Ein guter Baum kann*
keine schlechten Früchte hervorbringen
und ein schlechter Baum
keine guten.

19 *Jeder Baum,*
der keine guten Früchte hervorbringt,
wird umgehauen
und ins Feuer geworfen.

20 *An ihren Früchten also*
werdet ihr die falschen Propheten erkennen.

Gottes Rat folgen

21 *Nicht jeder,*
der zu mir sagt:
Herr, Herr,
wird in Gottes Nähe gelangen.

---

pelgesicht des Áphel schön deutlich: Die Straße führt zum Ziel, aber auch: Sie lässt den Wanderer am Ziel ankommen. Aktivum oder/und Zulassen sind beide möglich.

Aber derjenige,
der den Rat Gottes, meines ʾAbbā,
des liebevollen Vaters, befolgt[162]*,*
wird in Gottes Nähe gelangen.

22 *Sehr viele werden an jenem Tag zu mir sagen:*
Herr, Herr,
haben wir nicht in deinem Namen
so gepredigt, wie es die Propheten taten?

Haben wir nicht in deinem Namen
Böses bekämpft?
Haben wir nicht in deinem Namen
Großartiges bewirkt?

23 *Dann werde ich ihnen feierlich erklären:*
Ich kenne euch nicht. Zieht hinweg.
Ihr seid nicht Gottes Rat und Willen gefolgt,
sondern habt nur getan, was ihr selber tun wolltet.[163]

Häuser bauen

24 *Jeder, der auf mich hört*
und tut, was ich sage,
ist wie ein kluger Bauherr,
der sein Haus auf festen Untergrund baute.

25 *Als Dauerregen einsetzte,*
als Wassermassen heranfluteten,

---

[162] ܡܠܟܘܬܐ, *malkūtā* (Substantiv, weiblich, Singular, emphatisch); Wurzel: ܡܠܟ, *mlkw, mlkwtʾ* = Reich, Herrschaftsform, Königtum; Errico übersetzt die Wurzel ܡܠܟ, *mlkw, mlkwtʾ* von ܡܠܟܘܬܐ, *malkūtā* mit „Ratschlag" bzw. „Rat" (vgl. Errico, *Treasures*, S. 12 f.).

[163] Vgl. Errico/Lamsa, *Matthew*, S. 117 f.

als Stürme tobten und an dem Haus rüttelten,
da stürzte es nicht ein.

Denn seine Fundamente
waren auf Fels gebaut.

26 *Und jeder, der diese meine Worte hört*
und nicht danach handelt,
ist dumm wie jemand,
der sein Haus auf Sand baute.

27 *Als es regnete,*
als Flüsse über die Ufer traten,
als Stürme tobten und an dem Haus rüttelten,
da stürzte es ein und war völlig ruiniert.[164]

Resonanzen

28 Und als Jesus diese Rede abgeschlossen hatte, waren die vielen Menschen höchst erstaunt über seine Lehre. 29 Denn er lehrte sie mit großer Kraft und Autorität, und nicht wie ihre eigenen Schriftkundigen und Pharisäer[165].

Heilwerden

8 1 Als Jesus von dem Berg herabstieg, folgten ihm Menschenmengen. 2 Und da kam ein Leprakranker, der wegen seiner Krankheit von der Gemeinschaft mit anderen ausgeschlossen war[166], fiel vor ihm nieder und flehte ihn inständig an: Mein Mārā, mein Herr und Meister, wenn du es nur willst,

---

[164] Vgl. Errico/Lamsa, *Matthew*, S. 118–120.
[165] In der griechischen Fassung werden die Pharisäer nicht genannt.
[166] Relativsatz zum besseren Verständnis ergänzt.

Matthäus 8, 3–7

kannst du mich rein machen. 3 Jesus streckte die Hand aus, berührte ihn und sagte:

Ich will es, werde rein.

Und von dieser Stunde an war er von der Lepra rein. 4 Jesus aber sagte zu ihm:

Schau her:
Warum solltest du davon den Leuten erzählen?

Geh besser zuerst zu den Priestern,
um deine Heilung bestätigen zu lassen.

Bring die Opfergabe[167] dar, die Mose angeordnet hat.
Das wird den Priestern meine Macht beweisen[168].

Heilung und Vertrauen

5 Als er nach Kafarnaum kam, näherte sich ein römischer Hauptmann[169] und bat ihn: 6 Mein Mārā, mein Herr und Meister, mein Junge[170] liegt gelähmt zu Hause und hat große Schmerzen. 7 Jesus sagte zu ihm:

Ich werde kommen und ihn heilen.

---

[167] ܩܘܪܒܢܐ, *qūrbānā* (Substantiv, männlich, Singular, emphatisch); Wurzel: ܩܪܒ, *qrb* = Geschenk, Opfer, Gabe

[168] ܠܣܗܕܘܬܗܘܢ, *ləsāhdūthon* (Substantiv, weiblich, Singular, emphatisch, Suffix: 3. Person, männlich, Plural); Wurzel: ܣܗܕ, *shd* (*sāhdū, sāhdūṯā*) = Zeugnis, Bezeugung, Gutachten, Beweis

[169] ܩܢܛܪܘܢܐ, *qenṭərūnā* = Centurion

[170] ܛܠܝ, *ṭalī* (Substantiv, männlich, Singular, emphatisch, Suffix: 1. Person, Singular); Wurzel: ܛܠܐ, *ṭlʾ* = Junge, Mädchen, Kind, Diener. Lamsa übersetzt

Matthäus 8, 8–13

8 Und der Hauptmann antwortete: Mein Mārā[171], mein Herr und Meister, ich bin es nicht wert, dass du unter den Schatten meines Daches einkehrst. Aber sprich nur ein Wort, dann wird mein Kind geheilt sein. 9 Ich bin nämlich im Dienst der Regierung und ich habe selbst Soldaten unter meinem Befehl. Sage ich zu einem: Geh, so geht er, und zu einem andern: Komm, so kommt er, und zu meinem Diener: Tu das, so tut er es. 10 Jesus wunderte sich, als er das hörte, und sagte zu denen, die mit ihm zogen:

Amen, ich sage euch:
Ein solches Vertrauen
habe ich bei niemandem
in Israel jemals gefunden.

11 *Ich sage euch:*
Sehr viele werden von Osten und Westen kommen
und mit Abraham, Isaak und Jakob
bei Gott zu Tische sitzen.

12 *Aber Söhne Israels*
werden hinausgeworfen
in die äußerste Finsternis:
Dort werden Schmerz und Verzweiflung herrschen.[172]

13 Und zum Hauptmann sagte Jesus:

Geh. Es soll dir geschehen, wie du geglaubt hast.

Und in derselben Stunde wurde sein Junge geheilt[173].

„Junge", Etheridge und Murdock übersetzen mit „Kind", die griechische Vorlage spricht von einem „Diener".

[171] Anrede eines Untergebenen an einen Höhergestellten (vgl. Errico/Lamsa, *Matthew*, S. 122 f.).

[172] Wörtlich: *Dort werden Heulen und Zähneknirschen sein.*

Matthäus 8, 14–20

Im Hause des Simon

14 Jesus ging in das Haus des Simon[174] und sah dessen Schwiegermutter mit Fieber daniederliegen. 15 Er berührte ihre Hand, das Fieber verließ sie und sie stand auf und bediente die Gäste.

Schrifterfüllung

16 Am Abend brachte man viele psychisch Kranke[175] zu ihm. Er heilte sie und alle, die schwer litten, mit nur einem Wort, 17 damit sich erfüllen sollte, was durch den Propheten Jesaja gesagt worden ist: Er hat unsere Leiden auf sich genommen und unsere Krankheiten getragen.

Nachfolge

18 Als Jesus die Menge an Menschen sah, die sich um ihn herum scharten, befahl er, ans andere Ufer des Sees abzustechen. 19 Da näherte sich ihm ein Schriftkundiger und sagte: Rabbi[176], mein Lehrer, ich will dir folgen, wohin du auch gehst. 20 Jesus antwortete ihm:

---

[173] ܘܐܬܐܣܝ, *weṯasī* (Verb, 3. Person, männlich, Singular, vollendet, Ethpael); Wurzel: ܐܣܐ, *ʾsʾ* = heilen, geheilt werden

[174] ܕܫܡܥܘܢ, *dašemʿon* (Eigenname); Wurzel: ܫܡܥ, *šmn* = Simon; wörtlich übersetzt: der, der hört, d.h. der, der aufnahmebereit ist; bei Etheridge: Shemun; in der griechischen Fassung: Petrus.

[175] Nach Lamsa: Geisteskranke, psychisch Gestörte, sonst auch: von Dämonen Besessene.

[176] ܪܒܝ, *rabbī* (Substantiv, männlich, Singular); Wurzel: ܪܒ, *rb* = Meister, Lehrer, Rabbi, Rabba, Rab; bei Lamsa: mein Lehrer – er wählt hier nicht den Begriff ܡܠܦܢܐ – *malpānā*, der ja auch „Lehrer" bedeutet.

Matthäus 8, 21–22

*Die Füchse haben Höhlen
und die Vögel des Himmels haben ein schützendes Nest.
Dieser einfache Mensch hier[177], hat aber gar keinen Ort,
noch nicht einmal, um sich zum Schlafen hinzulegen.[178]*

21 Ein anderer seiner Jünger sagte zu ihm: Mein Mārā, mein Herr und Meister[179], erlaube mir zuerst, mich aufzumachen, um meinen alten Vater bis zu seinem Tod zu pflegen[180]. 22 Jesus aber sprach zu ihm:

*Folge mir nach.
Lass die Matta[181], die Stadt,
die Metta[182], ihre Toten,
begraben.*

---

[177] Gemeint ist Jesus selbst mit dem Begriff ܒܪܗ ܕܐܢܫܐ, bəreh dənāšā, der sonst oft mit „Menschensohn" übersetzt wird. Errico überträgt den Ausdruck auch mit: „gewöhnlicher Mensch", „einfacher Mensch" (vgl. Errico, *Message*, S. 66).

[178] Aramäischer Ausdruck für: „Ich bin ein armer Mann, ein Mann ohne Heim" (vgl. Errico/Lamsa, *Matthew*, S. 127–129).

[179] ܡܪܝ, mār (Substantiv, männlich, Singular, Suffix: 1. Person Singular); Wurzel: ܡܪ, mrᵓ = Herr, Meister

[180] „Den Vater zu begraben", ist eine aramäische Redewendung und bedeutet, den alten Vater so lange zu pflegen, bis er stirbt. Das konnte lange dauern, manchmal Jahre. Das Begräbnis ging dagegen schnell vonstatten, an einem der folgenden Tage nach dem Tod. Das Begräbnis wurde in der Regel von der Gemeinde übernommen.

[181] Errico erläutert: es handelt sich um ein Wortspiel, das bei der Übersetzung ins Griechische „Lass die Toten die Toten begraben" verloren gegangen sei – die Vokalisation war nicht immer deutlich zu erkennen: „Matta" bedeutet: „Stadt" – „Metta" bedeutet „die Toten" (vgl. Errico, *Treasures*, S. 36 f.; Errico/Lamsa, *Matthew*, S. 129 f.). Der Autor weist darauf hin, dass dies eine Lösung von George M. Lamsa ist. Die Bestattung war im Orient üblicherweise die Angelegenheit der Stadt. Ein Begräbnis verursacht im Orient keine zusätzlichen Ausgaben, weil sich viele um die Angehörigen kümmerten. In der Regel ist es –

Das bedeutet,
die örtliche Gemeinschaft
wird sich um ihn
kümmern.[183]

Seesturm

23 Als Jesus in das Boot stieg, folgten seine Jünger ihm nach. 24 Auf dem See kam ein rauer Wind auf und entwickelte sich zum Sturm, sodass das Boot von den Wellen fast überflutet wurde. Jesus aber schlief. 25 Da traten die Jünger zu ihm heran, um ihn aufzuwecken. Sie riefen: Herr, rette uns, wir gehen unter. 26 Er sprach zu ihnen:

Warum habt ihr solche Angst?
Ihr solltet mehr auf Gott vertrauen[184].

Dann stand er auf, drohte den Winden und dem See und es trat völlige Stille ein. 27 Die Menschen staunten und sagten: Wer ist dieser Mann, dass ihm sogar die Winde und der See gehorchen?

Besessene von Gadara

28 Als Jesus an das andere Ufer kam, in das Gebiet der Gadarener, liefen ihm aus dem Friedhof zwei psychisch Kranke[185] entgegen. Sie waren so ge-

---

    wie erwähnt – eine Aufgabe der Gemeinschaft. „Tote zu begraben betrachtete man als eine besondere Gelegenheit, um Gutes zu tun" (Lamsa, *Evangelien*, S. 353 f.).

[182] ܡܝܬܝܗܘܢ, *mītayhon* (Adjektiv, männlich, Plural, emphatisch, Suffix: 3. Person, männlich, Plural); Wurzel: ܡܝܬ, *myt* (*mīt*) = tot

[183] Sinnerhellender Zusatz des Übersetzers.

[184] Im Text der Peschitta ist dieser letzte Ausdruck negativ formuliert: ܙܥܘܪܝ ܗܝܡܢܘܬܐ, *zəʿūray haymānūtā* = kleingläubig

[185] Lamsa spricht von Wahnsinnigen, Etheridge und Murdock sprechen von zwei

Matthäus 8, 29–34

fährlich, dass niemand es wagte, auf jener Straße entlangzugehen. 29 Und sie schrien heraus: Was haben wir mit dir zu tun, Sohn Gottes? Bist du hierhergekommen, um uns vor der Zeit zu quälen? 30 In der Nähe weidete eine große Schweineherde. 31 Da baten ihn die Kranken: Wenn du uns heilst, dann lass uns die Schweineherde angreifen. Denn sie selbst seien bekehrt zum Gott Israels, dem der Umgang mit Schweinen ein Gräuel sei; als Bestätigung dafür und aus Dank für ihre neue Lebensausrichtung wollten sie gegen die Schweine vorgehen.[186] 32 Und er sagte zu ihnen:

Geht.

Und sofort gingen sie los und griffen die Schweine an. Und die ganze Herde stürmte über die Klippe, stürzte in den See und ersoff in den Fluten. 33 Die Schweinehirten aber rannten in Panik weg, liefen in die Stadt und erzählten alles, was passiert war, auch das, was mit den Kranken geschehen war. 34 So kam es, dass die ganze Stadt hinauszog, um Jesus zu sehen. Als sie ihm begegneten, bedrängten sie ihn, sich aus ihrem Gebiet zu entfernen. Denn sie fürchteten sehr, ihre Schweinezucht und ihr blühender Schweinehandel könnten durch die Bekehrungen zum Erliegen kommen.

---

von Dämonen Besessenen. Der griechische Text stimmt mit dieser letztgenannten Version überein. Bei Lamsa übernehmen die Kranken selbst die Rolle, die sonst den Dämonen zugeschrieben wird. Daraus ergibt sich, dass im Folgenden die Kranken selbst die Schweine angreifen. In den anderen Versionen fahren die Dämonen in die Schweine. Der Version von Lamsa wird der Vorzug gegeben, da sie gegen den „üblichen Strich" vieler westlicher Bibelübersetzungen geht.
Die aramäischen Worte *deva* und *shedana* bezeichnen „böse Geister". Lamsa erläutert: Auch wenn diese Ausdrücke „merkwürdig klingen und sich auf Dämonen beziehen, so sind sie doch eigentlich die Namen von Krankheiten, die im Altertum bekannt waren". Den Geheilten verbot Jesus über ihre Genesung zu sprechen, da es wohl nicht selten zu Übertreibungen gekommen sein dürfe, die kein gutes Licht auf den Heiler selbst warfen. Sich verbal an die bösen Geister zu wenden, war nicht sinnvoll, da diese keine Auskünfte über seine Heilkraft geben konnten. (Vgl. Lamsa, *Evangelien*, S. 224 f.)

Sündenvergebung

9 1 Und Jesus stieg ins Boot, fuhr über den See und kam in seine Heimatstadt. 2 Und Menschen brachten einen Gelähmten zu ihm, der auf seiner Bettdecke lag. Als Jesus ihr Vertrauen sah, sagte er zu dem Gelähmten:

Habe Mut, mein Sohn, deine Schuld ist dir vergeben.

3 Einige Schriftkundige tuschelten untereinander: Er lästert Gott. 4 Jesus wusste, was sie dachten, und sagte zu ihnen:

Warum denkt ihr Böses
in euren Herzen?

5 *Was ist leichter zu sagen:*
Deine Schuld ist dir vergeben[187].

Oder zu sagen:
Steh auf und laufe umher?

6 Damit ihr aber erkennen könnt, dass dieser Mensch hier die Autorität hat, auf Erden Sünden zu vergeben, sprach er zum Gelähmten:

Steh auf,
nimm deine Bettdecke
und geh nach Hause.

7 Und der Mann stand auf und ging nach Hause. 8 Als die vielen Menschen das sahen, erschraken sie und priesen Gott, der Menschen solche Macht gegeben hat.

---

[186] Sinnerhellender Zusatz des Übersetzers gemäß: Lamsa, *Evangelien*, S. 112 ff.

[187] ܕܫܒܝܩܝܢ, *dašḇīqīn* (Verb, 3. Person, Plural, Partizip passiv); Wurzel: ܫܒܩ, *šbq* =

Matthäus 9, 9–15

Nachfolge

9 Als Jesus weiterging, sah er einen Mann namens Matthäus am Zollhaus sitzen und sagte zu ihm:

Folge mir nach.

Und Matthäus stand auf und folgte ihm nach. 10 Und als Jesus in seinem Haus zu Gast war, kamen viele Steuereinnehmer und Menschen, die sich von Gott abgewandt hatten. Sie aßen zusammen mit ihm und seinen Jüngern. 11 Als die Pharisäer das sahen, sagten sie zu seinen Jüngern: Wie kann euer Rabbā, euer Lehrer und Meister, zusammen mit Steuereintreibern und Sündern essen? 12 Er hörte es und sagte zu ihnen:

Die Gesunden brauchen keinen Arzt,
sondern die ernsthaft Kranken.

13 *Geht und lernt, was Folgendes heißt:*
Ich will Barmherzigkeit, keine Opfer.

Denn ich bin nicht gekommen,
um Gerechte einzuladen, sondern Sünder.

Fasten und Feiern

14 Da kamen die Jünger des Johannes zu ihm und sagten: Warum fasten wir und die Pharisäer, aber deine Jünger nicht? 15 Jesus antwortete ihnen:

Können denn die Gäste
beim Hochzeitsmahl fasten,
solange der Bräutigam bei ihnen ist?

---

vergeben, erlassen, Schuld erlassen/vergeben, Sünden vergeben; verlassen, erlauben, ermöglichen

*Es werden Tage kommen,
da wird ihnen der Bräutigam weggenommen sein,
dann ist es Zeit zu fasten.*

16 *Auch setzt niemand ein Stück neuen Stoffs
auf ein altes Gewand,
um ein Loch zu stopfen.*

*Der neue Stoff reißt doch wieder ab
und es entsteht
ein noch größeres Loch.*

17 *Auch wird junger Wein
nicht in ausgediente Lederschläuche
gefüllt.*

*Tut man dies, reißen die Schläuche,
der Wein läuft aus
und auch die Schläuche sind nicht mehr zu gebrauchen.*

Junger Wein gehört in neue Schläuche, dann bleibt beides erhalten.

Also: Veränderte neue Umstände machen neues Handeln erforderlich[188].

Krankenheilung – Totenerweckung

18 Während Jesus so mit ihnen redete, kam ein Synagogenvorsteher, der ihn verehrte, und sprach: Meine Tochter ist gerade gestorben. Aber komme dennoch, leg ihr deine Hand auf und sie wird leben. 19 Jesus stand auf und folgte ihm mit seinen Jüngern. 20 Da schlich sich eine Frau, die schon zwölf Jahre an Blutungen litt, von hinten an ihn heran und berührte den Saum sei-

---

[188] Sinnerhellender Zusatz des Übersetzers.

Matthäus 9, 21–29

nes blauen Übergewandes. 21 Denn sie sagte sich: Wenn ich auch nur sein Gewand anfasse, werde ich bereits geheilt sein. 22 Jesus wandte sich um, und als er sie sah, sprach er:

> *Fasse Mut, meine Tochter,*
> *dein Vertrauen hat dich geheilt*
> *und dein Leben gerettet.*

Und von dieser Stunde an war die Frau geheilt. 23 Als Jesus in das Haus des Synagogenvorstehers kam und die Flötenspieler, die Sänger und die aufgebrachte Menschenmenge sah, 24 sprach er zu ihnen:

> *Das reicht.*
> *Das kleine Mädchen ist nicht tot,*
> *es ist nur eingeschlafen.*

Da lachten sie ihn aus. 25 Als er die Leute hinausgeworfen hatte, trat er ein und fasste das Mädchen an der Hand. Und da stand es auf. 26 Und die Nachricht davon verbreitete sich im ganzen Land.

Blindenheilung

27 Als Jesus weiterging, folgten ihm zwei Blinde und sagten: Hab Mitleid mit uns, Sohn Davids. 28 Nachdem er ins Haus gegangen war, kamen die Blinden zu ihm. Und Jesus fragte sie:

> *Traut ihr mir zu,*
> *dass ich dies tun kann?*

Sie antworteten: Ja, unser Mārā, unser Herr und Meister. 29 Darauf berührte er ihre Augen und sprach:

> *Es wird euch geschehen,*
> *auf was ihr vertraut habt.*

30 Da wurden ihre Augen sofort geöffnet. Jesus aber wies sie an:

Achtet darauf,
dass niemand
davon etwas erfährt.

31 Doch sie gingen weg und verbreiteten die Neuigkeit in der ganzen Gegend.

Heilwerden

32 Als Jesus weggegangen war, brachte man einen Stummen zu ihm, der dement[189] war. 33 Und sobald er wiederhergestellt war, konnte der Stumme wieder reden. Die Leute staunten und sagten: So etwas haben wir in Israel noch nie gesehen. 34 Die Pharisäer aber sagten: Er treibt Teufel mithilfe des Herrschers der Teufel aus.

Erntearbeiter

35 Jesus zog durch alle Städte und Dörfer, lehrte in ihren Synagogen, verkündigte die hoffnungsvolle Botschaft[190]: die freudige Erwartung erfüllt sich, dass der Rat Gottes[191] angenommen und verwirklicht wird. Und er heilte alle Arten von Krankheiten und Leiden. 36 Als er die vielen Menschen

---

[189] ܕܝܘܐ, *daywe* (Substantiv, männlich, Plural, emphatisch); Wurzel: ܕܝܘ, *dyw, dywʾ, (dēw, daywā)* = Dämon, Teufel, böser Geist; Lamsa übersetzt adjektivisch: wahnsinnig, schwachsinnig, dement; Etheridge und Murdock übersetzen, dass der Stumme „von einem Dämon" besessen war, der von Jesus ausgetrieben wurde. Hier wird Lamsa bei der Übersetzung gefolgt.

[190] Errico übersetzt Evangelium mit „freudige Hoffnung" (vgl. Errico, *Treasures*, S. 12.), aber auch mit „Botschaft", „Hoffnung" oder „Erwartung" (vgl. Errico, *Marc & Luke*, S. 10 f.)

[191] ܡܠܟܘܬܐ, *malkūṯā* (Substantiv, weiblich, Singular, emphatisch); Wurzel: ܡܠܟ, *mlkw, mlkwtʾ* = Reich, Herrschaftsform, Königtum; Errico übersetzt die Wurzel

sah, hatte er Mitleid[192] mit ihnen; denn sie waren erschöpft, schwach und verstreut wie Schafe, die keinen Hirten[193] haben. 37 Da sagte er zu seinen Jüngern: Die Ernte ist groß, aber es gibt nur wenige Arbeiter. 38 Bittet also den Herrn der Ernte, Arbeiter für seine Ernte zu senden.

Die Zwölf

10 1 Dann rief er seine zwölf Jünger zu sich und gab ihnen die Macht über die unreinen Geister: die Gequälten aufzurichten und alle Krankheiten und Leiden zu heilen. 2 Die Namen der zwölf Apostel sind: an erster Stelle Simon, genannt Kephas, und sein Bruder Andreas, dann Jakobus, der Sohn des Zebedäus, und sein Bruder Johannes, 3 Philippus und Bartholomäus, Thomas und Matthäus, der Steuereinnehmer, Jakobus, der Sohn des Alphäus, und Lebbäus[194], dessen Vorname Thaddäus war, 4 Simon, der Zelot[195] und Judas Iskariot, der ihn später verraten sollte.

Aussendung

5 Diese Zwölf sandte Jesus aus und gebot ihnen:

    ܡܠܟܘ, *mlkw, mlkwtʾ* von ܡܠܟܘܬܐ, *malkūṯā* mit „Ratschlag" bzw. „Rat" (vgl. Errico, *Treasures,* S. 12 f.).

[192] ܐܬܪܚܡ, *ʾeṭraḥḥam* (Verb, 3. Person, männlich, Singular, Perfekt, Ethpael); Wurzel: ܪܚܡ, *rḥm* = Mitleid haben, Erbarmen zeigen, lieben – Lamsa übersetzt ins Englische: „compassion" (vgl. z. B. Johann Baptist Metz und seinen theologischen Ansatz, der „Compassion" ins Zentrum stellt: Johann Baptist Metz: „Im Eingedenken fremden Leids. Zu einer Basiskategorie christlicher Gottesrede", in: Metz u. a.: *Gottesrede*, Münster 2/2001).

[193] ܪܥܝܐ, *rāʿyā* (Substantiv, männlich, Singular, emphatisch); Wurzel: ܪܥܝ, *rʿ* = Schafhirte, Pastor (lateinisch)

[194] Der Name Lebbäus kommt in der griechischen Vorlage nicht vor.

[195] Wörtlich übersetzt: der „Eiferer"; hier nach Lamsa und Etheridge, sonst auch noch Kananäus (Kanaanäer) genannt.

Haltet euch fern von den Handlungen derer,
die nicht an Gott glauben,
und betretet keine Stadt der Samariter.
6 *Vor allem geht zu den Schafen,*
die dem Haus Israel verloren gegangen sind.[196]

7 *Wenn ihr euch aufmacht, verkündet:*
Die Verwirklichung von Gottes Rat[197] *ist nahe.*
8 *Heilt körperlich Kranke, macht Lepröse rein, helft seelisch Leidenden.*[198]
Umsonst habt ihr empfangen,
umsonst sollt ihr geben.

9 *Nehmt nicht Gold, Silber und Kupfermünzen in eurem Gürtel mit.*
10 *Nehmt auch keine Reisetasche mit auf den Weg,*
kein zweites Hemd, kein zweites Paar Sandalen, keinen Stock.
So gebt ihr keinen Anlass dazu,
euch auszurauben oder in tätliche Auseinandersetzungen zu geraten.

Stattdessen arbeitet vor Ort,
wenn ihr etwas benötigt.[199]
Denn wer arbeitet,
ist es wert,
mit Nahrung versorgt zu werden.

---

[196] Murdock spricht mit einem etwas anderen Akzent von den „verlorenen Schafen des Hauses Israel".

[197] ܡܠܟܘܬܐ, *malkūtā* (Substantiv, weiblich, Singular, emphatisch); Wurzel: ܡܠܟ, *mlkw, mlkwtʾ* = Reich, Herrschaftsform, Königtum; Errico übersetzt die Wurzel ܡܠܟ, *mlkw, mlkwtʾ* von ܡܠܟܘܬܐ, *malkūtā* mit „Ratschlag" bzw. „Rat" (vgl. Errico, *Treasures,* S. 12 f.).

[198] Etheridge und Murdock ergänzen aufgrund ihrer Vorlage die Aufforderung, Tote aufzuwecken. Bei Lamsa findet sich diese Aufforderung nicht. Hier wird Lamsa gefolgt.

[199] Zum Gesamtverständnis eingefügter Satz des Übersetzers.

11 *In welche Stadt oder in welches Dorf ihr auch kommt,*
erkundigt euch,
wer dort vertrauenswürdig ist,
um bei ihm zu bleiben,
bis ihr den Ort wieder verlasst.

12 *Wenn ihr in ein Haus kommt, dann grüßt die Familie.*[200]
13 *Wenn die Familie vertrauenswürdig ist,*
soll Schlāmā, der Friede eurer Begrüßung, bei ihr einkehren.
Wenn die Familie nicht vertrauenswürdig ist,
dann soll Schlāmā, euer Friedensgruß, zu euch zurückkehren.

14 *Und wenn man euch nicht willkommen heißt*
und eure Worte nicht hören will,
geht weg aus jenem Haus
oder aus jenem Dorf
und schüttelt den Staub von euren Füßen.

15 *Wahrlich, ich sage euch:*
Der Gegend von Sodom und Gomorra
wird es am Tag des Gerichts
erträglicher ergehen
als diesem Ort.

Jüngersein

16 *Ich sende euch wie Lämmer mitten unter die Wölfe.*
Seid daher klug wie die Schlangen
und rein wie die Tauben.
17 *Den Menschen gegenüber verhaltet euch vorsichtig.*
Denn sie werden euch an die Gerichte ausliefern
und in ihren Versammlungsräumen[201] *auspeitschen.*

---

[200] Der übliche Gruß unter syrischsprechenden Aramäern ist: Schlāmā (Friede).

18 *Ihr werdet um meinetwillen*
vor Regierende und Könige
geführt werden.
Vor ihnen und denen,
die nicht auf Gott vertrauen,
sollt ihr Zeugnis für mich ablegen.

19 *Wenn sie euch dann ausliefern,*
sorgt euch nicht,
wie und was ihr reden sollt.
In besagter Stunde
wird euch eingegeben,
was ihr sagen sollt.

20 *Denn nicht ihr*
werdet dann reden,
sondern der Geist eures ʾAbbā,
des liebevollen Vaters[202],
wird durch euch
reden.

21 *Ein Bruder wird den eigenen Bruder*
zum Todesurteil ausliefern
und ein Vater wird sein Kind verraten
und Kinder werden sich gegen die eigenen Eltern auflehnen
und werden so bewirken,
dass sie sterben.

22 *Und ihr werdet um meines Namens willen*
von allen gehasst werden.

---

[201] ܘܒܟܢܘܫܬܗܘܢ, wəḇaḵnūšāṯhon (Wurzel: ḵnš) ist auch mit „Synagogen" übersetzbar

[202] Apposition zur Erläuterung vom Übersetzer ergänzt.

Matthäus 10, 23–26

Wer aber bis zum Ende standhaft bleibt,
der wird leben.
23 *Wenn ihr in der einen Stadt verfolgt werdet,*
so flieht in eine andere.

Wahrlich, ich sage euch:
Ihr werdet nicht
damit fertig werden,
alle Städte des Hauses Israel zu bekehren,
bis der Menschensohn
zurückkommt.

24 *Kein Schüler ist wichtiger als sein Lehrer*
und kein Sklave als sein Herr.
25 *Für einen Jünger reicht es,*
wenn es ihm ergeht wie seinem Rabbā, seinem Lehrer,
und für einen Diener,
wenn es ihm ergeht wie seinem Herrn.

Wenn man schon den Herrn des Hauses
Beelzebub nennt,
dann erst recht seine Familie²⁰³.
26 *Darum fürchtet euch nicht.*
Denn nichts ist verdeckt,
was nicht aufgedeckt wird.

---

²⁰³ ܒܝܬܗ, *baytēh* (Substantiv, männlich, Singular, emphatisch, Suffix: 3. Person, männlich, Singular); Wurzel: ܒܝ, *by, byt'* (*bay, baytā*) = Haus, Wohnung, Familie; Murdock übersetzt mit Familie; Etheridge und Lamsa akzentuieren die „Hausgemeinschaft", die übergeordnete soziale Einheit, was familiäre Bande miteinschließt.

²⁰⁴ ܓܗܢܐ, *bəgīhannā* (Substantiv); Wurzel: ܓܗܢ, *ghn'* = Gehenna, Hölle (vgl. dazu aber den Begriff ܫܝܘܠ = Scheol, Unterwelt in Mt 16,18). Der metaphorisch

Und nichts ist verborgen,
was nicht herauskommt.
27 *Was ich euch im Dunkeln sage,*
davon redet im hellen Tageslicht,
und was man euch ins Ohr flüstert,
das verkündet von den Dächern.

28 *Fürchtet euch nicht vor denen,*
die den Leib töten,
die aber die Seele nicht töten können,
sondern fürchtet vor allem den,
der beide, Leib und Seele,
in der Hölle[204] zerstören kann.

29 *Werden nicht zwei Spatzen für fast nichts verkauft?*
Und doch fällt keiner von ihnen zur Erde
ohne den Willen eures ʾAbbā,
des liebevollen Vaters[205].
30 *Soweit es um euch selbst geht,*
sind sogar alle Haare auf eurem Kopf abgezählt.

31 *Fürchtet euch also nicht.*
Ihr seid viel wertvoller als viele Spatzen.
32 *Jeder, der sich vor den Menschen zu mir bekennt,*
zu dem werde ich mich vor Gott, meinem ʾAbbā, bekennen.
33 *Wer mich aber vor den Menschen verleugnet,*
den werde auch ich vor Gott, meinem ʾAbbā, verleugnen.

---

und idiomatisch zu deutende Begriff „Gehenna" enthält Anklänge an: Bedauern, Bereuen, gedankliche Qualen, mentales Leiden, Selbstvorwürfe usw., ist also nicht wörtlich konkret zu verstehen. (Vgl. Errico, *Es werde Licht*, S. 58 f.; Errico/Lamsa, *Matthew*, S. 71)

[205] Apposition zur Erläuterung vom Übersetzer ergänzt.

Matthäus 10, 34–39

34 *Erwartet nicht,*
ich sei gekommen,
um Schlāmā, Frieden, auf die Erde zu bringen.
Ich bin nicht gekommen,
um Ruhe[206] zu säen,
sondern Konflikt[207].

35 *Denn ich bin gekommen,*
um den Sohn gegen seinen Vater aufzubringen
und die Tochter gegen ihre Mutter
und die Schwiegertochter gegen ihre Schwiegermutter.
36 *Und die Feinde eines Menschen*
werden Mitglieder seiner eigenen Familie sein.

37 *Wer Vater oder Mutter mehr liebt als mich,*
ist meiner nicht wert,
und wer Sohn oder Tochter mehr liebt als mich,
ist meiner nicht wert.
38 *Und wer sein Kreuz nicht aufnimmt und mir nachfolgt,*
ist meiner nicht wert.

39 *Wer sein Leben für sich bewahren will*
und sich darum sorgt,
wird es verfehlen.
Wer aber seine eigenen Lebensimpulse
um meinetwillen aufgibt,
wird Sinn in seinem Leben finden.

---

[206] ܫܰܝܢܳܐ, *šaynā* (Substantiv, männlich, Singular, emphatisch); Wurzel: ܫܷܢ, *šyn, šynʾ* = Ruhe, Frieden, kultiviertes Land; Murdock übersetzt mit „Ruhe zu säen".

[207] ܚܰܪܒܳܐ, *ḥarbā* (Substantiv, Singular, emphatisch); Wurzel: ܚܪܒ, *ḥrb, ḥrbʾ* (*ḥreḇ, ḥarbā*) = Schwert, Pflugschar, Konflikt; Murdock übersetzt mit „Konflikt". Errico identifiziert den Begriff als Metapher für „Teilung". Es geht dabei also nicht um Gewaltanwendung. Gemeint ist vielmehr der Konflikt, der die Abkehr von Traditionen in Familie und Gesellschaft beinhaltet. (Errico, *Message*, S. 41).

Ein Becher kalten Wassers

40 *Wer euch aufnimmt,*
nimmt mich auf.
Wer mich aufnimmt,
nimmt den auf,
der mich gesandt hat.

41 *Wer einen Propheten aufnimmt*
und dabei denkt,
dass er es nur tut,
weil es sich ja um einen Propheten handelt,
wird den Lohn eines Propheten erhalten.

Wer einen Gerechten aufnimmt,
und dabei denkt,
dass er es nur tut,
weil es sich ja um einen Gerechten handelt,
wird den Lohn eines Gerechten erhalten.

42 *Und wer einem von diesen Demütigen[208]*
auch nur einen Becher mit kaltem Wasser zu trinken gibt
und dabei denkt, dass er es tut, weil es sich ja um einen Jünger handelt,
wahrlich, ich sage euch:
Er wird niemals seinen Lohn dafür verfehlen.[209]

---

[208] ܙܥܘܪܐ, zəʿūre (Adjektiv, männlich, Plural, emphatisch); Wurzel: ܙܥܪ, zʿwr (zʿōr)= letzte/r, gering, niedrig, klein, demütig; im Blick auf die Jünger ist die Bezeichnung „klein" missverständlich.
[209] Man denke an das aride bzw. semiaride, also trockene, Klima im Nahen Osten, wo Wasser hochwillkommen ist (vgl. Errico/Lamsa, *Matthew*, S. XIX).

11 ¹ Nachdem Jesus die Unterweisung der zwölf Jünger beendet hatte, brach er auf, um in deren Städten zu lehren und zu predigen.

Täuferfrage

2 Johannes hörte im Gefängnis von den Taten des Messias. Da schickte er seine Jünger zu ihm 3 und ließ ihn fragen: Bist du der, der kommen soll, oder haben wir einen anderen zu erwarten? 4 Jesus antwortete ihnen:

Geht und beschreibt Johannes,
was ihr hört und seht:

5 *Die Blinden sehen und Lahme gehen wieder.*
Ausgestoßene Leprakranke werden rein
und Taube können wieder hören.

Tote stehen auf
und Armen wird neue Hoffnung gegeben.
6 *Gut für den, der an mir keinen Anstoß nimmt.*

7 Als sie weitergingen, begann Jesus zu den Leuten über Johannes zu reden:

Was habt ihr denn sehen wollen,
als ihr in die Wildnis hinausgezogen seid?
Ein Schilfrohr, das im Wind schwankt?

8 *Wenn dem nicht so ist:*
was habt ihr dann sehen wollen,
als ihr hinausgegangen seid?

Einen Mann in feiner Kleidung?
Die schick Angezogenen
leben in den Palästen der Könige.

Matthäus 11, 9–13

9 *Wenn dem nicht so ist:*
wozu habt ihr euch hinausbewegt?
Um einen Propheten zu sehen?

Ja, ich sage euch:
Ihr seht sogar viel mehr
als einen Propheten.

10 *Dieser ist es, von dem geschrieben steht:*
Ich sende meinen Boten vor dir her,
der deinen Weg vor dir bereiten wird.

11 *Wahrhaftig, ich sage euch:*
Unter den von einer Frau Geborenen
gab es keinen Größeren als Johannes den Täufer.

Doch unter denen, die im öffentlichen Ansehen ganz unten stehen[210]
und die Gottes Rat[211] folgen und seine Herrschaft stützen,
ist jede oder jeder höher einzuschätzen als er.

12 *Seit der Lebenszeit von Johannes dem Täufer bis heute*
wird um die Verwirklichung von Gottes Rat[212] gekämpft,
und nur wer kämpft, erringt sie.

13 *Alle Propheten und die Tora*
reichten bis zu Johannes.

---

[210] ܙܥܘܪ̈ܐ, *zəʿūre* (Adjektiv, männlich, Plural, emphatisch); Wurzel: ܙܥܪ, *zʿwr* (*zʿōr*) = letzte/r, gering, niedrig, klein, demütig, klein, wenig, am wenigsten

[211] ܡܠܟܘܬܐ, *malkūṯā* (Substantiv, weiblich, Singular, emphatisch); Wurzel: ܡܠܟ, *mlkw, mlkwtʾ* = Reich, Herrschaftsform, Königtum; Errico übersetzt die Wurzel ܡܠܟ, *mlkw, mlkwtʾ* von ܡܠܟܘܬܐ, *malkūṯā* mit „Ratschlag" bzw. „Rat" (vgl. Errico, *Treasures,* S. 12 f.).

[212] dto.

Matthäus 11, 14–19

*Sie haben bis zu ihm geschaut
und prophetisch gesprochen.*

14 *Wenn ihr so wollt, nehmt es an:
Er ist Elija,
der wiederkommen sollte.*
15 *Denkt darüber nach, um zu verstehen.*

16 *Mit wem soll ich diese Generation vergleichen?
Sie gleicht Kindern²¹³,
die auf der Straße spielen
und ihren Kameraden zurufen:*

17 *Ihr Spielverderber²¹⁴.*

*Wir haben für euch fröhliche Musik gemacht,
und ihr habt nicht einmal dazu getanzt.
Wir haben traurige Klagelieder gesungen,
und ihr habt nicht mal geheult.*

18 *Denn Johannes kam,
er isst nicht und trinkt nicht
und sie sagen:
Er ist verrückt.*

19 *Dieser Mensch hier
ist gekommen,
er isst und trinkt
und sie sagen:*

---

[213] ܛܠܝܐ, *laṭlāye* (Substantiv, männlich, Plural, emphatisch); Wurzel: ܛܠܐ, *ṭly, ṭlyʾ* (*ṭlē, ṭalyā*) = Junge, Mädchen, Kind, Knecht, Diener, Magd; aus dem Kontext dürfte von „Kindern" auszugehen sein.

[214] Sinnerhellender Zusatz des Übersetzers.

Was für ein Fresser und Säufer,
ein Kumpel der Steuereintreiber
und derer,
die Gott fern sind.

An beider Taten konnte
man jedoch erkennen,
dass sie jeweils recht und weise
handelten.

Gerichtsworte

20 Dann begann er den Städten, in denen er am meisten gewirkt hatte, Vorwürfe zu machen, weil sie nicht umkehrten:

21 *Weh dir, Chorazin.*
Weh dir, Betsaida.
Wenn in Tyrus und Sidon das geschehen wäre,
was bei euch geschehen ist,
wären die Bewohner dieser Städte
schon längst in Sack und Asche umgekehrt.

22 *Ich sage euch:*
Tyrus und Sidon
wird es
am Tag des Gerichts
erträglicher ergehen
als euch.

23 *Und du, Kafarnaum,*
das du dich selbst
bis zum Himmel erhoben hast,
bis zur Unterwelt

*wirst du
hinuntergestoßen werden.*

*Wenn in Sodom
die Werke und Wunder[215]
geschehen wären,
die bei dir
geschehen sind,
dann stünde es heute noch.*

24 *Das aber sage ich euch:
Dem Gebiet von Sodom
wird es
am Tag des Gerichts
erträglicher ergehen
als dir.*

Ruhe für die Seele

25 In jener Zeit sprach Jesus:

*Ich preise dich,
ʾAbbā, Herr des Himmels und der Erde,
weil du das vor den Weisen
und Verständigen verborgen
und es kleinen Kindern
offengelegt hast.*

26 *Ja, mein ʾAbbā, mein liebevoller Vater,
so hast du es gewollt.*

---

[215] Bei diesem Vers wird dem Übersetzungsvorschlag von Etheridge gefolgt, der von „Wundern" spricht. Lamsa spricht allgemeiner von „Werken". Beides ist möglich.

27 *Alles ist mir*
von meinem ʾAbbā übergeben worden.
Niemand kennt den Sohn, nur der ʾAbbā,
und niemand kennt den ʾAbbā,
nur der Sohn und der,
dem es der Sohn offenlegen will.

28 *Kommt alle zu mir,*
die ihr völlig ausgelaugt und schwer belastet seid,
ich will euch zur Ruhe kommen lassen.
29 *Nehmt mein Joch auf euch und lernt von mir.*
Denn ich bin warmherzig zu Menschen
und demütig vor Gott[216].

So werdet ihr Ruhe finden
für eure Seele.
30 *Denn mein Joch*
ist angenehm
und meine Last
ist leicht.

Sabbat und Tora

12 1 In jener Zeit ging Jesus am Sabbat durch die Kornfelder. Seine Jünger hatten Hunger und rissen Ähren ab, um sie zu essen. 2 Die Pharisäer sahen es und sagten zu ihm: Schau her, deine Jünger tun etwas, das am Sabbat nicht gestattet ist. 3 Da sagte er zu ihnen:

---

[216] Beides ist enthalten im Begriff ܘܡܟܝܟ, *wəmakkīḵ* (Adjektiv, Singular, absolut) enthalten; Wurzel: ܡܟ, *mk* = demütig, sanftmütig, milde, niedrig

Habt ihr nicht gelesen,
was David getan hat,
als er und seine Begleiter hungrig waren,
4 *wie er in das Haus Gottes ging*
und wie sie Brot aßen,
das auf dem Tisch des Herrn lag,
das weder er noch seine Begleiter,
sondern nur die Priester essen durften?

5 *Habt ihr nicht in der Tora gelesen,*
dass am Sabbat
die Priester im Tempel
den Sabbat entweihen,
ohne sich dabei schuldig zu machen?

6 *Ich sage euch:*

Hier ist ein Größerer als der Tempel.
7 *Wenn ihr nur begriffen hättet,*
was das heißt:
Barmherzigkeit will ich und kein Opfer,
dann hättet ihr nicht Unschuldige verurteilt.
8 *Denn dieser Mensch hier ist Herr über den Sabbat.*

Wert eines Menschen

9 Von dort ging Jesus weiter und kam zu ihrer Synagoge. 10 Und dort saß ein Mann, dessen Hand atropisch verkümmert war. Sie fragten ihn: Ist es am Sabbat erlaubt zu heilen? So versuchten sie ihn anzuklagen. 11 Er aber sprach zu ihnen:

Gibt es unter euch einen Mann,
der nur ein einziges Schaf hat?

*Stellt euch vor,
es fiele am Sabbat in eine Grube.
Wird er es nicht packen
und herausziehen?*

12 *Wie viel kostbarer
ist ein Mensch als ein Schaf?
Darum ist es am Sabbat erlaubt,
Gutes zu tun.*

13 Dann sagte er zu dem Mann:

Streck deine Hand aus.

Dieser streckte seine Hand aus, und die Hand war wieder gesund wie die andere. 14 Die Pharisäer aber gingen hinaus und berieten, wie sie ihn aus dem Weg räumen könnten.

Hoffnung finden

15 Als Jesus das erfuhr, ging er von dort weg. Viele folgten ihm nach und er heilte sie alle. 16 Er schärfte ihnen ein, dass sie nicht bekannt geben sollten, wo er war, 17 damit erfüllt werde, was durch den Propheten Jesaja gesagt worden ist: 18 Das ist mein Diener, an dem ich Gefallen gefunden habe, mein Geliebter, an dem meine Seele sich erfreut. Ich werde meinen Geist auf ihn legen, und er wird den Völkern predigen, was gerecht ist. 19 Er wird weder streiten noch aufschreien, und niemand wird seine Stimme auf der Straße hören. 20 Das geknickte Rohr wird er nicht zerbrechen und eine flackernde Lampe nicht auslöschen, bis er dem Recht zum Sieg verholfen hat. 21 Und bei ihm werden die Völker Hoffnung finden.

Streitrede

22 Dann wurde zu Jesus ein psychisch Kranker[217] gebracht, der blind und stumm war. Er heilte ihn, sodass der Stumme wieder reden und sehen konnte. 23 Alle Leute waren erstaunt und sagten: Vielleicht ist dieser Mann der Sohn Davids? 24 Als die Pharisäer das hörten, sagten sie: Dieser Kerl heilt böse Krankheiten nur mithilfe von Beelzebul, dem Herrscher der Bösen. 25 Doch Jesus durchschaute ihre Gedanken und sagte zu ihnen:

Jedes Reich,
das in sich gespalten ist,
wird verwüstet.

Und jedes Haus oder jede Stadt,
die in sich gespalten ist,
wird keinen Bestand haben.

26 *Wenn also der Widersacher*
den Widersacher austreibt,
dann ist der Widersacher in sich selbst gespalten.

Wie kann
seine Herrschaft
dann Bestand haben?

27 *Wenn ich also Leiden*
durch Beelzebub lindere,
durch wen tun dann eure Söhne so etwas?

---

[217] ܕܝܘܢܐ, *daywānā* (Adjektiv, männlich, Singular, emphatisch); Wurzel: ܕܝܢ, *dywn* (*daywān*) = besessen, dämonisch. Bei Etheridge und Murdock: ein von Dämonen Besessener; bei Lamsa: ein Wahnsinniger; damit trifft Lamsa den Sachverhalt besser; er löst sich von der damaligen Vorstellung vieler Menschen ohne medizinisches Fachwissen, dass jemand, der sich auffällig verhält, von „Dämonen besessen" sei.

*Aus diesem Grund
werden sie
eure Richter sein.*

28 *Wenn ich aber durch den Geist Gottes
Krankheiten vertreibe, dann ist bei euch das,
was Gott rät[218], schon näher gerückt.*

29 *Wie kann ein Mann
in das Haus eines Starken eindringen
und ihm sein Eigentum rauben?*

*Muss er nicht zuvor
den Starken fesseln?
Erst dann kann er sein Haus plündern.*

30 *Wer nicht
mit mir ist,
der ist gegen mich.*

*Wer sich nicht
bei mir einfindet,
wird zerstreut.*

31 *Darum sage ich euch:
Jede Sünde und Lästerung
wird den Menschen vergeben werden.*

---

[218] ܡܠܟܘܬܐ, *malkūtā* (Substantiv, weiblich, Singular, emphatisch); Wurzel: ܡܠܟ, *mlkw, mlkwʾ* = Reich, Herrschaftsform, Königtum; Errico übersetzt die Wurzel ܡܠܟ, *mlkw, mlkwʾ* von ܡܠܟܘܬܐ, *malkūtā* mit „Ratschlag" bzw. „Rat" (vgl. Errico, *Treasures,* S. 12 f.). Hier wird – etwas freier – eine verbale Übersetzung gewählt.

Matthäus 12, 32–33

Aber die Lästerung
gegen den Geist
wird nicht vergeben werden.

32 *Wer auch immer*
ein Wort gegen mich, diesen Menschen, sagt,
dem wird vergeben werden.

Wer aber etwas
gegen den Heiligen Geist[219] sagt,
dem wird nicht vergeben.

Weder in dieser
noch in der zukünftigen Welt
wird ihm vergeben.

Über gute und schlechte Früchte

33 *Ein guter Baum*
trägt auch gute Früchte.
Ein schlechter Baum
trägt schlechte Früchte.

An den Früchten
wird erkannt,
ob ein Baum gut
oder schlecht ist.

---

[219] ܪܘܚܐ, *rūḥā* (Substantiv, Singular, nachdrücklich); Wurzel: ܪܘܚ, *rwḥ* = Geist, Wind, Atem; von „Gewissen" ist hier nicht die Rede; vgl. die Selbstverteidigung in Mk 3,30: Sie hatten nämlich gesagt: Er hat einen unreinen Geist.

34 *Ihr Brut von Skorpionen²²⁰,*
wie könnt ihr Gutes reden,
wenn ihr Böses denkt?
Der Mund spricht doch, wovon das Herz überfließt.

35 *Der gute Mensch bringt*
aus guten Schätzen Gutes hervor
und der böse Mensch bringt
aus bösen Schätzen Böses hervor.

36 *Ich sage euch aber:*

Über jedes entmutigende Wort²²¹,
das die Menschen reden,
werden sie am Tag des Gerichts
Rechenschaft ablegen müssen.

37 *Denn aufgrund deiner Worte*
wirst du für gerecht
oder für schuldig
befunden werden.

Zeichen gefordert

38 Darauf wandten sich einige Schriftkundige und Pharisäer an ihn: Malpānā²²², wir möchten von dir ein Zeichen sehen. 39 Er antwortete ihnen:

---

[220] Sonst auch: Vipern.

[221] ܒܛܠܐ, baṭṭālā; Wurzel: ܒܛܠ, bṭl (baṭṭāl), ܒܛܠ wird hier in Anlehnung an Franz Alt mit „entmutigend" übersetzt (vgl. Franz Alt, *Jesus*, S. 259).

[222] ܡܠܦܢܐ, malpānā (Substantiv, männlich, Singular, emphatisch); Wurzel: ܠܦ, mlpn, mlpnʾ (malləpān, malləpānā) = Lehrer, Malpānā

Matthäus 12, 40–42

*Eine böse und treulose²²³ Generation will ein Zeichen,
aber es wird ihr kein Zeichen gegeben werden
außer dem Zeichen des Propheten Jona.*

40 *Denn wie Jona
drei Tage und drei Nächte
im Bauch des Fisches war,
so wird auch dieser Mensch hier
drei Tage und drei Nächte
im Schoß der Erde sein.*

41 *Selbst die Männer von Ninive
werden beim Gericht
gegen diese Generation auftreten
und sie verurteilen.*

*Denn sie sind auf die Botschaft des Jona hin
umgekehrt.
Aber hier handelt es sich
um einen Größeren als Jona.*

42 *Die Königin des Südens
wird beim Gericht
gegen diese Generation auftreten
und sie schuldig sprechen.*

*Denn sie kam von den Enden der Erde,
um die Weisheit Salomos
hören zu können.
Aber hier handelt es sich*

---

²²³ ܓܝܪܬܐ, wəgayyārtā (Substantiv, weiblich, Singular, emphatisch); Wurzel: ܓܪ, gr (gayyārāy) = Treulose/r, Ehebrecher/in

um einen Größeren
als Salomo.

43 *Wenn ein unreiner Geist*
aus einem Menschen ausfährt,
durchwandert er wasserlose Gegenden,
um Ruhe zu suchen,
findet aber keine.
44 *Dann sagt er:*
Ich will in mein Haus zurückkehren,
das ich verlassen habe.

Und er kommt und findet es leer,
sauber und gut eingerichtet.
45 *Dann geht er*
und nimmt sieben andere Geister mit sich,
die noch schlimmer sind als er selbst.
Sie ziehen ein und leben dort.

Das Ende jenes Menschen
wird schlimmer sein als sein Anfang.
Das wird dieser bösen Generation
genauso ergehen.

Jesu Familie

46 Als Jesus noch mit den Leuten redete, standen seine Mutter und seine Geschwister draußen und wollten mit ihm sprechen. 47 Da sagte jemand zu ihm: Deine Mutter und deine Geschwister stehen draußen und wollen mit dir sprechen. 48 Dem, der ihm das gesagt hatte, erwiderte er:

Wer ist meine Mutter
und wer sind meine Geschwister?

Matthäus 12, 49–13, 5

49 Und er zeigte mit der Hand auf seine Jünger und sprach:

Das ist meine Mutter
und das sind meine Geschwister.
50 *Denn wer den Willen Gottes,*
meines ʾAbbā,
meines liebevollen Vaters[224]*,*
tut,
ist für mich Bruder
und Schwester
und Mutter.

Der Sämann

13 1 An jenem Tag verließ Jesus das Haus und setzte sich an das Ufer des Sees. 2 Da versammelte sich eine große Menschenmenge um ihn herum. Er musste daher aufstehen, und sich in ein Boot setzen. Alle die Menschen standen am Ufer. 3 Und er sprach viel zu ihnen in Gleichnissen. Er sagte:

Ein Sämann ging hinaus,
um zu säen.

4 *Als er gesät hatte,*
fiel ein Teil auf den Weg,
und das Federvieh kam
und fraß es.

5 *Ein anderer Teil fiel auf Felsen,*
wo es nicht genügend Erde gab,
es schoss empor,
weil das Erdreich nicht tief war.

---

[224] Apposition zur Erläuterung vom Übersetzer ergänzt.

6 *Aber als die Sonne hochstieg,*
wurde die Saat versengt
und verdorrte,
weil sie keine Wurzeln hatte.

7 *Wieder ein anderer Teil*
fiel in die Disteln,
und die Disteln wuchsen
und erstickten die Saat.

8 *Ein anderer Teil*
aber fiel auf guten Boden
und brachte Frucht,
teils hundertfach, teils sechzigfach, teils dreißigfach.

9 *Denkt darüber nach,*
um zu verstehen.[225]

Gleichnisse erschließen

10 Da traten die Jünger näher zu ihm und sagten: Warum redest du zu ihnen in Gleichnissen? 11 Er antwortete ihnen:

Euch ist es gegeben,
das Geheimnis dessen zu verstehen,
was Gott rät[226].
Ihnen aber ist es nicht gegeben.

---

[225] Wörtlich: *Wer Ohren hat zu hören, der höre.*
[226] ܡܠܟܘܬܐ, *malkūṯā* (Substantiv, weiblich, Singular, emphatisch); Wurzel: ܡܠܟ, *mlkw, mlkwtʾ* = Reich, Herrschaftsform, Königtum; Errico übersetzt die Wurzel ܡܠܟ, *mlkw, mlkwtʾ* von ܡܠܟܘܬܐ, *malkūṯā* mit „Ratschlag" bzw. „Rat" (vgl. Errico, *Treasures*, S. 12 f.).

Matthäus 13, 12–15

12 *Denn wer hat,*
dem wird gegeben
und das, was er hat,
wird noch weiter anwachsen.

Wer aber nicht hat,
dem wird auch
das wenige noch weggenommen,
was er hat.[227]

13 *Deshalb rede ich zu ihnen in Gleichnissen,*
weil sie sehen und doch nichts erkennen
und weil sie hören und doch nichts erfassen
und somit nichts verstehen.

14 *An ihnen erfüllt sich*
das Prophetenwort Jesajas:

Ihr hört zwar,
aber ihr könnt nicht verstehen.
Ihr seht zwar,
aber ihr könnt nicht einsehen.

15 *Denn die Herzen*
der Menschen dieses Volkes
haben sich verhärtet.
Sie halten sich die Ohren zu
und verschließen ihre Augen,
sie können mit ihren Augen nicht sehen

---

[227] Es geht hier also u. a. um den Vorgang des abstrakten Verstehens: Ein Verständiger versteht immer mehr, ein Unverständiger verliert dagegen sein Verständnis zunehmend. Konkretionen ermöglichen den meisten Fortschritte beim Verstehen. Auch deshalb ist u. a. das konkrete Erzählen einer Parabel hilfreich.

und können mit ihren Ohren nicht hören.
So können sie mit ihren Herzen
nicht zur Einsicht kommen
und sich bekehren.

Wenn sie umkehren,
werde ich sie heilen.

16 *Ihr aber seid*
gesegnet,
denn eure Augen erkennen
und eure Ohren verstehen.

17 *Wahrlich, ich sage euch:*
Sehr viele Propheten und gerechte Männer
haben sich danach gesehnt zu sehen,
was ihr seht,
und haben es nicht gesehen,
und wollten hören,
was ihr hört,
und haben es nicht gehört.

Gleichnisse verstehen

18 *Hört also,*
was das Gleichnis vom Sämann bedeutet.

19 *Zu jedem Menschen,*
der das Wort von Gottes Rat[228] hört
und es nicht versteht,

---

[228] ܡܠܟܘܬܐ, *malkūṯā* (Substantiv, weiblich, Singular, emphatisch); Wurzel: ܡܠܟ, *mlkw, mlkwtʾ* = Reich, Herrschaftsform, Königtum; Errico übersetzt die Wurzel

*kommt der Böse und holt sich,
was diesem Menschen ins Herz gesät wurde.
Das ist bei dem so, bei dem
der Samen auf den Weg gefallen ist.*

20 *Auf felsigen Boden
ist der Samen bei dem gefallen,
der das Wort hört und sofort freudig annimmt.*
21 *Er hat aber keine Wurzeln, sondern ist wankelmütig.
Sobald er um des Wortes willen
in Schwierigkeiten gerät oder schwere Verfolgung droht,
kommt er sofort zu Fall.*

22 *In die Disteln ist
der Samen bei dem gefallen,
der das Wort zwar hört,
aber Sorgen dieser Welt
und trügerischer Reichtum
ersticken es
und es bleibt ohne Frucht.*

23 *Auf guten Boden
ist der Samen bei dem gesät,
der das Wort hört und es auch versteht.
Er bringt Frucht,
hundertfach oder
sechzigfach oder
dreißigfach.*

ܡܠܟ, *mlkw, mlkwtʾ* von ܡܠܟܘܬܐ, *malkūṯā* mit „Ratschlag" bzw. „Rat" (vgl. Errico, *Treasures*, S. 12 f.).

Unkraut unter dem Weizen

24 Jesus legte ihnen ein anderes Gleichnis vor:

> *Mit dem, was Gott rät[229],*
> *mit seiner Herrschaft,*
> *verhält es sich wie mit einem Mann,*
> *der guten Samen auf seinen Acker säte.*

> 25 *Während nun die Menschen schliefen,*
> *kam sein Feind,*
> *säte Unkraut unter den Weizen*
> *und ging weg.*

> 26 *Als die Saat aufging*
> *und sich die Ähren bildeten,*
> *kam auch das Unkraut*
> *zum Vorschein.*

> 27 *Da gingen die Knechte zu dem Gutsherrn*
> *und sagten: Unser Herr,*
> *hast du nicht guten Samen auf deinen Acker gesät?*
> *Woher kommt dann das Unkraut?*

> 28 *Er antwortete ihnen:*
> *Das hat ein Feind getan.*
> *Da sagten die Knechte zu ihm:*
> *Sollen wir gehen und es ausreißen?*

---

[229] Dto.

Matthäus 13, 29–32

29 *Er entgegnete:*
Nein, es könnte sein,
dass ihr zusammen mit dem Unkraut
auch den Weizen ausreißt.

30 *Lasst besser beides wachsen.*
Zur Erntezeit werde ich denen,
die sich um das Einbringen des Getreides
zu kümmern haben, sagen:

Sammelt zuerst das Unkraut
und bindet es in Bündeln,
um es zu verbrennen.
Den Weizen aber bringt in meine Scheune.

Senfkorn

31 Er legte ihnen ein weiteres Gleichnis vor und sagte:

Mit dem Rat,
den Gott gibt,
mit seiner Herrschaft,
verhält es sich wie mit einem Senfkorn,
das ein Mann auf seinen Acker säte.

32 *Es ist das kleinste von allen Samenkörnern.*
Sobald es aber hochgewachsen ist,
ist es größer als die anderen Kräuter
und wird zu einem Baum, sodass die Vögel des Himmels
kommen und in seinen Zweigen nisten.

Sauerteig

33 Er sagte ihnen ein weiteres Gleichnis:

> *Mit dem,*
> *was Gott rät,*
> *verhält es sich wie mit dem Sauerteig,*
> *den eine Frau nahm*
> *und kaum merklich*
> *unter drei Maßeinheiten Mehl steckte,*
> *bis das Ganze durchsäuert war.*

Geheimnisse in den Gleichnissen

34 Dies alles sagte Jesus den Leuten in Gleichnissen, und ohne Gleichnisse redete er nicht zu ihnen, 35 damit sich erfülle, was durch den Propheten gesagt worden ist: Ich öffne meinen Mund in Gleichnissen, ich spreche die Geheimnisse aus, die seit der Schöpfung der Welt verborgen waren.

Ein Gleichnis erschließen und deuten

36 Dann verließ er die Menge und ging in das Haus. Und seine Jünger kamen zu ihm und sagten: Erkläre uns das Gleichnis vom Unkraut auf dem Acker. 37 Er antwortete:

> *Der den guten Samen sät,*
> *soll diesen Menschen hier symbolisieren.*
> 38 *Das Feld steht für die Welt.*
> *Der gute Samen meint die Kinder Gottes,*
> *das Unkraut die Kinder des Bösen.*

> 39 *Der Feind,*
> *der es gesät hat,*
> *ist der Widersacher.*

Matthäus 13, 40–43

Wenn von der Ernte die Rede ist,
geht es um das Ende der Welt.
Die Erntehelfer stehen für die Engel.

40 *So wie nun das Unkraut aufgesammelt*
und im Feuer verbrannt wird,
so wird es auch am Ende der Welt sein:
41 *Dieser Mensch wird seine Boten aussenden*
und sie werden alle zusammenholen,
die andere verführt
und selbst Böses getan haben.

42 *Und sie werden sie in den Feuerofen werfen.*
Dort werden Schmerz und Verzweiflung herrschen.[230]
43 *Dann werden die Gerechten*
erleuchtet werden[231]
durch ʾAbbā,
ihren liebevollen Vater.

Denkt darüber nach, um zu verstehen.[232]

---

[230] Wörtlich: *Dort werden Heulen und Zähneknirschen sein.*
[231] ܢܗܪܘܢ, *nenhəron* (Verb, 3. Person, männlich, Plural, unvollendet, Peal); Wurzel: ܢܗܪ, *nhr* = leuchten, Licht zeigen, glänzen, erleuchtet werden, leuchten, verstehen; wörtlich: Dann werden die Gerechten wie die Sonne im Reich ihres Vaters (d.h. bei ihrem ʾAbbā) leuchten.
[232] Wörtlich: *Wer Ohren hat zu hören, der höre.*

Schatz und Perle

44 *Mit dem,*
was Gott rät[233],
verhält es sich auch
wie mit einem Schatz,
der in einem Feld vergraben war.

Ein Mann entdeckte ihn,
freute sich sehr über seinen Fund,
grub ihn wieder ein.
Er behielt das Wissen
um seinen Fund allerdings für sich.

Und in seiner Freude
verkaufte er alles,
was er besaß,
und kaufte
den Acker.

45 *Auch ist das,*
was Gott rät,
vergleichbar
mit einem Kaufmann,
der stets edle Perlen suchte.

---

[233] ܡܠܟܘܬܐ, *malkūtā* (Substantiv, weiblich, Singular, emphatisch); Wurzel: ܡܠܟ, *mlkw, mlkwtʾ* = Reich, Herrschaftsform, Königtum; Errico übersetzt die Wurzel ܡܠܟ, *mlkw, mlkwtʾ* von ܡܠܟܘܬܐ, *malkūtā* mit „Ratschlag" bzw. „Rat" (vgl. Errico, *Treasures*, S. 12 f.). „Reich Gottes" bzw. „Herrschaft Gottes" macht dann das aus, was Gott rät.

Matthäus 13, 46–49

46 *Als er eine besonders wertvolle Perle[234] fand,*
ging er hin,
verkaufte alles,
was er besaß,
und erwarb sie.

Fischernetz

47 *Was Gott rät,*
lässt sich auch mit einem Fischernetz vergleichen,
das ins Meer ausgeworfen wurde
und in dem sich die unterschiedlichsten Fische fingen.

48 *Als das Netz voll war,*
setzten sich die Fischer nieder
und begannen
die Fische zu sortieren.

Sie warfen die guten Fische
in Körbe,
die schlechten aber
warfen sie weg.

49 *So wird es*
auch am Ende
der Welt
sein:

---

[234] ܡܪܓܢܝܬܐ, *margānīṯā* (Substantiv, weiblich, Singular, emphatisch); Wurzel: ܡܪܓܢܝܬܐ, *mrgny, mrgnytʾ* = Perle, Kostbarkeit

*Die Engel werden kommen
und die Schlechten
von den Gerechten
trennen.*

50 *Und die Schlechten
werden sie ins Feuer werfen.
Dort werden Schmerz
und Verzweiflung herrschen.*[235]

Nachfrage

51 *Habt ihr alles verstanden?*

Sie antworteten ihm: Ja, wirklich, unser Herr[236]. 52 Da sprach er zu ihnen:

*So gleicht jeder Schriftkundige, der verstanden hat,
um was es bei dem geht, was Gott rät*[237],
und seinem Rat als Jünger folgt, einem Hausherrn.

*Unter dem, was er besitzt,
entdeckt er neue und alte Kostbarkeiten
und holt sie hervor.*

53 Nachdem Jesus diese Gleichnisse erzählt hatte, zog er weiter.

---

[235] Wörtlich: *Dort werden Heulen und Zähneknirschen sein.*

[236] ܡܪܢ, *māran* (Substantiv, männlich, Singular, emphatisch, Suffix: 1. Person, Plural); Wurzel: ܡܪ, *mrʾ* = Meister, Herr (hier: unser Meister)

[237] ܡܠܟܘܬܐ, *malkūtā* (Substantiv, weiblich, Singular, emphatisch); Wurzel: ܡܠܟ, *mlkw, mlkwtʾ* = Reich, Herrschaftsform, Königtum; Errico übersetzt die Wurzel ܡܠܟ, *mlkw, mlkwtʾ* von ܡܠܟܘܬܐ, *malkūtā* mit „Ratschlag" bzw. „Rat" (vgl. Errico, *Treasures*, S. 12 f.).

Matthäus 13, 54–14, 3

Reaktionen in der Heimatstadt

54 Jesus kam in seine Heimatstadt und lehrte die Menschen auf eine Art und Weise, die sie staunen ließ. Sie sagten: Woher hat er diese Weisheit und diese Autorität[238]? 55 Ist das nicht der Sohn des Zimmermanns? Heißt seine Mutter nicht Maria und heißen seine Brüder nicht Jakobus, Josef, Simon und Judas? 56 Leben nicht auch alle seine Schwestern hier bei uns? Woher also hat er das alles? 57 Und sie wussten nicht, was von ihm zu halten war. Da sagte Jesus zu ihnen:

> *Nirgends wird*
> *ein Prophet so verachtet[239]*
> *wie in seiner Heimat und*
> *wie in seiner eigenen Familie.*

58 Und er bewirkte dort nicht viel, da sie nicht glaubten.

Herodes über Jesus

14 1 Zu dieser Zeit hörte der Tetrarch Herodes, was man sich von Jesus erzählte. 2 Er sagte zu seinen Dienern: Das ist Johannes der Täufer. Er ist von den Toten auferweckt worden. Aus diesem Grund werden von ihm so große Wunder gewirkt.

Der Täufer – das Ende

3 Herodes hatte nämlich Johannes verhaften, in Ketten legen und ins Gefängnis werfen lassen. Grund dafür war Herodias, die Frau seines Bruders

---

[238] ܘܚܝܠܐ, *wəḥayle* (Substantiv, männlich, Plural, emphatisch); Wurzel: ܚܠ, *ḥl* (*ḥayl/ḥēl, ḥaylā*) = Macht, Stärke. Kraft, Autorität

[239] ܕܨܥܝܪ, *daṣʿīr* (Verb, 3. Person, männlich, Singular, emphatisch, Partizip Passiv, Peal); Wurzel: ܨܥܪ, *ṣʿyr* (*ṣʿīr*) = verachten

Philippus. 4 Denn Johannes hatte zu diesem gesagt: Es ist rechtswidrig, sie zur Frau zu haben. 5 Dieser wollte Johannes daher töten lassen, fürchtete sich aber vor den Leuten. Denn sie erkannten Johannes als einen Propheten an. 6 Als nun Herodes Geburtstag feierte, tanzte die Tochter der Herodias vor den Gästen. Und sie gefiel Herodes. 7 Er schwor mit einem Eid, ihr alles zu geben, was sie sich wünschen würde. 8 Da sie aber von ihrer Mutter beeinflusst worden war, sagte sie: Gib mir hier auf einer Schale den Kopf von Johannes dem Täufer. 9 Und der König bedauerte nun, dass er den Eid in Anwesenheit der Gäste geschworen hatte, und befahl, ihr das zu geben, was sie sich gewünscht hatte. 10 Und er veranlasste, Johannes im Gefängnis zu enthaupten. 11 Sein Kopf wurde auf einer Schale gebracht, dem Mädchen übergeben, und dieses reichte ihn ihrer Mutter weiter. 12 Dann kamen seine Jünger, holten den Leichnam und begruben ihn. Sie machten sich auf den Weg zu Jesus, um es ihm zu berichten.

Brot teilen

13 Als Jesus das hörte, zog er sich allein von dort mit dem Boot in eine einsame Gegend zurück. Aber die Menschenmenge aus den Städten spürte ihn auf und folgte ihm vom Land aus nach. 14 Als er ausstieg, sah er die vielen Menschen und hatte Mitleid mit ihnen und heilte ihre Kranken. 15 Als es Abend wurde, näherten sich ihm die Jünger und sagten: Dieser Ort hier ist abgelegen und es ist schon spät geworden. Schick die Leute weg, damit sie in den nächsten Dörfern sich etwas zu essen kaufen können. 16 Jesus aber antwortete:

Sie brauchen nicht wegzugehen.
Gebt ihr *ihnen etwas zu essen.*

17 Sie sagten zu ihm: Wir haben so gut wie nichts, nur fünf Brote und zwei Fische. 18 Er antwortete:

Bringt sie mir her.

19 Dann ließ er die Leute sich auf den Boden setzen. Und er nahm die fünf Brote und die zwei Fische, blickte zum Himmel auf, segnete[240] sie, brach die Brote und gab sie den Jüngern. Die Jünger aber gaben sie den Leuten 20 und alle aßen und wurden satt. Und sie sammelten die übrig gebliebenen Brotstücke ein, zwölf Körbe voll. 21 Es waren etwa fünftausend Männer, die gegessen hatten, dazu zu zählen sind noch die Frauen und Kinder.

Begegnung auf dem Wasser

22 Gleich darauf drängte er die Jünger, ins Boot zu steigen und an das andere Ufer vorauszufahren. Inzwischen wollte er die Leute nach Hause schicken. 23 Als er sie weggeschickt hatte, stieg er allein auf einen Berg, um dort zu beten. Als es dunkel wurde, war er immer noch allein dort. 24 Das Boot aber war schon ziemlich weit vom Land entfernt und wurde von den Wellen hin und her geworfen. Denn sie hatten mit Gegenwind zu kämpfen. 25 In der Morgendämmerung kam er zu ihnen. Er ging über den See.[241] 26 Als ihn die Jünger über den See kommen sahen, fürchteten sie sich, weil sie meinten, es sei eine falsche Vision, vielleicht auch ein Gespenst, und sie schrien vor Angst. 27 Doch sogleich sprach Jesus zu ihnen und sagte:

Seid mutig, ich bin es.
Ihr braucht keine Angst zu haben.

---

[240] ܘܒܪܟ, *wəḇarreḵ* (Verb, 3. Person, männlich, Singular, Perfekt); Wurzel: ܒܪܟ, *brk* = segnen, knien

[241] Das Aramäische ermöglicht es nach Lamsa, den hier verwendeten Ausdruck mit „auf dem Meer wandeln", genau so gut aber auch mit „am Ufer entlangwandeln" zu übersetzen. Was sinnvoller sei, hänge u. a. von der Geografie ab. Lamsa selbst sieht bei vorliegender Stelle „begründete Notwendigkeiten" für die erste Variante gegeben. Im Kontext von Joh 6,19 sieht er solche Notwendigkeiten nicht: *„Kapernaum und Tiberias (...) befinden sich nahe beieinander am Westufer des Meeres von Galiläa. (...) Man kommt leichter und schneller zu Fuß von der einen Stadt zur anderen als mit einem Boot. Jesus vermied es, mit den Jüngern zusammen zurückzukehren, um der aufgeregten Menge aus*

Matthäus 14, 28–36

28 Simon erwiderte ihm und sagte: Herr, wenn du es bist, so befiehl mir, auf dem Wasser zu dir zu kommen. 29 Jesus sagte:

Komm.

Da stieg Simon aus dem Boot und ging auf dem Wasser zu Jesus. 30 Als er aber merkte, wie heftig der Wind wehte, bekam er Angst und er fing an unterzugehen. Da schrie er: Mein Mārā, mein Herr und Meister, rette mich. 31 Unser Mārā[242] streckte sofort die Hand aus, ergriff ihn und sagte zu ihm:

Du solltest mehr Vertrauen haben[243].
Warum hast du gezweifelt?

32 Als sie ins Boot gestiegen waren, ließ der Wind nach. 33 Die im Boot waren, fielen vor Jesus nieder und sagten: Wahrhaftig, du bist Gottes Sohn.

Heilungen

34 Sie ruderten auf das Ufer zu und kamen nach Genezareth. 35 Da jedermann[244] jener Gegend ihn erkannte, verbreitete sich dies in den umliegenden Dörfern. Sie brachten alle ernsthaft Kranken zu ihm. 36 Er wurde gebeten, er möge sie wenigstens den Saum seines Gewandes berühren lassen. Und diejenigen, die ihn berührten, wurden geheilt.

---

dem Weg zu gehen, die ihn mit aller Gewalt zum König ausrufen wollte. (...) Wie aus der Übersetzung des aramäischen Textes und der geografischen Lage von Tiberias hervorgeht, bestand für Jesus keinerlei Notwendigkeit, das Meer von Galiläa zu überqueren." (Lamsa, Evangelien, S. 389)

[242] ܡܪܢ, *māran* (Substantiv, männlich, Singular, emphatisch, Suffix: 1. Person, Plural); Wurzel: ܡܪܐ, *mrʾ* = Meister, Herr; hier: unser Meister, unser Herr

[243] Im Text der Peschitta ist dieser letzte Ausdruck negativ formuliert: ܙܥܘܪܝ ܗܝܡܢܘܬܐ, *zəʿūray haymānūṯā* = kleingläubig.

[244] ܐܢܫܐ, *nāšā* (Substantiv, Singular, emphatisch); Wurzel: ܐܢܫ, *ʾnš, ʾnšʾ* = Person, jemand

Matthäus 15, 1–8

Reinheit und Unreinheit

15 1 Da kamen Pharisäer und Schriftkundige aus Jerusalem zu Jesus und sagten: 2 Warum ignorieren deine Jünger die Überlieferung der Alten? Warum waschen sie sich nicht ihre Hände, bevor sie essen? 3 Er entgegnete ihnen:

> *Warum übertretet ihr Gottes Gebot*
> *um eurer Überlieferung willen?*
>
> 4 *Gott hat doch gesagt:*
> *Ehre deinen Vater und deine Mutter.*
> *Und: Wer Vater oder Mutter verflucht,*
> *soll getötet werden.*
>
> 5 *Ihr aber sagt:*
> *Wer zu Vater oder Mutter sagt:*
> *Was ich dir schulde,*
> *sei Korban, eine Opfergabe,*
> *darüber kann ich also*
> *nicht mehr frei verfügen*
> *und dir das Geld nicht zurückzahlen,*
> 6 *der braucht seinen Vater oder seine Mutter*
> *nicht mehr zu ehren.*
> *Damit habt ihr Gottes Wort*
> *um eurer Überlieferung willen*
> *außer Kraft gesetzt.*
> 7 *Ihr Schauspieler und Heuchler.*
>
> *Der Prophet Jesaja hat*
> *bereits über euch gesagt:*
> 8 *Dieses Volk ehrt mich*
> *mit den Lippen,*
> *sein Herz aber ist weit weg von mir.*

9 *Vergeblich verehren sie mich.*
Was sie lehren,
sind Weisungen
von Menschen.

10 Und er rief die Leute zu sich und sagte:

Hört und versteht doch:

11 *Nicht das,*
was durch den Mund
in den Menschen hineinkommt,
macht ihn unrein,
sondern was aus dem Mund
des Menschen herauskommt,
das macht ihn unrein.

12 Da kamen die Jünger zu ihm und sagten: Weißt du, dass die Pharisäer, die dein Wort gehört haben, sich ärgern und beleidigt sind? 13 Er antwortete ihnen:

Jede Pflanze,
die Gott,
mein ʾAbbā,
mein liebevoller Vater[245],
nicht gepflanzt hat,
wird ausgerissen werden.

14 *Lasst sie in Ruhe,*
es sind blinde Führer
von Blinden[246].

---

[245] Apposition zur Erläuterung vom Übersetzer ergänzt.
[246] ܟܘܡܐ ܟܘܡܐ ܟܠܐ, *nāgūde dasmayyā samyā* = blinde Blindenführer

Matthäus 15, 15–20

> *Wenn ein Blinder*
> *einen Blinden führt,*
> *werden beide in eine Grube fallen.*

15 Da sagte Simon Kephas[247] zu ihm: Mein Herr, deute uns dieses Gleichnis.
16 Er antwortete:

> *Begreift auch ihr noch nicht?*
> 17 *Versteht ihr nicht,*
> *dass alles,*
> *was durch den Mund hineinkommt,*
> *in den Magen gelangt*
> *und dann wieder ausgeschieden wird?*

> 18 *Was aber aus dem Mund*
> *herauskommt,*
> *das kommt*
> *aus dem Herzen*
> *und das macht den Menschen*
> *unrein.*

> 19 *Denn aus dem Herzen*
> *kommen böse Gedanken,*
> *Mord und Ehebruch,*
> *Unzucht und Diebstahl,*
> *falsche Zeugenaussage*
> *und Lästerung.*

> 20 *Das ist es,*
> *was den Menschen unrein macht.*

---

[247] Lamsa verwendet im Unterschied zu Etheridge und Murdock zusätzlich „Petrus" als Namen von Simon (Schemun = der, der hört, d.h. der, der aufnahmebereit ist).

[248] ܡܪ, *mār* (Substantiv, männlich, Singular, emphatisch); Wurzel: ܡܪܐ, *mry, mry'* (*mārē, māryā, mārā*) = Meister, Herr

Aber mit ungewaschenen Händen
zu essen,
das macht den Menschen
nicht unrein.

Vertrauen und Heilung

21 Jesus ging weg von dort und gelangte bis an die Grenze von Tyrus und Sidon. 22 Da kam eine kanaanäische Frau aus jener Gegend zu ihm und rief weinend: Mein Herr[248], erbarme dich meiner, Herr, du Sohn Davids. Meine Tochter wird von Wahnsinn gequält. 23 Jesus aber antwortete ihr nicht. Seine Jünger traten zu ihm und drängten ihn: Schick sie fort, denn sie schreit die ganze Zeit hinter uns her. 24 Er antwortete:

Ich bin nur
zu den verlorenen Schafen
des Hauses Israel gesandt.

25 Doch sie kam, fiel vor ihm nieder und sagte: Mein Herr, hilf mir. 26 Er erwiderte:

Es ist nicht recht,
das Brot den Kindern wegzunehmen
und den Hunden vorzuwerfen.

27 Da entgegnete sie: Ja, mein Herr. Selbst die Hunde essen von den Brotkrumen, die vom Tisch ihrer Herren fallen, um am Leben zu bleiben. 28 Darauf antwortete ihr Jesus:

Frau, dein Vertrauen ist groß.
Es soll dir geschehen,
wie du willst.

Und von dieser Stunde an war ihre Tochter geheilt.

Matthäus 15, 29–39

29 Jesus zog von dort weiter und kam an den See von Galiläa. Er stieg auf einen Berg und setzte sich dort. 30 Da kamen viele Menschen zu ihm und brachten Körperbehinderte, Lahme und Blinde, Stumme und viele andere Kranke. Sie legten sie ihm zu Füßen und er heilte sie, 31 sodass die Menschen staunten, als sie sahen, dass Stumme redeten, Behinderte gesund wurden, Lahme gehen und Blinde sehen konnten. Und sie priesen den Gott Israels.

Brot und Fisch

32 Jesus rief seine Jünger zu sich und sagte:

Ich habe Mitleid mit diesen Menschen.
Denn sie sind schon drei Tage bei mir
und haben nichts zu essen.

Ich will sie nicht hungrig wegschicken,
sonst brechen sie ohnmächtig
auf dem Weg zusammen.

33 Da sagten die Jünger zu ihm: Wo sollen wir in dieser trostlosen Gegend so viel Brot herbekommen, um so viele Menschen satt zu machen?

34 Jesus sagte zu ihnen:

Wie viele Brote habt ihr?

Sie antworteten: Sieben und ein paar kleine Fische. 35 Da forderte er die Leute auf, sich auf den Boden zu setzen. 36 Und er nahm die sieben Brote und die Fische, sprach das Dankgebet, brach sie und gab sie seinen Jüngern und die Jünger gaben sie der Menschenmenge. 37 Und alle aßen und wurden satt. Und sie sammelten die übrig gebliebenen Stücke ein, sieben Körbe voll. 38 Es waren viertausend Männer, die gegessen hatten, Männer, Frauen und Kinder. 39 Danach schickte er die Menge weg, stieg ins Boot und fuhr bis an die Grenze von Magadan.

Matthäus 16, 1–4

Zeichen gefordert

16 1 Da kamen die Pharisäer und Sadduzäer zu Jesus, um ihn zu versuchen. Sie wollten von ihm ein wunderbares Zeichen[249] von Gott im Himmel. 2 Er antwortete ihnen:

> *Wenn es Abend wird, sagt ihr:*
> *Morgen kommt schönes Wetter.*
> *Denn der Himmel ist rot.*

> 3 *Und am Morgen sagt ihr:*
> *Heute kommt schlechtes Wetter,*
> *Es trübt sich ein.*
> *Denn der Himmel ist rot.*

> *Das Aussehen des Himmels wisst ihr*
> *zu beurteilen,*
> *die Zeichen der Zeit*
> *aber könnt ihr*
> *nicht beurteilen.*

> 4 *Diese schlechte und treulose Generation*
> *fordert ein Zeichen,*
> *aber es wird ihr*
> *kein anderes*
> *gegeben werden*
> *als das Zeichen des Propheten Jona.*

Und er ließ sie stehen und ging davon.

---

[249] ܐܬܐ, ʾāṯā (Substantiv, weiblich, Singular, emphatisch); Wurzel: ܐܬܐ, ʾtʾ = Zeichen, Wunder

Matthäus 16, 5–10

Metaphern verstehen lernen

5 Als die Jünger an das Jordanufer auf der anderen Seite zum Knotenpunkt der Karawanenwege[250] gekommen waren, bemerkten sie, dass sie vergessen[251] hatten, Brote mitzunehmen. 6 Jesus sagte zu ihnen:

> *Passt auf*
> *und seid gewarnt*
> *vor dem Sauerteig[252] der Pharisäer und Sadduzäer.*

7 Sie aber machten sich Gedanken und diskutierten miteinander, wie sie nur kein Brot mitnehmen konnten. 8 Als Jesus das merkte, sagte er:

> *Habt mehr Vertrauen[253],*
> *was macht ihr euch darüber Gedanken,*
> *dass ihr kein Brot habt?*
> 9 *Versteht ihr immer noch nicht?*
>
> *Erinnert ihr euch an die fünf Brote*
> *für die Fünftausend*
> *und wie viele Körbe ihr*
> *eingesammelt habt?*
>
> 10 *Auch an die sieben Brote*
> *für die Viertausend*
> *und wie viele Körbe*
> *ihr eingesammelt habt?*

---

[250] ܠܥܒܪܐ, *ləʿeḇrā* (Substantiv, männlich, Singular, emphatisch); Wurzel: ܥܒܪ, *ʿbr*; *ʿbrʾ* (*ʿěḇar*, *ʿeḇrā*) = Grenzübergang, jenseitiges Ufer, Ende, Basis, Kreuzung

[251] ܛܥܘ, *ṭəʿaw* (Verb, 3. Person, männlich, Plural, Perfekt, Peal); Wurzel: ܛܥܐ, *ṭʿy* = vergessen, sich täuschen, irren, wandern

[252] ܚܡܝܪܐ, *ḥəmīrā* (Substantiv, männlich, Singular, emphatisch); Wurzel: ܚܡܪ, *ḥmr* (*ḥmīr, ḥmīrā*) = Sauerteig

11 *Warum begreift ihr nicht,*
dass ich nicht wortwörtlich
von Brot gesprochen habe,
als ich zu euch sagte:

Hütet euch
vor dem Sauerteig
der Pharisäer
und Sadduzäer?

12 Da verstanden sie, dass er nicht gemeint hatte, sie sollten sich im wörtlichen Sinne vor dem Sauerteig der Brote hüten, sondern im übertragenen Sinne vor der Lehre[254] der Pharisäer und Sadduzäer.

Bekenntnis und Zusage

13 Als Jesus in die Region von Cäsarea Philippi kam, fragte er seine Jünger:

Was sagen die Leute über mich?
Halten sie mich für einen ganz gewöhnlichen Menschen[255]?

14 Sie sagten: Die einen halten dich für Johannes den Täufer, andere für Elija, wieder andere für Jeremia oder sonst einen anderen Propheten. 15 Da fragte er sie:

---

[253] Im Text der Peschitta ist dieser letzte Ausdruck negativ formuliert: ܙܥܘܪܝ ܗܝܡܢܘܬܐ, $zə^c ūray\ haymānūṯā$ = kleingläubig.

[254] ܝܘܠܦܢܐ, $yūlpānā$ (Substantiv, männlich, Singular, emphatisch); Wurzel: ܝܠܦ, ylpn, ywlpnʾ ($yullə\bar{p}ān, yullə\bar{p}ānā$) = Lehre

[255] ܒܪܗ ܕܐܢܫܐ, $bərēh\ dənāšā$ wird bei Etheridge und Murdock mit bestimmtem Artikel übersetzt: *den Menschensohn*, bei Lamsa mit unbestimmtem Artikel: *einen Menschensohn;* Errico übersetzt ܒܪܗ ܕܐܢܫܐ, $bərēh\ dənāšā$, „Menschensohn" mit „ganz normalem Mann", „menschlichem Wesen", „einfachen Menschen", also jemandem, der keinen Ehrentitel für sich beansprucht (vgl. Errico, *Treasures*, S. 38 ff.; vgl. auch: Lamsa, *Evangelien*, S. 202).

Matthäus 16, 16–18

Für wen haltet ihr mich denn?

16 Simon Kephas[256] antwortete: Du bist der Messias[257], der Sohn des lebendigen Gottes. 17 Jesus antwortete ihm:

Gesegnet bist du,
Simon, du Sohn des Jona.

Denn dies wurde dir nicht
von Menschen aus Fleisch und Blut geoffenbart,
sondern durch Gott, meinen ʾAbbā,
den liebevollen Vater.

18 *Ich sage dir daher:*
Du bist ein Fels[258],
und auf diesen Felsen werde ich
meine Gemeinde von Zeugen
bauen,
und die Pforten der Scheol[259]
werden sie
nicht überwältigen.

---

[256] Petrus (bei Lamsa), ܟܐܦܐ, kīpā = Kephas bei Murdock und Etheridge
[257] ܡܫܝܚܐ, məšīḥā (Partizipiales Adjektiv, Singular, emphatisch); Wurzel: ܡܫܚ, mšḥ = gesalbt, gesalbter, Gesalbter; Messias (bei Murdock und Etheridge); Christus (bei Lamsa)
[258] ܟܐܦܐ, kīpā (Substantiv, weiblich, Singular, emphatisch); Wurzel: ܟܐܦ, kʾpʾ = Fels; Stein bei Lamsa; Kephas bei Murdock und Etheridge; vgl. auch Fußnote 53 mit dem Hinweis auf den Gebrauch von kīpā als Spitzname.
[259] ܫܝܘܠ, dašyūl (Substantiv, weiblich, Singular); Wurzel: ܫܝܘܠ, šywl = Totenreich, Scheol (nicht zu verwechseln mit ܓܗܢܐ, gīhannā (Substantiv); Wurzel: ܓܗܢ, ghnʾ = Hölle, Gehenna)

19 *Ich werde dir die Schlüssel dessen geben,*
was Gott rät.
Was du auf Erden binden wirst,
das wird bei Gott gebunden sein.
Was du auf Erden lösen wirst,
das wird bei Gott gelöst sein.[260]

20 Dann befahl er den Jüngern, niemandem zu sagen, dass er der Messias, der Gesalbte, sei.

Ankündigung (1)

21 Von da an begann Jesus, seinen Jüngern zu erklären, er müsse nach Jerusalem gehen und werde von den Ältesten und oberen[261] Priestern und Schriftkundigen vieles erleiden, er werde getötet und am dritten Tag auferweckt werden. 22 Da nahm ihn Kephas beiseite und begann, ihm Vorwürfe zu machen. Er sagte: Nichts davon, mein Mārā, mein Meister und Herr[262]. Das darf mit dir auf keinen Fall geschehen. 23 Jesus aber drehte sich um und sagte zu Kephas:

Geh mir aus dem Weg,
du behinderst mich[263].
Ich ärgere mich sehr
über dich.
Denn du denkst nicht daran,
was Gott rät und will,
sondern was Menschen wollen.

---

[260] Franz Alt spricht hier von einer Fälschung: Nicht Petrus, sondern Jesus sei der Fels (vgl. Alt, *Jesus*, S. 254 ff.). Dabei wird doch im Aramäischen mit „Fels" ein Mensch bezeichnet, der „schwer von Begriff" ist.

[261] ܪܒܝ, *rabbay* (Adjektiv, männlich, Plural); Wurzel: ܪܒ, *rb* = groß, Chef, Meister (Adjektiv)

Matthäus 16, 24–25

Seine eigenen Lebensimpulse zurückstellen –
seinen Lebenssinn finden

24 Darauf sagte Jesus zu seinen Jüngern:

> *Wenn einer mir nachfolgen will,*
> *nehme er keine Rücksicht auf sich selbst,*
> *nehme sein Kreuz auf sich*
> *und dann folge er*
> *mir nach.*

> 25 *Denn wer nur seinen eigenen Lebensimpulsen folgen will,*
> *wird sein Leben insgesamt verfehlen.*
> *Wer aber sein eigenes Leben*
> *um meinetwillen zurückstellt,*
> *wird seinen Lebenssinn finden.*

---

[262] ܡܳܪܝ, *mār* (Substantiv, männlich, Singular, emphatisch, Suffix: 1. Person, Singular); Wurzel: ܡܪܐ, *mrʾ* = Meister, Herr

[263] Wörtlich: Satan – ein Wort, das viele Schattierungen hat und nicht unbedingt so extrem in orientalischer Mentalität gemeint ist, wie es Menschen aus dem Westen in der Regel verstehen. Die niederländische Peschitta-Übersetzung und die Afrikaans-Übersetzung verwenden den Begriff „Stolperstein" bzw. „Hindernis". Diesem Vorschlag wird hier gefolgt. Er entspricht auch Errico, der herausstellt, der Begriff „Satan" sei von der aramäischen Wurzel *sata* abgeleitet, was u. a. bedeute: in die Irre führen, den Wegweiser verpassen, stolpern, vom Kurs abkommen, behindern (vgl. u. a. auch: Errico/Lamsa, *Matthew*, S. 221.).

[264] ܘܢܰܦܫܶܗ, *wənap̄šēh* (Substantiv, Singular, emphatisch, Suffix: 3. Person, männlich, Singular); Wurzel: ܢܦܫ, *npš, npšʾ* (*npēš, napšā*) = Atem, Seele, Lebensatem, Selbst

[265] Franz Alt favorisiert die folgende Übertragung (Rückübersetzung): „Was würde

26 *Was nützt es einem Menschen,*
wenn er die ganze Welt gewinnt,
dabei aber sich selbst²⁶⁴, seine Seele, verliert?²⁶⁵
Um welchen Preis kann ein Mensch das,
was ihn im Innersten ausmacht²⁶⁶, zurückbekommen?

27 *Dieser Mensch hier*
wird mit seinen Boten
in die Herrlichkeit seines ʾAbbā,
seines liebevollen Vaters, kommen
und dann wird er jeden nach seinen Taten betrachten²⁶⁷.

28 *Amen, ich sage euch:*

Der Geist einiger, die hier stehen,
wird für immer leben.²⁶⁸
So werden sie diesen Menschen hier kommen sehen,
wenn er verwirklicht,
was Gott rät²⁶⁹.

---

es mir nützen, jedermann zu gewinnen und dadurch meinem Selbst zu schaden?" (vgl. Alt, *Jesus*, S. 217).

[266] ܕܢܦܫܗ, *dənapšēh* (Substantiv, Singular, emphatisch, Suffix: 3. Person, männlich, Singular); Wurzel: ܢܦܫ, *npš, npšʾ* (*npēš, napšā*) = Atem, Seele, Lebensatem, Selbst

[267] Möglich ist auch die Übersetzung: *vergelten*.

[268] So der Sinn des aramäischen Idioms „den Tod nicht schmecken" (vgl. Errico/Lamsa, *Matthew*, S. 223 f.).

[269] ܡܠܟܘܬܐ, *malkūṯā* (Substantiv, weiblich, Singular, emphatisch); Wurzel: ܡܠܟ, *mlkw, mlkwtʾ* = Reich, Herrschaftsform, Königtum; Errico übersetzt die Wurzel ܡܠܟ, *mlkw, mlkwtʾ* von ܡܠܟܘܬܐ, *malkūṯā* mit „Ratschlag" bzw. „Rat" (vgl. Errico, *Treasures*, S. 12 f.).

Bergbesteigung

17 1 Sechs Tage danach nahm Jesus Kephas, Jakobus und dessen Bruder Johannes und brachte nur sie ganz allein[270] auf einen hohen Berg. 2 Und er war vor ihnen verwandelt[271]. Sein Gesicht[272] leuchtete[273] wie die Sonne und seine Kleider wurden weiß wie das Licht. 3 Und sie sahen Mose und Elija, wie sie mit Jesus redeten. 4 Und Kephas antwortete und sagte zu Jesus: Herr, es ist schön[274], hier zu sein. Wenn du willst, werde ich hier drei Hütten bauen, eine für dich, eine für Mose und eine für Elija. 5 Noch während er redete, warf eine leuchtende Wolke ihren Schatten über sie und eine Stimme kam aus der Wolke: Dieser ist mein geliebter Sohn, so wie ich ihn mir wünsche. Hört[275] auf ihn und gehorcht ihm. 6 Als die Jünger das hörten, warfen sie sich mit dem Gesicht zu Boden und fürchteten sich sehr. 7 Jesus trat näher zu ihnen, berührte sie und sagte:

Steht auf[276], fürchtet euch nicht.

---

[270] ܠܒܠܚܘܕܝܗܘܢ, *balḥūḏayhon* (Adverb, Suffix: 3. Person, männlich, Plural); Wurzel: ܚܘܕ, *ḥwḏ* = nur allein, ganz allein, selbst

[271] ܐܫܬܚܠܦ, *weštaḥlap* (Verb, 3. Person, männlich, Singular, vollendet, Eshtaphal); Wurzel: ܚܠܦ, *šḥlp* = verändern, umwandeln

[272] ܦܪܨܘܦܗ, *parṣūppēh* (Substantiv, männlich, Singular, emphatisch, Suffix: 3. Person, männlich, Singular); Wurzel: ܦܪܨܘܦ, *prṣwp, prṣwpʾ* (*parṣōp̄, parṣōp̄ā*) = Gesicht, Person, Aspekt

[273] ܢܗܪ, *wanhar* (Verb, 3. Person, männlich, Singular, vollendet, Peal); Wurzel: ܢܗܪ, *nhrʾ* = leuchten, glänzen, klar sein

[274] ܫܦܝܪ, *šappīr* (Adjektiv, männlich, Singular, absolut); Wurzel: ܫܦܪ, *špr* = schön, wunderschön, gut

[275] ܫܡܥ, *šəmaʿ* (Verb, 2. Person, männlich, Plural, Imperativ, Peal); Wurzel: ܫܡܥ, *šmʿ* = hören, gehorchen (vgl. den Begriff auch im jüdischen Hauptgebet „Höre Israel")

[276] ܩܘܡ, *qūm* (Verb, 2. Person, männlich, Plural, Imperativ, Peal); Wurzel: ܩܡ, *qwm* = sich erheben, aufstehen, fest stehen usw.

Matthäus 17, 8–12

8 Als sie ihren Blick nach oben richteten[277], sahen sie keinen[278] Menschen[279] mehr, nur Jesus allein[280]. 9 Während sie den Berg hinabstiegen, befahl Jesus ihnen:

Sprecht von dem,
was ihr gesehen habt,
vor keiner anderen Person,
bis dieser Mensch hier
von den Toten erstanden[281] ist.

Elijas Wiederkunft

10 Seine Jünger fragten ihn: Warum sagen die Schriftkundigen, zuerst müsse Elija kommen? 11 Er antwortete:

Elija kommt früher,
damit alles erfüllt werde.

12 *Ich sage euch:*

Elija ist schon gekommen,
doch sie haben ihn nicht erkannt,
sondern sie haben ihm angetan[282],
was sie wollten.

---

[277] ܐܪܝܡܘ, warīm (Verb, 3. Person, männlich, Plural, Perfekt, Áphel); Wurzel: ܪܡ, rm = hoch richten

[278] ܠܐ, lā (Partikel); Wurzel: ܠܐ, lʾ = nein, nicht, kein

[279] ܘܐܢܫ, wannāš (Substantiv, Singular, absolut); Wurzel: ܐܢܫ, ʾnš, ʾnšʾ ((ʾĕ)nāš, (ʾĕ)nāšā) = Menschen, Menschenartigen

[280] ܒܠܚܘܕܘܗܝ, balḥūḏaw (Adverb); Wurzel: ḥwd = nur allein

[281] ܕܢܩܘܡ, danqūm (Verb, 3. Person, männlich, Singular, unvollendet, Peal); Wurzel: ܩܡ, qm = aufsteigen, stehen, schaffen, erhöht werden

[282] ܘܥܒܕܘ, waʿbaḏ (Verb, 3. Person, männlich, Plural, Perfekt, Peal); Wurzel: ܥܒܕ, ʿbḏ = tun, machen, bezwingen, antun, handeln, ausführen, feiern

Matthäus 17, 13–20

*Ebenso wird auch
dieser Mensch
durch sie
leiden müssen.*

13 Da verstanden die Jünger, dass er zu ihnen von Johannes dem Täufer gesprochen hatte.

Frustrationen

14 Als sie zu den Volksscharen zurückkamen, trat ein Mann[283] näher, kniete nieder 15 und sagte: Herr, hab Mitgefühl[284] mit meinem Sohn. Er bekommt epileptische Anfälle und hat schwer darunter zu leiden. Oft fällt er ins Feuer oder ins Wasser. 16 Ich habe ihn schon zu deinen Jüngern gebracht, aber sie konnten ihn nicht heilen. 17 Da sprach Jesus:

*Oh ihr, die ihr einer Generation angehört,
die kein Vertrauen auf Gott setzt
und euch von ihm abgewandt habt.*

*Wie lange werde ich noch bei euch sein?
Wie lange werde ich euch noch predigen?
Bringt ihn her zu mir.*

18 Jesus sprach ernsthaft mit ihm und die Krankheit verschwand. Und der Junge war von jener Stunde an geheilt. 19 Als die Jünger mit Jesus allein waren, wandten sie sich an ihn und fragten: Warum konnten wir ihn nicht heilen[285]? 20 Er antwortete:

---

[283] ܓܒܪܐ, *gabrā* (Substantiv, männlich, Singular, emphatisch); Wurzel: ܓܒܪ, *gbr, gbrʾ* (*gbar, gabrā/gubrā*) = Mann, Mensch

[284] ܐܬܪܚܡ, *ʾetrahham* (Verb, 2. Person, männlich, Singular, Imperativ, Ethpael); Wurzel: ܪܚܡ, *rhm* = Mitgefühl zeigen, barmherzig sein, lieben, Gnade erweisen

Habt doch mehr Vertrauen²⁸⁶.

Amen,
ich sage euch:
Wenn ihr nur ein äußerst geringes²⁸⁷ Vertrauen
auf Gott hättet,
dann würdet ihr zu diesem Berg
immer noch sagen können:
Entferne dich²⁸⁸ von hier nach dort.
Und er wird sich entfernen.

Vertraut auf Gott
und nichts wird euch unmöglich sein.

21 *Nichtsdestoweniger:*
Diese Art von Krankheit kann nur
durch Fasten²⁸⁹ und Beten²⁹⁰ bezwungen werden.²⁹¹

---

[285] ܠܡܐܣܝܘܬܗ, *ləmasāyūṯēh* (Verb, Infinitiv, Suffix: 3. Person, männlich, Singular); Wurzel: ܐܣܐ, *ʾsy* = heilen, gesund machen

[286] Im Text der Peschitta ist dieser letzte Ausdruck negativ formuliert: ܙܥܘܪܝ ܗܝܡܢܘܬܐ, *zəʿūray haymānūṯā* = kleingläubig.

[287] Von äußerst geringer Größe, der eines Senfkornes = ܦܪܕܬܐ ܕܚܪܕܠܐ, *pəreddəttā dəhardəlā*

[288] ܕܫܢܐ, *dəšannā* (Verb, 2. Person, männlich, Singular, Imperativ); Wurzel: ܐܫܢ, *šny* = entfernen, wegrücken, abweichen; „Berge versetzen" ist ein aramäisches Idiom und steht für „Schwierigkeiten überwinden".

[289] ܒܨܘܡܐ, *bəṣawmā* (Substantiv, männlich, Singular, emphatisch); Wurzel: ܨܡ, *ṣm* = Fasten

[290] ܘܒܨܠܘܬܐ, *wəbaṣlūṯā* (Substantiv, weiblich, Singular, emphatisch); Wurzel: ܨܠܐ, *ṣlʾ* = Gebet, Beten

[291] Der Vers 21 ist z. B. in der revidierten Einheitsübersetzung von 2016 ersatzlos gestrichen. Er steht nur in manchen Handschriften.

Denn Fasten und Beten
bereiten auf die rechte Einstellung
reinen spirituellen Bewusstseins vor,
das zum Heilen nötig ist.[292]

Ankündigung (2)

22 Als sie in Galiläa zusammen umherzogen, sagte Jesus zu ihnen:

Dieser Mensch hier wird bald
in die Hände der Menschen verraten werden
23 *und sie werden ihn töten.*
Aber am dritten Tag wird er aufsteigen.

Diese Ankündigung schmerzte sie sehr.

Keinen Anstoß erregen

24 Als Jesus und die Jünger nach Kafarnaum kamen, traten jene, welche zwei Silbermünzen als Kopfsteuer einzogen, zu Kephas und fragten: Zahlt euer Rabbi die Kopfsteuer nicht? 25 Er antwortete: Doch. Als Kephas ins Haus hineinging, kam ihm Jesus mit der Frage zuvor:

Was meinst du, Simon,
von wem erheben die Könige dieser Welt Zölle und Steuern?
Von ihren eigenen Kindern oder von den Fremden?

26 Simon antwortete: Von den Fremden. Da sprach Jesus zu ihm:

Dann sind die eigenen Kinder also frei von der Steuer.

---

[292] Erklärender Zusatz des Übersetzers (vgl. Errico, *Treasures*, S. 29 f.).

27 *Damit wir aber bei ihnen keinen Anstoß erregen,*
geh an den See, wirf die Angel aus und öffne dem ersten Fisch,
den du fängst, das Maul.

Dort wirst du eine Münze finden.
Die gib ihnen als Steuer
für mich und für dich.

Diese aramäische Redewendung bedeutet:
Du wirst schnell einen Fisch fangen
und ihn für einen Schekel verkaufen.[293]

Kleine sind Größte

18 1 In jener Stunde kamen die Jünger zu Jesus und fragten ihn: Wer ist der Größte bei Gott? 2 Da rief er ein Kind[294] herbei, stellte es in die Mitte 3 und sprach:

Amen,
ich sage euch:

Wenn ihr nicht umkehrt
und werdet wie die Kinder,
werdet ihr nicht dorthin gelangen,
wo Gottes Rat[295],
verwirklicht wird.

---

[293] Nicht kursiver Text sinnerhellende Ergänzung des Übersetzers. Das aramäische Idiom „einen Schekel im Mund eines Fisches finden" bedeutet so viel wie „schnell einen Fisch fangen und ihn für einen Schekel verkaufen" (vgl. Errico/Lamsa, *Matthew*, S. 229).

[294] ܛܠܝܐ, *ṭalyā* (Substantiv, männlich, Singular, emphatisch); Wurzel: ܛܠܝ, *ṭlyʾ* = Kind, Junge, Mädchen, Knecht, Magd; bei Lamsa: einen kleinen Jungen.

[295] ܡܠܟܘܬܐ, *malkūṯā* (Substantiv, weiblich, Singular, emphatisch); Wurzel: ܡܠܟ,

4 *Wer so demütig ist²⁹⁶ wie dieses Kind,*
der ist bei Gott der Größte.

5 *Und wer in meinem Namen*
ein solches Kind willkommen heißt,
der nimmt mich selbst auf.

Respekt vor den Kleinen

6 *Wer eines von diesen Kleinen,*
die mir vertrauen, verführt,
für den wäre es besser,
wenn ihm ein Mühlstein um den Hals gehängt
und er in die Tiefen des Meeres
versenkt würde.

7 *Wehe der Welt wegen der Verbrechen²⁹⁷.*
Es gibt zwar keine Welt
ohne Verbrechen und Skandale.
Doch wehe dem Menschen,
durch dessen Hand
das Verbrechen kommt.

8 *Wenn du daran denkst,*
etwas Unrechtes zu tun,
halte inne.
Dann lass nicht zu,

---

mlkw, mlkwʾ = Reich, Herrschaftsform, Königtum; Errico übersetzt die Wurzel ܡܠܟ, mlkw, mlkwʾ von ܡܠܟܘܬܐ, malkūṯā mit „Ratschlag" bzw. „Rat" (vgl. Errico, *Treasures,* S. 12 f.).

[296] ܕܡܡܟܟ, dammakkeḵ (Verb, 3. Person, männlich, Singular, Partizip aktiv); Wurzel: ܡܟ, mkk = demütigen, klein werden, bescheiden

[297] ܡܟܫܠܐ, makšəle (Substantiv, männlich, Plural, emphatisch); Wurzel: ܟܫܠ, mkšwl, mkšwlʾ (makšūl, makšūlā) = Straftat, Verbrechen, Skandal

es in die Tat
umzusetzen.[298]

Das ist besser für dich.
Denn so stehst du
auf der Seite des Lebens.
Wenn du einen bösen Gedanken
in die Tat umsetzt,
stehst du auf der Seite des Todes.

9 *Und wenn du etwas siehst,*
das dich zum Bösen verführt,
halte inne.
Dann lass nicht zu,
der Versuchung
nachzugeben.

Das ist besser für dich.
Denn so stehst du
auf der Seite des Lebens.
Wenn du der Versuchung
zum Bösen nachgibst,
stehst du auf der Seite des Todes.[299]

---

[298] Wörtlich: *Wenn dich deine Hand oder dein Fuß zu Fall bringen, dann hau sie ab und wirf sie weg.* Zum Verständnis ist es wichtig zu wissen, dass es sich um eine aramäische Redewendung handelt, die keinesfalls wörtlich gemeint ist. „Hacke deine Hand ab von meinem Weingarten!", meint: Halte dich fern von meinen Trauben. „Seine Hand ist zu lang", charakterisiert jemanden als Dieb („Langfinger"). „Verkürze deine Hand", meint: Stiehl nicht. Die Hand steht für die physische Ausführung eines Gedankens. Die plastischen Redewendungen von Vers 8 und 9 sind in diesem Sinne aus dem orientalischen Verständnis sinngemäß frei übertragen.

[299] Wörtlich: *in das Feuer der Hölle geworfen zu werden.* ܓܗܢܐ, *bəgīhannā* (Substantiv); Wurzel: ܓܗܢ, *ghnᵓ* = Hölle, Gehenna (nicht zu verwechseln mit:

Matthäus 18, 10–12

10 *Schaut darauf,*
niemals eins von diesen Kleinen zu misshandeln[300]*.*
Denn ich sage euch:
Ihre Engel bei Gott
sehen stets das Angesicht von ʾAbbā[301]*,*
meinem liebevollen Vater[302]*.*

Verlorenes wiederfinden

11 *Dieser Mensch hier ist gekommen zu retten,*
was verloren war.[303]

12 *Stellt euch folgende Begebenheit vor:*
Ein Mann hat hundert Schafe
und eines von ihnen
hat sich verirrt.

Lässt er nicht die neunundneunzig
auf dem Berg zurück,
geht hin und sucht das eine,
das verloren ist?

Scheol). Der metaphorisch und idiomatisch zu deutende Begriff „Gehenna" enthält Anklänge an: Bedauern, Bereuen, gedankliche Qualen, mentales Leiden, Selbstvorwürfe usw., ist also nicht wörtlich konkret zu verstehen. (Vgl. Errico, *Es werde Licht*, S. 58 f.; Errico/Lamsa, *Matthew*, S. 71)

[300] ܬܒܣܘܢ, *tebson* (Verb, 2. Person, männlich, Plural, unvollendet, Peal); Wurzel: ܒܣܐ, *bsʾ* = vernachlässigen, verachten, geringschätzen, verschmähen; bei Schwarz wird in der Rückübersetzung von „Kinder schänden" gesprochen (vgl. Alt, *Jesus*, S. 206).

[301] ܕܐܒ, *dāb* (Substantiv, männlich, Singular, emphatisch); Wurzel: ܐܒ, *ʾb* = Vater, ʾAbbā (auch als Anrede an Gott zu verwenden)

[302] Apposition zur Erläuterung vom Übersetzer ergänzt.

[303] Vers 11 steht nur in manchen Handschriften.

13 *Amen, ich sage euch:*

Wenn er es finden sollte:
Jubelt er über dieses eine nicht mehr
als über die neunundneunzig,
die sich nicht verirrt haben?

14 *So will auch Gott, euer ʾAbbā,*
der liebevolle Vater[304]*, nicht,*
dass eines von diesen Kleinen
verloren geht.

Wege zur Konfliktlösung

15 *Wenn sich dein Bruder*
gegen dich vergangen hat,
dann geh und weise ihn allein zurecht.

Hört er aufmerksam zu,
so hast du deinen Bruder
zurückgewonnen.

16 *Hört er aber nicht auf dich,*
dann nimm einen
oder zwei mit dir.

So kann die ganze Sache
durch die Aussage von zwei oder drei Zeugen
entschieden werden.

17 *Hört er auch auf sie nicht,*
dann sag es
der Gemeinde.

---

[304] Apposition zur Erläuterung vom Übersetzer ergänzt.

Matthäus 18, 18–22

Hört er auch auf die Gemeinde nicht,
dann sei er für dich
wie einer, der sich von Gott abgewandt hat.

18 *Amen, ich sage euch:*

Alles, was ihr auf Erden binden werdet,
das wird auch bei Gott gebunden sein,
und alles, was ihr auf Erden lösen werdet,
das wird auch bei Gott gelöst sein.

19 *Weiter sage ich euch:*

Um was auch immer
zwei von euch auf Erden einmütig bitten,
werden sie von Gott, meinem ʾAbbā,
dem liebevollen Vater[305]*, erhalten.*

20 *Denn wo zwei oder drei*
in meinem Namen
versammelt sind,
da bin ich mitten[306] *unter ihnen.*

Vergebung im Zentrum

21 Da trat Kephas zu ihm und fragte: Herr, wie oft soll ich mich beleidigen lassen[307] und muss meinem Bruder vergeben[308]? Bis zu siebenmal? 22 Jesus sagte zu ihm:

---

[305] Apposition zur Erläuterung vom Übersetzer ergänzt.

[306] ܒܝܢܬܗܘܢ, *baynāthon* (Partikel, Suffix: 3. Person, männlich, Plural); Wurzel: ܒܝܢ, *bynt* (*baynāt*) = zwischen, unter

[307] ܢܣܟܠ, *naskel* (Denominativ, 3. Person, männlich, Singular, unvollendet, Áphel); Wurzel: ܣܟܠ, *skl* = beleidigen, dumm verhalten, Falsches tun, verwirrt werden

Ich sage dir:

Nicht bis zu siebenmal,
sondern bis zu siebzigmal siebenmal[309], also unbegrenzt.

23 *Mit dem, was Gott rät[310],*
verhält es sich wie mit einem König, der beschloss,
bei seinen Knechten die Buchhaltung
zu überprüfen.

24 *Als er nun mit der Abrechnung begann,*
brachten sie ihm einen Knecht,
der ihm zehntausend Talente
schuldig war.

25 *Weil er aber das Geld nicht zurückzahlen konnte,*
befahl der Herr, ihn mit Frau und Kindern und allem,
was er besaß, zu verkaufen
und so die Schuld zu begleichen.

26 *Da fiel der Knecht vor ihm auf die Knie*
und bat inständig:
Mein Herr, hab Geduld mit mir.
Ich werde dir alles zahlen.

---

[308] ܐܫܒܘܩ, *ʾešbūq* (Verb, 1. Person, Singular, unvollendet, Peal); Wurzel: ܫܒܩ, *šbq* = vergeben, erlassen, erlauben, verlassen, verzeihen, eine Verpflichtung freigeben, vergessen

[309] Dies ist der aramäische Ausdruck dafür, dass die Bereitschaft zum Verzeihen unbegrenzt sein sollte. Der Lebensstil sollte von einer frohen, liebenden, verzeihenden Haltung gekennzeichnet sein. (Vgl. Errico, *Treasures*, S. 26 ff.)

[310] ܡܠܟܘܬܐ, *malkūṯā* (Substantiv, weiblich, Singular, emphatisch); Wurzel: ܡܠܟ, *mlkw, mlkwʾ* = Reich, Herrschaftsform, Königtum; Errico übersetzt die Wurzel ܡܠܟ, *mlkw, mlkwʾ* von ܡܠܟܘܬܐ, *malkūṯā* mit „Ratschlag" bzw. „Rat". (Vgl. Errico, *Treasures*, S. 12 f.)

Matthäus 18, 27–32

27 *Der Herr des Knechtes*
hatte Mitleid mit ihm,
ließ ihn los
und erließ ihm die Schuld.

28 *Als nun dieser Knecht hinausging,*
traf er einen anderen Knecht,
der ihm einen viel kleineren Betrag schuldig war.
Er packte ihn, würgte ihn und sagte:

Bezahl, was du schuldig bist.
29 *Da fiel der andere Knecht vor ihm nieder und flehte:*
Hab Geduld mit mir.
Ich werde es dir zahlen.

30 *Er aber ließ sich nicht darauf ein,*
sondern ging hin
und warf ihn ins Gefängnis,
bis er die Schuld beglichen hätte.

31 *Als die Mitknechte das sahen,*
schmerzte sie das sehr[311].
Sie gingen zu ihrem Herrn
und berichteten ihm, was geschehen war.

32 *Da ließ ihn sein Herr rufen und sagte zu ihm:*
Du übler Knecht.
Deine ganze Schuld habe ich dir erlassen,
weil du mich angefleht hast.

---

[311] ܟܪܝܬ, *keryaṯ* (Verb, 3. Person, weiblich, Singular, Perfekt, Peal); Wurzel: ܟܪܐ, *krʾ* = trauern, betrübt sein

33 *Hättest auch du gleichfalls*
   mit deinem Mitknecht
   Mitleid haben müssen,
   so wie ich mit dir Mitleid hatte?

34 *Und in seinem Zorn übergab ihn*
   der Herr den Folterern[312],
   bis er die ganze Schuld
   bezahlt hätte.

35 *Ebenso wird Gott, mein ʾAbbā,*
   der liebevolle Vater[313], euch behandeln,
   wenn nicht jeder die Schwächen und Vergehen[314] seines Bruders
   von Herzen vergibt.

Aufbruch

19 1 Als Jesus diese Reden beendet hatte, verließ er Galiläa und zog in das Grenzgebiet von Judäa auf der anderen Seite des Jordan. 2 Sehr viele Menschen folgten ihm nach und er heilte sie dort.

Ehe, Scheidung, Leben ohne Ehe

3 Da kamen Pharisäer zu ihm, um ihn auf die Probe zu stellen[315] Sie fragten:

---

[312] ܠܡܢܓ̈ܕܢܐ, *lamnaggəḏāne* (Substantiv, männlich, Plural, emphatisch); Wurzel: ܢܓܕ, *mngdn, mngdnʾ* (*mənaggəḏān, mənaggəḏānā*) = Peiniger, Folterer

[313] Apposition zur Erläuterung vom Übersetzer ergänzt.

[314] ܣܟܠܘܬܗ, *saklūṯēh* (Substantiv, weiblich, Singular, emphatisch); Wurzel: ܣܟܠ, *sklw, sklwʾ* (*saklū, saklūṯā*) = Torheit, Schwäche, Vergehen, Sünde, Übertretung, Frevel, Fehler

[315] ܘܡܢܣܝܢ, *wamnasēn* (Verb, 3. Person, männlich, Plural, Partizip aktiv); Wurzel: ܢܣܐ, *nsʾ* = versuchen, prüfen, auf die Probe stellen

Matthäus 19, 4–8

Ist es mit der Tora³¹⁶ vereinbar, seine Frau aus jedem beliebigen Grund aus der Ehe zu entlassen? 4 Er antwortete:

Habt ihr nicht gelesen,
dass Gott am Anfang
Mann und Frau
als Wesen erschaffen hat?

5 *Gott hat doch gesprochen:*

Darum wird ein Mann
Vater und Mutter verlassen
und sich an seine Frau binden
*und die zwei werden ver*eint *sein?*

6 *Sie sind also nicht mehr zwei Einzelne,*
sondern ein *Paar.*
Was aber Gott verbunden hat,
das darf der Mensch nicht trennen.

7 Sie sagten zu ihm: Wozu hat dann Mose vorgeschrieben, der Frau eine Scheidungsurkunde zu geben und sie aus der Ehe zu entlassen? 8 Er antwortete:

Nur weil Mose eure Herzenshärte kannte,
hat er euch gestattet,
eure Frauen aus der Ehe zu entlassen.
Ursprünglich war das nicht so gedacht.

---

³¹⁶ ܫܠܝܛ, *šalīṭ* (Adjektiv, männlich, Singular, absolut); Wurzel: ܫܠܝܛ, *šlyṭ* (*šallīṭ*) = mit dem Recht übereinstimmend, mit der Tora vereinbar, erlaubt, mit den Regeln konform

³¹⁷ ܦܩܚ, *paqqāḥ* (Adjektiv, männlich, Singular); Wurzel: ܦܩܚ, *pqḥ* (*paqqāḥ*) = rentabel, zweckmäßig, richtig

Matthäus 19, 9–12

9 *Ich sage euch:*

Wer seine Frau entlässt,
obwohl kein Fall von Ehebruch vorliegt,
und eine andere heiratet,
der begeht selbst Ehebruch.

10 Da sagten seine Jünger zu ihm: Wenn es sich beim Verhältnis des Mannes zur Frau so wie in diesem Fall verhält, dann ist es nicht richtig[317] erneut zu heiraten. 11 Jesus sagte zu ihnen:

Nicht jeder Mann
kann dieses Wort fassen,
sondern nur der,
dem es gegeben ist.

12 *Manche sind von Geburt an Eunuchen[318],*
manche sind von den Menschen zu Eunuchen gemacht
und manche haben sich selbst zu Eunuchen gemacht,
um Gottes Rat[319] zu folgen.[320]

---

[318] ܡܗܝܡܢܐ, *məhaymənē* (Substantiv, männlich, Plural, emphatisch); Wurzel: ܡܗܝܡܢ, *mhymn* (*mhay/ēman*) = vertrauenswürdig, Eunuch – nicht immer im wortwörtlichen Sinn; nicht alle, die in der Bibel „Eunuchen" genannt werden, waren wirklich kastriert. Exegetisch konnte das Wort „Eunuch" mehr einschließen. Es umfasste wohl auch Beamte am Königshof. Hierher rührt die Bedeutung „vertrauenswürdig".

[319] ܡܠܟܘܬܐ, *malkūṯā* (Substantiv, weiblich, Singular, emphatisch); Wurzel: ܡܠܟ, *mlkw, mlkwtʾ* = Reich, Herrschaftsform, Königtum; Errico übersetzt die Wurzel ܡܠܟ, *mlkw, mlkwtʾ* von ܡܠܟܘܬܐ, *malkūṯā* mit „Ratschlag" bzw. „Rat" (vgl. Errico, *Treasures*, S. 12 f.).

[320] Zuweilen werden Vers 11 und 12 hypothetisch als griechische Rhetorik angesehen, die nachträglich von einem Übersetzer im Griechischen eingefügt seien. Später sei dann diese griechische Passage in die Peschitta transponiert worden. Dies scheint allerdings eher unwahrscheinlich.

Matthäus 19, 13–17

Denkt darüber nach.[321]

Kindern die Hand auflegen

13 Da brachte man Kinder[322] zu ihm, um ihnen die Hand[323] auflegen und für sie beten zu lassen. Die Jünger aber wiesen die Leute ab. 14 Doch Jesus sagte:

Lasst die Kinder zu mir kommen
und haltet sie nicht zurück.
Denn Gottes Rat,
ist für Menschen wie sie.

15 Dann legte er ihnen seine Hand auf und zog von dort weiter.

Reichsein

16 Da kam ein Mann zu Jesus und sagte: Guter Malpānā[324], werter Lehrer, was muss ich Gutes tun, um ewiges Leben zu erhalten? 17 Er antwortete:

Was nennst du mich gut?
Es gibt niemanden, der gut ist, außer Gott[325] *allein.*
Wenn du aber zum Leben kommen willst,
halte die Gebote.

---

[321] Wörtlich: Für den, der es fassen kann, ist es genug.

[322] Lamsa übersetzt: kleine Jungen.

[323] ܐܝܕܗ, ʾīḏēh (Substantiv, weiblich, Singular, emphatisch, Suffix: 3. Person, männlich, Singular); Wurzel: ܝܕ, yd, ʾydʾ (yaḏ, yəḏā/ʾīḏā) = Hand, Arm, Seite, Leistung (Singular); im griechischen und lateinischen Text steht der Plural = die Hände

[324] ܡܠܦܢܐ, malpānā (Substantiv, männlich, Singular, emphatisch); Wurzel: ܠܦ, mlpn, mlpnʾ (malləpān, malləpānā) = Lehrer, Malpānā

[325] ܐܠܗܐ, ʾălāhā (Substantiv, männlich, Singular, emphatisch); Wurzel: ܐܠܗ, ʾlh, = Gott, der Gott Israels

18 Darauf fragte er ihn: Welche? Jesus antwortete:

Du sollst nicht töten,
du sollst nicht die Ehe brechen,
du sollst nicht stehlen,
du sollst kein falsches Zeugnis geben.
19 *Ehre Vater und Mutter.*
Und: Sei barmherzig[326] und gütig gegenüber deinem Nächsten,
ja tue ihm Gutes wie dir selbst[327],
denn er ist wie du[328].

---

[326] ܘܬܚܒ, *wataḥḥeḇ* (Verb, 2. Person, männlich, Singular, unvollendet, Áphel); Wurzel: ܚܒ, *ḥb* = brennen, verbrennen; lieben, geliebt zu werden; bei den Orientalen ist „lieben" nicht nur vom Gefühl bestimmt, sondern impliziert vielmehr „Wohlwollen", „Gutes wollen", „Gutes tun" (vgl. z. B. Rihbany, *Jesus aus dem Nahen Osten*, S. 73 ff.).

[327] ܢܦܫܟ, *napšāḵ* (Substantiv, weiblich, Singular, emphatisch, Suffix: 2. Person, männlich, Singular); Wurzel: ܢܦܫ, *npš, npš?* (*np̄eš, napšā*) = eigene Seele, Atem des Lebens, Selbst

[328] Sinnerhellender Zusatz des Übersetzers; vgl. Lev 19,18 und 34; das hebräische כמוך, *kamocha* kann dabei im Sinne von „*er ist wie du*" verstanden werden. So ist dann nicht mehr der Gedanke der Selbstliebe als Grundlage der „Nächsten- und Fremdenliebe" zu sehen. Diese Einsicht ist Naphtali Herz Wessely (1725–1805) zu verdanken, einem der herausragenden Vertreter der Haskala, der jüdischen Aufklärungsbewegung. Er hat den Sinn der Schlusswendung *kamocha* besonders eingehend erörtert: „*Wenn es die Absicht [des Gebotes] wäre – wie [einige] Ausleger der Schrift s. A. meinen –, jeder Mensch solle [seinen Nächsten] lieben, wie er sich selbst liebt, wäre es höchst verwunderlich, würde es uns doch etwas gebieten, was jede Seelenkraft übersteigt. Denn es ist nicht möglich, dass der Mensch den Anderen neben ihm, gar einen ihm Fremden, [in derselben Weise] liebt, wie er sich selbst liebt. Auch ist es nicht möglich, Liebe oder Hass zu befehlen, denn der Mensch herrscht nicht über sie. [...] und ferner, wenn das so wäre, müsste er [dann nicht] auch trauern über die Not jedes Nächsten wie über seine eigene Not. Und [dann] wäre sein Leben kein Leben [mehr]; denn es gibt keine Stunde, in der man nicht sieht oder vernimmt die Not eines [Mitmenschen] aus Israel. Und ebenso verhält es sich mit der Güte, wenn gefordert wird: Man soll Gutes erweisen seinem Nachbarn, genauso wie man es sich*

20 Der junge Mann erwiderte ihm: Alle diese Gebote habe ich seit meiner Kindheit befolgt. Was fehlt mir noch? 21 Jesus antwortete ihm:

Wenn du es außerordentlich gut[329] machen willst,
handele aus der umgreifenden Sicht Gottes,
der sich um *alle* Menschen kümmert[330].

---

selbst erweist. Auch das ist ein [rein] idealer [aber kein durchführbarer] Gedanke. Das hat, wie ich gesehen habe, schon Ramban [Nachmanides] s. A. gesagt, wenn er [im Blick auf das Gebot] ‚Und du sollst deinen Nächsten lieben wie dich selbst' von ‚Übertreibung' spricht; denn der Mensch vermag in seinem Herzen nicht [einmal] seinen Freund so zu lieben, wie er sich selbst liebt. Und dem entspricht noch mehr, was R. Akiba gelehrt hat: ‚Dein Leben hat Vorrang vor dem Leben deines Freundes.' [...] Ich mache [dazu ferner] geltend, dass das Wort kamocha *in der Sprache der heiligen Schrift diese Absicht nicht enthält, sondern* kamocha *[dort] die Bedeutung hat: der dir ähnlich ist wie [...]. Die Begründung [zu dem Gebot] ‚Du sollst deinen Nächsten lieben' [lautet]: Denn er ist wie du, er gleicht dir, er ist dir ähnlich; denn auch er wurde erschaffen im Bilde Gottes [siehe 1. Mose 1,26f.; 9,6], und so ist er ein Mensch wie du. Und dies schließt alle Menschenkinder ein, denn sie alle wurden im Bilde [Gottes] erschaffen. Und entsprechend sagte R. Akiba [zu 3. Mose 19,18]: ‚Dies ist ein großer Grundsatz in der Tora.' Und R. Akiba selbst wiederholte diesen Grundsatz in seinem Lehrspruch [in dem es heißt]: ‚Geliebt [von Gott] ist der Mensch, denn er wurde geschaffen im Bilde [Gottes].'*
Und da wir das alles schon in unserer Erläuterung von Mischna Abot verdeutlicht haben, ist es [unverkennbar] angebracht, [den Vers 3. Mose 19,18] ins Deutsche zu übersetzen mit: ‚Liebe deinen Nächsten, weil er ist wie du.'"
(Naphtali Herz Wessely, *Biur (Erläuterung) zu 3. Mose 19,18* in: Moses Mendelssohn: *Die fünf Bücher Mose zum Gebrauch der jüdischdeutschen Nation*, Berlin 1783, 134a; hier entnommen aus: Bernd Schaller, *„... denn er ist wie du..." Einer alten Übersetzung auf die Spur kommen*, auf: www.jcrelations.net, (dort über Suchfunktion; abgerufen im Oktober 2019).

[329] ܓܡܝܪܐ, *gəmīrā* (Partizipiales Adjektiv, männlich, Singular, emphatisch); Wurzel: ܓܡܪ, *gmyr* (*gmūr*) = perfekt, komplett, insgesamt, vollkommen, unübertroffen; Murdock und Lamsa übersetzen mit „perfekt sein"; Etheridge spricht von „perfekt werden", fokussiert den Prozess stärker.

[330] Erläuternder Einschub vom Übersetzer, vgl. Mt 5,48.

Geh, verkauf deinen Besitz
und gib das dafür erhaltene Geld den Armen.
Und du wirst einen Schatz bei Gott haben.
Dann folge mir nach.

22 Als der junge Mann das hörte, ging er traurig weg. Denn er hatte großen Besitz. 23 Da sagte Jesus zu seinen Jüngern:

Amen, ich sage euch:

Für einen Reichen
wird es schwierig,
das zu tun,
was Gott rät[331].
24 *Nochmals sage ich euch:*
Leichter geht ein Seil[332]
durch ein Nadelöhr,
als dass ein Reicher
dem Rat Gottes folgt.

25 Als die Jünger das hörten, erschraken sie über die Maßen und sagten: Wer kann dann das ewige Leben noch erreichen? 26 Jesus sah sie an und sprach zu ihnen:

---

[331] ܡܠܟܘܬܐ, *malkūtā* (Substantiv, weiblich, Singular, emphatisch); Wurzel: ܡܠܟ, *mlkw, mlkwtʾ* = Reich, Herrschaftsform, Königtum; Errico übersetzt die Wurzel ܡܠܟ, *mlkw, mlkwtʾ* von ܡܠܟܘܬܐ, *malkūtā* mit „Ratschlag" bzw. „Rat" (vgl. Errico, *Treasures,* S. 12 f.).

[332] ܓܡܠܐ, *ləgamlā* (Substantiv, Singular); Wurzel: ܓܡܠ, *gmlʾ* = Seil; auch: Kamel; im griechischen und lateinischen Text ist vom Kamel die Rede. Lamsa gibt in Hinblick auf den aramäischen Text sinngemäß zu bedenken, das Wort ܓܡܠ, *gamlā* könne mit Kamel, aber auch Strick oder gar Balken übersetzt werden. In Verbindung mit „reiten" sei natürlich das „Kamel" angesprochen, in Verbindung mit „Nadelöhr" bedeute es natürlich „Strick" oder „Seil". „*In*

Matthäus 19, 27–29

*Für Menschen
ist das unmöglich,
für Gott aber
ist alles möglich.*

27 Da antwortete Kephas: Schau, wir haben alles[333] verlassen und sind dir nachgefolgt. Was sollen wir dafür bekommen? 28 Jesus erwiderte ihnen:

Amen, ich sage euch:

*Wenn in der neuen Welt dieser Mensch hier
auf dem Thron der Herrlichkeit sitzen wird,
werdet auch ihr,
die ihr mir nachgefolgt seid,
auf zwölf Sesseln sitzen
und die zwölf Stämme Israels richten.*
29 *Und jeder, der um meines Namens willen
Häuser oder
Brüder oder Schwestern oder
Vater oder Mutter oder Kinder oder
Äcker verlassen hat,
wird dafür das Hundertfache erhalten
und jeder von ihnen wird das ewige[334] Leben[335] erben.*

---

keinem einzigen aramäischen Sprichwort, und auch nirgends in der ganzen aramäischen Literatur wird das Kamel je in Zusammenhang mit einem Nadelöhr erwähnt. Dagegen bestehen im Sprachgebrauch Redewendungen, in denen gleichzeitig von einem Strick und einer Nadel gesprochen wird. Beim Kaufen von Nähfäden sagen orientalische Frauen u. a. oft: ‚Der ist ja geradezu ein Seil, den kann ich nicht brauchen‘, womit sie andeuten wollen, dass der Faden für die Ösen ihrer Nadeln viel zu dick ist. Stricke und Seile gibt es in jedem nahöstlichen Haushalt, denn man braucht sie zum Festbinden auf den Rücken von Männern und Tieren. Vor und nach solcher Verwendung hängt man sie an den Hauswänden auf …" (Vgl. Lamsa, *Evangelien*, S. 167 ff.) Die rhetorische

30 *Viele, die zunächst vorne³³⁶ waren³³⁷,*
werden hinten³³⁸ sein,
und viele, die zunächst hinten waren,
*werden ganz vorne sein.*³³⁹

Hyperbel „Kamel" und „Nadelöhr" ergibt also keinen Sinn. Hintergrund für dieses Missverständnis ist die begrenzte Zahl vorhandener Wörter im Aramäischen. Viele Begriffe haben eine Mehrzahl von Bedeutungen.

Wie kam es wohl zu diesem Missverständnis? Der Übersetzer hat vielleicht nur die gängige Bedeutung „Kamel" gekannt – so mag spekuliert werden –, als er das Wort Jesu ins Griechische transponierte. Die gefundene stimmige Übersetzung war wahrscheinlich nicht in seinem sprachlichen Horizont.

Möglicherweise hat auch der phonetisch ähnliche Begriff „gamlan" („reicher, wichtiger Mann"), der in diesem Logion nicht vorkommt, aber in manchen Ohren Assoziationen zu „gamlā" („Kamel") hervorrufen dürfte, zu der eigenartigen Übersetzung ins Griechische geführt.

[333] ܟܠܡܕܡ, *kulmeddem* (Idiom); Wurzel: ܟܠ , *kl* = alles

[334] ܕܠܥܠܡ, *dalʿālam* (Substantiv, männlich, Singular, absolut); Wurzel: ܥܠܡܐ, *ʿlmʾ* = Alter, Ewigkeit, Welt

[335] ܘܢܝܪܬ, *nīraṯ* (Substantiv, männlich, Plural, emphatisch); Wurzel: ܝܪܬ, *yrt* = Heil, Leben

[336] ܩܕܡܝܐ, *qaḏmāye* (Adjektiv, männlich, Plural, emphatisch); Wurzel: ܩܕܡ, *qdmy* (*qaḏmāy*) = zuerst im Vordergrund, vorne, Vorgänger, zunächst

[337] ܢܗܘܘܢ, *dənehwon* (Verb, 3. Person, männlich, Plural, unvollendet, Peal); Wurzel: ܗܘܐ, *dhʾ* = stehen, sein, werden, existieren, ertragen, geändert werden

[338] ܐܚܪܝܐ, *ḥərāye* (Adjektiv, männlich, Plural, emphatisch); Wurzel: ܐܚܪܝ, *ʾhry* ((*ʾa*)*ḥrāy*) = hinten, zuletzt, später, final

[339] Die Gegenüberstellung „vorne – hinten" ist im Kontext der Beobachtung der Entlohnung sinnvoller als die Gegenüberstellung „früher – später" oder „erste – letzte".

Matthäus 20, 1–4

Arbeiter im Weinberg

20 1 *Was Gott rät,*
ist zu vergleichen[340] mit einem reichen Gutsbesitzer,
der zum Tagesanbruch hinausging,
um Arbeiter für seinen Weinberg[341] anzuheuern.

2 *Er verhandelte mit den Arbeitern*
und einigte[342] sich
auf einen Denar für den Tag
und schickte sie in seinen Weinberg.

3 *Um die dritte Stunde*
ging er wieder hinaus
und sah andere auf dem Markt
nutzlos[343] herumstehen.

4 *Er sagte zu ihnen:*
Wenn auch ihr in meinen Weinberg geht,
werde ich euch geben,
was gerecht[344] ist.

---

[340] ܕܡܝܐ, *dāmyā* (Verb, 3. Person, weiblich, Singular, Partizip aktiv, Peal); Wurzel: ܕܡܐ, *dmʾ* = vergleichen, ähneln

[341] ܠܟܪܡܗ, *ləkarmēh* (Substantiv, männlich, Singular, emphatisch); Wurzel: ܟܪܡ, *krm* = Weinberg

[342] ܩܨ, *qaṣ* (Verb, 3. Person, männlich, Singular, Perfekt, Peal); Wurzel: ܩܨ, *qṣ* = verhandeln, sich einigen, einverstanden sein

[343] ܘܒܛܝܠܝܢ, *wəbaṭīlīn* (Adjektiv, männlich, Plural, absolut); Wurzel: ܒܛܠ, *bṭl* = nutzlos, vergeblich, im Leerlauf

[344] ܕܘܠܐ, *dəwāle* (Agjektiv, 3. Person, männlich, Singular, Partizip aktiv, Peal); Wurzel: ܘܠܐ, *wlʾ* = richtig, recht, gerecht

Matthäus 20, 5–10

5 *Und sie gingen dorthin.*
  Um die sechste und um die neunte Stunde
  ging der Gutsherr wieder hinaus
  und tat ebenso[345].

6 *Als er um die elfte Stunde noch einmal hinausging,*
  traf er wieder einige, die dort standen.
  Er sagte zu ihnen:
  Was steht ihr hier den ganzen Tag untätig herum?

7 *Sie antworteten: Niemand hat uns eingestellt.*
  Da sagte er ihnen zu:
  Wenn auch ihr in meinen Weinberg geht,
  werde ich euch geben, was gerecht ist.

8 *Als der Abend anbrach,*
  sagte der Besitzer des Weinbergs zu seinem Verwalter:

  Ruf die Arbeiter und zahl ihnen den Lohn aus,
  angefangen bei den zuletzt Gekommenen,
  bis hin zu denen,
  die als Erste mit der Arbeit begonnen haben.

9 *Da kamen die Männer,*
  die er um die elfte Stunde
  eingestellt hatte,
  und jeder erhielt einen Denar.

10 *Als dann die zuerst Eingestellten kamen,*
   erwarteten sie,
   mehr zu bekommen.
   Aber auch sie erhielten einen Denar.

---

[345] ܗܟܘܬ, hākwāṯ (Partikel); Wurzel: ܗܟܘܬ, hkwt = ebenso, ebenfalls, so

Matthäus 20, 11–15

11 *Als sie ihn erhielten, murrten sie*
über den Gutsherrn
12 *und sagten:*
Diese zuletzt Eingestellten
haben nur eine Stunde gearbeitet.

Aber du hast sie uns gleichgestellt.
Wir haben die Last des Tages
und seiner Hitze
ertragen.

13 *Da erwiderte er einem von ihnen:*
Freund, ich tue dir kein Unrecht.
Hast du nicht einen Denar mit mir vereinbart?
14 *Nimm dein Geld und verschwinde.*

Ich will dem zuletzt Gekommenen
ebenso viel geben wie dir.[346]
15 *Habe ich kein Recht dazu,*
mit meinem Eigentum zu tun, was ich will?

Oder bist du neidisch[347]*,*
weil ich gütig bin?

---

[346] Lamsa weist darauf hin, dass es schwer im Orient war, die gearbeitete Zeit stundengenau abzurechnen, da es dazu keine geeignete Zeitmessung gab. Daher war es üblich, alle Arbeiter gleich zu entlohnen. Dahinter steht auch die Erfahrung, dass alle Familien auf den ohnehin kleinen Lohn eines Tagelöhners angewiesen waren, um überleben zu können. (Vgl. Lamsa, *Evangelien*, S. 170 f.)

[347] ܥܝܢܟ ܒܝܫܐ, ᶜaynāḵ bīšā = böses Auge (wörtlich übersetzt), d.h. neidisch; bei der wörtlichen Übersetzung kommt einerseits der Gegensatz von „böse" und „gut" antithetisch besser zum Ausdruck: Ist dein Auge *böse*, weil ich *gütig* bin? Andererseits wird das Gemeinte mit „neidisch" im Deutschen begrifflich auf den Punkt gebracht. Lamsa sieht Neid und Eifersucht übrigens als Wesenszüge bei

16 *So werden viele,*
die zunächst vorne[348] *waren*[349]*,*
später hinten[350] *sein,*
und viele,
die zunächst hinten waren,
werden später ganz vorne sein.[351]

Denn viele sind angesprochen[352]*,*
wenige aber sind ausgewählt.

Ankündigung (3)

17 Jesus war vorbereitet[353], nach Jerusalem hinaufzuziehen. Nun nahm er die zwölf Jünger beiseite und sagte auf dem Weg zu ihnen: 18 Jetzt steigen wir nach Jerusalem hinauf. Und dieser Mensch hier wird den obersten Priestern[354] und Schriftkundigen ausgeliefert. Sie werden ihn zum Tod verurtei-

---

vielen Orientalen (vgl. Lamsa, *Evangelien*, S. 170 f.). Man kann m. E. beim Neid eher von einem allgemein menschlichen Problem sprechen.

[348] ܩܕܡܝܐ, *qaḏmāye* (Adjektiv, männlich, Plural, emphatisch); Wurzel: ܩܕܡ, *qdm* = zuerst im Vordergrund, vorne, Vorgänger, zunächst

[349] ܢܗܘܘܢ, *nehwon* (Verb, 3. Person, männlich, Plural, unvollendet, Peal); Wurzel: ܗܘܐ, *hwʾ* = stehen, sein, werden, existieren, ertragen, geändert werden

[350] ܐܚܪܝܐ, *ḥərāye* (Adjektiv, männlich, Plural, emphatisch); Wurzel: ܐܚܪ, *ʾḥr* = hinten, zuletzt, später, final

[351] Die Gegenüberstellung „vorne – hinten" (lokal) ist eine mögliche Alternative/Ergänzung zur Gegenüberstellung „früher – später" (temporal) oder „erste – letzte" (ordinal). Das Wanderlogion von Mt 19,30 wird hier nun aufgrund des neuen Kontextes etwas modifiziert übersetzt.

[352] ܩܪܝܐ, *qərayyā* (Partizipiales Adjektiv, männlich, Plural, emphatisch); Wurzel: ܩܪܐ, *qrʾ* = auffordern, nennen, ausrufen, berufen sein

[353] ܥܬܝܕ, *ʿṯīḏ* (Verb, 3. Person, Singular, Partizip passiv, Peal); Wurzel: ܥܬܕ, *ʿtd* = bereiten, sich vorbereiten

[354] ܟܗܢܐ, *kāhne* (Substantiv, männlich, Plural, emphatisch); Wurzel: ܟܗܢ, *khn* =

len 19 und sie werden ihn denen ausliefern, die nicht an Gott glauben, und diese werden ihn verspotten, ihn geißeln und kreuzigen. Und am dritten Tag wird er auferstehen[355].

Dienen und Herrschen

20 Dann kam die Frau des Zebedäus mit ihren Söhnen zu Jesus, sie verehrte ihn und wollte ihn um etwas bitten. 21 Er fragte sie:

Was willst du?

Sie antwortete: Bestätige mir, dass meine beiden Söhne rechts und links neben dir sitzen dürfen, wenn du König[356] bist. 22 Jesus erwiderte:

Ihr wisst nicht,
um was ihr bittet.

Könnt ihr den Kelch trinken,
den ich zu trinken bereit bin?

Könnt ihr die Taufe empfangen,
mit der ich getauft werde?

Priester. Zumeist gab es nur *einen* oder zwei Hohepriester in Israel, sodass hier wegen des Plurals eher an hochgestellte, leitende Priester bei den *rabbay kāhne* zu denken ist.

[355] ܢܩܘܡ, *nəqūm* (Verb, 3. Person, männlich, Singular, unvollendet, Peal); Wurzel: ܩܡ, *qm* = aufsteigen, stehen, halten, schaffen, erhöht werden, aus einer Krankheit erholen, aus dem Schlaf steigen, auferstehen usw.

[356] ܡܠܟܘܬܐ, *malkūṯā* (Substantiv, weiblich, Singular, emphatisch); Wurzel: ܡܠܟ, *mlkw, mlkwtʾ* = Reich, Herrschaftsform, Königtum; Errico übersetzt die Wurzel ܡܠܟ, *mlkw, mlkwtʾ* von ܡܠܟܘܬܐ, *malkūṯā* mit „Ratschlag" bzw. „Rat" (vgl. Errico, *Treasures,* S. 12 f.); ܡܠܟ enthält auch „Herrschaft" und „König-Sein".

Sie sagten zu ihm: Wir können es. 23 Da antwortete er ihnen:

Meinen Kelch werdet ihr trinken.
Und die Taufe,
mit der ich getauft werde,
werdet ihr auch empfangen.[357]

Doch den Platz
zu meiner Rechten
und zu meiner Linken
habe nicht ich zu vergeben.

Dort werden die sitzen,
für die es ʾAbbā,
mein Vater,
bestimmt hat.

24 Als die zehn anderen Jünger das hörten, wurden sie sehr wütend gegenüber den beiden Brüdern. 25 Da rief Jesus sie zu sich und sagte:

Ihr wisst,
dass die Herrscher ihre Völker
wie eigenen Besitz behandeln
und ihre Beamten
über sie herrschen lassen.[358]

---

[357] Die Taufe wird im griechischen und lateinischen Text in den Versen 22 und 23 nicht erwähnt.
[358] Hier in Anlehnung an Lamsa so übersetzt.

Matthäus 20, 26–34

> 26 *Nein, lasst es bei euch nicht so sein,*
> *sondern wer unter euch groß sein will,*
> *der soll euer Diener sein.*
> 27 *Und wer bei euch vorne*[359] *sein will,*
> *soll euer Sklave*[360] *sein.*
>
> 28 *Wie dieser Mensch hier nicht gekommen ist,*
> *um sich bedienen zu lassen,*
> *sondern um zu dienen*
> *und um sein Leben hinzugeben*
> *und um viele*[361] *zu retten*[362]*.*

Blindenheilung

29 Als sie Jericho verließen, folgte ihm eine große Zahl von Menschen nach. 30 An der Straße saßen zwei Blinde, und als sie hörten, dass Jesus vorbeikam, riefen sie laut: Hab Mitleid mit uns, Herr, Sohn Davids! 31 Die Leute aber versuchten, sie zum Schweigen zu bringen. Sie aber schrien nur noch lauter: Hab Mitleid mit uns, unser Herr, Sohn Davids. 32 Jesus blieb stehen, rief sie zu sich und sprach:

> *Was wollt ihr, was soll ich für euch tun?*

33 Sie antworteten: Unser Herr, dass wir sehen können. 34 Da hatte Jesus Mitleid mit ihnen und berührte ihre Augen. Im gleichen Augenblick konnten sie sehen und sie folgten ihm nach.

---

[359] ܩܕܡܝܐ, *qadmāyā* (Adjektiv, männlich, Singular, unvollendet, Peal); Wurzel: ܩܕܡ, *qdm* = erster, im Vordergrund, vorne

[360] ܥܒܕܐ, *ʿabdā* (Substantiv, männlich, Singular, emphatisch); Wurzel: ܥܒܕ, *ʿbd* = Sklave, Diener

[361] ܣܓܝܐ, *saggīe* (Adjektiv, männlich, Plural, emphatisch); Wurzel: ܣܓܐ, *sgʾ* = viel, viele; auch: auf vielfältige Weise

[362] ܦܘܪܩܢܐ, *pūrqānā* (Substantiv, männlich, Singular, emphatisch); Wurzel: ܦܪܩ, *pqr* = Erlösung, Befreiung, Heil, Lösegeld

Matthäus 21, 1–4

Eintreffen in Jerusalem

21 1 Als er sich Jerusalem näherte, kam er nach Betfage am Ölberg. Jesus schickte zwei Jünger los 2 und sagte zu ihnen:

Geht in das Dorf, das vor euch liegt.
Dort werdet ihr eine Eselin angebunden finden
und ein Fohlen bei ihr[363].
Bindet sie los und bringt sie zu mir.

3 *Und wenn euch jemand mit Einwänden kommen sollte,*
dann sagt:
Der Herr braucht sie,
er lässt sie aber bald zurückbringen.

4 *Das ist geschehen,*
damit sich erfüllte,
was durch den Propheten
gesagt worden ist:

---

[363] Errico erzählt von dem Empfinden im Osten, nur sehr arme Menschen würden auf einem Esel reiten, niemals jedoch Herrscher oder Höhergestellte. In manchen Städten gäbe es die Sitte, eine verachtete Person auf einem Esel reiten zu lassen. Jemand, der häretische Lehren verbreitet hat oder der charakterlich unmoralisch gehandelt hat, wird durch diese Strafe gedemütigt (Esel als Symbol der Demut). Reiten auf einem Esel steht also für Ungnade, Zurückweisung und Erniedrigung. Jesu Einzug in Jerusalem war als Zeichenhandlung ein Ausdruck dafür, dass er von den Mächtigen gedemütigt wurde, aber spirituell auf der Seite der Armen und Bedrückten stand (Umkehrung der Maßstäbe bei Gott). Der Traum von einem politischen Führer war bei den Jüngern nun zerstört. Aber die spirituelle Kraft seiner Weisheit war nun erneut offenbar. (Vgl. Errico, *Treasures*, S. 49 ff.) Lamsa weist auf die Gewohnheit hin, dass heilige Männer das Vorrecht besaßen, jedermanns Tiere jederzeit zu gebrauchen. Formelhaft lautet die Antwort auf eine entsprechende Anfrage: „Nimm ihn, töte ihn, wenn du willst; er gehört dir, du brauchst mich nicht darum zu fragen" (vgl. Lamsa, *Evangelien*, S. 171 ff.).

5 Sagt der Tochter Zion:
Dein König kommt zu dir. Er ist friedfertig
und er reitet auf einer Eselin und auf einem Fohlen,
dem Jungen eines Lasttiers.

6 Die Jünger gingen und taten, wie Jesus ihnen aufgetragen hatte. 7 Sie brachten die Eselin und das Fohlen, legten ihre Kleider auf sie und er ritt auf ihr. 8 Sehr viele Menschen breiteten ihre Kleider auf der Straße aus, andere schnitten Zweige von den Bäumen ab und streuten sie auf die Straße. 9 Die Leute, die vor ihm hergingen und die ihm nachfolgten, riefen: Hosanna dem Sohn Davids. Gesegnet[364] sei, der kommt im Namen des Herrn. Hosanna in der Höhe. 10 Als er in Jerusalem einzog, geriet die ganze Stadt in Aufruhr. Sie fragten: Wer ist dieser Mann? 11 Sie antworteten: Das ist der Prophet[365] Jesus von Nazaret in Galiläa.

Geldwechsler und Taubenhändler

12 Jesus betrat den Tempel Gottes und trieb alle, die verkauften oder kauften[366], aus dem Tempel hinaus. Er stieß die Tragetische der Geldwechsler und Taubenverkäufer um, also derer, die unsaubere Geschäfte aus Profitgier machten, ohne der Heiligkeit des Ortes zu genügen[367]. 13 Und er sprach zu ihnen:

---

[364] ܒܪܝܟ, bərīḵ (Verb, 3. Person, männlich, Singular, Partizip passiv, Peal); Wurzel: ܒܪܟ, brk = segnen, knien

[365] ܢܒܝܐ, nəḇīā (Substantiv, männlich, Singular, emphatisch); Wurzel: ܢܒܐ, nbʾ = Prophet, Prophetin

[366] Lamsa erläutert: Es gibt nur einen aramäischen Begriff für „kaufen" und „verkaufen"; steht der Punkt unter dem zweiten Buchstaben, bedeutet der Begriff „kaufen", mit dem Punkt über dem zweiten Buchstaben bedeutet der Begriff „verkaufen". Wahrscheinlich sind nur die Verkaufenden hier angesprochen, insofern sie dem heiligen Ort unangemessene Geschäfte machten oder auch feilschten, fluchten, spuckten. Die Unehrlichkeit und Profitgier standen im Fokus der Kritik Jesu (vgl. Lamsa, *Evangelien*, S. 369). *The Comprehensive Aramaic Lexicon* weist bei der Wortanalyse nicht einmal auf diese kleine Unterscheidung zwischen „kaufen" und „verkaufen" wie bei Lamsa hin.

Es steht geschrieben:
Mein Haus soll ein Haus des Gebetes genannt werden.
Ihr aber habt daraus eine Räuberhöhle gemacht.

14 Im Tempel brachte man Lahme und Blinde zu ihm und er heilte sie. 15 Die Hohepriester und die Schriftkundigen sahen die Wunder[368], die er tat, und hörten die Kinder, die im Tempel laut schrien: Hosanna dem Sohn Davids. Da wurden sie ärgerlich und waren beleidigt[369]. 16 Sie fragten ihn: Hörst du, was sie rufen? Jesus antwortete ihnen:

Ja. Habt ihr nie gelesen:
Aus dem Mund von Kindern und Säuglingen
hat man dich gerühmt?

17 Und er verließ[370] sie und zog aus der Stadt hinaus nach Betanien, wo er übernachtete.

Feigenbaum

18 Als er am Tagesanbruch in die Stadt zurückkehrte, war er hungrig. 19 Da sah er am Straßenrand einen Feigenbaum und ging auf ihn zu und fand an ihm nichts als nur Blätter. Da sagte er zu ihm: Für immer und ewig soll keine Frucht mehr an dir wachsen. Und der Feigenbaum verdorrte[371] kurz

---

[367] Sinnerhellender Zusatz des Übersetzers (vgl. Lamsa, *Evangelien*, S. 369).

[368] ܬܕܡܪܬܐ, *tedmərātā* (Substantiv, weiblich, Plural, emphatisch); Wurzel: ܕܡܪ, *dmr* = Wunder

[369] ܐܬܒܐܫ, *ʾetbeš* (Verb, 3. Person, männlich, Singular, vollendet, Ethpeal); Wurzel: ܒܐܫ, *bʾš* = beleidigen, misshandeln

[370] ܘܫܒܩ, *wašbaq* (Verb, 3. Person, männlich, Singular, Perfekt, Peal); Wurzel: ܫܒܩ, *šbq* = vergeben, erlauben, abfahren, verlassen

[371] ܝܒܫܬ, *yebšat* (Verb, 3. Person, weiblich, Singular, Perfekt, Peal); Wurzel: ܝܒܫ, *ybš* = vertrocknen, welken, verdorren

Matthäus 21, 20–21

danach. 20 Als die Jünger das sahen, fragten sie erstaunt: Wie konnte der Feigenbaum so bald vertrocknen?³⁷² 21 Jesus antwortete ihnen:

---

³⁷² Lamsa erläutert: *„Nach orientalischem Brauch gehörten Fruchtbäume, die an Straßenrändern oder in den Feldern nahe am Wege stehen, den vorbeiziehenden Wanderern und den Armen. Einige dieser Bäume wachsen zufällig an solchen Stellen, andere werden durch Unbekannte dort gepflanzt und sind jedermanns Eigentum. Dieser uralte Rechtsbegriff besteht in Kurdistan auch heute noch.*
Eine für den Bewohner des Westens merkwürdige Auffassung bestimmt, daß der Ackerboden eines Feldes dem einen Mann und die darauf stehenden Bäume einem anderen gehören können. Pflanzt jemand einen Baum auf einem Stück Land, das Eigentum eines andern ist, und wächst dieser Baum und trägt Früchte, dann gehören Baum und Früchte demjenigen, der den Baum gepflanzt hat, und nicht dem Besitzer des Feldes. Mit anderen Worten: Der Baum ist Eigentum seines Pflanzers. Weiß man im gegebenen Augenblick nicht mehr mit Sicherheit, wem das Besitzrecht zukommt, dann wird ein solcher Baum zum öffentlichen Eigentum aller.
Da der Reisende außerhalb den Siedlungen der Straße entlang keine Lebensmittel kaufen kann, halten hungrige Wanderer stets eifrig Ausschau nach Fruchtbäumen. Sie nehmen von diesen am oder nahe am Wegrand stehenden Bäumen nicht nur, was sie im Augenblick gerade nötig haben, sondern füllen sich auch noch die Taschen für ihren Hausgebrauch. Diese Bäume sind daher rasch leergepflückt, und in vielen Fällen nimmt man ihnen die Früchte schon unreif ab. Wenn ein Reisender vielleicht nur ein einziges Mal auf einer bestimmten Straße wandert, kann bei ihm der Gedanke aufkommen, er müsse sich seinen Anteil am Früchtesegen holen, solange er ihn sich nehmen kann. Wenn dann die Erntezeit eintritt, tragen solche Bäume häufig wohl reichen Blätterschmuck, haben aber keine Früchte mehr. Am Feigenbaum erscheinen Blätter und Früchte stets gleichzeitig und fallen miteinander ab. Während die Blätter sich entfalten, werden die kleinen Feigen auch schon sichtbar, und sobald sie sich vom Baume lösen, ist die Reifezeit der Feigen bereits beendigt. (...)
Das Aussprechen von Verwünschungen ist eine orientalische, oft gedankenlos angewandte Gewohnheit. Beinahe immer macht der Morgenländer sich über eine Enttäuschung mit starken Worten Luft. Sucht er Wasser und findet er nur ein in den Sommermonaten ausgetrocknetes Bachbett, dann kann man erwarten,

Amen, ich sage euch:

Wenn ihr Vertrauen habt und nicht zweifelt,
dann werdet ihr nicht nur eine solche Tat ausführen,
wie ich sie mit dem Feigenbaum getan habe.

Selbst wenn ihr zu diesem Berg sagen solltet:
Bewege dich vom Fleck und stürze dich ins Meer.
Es wird geschehen.[373]

Das heißt: Schwierigkeiten,
die euch übergroß erscheinen, werden überwunden,
wenn ihr nur ganz auf Gott vertraut.[374]

22 *Und alles,*
um das ihr vertrauensvoll im Gebet bittet,
wird euch zuteil werden.

---

ihn sagen zu hören: ‚Du sollst ewig trocken bleiben; kein Wasser wird je mehr durch dich hinfließen!'
Es ist aber auch wahr, daß die Orientalen jetzt noch an die von einem heiligen Manne ausgesprochene Verwünschung glauben, genauso gut, wie sie von der Wirkung des von ihm erteilten Segens überzeugt sind. Weinberge und Herden werden auch in unseren Tagen von solchen Männern verflucht oder gesegnet. In unserem Fall ist nicht die flüchtige Verwünschung des Feigenbaumes das Wichtigste, sondern die Lehre, die wir daraus ziehen sollten: daß für diejenigen, die zum allgemeinen Wohle der menschlichen Gemeinschaft den von ihnen erwarteten Beitrag nicht beisteuern, in der Welt kein Platz ist." (Vgl. Lamsa, *Evangelien*, S. 248 ff.)

[373] Eine orientalische Redewendung wie „Berge versetzen" bedeutet, ernsthafte Hindernisse und Schwierigkeiten zu überwinden. Das Idiom ist nicht wörtlich zu nehmen. (Vgl. Rocco A. Errico, *Es werde Licht*, S. 61 f.)

[374] Sinnerhellender Zusatz des Übersetzers.

Matthäus 21, 23–27

Zwickmühle

23 Nachdem Jesus in den Tempel gekommen war, um zu predigen, näherten sich die Hohepriester und die Ältesten des Volkes. Sie fragten ihn: Mit welcher Autorität tust du das und wer hat dir diese Autorität gegeben? 24 Jesus antwortete und sprach zu ihnen:

> *Ich will auch euch eine Frage stellen.*
>
> *Wenn ihr mir darauf antwortet,*
> *dann werde ich euch sagen,*
> *mit welchem Recht ich handle.*
>
> 25 *Woher stammte die Taufe des Johannes?*
> *Von Gott*[375]
> *oder von Menschen?*

Da überlegten sie und sagten zueinander: Wenn wir antworten: Von Gott, so wird er zu uns sagen: Warum habt ihr ihm dann nicht geglaubt? 26 Wenn wir aber antworten: Von den Menschen, dann müssen wir uns vor den Leuten fürchten. Denn alle betrachten Johannes als Propheten. 27 Darum antworten sie ihm: Wir wissen es nicht. Da erwiderte er:

> *Dann sage ich euch auch nicht,*
> *mit welcher Autorität*
> *ich handle.*

---

[375] ܫܡܝܐ, *šəmayyā* (Substantiv, Plural, emphatisch); Wurzel: ܫܡܝ, *smy* = Himmel; bei Matthäus ehrfurchtsvolle Umschreibung, um den Begriff „Gott" nicht verwenden zu müssen

Ankündigen oder Handeln

28 *Was meint ihr?*
Ein Mann hatte zwei Söhne.
Er ging zum ersten
und sagte:
Mein Sohn, geh und arbeite heute im Weinberg.

29 *Dieser antwortete:*
Ich will nicht.
Später aber tat ihm
seine Antwort leid
und er ging doch zur Arbeit.

30 *Da wandte er sich an den zweiten*
und sagte zu ihm dasselbe.
Dieser antwortete:
Hier bin ich, mein Herr[376],
ging aber nicht hin.

31 *Wer von den beiden*
hat den Willen seines Vaters erfüllt?

Sie antworteten: Der erste. Da sagte Jesus zu ihnen:

Amen, ich sage euch:

Die Steuereintreiber und Huren
folgen eher dem Rat Gottes als ihr.

---

[376] ܡܪ, *mār* (Substantiv, männlich, Singular, emphatisch); Wurzel: ܡܪܐ, *mrʾ* = mein Herr, mein Meister

32 *Denn Johannes ist zu euch*
auf der Straße der Gerechtigkeit gekommen
und ihr habt ihm nicht geglaubt.

Die Steuereintreiber und Huren
haben ihm aber vertraut.

Obwohl ihr es gesehen habt,
seid ihr nicht umgekehrt
und habt ihm nicht geglaubt.

Zuspitzung

33 *Hört noch ein anderes Gleichnis.*

Es handelt von einem Gutsbesitzer.
Er legte einen Weinberg an,
umzäunte ihn, hob eine Kelter aus und baute einen Turm.
Dann verpachtete er den Weinberg an Winzer
und begab sich auf eine weite Reise.

34 *Als nun die Erntezeit kam,*
schickte er seine Knechte zu den Winzern,
um seine Früchte holen zu lassen.
35 *Die Arbeiter der Winzer aber packten seine Knechte.*
Einige schlugen sie, einige steinigten sie, einige töteten sie.

36 *Darauf schickte er*
andere Knechte,
viel mehr als beim ersten Mal,
mit denen sie genauso verfuhren.
37 *Zuletzt sandte er seinen Sohn zu ihnen.*

Matthäus 21, 38–43

Denn er dachte:
Meinen Sohn werden sie respektieren.
38 *Als die Winzer den Sohn sahen,*
dachten sie bei sich:
Das ist der Erbe.

Kommt, wir wollen ihn umbringen,
um sein Erbe in Besitz zu nehmen.
39 *Und sie packten ihn,*
warfen ihn aus dem Weinberg hinaus
und brachten ihn um.

40 *Wenn nun der Herr des Weinbergs kommt:*
Was wird er mit jenen Winzern tun?

41 Sie sagten zu ihm: Er wird diese bösen Menschen vernichten und den Weinberg an andere Winzer verpachten, die ihm die Früchte rechtzeitig abliefern. 42 Und Jesus sagte zu ihnen:

Habt ihr nie in der Schrift gelesen:

Der Stein,
den die Bauleute verworfen haben,
er ist zum Grundstein geworden.
Das hat der Herr getan,
und erscheint es in unseren Augen nicht als ein Wunder?

43 *Aus diesem Grund kündige ich euch an:*

Die Nähe zum Rat Gottes
wird euch weggenommen
und einem Volk gegeben werden,
das Früchte trägt.

Matthäus 21, 44–22, 4

44 *Und wer auf diesen Stein fällt,*
wird sich alle Knochen brechen.
Auf wen der Stein fällt,
den wird er in kleinste Teile zerschmettern.

45 Als die obersten Priester und Pharisäer seine Gleichnisse gehört hatten, war ihnen klar, dass er gegen sie Stellung bezogen hatte. 46 Sie wollten ihn verhaften lassen. Aber sie fürchteten die Leute, die ihn als Propheten ansahen.

Fest für alle

22 1 Jesus reagierte auf sie anhand von Vergleichen und Gleichnissen. Er sprach:

2 *Mit dem, was Gott rät,*
verhält es sich wie mit einem König,
der für seinen Sohn
ein festliches Hochzeitsbankett[377] *ausrichtete.*
3 *Er sandte seine Diener aus,*
um die Gäste zur Hochzeit einzuladen.
Diese waren aber nicht bereit zu kommen.

4 *Da schickte er noch einmal Diener*
und trug ihnen auf:
Sagt den Eingeladenen:
Mein festliches Abendessen ist fertig,
meine Ochsen und das Mastvieh sind geschlachtet,
alles ist zubereitet.
Kommt zum Hochzeitsfest.

---

[377] ܡܫܬܘܬܐ, *meštūṯā* (Substantiv, weiblich, Singular, emphatisch); Wurzel: ܫܬܐ, *štʾ* = Bankett, Hochzeit, Fest

5 *Sie aber missachteten*
   die Einladung,
   der eine ging auf seinen Acker,
   der andere in sein Geschäft.
6 *Der Rest fiel über seine Diener her,*
   misshandelte sie
   und brachte sie um.[378]

7 *Als der König davon erfuhr,*
   wurde er wütend.
   Er schickte seine Heere aus,
   ließ die Mörder töten
   und ihre Stadt anzünden.

8 *Dann sagte er zu seinen Dienern:*

   Das Hochzeitsmahl ist vorbereitet,
   aber die Gäste waren nicht würdig.
9 *Geht also an die Hauptstraßen*
   und ladet so viele zum Hochzeitsfest ein,
   wie ihr nur finden könnt.

10 *Die Diener gingen auf die Straßen hinaus*
    und sammelten alle zusammen,
    die ihnen begegneten,
    sowohl Böse als auch Gute,
    und das Hochzeitshaus füllte sich mit Gästen.

---

[378] Mit der Schilderung der die Einladung Ablehnenden sind Pharisäer und Sadduzäer angegriffen, da sie der Einladung Jesu nicht folgten.

Matthäus 22, 11–14

11 *Als der König eintrat,
um die Gäste zu sehen,
bemerkte er unter ihnen einen Mann,
der kein Hochzeitsgewand anhatte.*[379]

12 *Er sagte zu ihm:
Mein Freund,
wie bist du hier hereingekommen,
ohne ein Hochzeitsgewand zu tragen?*

Der aber war sprachlos.[380]
Ihm fiel zur Rechtfertigung
seiner Respektlosigkeit
keine überzeugende Begründung ein.[381]

13 *Da befahl der König seinen Dienern:
Bindet ihm Hände und Füße
und werft ihn hinaus in die Finsternis.
Dort werden Schmerz und Verzweiflung herrschen.*[382]

14 *Denn viele sind eingeladen*[383],
wenige aber sind auserwählt[384].

---

[379] Ein unpassendes Kleidungsstück bei einer Hochzeit zu tragen, gilt als Verstoß gegen die Etikette und als Beleidigung des Gastgebers. Oft werden Kleidungsstücke ausgeliehen.

[380] Die Tatsache, dass keine Rechtfertigung für das Verhalten vorgebracht wird, zeigt, dass der Eingeladene wohl die Möglichkeit gehabt hätte, ein besseres Kleidungsstück anzuziehen.

[381] Sinnerhellender Zusatz des Übersetzers.

[382] Wörtlich: *Dort werden Heulen und Zähneknirschen sein.*

[383] ܩܪܝܐ, qərayyā (Partizipiales Adjektiv); Wurzel: ܩܪܐ, qrʾ = rufen, anrufen, berufen, ausrufen, nennen, auffordern, einladen

[384] ܓܒܝܐ, gəḇayyā (Partizipiales Adjektiv, männlich, Plural, emphatisch); Wurzel: ܓܒܐ, gbʾ = wählen, genehmigen; auswählen

Steuern zahlen

15 Damals kamen die Pharisäer zusammen und beratschlagten, wie sie Jesus mit einer Frage in eine Falle locken könnten. 16 Sie veranlassten ihre Schüler, zusammen mit den Anhängern des Herodes zu ihm zu gehen. Sie sagten: Malpānā, Lehrer, wir wissen, dass du die Wahrheit sagst und wahrhaftig den Weg Gottes lehrst[385], niemanden bevorzugst, nicht auf die Person schaust, denn du respektierst jedermann. 17 Sag uns also: Was meinst du? Ist es erlaubt, dem Kaiser Kopfsteuer zu zahlen, oder nicht? 18 Jesus erkannte ihre böse Absicht und sagte: Warum stellt ihr mich auf die Probe, ihr verstellt euch wie Schauspieler? 19 Zeigt mir die Münze, mit der ihr eure Steuern bezahlt. Da hielten sie ihm einen Denar hin. 20 Er fragte sie:

Wessen Bild und Aufschrift ist das?

21 Sie antworteten ihm: des Kaisers. Darauf sagte er zu ihnen:

So gebt dem Kaiser,
was dem Kaiser gehört,
und Gott,
was Gott gehört.

22 Als sie das hörten, staunten sie, ließen ihn stehen und gingen davon.

Kein Gott der Toten

23 Am selben Tag kamen Sadduzäer[386], die behaupteten, es gäbe keine Auf-

---

[385] ܡܠܦ, *mallep* (Verb, 2. Person, männlich, Singular, Partizip aktiv); Wurzel: ܝܠܦ, ylp = lehren, lernen

[386] Den Sadduzäern, d.h. den „Rechtschaffenen", waren theologische Fragen wie die Frage nach der Auferstehung nicht wichtig. Darin unterschieden sie sich von den Pharisäern, den „Abgesonderten". Diesen war es wichtig, Nachkom-

Matthäus 22, 24–33

erstehung der Toten[387]. Sie fragten ihn: 24 Malpānā, Lehrer, Mose hat gesagt: Wenn ein Mann stirbt, ohne Kinder zu haben, dann soll sein Bruder dessen Frau heiraten und für seinen Bruder Nachkommen zeugen. 25 Nun lebten bei uns einmal sieben Brüder. Der erste heiratete und starb, und weil er keine Nachkommen hatte, hinterließ er seine Frau seinem Bruder, 26 ebenso der zweite und der dritte und so weiter bis zum siebten. 27 Nachdem alle verstorben waren, starb als letzte von allen auch die Frau. 28 Wessen Frau wird sie nun bei der Auferstehung sein? Alle sieben haben sie doch zur Frau gehabt. 29 Jesus antwortete ihnen:

Ihr irrt euch.
Ihr versteht weder die Schrift
noch die Macht Gottes.

30 *Denn bei der Auferstehung*
hat niemand geheiratet,
noch wurde jemand geheiratet,
sondern die Menschen sind wie Engel Gottes.

31 *Habt ihr nicht gelesen,*
was Gott euch über die Auferstehung der Toten
mit den Worten gesagt hat:

32 *Ich bin der Gott Abrahams,*
der Gott Isaaks und der Gott Jakobs?
Doch ist Gott kein Gott von Toten,
sondern von Lebenden.

33 Als die Leute das hörten, staunten sie außerordentlich über seine Lehre.

---

men zu haben, um über diese Anteil an den Verheißungen Gottes zu erhalten. In diesem Kontext war für sie der Glaube an die Auferstehung bedeutsam. (Vgl. Lamsa, *Evangelien*, S. 179 f.)

[387] ܚܝܬ, *ḥayyat* (Substantiv, weiblich, Singular); Wurzel: ܚܝ, *ḥyʾ* = Auferstehung, Wiederbelebung usw.

Matthäus 22, 34–39

Das Wichtigste tun

34 Als die Pharisäer hörten, dass Jesus die Sadduzäer zum Schweigen[388] gebracht hatte, versammelten sie sich. 35 Einer von ihnen, der die Tora kannte, wollte ihn auf die Probe stellen und fragte ihn: 36 Malpānā, Lehrer, welches Gebot im Gesetz ist das wichtigste? 37 Er antwortete ihm:

Du sollst den Herrn,
deinen Gott,
mit ganzem Herzen,
mit ganzer Seele
und mit deinem ganzen Verstand
lieben.
38 *Das ist das größte und erste Gebot.*

39 *Und das zweite ist genau so wichtig:*
Du sollst gegenüber deinem Nächsten[389]
barmherzig und gütig sein[390]*,*
ja du sollst ihm geradezu Gutes tun wie dir selbst[391]*,*
denn er ist wie du[392]*.*

---

[388] ܕܫܬܩ, *dəšatteq* (Verb, 3. Person, männlich, Singular, Perfekt); Wurzel: ܫܬܩ, *štq* = still sein, ruhig sein, leise sein, zum Schweigen bringen

[389] ܠܩܪܝܒܟ, *ləqarībāḵ* (Adjektiv, männlich, Singular, emphatisch, Suffix: 2. Person, männlich, Singular); Wurzel: ܩܪܒ, *qrb* = Nachbar, in der Nähe, nächster

[390] ܕܬܪܚܡ, *dəṯerḥam* (Verb, 2. Person, männlich, Singular, unvollendet, Peal); Wurzel: ܪܚܡ, *rḥm* = lieben, Mitgefühl zeigen, barmherzig sein, gnädig sein

[391] ܢܦܫܟ, *napšāḵ* (Substantiv, weiblich, Singular, emphatisch, Suffix: 2. Person, männlich, Singular); Wurzel: ܢܦܫ, *npš* = eigene Seele, Atem des Lebens, Selbst

[392] Sinnerhellender Zusatz des Übersetzers, vgl. Lev 19,18 und 34; das hebräische כמוך, *kamocha* kann dabei im Sinne von *„er ist wie du"* verstanden werden. So ist dann nicht mehr der Gedanke der Selbstliebe als Maßstab der „Nächsten- und Fremdenliebe" zu sehen. Diese Einsicht ist Naphtali Herz Wessely (1725–1805) zu verdanken, einem der herausragenden Vertreter der Haskala, der jüdischen Aufklärungsbewegung (vgl. ausführlich die Anmerkung zu Mt 19,19).

Matthäus 22, 40–46

40 *An diesen beiden Geboten[393]*
hängen Tora[394] und Propheten.

Weitere Zuspitzung

41 Danach fragte Jesus die versammelten Pharisäer:

42 *Was denkt ihr über den Messias?*
Wessen Sohn ist er?

Sie antworteten ihm: Der Sohn Davids. 43 Er sprach zu ihnen:

Wie kann ihn dann David
in spiritueller Hinsicht Herr nennen?

Denn er sagt:
44 *Der Herr sprach zu meinem Herrn:*
Setze dich zu meiner Rechten,
bis ich dir deine Feinde unter die Füße gelegt habe.

45 *Wenn ihn also David Herr nennt,*
wie kann er dann sein Sohn sein?

46 Niemand konnte ihm darauf etwas erwidern und von diesem Tag an wagte keiner mehr, ihn zu befragen.

---

[393] ܦܘܩܕܢܝܢ, *pūqdānīn* (Substantiv, männlich, Plural, absolut); Wurzel: ܦܩܕ, *pqd* = Weisung, Gebot, Erlass, Befehl
[394] ܐܘܪܝܬܐ, *ʾūrāytā* (Substantiv, weiblich, Singular, emphatisch); Wurzel: ܐܘܪܝܬ, *ʾwrtʾ* = Tora, geschriebene Tora, Recht, Gesetz, Weisung
[395] ܟܢܫܐ, *kenše* (Substantiv, männlich, Plural, emphatisch); Wurzel: ܟܢܫ, *knš* = Versammlung, Menge, Volksmenge, Rat
[396] ܬܠܡܝܕܘ, *talmīḏaw* (Substantiv, männlich, Plural, emphatisch, Suffix: 3. Person, männlich, Singular); Wurzel: ܠܡܕ, *lmd* = Jünger, Schüler, Student, Talmid

Ermahnungen

23 1 Dann sprach Jesus zur Menge³⁹⁵ und zu seinen Jüngern³⁹⁶. 2 Er sagte:

Die Schriftkundigen und die Pharisäer
sitzen auf dem Thron³⁹⁷ des Mose.

3 *Achtet wachsam auf alles,*
was sie sagen,
und handelt danach,
aber richtet euch nicht nach ihren Taten.

Denn sie reden nur,
tun es selbst aber nicht.
4 *Sie binden schwere Lasten zusammen*
und legen sie auf die Schultern der Menschen.

Aber sie selber
sind nicht bereit,
einen Finger³⁹⁸ zu rühren,
um die Lasten zu bewegen.

5 *Alle Werke,*
die sie tun,
tun sie,
um von den Menschen gesehen zu werden:

---

[397] ܟܘܪܣܝܐ, *kūrsəyā* (dəmūše) (Substantiv, männlich, Singular, emphatisch); Wurzel: ܟܘܪܣܝ, *kwrsy* = Stuhl, Sitz, Thron (des Mose)

[398] ܒܨܒܥܗܘܢ, *bəṣebʿəhon* (Substantiv, weiblich, Singular, emphatisch, Suffix: 3. Person, männlich, Plural); Wurzel: ܨܒܥ, *ṣbʿ*, *ṣbʿʾ* (*ṣbaʿ*, *ṣebʿā*) = Finger

Matthäus 23, 5

Sie machen ihre Tefillin[399],
die Gebetsriemen, breit und verlängern die Zizijot[400],
die Schaufäden am Gebetsmantel, dem Tallit[401],
damit man sie für fromm hält.

---

[399] Tefillin (Plural, hebräisch: תפילין, *təfilin*), deutsch *Gebetsriemen*, werden manchmal auch *Phylakterien* genannt. Es handelt sich um ein Paar schwarze, mit Lederriemen versehene, kleine lederne Gebetskapseln, die auf Pergament handgeschriebene kleine Schriftrollen mit Textauszügen aus der Tora enthalten. Tefillin werden an Werktagen beim Morgengebet getragen. Das Anlegen von Tefillin dient als Mahnung, Gottes Gebote zu beachten. Nach dem Hauptgebet des Judentums, dem Schma Jisrael (5. Buch Mose 6,4–9), enthalten sie die Aufforderung, „diese Worte" als Zeichen auf die Hand und Stirn zu binden: *„Höre, Israel: Der Herr ist unser Gott, der Herr ist einzig. Und du sollst den Herrn, deinen Gott, lieben mit deinem ganzen Herzen und mit deiner ganzen Seele und mit deiner ganzen Kraft. Und diese Worte, die ich dir heute gebiete, sollen in deinem Herzen sein. Und du sollst sie deinen Kindern einschärfen, und du sollst davon reden, wenn du in deinem Hause sitzt und wenn du auf dem Weg gehst, wenn du dich hinlegst und wenn du aufstehst. Und du sollst sie als Zeichen auf deine Hand binden, und sie sollen als Merkzeichen zwischen deinen Augen sein, und du sollst sie auf die Pfosten deines Hauses und an deine Tore schreiben."*

[400] Zizijot oder Schaufäden (hebräisch Singular: ציצית *Zizit*; Plural: ציציות, *Zizijot* bzw. *Ziziaus, Zizes*) sind die an den vier Ecken eines Schals oder rechteckigen Kleidungsstücks befestigten Fäden, die am rituellen jüdischen Gebetsmantel Tallit angebracht werden, der beim Gebet über der Kleidung getragen wird. Tagsüber werden die Zizijot an einer Art von Leibchen, dem Tallit Katan, einem kleinen Gebetsmantel, unter der Kleidung getragen. Sie schauen nur zum Teil sichtbar heraus. Werden sie verlängert, kann man ahnen, dass es dem Träger darauf ankommt, als fromm angesehen zu werden.
Von manchen Personen werden die Schaufäden des Tallit Katan an der Seite aus der Hose sichtbar heraushängend gelassen. In der Gegenwart gibt es bei religiösen aschkenasischen Juden gelegentlich die Gewohnheit, sie teilweise fast bis auf den Boden reichen zu lassen. Hinter dem Tragen des Tallit Katan steht im Judentum der Gedanke, das ganze Leben als Gebet zu verstehen.

[401] Jüdische Männer und auch liberale Jüdinnen tragen zum Morgengebet einen Gebetsmantel (hebräisch: Tallit). Dieser Gebetsmantel besteht aus weißer Wolle, Baumwolle oder Seide. An den Seiten hat er blaue oder schwarze Strei-

6 *Sie lieben die Ehrenplätze bei den Banketten*
und die vorderen Sitzplätze in den Synagogen.
7 *Sie schätzen es, in der Öffentlichkeit respektvoll gegrüßt*
und als Rabbi angeredet zu werden.

8 *Ihr aber sollt euch nicht*
Rabbi nennen lassen.
Denn nur einer ist euer Rabbā, euer Meister[402],
ihr alle aber seid Geschwister.

9 *Ihr sollt auch niemanden auf Erden euren ʾAbbā nennen.*
Denn nur einer ist euer ʾAbbā,
euer liebevoller Vater[403],
Gott allein[404].

10 *Auch sollt ihr euch nicht Herrscher[405] nennen lassen.*
Denn nur einer ist euer Herrscher, der Messias.
11 *Der Größte von euch*
soll euer Diener sein.

---

fen, an den Ecken Fransen (hebräisch: Zizijot). Die 613 Knoten an ihnen erinnern an die 613 jüdischen Gebote (hebräisch: Mizwot). Neben dem Tallit legen Juden auch Gebetsriemen aus Leder (hebräisch: Tefillin) an. Der Tallit symbolisiert, dass sich der Betende von der Umwelt abgrenzt. Er soll daran erinnern, dass Gott ihn umgibt und behütet. Es gibt orthodoxe Juden, die sogar unter ihrer Alltagskleidung einen kleinen Tallit tragen. Damit bringen sie symbolisch zum Ausdruck, dass sie ihr ganzes Leben als ein einziges Gebet betrachten.

[402] ܪܒܟܘܢ, *rabbəkon* (Adjektiv, männlich, Singular, emphatisch, Suffix: 2. Person, männlich, Plural); Wurzel: ܪܒ, *rb* = groß, Meister, Höchster

[403] Apposition zur Erläuterung vom Übersetzer ergänzt.

[404] ܕܒܫܡܝܐ, *dəḇašmayyā* (Substantiv, Plural, emphatisch); Wurzel: ܫܡܝ, *šmyʾ* = im Himmel: eine ehrfurchtsvolle Umschreibung für Gott, um den Begriff/Namen Gottes nicht verwenden zu müssen

[405] ܡܕܒܪܢܐ, *mədabbərāne* (Substantiv, männlich, Singular, emphatisch, Suffix: 2. Person, männlich, Plural); Wurzel: ܕܒܪ, *mbr* = Führer, Schäfer, Herrscher

Matthäus 23, 12–14

12 *Denn wer sich selbst erhebt,*
wird gedemütigt,
und wer sich selbst demütigt,
wird erhoben werden.

13 *Weh euch, ihr Schriftkundigen und Pharisäer,*
ihr Schauspieler und Heuchler.
Ihr unterschlagt und veruntreut das Eigentum der Witwen,
indem ihr deren Anliegen unter dem Vorwand verschleppt,
lange Gebete sprechen zu müssen.

Deshalb werdet ihr umso mehr getadelt.[406]

14 *Weh euch, ihr Schriftkundigen und Pharisäer,*
ihr Schauspieler und Heuchler.
Ihr haltet die Menschen
vom Rat Gottes[407] *zurück*
und lasst sie nicht dem folgen, was Gott rät.

Ihr selbst kümmert euch nicht darum
und es ist euch gleichgültig,
ob diejenigen leiden[408]*,*
die sich um Gott bemühen,
aber von euch abgehalten werden.[409]

---

[406] Vers 13 ist in der griechischen und lateinischen Fassung als Vers 14 ausgegeben.
[407] ܡܠܟܘܬܐ, malkūṯā (Substantiv, weiblich, Singular, emphatisch); Wurzel: ܡܠܟ, mlkw, mlkwtʾ = Reich, Herrschaftsform, Königtum; Errico übersetzt die Wurzel ܡܠܟ, mlkw, mlkwtʾ von ܡܠܟܘܬܐ, malkūṯā mit „Ratschlag" bzw. „Rat" (vgl. Errico, *Treasures,* S. 12 f.).
[408] Hier wird der Übersetzung von Murdock gefolgt.
[409] Vers 14 erscheint in der griechischen und lateinischen Fassung als Vers 13.

15 *Weh euch, ihr Schriftkundigen und Pharisäer,*
ihr Schauspieler und Heuchler.
Ihr zieht über Land und Meer,
um einen einzigen Proselyten
für euren Glauben zu gewinnen.

Und wenn er gewonnen ist,
dann macht ihr ihn
zu einem Sohn der Hölle[410],
doppelt so schlimm
wie ihr selbst.

16 *Weh euch, ihr seid blinde Führer, verblendete Leiter.*

Ihr sagt:

Wenn einer beim Tempel schwört,
so gilt es nicht,
wenn er aber beim Gold des Tempels schwört,
dann haftet er für sein Wort.

17 *Ihr seid dumm und blind.*
Was ist wichtiger:
das Gold oder der Tempel,
durch den das Gold erst geweiht wird?

18 *Auch sagt ihr:*

---

[410] ܓܗܢܐ, *dəgīhannā* (Substantiv); Wurzel: ܓܗܢ, *ghnʾ* = Hölle, Gehenna (nicht zu verwechseln mit Scheol, dem Totenreich). Der metaphorisch und idiomatisch zu deutende Begriff „Gehenna" enthält Anklänge an: Bedauern, Bereuen, gedankliche Qualen, mentales Leiden, Selbstvorwürfe usw., ist also nicht wörtlich konkret zu verstehen. (Vgl. Errico, *Es werde Licht*, S. 58 f.; Errico/Lamsa, *Matthew*, S. 71)

*Wenn einer beim Altar schwört,
so gilt es nicht,
wenn er aber bei dem Opfer schwört, das auf dem Altar liegt,
ist er haftbar zu machen.*

19 *Ihr Narren und Blinde.
Was ist wichtiger:
das Opfer oder der Altar,
der das Opfer erst heiligt?*

20 *Wer beim Altar schwört,
der schwört bei ihm
und bei allem,
was darauf liegt.*

21 *Und wer beim Tempel schwört,
der schwört beim Tempel
und bei dem,
der darin wohnt.*

22 *Und wer beim Himmel schwört,
der schwört beim Thron Gottes
und bei dem,
der darauf sitzt.*

23 *Weh euch, ihr Schriftkundigen und Pharisäer,
ihr Schauspieler und Heuchler.*

---

[411] ܟܐܢܘܬܐ, kinuṯā (Substantiv, männlich, Singular, emphatisch); Wurzel: ܟܐܢ, kinā = Recht, Gerechtigkeit

[412] ܘܚܢܢܐ, waḥnānā (Substantiv, männlich, Singular, emphatisch); Wurzel: ܚܢ, ḥn = Barmherzigkeit, Compassion, Mitleid, Mitgefühl

[413] ܘܗܝܡܢܘܬܐ, wəhaymānūṯā (Substantiv, weiblich, Singular, emphatisch); Wurzel: ܗܝܡܢ, hymn = Glaube, Vertrauen (auf Gott), Vertrauenswürdigkeit

Matthäus 23, 24–27

Ihr gebt den Zehnten von Minze, Dill und Kümmel
und lasst das Wichtigste der Tora außer Acht:
Gerechtigkeit[411], Barmherzigkeit[412], Vertrauenswürdigkeit[413].

Man muss das eine tun,
ohne das andere zu lassen.

24 *Blinde Führer seid ihr:*
Eine Stechmücke belastet euch,
aber ein Kamel schluckt ihr.

25 *Weh euch, ihr Schriftkundigen und Pharisäer,*
ihr Schauspieler und Heuchler.

Ihr reinigt Tassen und Teller außen,
innen aber sind sie voll
von Raubgier[414] und Verbrechen[415].

26 *Ihr blinde Pharisäer,*
reinigt die Tasse und den Teller zuerst innen,
dann sind sie auch außen rein.

27 *Weh euch, ihr Schriftkundigen und Pharisäer,*
ihr Schauspieler und Heuchler.

Ihr seid wie weiß gestrichene Gräber,
die von außen schön aussehen,
innen aber voll sind von Knochen der Toten
und die ganz und gar unrein sind.

---

[414] ܚܛܘܦܝܐ, ḥəṭūpyā (Substantiv, männlich, Singular, emphatisch); Wurzel: ܚܛܦ, ḥṭpy = Erpressung, Raub, Gier

[415] ܘܥܘܠܐ, wəʿawlā (Substantiv, männlich, Singular, emphatisch); Wurzel: ܥܠ, ʿwl = Ungerechtigkeit, Verbrechen

Matthäus 23, 28–34

28 *So erscheint auch ihr*
von außen den Menschen gerecht,
innen aber seid ihr voll
von Ungerechtigkeit und Heuchelei.

29 *Weh euch, ihr Schriftkundigen und Pharisäer,*
ihr Schauspieler und Heuchler.

Ihr errichtet den Propheten Grabstätten
und schmückt die Denkmäler
der Gerechten
30 *und sagt dabei:*

Wenn wir in den Tagen unserer Väter
gelebt hätten,
hätten wir uns nicht wie sie daran beteiligt,
das Blut der Propheten zu vergießen.

31 *Damit bestätigt ihr selbst,*
dass ihr die Kinder derer seid,
die die Propheten umgebracht haben.
32 *Ihr könnt euch selbst an euren Vätern messen.*

33 *Ihr Skorpiongezücht[416].*
Wie wollt ihr dem Strafgericht der Hölle[417] entfliehen?
34 *Darum sende ich Propheten,*
Weise und Schriftkundige zu euch.

---

[416] Hier wird dem Vorschlag von Lamsa gefolgt. In anderen Übersetzungen von ܚܘܘܬܐ ܝܠܕܐ ܕܐܟܕܢܐ, *ḥəwawāṯā yaldā dāḵeḏne* ist auch von Vipern- und Natterngezüchten die Rede. Sich gerade auf Skorpione zu beziehen, dürfte mit traditionellen orientalischen Vorstellungen von der Geburt dieses Insekts zu tun haben. Man denkt, das Vatertier sterbe bei der Zeugung und die Mutter werde von ihm bei der Geburt getötet. In der verwendeten Metapher wird wohl auf

*Ihr aber werdet einige von ihnen
töten und kreuzigen,
andere in euren Synagogen geißeln
und von Stadt zu Stadt verfolgen.*

35 *So wird all das unschuldige Blut über euch kommen,
das auf Erden vergossen worden ist, vom Blut Abels, des Gerechten,
bis zum Blut des Zacharias, des Sohns von Barachias,
den ihr zwischen Tempel und Altar getötet habt.*

36 *Amen, ich sage euch:*

Das alles wird über diese Generation kommen.
37 *Jerusalem, Jerusalem,
du tötest die Propheten und steinigst die Boten,
die zu dir gesandt sind.*

*Wie oft wollte ich deine Kinder sammeln,
so wie eine Henne ihre Küken unter ihre Flügel nimmt.
Aber ihr habt es nicht gewollt.*
38 *Euer Haus wird euch völlig verwüstet zurückgelassen.*

---

das Fehlen einer geistlichen Führung rekurriert. So wie die Skorpione schutzlos ohne Eltern aufwachsen, so haben die angesprochenen Pharisäer und Sadduzäer keine spirituelle Orientierung. Sie sind auch nicht in Praktiken der Buße eingeübt und stehen so unter Verdacht, tatsächlich nicht zur Buße fähig zu sein – trotz verbaler Beteuerungen. (Vgl. Lamsa, *Evangelien*, S. 64 f.)

[417] ܓܗܢܐ, *dəgīhannā* (Substantiv); Wurzel: ܓܗܢ, *ghnʾ* = Hölle, Gehenna (nicht zu verwechseln mit Scheol, dem Totenreich). Der metaphorisch und idiomatisch zu deutende Begriff „Gehenna" enthält Anklänge an: Bedauern, Bereuen, gedankliche Qualen, mentales Leiden, Selbstvorwürfe usw., ist also nicht wörtlich konkret zu verstehen. (Vgl. Errico, *Es werde Licht*, S. 58 f.; Errico/Lamsa, *Matthew*, S. 71)

39 *Und ich sage euch:*

Von jetzt an werdet ihr mich nicht mehr sehen,
bis ihr sprechen werdet:
Gepriesen sei,
der im Namen des Herrn kommt.

Prophetisches Wort

24 1 Jesus verließ den Tempel, um weiterzuziehen. Seine Jünger wandten sich an ihn und wiesen ihn auf den Baukörper des Tempelheiligtums[418] hin. 2 Er sagte zu ihnen:

Seht ihr das alles?

Amen, ich sage euch:

Kein einziger Stein
wird hier auf dem anderen bleiben,
der nicht zerstört wird.

Anfang vom Ende

3 Als er auf dem Ölberg saß, kamen seine Jünger hoch. Sie sprachen miteinander und fragten ihn: Sag uns, wann wird das geschehen und was ist das Zeichen für deine Ankunft und die Vollendung der Welt? 4 Jesus antwortete ihnen:

Lasst euch durch niemanden täuschen.

---

[418] ܗܝܟܠܐ, *dəhaykəlā* (Substantiv, männlich, Singular, emphatisch); Wurzel: ܗܝܟܠ, *hykl* = Tempel, Heiligtum; ܒܢܝܢܗ ܗܝܟܠܐ, *benyānēh dəhaykəlā* = Gebäude des Tempels

Matthäus 24, 5–9

5 *Denn viele werden unter meinem Namen auftreten*
und sagen:
Ich bin der Messias.
Und sie werden viele beeinflussen.

6 *Ihr werdet*
von kriegerischen Aufständen
und von Gerüchten über Kämpfe
hören.

Gebt Acht, lasst euch nicht beunruhigen.
Das alles muss geschehen.
Es ist aber noch nicht
das Ende.

7 *Nation wird sich gegen Nation*
und Staat gegen Staat stellen
und an verschiedenen Orten
wird es Hungersnöte[419], Seuchen[420] und Erdbeben[421] geben.

8 *Doch das alles ist erst der Anfang der Schmerzen[422].*

9 *Dann wird man euch dem Elend*
und der Unterdrückung ausliefern
und euch töten, und ihr werdet von allen Völkern
um meines Namens, meiner Ehre, willen gehasst.

---

[419] ܟܦܢܐ, *kapne* (Substantiv, männlich, Plural, emphatisch); Wurzel: ܟܦܢ, *kpn* = Hunger, Knappheit, Teuerung

[420] ܘܡܘܬܢܐ, *wəmawtāne* (Substantiv, männlich, Plural, emphatisch); Wurzel: ܡܬܢ, *mtn* = Pest, Seuche, Sterblichkeit

[421] ܙܘܥܐ, *əzawᶜe* (Substantiv, männlich, Plural, emphatisch); Wurzel: ܙܥ, *zᶜ* = Zittern, Erdbeben, Unruhe, Aufregung

[422] ܚܒܠܐ, *dəḥeble* (Substantiv, männlich, Plural); Wurzel: ܚܒܠ, *ḥbl* = Mühsal, Wehen, Schmerzen, Trauer, Plackerei

Matthäus 24, 10–14

10 Und viele werden fallen,
einander hassen und verraten.
11 Viele falsche Propheten werden auftreten
und sie werden sehr viele in die falsche Richtung führen.

12 Und weil die Gesetzlosigkeit überhand nimmt,
wird die Liebe vieler erkalten.
13 Wer aber Geduld hat, bis zum Ende[423] durchzuhalten,
der wird leben[424].

14 Und die freudige Botschaft dieser Hoffnung[425]
auf die Verwirklichung von Gottes Rat
wird auf der ganzen Welt zum Zeugnis für alle Völker[426]
verkündet werden.

Erst dann kommt die Vollendung[427].

---

[423] ܠܚܪܬܐ, ləḥartā (Substantiv, weiblich, Singular, emphatisch); Wurzel: ܐܚܪ, ʾḥr = Ende

[424] ܢܚܐ, nīḥe (Verb, 3. Person, männlich, Singular); Wurzel: ܚܝ, ḥyᶜ = leben, wiederbeleben, Schmerzen zu lindern ermöglichen, am Leben erhalten. lebendig gemacht werden

[425] ܣܒܪܬܐ, səḇartā (Substantiv, weiblich, Singular, emphatisch); Wurzel: ܣܒܪ, sbr = Ankündigung, Botschaft, Nachricht, Evangelium, frohe Botschaft; Etheridge und Murdock sprechen von „Ankündigung", Lamsa spricht von der „frohen Botschaft". Errico übersetzt Evangelium, səḇartā dəmalkūṯā, mit „freudige Hoffnung" (vgl. Errico, *Treasures*, S. 12).

[426] ܥܡܡܐ, ᶜamme (Substantiv, männlich, Plural, emphatisch); Wurzel: ܥܡ, ᶜm = Volk, Nation, Heiden (hier: Plural)

[427] ܫܘܠܡܐ, šūlāmā (Substantiv, männlich, Singular, emphatisch); Wurzel: ܫܠܡ, šlm = Vollendung, Ende, Erfüllung, Fülle

Matthäus 24, 15–22

Spitze der Not

15 *Wenn ihr dann am heiligen Ort*
das abscheuliche Zeichen
völliger Verwüstung erkennen könnt,
das durch den Propheten Daniel vorhergesagt worden ist:
Wer auch immer dies liest, wird es verstehen.

16 *Dann sollen die Bewohner*
von Judäa auf den Berg fliehen.
17 *Wer gerade auf dem Dach ist,*
soll nicht hinabsteigen,
um etwas aus seinem Haus zu holen.

18 *Wer auf dem Feld ist,*
soll nicht zurückkehren,
um seine Kleidung zu holen.
19 *Weh aber den Frauen, die in jenen Tagen*
ein Kind erwarten oder einen Säugling stillen.

20 *Betet darum,*
dass eure Flucht
nicht im Winter
oder an einem Sabbat stattfindet.

21 *Denn es wird dann ein so großes Leiden sein,*
wie es vom Anfang der Welt
bis heute nie gegeben hat
und wie es auch niemals mehr geben wird.

22 *Und wenn jene Tage nicht verkürzt würden,*
dann könnte kein Mensch überleben.
Doch um der Auserwählten willen
werden jene Tage verkürzt werden.

23 *Wenn dann jemand zu euch sagt:*
Schaut, hier ist der Messias.
Oder: Er ist da.
Glaubt es nicht.

24 *Denn es wird mancher falsche Messias*
und mancher Lügenprophet auftreten
und sie werden große Zeichen und Wunder wirken,
um auch die Auserwählten zu beeinflussen,
soweit es möglich ist.

25 *Ich habe es euch angekündigt.*

26 *Wenn sie also zu euch sagen:*
Er ist in der Wüste,
so geht nicht hinaus.
Oder: Er ist in der geheimen Kammer[428] des Hauses,
so glaubt es nicht.

27 *Wie der Blitz im Osten einschlägt*
und bis zum Westen hin leuchtet,
so wird die Ankunft dieses Menschen sein.
28 *Wo ein Kadaver ist,*
da sammeln sich die Geier[429].

---

[428] ܒܬܘܢܐ, *baṯawānā*; Wurzel: ܬܘܢ, *twn* = Kammer, Zimmer, aus dem Inneren einer Struktur; Murdock charakterisiert in seiner Übersetzung diese Kammer als „geheim" (Lamsa und Etheridge tun dies nicht ausdrücklich). Lamsa erwähnt allerdings in Zusammenhang mit Mt 6,6 einen kleinen Raum im Inneren eines Hauses, der dazu dient Vorräte und Wertsachen aufzubewahren. Dieses „Kämmerlein" dürfte der einzige „geheime" bzw. „verborgene" Ort im Haus sein. Ansonsten war alles Tun im Haus den Augen der anderen preisgegeben (vgl. Lamsa, *Evangelien*, S. 92). Das „Verborgene" als Leitmotiv wird nun durch das entsprechende Kontrastmotiv ersetzt. Das gilt ja auch für das Motiv des Rückzugs in die Wüste, die nicht mehr als Ort der Begegnung mit dem Messias gilt.

Zeichen des kommenden Menschen

29 *Sofort nach der großen Drangsal dieser Tage*
wird die Sonne verfinstert werden
und der Mond wird nicht mehr scheinen.

Das heißt: Der Kosmos trauert über diese Ereignisse.[430]

Die Sterne werden vom Himmel fallen[431]
und die Kräfte des Weltalls werden erschüttert werden.
30 *Danach wird das Zeichen dieses Menschen*
am Himmel erscheinen.

Das heißt: Sein Kommen wird geoffenbart werden.[432]

Dann werden alle Generationen auf der Erde klagen,
wenn sie diesen Menschen, den Menschensohn,
auf den Wolken des Himmels kommen[433] sehen,
mit großer Kraft[434] und Herrlichkeit.

---

[429] ܢܫܪܐ, nešre (Substantiv, männlich, Plural, emphatisch); Wurzel: ܢܫܪ, nšr = Geier; Lamsa, Murdock und Etheridge übersetzen „Adler"; im gegebenen Kontext macht „Geier" mehr Sinn, vom Sprachlichen her auch (vgl. ebenso Errico, *Message*, S. 98). An den in der Luft kreisenden Geiern können sich Hirten orientieren, wenn sie verirrte Schafe suchen und wissen wollen, ob sie bereits gestorben sind. Es geht um Anzeichen für das Erkennen des falschen oder echten Propheten.

[430] Einschub des Übersetzers aufgrund der Erläuterungen des Idioms in Vers 29 durch Errico (vgl. Errico, *Treasures*, S. 45 f.).

[431] Metaphorisch werden gravierende politische Umwälzungen angedeutet, die mit dem Fall von Regierenden zu tun haben.

[432] Sinnerhellender Zusatz des Übersetzers; es wird nichts Konkretes über ein „zweites Kommen" Jesu gesagt, vielmehr werden Idiome verwendet, welche die konkrete Zukunft offen lassen.

[433] Jemanden mit Macht und Glorie auf den Wolken kommen sehen, ist ein aramäisches Idiom dafür, dass eine Mission, ein Auftrag, erfolgreich zu Ende ge-

Das heißt: Sein Auftrag ist höchst erfolgreich vollendet.[435]

31 *Er wird seine Boten*[436]
unter lautem Schall des Schofar[437] *aussenden*
und sie werden die von ihm Auserwählten
aus allen vier Windrichtungen zusammenführen,
von einem Ende des Alls bis zum andern.[438]

Das heißt: Die Erwählten kommen von überallher.[439]

Zeitpunkt unbekannt

32 *Nehmt den Feigenbaum als Parabel,*
um daraus etwas zu lernen.

Sobald seine Zweige saftig werden und Blätter treiben,
erkennt ihr,
dass der Sommer kommt.

---

führt wird; Wolken standen für das Höchste, das man sich vorstellen konnte. Es geht demnach darum zu zeigen, dass Jesu Verkündigung und seine Botschaft auf der ganzen Welt triumphieren werden (vgl. Errico, *Treasures*, S. 46). Ein wortwörtliches Verständnis dieses Idioms dürfte daraus die Vorstellung einer physischen Wiederkunft Jesu gefördert haben.

[434] ܚܝܠܐ, *wəḥaylē* (Substantiv, männlich, Singular, emphatisch); Wurzel: ܚܝܠ, *ḥyl* = Armee, Heer, Streitmacht, Macht, Kraft

[435] Sinnerhellender Zusatz des Übersetzers; idiomatisch wird in Vers 30 herausgestellt, dass Jesu Botschaft zu einem höchst erfolgreichen Ende gelangt.

[436] Die Boten bzw. Engel stehen metaphorisch für Gottes Gedanken, seinen Ratschlag, seine intuitive Leitung.

[437] ܫܝܦܘܪܐ, *šīpūrā* (Substantiv, männlich, Singular, emphatisch); Wurzel: ܫܝܦܘܪ, *šypwrʾ* = Trompete, Sipora, Schofar, Widderhorn; damit wird die Bedeutsamkeit der Ankündigung unterstrichen.

[438] Es wird ein typisch semitischer apokalyptischer Stil verwendet.

[439] Sinnerhellender Zusatz des Übersetzers.

33 *Genau so wisst ihr,*
wenn ihr das alles seht,
dass das Ende vor der Tür steht.

34 *Amen, ich sage euch:*

Diese Generation wird nicht vergehen,
bis das alles geschieht.
35 *Selbst Himmel und Erde werden vergehen,*
aber meine Worte werden nicht vergehen.

36 *Doch jenen Tag und jene Stunde kennt niemand,*
selbst die Engel im Himmel kennen sie nicht,
nur ʾAbbā, der Vater, alleine
kennt sie.

37 *Wie es in den Tagen*
des Noach war,
so wird das Eintreffen
dieses Menschen sein.

38 *Wie die Menschen in jenen Tagen vor der Flut*
aßen und tranken,
heirateten und sich heiraten ließen,
bis zu dem Tag,
an dem Noach in die Arche ging,
39 *und nichts ahnten,*
bis die Flut hereinbrach
und alle wegraffte,
so wird auch die Ankunft dieses Menschen sein.

Matthäus 24, 40–45

40 *Dann wird von zwei[440] Männern,*
die auf dem Feld arbeiten,
einer mitgenommen und einer zurückgelassen.
41 *Und von zwei Frauen,*
die an derselben Mühle mahlen,
wird eine mitgenommen und eine zurückgelassen.
42 *Seid also auf der Hut.*
Denn ihr wisst nicht,
zu welcher Stunde euer Herr eintrifft.

Mahnung zur Wachsamkeit

43 *Bedenkt dies:*

Wenn der Herr des Hauses wüsste,
zu welcher Zeit in der Nacht der Dieb kommt,
würde er wach bleiben und es nicht zulassen,
dass sein Haus geplündert wird.

44 *Darum seid auch ihr vorbereitet.*
Denn dieser Mensch
kommt zu einer Stunde,
in der ihr es nicht erwartet.

Zwei Knechte

45 *Wer ist der treue und geschickte[441] Knecht,*
den der Herr über die Familienmitglieder
in seinem Haushalt[442] einsetzte,
damit er sie zur rechten Zeit versorgt?

---

[440] Es wurde zumeist zu zweit gearbeitet.
[441] ܘܚܟܝܡܐ, *wəḥakkīmā* (Adjektiv, männlich, Singular, emphatisch); Wurzel: ܚܟܡ, *ḥkm* = weise, klug, geschickt, gerissen

Matthäus 24, 46–51

46 *Gut ist der Knecht dran,*
   den der Herr damit beschäftigt findet,
   wenn er kommt.

47 *Amen, ich sage euch:*
   Er wird ihn über alles einsetzen,
   was er besitzt.

48 *Falls aber der Knecht schlecht sein sollte*
   und in seinem Herzen denkt:
   Mein Herr verspätet sich doch.

49 *Und falls er anfängt,*
   seine Mitknechte zu schlagen,
   und mit Trunkenbolden isst und trinkt,

50 *dann wird der Herr jenes Knechtes an einem Tag kommen,*
   an dem er es nicht erwartet,
   und zu einer Stunde, die er nicht kennt.

51 *Und der Herr wird ihn mit weniger Nachsicht behandeln*[443]
   und ihm wegen der Unzuverlässigkeit weniger Lohn zahlen.[444]
   Bei ihm werden Schmerz und Bedauern herrschen.[445]

---

[442] Etheridge übersetzt ܒܢܝ ܒܝܬܗ, *bənay baytēh* mit „Kinder seines Hauses", Lamsa und Murdock sprechen vom „Gesinde".

[443] ܘܢܦܠܓܝܘ, *wəneplǝgīw* (Verb, 3. Person, männlich, Singular, unvollendet, Peal, Suffix: 3. Person, männlich, Singular); Wurzel: ܦܠܓ, *plg* = zuordnen, geißeln, bestrafen, zerreißen, unterteilen, halbiert werden – idiomatisch für „streng behandeln"

[444] „Jemanden seinen Platz unter den Heuchlern zuweisen" ist eine Redewendung, die verdeutlicht, dass der Meister nur einen kleinen Betrag gibt, wenn er den Unzuverlässigen entlässt (vgl. Lamsa, *Evangelien*, S. 189 f.).

[445] Wörtlich: *Dort werden Heulen und Zähneknirschen sein.*

Matthäus 25, 1–8

Zehn junge Frauen

25 1 *Was Gott rät[446],*
lässt sich auch vergleichen mit zehn jungen Frauen,
die ihre Lampen nahmen,
um den Bräutigam
und die Braut[447] zu treffen.

2 *Fünf von ihnen waren umsichtig und fünf waren geistlos.*
3 *Die Geistlosen nahmen ihre Lampen mit,*
aber kein Öl,
4 *die Umsichtigen aber nahmen mit ihren Lampen*
noch Öl in Gefäßen mit.

5 *Da sich der Bräutigam verspätete,*
wurden sie alle müde und schliefen ein.
6 *Um Mitternacht gab es einen Aufschrei:*
Der Bräutigam kommt.
Geht hinaus, um ihn zu begrüßen.

7 *Da standen alle jungen Frauen auf*
und machten ihre Lampen zurecht.
8 *Die geistlosen aber sagten zu den umsichtigen:*
Gebt uns von eurem Öl,
unsere Lampen gehen gerade aus[448].

---

[446] ܡܠܟܘܬܐ, *malkūṯā* (Substantiv, weiblich, Singular, emphatisch); Wurzel: ܡܠܟ, *mlkw, mlkwtʾ* = Reich, Herrschaftsform, Königtum; Errico übersetzt die Wurzel ܡܠܟ, *mlkw, mlkwtʾ* von ܡܠܟܘܬܐ, *malkūṯā* mit „Ratschlag" bzw. „Rat" (vgl. Errico, *Treasures,* S. 12 f.). Hier wurde eine Verbalisierung vorgenommen.

[447] Hier wird auch die Braut genannt.

[448] Nach Etheridge und Murdock sind die Lampen bereits verloschen.

9 Die Umsichtigen erwiderten ihnen:
Das geht nicht.
Es reicht nicht für beide: uns und euch.
Geht lieber zu den Ölhändlern
und kauft euch welches.

10 Während sie noch unterwegs waren,
um es zu kaufen, kam der Bräutigam.
Die jungen Frauen, die sich vorbereitet hatten,
gingen mit ihm in den Hochzeitssaal,
und das Tor wurde zugeschlossen.

11 Später kamen auch die anderen jungen Frauen und riefen:
Unser Herr, unser Herr, mach uns auf.
12 Er aber antwortete ihnen:
Amen, ich sage euch:
Ich kenne euch nicht.

13 Seid deshalb wachsam.
Denn ihr wisst weder den Tag noch die Stunde.

Talente vermehren

14 Was Gott rät,
ist vergleichbar mit einem Mann,
der auf Reisen ging.
Er rief seine Diener
und vertraute ihnen sein Vermögen an.

Matthäus 25, 15–19

15 *Dem einen gab er fünf Talente Silbergeld[449],*
einem anderen zwei,
wieder einem anderen eines,
jedem nach seinen Fähigkeiten.
Dann reiste er ab.

16 *Der Diener,*
der die fünf Talente erhalten hatte,
begann sogleich mit ihnen zu wirtschaften
und gewann noch fünf weitere
dazu.

17 *Ebenso gewann der,*
der zwei erhalten hatte,
noch zwei weitere
durch geschickten Handel
dazu.

18 *Der aber,*
der das eine Talent erhalten hatte,
ging und grub ein Loch in die Erde
und versteckte das Geld
seines Herrn.

19 *Nach langer Zeit*
kehrte der Herr
jener Diener zurück
und erhielt die Abrechnung
von ihnen.

---

[449] ܟܟܪܝܢ, *kakkərīn* (Substantiv, weiblich, Plural, absolut); Wurzel: ܟܟܪܐ, *kkrʾ* = große Menge an Kapital, Talente

20 *Da kam der, der die fünf Talente erhalten hatte,*
   brachte fünf weitere und sagte:
   Mein Herr, fünf Talente hast du mir gegeben.
   Schau, ich habe noch fünf weitere
   dazugewonnen.

21 *Sein Herr sagte zu ihm:*
   Gut gemacht, du tüchtiger und treuer Diener.
   Über Weniges warst du treu,
   über Vieles werde ich dich setzen.
   Komm, nimm teil am Freudenfest deines Herrn.

22 *Dann kam der Diener,*
   der zwei Talente erhalten hatte,
   und sagte: Herr, du hast mir zwei Talente gegeben.
   Schau, ich habe noch zwei
   dazugewonnen.

23 *Sein Herr sagte zu ihm:*
   Gut gemacht, du tüchtiger und treuer Diener.
   Über Weniges warst du treu,
   über Vieles werde ich dich setzen.
   Komm, nimm teil am Freudenfest deines Herrn.

24 *Es kam nun auch der Diener,*
   der das eine Talent erhalten hatte, und sagte:
   Mein Herr, ich wusste, dass du ein harter Mensch bist.
   Du erntest, wo du nicht gesät hast,
   und sammelst, wo du nicht ausgestreut hast.

25 *Da ich Angst hatte,*
   habe ich dein Geld
   in der Erde versteckt.
   Schau, hier hast du,
   was dir gehört.

26 *Sein Herr entgegnete:*
Du bist ein schlechter und fauler Diener.
Du hast gewusst,
dass ich ernte, wo ich nicht gesät habe,
und sammle, wo ich nicht ausgestreut habe.

27 *Du hättest mein Geld auf die Bank bringen müssen,*
dann hätte ich es bei meiner Rückkehr
mit Zinsen zurückerhalten.
28 *Nehmt ihm also das Talent weg*
und gebt es dem, der die zehn Talente hat.

29 *Denn dem, der hat,*
wird gegeben werden
und er wird im Überfluss haben.
Dem, der nicht hat,
wird auch noch weggenommen, was er hat.[450]

30 *Werft*
den nichtsnutzigen Diener
hinaus
in die äußere Finsternis.
Dort werden Schmerz und Verzweiflung herrschen.[451]

---

[450] Hintergrund ist das Pachtwesen in der Landwirtschaft. Die Pächter, die einen guten Ertrag erwirtschaftet haben, erhalten in Zukunft mehr Land zur Bearbeitung. Die Pächter, die aus ihrem Land kaum Ertrag herausgeholt haben, sind ohne oder nur mit geringeren Chancen, bei der nächsten Pachtvergabe berücksichtigt zu werden (vgl. Lamsa, *Evangelien*, S. 193 f.). Übertragen kann auch der Verstehensprozess tangiert sein (vgl. Mt 13,12 mit der entsprechenden Anmerkung).

[451] Wörtlich: *Dort werden Heulen und Zähneknirschen sein.*

Matthäus 25, 31–36

Gericht zur Sprache gebracht

31 *Wenn dieser Mensch, der Menschensohn,*
   in seiner Herrlichkeit kommt und alle Boten mit ihm,
   dann wird er sich auf den Thron seiner Herrlichkeit setzen.

32 *Und alle Völker werden vor ihm versammelt werden*
   und er wird sie voneinander scheiden,
   wie der Hirt die Schafe von den Böcken scheidet.[452]

33 *Er wird die Schafe*
   zu seiner rechten Hand stellen,
   die Böcke aber zur linken.

34 *Dann wird der König denen zu seiner rechten Hand sagen:*

   Kommt her, die ihr von 'Abbā, meinem liebevollen Vater[453]*,*
   gesegnet seid, empfangt das Reich als Erbe,
   das seit der Erschaffung der Welt für euch bestimmt war.

35 *Denn ich war hungrig und ihr habt mir zu essen gegeben.*
   Ich war durstig und ihr habt mir zu trinken gegeben.
   Ich war fremd und ihr habt mich aufgenommen.

36 *Ich war nackt und ihr habt mir Kleidung gegeben.*
   Ich war krank und ihr habt mich besucht.
   Ich war im Gefängnis und ihr seid zu mir gekommen.[454]

---

[452] Es gab im Orient getrennte Unterstände für Schafe und Ziegen, um die verhältnismäßig sanften Schafe, etwa die Mutterschafe und die Lämmer, vor den eher angriffslustigen Ziegen zu schützen.

[453] Zur Erläuterung vom Übersetzer ergänzt.

[454] Gefangene in Gefängnissen wurden oft an Händen und Füßen angekettet. Es gab keine sanitären Anlagen. Im günstigsten Fall erlaubten die Wärter – nach

Matthäus 25, 37–41

37 *Dann werden ihm die Gerechten sagen:*

Unser Herr, wann haben wir dich hungrig gesehen
und dir zu essen gegeben
oder durstig und dir zu trinken gegeben?

38 *Und wann haben wir dich als Fremden*
gesehen und aufgenommen
oder nackt und dir Kleidung gegeben?

39 *Und wann haben wir dich krank*
oder im Gefängnis gesehen
und sind zu dir gekommen?

40 *Darauf wird der König ihnen antworten:*

Amen, ich sage euch:

Was ihr für einen meiner Brüder
oder eine meiner Schwestern,
die im öffentlichen Ansehen[455] *ganz unten stehen,*
getan habt,
das habt ihr für mich getan.

41 *Dann wird er zu denen zu seiner linken Hand sagen:*

Bestechung – den Besuch von Angehörigen, die Nahrung brachten. Wer nicht besucht wurde, siechte langsam dahin und starb schließlich an Hunger, Durst, Kälte oder aufgrund der fürchterlichen sanitären Verhältnisse. (Vgl. Lamsa, *Evangelien*, S. 195 f.)

[455] ܙܥܘܪ̈ܐ, *zəʿūre* (Adjektiv, männlich, Plural, emphatisch); Wurzel: ܙܥܪ, *zʿwr* (*zʿōr*) = wenig, am wenigsten, klein, niedrig, bescheiden usw.

Matthäus 25, 42–45

Geht weg von mir,
ihr Verfluchten,
in das ewige Feuer,
das für den Widersacher
und seine Boten bestimmt ist.

42 *Denn ich war hungrig*
   und ihr habt mir nichts zu essen gegeben.
   Ich war durstig
   und ihr habt mir nichts zu trinken gegeben.
43 *Ich war fremd*
   und ihr habt mich nicht aufgenommen.
   Ich war nackt
   und ihr habt mir keine Kleidung gegeben.
   Ich war krank und im Gefängnis
   und ihr habt mich nicht besucht.

44 *Dann werden auch sie antworten:*

   Unser Herr,
   wann haben wir dich
   hungrig oder durstig
   oder fremd oder nackt
   oder krank oder im Gefängnis gesehen
   und haben dir nicht geholfen?

45 *Darauf wird er ihnen antworten:*

   Amen, ich sage euch:

Was ihr für einen dieser Brüder
oder eine dieser Schwestern,
die im öffentlichen Ansehen[456] ganz unten stehen[457],
nicht getan habt,
das habt ihr auch für mich nicht getan.

46 *Und diese werden weggehen zur ewigen Strafe,*
die Gerechten aber zum ewigen Leben.

Beschluss der Gegner

26 1 Und als Jesus alle diese Lehrreden beendet hatte, sagte er zu seinen Jüngern:

2 *Ihr wisst, dass in zwei Tagen das Pessachfest ist.*
Da wird dieser Mensch hier verraten,
um gekreuzigt zu werden.

3 Da versammelten sich die oberen Priester, die Schriftkundigen und die Ältesten des Volkes im Palast des Hohenpriesters, der Kajaphas hieß. 4 Und sie beratschlagten über Jesus, wie sie ihn in eine Falle locken, ihn festnehmen und töten könnten. 5 Sie sagten aber: Ja nicht am Fest, damit kein Tumult unter den Leuten aufkommt.

Im Hause Simons des Aussätzigen

6 Als Jesus in Betanien im Haus Simons des Aussätzigen war, 7 kam eine Frau mit einem Alabastergefäß voll kostbarem Salböl zu ihm und goss es über sein Haupt, während er sich zurücklehnte. 8 Als die Jünger dies sahen, missfiel es ihnen und sie sagten: Wozu diese Verschwendung? 9 Man hätte

---

[456] Zur Erläuterung vom Übersetzer ergänzt.

[457] ܙܥܘܪܐ, *zəʿūre* (Adjektiv, männlich, Plural, emphatisch); Wurzel: ܙܥܪ, *zʿwr (zʿōr)* = wenig, am wenigsten, klein, niedrig, bescheiden usw.

diesen Balsam teuer verkaufen und das Geld den Armen geben können.
10 Jesus bemerkte dies und sagte zu ihnen:

Warum belästigt ihr die Frau?
Sie hat ein gutes Werk an mir getan.
11 *Die Armen habt ihr immer bei euch,*
mich aber habt ihr nicht immer.
12 *Als sie den Balsam über mich goss,*
hat sie es so getan, als wäre es für mein Begräbnis.

13 *Amen, ich sage euch:*

Wo immer auf der ganzen Welt
diese meine frohe Botschaft
der Hoffnung[458] verkündet wird,
wird man auch
zu ihrem ehrenden Gedenken erzählen,
was sie getan hat.

Judas und sein Verrat

14 Darauf ging einer der Zwölf namens Judas Iskariot zu den oberen Priestern. 15 Er sagte zu ihnen: Was wärt ihr mir zu geben bereit, wenn ich euch Jesus ausliefere? Und sie boten ihm dreißig Silberstücke. 16 Von diesem Zeitpunkt an suchte er nach einer Gelegenheit, ihn zu verraten.

---

[458] Errico übersetzt ܣܒܪܬܝ, *səḇartəy* (Evangelium) mit „freudige Hoffnung" (vgl. Errico, *Treasures*, S. 12.), aber auch mit „Botschaft", „Hoffnung" oder „Erwartung" (vgl. Errico, *Marc & Luke*, S. 10 f.).

Matthäus 26, 17–23

Festvorbereitungen

17 Am ersten Festtag der Ungesäuerten Brote gingen die Jünger zu Jesus und fragten: Wo sollen wir das Pessachmahl für dich vorbereiten? 18 Er antwortete:

> *Geht in die Stadt zu einem bestimmten Mann und sagt zu ihm:*
> *Unser Rabbi lässt dir sagen:*
> *Meine Zeit rückt näher.*
> *Bei dir will ich mit meinen Jüngern das Pessachmahl feiern.*

19 Die Jünger taten, was Jesus ihnen aufgetragen hatte, und bereiteten das Pessachmahl vor.

Gemeinsames Mahl

20 Als es Abend war, legte er sich mit den zwölf Jüngern zu Tisch.[459] 21 Und während sie aßen, sprach er:

> *Amen, ich sage euch: Einer von euch wird mich hintergehen.*

22 Das machte sie sehr betrübt, und einer nach dem andern fragte ihn: Mein Herr, bin ich es etwa? 23 Er antwortete:

> *Der die Hand mit mir in die Schüssel eintunkt,*
> *der wird mich übergeben.*[460]

---

[459] Rihbany erläutert, Leonardo da Vinci habe das Abendmahl mit hohem Tisch, Stühlen, vielen Tellern und Gläsern typisch westlich dargestellt. Dabei sei bei Orientalen zur damaligen Zeit doch eher von Sitzkissen auf dem Boden, wenigen Schüsseln und Gefäßen auszugehen. (Vgl. Rihbany, *Jesus aus dem Nahen Osten*, S. 48)

24 *Dieser Mensch hier muss zwar seinen Weg gehen,*
wie es die Schrift über ihn sagt.

Doch weh dem Menschen,
der den Verrat an diesem Menschen hier begeht.

Für ihn wäre es besser,
wenn er nie geboren wäre.

25 Da fragte Judas, der ihn ausliefern würde[461]: Vielleicht bin ich es, Rabbi? Jesus antwortete:

Du sagst es.

26 Während des Mahls nahm Jesus das Brot, segnete es, brach es, reichte es den Jüngern und sagte:

Nehmt, esst. Das ist mein Leib.

27 Dann nahm er den Becher, sprach das Dankgebet, gab ihn den Jüngern und sagte:

---

[460] Lamsa erzählt: Für zwölf Personen im Orient seien zwei Schüsseln und zwei Löffel als ausreichend angesehen worden. Man teilte das Essen, bediente sich aus einer Schüssel, benutzte denselben Löffel. Eingetunkte Bissen seien geteilt worden, um so Freundschaft zu bekunden. Verfeindete Menschen saßen nicht an einem Tisch und aßen nicht miteinander. Wenn man sich wieder versöhnte, musste man aus derselben Schüssel essen. Wenn „der Verräter" mit Jesus zusammen die Hand in die Schüssel eintunkt, ist das Zeichen der Freundschaft durch den beabsichtigten Verrat pervertiert. Das Vertrauen ist missbraucht. (Vgl. Lamsa, *Evangelien*, S. 196 f.)

[461] Wörtlich auch: der Verräter.

Matthäus 26, 28–32

> *Trinkt alle*[462] *daraus.*[463]
> 28 *Das ist mein Blut des neuen Bundes,*
> *das für viele*[464]*, ja für alle,*
> *vergossen wird zur Vergebung*[465] *von Sünden.*
> 29 *Ich sage euch:*
> *Von jetzt an werde ich nicht mehr*
> *von dieser Frucht des Weinstocks trinken,*
> *bis zu dem Tag,*
> *an dem ich mit euch erneut davon trinken werde,*
> *wenn Gottes Rat erfüllt ist.*

Ankündigung der kommenden Verleugnung

30 Und sie sangen Loblieder und gingen zum Ölberg hinaus. 31 Da sagte Jesus zu ihnen:

> *In dieser Nacht*
> *werdet ihr mich alle verleugnen.*

> *Denn in der Schrift steht:*
> *Ich werde den Hirten töten*
> *und die Schafe seiner Herde*
> *werden auseinandergetrieben.*

> 32 *Aber nachdem ich erstanden bin,*
> *werde ich euch nach Galiläa vorausgehen.*

---

[462] ܟܠܟܘܢ, *kulkon* (Partikel, Suffix: 2. Person, männlich, Plural); Wurzel: ܟܠ, *kl* = alle, jeder, ganz

[463] Natürlich trank man aus einem Kelch, Angst vor Keimen bestand nicht (vgl. Lamsa, *Evangelien*, S. 197 f.).

[464] ܣܓܝܐܐ, *saggīe* (Adjektiv, männlich, Plural, emphatisch); Wurzel: ܣܓܐ, *sgʾ* = viele (Menschen), die Vielzahl, also: alle

33 Kephas erwiderte ihm: Auch wenn dich jedermann verleugnet, ich werde dich niemals verleugnen. 34 Jesus sagte zu ihm:

> *Amen, ich sage dir:*
> *In dieser Nacht,*
> *ehe der Hahn kräht,*
> *wirst du mich dreimal verleugnen[466].*

35 Da sagte Kephas zu ihm: Wenn ich mit dir sterben müsste, ich werde dich nie verleugnen. Und alle Jünger sprachen genau so.

Todesangst

36 Darauf kam Jesus mit ihnen zu einem Grundstück, das man Getsemani nennt. Er sagte zu seinen Jüngern:

> *Setzt euch hier hin, während ich woanders hin gehe und bete.*

37 Und er nahm Kephas und die beiden Söhne des Zebedäus mit sich. Und er wurde sorgenvoll und bedrückt. 38 Er sprach zu ihnen:

> *Ich habe sehr große Angst, ja geradezu Todesangst[467].*
> *Wartet auf mich hier und wacht mit mir.*

39 Und er ging ein Stück weiter, warf sich auf sein Gesicht und betete:

---

[465] ܠܫܘܒܩܢܐ, *ləšūḇqānā* (Substantiv, männlich, Singular, emphatisch); Wurzel: ܫܒܩ, *šḇq* = Vergebung, Nachlass, Befreiung

[466] ܬܟܦܘܪ, *teḵpūr* (Verb, 2. Person, männlich, Singular, unvollendet, Peal); Wurzel: ܟܦܪ, *kpr* = bestreiten, abwischen, leugnen, verweigern, verzichten

[467] ܠܡܘܬܐ, *ləmawtā* (Substantiv, männlich, Singular, emphatisch); Wurzel: ܡܬ, *mt* = tödlich, bis zum Tod

Matthäus 26, 40–42

> *'Abbā*[468], mein liebevoller Vater[469].
>
> *Lass diesen Becher doch,*
> *wenn irgend möglich,*
> *an mir vorübergehen.*
>
> *Aber nicht wie ich will,*
> *sondern wie du willst,*
> *so soll es geschehen.*[470]

40 Und er kam zu den Jüngern zurück und fand sie schläfrig. Da sagte er zu Kephas:

> *Konntet ihr noch nicht einmal eine Stunde lang mit mir wachen?*
> 41 *Wacht und betet,*
> *damit ihr nicht in Versuchung fallt.*
> *In der Tat ist der Geist bereit,*
> *aber der Körper ist schwach.*

42 Wieder zog er sich zurück, zum zweiten Mal, und betete:

---

[468] ܐܒ, *ʾāḇ* (Substantiv, männlich, Singular, emphatisch, Suffix: 1. Person, Singular); Wurzel: ܐܒ, *ʾḇ* = mein Vater (Vokativ), ʾAbbā

[469] Apposition zur Erläuterung vom Übersetzer ergänzt.

[470] Lamsa berichtet von einer nicht ungewöhnlichen Sitte im alten Orient, sich eines Feindes zu entledigen, indem man ihm ein Festmahl bereitet und den Wein nach dem Essen für ihn vergiftet. Schöpft das potenzielle Opfer Verdacht, bleibt nur die Wahl, den Becher zu leeren oder den Gastgeber zu töten. – Jesus blieb keine andere Wahl, als den Becher zu trinken oder aber Jerusalem zu verlassen. In dieser verzwickten Situation suchte er Beistand im Gebet. (Vgl. Lamsa, *Evangelien*, S. 199)

'Abbā, mein Vater,
wenn dieser Kelch an mir nicht vorübergehen kann
und ich ihn trinken muss,
dann soll dies so geschehen,
wie du es willst.

43 Als er wiederkam, fand er sie schlafend, denn die Augen waren ihnen vor Müdigkeit zugefallen. 44 Und er ließ sie dort, ging wieder weg und betete zum dritten Mal mit dem gleichen Wortlaut. 45 Danach kehrte er zu den Jüngern zurück und sagte zu ihnen:

Schlaft von nun an weiter und ruht euch aus.
Die Stunde ist gekommen
und dieser Mensch hier wird
in die Hände von solchen Menschen übergeben,
die sich von Gott abgewandt haben.

46 *Steht auf,*
wir wollen gehen.
Derjenige,
der mich ausliefern soll,
ist angekommen.

Gefangennahme

47 Noch während er redete, da traf Judas, der ihn ausliefern würde[471], einer der Zwölf, ein. Mit ihm kam eine große Menge von Männern, die mit Schwertern und Knüppeln bewaffnet waren, von den oberen Priestern und den Ältesten des Volkes. 48 Nun hatte Judas, der ihn ausliefern wollte[472], mit ihnen ein Zeichen vereinbart und gesagt: Der, den ich küssen werde, der ist es. Nehmt ihn fest. 49 Sogleich ging er auf Jesus zu und sagte:

[471, 472] Auch: der Verräter.

Schlāmā, Friede⁴⁷³ mit dir, Rabbi⁴⁷⁴. Und er küsste⁴⁷⁵ ihn. 50 Jesus sprach zu ihm:

> *Bist du dafür gekommen, mein Freund?*

Da gingen sie auf Jesus zu, ergriffen ihn und nahmen ihn fest. 51 Einer von den Begleitern Jesu streckte die Hand aus, zog sein Schwert, richtete es auf den Diener des Hohenpriesters und schlug ihm ein Ohr ab. 52 Da sagte Jesus zu ihm:

> *Steck dein Schwert zurück an den Platz⁴⁷⁶,*
> *an den es hingehört.*
> *Denn alle, die zu Schwertern greifen,*
> *werden durch Schwerter umkommen.*

53 *Oder denkst du,*
  ich könnte 'Abbā, meinen Vater,
  nicht darum bitten und er würde mir sogleich
  mehr als zwölf Legionen Engel schicken?

54 *Wie würden dann jedoch die Schriften erfüllt,*
  dass es so geschehen muss?

---

[473] ܫܠܡ, *šəlām* (Substantiv, männlich, Singular, absolut); Wurzel: ܫܠܡ, *šlm* = Friede, Frieden, (Grußformel); Schlāmā

[474] ܪܒܝ, *rabbī* (Substantiv, männlich, Singular); Wurzel: ܪܒ, *rb* = Meister, Lehrer, Rabbi usw.

[475] ܘܢܫܩܗ, *wənašqēh* (Verb, 3. Person, männlich, Singular, vollendet, Peal, Suffix: 3. Person, männlich, Singular); Wurzel: ܢܫܩ, *nšq* = küssen

[476] ܠܕܘܟܬܗ, *lədūkkəṯāh* (Substantiv, weiblich, Singular, emphatisch, Suffix: 3. Person, weiblich, Singular); Wurzel: ܕܘܟ, *dwk* = Platz; hier ist gemeint: die Scheide

[477] ܒܣܦܣܝܪܐ, *bəsapsīre* (Substantiv, männlich, Plural, emphatisch); Wurzel: ܣܦܣܝܪܐ, *spsyrʾ* = Schwert, auch: Dolch

55 In jener Stunde sprach Jesus zu den Leuten:

*Seid ihr mit Dolchen[477] und Stöcken[478] ausgezogen,
um mich wie einen Banditen festzunehmen?*

*Ich saß täglich mit euch zusammen
und lehrte im Tempel
und ihr habt mich nicht verhaftet.*

56 *Das alles aber ist geschehen,
damit die Schriften der Propheten in Erfüllung gehen.*

Da verließen[479] ihn alle Jünger und flohen.

Vor dem Hohen Rat

57 Diejenigen, die Jesus verhaftet hatten, brachten ihn zum Hohenpriester Kajaphas, bei dem sich die Schriftkundigen und die Ältesten versammelt hatten. 58 Simon Kephas folgte ihm in einigem Abstand bis zum Hof des Hohenpriesters. Er ging in den Hof[480] hinein und setzte sich zu den Soldaten[481], um zu sehen, wie alles ausgehen würde. 59 Die oberen Priester und der ganze Hohe Rat bemühten sich um Zeugen gegen Jesus, um ihn zum Tod verurteilen zu können. 60 Sie fanden aber keine, obwohl viele falsche Zeugen auftraten. Zuletzt kamen zwei Männer nach vorne 61 und erklärten:

---

[478] ܘܒܚܘܛܪܐ, *wabḥuṭre* (Substantiv, männlich, Plural, emphatisch); Wurzel: ܚܘܛܪ, *ḥwṭr* = Stock, Stange, Lanze

[479] ܫܒܩܘܗܝ, *šabqū* (Verb, 3. Person, männlich, Plural, vollendet, Peal, Suffix: 3. Person, männlich, Singular); Wurzel: ܫܒܩ, *šbq* = verlassen, abfahren, sich trennen, scheiden

[480] ܠܕܪܬܗ, *lədārtēh* (Substantiv, weiblich, Singular, emphatisch, Suffix: 3. Person, männlich, Singular); Wurzel: ܕܪ, *dr* = Gericht, Hof, Atrium

[481] ܕܚܫܐ, *daḥše* (Substantiv, männlich, Plural, emphatisch); Wurzel: ܕܚܫ, *dḥš* = Wache, Begleiter, Diener, Offizier, Soldat

Matthäus 26, 62–64

Er hat gesagt: Ich kann den Tempel[482] Gottes niederreißen[483] und in drei Tagen aufbauen. 62 Da stand der Hohepriester auf und sprach zu Jesus: Du antwortest ja gar nicht. Was hat es mit dem auf sich, was diese Leute gegen dich vorbringen? 63 Aber Jesus schwieg. Darauf sagte der Hohepriester zu ihm: Ich beschwöre dich beim lebendigen Gott, sag uns: Bist du der Messias, der leibliche Sohn Gottes? 64 Jesus antwortete:

Das sagst du.[484]
Doch ich erkläre euch:
Von nun an werdet ihr diesen Menschen[485]
zur rechten Hand der Macht[486] sitzen
und auf den Wolken des Himmels[487] kommen sehen.

Das bedeutet:
Dieser einfache Mensch
wird von Gott bestätigt
und die allerhöchste Ehre
erhalten.[488]

---

[482] ܗܝܟܠܐ, *haykəlā* (Substantiv, männlich, Singular, emphatisch); Wurzel: ܗܝܟܠ, *hykl* = Tempel

[483] Idiomatisch ist damit gemeint, dass die unangemessenen Lehren, die im Tempel vertreten wurden, ersetzt werden sollen (vgl. Lamsa, *Evangelien*, S.370).

[484] Das bedeutet: Die Sohnschaft ist spirituell, nicht physisch gemeint. Sie wurde also missverstanden. „Du sagst es", bedeutet, dass die Lehre von der Gottessohnschaft falsch interpretiert wird. Lamsa erläutert: *„Du legst meine Lehre von der Gottessohnschaft falsch aus, denn du meinst, Gott habe eine Frau. Das habe ich aber nicht behauptet. Ich nenne Gott ‚Vater', weil Er Mein Vater ist ..."* (Lamsa, *Evangelien*, S. 202)
Errico übersetzt ܠܒܪܗ ܕܢܫܐ, *labrēh dənāšā*, „den Menschensohn" mit „ganz normalem Mann", „menschlichem Wesen", „einfachen Menschen", also jemandem, der keinen Ehrentitel für sich beansprucht (vgl. Errico, *Treasures*, S. 38 ff., vgl. auch: Lamsa, *Evangelien*, S. 202).

[485] Siehe vorhergehende Anmerkung.

65 Da zerriss der Hohepriester sein Gewand und rief: Er hat Gott gelästert[489]. Wozu brauchen wir noch Zeugen? Jetzt habt ihr die Blasphemie gehört. 66 Was wollen wir noch? Sie antworteten: Er ist des Todes schuldig. 67 Dann spuckten sie ihm ins Gesicht und schlugen ihn auf den Kopf. Andere quälten ihn 68 und sagten: Weissage uns als Prophet: Wer hat dich geschlagen? Du bist doch der Messias.

Verleugnung

69 Kephas aber saß draußen im Atrium. Da trat eine Dienerin zu ihm und sagte: Du warst doch auch mit Jesus, dem Nazarener[490], zusammen. 70 Er leugnete es vor allen und sagte: Ich verstehe nicht, was du redest. 71 Und als er über den Vorhof hinausgehen wollte, sah ihn eine andere und sagte zu ihnen: Dieser Mann war auch mit Jesus, dem Nazarener, zusammen. 72 Wieder leugnete er unter Schwur: Ich kenne den Menschen nicht. 73 Wenig später kamen die Leute, die nahe dabeistanden, und sagten zu Kephas: Wirklich, auch du gehörst zu ihnen, deine Sprache beweist es. 74 Da fing er an zu fluchen und zu schwören: Ich kenne den Menschen nicht. Zu dieser Stunde krähte der Hahn. 75 Kephas erinnerte sich an das Wort, das Jesus zu ihm gesagt hatte: Ehe der Hahn kräht, wirst du mich dreimal verleugnen. Und er ging hinaus und weinte bitterlich.

---

[486] ܚܝܠܐ, *dəḥaylā* (Substantiv, männlich, Singular, emphatisch); Wurzel: ܚܝܠ, *ḥyl* = Heer, Macht

[487] Idiom für „große Ehre und großer Ruhm".

[488] Sinnerhellender Zusatz des Übersetzers; Errico übersetzt ܠܒܪܗ ܕܐܢܫܐ, *labrēh dənāšā*, „den Menschensohn" mit „ganz normalem Mann", „menschlichem Wesen", „einfachen Menschen", also jemandem, der keinen Ehrentitel für sich beansprucht (vgl. Errico, *Treasures*, S. 38 ff., vgl. auch: Lamsa, *Evangelien*, S. 202).

[489] ܓܕܦ, *gaddep̄* (Verb, 3. Person, männlich, Singular, vollendet); Wurzel: ܓܕܦ, *gdp* = lästern

[490] Der Begriff „Nazarener" verweist hier auf den Ort Nazaret. Dieser Begriff hat nichts zu tun mit dem Begriff „Nazoräer" von Mt 2, außer der Tatsache, dass sich beide Begriffe wegen ihrer Ähnlichkeit zu Wortspielen eignen.

Matthäus 27, 1–10

Übergabe an Pilatus

27 1 Am Morgen beratschlagten die Hohepriester und die Ältesten des Volkes gemeinsam, wie sie ihn zu Tode bringen konnten. 2 Sie ließen ihn fesseln und abführen und lieferten ihn dem Statthalter[491] Pilatus aus.

Judas am Ende

3 Als nun Judas, der ihn ausgeliefert hatte[492], sah, dass Jesus verurteilt war, empfand er Reue. Und er machte sich auf und brachte den oberen Priestern und den Ältesten die dreißig Silberstücke zurück 4 und sagte: Ich habe gesündigt, denn ich habe unschuldiges[493] Blut verraten. Sie antworteten: Was geht das uns an? Das ist deine Sache. 5 Da warf er die Silberstücke in den Tempel, zog sich zurück, entfernte sich und erhängte sich[494]. 6 Die oberen Priester hoben die Silberstücke auf und sagten: Es entspricht nicht der Tora, das Geld in den Tempelschatz zu nehmen. Denn es klebt Blut daran. 7 Und sie beschlossen, von dem Geld den Töpferacker als Begräbnisplatz für die Fremden zu kaufen. 8 Deshalb heißt dieser Acker bis heute Blutacker[495]. 9 So erfüllte sich, was durch den Propheten gesagt worden ist: Sie nahmen die dreißig Silberstücke, den Preis, um den die Kinder von Israel gefeilscht hatten. 10 Und sie kauften für das Geld den Töpferacker[496], wie mir der Herr befohlen hatte.

---

[491] ܗܓܡܘܢܐ, hīgmūnā (Substantiv, männlich, Singular, emphatisch); Wurzel: ܗܓܡ, hgm = Gouverneur, Präfekt, Statthalter, Landpfleger

[492] Auch: der Verräter.

[493] ܙܟܝܐ, zakkāyā (Adjektiv, männlich, Singular, emphatisch); Wurzel: ܙܟܐ, zkʾ = rein, unschuldig

[494] ܚܢܩ, ḥənaq (Verb, 3. Person, männlich, Singular, vollendet, Peal); Wurzel: ܚܢܩ, ḥnq = sich erwürgen, sich erhängen, sich erdrosseln, sich ertränken

[495] ܩܪܝܬܐ ܕܕܡܐ, qərītā daḏmā = Blutacker; Begräbnisplatz für Fremde, die nicht auf dem jüdischen Friedhof begraben werden

[496] ܐܓܘܪܣܗ ܕܦܚܪܐ, ʾagūrsēh dəpaḥḥārā = Töpferacker

Verhör vor Pilatus

11 Als Jesus vor dem Statthalter stand, fragte ihn dieser: Bist du der König der Juden? Jesus antwortete:

Du sagst es.

12 Als aber die oberen Priester und die Ältesten ihn anklagten, gab er keine Antwort. 13 Da sagte Pilatus zu ihm: Hörst du nicht, was sie dir alles vorwerfen? 14 Er aber antwortete ihm nicht, er sagte kein einziges Wort, sodass der Statthalter sehr erstaunt war. 15 Jeweils zum Fest war es bei ihm Brauch, einen Gefangenen freizulassen, wen auch immer das Volk wollte. 16 Damals war gerade ein bekannter Mann namens Bar-Abbas[497] im Gefängnis. 17 Als sie zusammengekommen waren, fragte Pilatus sie: Was wollt ihr? Wen soll ich freilassen? Bar-Abbas oder Jesus, den man den Messias nennt? 18 Pilatus wusste nämlich, dass man Jesus nur aus Heimtücke an ihn ausgeliefert hatte. 19 Während Pilatus auf dem Richterstuhl saß, ließ seine Frau ihm ausrichten: Mache nichts mit jenem Gerechten. Ich habe heute seinetwegen im Traum viel gelitten. 20 Inzwischen überredeten und drängten die oberen Priester und die Ältesten die Menge, die Freilassung des Bar-Abbas zu fordern, damit Jesus hingerichtet würde. 21 Der Statthalter fragte sie: Wen von beiden soll ich freilassen? Sie riefen: Bar-Abbas. 22 Pilatus sagte zu ihnen: Und was soll ich dann mit Jesus tun, den man den Messias nennt? Da antworteten sie alle: Lass ihn kreuzigen. 23 Er erwiderte: Was für ein Verbrechen hat er denn begangen? Sie aber schrien noch lauter: Lass ihn kreuzigen. 24 Als Pilatus sah, dass er nichts erreichte, sondern dass der Tumult immer größer wurde, ließ er Wasser bringen, wusch sich vor den Augen aller in der Versammlung die Hände und sagte: Ich bin unschuldig am Blut dieses Menschen. Tut, was ihr wollt. 25 Da rief das ganze Volk: Sein Blut über uns und unsere Kinder. 26 Darauf gab er ihnen Bar-Abbas frei, Jesus aber ließ er mit Geißeln auspeitschen und lieferte ihn aus, um ihn kreuzigen zu lassen.

---

[497] ܒܪ ܐܒܐ = Bar-Abbas (Eigenname), Sohn des Abbas

Matthäus 27, 27–33

Verspottungen

27 Da brachten die Soldaten des Statthalters Jesus in das Prätorium und versammelten die ganze Kohorte um ihn. 28 Sie zogen ihn aus und legten ihm einen scharlachroten Militärumhang[498] an. 29 Dann flochten sie einen Kranz aus Dornen. Sie setzten ihm den auf das Haupt und gaben ihm einen Stock in die rechte Hand. Sie fielen vor ihm auf die Knie, verspotteten ihn und riefen: *Schlāmā*[499], sei gegrüßt, du König der Juden. 30 Und sie spuckten ihm ins Gesicht[500], nahmen ihm den Stock wieder weg und schlugen damit auf seinen Kopf.

Weg zum Kreuz

31 Nachdem sie so ihren Spott mit ihm getrieben hatten, nahmen sie ihm den Umhang ab und zogen ihm seine eigenen Kleider wieder an und nahmen ihn mit, um ihn zu kreuzigen. 32 Auf dem Weg trafen sie einen Mann aus Kyrene, der Simon hieß. Diesen nötigten sie, sein Kreuz zu tragen. 33 So kamen sie an den Ort, der Golgota[501] genannt wird, das heißt erläutert: Ort

---

[498] ܟܠܡܝܣ ܕܙܚܘܪܝܬܐ, *klamīs dazḥūrītā* = scharlachroter Militärmantel (nach Murdock), Mantel von Crimson (nach Etheridge), Purpurmantel (nach Lamsa); bei Lamsa könnte eine theologische Interpretation bereits eingeflossen sein, die auf das Königliche abhebt. Purpur war allerdings so teuer, dass ein Purpurmantel wohl den Soldaten nicht zur Verfügung gestanden haben dürfte. Grundsätzlich auszuschließen ist diese Version allerdings nicht, da so – wenn auch ironisch gebrochen – auf den Kreuzigungsgrund Jesu hingewiesen würde, „König der Juden" (Mt 27,37) zu sein.

[499] ܫܠܡ, *šəlām* (Substantiv, männlich, Singular, absolut); Wurzel: ܫܠܡ, *šlm* = Friede, Frieden, (Grußformel); *šəlām malkā dīhūḏāye* = sei gegrüßt, König der Juden

[500] ܘܪܩ, *wəraq* (Verb, 3. Person, männlich, Plural, vollendet, Peal); Wurzel: ܪܩ, *rq* = spucken; ܘܪܩ ܒܦܪܨܘܦܗ, *wəraq bəpparṣūppēh* = sie spuckten ins Gesicht (äußerst erniedrigende Geste)

[501] ܓܓܘܠܬܐ, *gāgūltā* (Eigenname) = Gogotha, Schädel, Totenschädel

Matthäus 27, 34–46

des Totenschädels. 34 Und sie gaben ihm Essig zu trinken, der mit Pflanzengalle vermischt war. Als er aber davon probiert hatte, wollte er ihn nicht trinken. 35 Nachdem sie ihn gekreuzigt hatten, verteilten sie seine Kleider, indem sie das Los warfen. 36 Dann setzten sie sich hin und bewachten ihn dort. 37 Über seinem Kopf brachten sie eine Aufschrift an, die seine Schuld angab: Das ist Jesus, der König der Juden. 38 Zusammen mit ihm wurden zwei Diebe gekreuzigt, der eine rechter Hand von ihm, der andere linker Hand. 39 Die Leute, die vorbeikamen, beschimpften ihn, schüttelten den Kopf 40 und sagten: Du, der du den Tempel niederreißen[502] und in drei Tagen wieder aufbauen kannst, befreie dich doch selbst, wenn du Gottes Sohn bist, und steig herab vom Kreuz. 41 Ebenso verspotteten ihn auch die oberen Priester, zusammen mit den Schriftkundigen, den Ältesten sowie den Pharisäern. Sie sagten: 42 Andere hat er gerettet, sich selbst kann er nicht retten. Wenn er doch der König von Israel ist, soll er jetzt vom Kreuz herabsteigen, damit wir es sehen und an ihn glauben können. 43 Er hat auf Gott vertraut, der soll ihn jetzt retten, wenn er an ihm Freude hat. Er hat doch gesagt: Ich bin Gottes Sohn. 44 Ebenso machten ihm die beiden Banditen, die mit ihm zusammen gekreuzigt wurden, Vorwürfe.

Jesu Tod

45 Von der sechsten Stunde an war Finsternis über dem ganzen Land bis zur neunten Stunde. 46 Um die neunte Stunde herum schrie Jesus mit lauter Stimme:

Eli, Eli,
lmana schabachthani.

Das bedeutet:

---

[502] Idiomatisch ist damit gemeint, dass unangemessene Lehren, die im Tempel vertreten wurden, ersetzt werden sollen (vgl. Lamsa, *Evangelien*, S. 370).

Matthäus 27, 47–50

Mein Gott, mein Gott,
mein Helfer und Retter.

Mein Unterstützer
in der Not.[503]

Zu welcher Aufgabe
hast du mich ausersehen?[504]

47 Einige von denen, die da standen und es hörten, sagten: Er hat nach Elija gerufen. 48 Sofort lief einer von ihnen hin, tauchte einen Schwamm in Essig, steckte ihn auf ein Schilfrohr und gab Jesus zu trinken. 49 Der Rest sagte: Seid still, wir wollen sehen, ob Elija kommt und ihn rettet. 50 Jesus aber

---

[503] Sinnerhellender Zusatz des Übersetzers nicht kursiv: *El* bedeutet im Aramäischen: Gott, Helfer, Unterstützer, immer Helfender, Erhalter usw.

[504] Hier wird die Übersetzung in Anlehnung an Errico vorgenommen (vgl. Errico, *Message*, S. 118).
Ein alternativer Vorschlag: *Eli, Eli, lmana shabachtan.* Das heißt: *Mein Gott, mein Gott, warum hast du mich im Stich gelassen?* ܐܝܠ ܐܝܠ ܠܡܢܐ ܫܒܩܬܢ, *ʾīl ʾīl ləmānā šəḇaqtān* = Anfangsworte von Psalm 22. Diese Version wird von Etheridge und Murdock sowie von der Übersetzung ins Niederländische durch Nierop favorisiert. Bei ihr ist davon auszugehen, dass Jesus den Psalm 22 als übliches Sterbegebet zitiert, das schließlich mit einem Lobpreis endet. In der Peschitta auf Afrikaans wird interessanterweise übersetzt: „Mein mächtiger Gott, mein mächtiger Gott. Warum hast du mich zur Seite gelegt?" Es kann also auch der Bezug zu Psalm 22 hergestellt werden, andere Interpretationen bleiben aber auch möglich.
Die weitere Alternative: Nach Lamsa müssten die letzten Worte Jesu am Kreuz sinngemäß lauten:
„*Mein Gott, mein Gott, dafür wurde ich ausersehen!*
Dies ist mein Schicksal, das zu erfüllen ich geboren ward.
Mein Gott, mein Gott, welch großer Absicht diene ich hier!
Für die Erfüllung dieses Zieles wurde ich aufgespart."
(Lamsa, *Evangelien*, S. 208)

schrie noch einmal mit lauter Stimme. Dann hörte er auf zu atmen.[505] 51 Und die Türvorhänge im Tempel rissen von oben bis unten entzwei. Die Erde bebte und die Felsen spalteten sich. 52 Die Gräber wurden geöffnet und die Leiber vieler Heiliger, die entschlafen waren, erstanden. 53 Nach der Auferstehung Jesu verließen sie ihre Gräber, kamen in die Heilige Stadt und erschienen vielen. 54 Als der Centurion[506] und die Männer, die mit ihm zusammen Jesus bewachten, das Erdbeben bemerkten und sahen, was geschehen war, erschraken sie sehr und sagten: Wahrhaftig, dieser Mann war Gottes Sohn. 55 Auch viele Frauen waren dort und sahen von Weitem zu. Sie waren Jesus von Galiläa aus nachgefolgt und hatten ihm gedient. 56 Unter ihnen waren Maria aus Magdala, Maria, die Mutter des Jakobus und des Josef, und die Mutter der Söhne des Zebedäus.

Jesu Begräbnis

57 Als es Abend wurde, kam ein reicher Mann aus Arimathäa, dessen Name Josef war. Auch er war ein Jünger Jesu. 58 Er ging zu Pilatus und bat um den Leichnam Jesu. Pilatus befahl, ihm den Leichnam zu überlassen. 59 So nahm Josef den Leichnam und hüllte ihn in ein reines Leinentuch. 60 Dann legte er ihn in sein eigenes neues Grab, das er in einen Felsen hatte hauen lassen. Sie wälzten einen großen Stein vor den Eingang des Grabes und gingen weg. 61 Maria aus Magdala und die andere Maria waren ebenfalls zugegen. Sie saßen dem Grab gegenüber.

---

[505] Diese Übersetzung folgt Lamsa: „er gab seinen Atem auf" (ܫܒܩ ܪܘܚܗ = sein Atem hatte ihn verlassen, er hörte auf zu atmen; im Aramäischen: Perfekt). Etheridge und Murdock übersetzen ܘܫܒܩ ܪܘܚܗ, *wašḇaq rūḥēh*: „er gab seinen Geist auf".

[506] ܩܢܛܪܘܢܐ, *qenṭərūnā* (Substantiv, männlich, Singular, emphatisch); Wurzel: ܩܢܛܪܘܢ, *qnṭrwn* = Hauptmann

Matthäus 27, 62–28, 8

Vorsichtsmaßnahmen

62 Am nächsten Tag nach dem Freitag, also nach dem Vorbereitungstag für das Pessachfest, gingen die oberen Priester und die Pharisäer gemeinsam zu Pilatus. 63 Sie sagten: Unser Herr, es fiel uns gerade ein, dass dieser Schwindler, als er noch lebte, immer wieder behauptet hat: Ich werde nach drei Tagen auferstehen. 64 Ordne deshalb an, dass beim Grab bis zum dritten Tag vorbeugende Maßnahmen ergriffen werden. Es ist wahrscheinlich, dass seine Jünger kommen könnten, ihn bei Nacht stehlen und dann dem Volk sagen: Er ist von den Toten auferstanden. Und diese letzte Irreführung wäre noch schlimmer als als die erste. 65 Pilatus antwortete ihnen: Ihr sollt Wächter bekommen. Geht und ergreift Vorsichtsmaßnahmen, so gut ihr könnt. 66 Darauf gingen sie, um eine Wache am Grab einzurichten. Zusammen mit den Wächtern versiegelten sie den Eingang.

Erlebnis der Frauen

28 1 Am Abend des Sabbat, beim Anbruch des ersten Tages der Woche, kamen Maria aus Magdala und die andere Maria, um nach dem Grab zu sehen. 2 Und es ereignete sich ein gewaltiges Erdbeben. Ein Engel des Herrn stieg vom Himmel herab, trat an das Grab, wälzte den Stein vor dem Eingang weg und setzte sich darauf. 3 Sein Aussehen war wie der Blitz und sein Gewand weiß wie der Schnee. 4 Aus Furcht vor ihm erzitterten die Wächter und sie waren, als wären sie tot. 5 Der Engel ging auf die Frauen ein und sprach zu ihnen: Ihr braucht euch nicht zu fürchten. Ich weiß, ihr sucht Jesus, der gekreuzigt wurde. 6 Er ist nicht hier. Denn er ist auferstanden, wie er es zuvor gesagt hat. Kommt herein und seht euch den Ort an, an dem er lag. 7 Dann geht schnell zu seinen Jüngern und sagt ihnen: Er ist von den Toten aus dem Grab auferstanden und er geht euch voraus nach Galiläa, dort werdet ihr ihn sehen. Ich habe es euch gesagt. 8 Sogleich verließen sie das Grab, zugleich von Furcht und großer Freude erfüllt, und sie rannen eilig los, um seinen Jüngern davon zu erzählen.

Erscheinung des Auferstandenen

9 Und Jesus kam ihnen entgegen und sagte:

Schlāmā[507], Friede sei mit euch.

Sie gingen auf ihn zu, warfen sich vor ihm nieder, umfassten seine Füße[508] und verehrten ihn. 10 Da sagte Jesus zu ihnen:

Fürchtet euch nicht.
Geht und sagt meinen Brüdern,
sie sollen nach Galiläa gehen
und sie werden mich dort sehen.

Korruption und Bestechung

11 Noch während die Frauen unterwegs waren, kamen einige von den Wächtern in die Stadt und erzählten den oberen Priestern alles, was geschehen war. 12 Diese versammelten sich mit den Ältesten und beratschlagten gemeinsam, die Soldaten zu bestechen. Sie gaben ihnen Geld, keine kleine Summe[509] Geld, 13 und sagten: Erzählt den Leuten: Seine Jünger sind bei Nacht gekommen und haben ihn gestohlen[510], während wir schliefen. 14 Falls der Statthalter davon hören sollte, werden wir ihn beschwichtigen und dafür sorgen, dass ihr untadelig dasteht und keine Unannehmlichkeiten

---

[507] ܫܠܡ, *šəlām* (Substantiv, männlich, Singular, absolut); Wurzel: ܫܠܡ, *šlm* = Friede, Frieden (Grußformel).

[508] Lamsa erläutert, wer als Bittsteller die Füße eines heiligen Mannes umfasse, gebe damit symbolisch seine Demut und Unterwerfung zu erkennen. Für den so Begrüßten erwächst daraus eine hohe Ehre. (Vgl. Lamsa, *Evangelien*, S. 212)

[509] ܠܐ ܙܥܘܪ, *lā zəʿūr* (Adjektiv, männlich, Singular, absolut); Wurzel: ܠܐ ܙܥܪ, *lā zʿr* = nicht wenig

[510] ܓܢܒܘܗܝ, *ganbū* (Verb, 3. Person, männlich, Plural, vollendet, Peal, Suffix: 3. Person, männlich, Singular); Wurzel: ܓܢܒ, *gnb* = stehlen, hinterhältig wegnehmen

Matthäus 28, 15–19

zu befürchten habt. 15 Als die Soldaten das Geld angenommen hatten, machten sie alles so, wie man es ihnen eingeschärft hatte. Und dieses Gerücht verbreitete sich bei den Juden bis zum heutigen Tag.

Auftrag und Zusage

16 Die elf Jünger gingen nach Galiläa auf einen Berg, den Jesus ihnen genannt hatte, um sie zu treffen, wie er es versprochen hatte. 17 Und als sie Jesus sahen, fielen sie vor ihm nieder[511], einige aber waren voller Zweifel. 18 Da trat Jesus auf sie zu und sprach zu ihnen:

> *Mir ist im Himmel und auf der Erde*
> *alle Autorität dazu gegeben:*
> *So wie 'Abbā, mein liebevoller Vater[512],*
> *mich gesandt hat, so sende ich euch.*

> 19 *Darum brecht auf,*
> *lehrt und bekehrt alle Völker*
> *und macht sie*
> *zu meinen Jüngern.[513]*

> *Tauft[514] sie auf den Namen*
> *von 'Abbā,*
> *des liebevollen Vaters[515],*

---

[511] ܣܓܕܘ, *səged* (Verb, 3. Person, männlich, Plural, vollendet, Peal); Wurzel: ܣܓܕ, *sgd* = niederfallen, verbeugen, bücken (z. B. auch beim Gottesdienst), anbeten, Ehrerbietung zeigen

[512] Apposition zur Erläuterung vom Übersetzer ergänzt.

[513] Franz Alt übersetzt Mt 28,16–20 wie folgt: *„Amen, Amen! – Ich sage euch: Abba gab mir die Vollmacht in den Himmeln und auf der Erde – damit ich ins Licht zurückführe, die im Finstern sind, damit ich in die Wahrheit zurückführe, die im Irrtum sind, damit ich ins Licht zurückführe, die im Tod sind."* Er verweist auf Günther Schwarz, der diesen Textabschnitt aus dem Matthäusevangelium eine Fälschung nennt. (Vgl. Alt, *Jesus*, S. 218)

und
des Sohnes,
des Messias, des Retters[516]*,*
und
des Heiligen[517] *Geistes*[518]*,*
des Atems der Heiligkeit[519]*.*

20 *Lehrt sie,*
alles zu befolgen,
was ich euch als Weisung
gegeben habe.

Und ich bin mit euch
an allen Tagen
bis zum Ende der Welt.

Amen.

---

[514] ܐܥܡܕܘ, *waʿmeḏ* (Verb, 2. Person, Plural, Imperativ, Áphel); Wurzel: ܥܡܕ, ʿmd = taufen, untertauchen, versinken; Lamsa erläutert: „*Das aramäische Wort* ma-modita *(= Taufe) ist vom hebräischen* amad *(= aufstehen) abgeleitet. Im Aramäischen bedeutet* amuda *‚der Pfeiler'. Im Morgenland werden die Jünger und Nachfolger eines großen Mannes „seine Pfeiler" genannt, denn sie stützen ihn. … Durch das Untertauchen unter Wasser fällt von den auf diese Weise Getauften ihr bisheriges Leben als tot ab, und sie auferstehen durch Jesus Christus zu einem neuen Leben.*" (Lamsa, *Evangelien*, S. 212 f.)

[515] ܐܒܐ, *ʾaḇā* (Substantiv, männlich, Singular, emphatisch); Wurzel: ܐܒ, *ʾb* – Auch hier ist von ʾAbbā, dem liebevollen Vater, die Rede.

[516] Zur Parallelisierung der Appositionen vom Übersetzer eingefügt.

[517] ܕܩܘܕܫܐ, *dəqūḏšā* (Substantiv, männlich, Singular, emphatisch); Wurzel: ܩܕܫ, *qdwš, qwdšʾ* = Heiligkeit

[518] ܪܘܚܐ, *wərūḥā* (Substantiv, Singular, emphatisch); Wurzel: ܪܘܚ, *rwḥ* = Geist, Wind, Windhauch, Atem

[519] Alternative Übersetzung zu „Heilger Geist", hier als Apposition.

Die Botschaft von der freudigen Hoffnung nach
Markus

Der Täufer

1 1 Der Anfang der Botschaft von der freudigen Hoffnung[1] von Jesus, dem Messias[2], dem Sohn Gottes. 2 Wie beim Propheten Jesaja geschrieben steht: Ich sende meinen Boten vor dir her, der deinen Weg bereiten wird.[3] 3 Die Stimme[4], die in der Wildnis[5] ausruft: Bereitet den Weg des Herrn[6]. Macht seine Straßen gerade. 4 So trat Johannes der Täufer in der menschenleeren Einöde auf und verkündete eine Bußtaufe zur Vergebung der Sünden. 5 Die ganze Provinz von Judäa und alle Einwohner Jerusalems zogen zu ihm hinaus. Und er taufte sie im Fluss Jordan, sobald sie ihre

---

[1] ܣܒܪܬܐ, *səḇartā* (Substantiv, weiblich, Singular, emphatisch); Wurzel: ܣܒܪ, *sbrh, sbrtʾ* = Botschaft, gute Botschaft, „Evangelium"; Errico übersetzt Evangelium mit „freudige Hoffnung" (vgl. Errico, *Treasures*, S. 12.), aber auch mit „Botschaft", „Hoffnung" oder „Erwartung" (vgl. Errico, *Marc & Luke*, S. 10f.).

[2] ܡܫܝܚܐ, *məšīḥā* (Partizipiales Adjektiv, Singular, emphatisch); Wurzel: ܡܫܚ, *mšḥ* = der Gesalbte; vgl. die Peschittā-Übersetzungen von Etheridge und Murdock ins Englische sowie in der niederländischen Version der Peschittā, bei denen der griechische Begriff „Christus" nicht verwendet wird, während Lamsa hier auf die griechische Version des Messiastitels *Christus* rekurriert. Die Peschitta auf Afrikaans übersetzt weiter mit „Gesalbter". Um den semitischen Hintergrund anzudeuten, wird in der vorgelegten Übersetzung vom „Messias" gesprochen.

[3] Die Reinigung und Vorbereitung der Straßen war vor dem Besuch eines Hochgestellten üblich, sonst nicht (vgl. auch Lamsa, *Evangelien*, S. 219; Errico/Lamsa, *Mark & Luke*, S. 6f.).

[4] Nach Lamsa kommt die Stimme im offenen Gelände erheblich klarer und intensiver zur Geltung als in bebauter oder bewachsener Umgebung. Das dürfte auch bei Johannes der Fall gewesen sein (vgl. auch Lamsa, *Evangelien*, S. 219).

[5] Wenn von „Wildnis" oder „Wüste" die Rede ist, dürfte ein „unbewohnter Landstrich" gemeint sein, der „als Weide benutzt wurde", also keinesfalls eine „völlig trockene Wüste" (Lamsa, *Evangelien*, S. 220f.).

[6] Die Übersetzung der Peschitta auf Afrikaans verwendet das Tetragramm יהוה = ausgesprochen: HaSchem („der Name") bei beschreibenden Darstellungen; Adonai („Herr") als Gottesanrede, etwa in der Liturgie.

Schuld bekannt hatten. 6 Johannes trug ein Kleidungsstück aus Kamelhaaren mit einem ledernen Gürtel um seine Hüften und er lebte von gerösteten Heuschrecken[7] und wildem Honig. 7 Er verkündete: Nach mir kommt einer, der ist stärker als ich. Ich bin nicht gut genug, mich zu bücken und ihm die Sandalen aufzuschnüren. 8 Ich habe euch nur mit Wasser getauft, er aber wird euch mit dem Heiligen Geist, dem Atem der Heiligkeit, taufen.

Taufe Jesu

9 Und es geschah in jenen Tagen, da kam Jesus aus Nazaret in Galiläa und ließ sich von Johannes im Jordan taufen. 10 Und als er aus dem Wasser stieg, sah er, dass der Himmel aufriss und der Geist geradewegs auf ihn herabkam. 11 Und eine Stimme von Gott sprach: Du bist mein geliebter Sohn, an dem ich meine Freude gefunden habe.

Versuchung

12 Und sogleich führte der Geist Jesus hinaus in die Wildnis. 13 Jesus blieb vierzig Tage dort und wurde vom Gegenspieler auf die Probe gestellt. Er war bei den wilden Tieren und die Engel dienten ihm.

Ansage

14 Nachdem Johannes ausgeliefert worden war, ging Jesus nach Galiläa. Er verkündete die Botschaft von der freudigen Hoffnung 15 und sprach:

---

[7] ܩܡܨܐ, *qamṣe*; Wurzel: ܩܡܨ, *qmṣʾ* = Heuschrecke; Heuschrecken gelten als vegane Nahrung, die nach der Weisung das Fasten nicht bricht. Lamsa führt verschiedene Theorien an, welche Nahrung unter „Heuschrecken" zu verstehen sei. Angesichts der Tatsache, dass er niemals beobachten konnte, wie jemand tatsächlich Heuschrecken verzehrte, sieht er etwa die Möglichkeit, dass ein häufig in der Wüste vorkommender kleiner Vogel, der zuweilen „wie Heuschrecken" verbreitet sei, zur Nehrung gedient haben könnte. Lamsa selbst habe diese Art von Vögeln in der Arabischen Wüste verspeist. (Vgl. Errico/Lamsa, *Matthew*, S. 31 f.)

Die Zeit ist erfüllt.
Was Gott rät,[8] ist kurz davor,
Wirklichkeit zu werden:

Gottes Herrschaft ist nahe.
Kehrt um[9] und setzt euer Vertrauen
auf die Botschaft von der freudigen Hoffnung.[10]

Erste Jünger

16 Als Jesus am See von Galiläa entlangging, sah er Simon und seinen Bruder Andreas, die auf dem See ihre Netze auswarfen. Denn sie waren Fischer. 17 Da sagte er zu ihnen:

Folgt mir nach.
Ich werde euch
zu Menschenfischern machen.[11]

---

[8] ܡܠܟܘܬܐ, *malkūṯā* (Substantiv, weiblich, Singular, emphatisch); Wurzel: ܡܠܟ, *mlkw, mlkwt'* = Reich, Herrschaftsform, Königtum; Errico übersetzt die Wurzel ܡܠܟ, *mlkw, mlkwt'* von ܡܠܟܘܬܐ, *malkūṯā* mit „Ratschlag" bzw. „Rat" (vgl. Errico, *Treasures*, S. 12 f.).

[9] Gemeint ist eine völlige Umkehr zu Gott, man kann auch von einer Rückkehr zu Gott sprechen (vgl. Errico/Lamsa, *Matthew*, S. 33).

[10] ܣܒܪܬܐ, *səḇarṯā* (Substantiv, weiblich, Singular, emphatisch); Wurzel: ܣܒܪ, *sbrh, sbrt'* = Botschaft, gute Botschaft, „Evangelium"; Errico übersetzt Evangelium mit „freudige Hoffnung" (vgl. Errico, *Treasures*, S. 12), aber auch mit „Botschaft", „Hoffnung" oder „Erwartung" (vgl. Errico/Lamsa, *Mark & Luke*, S. 10 f.).

[11] Diese Metapher bedeutet: „Ihr werdet durch euer Wort Menschen einfangen und bekehren." Lamsa erläutert, die Feinde Jesu hätten stets versucht, ihn mit Worten einzufangen, im aramäischen Idiom „durch Fallenstellen zu jagen". Solche „Wortfallen" führten zu Debatten, an deren Ende nicht selten im Orient Bekehrungen standen. (Vgl. Lamsa, *Evangelien*, S. 222; Errico/Lamsa, *Mark & Luke*, S. 12 f.)

18 Und sofort ließen sie ihre Netze fallen und folgten ihm nach. 19 Als er ein Stück weiterging, sah er Jakobus, den Sohn des Zebedäus, und seinen Bruder Johannes. Sie waren im Boot und flickten ihre Netze. 20 Und er rief sie und sie verließen ihren Vater Zebedäus mit seinen Tagelöhnern und folgten Jesus nach.

In Kafarnaum

21 Als sie nach Kafarnaum kamen, ging Jesus am folgenden Sabbat in die Synagoge und lehrte dort. 22 Und die Menschen wunderten sich über seine Lehre. Denn er lehrte sie wie einer, der Autorität hat, nicht wie ihre Schriftkundigen. 23 In ihrer Synagoge war ein Mann, der psychisch krank war. Der schrie heraus: 24 Was habe ich mit dir zu tun, Jesus von Nazaret? Bist du gekommen, um mich zu vernichten? Ich weiß, wer du bist: der Heilige Gottes. 25 Da wandte sich Jesus ihm zu:

> *Schweig.*
> *Hör auf damit.*
> *Sei geheilt[12].*

26 Und der Mann stürzte zu Boden und schrie laut auf. 27 Da erschraken alle und einer fragte den andern: Was bedeutet das? Was ist das für eine neue Lehre? Mit welcher Autorität heilt er psychisch Kranke und mit welcher Kraft schafft er dies? 28 Und sein Ruf begann sich sofort im ganzen Gebiet von Galiläa zu verbreiten.

Heilung

29 Dann verließen sie die Synagoge und kamen zusammen mit Jakobus und Johannes in das Haus des Simon und Andreas. 30 Die Schwiegermutter des Simon lag mit Fieber im Bett. Und sie sprachen mit Jesus über sie. 31 Er

---

[12] Wörtlich: *Entferne dich* (an den unreinen Geist gewandt).

ging zu ihr, hielt ihre Hand und richtete sie auf. Da verließ sie das Fieber und sie bediente sie.

Rückzug – Suche – Auszug

32 Als die Sonne am Abend untergegangen war, brachte man zu ihm alle, die körperlich und seelisch schwer krank waren.[13] 33 Die ganze Stadt war vor der Haustür versammelt. 34 Und er heilte viele, die an allen möglichen physischen und psychischen Krankheiten litten. Aber er wollte nicht, dass darüber gesprochen würde, denn er hatte Bekannte unter ihnen.[14]

35 Am frühen Morgen, als die anderen noch schliefen, stand er auf und zog sich an einen einsamen Ort zurück, um dort zu beten. 36 Als Simon und seine Begleiter erwachten, suchten sie ihn. 37 Als sie ihn fanden, sagten sie zu ihm: Alle fragen nach dir. 38 Er antwortete:

---

[13] Da es im Sommer in der Regel tagsüber recht heiß wird, finden gesellschaftliche Zusammenkünfte erst in den Abendstunden statt, wenn die Temperaturen erträglich sind. Auch die Schwerkranken kommen erst abends vor das Haus, um etwas Abkühlung zu erfahren. Sonne ist ihnen nach Ansicht der meisten Orientalen nicht zuträglich. (Vgl. auch Lamsa, *Evangelien*, S. 223)

[14] Wörtlich: Er verbot, ܠܕܝܘܐ, ləḏaywe, den Dämonen zu sagen, dass sie ihn kannten. Die aramäischen Worte „deva" (hier verwendet) und „shedana" bezeichnen „böse Geister". Lamsa erläutert: Auch wenn diese Ausdrücke „merkwürdig klingen und sich auf Dämonen beziehen, so sind sie doch eigentlich die Namen von Krankheiten, die im Altertum bekannt waren". Dies ist bei einer Übersetzung zu berücksichtigen (Transformation der Idiomatik auf einen anderen Kulturkreis in einer anderen Zeit). Sich verbal an die bösen Geister zu wenden, ist – vor diesem Hintergrund – nicht sinnvoll, da diese keine Auskünfte über seine Heilkraft geben können. Vielmehr ist – bei Übersetzungen – der Blick auf die Krankheit selbst zu fokussieren. Die Kranken sind im öffentlichen Leben präsent, werden nicht in Institutionen zusammengefasst. Den Geheilten verbot Jesus über ihre Genesung zu sprechen, da es wohl nicht selten zu Übertreibungen gekommen sein dürfe, die kein gutes Licht auf den Heiler selbst warfen. (Vgl. Lamsa, *Evangelien*, S. 224 f.)

*Lasst uns in die benachbarten Dörfer und Städte ziehen,
damit ich auch dort predige.
Denn dazu bin ich gekommen.*

39 Und er predigte in ihren Synagogen in ganz Galiläa und heilte viele.

Heilung eines Leprakranken

40 Ein Leprakranker kam zu Jesus und er fiel vor ihm auf die Knie und bat ihn um Hilfe: Wenn du willst, kannst du mich rein machen. 41 Jesus hatte Mitleid mit ihm. Er streckte die Hand aus, berührte[15] ihn und sagte:

*Ich
will es:
Sei rein.*

42 Und in dieser Stunde verschwand die Lepra und der Mann wurde rein.
43 Bevor Jesus ihn wegschickte, gab er streng die Anweisung:

44 *Schau einmal:
Warum solltest du es
den Leuten erzählen?*

Entferne dich.

*Zeig dich besser den Priestern
und bring für deine Reinigung das Opfer dar,
das Mose festgesetzt hat.*

---

[15] Es war per Gesetz strikt verboten, gesellschaftlich zumeist völlig ausgeschlossene Leprakranke zu berühren, bevor sie vom Priester für rein erklärt worden waren. Für Jesus wäre eine Berührung nicht nötig gewesen, sie zeigt aber, wie er den Kranken aus sozialer Isolation und psychischer Furcht befreite. (Vgl. Lamsa, *Evangelien*, S. 225 f.)

Das wird sie überzeugen[16].

45 Als der Mann aber weit genug weg war, fing er an, offen über das zu sprechen, was geschehen war. So verbreitete sich diese Begebenheit mit der Folge, dass sich Jesus in keiner Stadt mehr öffentlich zeigen konnte. Er hielt sich nur noch an einsamen Orten auf. Doch die Leute strömten zu ihm von allen Seiten.

Heilung eines Gelähmten

2 1 Jesus kam für einige Tage wieder nach Kafarnaum. Als dies bekannt wurde, war er in einem Haus[17]. 2 Es versammelten sich so viele Menschen dort, dass nicht einmal mehr vor der Tür Platz war. So sprach er nur ein paar Worte zu ihnen. 3 Da brachten sie einen Gelähmten zu ihm, der von vier Männern getragen wurde. 4 Aber da sie wegen der vielen Leute nicht in die Nähe Jesu vordringen konnten, stiegen sie auf das Dach und deckten es dort ab, wo Jesus war, und ließen den Gelähmten auf seiner Liege durch die Öffnung hinab. 5 Als Jesus ihr Vertrauen sah, sagte er zu dem Gelähmten:

*Mein Sohn,
deine Sünden
sind dir vergeben.*

6 Einige Schriftkundige und Pharisäer aber saßen dort und erwogen in ihrem Herzen: 7 Wie kann dieser Mensch so reden? Das ist Gotteslästerung. Wer

---

[16] ܠܣܗܕܘܬܗܘܢ, *ləsāhdūṯhon* (Substantiv, weiblich, Singular, emphatisch, Suffix: 3. Person, männlich, Plural); Wurzel: ܣܗܕ, *shd* = Zeugnis; hier verbal übersetzt

[17] Zum zeitgeschichtlichen Hintergrund: Das übliche Haus war einstöckig und konnte leicht von oben geöffnet werden. Liegt ein Haus an einem Hang, konnte ein Zugang auch ohne Leiter erfolgen. Ein gängiges Sprichwort besagt: „Wenn der Herr des Hauses und die Diebe zusammenarbeiten, dann können sie einen Ochsen durch das Hausdach stehlen" (vgl. Lamsa, *Evangelien*, S. 226 f.).

kann Sünden vergeben außer Gott allein? 8 Jesus erkannte gleich, dass sie das in Erwägung zogen, und sprach zu ihnen:

Welche Gedanken habt ihr in euren Herzen?
9 *Was ist leichter?*

Zu dem Gelähmten zu sagen:
Deine Sünden sind dir vergeben?

Oder zu sagen:
Steh auf, nimm deine Trage und geh umher?

10 Damit ihr aber erkennt, dass dieser Mensch hier, die Autorität hat, auf der Erde Sünden zu vergeben, sagte er zu dem Gelähmten: 11 Ich sage dir:

Steh auf,
nimm deine Liege und
geh nach Hause.

12 Er stand sofort auf und nahm seine Liege und ging vor den Augen aller weg. Da staunten alle. Sie priesen Gott und sprachen: So etwas haben wir noch nie gesehen.

Nachfolge

13 Jesus ging wieder hinaus an den See. Da kamen sehr viele Menschen zu ihm und er lehrte sie. 14 Als er weiterging, sah er Levi, den Sohn des Alphäus, am Zollhaus sitzen und sprach ihn an:

Folge mir nach.

Da stand Levi auf und folgte ihm nach. 15 Und als Jesus in dessen Haus zu Tisch saß, da waren zusammen mit ihm und seinen Jüngern auch viele Steuereinnehmer und Leute, die Gott ablehnten, unter den Gästen[18]. Es waren nämlich viele, die hinter ihm hergingen. 16 Als die Schriftkundigen und Pharisäer sahen, dass er mit Steuereinnehmern und Menschen aß, die sich von Gott entfernt hatten, sagten sie zu seinen Jüngern: Wie kann er in Gemeinschaft mit Steuereintreibern und Sündern essen und trinken? 17 Jesus hörte es und sprach zu ihnen:

Die Gesunden brauchen
keinen Arzt,
sondern die Kranken.

Ich bin nicht gekommen,
um Gerechte zu rufen,
sondern Sünder.[19]

Fasten und Feiern

18 Da die Jünger des Johannes und die Pharisäer fasteten, kamen Leute zu Jesus und fragten: Warum fasten deine Jünger nicht, während die Jünger des Johannes und die Jünger der Pharisäer fasten? 19 Jesus antwortete ihnen:

---

[18] Ganz gleich zu welcher Tageszeit oder ob man bereits gegessen hatte, dem Gast musste etwas zum Essen vorgesetzt werden. Dabei sitzen die Gäste in der Regel „zurückgelehnt" (*smihkey* = zurücklehnen; bezeichnet auch: Gäste). Als Zeichen des Willkommenseins werden Decken, Kissen oder Teppiche zum Anlehnen angeboten. (Vgl. Lamsa, *Evangelien*, S. 227 f.)

[19] Steuereinnehmer sind mit modernen Zöllnern nicht vergleichbar. Damals lagen diese Tätigkeiten nicht bei Beamten oder Staatsangestellten, sondern bei Leuten, die dieses Privileg vom Staat erworben hatten. Damit sich die Tätigkeit rentierte, wurden besonders rücksichtslose und gerissene Personen damit beauftragt, den Zoll einzutreiben, etwa für Ernten, Viehbestand und vieles mehr. Da es keine Aufsicht über die Tätigkeit gab, waren Willkür, Bestechung und Korruption an der Tagesordnung. Es versteht sich, dass der Einzug von Steuern zumeist mit Gewalt erfolgte. Bei Widerstand wurden Kleidungsstücke wegge-

Markus 2, 20–22

Können denn die Hochzeitsgäste fasten,
solange der Bräutigam bei ihnen ist?
Solange der Bräutigam bei ihnen ist,
können sie nicht fasten.

20 *Es werden aber Tage kommen,*
da wird ihnen
der Bräutigam genommen sein.
An jenen Tagen werden sie fasten.

21 *Niemand näht ein Stück neuen Stoff*
auf ein altes Gewand.
Denn der neue Stoff reißt vom alten Gewand ab
und es entsteht ein noch größerer Riss.

22 *Auch füllt niemand jungen Wein*
in alte Schläuche.
Sonst zerreißt der Wein
die Schläuche.

Der Wein ist verloren
und die Schläuche sind unbrauchbar.
Junger Wein gehört
in neue Schläuche.

---

nommen und betroffene Steuerpflichtige ausgepeitscht, bevor deren Häuser nach Geld und Gütern durchsucht wurden. Aus der Perspektive etwa von Priestern, Pharisäern und Schriftkundigen wurden „Steuereintreiber" daher zumeist als Sünder, Unreine, Erpresser und Kollaborateure mit der römischen Besatzungsmacht stigmatisiert. Da sich Jesus in Auseinandersetzung mit Repräsentanten des jüdischen Establishments befand, waren ihm manche Zöllner wohlgesinnt. (Vgl. Lamsa, *Evangelien*, S. 228 f.)

Das bedeutet:
Veränderte Gegebenheiten erfordern
neue Verhaltensweisen und
neue Maßstäbe zur Beurteilung.[20]

Am Sabbat

23 An einem Sabbat ging Jesus durch die Kornfelder und seine Jünger rissen Weizenähren ab. 24 Da sagten Pharisäer zu ihm: Schau dir an, was sie tun. Warum tun sie am Sabbat, was nicht erlaubt ist? 25 Er antwortete:

Habt ihr nie gelesen,
was David getan hat,
als er und seine Begleiter
hungrig waren
und nichts zu essen hatten?

26 *Wie er in das Haus Gottes ging,*
als Abjatar Hohepriester war,
und wie er die Schaubrote aß,
die außer den Priestern niemand essen darf,
und wie er auch seinen Begleitern davon gab?[21]

27 Und Jesus sagte zu ihnen:

---

[20] Sinnerhellender Zusatz des Übersetzers nicht in Kursivsetzung.
[21] Hier wird auf die Begebenheit rekurriert, als David auf der Flucht vor Saul nach Nobe kam und vom Hohepriester Ahimelech die Erlaubnis erhielt, die heiligen Brote zur Stellung des Hungers verzehren zu dürfen. Diese Haltung Ahimelechs hatte Saul veranlasst, die Stadt zu zerstören und die Bewohner grausam umbringen zu lassen. (Vgl. Lamsa, *Evangelien*, S. 229 f.)

Markus 2, 28–3, 6

> *Der Sabbat wurde*
> *zum Wohle des Menschen gemacht,*
> *nicht der Mensch*
> *für den Sabbat.*

28 *Daher ist dieser Mensch hier*
   auch Mārā,
   Herr und Meister,
   über den Sabbat.

Kontroversen

3 1 Als Jesus wieder in die Synagoge ging, war dort ein Mann mit einer atropisch verkümmerten Hand. 2 Und sie achteten darauf, ob Jesus ihn am Sabbat heilen werde. Sie suchten nämlich etwas gegen ihn in der Hand zu haben, das sie gegen ihn verwenden könnten. 3 Da sagte er zu dem Mann mit der verkümmerten Hand:

> *Stell dich in die Mitte.*

4 Und zu den anderen sagte er:

> *Ist es am Sabbat erlaubt,*
> *Gutes oder Böses zu tun,*
> *um ein Leben zu retten oder es zu vernichten?*

Sie schwiegen. 5 Und er sah, wie ärgerlich sie waren. Da wurde er traurig über ihre Herzenshärte. Zu dem Mann aber sagte er:

> *Streck deine Hand aus.*

Und er streckte sie aus und seine Hand wurde wiederhergestellt. 6 Da gingen die Pharisäer mit den Herodianern hinaus und berieten zusammen darüber, wie sie Jesus umbringen lassen könnten.

Andrang

7 Jesus zog mit seinen Jüngern in Richtung See. Viele Menschen aus Galiläa und auch aus Judäa folgten ihm nach. 8 Auch aus Jerusalem und Idumäa, aus dem Gebiet jenseits des Jordan und aus der Gegend von Tyrus und Sidon kamen große Menschenmengen zu ihm, als sie hörten, was er tat. 9 Da sagte er zu seinen Jüngern, sie sollten ein Boot in der Nähe für ihn bereitstellen, um nicht vom Gedränge der Menge erdrückt zu werden. 10 Denn er hatte viele geheilt, sodass alle Leidenden an ihn herandrängten, um ihn zu berühren. 11 Und als ihn diejenigen sahen, die an ihrer Unreinheit litten, fielen sie vor ihm nieder und riefen: Du bist in der Tat der Sohn Gottes. 12 Er aber verbot ihnen, ihn bekannt zu machen.

Die Zwölf

13 Er stieg auf einen Berg und rief die zu sich, die er selbst gerne bei sich haben wollte, und sie kamen zu ihm. 14 Und er wählte zwölf aus, mit ihm zu sein und sandte sie aus, um zu predigen 15 und mit Autorität Kranke zu heilen und Dämonen auszutreiben. 16 Für Simon übernahm er den Spitznamen Kephas, *das bedeutet der Schwerfällige*[21a]. 17 Und Jakobus, dem Sohn des Zebedäus, und Johannes, dem Bruder des Jakobus, gab er den Beinamen Boanerges, das heißt Donnersöhne, 18 und Andreas, Philippus, Bartholomäus, Matthäus, Thomas, Jakobus, den Sohn des Alphäus, Thaddäus, Simon Kananäus[22] 19 und Judas Iskariot, der ihn dann verraten würde. Und sie gingen nach Hause.

20 Wieder kamen so viele Menschen zusammen, dass sie nicht genügend zu essen finden konnten. 21 Als seine Angehörigen davon hörten, machten sie sich auf den Weg, um ihn mit Gewalt zurückzuholen. Denn sie sagten: Er hat seinen Verstand verloren.

[21a] Sinnerhellender Zusatz des Übersetzers in Kursivstellung.
[22] Auch: der Zelot.

Markus 3, 22–28

Verteidigung

22 Die Schriftkundigen, die von Jerusalem herabgekommen waren, sagten: Beelzebub wirkt in ihm. Mithilfe des Herrschers der Dämonen treibt er die Dämonen aus.[23] 23 Da rief er sie zu sich und sprach zu ihnen in Gleichnissen:

Wie kann der Gegenspieler den Gegenspieler austreiben?

24 *Denn wenn ein Reich*
in sich gespalten ist,
kann es nicht bestehen.

25 *Und wenn eine Familie*
in sich gespalten ist,
kann sie nicht bestehen.

26 *Und wenn sich der Gegenspieler*
gegen sich selbst erhebt und gespalten ist,
kann er nicht bestehen, sondern ist am Ende.

27 *Es kann auch keiner in das Haus des Starken eindringen*
und ihm den Hausrat rauben,
wenn er nicht zuerst den Starken fesselt.
Erst dann plündert er sein Haus.

28 *Amen, ich sage euch:*
Alle Vergehen und Lästerungen
werden den Menschen
vergeben werden.

---

[23] Dahinter steht eine dualistische Auffassung, der zufolge Menschen sich – idealtypisch gesprochen – entweder von Engeln oder von bösen Kräften leiten lassen (vgl. Lamsa, *Evangelien*, S. 230 f.).

29 *Wer aber den Heiligen Geist lästert,*
dem wird niemals
vergeben werden,
sondern er ist schuldig vor dem ewigen Gericht.

30 Sie hatten nämlich gesagt: Er hat einen unreinen Geist, hat also keinen Heiligen Geist in sich.

Jesu Familie

31 Da kamen seine Mutter und seine Brüder. Sie blieben draußen stehen und ließen ihn herausrufen. 32 Es saßen viele Leute um ihn herum und man sagte zu ihm: Deine Mutter und deine Geschwister stehen draußen und möchten mit dir reden. 33 Er erwiderte:

Wer ist meine Mutter und wer sind meine Geschwister?

34 Und er blickte auf die Menschen, die in seiner Nähe um ihn herumsaßen, und sprach:

Das hier sind meine Mutter und meine Brüder.
35 *Denn wer den Willen Gottes tut,*
der ist für mich Bruder und Schwester und Mutter.

Der Sämann

4 1 Und wieder begann er, am Ufer des Sees zu lehren. Und eine große Menge versammelte sich um ihn. Er stieg deshalb in ein Boot auf dem See und setzte sich hinein. Die Leute aber standen am Ufer des Sees. 2 Und er lehrte sie viel in Gleichnissen. Dabei sprach er zu ihnen:

3 *Hört.*
Ein Sämann ging hinaus, um zu säen.
4 *Als er säte, fielen einige Samen auf den Weg*
und die Vögel kamen und fraßen sie.

Markus 4, 5–9

5 *Andere Samen fielen auf felsigen Boden,*
wo es nur wenig Erde gab,
gingen sofort auf und schossen hoch,
weil das Erdreich nicht tief war.

6 *Als aber die Sonne hochstieg,*
verwelkte die Saat,
weil sie
keine Wurzeln hatte.

7 *Wieder ein anderer Teil fiel*
unter Disteln und Dornen
und diese wuchsen und erstickten die Saat
und sie brachte keine Frucht.

8 *Weitere Samen*
schließlich
fielen auf guten Boden
und trugen Frucht.

Die Saat ging auf
und wuchs empor und trug
dreißigfach, sechzigfach
und hundertfach.

9 Und Jesus sprach:

Denkt darüber nach, um zu verstehen.[24]

---

[24] Wörtlich: *Wer Ohren hat zum Hören, der höre!*

Gottes Ratschlag

10 Als er mit seinen Begleitern und den Zwölf allein war, fragten sie ihn nach dem Sinn seiner Gleichnisse. 11 Da sagte er zu ihnen:

Euch ist das Geheimnis des Rates[25] Gottes gegeben.

Für die aber,
die außerhalb unseres Kreises sind[26],
geschieht alles in Gleichnissen.

12 *Denn wenn sie sehen,*
sehen sie zwar,
aber sie erkennen nicht.

Wenn sie hören,
hören sie zwar,
aber sie verstehen nicht.

Wenn sie sich
neu orientieren könnten,
würde ihnen ihr Fehler verziehen.

Der Sämann – Deutung

13 Und er sagte zu ihnen:

---

[25] ܡܠܟܘܬܐ, *malkūṯā* (Substantiv, weiblich, Singular, emphatisch); Wurzel: ܡܠܟ, *mlkw, mlkwtʾ* = Reich, Herrschaftsform, Königtum; Errico übersetzt die Wurzel ܡܠܟ, *mlkw, mlkwtʾ* von ܡܠܟܘܬܐ, *malkūṯā* mit „Ratschlag" bzw. „Rat" (vgl. Errico, *Treasures*, S. 12 f.).

[26] ܠܒܪܝܐ, *ləḇarāye* (Adjektiv, männlich, Plural, emphatisch); Wurzel: ܒܪ, *br* = äußere, ohne

Markus 4, 14–19

*Wenn ihr schon dieses Gleichnis
nicht versteht,
wie wollt ihr dann all die anderen Gleichnisse
verstehen?*

14 *Der Sämann säte das Wort.*
15 *Auf den Straßenrand fiel
das Wort bei denen,
die es zwar gehört haben,
aber sofort kam der Widersacher[27]
und nahm das Wort weg,
das in ihr Herz gesät wurde.*

16 *Bei den Menschen,
bei denen das Wort
auf felsigen Boden fiel,
verhält es sich so:*

*Sobald sie es gehört haben,
nahmen sie es freudig auf.*
17 *Aber sie hatten keine Wurzeln in sich,
sondern waren unbeständig,
und wenn sie dann um des Wortes willen
bedrängt oder verfolgt wurden,
stolperten sie bald.*

18 *Bei anderen fiel das Wort in die Disteln und Dornen:
Sie haben es zwar gehört,*
19 *aber die Gedanken dieser Welt,
der trügerische Reichtum
und die Gier nach all den anderen Gelüsten
drangen ein und erstickten es
und es blieb ohne Frucht.*

20 *Auf guten Boden ist das Wort*
   bei denen gesät,
   die es hören und aufnehmen
   und Frucht bringen,
   dreißigfach,
   sechzigfach und
   hundertfach.

Rechtes Hören

21 Und er sprach zu ihnen:

   Wird eine angezündete Lampe
   unter einen Korb oder unter ein Bett gestellt?
   Wird sie nicht
   auf einem höher liegenden Ständer befestigt?

22 *Denn es gibt nichts Verborgenes,*
   das nicht aufgedeckt wird,
   und nichts Geheimes,
   das nicht offenbar wird.

23 *Denkt darüber nach,*
   um zu verstehen.[28]

24 Weiter sagte er:

   Bedenkt, was ihr hört:

---

[27] ܣܛܢܐ, *sāṭānā* (Substantiv, männlich, Singular, emphatisch); Wurzel: ܣܛܢ, *sṭn* = Widersacher, Satan, Gegenspieler, Antagonist

[28] Wörtlich: *Wenn einer Ohren hat zum Hören, so höre er.*

Markus 4, 25–27

Mit dem Maß,
mit dem ihr messt,
werdet auch
ihr gemessen werden.[29]

Und die sich daran halten,
werden sogar
noch mehr
erhalten.

25 *Denn wer hat, dem wird gegeben.*
Wer aber nicht hat,
dem wird auch noch weggenommen,
was er hat.

Vom Wachsen der Saat

26 Er sprach:

Mit dem, was Gott rät,
verhält es sich
wie mit einem Mann,
der Samen auf seinen Acker sät.

27 *Dann schläft er und steht wieder auf,*
es wird Nacht und es wird Tag,
der Samen geht auf und der Samen wächst
und der Mann ist sich dessen gar nicht bewusst.

---

[29] Im Geschäftsleben war betrügerischer Gebrauch von Maßen im Vorderen Orient keine Seltenheit. Es waren unterschiedliche Maße üblich, manchmal bei ein- und derselben Person, je nach der Rolle als Käufer und Verkäufer, daher ergaben sich vielfältige Möglichkeiten von Übervorteilung. (Vgl. Lamsa, *Evangelien*, S. 231 f.)

28 *Denn die Erde bringt von selbst Frucht,*
zuerst den Halm,
dann die Ähre,
dann das volle Korn in der Ähre.

29 *Wenn aber*
die Frucht reif ist,
legt er die Sichel an.
Denn es ist Erntezeit.

Vom Senfkorn

30 Er sprach:

Womit sollen wir den Rat Gottes vergleichen?
Was ist ihm ähnlich?
Welches Gleichnis verhilft zur rechten Vorstellung?

31 *Er gleicht einem Senfkorn.*

Wenn es gesät wird,
ist es das kleinste von allen Samenkörnern.
32 *Keimt es und geht es auf,*
dann wird es größer als alle anderen Gewächse
und treibt große Zweige aus,
sodass die Vögel des Himmels
in seinem Schatten nisten können.

33 In Gleichnissen wie diesen sprach Jesus mit ihnen, weil sie es so verstehen konnten. 34 Ohne Gleichnisse redete er nicht zu ihnen. Aber wenn er mit seinen Jüngern alleine war, erklärte er ihnen alles.

Markus 4, 35–41

Sturm

35 Am Abend dieses Tages sagte er zu ihnen:

Fahren wir ans gegenüberliegende Ufer hinüber.

36 Sie schickten die Leute fort und stachen mit ihm in dem Boot von Land, in dem er saß. Andere kleine Boote begleiteten ihn. 37 Und es erhob sich unerwartet ein heftiger Wirbelsturm und die Wellen schlugen in das Boot, sodass es sich fast völlig mit Wasser gefüllt hatte. 38 Er aber lag im hinteren Teil des Boots auf einer Decke und schlief. Sie weckten ihn und riefen: Unser Rabbī[30], kümmert es dich nicht, dass wir umkommen? 39 Da stand er auf, hielt den Wind zurück und richtete sich an den See:

Sei ruhig.

Und der Wind legte sich und es trat große Stille ein. 40 Er sprach zu ihnen:

Warum habt ihr solche Angst? Habt mehr Vertrauen.

41 Da fürchteten sie sich sehr und sagten zueinander: Wer ist das, dem sogar der Wind und das Meer gehorchen?[31]

---

[30] ܪܒܝ, *rabban* (Adjektiv, männlich, Singular, emphatisch, Suffix: 1. Person, Plural); Wurzel: ܪܒ, *rb* = groß, Meister, Chef

[31] Das 208 Meter unter dem Meeresspiegel liegende „galiläische Meer" wird häufig von starken Winden heimgesucht. Von Einheimischen werden diese oft als gefährlich angesehen. Es kann zu Panikstimmung kommen, wenn Stürme plötzlich auftreten. (Vgl. Lamsa, *Evangelien*, S. 232)

Eine Heilung

5 1 Sie erreichten den Hafen am anderen Ufer des Sees im Land von Gerasa. 2 Als er aus dem Boot stieg, lief ihm sogleich von den Gräbern her ein Mann entgegen, der psychisch krank war.[32] 3 Er wohnte auf dem Friedhof. Nicht einmal mit Ketten konnte man ihn festhalten. 4 Oft hatte man ihn mit Fesseln und Ketten bändigen wollen, aber er hatte stets die Ketten zerrissen und die Fesseln durchgescheuert. Niemand konnte ihn unter Kontrolle halten. 5 Bei Tag und Nacht schrie er unaufhörlich in den Grabstätten und auf den Bergen und verletzte sich selbst mit Steinen.[33] 6 Als er Jesus von Weitem sah, lief er zu ihm hin, warf sich vor ihm nieder 7 und schrie mit lauter Stimme: Was habe ich mit dir zu tun, Jesus, Sohn des Allerhöchsten? Ich beschwöre dich bei Gott, lass mich nicht leiden. 8 Denn er hatte zu ihm gesagt:

Dich will ich von deiner Krankheit befreien.

9 Jesus fragte ihn:

Woran leidest du?[34]

---

[32] Wörtlich: der einen unreinen Geist hatte.
[33] Mögliche Symptomatik: Autoaggression.
[34] Wörtlich: „Wie heißt du?" Diese Geschichte von einer Krankenheilung wurde entsprechend der grundsätzlichen Anmerkungen zu Heilungen bei Lamsa modifiziert: Die aramäischen Worte „deva" und „shedana" bezeichnen „böse Geister" bzw. „Dämonen". Auch wenn diese Ausdrücke „merkwürdig klingen und sich auf Dämonen beziehen, so sind sie doch eigentlich die Namen von Krankheiten, die im Altertum bekannt waren" (Lamsa, *Evangelien*, S. 223).
Hier in dieser Perikope geht es – in moderner Sprache gefasst – symptomatisch um Autoaggressionen, die unterschiedlich gedeutet werden können. Dem Geheilten verbot Jesus, öffentlich über seine Genesung zu sprechen, um Übertreibungen zu verhindern, die kein gutes Licht auf den Heiler selbst warfen. Seiner Familie

Er antwortete: *Mich quälen so viele Störungen.*[35] 10 Und er bat Jesus: Ich bitte dich um einen reinen Geist und eine klare Orientierung. 11 Nun weidete dort nahe dem Berg gerade eine große Schweineherde. 12 Nach seiner Heilung bat er Jesus: Lass mich etwas gegen die Schweine unternehmen. *Denn er sei nun bekehrt zum Gott Israels, dem der Umgang mit Schweinen ein Gräuel sei; als Bestätigung dafür und aus Dank für seine neue Lebensausrichtung wolle er gegen die Schweine vorgehen.*[36] 13 Jesus erlaubte es ihm. Daraufhin ging er auf die Schweine los, sodass die Herde den steilen Felsen hinab in den See stürmte. Es waren etwa zweitausend Tiere und alle ertranken. 14 Diejenigen aber, die den Schweinen Futter gegeben hatten, flohen und erzählten es in der Stadt und in den Dörfern. Darauf kamen die Leute herbei, um zu sehen, was geschehen war. 15 Sie erreichten Jesus und sahen bei ihm den Mann, der vorher an so vielen Symptomen gelitten hatte, er war gut gekleidet und bei klarem Verstand. *Da fürchteten sie, ihre Schweinezucht und ihr blühender Schweinehandel könnten durch die Bekehrungen zum Erliegen kommen.*[37] 16 Und die es gesehen hatten, berichteten ihnen, was mit dem psychisch Kranken und den Schweinen passiert war. 17 Darauf drängten die Leute Jesus, ihr Gebiet zu verlassen. 18 Als er ins Boot stieg, bat der Mann, der zuvor krank gewesen war, ihn darum, bei ihm bleiben zu dürfen. 19 Aber Jesus erlaubte es nicht, sondern sprach zu ihm:

Geh zu dir nach Hause und
erzähle deiner eigenen Familie alles,
was Mārā[38], der Herr und Meister,
für dich getan hat und
wie er Mitleid mit dir hatte.

---

    davon zu berichten, ließ er bei der vorliegenden Heilung zu. Dennoch erzählt der Geheilte in seiner Gegend allen davon. (Vgl. Lamsa, *Evangelien*, S. 224 f.)

[35] Wörtlich: Unser Name ist Legion. Denn wir sind viele.
[36] Sinnerhellender Zusatz des Übersetzers in Kursivsetzung gemäß Lamsa, *Evangelien*, S. 112 ff.
[37] Sinnerhellender Zusatz des Übersetzers in Kursivsetzung gemäß Lamsa, *Evangelien*, ebd.

20 Da ging der Mann fort und machte in der ganzen Dekapolis bekannt, was Jesus für ihn getan hatte, und alle staunten.

Krankenheilung – Totenerweckung

21 Nachdem Jesus wieder ans andere Ufer hinübergefahren war, versammelte sich eine große Menschenmenge um ihn. Während er noch am See war, 22 kam einer der Obersten der Synagoge zu ihm. Sein Name war Jaïrus. Als er Jesus sah, fiel er ihm zu Füßen 23 und bat ihn inständig: Meine Tochter liegt im Sterben. Komm und leg ihr deine Hand auf, und sie wird geheilt und bleibt am Leben. 24 Da ging Jesus mit ihm. Viele Menschen folgten ihm und drängten sich um ihn. 25 Darunter war eine Frau, die schon zwölf Jahre an Blutfluss litt. 26 Sie hatte unter den vielen ärztlichen Behandlungen sehr zu leiden. Ihr ganzes Vermögen hatte sie ausgegeben, aber es hatte nichts geholfen, sondern ihr Zustand war immer schlimmer geworden. 27 Sie hatte von Jesus gehört und nun drängte sie sich in der Menge von hinten an Jesus heran und zog an seinem Gewand[39], *da sie seine Hilfe dringend brauchte.*[40] 28 Denn sie sagte sich: Wenn ich auch nur an sein Gewand herankomme, werde ich leben. 29 Und sofort hörte der Blutfluss auf und sie spürte in ihrem Körper, dass sie von ihrem Leiden geheilt war. 30 Im selben Augenblick fühlte Jesus, dass eine Schwingung von ihm ausgegangen war, und er wandte sich um und fragte in die Menge:

Wer hat an meinem Gewand gezogen?

31 Seine Jünger sagten zu ihm: Du siehst doch, wie sich die Leute um dich drängen, und da fragst du: Wer hat mich angefasst? 32 Er sah sich um, um zu sehen, wer es getan hatte. 33 Da kam die Frau, die vor Furcht zitterte,

---

[38] In der Peschitta auf Afrikaans steht hier das Tetragramm יהוה.

[39] Es handelt sich nicht um eine einfache Berührung. Mit dem bemerkbaren Ziehen am Gewand Jesu, wollte sie ihm signalisieren, dass sie dringend seine Hilfe brauchte. (Vgl. Errico/Lamsa, *Mark & Luke*, S. 33 f.)

[40] Sinnerhellender Zusatz des Übersetzers in Kursivsetzung.

Markus 5, 34–41

weil sie wusste, was mit ihr geschehen war. Sie fiel vor ihm nieder und sagte ihm die ganze Wahrheit. 34 Er aber sprach zu ihr:

Meine Tochter,
dein Vertrauen hat dich gerettet.
Geh in Frieden.
Du sollst von deinem Leiden geheilt sein.

35 Während Jesus noch redete, kamen einige Männer aus dem Haus des Synagogenvorstehers und sagten: Deine Tochter ist gestorben. Warum bemühst du den Malpānā, den Lehrer, noch weiter? 36 Jesus, der gehört hatte, worüber sie sprachen, sagte zu dem Synagogenvorsteher:

Fürchte dich nicht. Habe nur Vertrauen.

37 Und er ließ keinen Mann mitkommen außer Simon, Jakobus und Johannes, den Bruder des Jakobus. 38 Sie kamen zum Haus des Synagogenoberen. Als Jesus sie in Tumult sah und wie sie heftig weinten und laut klagten, 39 trat er ein und sprach zu ihnen:

Warum macht ihr ein solches Aufheben?
Das Kind ist nicht gestorben,
es schläft nur.

40 Und sie lachten ihn aus. Er aber warf alle hinaus und nahm den Vater und die Mutter des Kindes und die, die bei ihm waren, und ging in den Raum, in dem das kleine Mädchen gelegen hatte. 41 Er fasste das Kind an der Hand und sagte zu ihm:

Talita kumi.

Das heißt übersetzt:

Mädchen, ich sage dir, steh auf.

42 Sofort stand das Mädchen auf und ging umher. Es war zwölf Jahre alt. Die Leute waren ganz fassungslos vor Erstaunen. 43 Doch er schärfte ihnen ein, niemand dürfe etwas davon erfahren. Dann wies er an, man solle dem Mädchen etwas zu essen geben.

Reaktionen in der Heimatstadt

6 1 Von dort brach Jesus auf und kam in seine Heimatstadt. Und seine Jünger folgten ihm nach. 2 Am Sabbat lehrte er in der Synagoge. Und viele, die ihm zuhörten, gerieten außer sich vor Staunen und sagten: Woher hat er das alles? Was ist das für eine Weisheit, die ihm gegeben ist? Und was sind das für Taten, die durch ihn geschehen? 3 Ist das nicht der Sohn des Zimmermanns und der Maria[41] und der Bruder von Jakobus, Joses, Judas und Simon? Sind nicht seine Schwestern hier unter uns? Und sie ärgerten sich über ihn. 4 Da sprach Jesus zu ihnen:

> *Nirgends gibt es einen Prophet,*
> *der weniger geachtet wird als*
> *in seiner eigenen Heimat,*
> *bei den eigenen Verwandten*
> *und in der eigenen Familie.*

5 Und er konnte dort kein einziges Wunder tun. Nur einigen Kranken legte er die Hand auf und heilte sie.

Aussendung

6 Und er wunderte sich über ihr fehlendes Vertrauen. Er zog durch die benachbarten Dörfer und unterrichtete sie als Malpānā. 7 Dann rief er die Zwölf zu sich und er sandte sie aus, jeweils zwei zusammen. Er gab ihnen

---

[41] Wörtlich: „Ist das nicht der Zimmermann, der Sohn der Maria?" Die gewählte Übersetzung ist wohl wahrscheinlicher. (Vgl. Errico/Lamsa, *Mark & Luke*, S. 37)

Macht, Kranke zu heilen[42], 8 und er gebot ihnen, nichts außer einem Wanderstab[43] auf den Weg mitzunehmen, kein Brot, keine Vorratstasche, keinen Geldbeutel, 9 nur das eine Paar Sandalen an den Füßen, aber keine zweite Tunika zum Wechseln. 10 Und er sagte zu ihnen:

In welches Haus
ihr auch immer eintretet,
bleibt dort,
bis ihr den Ort wieder
verlasst.

11 *Wenn man euch aber an einem Ort*
nicht aufnimmt und euch nicht hören will,
dann geht weiter
und schüttelt den Staub von euren Füßen ab,
um es zu bezeugen.

Wahrlich, ich sage euch:
Sodom und Gomorra
wird es am Tag des Gerichts
besser ergehen
als jener Stadt.[44]

12 Und sie zogen los und predigten, man solle Buße tun. 13 Sie halfen vielen Leidenden und salbten viele Kranke mit Öl und sie wurden geheilt.

---

[42] Wörtlich: „über die unreinen Geister".
[43] In Mt 10,10 empfiehlt Jesus, auch keinen Wanderstab mitzunehmen; hier bei Mk wird aber die Notwendigkeit eines Stabes realistisch herausgestellt. Denn: „Ein Stab ist ein Freund auf dem Wege", wie ein orientalisches Sprichwort sagt. Er kann zur Abwehr von Hunden, wilden Tieren oder auch Schlangen dienen. (Vgl. Lamsa, *Evangelien*, S. 236)
[44] Dieser letzte Zusatz fehlt in den Übersetzungen aus dem Griechischen. Sodom und Gomorra stehen metaphorisch für Niedergang und Zerfall. Diese beiden

Das Ende des Täufers

14 König Herodes hatte von Jesus gehört.[45] Sein Name war ihm bekannt geworden. Er meinte: Johannes der Täufer ist von den Toten auferstanden. Deshalb wirken mächtige Kräfte in ihm. 15 Andere sagten: Er ist Elija. Wieder andere: Er ist ein Prophet wie einer der Propheten. 16 Als aber Herodes von ihm hörte, sagte er: Johannes, den ich enthaupten ließ, er ist wiedererstanden. 17 Herodes hatte nämlich Johannes festnehmen und ins Gefängnis werfen lassen, und zwar wegen Herodias, der Frau seines Bruders Philippus, die er geheiratet hatte. 18 Denn Johannes hatte zu Herodes gesagt: Es ist nicht recht, die Frau deines Bruders zur Frau zu nehmen. 19 Herodias nahm ihm das übel und wollte ihn töten lassen. Sie konnte es aber nicht durchsetzen. 20 Denn Herodes fürchtete sich vor Johannes, weil er wusste, dass dieser ein gerechter und heiliger Mann war. Darum schützte er ihn. Und er lieh ihm sein Ohr in mancher Angelegenheit und folgte seinem Rat, da er ihm gerne zuhörte. 21 Dann gab es einen Feiertag. An seinem Geburtstag lud Herodes seine Hofbeamten und Offiziere zusammen mit den führenden Bürgern von Galiläa zu einem Festbankett ein. 22 Da trat die Tochter der Herodias auf, sie tanzte und sie gefiel dem Herodes und seinen Gästen so sehr, dass der König zu dem Mädchen sprach: Verlange von mir, was du

---

    Städte am Toten Meer wurden nicht durch Propheten gewarnt. Ihr Untergang wird historisch u.a. entweder auf die Verlegung von Handelswegen oder auf Naturkatastrophen zurückgeführt.
    Kapernaum und Betsaida wurden gewarnt. Die Namen dieser beiden Städte am See von Tiberias stehen u.a. nun für Zerstörung und Zerfall in einer noch weitgehenderen Form, sie wurden ja kurz nach der Zeitenwende völlig zerstört und liegen noch heute in Ruinen. (Vgl. Lamsa, *Evangelien*, S. 236 f.)

[45] Von Jesus wissen wir, dass er Herodes für schlau hielt. Er nannte ihn „Fuchs". Herodes war Idumäer, bekannte sich aber zum jüdischen Glauben. Daher galten für ihn auch die jüdischen Gebote, etwa auch das Gebot, die Frau eines Bruders nicht heiraten zu dürfen, es sei denn dieser Bruder ist kinderlos geblieben. Aus der Verbindung von Herodias mit Philippus waren aber viele Kinder hervorgegangen. (Vgl. Lamsa, *Evangelien*, S. 237)

willst, ich werde es dir geben. 23 Er schwor ihr: Was immer du auch von mir verlangst, ich will es dir geben, und wenn es die Hälfte meines Königreiches wäre. 24 Sie ging hinaus und fragte ihre Mutter: Was soll ich verlangen? Diese antwortete: Den Kopf von Johannes dem Täufer. 25 Da trat das Mädchen vorsichtig zum König heran und sprach zu ihm: Ich wünsche mir, dass du mir noch in dieser Stunde den Kopf von Johannes dem Täufer auf einem Tablett bringen lässt. 26 Da wurde der König sehr betrübt, aber wegen der Eide und der Gäste wollte er ihr den Wunsch nicht verweigern. 27 Deshalb befahl er einem Henker, sofort ins Gefängnis zu gehen und den Kopf des Täufers zu bringen. Der Henker ging und schlug Johannes im Gefängnis den Kopf ab. 28 Dann brachte er den Kopf auf einer Schale, gab ihn dem Mädchen, und das Mädchen gab ihn seiner Mutter. 29 Als die Jünger des Johannes das hörten, kamen sie, holten seinen Leichnam und legten ihn in ein Grab.

Satt werden (1)

30 Die Apostel versammelten sich bei Jesus und erzählten ihm alles, was sie getan und gelehrt hatten. 31 Da sprach er zu ihnen:

Kommt,
lasst uns ganz allein in die Wildnis gehen
und uns eine Zeit lang ausruhen.

Denn sie fanden nicht einmal Zeit zum Essen, so beschäftigt waren sie mit den Leuten, die kamen und gingen. 32 So fuhren sie mit einem Boot in eine einsame Gegend, um ganz für sich allein zu sein. 33 Aber man sah sie abfahren und viele erfuhren davon. Sie liefen aus allen Städten dorthin und kamen sogar noch vor ihnen an. 34 Als er ausstieg, sah er die vielen Menschen und hatte Mitleid mit ihnen, weil sie wie Schafe waren, die keinen Hirten haben. Und er fing an, sie lange als Malpānā zu unterrichten. 35 Als die Zeit vorangeschritten war und es schon Abend wurde, kamen seine Jünger zu ihm und sagten: Dieser Ort ist abgelegene Wildnis und es ist schon spät. 36 Schick sie weg, damit sie in die umliegenden Höfe und Dörfer gehen und sich Brot kaufen können. Denn sie haben nichts zu essen. 37 Er erwiderte:

Gebt ihr ihnen zu essen.

Sie sagten zu ihm: Sollen wir weggehen, für zweihundert Denare Brot kaufen und es ihnen zu essen geben? 38 Er sagte zu ihnen:

Wie viele Brote habt ihr? Geht und schaut nach.

Als sie es herausgefunden hatten, sagten sie zu ihm: Fünf Brote und außerdem zwei Fische. 39 Da befahl er ihnen, sie sollten sich in Gruppen auf dem Gras niedersetzen. 40 Und sie ließen sich in Gruppen zu hundert und zu fünfzig nieder. 41 Darauf nahm er die fünf Brote und die zwei Fische, blickte zum Himmel auf, sprach die Beracha, den Lobpreis, brach die Brote und gab sie den Jüngern, um sie an die Leute auszuteilen. Auch die zwei Fische ließ er unter allen verteilen. 42 Und alle aßen und wurden satt. 43 Und sie hoben zwölf volle Körbe an Resten von Brot auf, und auch, was von den Fischen übrig geblieben war. 44 Diejenigen, die Brot gegessen hatten, waren fünftausend Männer.

Auf dem Wasser

45 Kurz danach drängte Jesus seine Jünger, ins Boot zu steigen und ans andere Ufer nach Betsaida vorauszufahren. Er selbst wollte noch die Leute nach Hause schicken. 46 Nachdem er sich von ihnen verabschiedet hatte, ging er auf einen Berg, um zu beten. 47 Als es Abend wurde, war das Boot mitten auf dem See, er aber war allein an Land. 48 Und er sah, wie sie sich beim Rudern abmühten, denn sie hatten Gegenwind. In der vierten Nachtwache kam er zu ihnen. Er ging auf dem See[46], wollte aber an ihnen vorübergehen. 49 Als

---

[46] Nach Lamsa ermöglicht das Aramäische, den hier verwendeten Ausdruck ܡܗܠܟ ܥܠ ܡܝܐ, *məhallek ʿal mayyā* mit „auf dem Meer wandeln", genauso gut aber auch mit „am Ufer entlangwandeln" zu übersetzen. Was sinnvoller sei,

sie ihn über den See gehen sahen, meinten sie, ein Gespenst zu sehen, sie dachten, es sei eine falsche Vision und sie schrien auf. 50 Alle sahen ihn und erschraken. Doch er begann sogleich mit ihnen zu reden und sagte:

Habt Mut,
ich bin es.
Fürchtet euch nicht.

51 Dann stieg er zu ihnen ins Boot und der Wind beruhigte sich. Sie aber waren bestürzt und fassungslos. 52 Denn sie hatten noch nicht das Wunder verstanden, das mit den Broten geschehen war. Ihre Herzen waren noch verwirrt.

Heilungen

53 Als sie den Hafen am anderen Ufer passiert hatten, kamen sie nach Genezareth und legten dort an. 54 Während sie das Boot verließen, erkannte man ihn gleich. 55 Die Menschen waren in der ganzen Gegend auf den Beinen und brachten die Kranken auf Liegen zu ihm, sobald sie erfuhren, wo er war. 56 Und immer, wenn er in ein Dorf, eine Stadt oder zu einem Hof kam, trug man Kranke auf die Straße hinaus und bat ihn, er möge sie wenigstens den Saum seines Gewandes berühren lassen. Und alle, die ihn berührten, wurden geheilt.

---

hänge u.a. von der Geografie ab. Lamsa selbst sieht bei vorliegender Stelle „begründete Notwendigkeiten" gegeben. Im Kontext von Joh 6,19 sieht er solche Notwendigkeiten nicht: *„Kapernaum und Tiberias (...) befinden sich nahe beieinander am Westufer des Meeres von Galiläa. (...) Man kommt leichter und schneller zu Fuß von der einen Stadt zur anderen als mit einem Boot. Jesus vermied es, mit den Jüngern zusammen zurückzukehren, um der aufgeregten Menge aus dem Weg zu gehen, die ihn mit aller Gewalt zum König ausrufen wollte. (...) Wie aus der Übersetzung des aramäischen Textes und der geografischen Lage von Tiberias hervorgeht, bestand für Jesus keinerlei Notwendigkeit, das Meer von Galiläa zu überqueren."* (Lamsa, *Evangelien*, S. 389)

Reinheit und Unreinheit

7 1 Einige Pharisäer und Schriftkundige, die aus Jerusalem gekommen waren, versammelten sich bei Jesus. 2 Sie sahen, dass einige seiner Jünger ihr Brot mit ungewaschenen Händen, das heißt mit *unreinen* Händen, aßen. Und sie beschwerten sich. 3 Die Pharisäer essen nämlich wie alle Juden nur, wenn sie vorher die Hände sorgfältig mit Wasser gewaschen haben. So halten sie an der Überlieferung der Alten fest. 4 Auch wenn sie vom Markt kommen, essen sie die Lebensmittel nicht, ohne sie vorher gewaschen zu haben. Noch viele andere überlieferte Vorschriften halten sie ein, wie etwa das Abspülen von Bechern, Krügen und Kupferutensilien.[47] 5 Die Pharisäer und die Schriftkundigen fragten ihn also: Warum halten sich deine Jünger nicht an die Tradition der Alten, sondern essen ihr Brot mit unreinen Händen? 6 Er antwortete ihnen:

Der Prophet Jesaja hat ganz richtig das ausgedrückt,
was er über euch Schauspieler und Heuchler dachte,
es steht ja geschrieben:

Dieses Volk ehrt mich mit den Lippen,
aber sein Herz ist weit weg von mir.
7 Es verehrt mich vergeblich.

Was es lehrt,
sind Satzungen
von Menschen.

---

[47] Lamsa erläutert, dass das Reinigen von Gegenständen und Nahrungsmitteln auf die Abgrenzung der verschiedenen Glaubensrichtungen zurückzuführen ist. Diese von Menschen geschaffene Regel wirke strikter als mancher moderne Boykott. Jesus versteht Reinheit und Unreinheit anders, nicht äußerlich bestimmt, sondern durch das, was von Innen kommt. (Vgl. Lamsa, *Evangelien*, S. 238)
Diese Regeln der Reinigung entstammen der mündlichen Tora, sind nicht Teil der schriftlichen Tora (vgl. Errico/Lamsa, *Mark & Luke*, S. 43 f.).

8 *Denn es gibt Gottes Weisung auf und
hält sich an die Tradition
von Menschen.*

*Zum Beispiel das Säubern von Tassen und Töpfen
und sehr viele andere Dinge,
die diesen ähnlich sind.*

9 Und weiter sagte Jesus:

*Mit großer Raffinesse negiert ihr Gottes Gebot,
um eure eigene Überlieferung
aufrechtzuerhalten.*

10 *Mose hat zum Beispiel gesagt:*

*Ehre deinen Vater und deine Mutter
und: Wer Vater oder Mutter flucht,
soll mit dem Tod bestraft werden.*

11 *Ihr aber lehrt:*

*Wenn einer zu seinem Vater
oder seiner Mutter sagt:
Korbán[48], das heißt:
Was von mir als Unterstützung vorgesehen war,
das sei ein Weihegeschenk,*
12 *dann verursacht ihr damit,
dass er nichts mehr für Vater
oder Mutter tun kann.*

---

[48] ܩܘܪܒܢ, *qūrbān* – Korban ist als Begriff genereller Ausdruck großer Verehrung und Zuneigung, kann aber auch zur Höflichkeitsform absinken. Speziell auf den Vers hier bezogen ergibt sich allerdings eine weitere Akzentuierung. Es geht um

Markus 7, 13–15

Das bedeutet:

Das Weihegeschenk für den Tempel liegt nicht mehr
in der Verfügungsgewalt des Schenkenden.
Es kann nicht mehr weitergegeben werden.
Auch wenn die eigenen Eltern bitterarm sind
und die Unterstützung dringend brauchen.
Der religiöse Brauch des Weihegeschenks
hebelt das göttliche Gebot des Zehnwortes aus,
Vater und Mutter zu ehren.[49]

13 *So schändet ihr Gottes Wort*
   zugunsten eurer eigenen Tradition.
   Und ähnlich handelt ihr
   in vielen weiteren Fällen.

14 Dann rief er die Leute wieder zu sich und sagte:

   Hört mir zu, alle,
   und versteht doch,
   was ich sage.

15 *Nichts,*
   was von außen
   in den Menschen hineinkommt,
   kann ihn unrein machen.

---

das häufig vor Priestern abgelegte Gelübde, einen Teil des Einkommens Gott zukommen zu lassen. Dadurch konnte die Kindespflicht umgangen werden, Vater und Mutter zu ehren, da für diese nicht mehr genügend Mittel zur Verfügung standen. Jesus kritisiert dies: Er unterscheidet zwischen göttlichem Gebot (Vater und Mutter zu ehren) und menschlichen Satzungen (Weihegeschenke zu machen), indem er den hierarchischen Vorrang göttlicher Gebote vor menschlichen Traditionen herausstellt. (Vgl. Lamsa, *Evangelien*, S. 240)

[49] Sinnerhellender Zusatz des Übersetzers nicht in Kursivsetzung.

Markus 7, 16–19

*Alles,
was von innen
vom Menschen ausgeht,
das macht ihn unrein.*

16 *Denkt darüber nach,
um zu verstehen.*[50]

17 Als Jesus in ein Haus gegangen war, um sich vor der Menge abzuschirmen, fragten ihn seine Jünger nach dem Sinn dieses Maschal, dieses rätselhaften Wortes. 18 Er antwortete ihnen:

*Seid auch ihr
verwirrt?*

*Versteht ihr nicht,
dass alles,
was von außen
in den Menschen
hineinkommt,
ihn nicht unrein machen kann?*

19 *Denn es berührt
ja nicht sein Herz,
sondern gelangt in den Magen
und durchläuft die Verdauung,
die alles reinigt*[51],
was gegessen wird.[52]

---

[50] Wörtlich: *Wer Ohren hat zu hören, der höre.*
[51] Letzte zwei Zeilen nach dem Vorschlag von Lamsa übersetzt.
[52] Es fehlt der Zusatz: Damit erklärte Jesus alle Speisen für rein.

20 *Was von einem Menschen ausgeht,*
das macht ihn unrein.
21 *Denn von innen,*
aus dem Herzen der Menschen,
kommen die bösen Gedanken:

Unzucht und Ehebruch
Diebstahl und Mord,
22 *Habgier und Bosheit,*
Hinterlist und Ausschweifung,
Neid und Lästerung,
Hochmut und Torheit.

23 *Alle diese Übel*
kommen von innen
und machen den Menschen
unrein.

Vertrauen trägt

24 Jesus brach auf und zog von dort bis an die Grenzen von Tyrus und Sidon. Er betrat ein Haus, wollte aber, dass niemand davon erfuhr. Doch er konnte sich nicht verstecken. 25 Eine Frau, deren Tochter einen unreinen Geist hatte, hörte von ihm. Sie kam gleich herbei und fiel ihm zu Füßen. 26 Die Frau, die aus Phoenicia in Syrien stammte, glaubte nicht an den einen Gott Israels. Sie bat ihn, ihre Tochter von einer Krankheit zu heilen. 27 Da sprach er zu ihr:

Lasst zuerst die Kinder satt werden.
Denn es ist nicht richtig,
das Brot den Kindern zu nehmen
und es den kleinen Hunden vorzuwerfen.[53]

---

[53] ܠܟܠܒܐ, *ləḵalbe*; Wurzel: ܟܠܒ, *klb*. Hunde galten im Orient oft als unrein, da sie

Markus 7, 28–34

28 Sie erwiderte ihm: Mārā, mein Meister und Herr.[54] Aber auch die kleinen Hunde unter dem Tisch essen von den Brotkrumen der Kinder. 29 Er antwortete ihr:

Nur weil du dieses Wort gesagt hast,
sage ich dir:
Geh nach Hause,
Die Krankheit hat deine Tochter verlassen.

30 Und als sie nach Hause kam, fand sie das Kind auf dem Bett liegen und sah, dass es nicht mehr krank war.

Heilung

31 Jesus verließ das Gebiet von Tyrus und Sidon wieder und kam an den See von Galiläa, bis an die Grenze der Zehn Städte. 32 Da brachten sie zu ihm einen, der taub war und stotterte, und baten ihn, er möge ihm die Hand auflegen. 33 Er nahm ihn von den anderen Menschen beiseite, legte ihm die Finger in die Ohren und berührte dann die Zunge des Mannes mit Speichel. 34 Danach blickte er zum Himmel auf, seufzte und sprach zu ihm:

Ethphátach.

Das heißt:

Öffne dich.

---

sich von Aas und unreinem Fleisch ernähren. Es gilt geradezu als „Sünde", Hunde mit Brot zu füttern.
Metaphorisch werden Andersgläubige oft auch als „Hund" bezeichnet, da sie sich nicht an die eigenen Speisevorschriften halten, also „unrein" sind. Jesus sah sich zuerst den Angehörigen seines Glaubens verpflichtet, erst in zweiter Linie den Andersgläubigen. (Vgl. Lamsa, *Evangelien*, S. 241)

[54] *Mārā* = Herr, Meister; das Aramäische lässt eine Bandbreite an Übersetzungen

35 Und in dieser Stunde öffneten sich seine Ohren, das Stottern löste sich und er konnte deutlich reden. 36 Jesus hielt sie an, niemandem davon zu erzählen. Doch je mehr er darauf bestand, desto mehr wurde es öffentlich. 37 Sie staunten sehr und sagten: Er hat alles außerordentlich gut gemacht. Er bringt die Tauben zum Hören und die Sprachlosen zum Sprechen.

Satt werden (2)

8 1 In jenen Tagen, als wieder einmal viele Menschen um Jesus versammelt waren und sie nichts zu essen hatten, rief er die Jünger und sprach zu ihnen:

2 *Ich habe Mitleid mit diesen Menschen.*
Sie sind schon drei Tage bei mir geblieben
und haben nichts mehr zu essen.

3 *Wenn ich sie hungrig nach Hause schicke,*
werden sie ohnmächtig auf dem Weg zusammenbrechen.
Denn einige von ihnen sind von weit her gekommen.

4 Seine Jünger antworteten ihm: Wie soll jemand in der Lage sein, sie hier in dieser Einöde mit Broten satt zu machen? 5 Er fragte:

Wie viele Brote habt ihr?

Sie antworteten: Sieben. 6 Da ließ er die Leute sich auf den Boden setzen. Und er nahm die sieben Brote, sprach die Beracha, das Dankgebet, brach

---

zu, vom Ehrentitel bis Lehrer oder gar bis hin zu Gott, dem Herrn. Indem die Frau diese Anrede wählt, bekennt sie ihr Vertrauen auf Jesus und erkennt seine Position an. Aus dieser Anrede, d.h. aus diesem Wort, resultiert die weitere Reaktion Jesu. (In der Peschitta auf Afrikaans wird hier an dieser Stelle mit „Meester" = „Meister" übersetzt. An anderen Stellen wird in der Peschitta auf Afrikaans das Tetragramm יהוה, das für den Namen Gottes steht, für Mārā eingefügt. Die ganze Bandbreite von Übersetzungsmöglichkeiten wird deutlich.)

die Brote und gab sie seinen Jüngern zum Verteilen. Die Jünger teilten sie an die Menschenmenge aus. 7 Und es gab auch noch ein paar Fische. Jesus segnete sie und ließ auch sie austeilen. 8 Die Leute aßen und wurden satt. Und sie hoben sieben Körbe mit Brotstücken auf, die übrig geblieben waren. 9 Es waren etwa viertausend Menschen, die gegessen hatten. Und er schickte sie nun nach Hause.

Zeichen gefordert

10 Gleich darauf bestieg er mit seinen Jüngern ein Boot und kam in die Gegend von Dalmanuta. 11 Einige Pharisäer begannen ein Streitgespräch mit ihm. Sie forderten von ihm ein Zeichen vom Himmel, um ihn auf die Probe zu stellen. 12 Da atmete er tief durch und sagte:

> *Warum fordert diese Generation ein Zeichen?*
> *Amen, ich sage euch:*
> *Dieser Generation wird kein Zeichen gegeben werden.*

13 Und er verließ sie, stieg in das Boot und fuhr von diesem Hafen aus[55] ans andere Ufer.

Tiefer verstehen

14 Die Jünger hatten vergessen, Brot mitzunehmen. Sie hatten nur ein einziges im Boot dabei. 15 Und er warnte sie:

> *Vorsicht*
> *vor dem Sauerteig der Pharisäer und*
> *vor dem Sauerteig des Herodes.*

16 Sie aber dachten nur daran, dass sie keine Brote bei sich hatten. 17 Jesus wusste, was sie dachten, und sprach zu ihnen:

---

[55] In Anlehnung an Lamsas Übersetzung.

Warum macht ihr euch Gedanken darüber,
dass ihr keine Brote habt?
Begreift und versteht ihr immer noch nicht?
Ist denn euer Herz immer noch hart?
18 *Ihr habt Augen und doch erkennt ihr nicht?*
Und ihr habt Ohren und doch versteht ihr nicht?

Erinnert ihr euch nicht mehr?
19 *Als ich die fünf Brote*
für die Fünftausend brach,
wie viele Körbe mit Brotstücken
habt ihr da als Reste
aufgehoben?

Sie antworteten ihm: Zwölf.

20 *Und als ich die sieben Brote*
für die Viertausend brach,
wie viele Körbe
mit Brotstücken
habt ihr da als Reste
aufgehoben?

Sie antworteten: Sieben. 21 Da sprach er zu ihnen:

Wie kommt es, dass ihr immer noch nichts versteht?

Blindenheilung

22 Und er kam nach Betsaida. Und man brachte einen Blinden zu ihm und bat ihn, diesen zu berühren. 23 Er nahm den Blinden bei der Hand und führte ihn aus der Stadt heraus. Er bestrich seine Augen mit Speichel, legte ihm die Hand auf und fragte ihn:

Was siehst du?

Markus 8, 24–31

24 Der Mann blickte auf und sagte: Ich sehe Männer, die wie Bäume aussehen, die umhergehen. 25 Da legte er ihm nochmals die Hand auf die Augen. Jetzt sah der Mann deutlich. Er war wiederhergestellt und konnte alles ganz klar sehen. 26 Jesus schickte ihn nach Hause und sprach:

Geh weder
in die Stadt
hinein,
noch erzähle irgendeinem
aus der Stadt
davon.

Ankündigung (1)

27 Jesus ging mit seinen Jüngern in Orte bei Cäsarea Philippi. Auf dem Weg fragte er die Jünger:

Für wen halten mich die Leute?

28 Sie sagten zu ihm: Einige halten dich für Johannes den Täufer, andere für Elija, wieder andere für einen anderen von den Propheten. 29 Da fragte er sie:

Ihr aber, für wen haltet ihr mich?

Simon antwortete ihm: Du bist der Messias, der Sohn des lebendigen Gottes. 30 Doch er schärfte ihnen ein, niemandem etwas über ihn zu sagen. 31 Dann begann er, sie als Malpānā darüber zu unterrichten:

Ich selbst, dieser Mensch hier, werde
vieles zu erleiden haben
und von
den Ältesten,
den Hohepriestern und

*den Schriftkundigen
verworfen werden.
Ich werde getötet werden und
nach drei Tagen
erstehen.*

32 Und er redete ganz offen darüber. Da nahm ihn Simon beiseite und begann, ihm Vorwürfe zu machen. 33 Jesus aber drehte sich um, sah seine Jünger an und korrigierte Simon mit den Worten:

*Entferne dich nicht
von meinen Gedanken,
du Gegenspieler.*

*Denn du denkst nicht
an das,
was Gott will.*

*Sondern
an das,
was die Menschen wollen.*

Eigene Lebensimpulse zurückstellen – seinen Lebenssinn finden

34 Er rief das Volk und seine Jünger zusammen und sprach:

*Wenn einer mir folgen will,
nehme er keine Rücksicht auf sich selbst.*

*Er nehme sein Kreuz auf sich
und dann folge er mir nach.*

35 *Denn wer sein Leben bewahren will,*
wird es verfehlen.
Wer aber seine eigenen Lebensimpulse
um meinetwillen
und um der Botschaft von der freudigen Hoffnung willen
zurückstellt,
wird Sinn in seinem Leben finden.

36 *Denn was nützt es einem Menschen,*
wenn er die ganze Welt gewinnt,
dabei aber seine Seele verliert?
37 *Oder was könnte ein Mensch geben*
im Austausch für seine Seele?

38 *Wer sich vor dieser Generation,*
die ihr Vertrauen nicht in Gott setzt,
meinetwegen und meiner Worte wegen schämt,
dessen wird sich auch dieser Mensch hier schämen,
wenn er mit den heiligen Engeln
in die Herrlichkeit seines ʾAbbā,
des liebevollen Vaters[56]*, kommt.*

9

1 Und er sprach zu ihnen:

Amen, ich sage euch:

---

[56] ܕܐܒܘܗܝ, *daḇū* (Substantiv, männlich, Singular, emphatisch, Suffix: 3. Person); Wurzel ܐܒ, *ʾb* = *ʾAbbā*, Vater; intime Anrede eines geliebten Elternteils; hier in Mk 9 zum ersten Mal im Markusevangelium verwendet, im Vergleich zu Matthäus erheblich weniger gebraucht.

*Der Geist einiger,
die hier stehen,
wird für immer leben*[57]*,
bis sie gesehen haben,
wie sich der Rat Gottes*[58]*,
mit Kraft verwirklicht.*

Bergbesteigung

2 Sechs Tage danach nahm Jesus Kephas, Jakobus und Johannes und führte sie allein auf einen hohen Berg. Und er wurde vor ihren Augen verwandelt. 3 Seine Kleider leuchteten hell, so schneeweiß, wie es auf Erden niemand herstellen kann. 4 Da erschien ihnen Mose und Elija im Gespräch mit Jesus. 5 Kephas sagte zu Jesus: Rabbī[59], Meister, es ist gut, dass wir hier sind. Wir wollen drei Hütten bauen, eine für dich, eine für Mose und eine für Elija. 6 Er wusste nämlich nicht, was er sagte. Denn sie fürchteten sich sehr. 7 Da kam eine Wolke und warf ihren Schatten auf sie, und eine Stimme aus der Wolke sprach: Dies ist mein geliebter Sohn. Hört auf ihn. 8 Als sie dann um sich blickten, sahen sie außer sich selbst niemanden mehr als Jesus allein.

---

[57] So der Sinn des aramäischen Idioms „den Tod nicht schmecken" (vgl. Errico/Lamsa, *Matthew*, S. 223 f.).

[58] ܡܠܟܘܬܐ, *malkūṯā* (Substantiv, weiblich, Singular, emphatisch); Wurzel: ܡܠܟ, *mlkw, mlkwtʾ* = Reich, Herrschaftsform, Königtum; Errico übersetzt die Wurzel ܡܠܟ, *mlkw, mlkwtʾ* von ܡܠܟܘܬܐ, *malkūṯā* mit „Ratschlag" bzw. „Rat" (vgl. Errico, *Treasures*, S. 12 f.).

[59] ܪܒܝ, *rabbī* (Substantiv, männlich, Singular); Wurzel: ܪܒ, *rb* = Rabbī, Meister

Markus 9, 9–18

Elijas Wiederkunft

9 Als sie den Berg hinabstiegen, hielt er sie an, niemandem zu erzählen, was sie gesehen hatten, bis er von den Toten auferstanden sei. 10 Sie erörterten dieses Wort miteinander und sie fragten einander, was das denn bedeute: von den Toten auferstehen. 11 Dann stellten sie ihm die Frage: Warum sagen die Schriftkundigen, zuerst müsse Elija kommen? 12 Er antwortete:

> *Elija kommt zuerst,*
> *um alles vorzubereiten.*
> *Wie es von diesem Menschen hier, vom Menschensohn,*
> *in der Schrift steht,*
> *werde dieser viel leiden müssen*
> *und zurückgewiesen werden.*

13 *Ich sage euch:*
> *Elija ist schon gekommen,*
> *und sie haben*
> *ihm angetan,*
> *was sie wollten,*
> *wie es in der Schrift steht.*

Auf Gott vertrauen

14 Als sie zu den anderen Jüngern zurückkamen, sahen sie eine große Menschenmenge um sie versammelt und Schriftkundige, die mit ihnen debattierten. 15 Sobald die Leute Jesus sahen, waren sie freudig überrascht und liefen auf ihn zu, um ihn zu begrüßen. 16 Er fragte die Schriftkundigen:

> *Worüber diskutiert ihr mit ihnen?*

17 Einer aus der Menge antwortete ihm: Malpānā, Lehrer, ich habe meinen Sohn zu dir gebracht. Er leidet an Krankheitsschüben und an Anfällen, die damit einhergehen. 18 Immer wenn er solche Anfälle bekommt, wird er zu

Boden geworfen und meinem Sohn tritt Schaum vor den Mund, er knirscht mit den Zähnen und wird starr. Ich habe schon deine Jünger gebeten, die Krankheit zu heilen, aber sie hatten nicht die Kraft dazu.[60] 19 Da sprach er zu ihnen:

Vertraut doch auf Gott.[61]
Wie lange werde ich noch bei euch sein?
Wie oft werde ich es euch noch erklären?
Lasst ihn zu mir.

20 Und man brachte ihn zu Jesus. Sobald er ihn sah, wurde der Junge hin und her geschüttelt, er fiel auf den Boden und wälzte sich mit Schaum vor dem Mund. 21 Jesus fragte den Vater:

Wie lange hat er das schon?

Der Vater antwortete: Von Kindheit an. 22 Oft geriet er dabei sogar ins Feuer oder ins Wasser und war dem Tode nahe. Doch wenn du kannst, hilf mir: hab Mitleid mit mir. 23 Jesus sagte zu ihm:

Alles ist für den möglich, der auf Gott vertraut.

24 Da rief der Vater des Jungen: Ich vertraue auf Gott. Stärke mein schwaches Vertrauen.[62] *Mit dieser Bitte wollte er seine Bescheidenheit zum Aus-*

---

[60] Man wird sich bewusst sein müssen, dass die Jünger noch Lernende waren und daher auch noch nicht ihre eigenen Heilkräfte einschätzen konnten (vgl. Errico/Lamsa, *Matthew*, S. 227).

[61] Wörtlich: „Du Generation ohne Vertrauen auf Gott." Hier wurde eine positive Formulierung bevorzugt.

[62] Der letzte Teil der Antwort „stärke mein schwaches Vertrauen" bzw. „hilf meinem Unglauben" ist als orientalische Redensart zu verstehen, die aber keinen „wirklichen" Unglauben ausdrückt, vielmehr „Bescheidenheit und Dank" zeigt (vgl. Lamsa, *Evangelien*, S. 243).

druck bringen.[63] 25 Als Jesus sah, dass die Leute zusammenliefen und sich um ihn herum versammelten, wandte er sich dem Kranken zu[64] und sprach:

Diese Krankheit soll dich nicht mehr quälen:
Jetzt und immer in deinem Leben.

26 Da wurde der Epileptiker hin und her gezerrt, er schrie laut auf und die Krankheit verließ ihn. Er lag da wie tot, so dass viele Leute sagten: Er ist gestorben. 27 Jesus aber fasste ihn an der Hand und richtete ihn auf.
28 Als Jesus in ein Haus eintrat und seine Jünger und er unter sich allein waren, fragten ihn seine Jünger: Warum konnten wir diese Krankheit nicht besiegen? 29 Er antwortete ihnen:

Diese Art von Krankheit
kann nur durch Fasten und Gebet
geheilt werden.[65]

Ankündigung (2)

30 Sie gingen von dort weg und zogen durch Galiläa. Er wollte nicht, dass jemand davon erfuhr. 31 Er lehrte seine Jünger als Malpānā und sprach zu ihnen:

---

[63] Sinnerhellender Zusatz des Übersetzers in Kursivsetzung.

[64] ܪܘܚܐ ܛܢܦܬܐ, *ko bhoi ruḥā tanf̱tā*, wörtlich: wies er den unreinen *rokha*, d.h. Geist, Wind, Atem, zurecht. Dahinter steckt die Vorstellung vom „Krankheitswind" (*rokha*), durch den Krankheiten verursacht werden können. In diesem Sinne ist auch die orientalische Redewendung zu verstehen: „Es geht ein Wind voller Krankheiten um." Die wörtliche Übersetzung legt es nahe zu meinen, Jesus habe sich an den ܪܘܚܐ, *rūḥā ḥarreštā* gewandt, der Sinn der Aussage besteht allerdings darin, dass sich Jesus an den Kranken selbst wandte. (Vgl. Lamsa, *Evangelien*, S. 243)

[65] Orientalische Heiler fasten und beten häufig, um so von Gott die Kraft zur Behandlung der Kranken zu erhalten (vgl. Lamsa, *Evangelien*, S. 244).

*Dieser Mensch
wird in die Hände der Menschen ausgeliefert
und sie werden ihn töten.
Aber drei Tage nach seinem Tod
wird er erstehen.*

32 Sie verstanden nicht, was er sagte, hatten aber Angst, ihn zu fragen.

Rivalitäten

33 Sie kamen nach Kafarnaum, und er kehrte in einem Haus ein. Er fragte sie:

Worüber habt ihr auf dem Weg gestritten?

34 Sie schwiegen, denn sie hatten auf dem Weg miteinander diskutiert, wer wohl der Größte unter ihnen sei. 35 Er setzte sich, rief die Zwölf und sprach zu ihnen:

*Wer der Erste sein will,
soll der Letzte von allen sein
und der Sklave von jedermann.*

36 Und er nahm ein Kind[66], stellte es in ihre Mitte, nahm es in seine Arme und sagte zu ihnen:

37 *Wer ein solches Kind
so aufnimmt,
wie ich es tun würde*[67]*,
der nimmt mich auf.*

---

[66] Lamsa spricht von einem kleinen Jungen.
[67] Wörtlich: *in meinem Namen* (vgl. Errico/Lamsa, *Mark & Luke*, S. 53).

Und wer mich aufnimmt,
der nimmt nicht nur mich auf,
sondern auch den,
der mich gesandt hat.

Gegen oder für euch

38 Da sagte Johannes zu ihm: Rabbī, Meister, wir haben einen Mann gesehen, der in deinem Namen Kranke heilte. Und wir haben ihn dabei behindert, weil er uns nicht nachgefolgt ist. 39 Jesus erwiderte:

Haltet ihn nicht zurück.
Keiner, der in meinem Namen
ein Wunder vollbringt,
wird so leicht schlecht von mir reden.

40 *Wer nicht gegen euch ist, der ist für euch.*

Warnung

41 *Wer euch nur einen Becher*
Wasser zu trinken gibt,
weil ihr zum Messias gehört:
Amen, ich sage euch:
Er wird gewiss nicht
um seinen Lohn gebracht.

42 *Wer einem von diesen Kleinen,*
die mir vertrauen,
Anlass zu fallen gibt,
für den wäre es besser,
wenn ihm ein Mühlstein um den Hals gehängt
und er ins Meer geworfen wird.

Diese Redewendung bedeutet:
Wenn du daran denkst,
etwas zu tun, das nicht recht ist,
werde dir darüber klar,
was du Schlimmes anrichtest,
und dann: Lass es sein.[68]

43 *Wenn dir deine Hand Ärgernis gibt,*
dann hau sie ab.[69]
Es ist besser für dich,
verstümmelt zum Leben zu gelangen,
als mit zwei Händen in die Gehenna[70] *geworfen zu werden,*
wo das Feuer nie erlöscht 44 *und der Wurmfraß nie endet.*

Diese Redewendung bedeutet:
Wenn du daran denkst,
etwas zu tun,
das nicht recht ist,
lass nicht aus diesen Gedanken
schlechte Handlungen werden.[71]

---

[68] Sinnerhellender Zusatz des Übersetzers nicht in Kursivsetzung.
[69] Zum Verständnis ist es wichtig zu wissen, dass es sich um eine aramäische Redewendung handelt, die keinesfalls wörtlich gemeint ist. „Hacke deine Hand ab von meinem Weingarten!", meint: Halte dich fern von meinen Trauben. „Seine Hand ist zu lang", charakterisiert jemanden als Dieb („Langfinger"). „Verkürze deine Hand", meint: Stiehl nicht. Die Hand steht für die physische Ausführung eines Gedankens. Für die weiteren drastischen Anweisungen gilt Ähnliches. (Vgl. Lamsa, *Evangelien*, S. 84 f.)
[70] Der metaphorisch und idiomatisch zu deutende Begriff „Gehenna" enthält Anklänge an: Bedauern, Bereuen, gedankliche Qualen, mentales Leiden, Selbstvorwürfe usw., ist nicht wörtlich konkret zu verstehen. (Vgl. Errico, *Es werde Licht*, S. 58 f.; Errico/Lamsa, *Matthew*, S. 71)
[71] Sinnerhellender Zusatz des Übersetzers nicht in Kursivsetzung.

Markus 9, 45–48

45 *Und wenn dir dein Fuß Ärgernis gibt,*
dann hau ihn ab.
Es ist besser für dich,
lahm in das Leben zu gelangen,
als mit zwei Füßen in die Gehenna[72] *geworfen zu werden,*
wo das Feuer nie erlöscht 46 *und der Wurmfraß nie endet.*

Diese Redewendung bedeutet:
Wenn du daran denkst,
etwas zu tun,
das nicht recht ist,
schlag nicht den Weg ein,
auf dem schlechte Taten entstehen.[73]

47 *Und wenn dir dein Auge Ärgernis gibt,*
dann reiß es aus.
Es ist besser für dich,
einäugig den Rat Gottes zu befolgen,[74]
als mit zwei Augen in die Gehenna[75] *geworfen zu werden,*
48 *wo das Feuer nie erlöscht und der Wurmfraß nie endet.*

---

[72] Siehe Fußnote 70.

[73] Sinnerhellender Zusatz des Übersetzers nicht in Kursivsetzung.

[74] ܡܠܟܘܬܐ, *malkūṯā* (Substantiv, weiblich, Singular, emphatisch); Wurzel: ܡܠܟ, *mlkw, mlkwtʾ* = Reich, Herrschaftsform, Königtum; Errico übersetzt die Wurzel ܡܠܟ, *mlkw, mlkwtʾ* von ܡܠܟܘܬܐ, *malkūṯā* mit „Ratschlag" bzw. „Rat" (vgl. Errico, *Treasures*, S. 12 f.).

[75] Der metaphorisch und idiomatisch zu deutende Begriff „Gehenna" enthält Anklänge an: Bedauern, Bereuen, gedankliche Qualen, mentales Leiden, Selbstvorwürfe usw., ist nicht wörtlich konkret zu verstehen. (Vgl. Errico, *Es werde Licht*, S. 58 f.; Errico/Lamsa, *Matthew*, S. 71)

Diese Redewendung bedeutet:
Wenn du etwas Böses tun willst,
verändere deinen Blickwinkel.
Nimm feinfühlig wahr,
was recht ist,
und dann: Folge Gottes Rat.[76]

49 *Denn jeder wird mit Feuer gesalzen werden.*
Und jedes Opfer wird mit Salz gewürzt werden.
50 *Salz ist eine gute Sache.*
Wenn das Salz aber seine Kraft zum Salzen verliert,
womit wird ihm seine Würze wiedergegeben?[77]
Teilt Salz in Freundschaft miteinander
und haltet Frieden untereinander.[78]

Aufbruch

10 1 Von dort machte sich Jesus auf und kam bis an die Grenzen von Judäa jenseits des Jordan.[79] Wieder kamen viele Leute zu ihm und er unterrichtete sie als Malpānā, wie er es gewohnt war.

---

[76] Sinnerhellender Zusatz des Übersetzers nicht in Kursivsetzung.

[77] Claus-Peter Märt erläutert, zur Zeit Jesu habe man Salz verwendet, das aus dem Toten Meer stammt und das in einem komplizierten Verfahren gewonnen worden sei. Dieses gewonnene Salz sei nicht so gut wie unser heutiges Speisesalz gewesen und hätte leicht verunreinigt und damit unbrauchbar und geschmacklos werden können. (Vgl. Claus-Peter März/Erfurt, *Salzloses Salz*, in: *www.kathweb.de*, abgerufen im Oktober 2019)

[78] Die Verbindung von Salz und Frieden kommt dadurch zum Ausdruck, dass Salz bei den Orientalen als heiliges Symbol der Freundschaft gilt. Wer Salz miteinander teilt, verpflichtet sich selbst dazu, sich für den anderen einzusetzen, bis zum Einsatz des eigenen Lebens. Beim Besuch von Hochgestellten wird – altem Brauch zufolge – etwas Salz als Zeichen friedfertiger Gesinnung gereicht. (Vgl. Lamsa, *Evangelien*, S. 245)

[79] Gedacht ist hier an einen Knotenpunkt, an dem die Karawanen den Fluss Jordan

Markus 10, 2–11

Ehe und Scheidung

2 Auch Pharisäer kamen zu ihm, um ihn auf die Probe zu stellen, und fragten ihn: Ist es einem Mann erlaubt, seine Frau aus der Ehe zu entlassen? 3 Er antwortete ihnen:

> *Was hat euch Mose vorgeschrieben?*

4 Sie sagten: Mose hat uns erlaubt, eine Scheidungsurkunde auszustellen und die Frau aus der Ehe zu entlassen. 5 Jesus entgegnete ihnen:

> *Nur weil euer Herz so hart ist,*
> *hat er euch dieses Zugeständnis gemacht.*
> 6 *Am Anfang der Schöpfung aber*
> *hat Gott die Ehepartner als Mann und Frau erschaffen.*

> 7 *Darum wird der Mann Vater und Mutter verlassen*
> *und seiner Frau folgen*
> 8 *und die zwei werden* ein *Paar sein.*
> *Von nun an sind sie also nicht mehr zwei, sondern eins.*

> 9 *Was aber Gott verbunden hat,*
> *das darf der Mensch nicht trennen.*

10 Zu Hause befragten ihn die Jünger noch einmal zu dieser Angelegenheit. 11 Er antwortete ihnen:

> *Wer seine Frau aus der Ehe entlässt*
> *und eine andere heiratet,*
> *der bricht ihr gegenüber die Ehe.*

überschritten und rasteten: ein beliebter Treffpunkt, auch für die Anhänger des Johannes (vgl. Lamsa, *Evangelien*, S. 245 f.).

12 *Und wenn eine Frau ihren Mann aus der Ehe entlässt*
und einen anderen heiratet,
dann bricht sie ihm gegenüber die Ehe.

Kindern die Hand auflegen

13 Da brachte man Kinder[80] zu ihm, damit er sie in seiner Nähe hätte. Die Jünger aber wiesen die Leute zurück. 14 Als Jesus das sah, gefiel ihm dieses Verhalten nicht. Er sprach zu ihnen:

Erlaubt den Kindern zu mir zu kommen.
Verbietet es ihnen nicht.
Denn für Menschen wie sie
ist Gottes Rat vorgesehen.

15 *Amen, ich sage euch:*

Wer den Rat Gottes nicht so annimmt wie ein Kind,
der wird Gottes Maßstäben nicht genügen.

16 Und er nahm die Kinder in seine Arme. Er legte seine Hand auf sie und segnete sie.

Reich sein

17 Als sich Jesus wieder auf die Reise begeben hatte, lief ein Mann auf ihn zu, fiel vor ihm auf die Knie und fragte: Guter Malp̄ānā, guter Lehrer, was muss ich tun, um ewiges Leben zu erwerben? 18 Jesus antwortete:

Warum nennst du mich gut?
Niemand ist gut außer dem einen Gott allein.

---

[80] Lamsa übersetzt: kleine Jungen.

19 *Du kennst doch die Weisung:*
Du sollst nicht töten,
du sollst nicht die Ehe brechen,
du sollst nicht stehlen,
du sollst nicht falsch aussagen,
du sollst keinen Raub begehen.
Ehre deinen Vater und deine Mutter.

20 Er erwiderte ihm: Malpānā, Lehrer, das alles habe ich von Kindheit an befolgt. 21 Da sah ihn Jesus liebevoll an, umarmte ihn und sprach:

Eines fehlt dir noch:
Mach dich auf den Weg,
verkaufe alles, was du hast,
gib es den Armen,
und du wirst einen Schatz bei Gott haben.
Dann nimm dein Kreuz auf dich
und folge mir nach.

22 Der Mann aber wurde traurig, als er das hörte, und ging niedergeschlagen weg. Denn er hatte großen Reichtum. 23 Da sah Jesus seine Jünger an und sagte zu ihnen:

Wie schwer ist es doch für Menschen,
die viel besitzen,
Gottes Rat zu folgen.

24 Die Jünger waren über diese Bemerkung bestürzt. Jesus aber ging noch einmal auf sie ein:

Meine Söhne,
wie schwer ist es doch,
Gottes Rat zu folgen.

25 Leichter geht ein Seil durch ein Nadelöhr,[81]
als dass ein Reicher
den Rat Gottes annimmt.

26 Sie aber erschraken außerordentlich und sagten zueinander: Wer kann dann noch gerettet werden? 27 Jesus sah sie an und sprach:

---

[81] ܓܡܠܐ, *ləgamlā* (Substantiv, Singular); Wurzel: ܓܡܠ, *gmlᵓ* = Seil; auch: Kamel. Im griechischen und lateinischen Text ist von „Kamel" die Rede. Lamsa gibt im Hinblick auf den aramäischen Text sinngemäß zu bedenken, das Wort ܓܡܠܐ, *gamlā* könne mit Kamel, aber auch Strick oder gar Balken übersetzt werden. In Verbindung mit „reiten" sei natürlich das „Kamel" angesprochen, in Verbindung mit „Nadelöhr" bedeute es natürlich „Strick" oder „Seil". *„In keinem einzigen aramäischen Sprichwort, und auch nirgends in der ganzen aramäischen Literatur wird das Kamel je in Zusammenhang mit einem Nadelöhr erwähnt. Dagegen bestehen im Sprachgebrauch Redewendungen, in denen gleichzeitig von einem Strick und einer Nadel gesprochen wird. Beim Kaufen von Nähfäden sagen orientalische Frauen u.a. oft: ‚Der ist ja geradezu ein Seil, den kann ich nicht brauchen', womit sie andeuten wollen, dass der Faden für die Ösen ihrer Nadeln viel zu dick ist. Stricke und Seile gibt es in jedem nahöstlichen Haushalt, denn man braucht sie zum Festbinden auf den Rücken von Männern und Tieren. Vor und nach solcher Verwendung hängt man sie an den Hauswänden auf. ..."* (Vgl. Lamsa, *Evangelien*, S. 167 ff.) Die rhetorische Hyperbel „Kamel" und „Nadelöhr" ergibt also keinen Sinn. Hintergrund für dieses Missverständnis ist die begrenzte Zahl vorhandener Wörter im Aramäischen. Viele Begriffe haben eine Mehrzahl von Bedeutungen. Wie kam es wohl zu diesem Missverständnis? Der Übersetzer hat vielleicht nur die gängige Bedeutung „Kamel" gekannt – so mag spekuliert werden –, als er das Wort Jesu ins Griechische transponierte. Die gefundene stimmige Übersetzung war wahrscheinlich nicht in seinem sprachlichen Horizont. Möglicherweise hat auch der phonetisch ähnliche Begriff „gamlan" („reicher, wichtiger Mann"), der in diesem Logion nicht vorkommt, aber in manchen Ohren Assoziationen zu „gamlā" („Kamel") hervorrufen dürfte, zu der eigenartigen Übersetzung ins Griechische geführt. – Die Formulierung „... als dass ein Reicher den Rat Gottes annimmt" lässt die Frage offen, ob der Reiche „in den Himmel" kommt. Sich auf den aramäischen Text zu beziehen, ermöglicht es, Jesus stärker als offen und menschenzugewandt zu sehen.

Markus 10, 28–30

Bei Menschen ist das unmöglich,
aber nicht bei Gott.
Denn Gott ist alles möglich.

28 Da sagte Kephas zu ihm: Schau, wir haben alles verlassen und sind dir nachgefolgt.[82] 29 Jesus antwortete:

Amen, ich sage euch:

Jeder,
der um meinetwillen
und um der Botschaft von der freudigen Hoffnung willen
sich innerlich befreit von
Häusern
oder
Brüdern und Schwestern,
Vater und Mutter,
Frau[83] und Kindern
oder
Feldern,
30 *wird das Hundertfache dafür empfangen.*

---

[82] Arbeiter im Orient stellten ihre Kraft ganz in den Dienst ihrer Arbeitgeber, sie lebten auch zumeist bei ihnen, hatten in der Regel nur noch wenig Kontakt zu der eigenen Familie. Zwar wurde den Nachfolgern Jesu nicht wörtlich aufgetragen, ihre Familie zu verlassen, aber es wurde schon erwartet, für eine gewisse Zeit ihre Familie und wirtschaftliche Eigeninteressen zurückzustellen. Später sollten sie dann dafür belohnt werden. Sie würden nicht nur von ihrem kleinen Umfeld geliebt werden, sondern die ganze Welt würde sie in Liebe verehren. Nachdem sie zur Erkenntnis gekommen seien, würde ihnen auch materieller Besitz zur Verfügung stehen, zum Beispiel wenn Herrscher sich vor ihnen verneigen und sie reich beschenken. (Vgl. Lamsa, *Evangelien*, S. 246 f.)

[83] In der Einheitsübersetzung von 2016 wird die Nennung dieses Begriffs schlichtweg „vergessen", in der revidierten Lutherübersetzung von 2017 ebenfalls.

Jetzt in dieser Zeit wird er
Häuser
sowie
Brüder und Schwestern,
Mägde[84] *und Kinder*
sowie
Felder
und andere wertvolle Dinge
erhalten,
und
in der kommenden Welt
das ewige Leben.[85]

31 *Viele,*
die jetzt vorne stehen,
werden hinten sein.

Und viele,
die jetzt hinten stehen,
werden ganz vorne sein.

Ankündigung (3)

32 Während sie auf dem Weg hinauf nach Jerusalem waren, ging Jesus voraus. Manche wunderten sich über ihn, die ihm nachfolgten aber hatten Angst. Da nahm er die Zwölf beiseite und kündigte ihnen an, was ihm bevorstand. 33 Er sagte:

---

[84] „Mütter" (*aemhathe*) und „junge weibliche Bedienstete"/„Mägde" (*amhathe*) wurden in manchen Manuskripten verwechselt. Es ergibt aber keinen Sinn, für den Verlust der eigenen Eltern mit anderen „Müttern" und „Vätern" entschädigt zu werden. (Vgl. Lamsa, *Evangelien*, S. 248)

[85] Vgl. Errico/Lamsa, *Matthew*, S. XVI.

Nun gehen wir nach Jerusalem hinauf.

*Und dieser Mensch hier wird
den oberen Priestern
und den Schriftkundigen
ausgeliefert.*

*Sie werden ihn
zum Tod verurteilen
und denen ausliefern,
die nicht auf Gott vertrauen.*

34 *Sie werden ihn verspotten,
ihn geißeln,
ihm ins Gesicht spucken
und sie werden ihn töten.*

Am dritten Tage wird er erstehen.

Dienen und Herrschen

35 Da näherten sich ihm Jakobus und Johannes, die Söhne des Zebedäus, und sagten: Malpānā, Lehrer, wir möchten, dass du uns einen Wunsch erfüllst, um was wir dich auch bitten. 36 Er antwortete:

Was soll ich für euch tun?

37 Sie sagten zu ihm: Gewähre uns in deiner Herrlichkeit, dass einer von uns rechts und der andere links neben dir sitzen darf. 38 Jesus erwiderte:

*Ihr wisst nicht,
was ihr euch wünscht.*

Könnt ihr den Kelch trinken,
den ich trinke, oder
mit der Taufe getauft werden,
mit der ich getauft werde?

39 Sie antworteten: Wir können es. Da sprach Jesus zu ihnen:

Ihr werdet den Kelch trinken,
den ich trinke,
und die Taufe empfangen,
mit der ich getauft werde.

40 *Aber den Platz zu meiner Rechten*
und zu meiner Linken
habe nicht ich zu vergeben,
außer für die, denen Gott ihn bestimmt hat[86].

41 Als die zehn anderen Jünger das hörten, ärgerten sie sich sehr über Jakobus und Johannes. 42 Jesus rief sie zu sich und sprach:

Ihr wisst, dass die,
die sich für die Regenten der Völker halten,
ihre Völker unterdrücken
und ihre Beamten Macht über sie ausüben lassen.
43 *Bei euch aber soll es nicht so sein.*

Wer bei euch groß sein will,
der soll euer Diener sein.
44 *Und wer bei euch der Erste sein will,*
soll der Sklave
von jedermann sein.

---

[86] Wörtlich: für die er bestimmt ist.

> 45 *Denn auch dieser Mensch hier ist nicht gekommen,*
> *um sich bedienen zu lassen,*
> *sondern um zu dienen*
> *und sein Leben hinzugeben*
> *zur Rettung für alle.*

Blindenheilung

46 Sie kamen nach Jericho. Nachdem Jesus mit seinen Jüngern und einer großen Menschenmenge Jericho wieder verlassen hatte, saß am Straßenrand ein Blinder, Bartimäus, der Sohn des Timäus, und bettelte. 47 Als er hörte, dass es Jesus von Nazaret war, fing er an laut zu schreien: Sohn Davids, hab Mitleid mit mir. 48 Viele versuchten, ihn zum Schweigen zu bringen. Er aber schrie immer noch lauter: Sohn Davids, hab Mitleid mit mir. 49 Jesus blieb stehen und ließ ihn herbei rufen. Sie sprachen den Blinden an und sagten zu ihm: Hab Mut, steh auf, er ruft dich. 50 Da warf er seinen Mantel weg, sprang auf und lief zu Jesus hin. 51 Und Jesus fragte ihn:

> *Was soll ich für dich tun?*

Der Blinde antwortete: Rabbī, ich möchte sehen können 52 Da sagte Jesus zu ihm:

> *Sieh. Dein Vertrauen hat dich gerettet.*

Und sogleich konnte er sehen und er folgte Jesus auf seinem Weg nach.

Eintreffen in Jerusalem

11 1 Als sie sich Jerusalem näherten und nach Betfage und Betanien am Ölberg kamen, schickte er zwei seiner Jünger aus. 2 Er sprach zu ihnen:

> *Geht in das nächste Dorf.*
> *Sobald ihr hineinkommt,*
> *werdet ihr ein angebundenes Fohlen finden,*
> *auf dem bisher noch nie ein Mann geritten ist.*
> *Bindet es los und bringt es her.*

> 3 *Und wenn jemand zu euch sagt:*
> *Was tut ihr da?*
> *Dann antwortet ihm:*
> *Unser Herr braucht es.*
> *Er lässt es bald wieder zurückbringen.*

4 Sie machten sich auf den Weg und fanden außen an einer Tür an der Straße ein Fohlen angebunden. Als sie es losbanden, 5 sagten einige, die dabeistanden, zu ihnen: Was tut ihr da? Warum bindet ihr das Fohlen los? 6 Sie antworteten ihnen, was Jesus gesagt hatte, und man erlaubte es ihnen. 7 Sie brachten das Fohlen zu Jesus, legten ihre Kleider auf das Tier und er ritt darauf. 8 Und viele breiteten ihre Kleider auf der Straße aus, andere aber streuten Zweige von Bäumen, die sie abgeschlagen hatten, auf die Straße. 9 Diejenigen, die vor ihm hergingen, und diejenigen, die ihm nachfolgten, riefen: Hosanna. Gesegnet sei er, der im Namen des Herrn kommt. 10 Gesegnet sei die Herrschaft unseres Vaters David, die nun kommt. Hosanna in den Höhen. 11 Und Jesus zog nach Jerusalem hinein, in den Tempel. Nachdem er sich alles angesehen hatte und es Abend geworden war, zog er spät mit den Zwölf nach Betanien.

Markus 11, 12–14

Feigenbaum (1)

12 Als sie am nächsten Tag Betanien hinter sich ließen, war er hungrig. 13 Von Weitem sah er einen Feigenbaum mit Blättern und ging hin, um nach Früchten zu suchen. Aber er fand nichts als Blätter. Denn es war nicht die Zeit der Feigenernte. 14 Da sprach er zu ihm: Von nun an bis in alle Ewigkeit soll niemand mehr eine Frucht von dir essen. Und seine Jünger hörten es.[87]

---

[87] Lamsa erläutert, dass nach orientalischem Brauch Fruchtbäume, die an Straßenrändern oder in den Feldern nahe am Wege stehen, den vorbeiziehenden Wanderern und den Armen gehörten. Da Reisende außerhalb der Siedlungen der Straße entlang keine Lebensmittel kaufen könnten, hielten hungrige Wanderer stets eifrig Ausschau nach Fruchtbäumen – rechtlich durchaus legitimiert. Manche nähmen von diesen am Wegrand stehenden Bäumen nicht nur, was sie im Augenblick gerade benötigten, sondern füllen sich auch noch die Taschen. Diese Bäume seien daher rasch leergepflückt, und in vielen Fällen nehme man ihnen die Früchte schon unreif ab. Wenn dann die Erntezeit eintrete, trügen solche Bäume häufig wohl reichen Blätterschmuck, hätten aber keine Früchte mehr. Am Feigenbaum sind Blätter und Früchte stets gleichzeitig zu finden und fallen miteinander ab. Die Enttäuschung von Hungernden über fehlende Früchte muss wohl groß gewesen sein, sodass Flüche schon einmal bei Orientalen vorkommen konnten. Das Aussprechen von Verwünschungen sei eine orientalische, oft gedankenlos angewandte Gewohnheit, meint Lamsa. Beinahe immer mache der Morgenländer sich über eine Enttäuschung mit starken Worten Luft. (Vgl. Lamsa, *Evangelien*, S. 248 ff.)
Vor diesem Hintergrund zeigt die geschilderte Episode Jesus ganz als Orientalen. Andererseits wird man zu bedenken haben, dass nicht die flüchtige Verwünschung des Feigenbaumes das Entscheidende gewesen sein kann, sondern die Lehre, die daraus zu ziehen ist, nämlich *„dass für diejenigen, die zum allgemeinen Wohl der menschlichen Gemeinschaft den von ihnen erwarteten Beitrag nicht beisteuern, in der Welt kein Platz ist"* (Lamsa, *Evangelien*, S. 250).

[88] Lamsa erläutert: Es gibt nur einen aramäischen Begriff für „kaufen" und „verkaufen"; steht der Punkt unter den zweiten Buchstaben, bedeutet der Begriff „kaufen", mit dem Punkt über dem zweiten Buchstaben bedeutet der Begriff

Geldwechsler und Taubenhändler

15 Sie kamen nach Jerusalem. Jesus ging in den Tempel und begann, Händler und Käufer[88] aus dem Tempel hinauszutreiben. Er stieß die Tragetische der Geldwechsler und Taubenverkäufer um, wandte sich gegen diejenigen, die unsaubere Geldgeschäfte aus Profitgier tätigten und sich nicht dem heiligen Ort entsprechend verhielten[89]. 16 Er hinderte jeden von ihnen daran, irgendwelche Waren durch den Tempelbezirk zu tragen.[90] 17 Er belehrte sie:

Steht nicht geschrieben:

Mein Haus soll ein Haus des Gebetes für alle Völker
genannt werden?
Ihr aber habt daraus eine Räuberhöhle gemacht.

18 Die oberen Priester und die Schriftkundigen hörten davon und suchten eine Möglichkeit, ihn umzubringen. Denn sie fürchteten ihn, weil das Volk von seiner Lehre fasziniert war. 19 Gegen Abend verließ Jesus mit seinen Jüngern die Stadt.

Feigenbaum (2)

20 Als sie am nächsten Morgen an dem Feigenbaum vorbeikamen, bemerkten sie, dass er bis zu den Wurzeln vertrocknet war. 21 Da erinnerte sich Simon und sagte zu ihm: Rabbī, schau, der Feigenbaum, den du verflucht hast, ist ausgetrocknet. 22 Und Jesus sagte zu ihnen:

„verkaufen". Wahrscheinlich sind nur die Verkaufenden hier angesprochen, insofern sie an dem heiligen Ort unangemessene Geschäfte machten oder auch feilschten, fluchten, spuckten. Die Unehrlichkeit und Profitgier standen im Fokus der Kritik Jesu. (Vgl. Lamsa, *Evangelien*, S. 369) The Comprehensive Aramaic Lexicon weist bei der Wortanalyse nicht einmal auf diese kleine Unterscheidung zwischen „kaufen" und „verkaufen" wie bei Lamsa hin.

[89] Sinnerhellender Zusatz des Nebensatzes durch den Übersetzer.
[90] Vgl. Lamsa, *Evangelien*, S. 369.

Markus 11, 23–25

Vertraut auf Gott.

23 *Amen, ich sage euch:*

Wer auch immer zu diesem Berg sagt:
Beweg dich vom Fleck und stürz dich ins Meer.[91]
Und wenn er in seinem Herzen nicht zweifelt,
sondern darauf vertraut, dass geschieht,
was er sagt,
dann wird es ihm geschehen.

24 *Darum sage ich euch:*

Alles,
worum ihr betet
und bittet,
vertraut darauf,
dass ihr es erhalten werdet,
dann wird es euch zuteil.

25 *Und wenn ihr beten wollt,*
vergebt,
was ihr einem anderen vorzuwerfen habt,
damit auch 'Abbā, Gott, euer liebevoller Vater,
euch eure Verfehlungen
vergibt.

---

[91] Eine orientalische Redewendung wie „Berge versetzen" bedeutet, ernsthafte Hindernisse und Schwierigkeiten zu überwinden; das Idiom ist nicht wörtlich zu nehmen (vgl. Errico, *Es werde Licht*, S. 61 f.).

26 *Wenn ihr aber nicht vergebt,*
was ihr einem anderen vorzuwerfen habt,
wird auch ʾAbbā, Gott,
euer liebevoller Vater,
euch eure Verfehlungen ebenso
nicht vergeben.

Kontroverse

27 Und sie kamen wieder nach Jerusalem. Als er im Tempel umherging, kamen die oberen Priester, die Schriftkundigen und die Ältesten zu ihm. 28 Sie fragten ihn: Mit welcher Autorität tust du das? Wer hat dich dazu autorisiert, diese Taten auszuführen? 29 Jesus sprach zu ihnen:

Auch ich will euch eine Frage stellen.

Könnt ihr mir antworten,
dann werde ich euch auch sagen,
mit welchem Recht ich handle.

30 *Stammt die Taufe des Johannes von Gott*
oder von Menschen?
Gebt mir eine Antwort.

31 Da überlegten sie und erörterten untereinander: Wenn wir antworten: Von Gott, so wird er sagen: Warum habt ihr ihm dann nicht vertraut? 32 Sollen wir also antworten: Von Menschen? Sie fürchteten sich aber vor den Menschen. Denn alle betrachteten Johannes als einen wahren Propheten. 33 Deshalb antworteten sie Jesus: Wir wissen es nicht. Jesus erwiderte:

Dann sage auch ich euch nicht,
mit welchem Recht
ich handle.

Markus 12, 1–5

Zuspitzung

12 1 Und Jesus begann zu ihnen in Gleichnissen zu reden:

*Ein Mensch
legte einen Weinberg an,
zäunte ihn ringsherum ein,
grub eine Kelter und baute einen Turm.*

*Dann verpachtete er den Weinberg
an Winzer
und begab sich auf eine weite Reise
in ein fernes Land.*

2 *Als nun die entsprechende Zeit gekommen war,
schickte er einen seiner Knechte zu den Winzern,
um bei ihnen seinen Anteil an den Früchten des Weinbergs
als Pacht holen zu lassen.*

3 *Sie aber verprügelten ihn
und jagten ihn mit leeren Händen fort.*
4 *Daraufhin schickte er erneut
einen Knecht zu ihnen.*

*Und sie schlugen ihm auf den Kopf
und misshandelten ihn.*
5 *Er schickte einen weiteren,
sie brachten ihn um.*

*Vielen anderen
erging es ähnlich:
Die einen wurden verprügelt,
die andern umgebracht.*

6 *Schließlich blieb ihm nur noch einer:*
sein Sohn,
den er besonders liebte.
Ihn sandte er zuletzt zu ihnen.

Er dachte:
Vor meinem Sohn
werden sie
Respekt haben.

7 *Die Winzer aber besprachen miteinander:*
Das ist der Erbe.
Wenn wir ihn umbringen,
dann gehört uns sein Erbe.

8 *Und sie packten ihn*
und brachten ihn um
und warfen ihn
aus dem Weinberg hinaus.

9 *Was wird nun der Besitzer des Weinbergs tun?*
Er wird kommen
und die Winzer vernichten
und den Weinberg anderen übertragen.

10 *Habt ihr nicht in der Schrift gelesen:*
Der Stein, den die Bauleute
verworfen haben,
er ist zum Eckstein geworden.

11 *Dies ging von Mārā,*
vom Herrn und Meister, aus.
Es ist in unseren Augen
ein Wunder.

12 Daraufhin wollten sie Jesus gern ergreifen lassen. Aber sie fürchteten die Volksmenge. Denn sie hatten gemerkt, dass er mit diesem Gleichnis über sie selbst sprach. Sie ließen ihn stehen und entfernten sich.

Steuern zahlen

13 Einige Schriftkundige und Anhänger des Herodes wurden zu Jesus geschickt, um ihn mit einer Frage in eine Falle zu locken. 14 Sie kamen zu ihm und sagten: Malpānā, Lehrer, wir wissen, dass du die Wahrheit sagst und niemanden bevorzugst. Denn du siehst nicht auf die Person, sondern lehrst zuverlässig den Weg Gottes. Entspricht es der Tora, dem Kaiser Kopfsteuern zu zahlen oder nicht? Sollen wir oder sollen wir sie nicht zahlen? 15 Er aber durchschaute ihren Plan und sprach zu ihnen:

Warum versucht ihr
mich in eine Falle zu locken?
Bringt mir einen Denar.
Ich will ihn sehen.

16 Man brachte ihm einen Denar. Er fragte sie:

Wessen Bild und Aufschrift sind das?

Sie antworteten ihm: die des Kaisers. 17 Da sprach Jesus zu ihnen:

So gebt dem Kaiser,
was dem Kaiser gehört,
und gebt Gott,
was Gott gehört.

Und sie staunten sehr über ihn.

Über Auferstehung

18 Dann kamen einige Sadduzäer, die den Glauben vertraten, es gäbe keine Auferstehung, zu ihm und fragten: 19 Malpānā, Lehrer, Mose hat uns vorgeschrieben: Wenn ein Mann stirbt und eine Frau, aber keine Kinder, hinterlässt, dann soll sein Bruder die Frau nehmen und soll für seinen Bruder Nachkommen zeugen. 20 Es lebten einmal sieben Brüder. Der erste nahm sich eine Frau. Als er starb, hinterließ er keine Nachkommen. 21 Da nahm sie der zweite Bruder. Auch er starb ohne Nachkommen und ebenso der dritte. 22 Keiner der sieben hatte Nachkommen. Zuletzt starb die Frau. 23 Wessen Frau wird sie nun bei der Auferstehung sein? Alle sieben haben sie doch zur Frau gehabt. 24 Jesus sprach zu ihnen:

> *Irrt ihr euch nicht, weil ihr*
> *weder die Schrift*
> *noch die Macht Gottes*
> *kennt?*

> 25 *Wenn nämlich die Menschen*
> *von den Toten auferstehen,*
> *heiraten sie nicht, noch lassen sie sich heiraten,*
> *sondern sie sind wie Engel bei Gott.*

> 26 *Was aber die Auferstehung der Toten betrifft,*
> *habt ihr das nicht im Buch des Mose gelesen,*
> *wie in der Geschichte vom Dornbusch*
> *Gott zu Mose spricht:*

> ‚*Ich bin*
> *der Gott Abrahams,*
> *der Gott Isaaks und*
> *der Gott Jakobs.*‘*?*

27 *Er ist kein Gott von Toten,*
sondern von Lebenden.
Daher irrt ihr euch
vielmals.

Das Wichtigste tun

28 Ein Schriftkundiger hatte zugehört, wie sie diskutierten. Da er bemerkt hatte, dass Jesus ihnen eine ausgezeichnete Antwort gegeben hatte, ging er zu ihm hin und fragte ihn: Welches Gebot ist das erste von allen? 29 Jesus antwortete:

Das erste ist:

Schema Jisrael, höre Israel,
der Herr, unser Gott, ist einzig.
30 *Darum sollst du den Herrn,*
deinen Gott,
lieben
mit deinem ganzem Herzen und
mit ganzer Seele,
mit all deinem Denken und
mit deiner ganzen Kraft.
Das ist das erste Gebot.

31 *Als zweites kommt hinzu:*

Sei barmherzig[92]
und gütig
gegenüber
deinem Nächsten,

---

[92] ܕܬܚܒ, *dətaḥḥeḇ* (Verb, 2. Person, männlich, Singular, unvollendet, Áphel); Wurzel: ܚܒ, *ḥḇ* = brennen, verbrennen; lieben, geliebt zu werden; bei den Ori-

ja tue ihm Gutes
wie dir selbst[93]*,*
denn er ist wie du[94].
Kein anderes Gebot
ist größer
als diese beiden.

---

entalen ist „lieben" nicht nur vom Gefühl bestimmt, sondern impliziert vielmehr „Wohlwollen", „Gutes wollen", „Gutes tun" (vgl. z. B. Rihbany, *Jesus*, S. 73 ff.).

[93] ܢܦܫܟ, *napšāk* (Substantiv, weiblich, Singular, emphatisch, Suffix: 2. Person, männlich, Singular); Wurzel: ܢܦܫ, *npš* = eigene Seele, Atem des Lebens, Selbst

[94] Sinnerhellender Zusatz des Übersetzers; vgl. Lev 19,18 und 34; das hebräische כמוך, *kamocha* kann dabei im Sinne von *„er ist wie du"* verstanden werden. So ist dann nicht mehr der Gedanke der Selbstliebe als Grundlage der „Nächsten- und Fremdenliebe" zu sehen. Diese Einsicht ist Naphtali Herz Wessely (1725– 1805) zu verdanken, einem der herausragenden Vertreter der Haskala, der jüdischen Aufklärungsbewegung. Er hat den Sinn der Schlusswendung *kamocha* besonders eingehend erörtert: *„Wenn es die Absicht [des Gebotes] wäre – wie [einige] Ausleger der Schrift s. A. meinen –, jeder Mensch solle [seinen Nächsten] lieben, wie er sich selbst liebt, wäre es höchst verwunderlich, würde es uns doch etwas gebieten, was jede Seelenkraft übersteigt. Denn es ist nicht möglich, dass der Mensch den Anderen neben ihm, gar einen ihm Fremden, [in derselben Weise] liebt, wie er sich selbst liebt. Auch ist es nicht möglich, Liebe oder Hass zu befehlen, denn der Mensch herrscht nicht über sie. [...] und ferner, wenn das so wäre, müsste er [dann nicht] auch trauern über die Not jedes Nächsten wie über seine eigene Not. Und [dann] wäre sein Leben kein Leben [mehr]; denn es gibt keine Stunde, in der man nicht sieht oder vernimmt die Not eines [Mitmenschen] aus Israel. Und ebenso verhält es sich mit der Güte, wenn gefordert wird: Man soll Gutes erweisen seinem Nachbarn, genauso wie man es sich selbst erweist. Auch das ist ein [rein] idealer [aber kein durchführbarer] Gedanke. Das hat, wie ich gesehen habe, schon Ramban [Nachmanides] s. A. gesagt, wenn er [im Blick auf das Gebot] ‚Und du sollst deinen Nächsten lieben wie dich selbst' von ‚Übertreibung' spricht; denn der Mensch vermag in seinem Herzen nicht [einmal] seinen Freund so zu lieben, wie er sich selbst liebt. Und dem entspricht noch mehr, was R. Akiba gelehrt hat: ‚Dein Leben hat Vorrang vor dem Leben deines Freundes.' [...] Ich mache [dazu ferner] geltend, dass*

32 Da sagte der Schriftkundige zu ihm: Hervorragend, Rabbī. Du hast die Wahrheit gesagt: Er allein ist der Herr und es gibt keinen anderen neben ihm. 33 Und ihn mit ganzem Herzen, ganzem Verstand und ganzer Kraft zu lieben sowie seinem Nächsten Gutes zu tun wie sich selbst, das ist weit mehr als alle Brandopfer und Opfer. 34 Jesus sah, dass er verständig geantwortet hatte, und sprach zu ihm:

Du bist nicht weit entfernt davon,
den Rat Gottes zu erfüllen.

Und niemand wagte es mehr, Jesus infrage zu stellen.

Kontroversen

35 Als Jesus im Tempel lehrte, sagte er:

---

das Wort kamocha *in der Sprache der heiligen Schrift diese Absicht nicht enthält, sondern* kamocha *[dort] die Bedeutung hat: der dir ähnlich ist wie [...]. Die Begründung [zu dem Gebot] ‚Du sollst deinen Nächsten lieben' [lautet]: Denn er ist wie du, er gleicht dir, er ist dir ähnlich; denn auch er wurde erschaffen im Bilde Gottes [siehe 1. Mose 1,26 f.; 9,6], und so ist er ein Mensch wie du. Und dies schließt alle Menschenkinder ein, denn sie alle wurden im Bilde [Gottes] erschaffen. Und entsprechend sagte R. Akiba [zu 3. Mose 19,18]: ‚Dies ist ein großer Grundsatz in der Tora.' Und R. Akiba selbst wiederholte diesen Grundsatz in seinem Lehrspruch [in dem es heißt]: ‚Geliebt [von Gott] ist der Mensch, denn er wurde geschaffen im Bilde [Gottes].'*
Und da wir das alles schon in unserer Erläuterung von Mischna Abot verdeutlicht haben, ist es [unverkennbar] angebracht, [den Vers 3. Mose 19,18] ins Deutsche zu übersetzen mit: ‚Liebe deinen Nächsten, weil er ist wie du.'"
(Naphtali Herz Wessely, *Biur (Erläuterung) zu 3. Mose 19,18* in: Moses Mendelssohn: *Die fünf Bücher Mose zum Gebrauch der jüdischdeutschen Nation*, Berlin 1783, 134a; hier entnommen aus: Bernd Schaller, *„... denn er ist wie du..." Einer alten Übersetzung auf die Spur kommen*, auf: www.jcrelations.net, (dort über Suchfunktion; abgerufen im Oktober 2019).

Wie können die Schriftkundigen behaupten,
der Messias sei der Sohn Davids?
36 *Denn David hat*
durch den Atem der Heiligkeit
selbst gesagt:

Der Herr sprach zu meinem Herrn:
Setze dich mir zur rechten Hand,
bis ich dir deine Feinde unter die Füße lege.
37 *David selbst also nennt ihn Herr.*
Wie kann er dann sein Sohn sein?

Eine große Menschenmenge war versammelt und hörte ihm freudig zu.
38 Und in seiner Unterrichtung sprach er:

Hütet euch vor den Schriftkundigen.

Sie gehen gern in langen Gewändern umher,
lieben es, auf den Straßen gegrüßt zu werden,
39 *und sie wollen in der Synagoge die Ehrensitze*
und bei jedem Bankett die besten Plätze
einnehmen.[95]

40 *Sie veruntreuen das Eigentum der Witwen*
unter dem Vorwand,
lange Gebete verrichten zu müssen.
Das Urteil, das sie erwartet,
wird um so härter ausfallen.

---

[95] Es war üblich, Gäste entsprechend ihrer sozialen Rangordnung zu platzieren.

Markus 12, 41–13, 2

Vorbildliche Witwe

41 Als Jesus dem Opferkasten gegenüber saß, beobachtete er, wie die Leute Geld in den Kasten warfen. Viele Reiche kamen und gaben viel. 42 Auch eine arme Witwe kam und warf zwei kleine Münzen hinein. 43 Er rief seine Jünger herbei und sprach:

> *Amen, ich sage euch:*
>
> *Diese arme Witwe hat*
> *mehr in den Opferkasten*
> *hineingeworfen*
> *als alle andern.*
>
> 44 *Denn sie alle haben*
> *nur etwas*
> *hineingeworfen*
> *von ihrem Überfluss.*
>
> *Diese Frau aber hat in ihrer Armut*
> *alles hergegeben,*
> *was sie besaß:*
> *ihren ganzen Besitz.*

Prophetisches Wort

13 1 Als Jesus den Tempel verließ, sagte einer seiner Jünger zu ihm: Malpānā, Lehrer, schau auf diese Steine und diese Gebäude. 2 Jesus sagte zu ihm:

> *Siehst du diese großen Bauten?*
> *Kein einziger Stein wird hier*
> *auf dem andern bleiben,*
> *alle werden niedergerissen.*

Anfang vom Ende

3 Als Jesus auf dem Ölberg saß, dem Tempel gegenüber, fragten ihn Kephas, Jakobus, Johannes und Andreas im kleinen Kreis: 4 Sag uns, wann wird das alles geschehen und was ist das Zeichen dafür, dass sich dies erfüllt? 5 Jesus sprach zu ihnen:

> *Nehmt euch in Acht,*
> *dass euch niemand täuscht.*

> 6 *Denn viele werden*
> *unter meinem Namen*
> *kommen und sagen:*
> *Ich bin es.*
> *Und sie werden*
> *viele irreführen.*

> 7 *Wenn ihr von Kriegen hört*
> *und von Gerüchten zu Kämpfen,*
> *habt keine Angst.*
> *Das alles muss geschehen.*
> *Aber das Ende*
> *ist noch nicht da.*

> 8 *Volk wird sich gegen Volk*
> *und Königreich gegen Königreich erheben.*
> *Und an vielen Orten wird es*
> *Erdbeben und Hungersnöte geben.*
> *Doch das ist erst der Anfang*
> *der Wehen.*

Markus 13, 9–13

9 *Ihr aber, achtet auf euch selbst:*
Man wird euch um meinetwillen
an die Richter ausliefern,
in den Synagogen misshandeln
und vor Könige und Regierende stellen,
sie werden es bezeugen.

10 *Unter allen Völkern muss zuerst*
meine Botschaft von der freudigen Hoffnung
verkündet werden.
11 *Wenn man euch abführt und ausliefert,*
macht euch nicht zuvor Sorgen,
was ihr reden sollt.

Sondern sagt, was euch in jener Stunde eingegeben wird.
Denn nicht ihr werdet dann reden, sondern der Heilige Geist.[96]
12 *Ein Bruder wird den anderen dem Tod ausliefern*
und ein Vater den Sohn,
und Kinder werden sich gegen ihre Eltern auflehnen
und sie in den Tod schicken.

13 *Und ihr werdet von allen*
um meines Namens willen
gehasst werden.
Wer aber bis zum Ende
geduldig ausharrt,
der wird gerettet werden.

---

[96] Mit diesem Rat wird u. a. verbunden, auf gewerbsmäßige Berater bzw. Instruktoren zu verzichten, die häufig die Beschuldigten ausbeuteten und zudem durch ihre Ratschläge Anlass zu Falschaussagen geben konnten. Jesus stellt dagegen, es sei besser, gleich die Wahrheit zu sagen. (Vgl. Lamsa, *Evangelien*, S. 251 f.)

Spitze der Not

14 *Wenn ihr aber das Zeichen der Verwüstung seht,*
   was vom Propheten Daniel erwähnt wird,
   dann sollen die Menschen in Judäa ins Gebirge fliehen.

   Wer immer
   dies liest,
   wird es verstehen.

15 *Wer gerade auf dem Dach ist,*
   soll nicht herunterkommen
   und nichts aus seinem Haus holen.

16 *Und wer auf dem Feld ist,*
   soll nicht zurückkehren,
   um seine Kleidung zu holen.

17 *Weh aber den Frauen,*
   die in jenen Tagen schwanger sind
   oder einen Säugling stillen.

18 *Betet darum,*
   dass eure Flucht
   nicht in den Winter fällt.

19 *Denn in jenen Tagen wird eine Wehmut herrschen,*
   wie es sie von Anfang der Schöpfung durch Gott bis heute
   nie gegeben hat und wie es auch keine mehr geben wird.

20 *Und wenn der Herr*
   diese Tage nicht verkürzt hätte,
   dann würde kein Mensch überleben.

Aber um seiner Auserwählten willen,
die er sich ausgesucht hat,
wurden die Tage verkürzt.

21 *Wenn dann jemand zu euch sagt:*
Seht, hier ist der Messias. Oder: Seht, dort ist er.
So vertraut ihm nicht.

22 *Denn es wird mancher falsche Messias*
und mancher Lügenprophet
auftreten.

Und sie werden Zeichen und Wunder wirken,
um die Auserwählten irrezuführen,
soweit es möglich ist.

23 *Ihr aber,*
seid achtsam.
Ich habe euch alles im Voraus gesagt.

Prophetische Worte

24 *Aber in jenen Tagen nach dem Leiden*
wird sich die Sonne verfinstern
und der Mond wird nicht mehr scheinen.

Das heißt: Der Kosmos trauert über diese Ereignisse.[97]

25 *Die Sterne werden vom Himmel fallen*
und die Kräfte des Universums
werden erschüttert werden.[98]

---

[97] Einschub des Übersetzers aufgrund der Erläuterungen des Idioms in Vers 29 durch Errico (vgl. Errico, *Treasures*, S. 45 f.).

26 *Dann wird man diesen Menschen, den Menschensohn⁹⁹,*
in den Wolken mit großer Kraft und Herrlichkeit
*kommen sehen.*¹⁰⁰

Das heißt: Sein Auftrag ist höchst erfolgreich von Gott bestätigt und vollendet.¹⁰¹

27 *Und er wird seine Engel senden*
und die von ihm Auserwählten aus allen vier Windrichtungen
vom Ende der Erde bis zum Ende des Himmels versammeln.

Das heißt: Die Erwählten kommen von überallher.¹⁰²

---

⁹⁸ Metaphorisch werden gravierende politische Umwälzungen angedeutet, die mit dem Fall von Regierenden zu tun haben.

⁹⁹ Der Begriff „Menschensohn" kann vom Aramäischen her als „dieser Mensch" übersetzt werden; der Begriff wird aber häufig vor dem Hintergrund der Danielapokalypse (Dan 7–12) – auch mit der dort beschriebenen Vorstellung vom kommenden „Menschen" (*bar enascha/bar nascha*) als endzeitlichem Richter in Verbindung gebracht. Hier in Vers 26 handelt es sich um ein indirektes Zitat von Dan 7,25.

¹⁰⁰ Jemanden mit Macht und Glorie auf den Wolken kommen sehen, ist ein aramäisches Idiom dafür, dass eine Mission, ein Auftrag, erfolgreich zu Ende geführt wird; Wolken standen für das Höchste, das man sich vorstellen konnte. Es geht demnach darum, zu zeigen, dass Jesu Verkündigung und seine Botschaft auf der ganzen Welt triumphieren werden. (Vgl. Errico, *Treasures*, S. 46) Ein wortwörtliches Verständnis dieses Idioms dürfte daraus die Vorstellung einer physischen Wiederkunft Jesu begünstigt haben.

¹⁰¹ Sinnerhellender Zusatz des Übersetzers nicht in Kursivsetzung; idiomatisch wird in Vers 26 herausgestellt, dass Jesu Botschaft bei göttlicher Akzeptanz zu einem höchst erfolgreichen Ende gelangt.

¹⁰² Sinnerhellender Zusatz des Übersetzers nicht in Kursivsetzung.

Markus 13, 28–32

Zeitpunkt unbekannt

28 *Nehmt den Feigenbaum*
als Parabel,
um daraus etwas zu lernen.

Sobald seine Zweige saftig werden
und Blätter treiben, erkennt ihr,
dass der Sommer kommt.

29 *Genau so wisst ihr,*
wenn ihr das alles seht,
dass das Ende vor der Tür steht.

30 *Amen, ich sage euch:*

Diese Generation wird
nicht vergehen,
bis das alles
geschieht.

31 *Selbst Himmel und Erde*
werden vergehen,
aber meine Worte
werden nicht vergehen.

32 *Doch jenen Tag und jene Stunde*
kennt niemand,
selbst die Engel bei Gott
kennen sie nicht.

Nur ʾAbbā,
der liebevolle Vater,
alleine
kennt sie.

Ermahnung zum Wachsein

33 *Seid also auf der Hut*
und betet.
Denn ihr wisst nicht,
wann die Zeit gekommen ist.

34 *Es verhält sich so wie mit einem Mann,*
der auf Reisen ging.
Er verließ sein Haus und
übertrug die Vollmacht seinen Knechten.

Jedem gab er eine bestimmte Aufgabe.
Dem Türhüter schärfte er ein,
wach zu bleiben.
35 *Seid also wachsam.*

Denn ihr wisst nicht,
wann der Hausherr zurückkommt:
ob er am Abend
oder um Mitternacht ankommt.

Ihr wisst auch nicht,
ob er beim Hahnenschrei
oder erst am Morgen
eintrifft.

36 *Er könnte plötzlich kommen*
und euch schlafend antreffen.
37 *Was ich euch sage,*
das sage ich zu euch allen:

Seid wachsam.

Markus 14, 1–8

Beschluss der Gegner

14 1 Zwei Tage vor Pessach, dem Fest der ungesäuerten Brote, war es so, dass die oberen Priester und die Schriftkundigen weiter nach einer Möglichkeit suchten, Jesus mit List in ihre Gewalt zu bringen, um ihn zu töten. 2 Und sie sagten: Nur nicht am Fest, damit im Volk kein Aufruhr verursacht wird.

Salbung Jesu

3 Als er in Betanien im Haus Simons des Leprösen[103] zu Tische saß, kam eine Frau, die ein Alabastergefäß voll von hochwertigem, teurem Nardenöl bei sich trug. Sie öffnete es und goss das Öl über sein Haupt. 4 Einigen der Jünger gefiel dies nicht und sie sagten zueinander: Wozu diese Verschwendung? 5 Man hätte das Öl für mehr als dreihundert Denare verkaufen und das Geld den Armen geben können. Und sie waren über die Frau empört. 6 Jesus aber sprach:

> *Lasst ab von ihr.*
> *Warum verärgert ihr sie?*
> *Sie hat ein gutes Werk an mir getan.*
>
> 7 *Die Armen habt ihr immer bei euch*
> *und ihr könnt ihnen Gutes tun,*
> *wann ihr wollt.*
>
> *Ich aber bin nicht immer unter euch.*
> 8 *Sie hat getan,*
> *was ihr möglich war.*

---

[103] Im Orient gab es den Brauch, Menschen einen Spitznamen mit der Angabe einer ehemaligen Krankheit zu geben, die aber inzwischen geheilt war. Dieser Beiname ermöglichte eine Differenzierung von Menschen gleichen Namens. (Vgl. Lamsa, *Evangelien*, S. 255)

*Sie hat im Voraus
meinen Leib
für das Begräbnis gesalbt.*

9 *Amen, ich sage euch:*

*Wo auch immer auf der ganzen Welt
meine Botschaft von der freudigen Hoffnung
verkündet wird, da geschieht es:*

*Man wird davon erzählen,
was sie getan hat,
und man wird sich an sie erinnern.*

Judas und sein Verrat

10 Judas Iskariot[104], einer der Zwölf, ging zu den oberen Priestern, um Jesus an sie zu verraten. 11 Als sie das hörten, freuten sie sich und versprachen, ihm Geld dafür zu geben. So suchte er nach einer günstigen Gelegenheit, ihn auszuliefern.

Festvorbereitungen

12 Am ersten Tag des Festes der ungesäuerten Brote, an dem die Juden das Pessachlamm zu schlachten pflegen, sagten die Jünger zu Jesus: Wo willst du, sollen wir das Pessachmahl für dich vorbereiten, damit wir gemeinsam essen können? 13 Da schickte er zwei seiner Jünger voraus: Geht in die Stadt. Dort werdet ihr einem Menschen begegnen, der einen Wasserkrug trägt. Folgt ihm 14 und, wenn er in ein Haus hineingeht, sagt zu dem Herrn

---

[104] Der Name gibt den Ort an, aus dem Judas kam: Karioth. Ansonsten war es auch möglich, den Namen des Vaters als Unterscheidungsmerkmal heranzuziehen, um Menschen, die den gleichen Vornamen besaßen, zu identifizieren. (Vgl. Lamsa, *Evangelien*, S. 255 f.)

des Hauses: Der Meister lässt dich fragen: Wo ist das Gästezimmer, in dem ich mit meinen Jüngern das Pessachlamm essen kann? 15 Und er wird euch einen großen Raum im Obergeschoss zeigen, der schon für das Festmahl möbliert und hergerichtet ist. Dort bereitet es für uns vor. 16 Seine Jünger liefen los und kamen in die Stadt. Sie fanden alles so, wie er es ihnen beschrieben hatte, und sie bereiteten das Pessachmahl vor.

Gemeinsames Mahl

17 Als es Abend wurde, kam er mit den Zwölf. 18 Während sie nun zu Tisch lagen und aßen, sagte Jesus: Amen, ich sage euch: Einer von euch, der mit mir isst, wird mich verraten. 19 Das beunruhigte sie und einer nach dem andern fragte ihn: Doch nicht etwa ich? 20 Er sagte zu ihnen: Es ist einer von euch Zwölf, der mit mir in dieselbe Schüssel eintunkt.[105] 21 Diesem Menschen ergeht es zwar, wie es über den Menschensohn geschrieben steht. Doch weh dem Menschen, durch dessen Hand dieser Mensch verraten wird. Für ihn wäre es besser, nie geboren worden zu sein. 22 Während sie aßen, nahm Jesus das Brot und sprach die Beracha, den Lobpreis. Er brach das Brot, reichte es ihnen und sprach:

Nehmt, das ist mein Leib.[106]

---

[105] Lamsa berichtet, dass für zwölf Personen im Orient zwei Schüsseln und zwei Löffel als ausreichend angesehen worden seien. Man teilte das Essen, bediente sich aus einer Schüssel, benutzte denselben Löffel. Eingetunkte Bissen seien geteilt worden, um so Freundschaft zu bekunden. Verfeindete Menschen saßen nicht an einem Tisch und aßen nicht miteinander. Wenn man sich wieder versöhnte, musste man aus derselben Schüssel essen. Wenn „der Verräter" mit Jesus zusammen die Hand in die Schüssel eintunkt, ist das Zeichen der Freundschaft durch den intendierten Verrat pervertiert. Das Vertrauen ist missbraucht. (Vgl. Lamsa, *Evangelien*, S. 196 f.)

[106] Dieses Wort erhält im Kontext der Pessachfeier mit dem Verzehr des Lammes nun den Sinn: *„Ich werde geopfert werden wie dieses Lamm. Wenn ihr in Zukunft diese Handlung wiederholt, tut es dann zur Erinnerung an mich, und nicht*

23 Er nahm den Kelch, sprach das Dankgebet, gab ihn den Jüngern und sie tranken alle daraus. 24 Und er sprach zu ihnen:

Das ist mein Blut des Bundes,
das für alle vergossen wird.[107]

25 *Amen, ich sage euch:*

Ich werde nicht mehr
von der Frucht des Weinstocks trinken
bis zu dem Tag, an dem ich neu davon trinke,
wenn Gottes Rat erfüllt wird.[108]

Ankündigung der kommenden Verleugnung

26 Nach dem Lobgesang gingen sie hinaus zum Ölberg. 27 Da sagte Jesus zu ihnen:

Ihr alle werdet mich verleugnen.

In der Schrift steht ja:
Ich werde den Hirten erschlagen,
dann werden seine Schafe zerstreut.

---

    mehr an das Lamm, das in Ägypten geschlachtet wurde." Lamsa kommentiert: *„Damit sprach Er als der Erlöser der Welt"* (vgl. Lamsa, *Evangelien*, S. 258).

[107] Lamsa erläutert, das Blut des Lammes, das die Juden an der Oberschwelle und an die beiden Türpfosten gestrichen hätten, bewahrte sie in Ägypten vor dem Verderben. Das Blut Jesu würde nun von Schuld und Sünde erretten. (Vgl. Lamsa, *Evangelien*, S. 258)

[108] Wein wird metaphorisch mit Freude, Inspiration und Unterrichten in Verbindung gebracht. Die Zeit für dies war angesichts der kommenden Kreuzigung vorüber. (Vgl. Errico/Lamsa, *Mark & Luke*, S. 79)

28 *Aber nach meiner Auferstehung*
werde ich vor euch
in Galiläa sein.

29 Da sagte Kephas zu ihm: Selbst wenn alle dich verleugnen, aber nicht ich. 30 Jesus sprach zu ihm:

Amen, ich sage dir:

Heute, in dieser einen *Nacht,*
bevor der Hahn zweimal kräht,
wirst du mich dreimal verleugnen.

31 Aber er beteuerte noch mehr: Und wenn ich mit dir sterben müsste, werde ich dich niemals verleugnen. Alle anderen Jünger redeten genauso.

Todesangst

32 Sie kamen an eine Stelle, die Getsemani heißt, und er sagte zu seinen Jüngern:

Setzt euch hierher, während ich bete.

33 Und er nahm Kephas, Jakobus und Johannes mit sich. Da begann er sorgenvoll und bedrückt zu werden. 34 Und er sprach zu ihnen:

Ich bin voller Todesangst.
Wartet auf mich
und bleibt wach.

35 Und er ging ein Stück zur Seite, warf sich auf die Erde nieder und betete, dass er die Stunde überspringen könne, wenn dies möglich sei. 36 Er sprach:

'Abbā,
mein 'Abbā,
mein liebevoller Vater[109],
du kannst alles tun.

Nimm diesen Kelch von mir weg.

Aber nicht,
was ich will,
sondern was du willst,
kannst du tun.

37 Und er ging zurück und fand sie schlafend. Da sagte er zu Kephas: Simon, schläfst du? Konntest du dich nicht eine einzige Stunde wach halten? 38 Wachet und betet, damit ihr nicht in Versuchung geratet. Der Geist ist willig, aber der Körper ist schwach. 39 Und er ging wieder weg und betete auf die gleiche Weise. 40 Als er zurückkam, fand er sie wieder schlafend, denn die Augen waren ihnen vor Müdigkeit zugefallen. Und sie wussten nicht, was sie ihm sagen sollten. 41 Und er kam zum dritten Mal und sprach zu ihnen:

Schlaft nun weiter
und ruht euch aus.
Das Ende ist gekommen,
die Stunde ist angebrochen.

Jetzt wird dieser Mensch[110]
in die Hände
derer ausgeliefert,
die fern sind von Gott.

---

[109] Sinnerhellender Zusatz des Übersetzers nicht in Kursivsetzung.
[110] Der Begriff „Menschensohn" kann vom Aramäischen her als „dieser Mensch"

Markus 14, 42–49

42 *Steht auf*
und lasst uns gehen.
Derjenige ist da,
der mich verrät.

Gefangennahme

43 Und während er noch redete, traf Judas Iskariot, einer der Zwölf, mit vielen Männern ein, die mit Schwertern und Stöcken bewaffnet waren. Sie kamen von den oberen Priestern, den Schriftkundigen und den Ältesten. 44 Der Verräter hatte mit ihnen ein Zeichen vereinbart und gesagt: Der, den ich küssen werde, der ist es. Ergreift ihn und führt ihn ab. 45 Und als er sich näherte, ging er gleich auf Jesus zu und sagte: Rabbī, Rabbī. Und er küsste ihn. 46 Da legten sie Hand an ihn und nahmen ihn fest. 47 Aber einer von denen, die dabeistanden, zog das Schwert und schlug auf den Diener des Hohepriesters ein und hieb ihm ein Ohr ab. 48 Daraufhin sprach Jesus zu ihnen:

Wie gegen einen Banditen seid ihr
mit Schwertern und Stangen ausgezogen,
um mich festzunehmen?

49 *Jeden Tag war ich als Malpānā*
bei euch im Tempel und lehrte,
und ihr habt mich nicht verhaftet.[111]

übersetzt werden; der Begriff wird aber häufig – etwa auf dem Hintergrund der Danielapokalypse (Dan 7–12) – auch mit der Vorstellung von einem kommenden „Menschen" (*bar enascha/bar nascha*) als endzeitlichem Richter in Verbindung gebracht.

[111] Gemeint sind die äußeren Vorhöfe des Tempels, in denen debattiert werden konnte und wo auch Zusammenkünfte möglich waren, einschließlich Streitschlichtungen (vgl. Lamsa, *Evangelien*, S. 259).

*Aber dies ist geschehen,
damit die Schrift
erfüllt würde.*

50 Da verließen ihn seine Jünger und flohen. 51 Ein junger Mann, der lediglich mit einem Leinentuch als Lendenschurz bekleidet war, folgte ihm nach. Sie packten ihn. 52 Er aber ließ das Tuch fallen und lief nackt davon.[112]

Verleugnung

53 Daraufhin führten sie Jesus zum Hohepriester Kaiphas. Dort versammelten sich alle oberen Priester und Ältesten und Schriftkundigen. 54 Simon aber war Jesus auf Abstand bis in den Hof des Hohepriesters gefolgt. Er setzte sich dort zu den Dienern und wärmte sich am Feuer. 55 Die oberen Priester und der ganze Hohe Rat suchten nach Zeugenaussagen gegen Jesus, um ihn zum Tod verurteilen zu können. Aber sie fanden nichts. 56 Viele machten falsche Aussagen gegen ihn, doch diese Aussagen waren nicht gerichtsfähig. 57 Einige der falschen Zeugen, die gegen ihn auftraten, behaupteten: 58 Wir haben ihn sagen hören:

*Ich werde diesen Tempel,
der von Menschenhand gebaut wurde,
niederreißen.*[113]

---

[112] Da es sich bei dieser Szene mit dem nackten Davonlaufenden um ein theologisch ausgesprochen belangloses Detail handelt, das aber biografisch für den Betreffenden sehr wichtig gewesen sein muss, gehen die meisten Interpreten davon aus, dass es sich hier um den Evangelisten Markus selbst handeln dürfte (vgl. auch Lamsa, *Evangelien*, S. 215).

[113] Idiomatisch ist damit gemeint, dass unangemessene Lehren, von Menschen geschaffene Traditionen oder Gottesdienstformen, die im Tempel vertreten wurden, ersetzt werden sollten.

Markus 14, 59–62

*In drei Tagen werde ich einen anderen Tempel,
der nicht von Menschenhand gebaut wurde,
aufbauen.*[114]

59 Aber auch in diesem Fall waren die Aussagen rechtlich nicht verwertbar. 60 Da stand der Hohepriester in der Mitte auf und fragte Jesus: Willst du nichts dazu sagen, was diese Leute gegen dich vorbringen? 61 Jesus aber schwieg und sagte kein einziges Wort. Da wandte sich der Hohepriester nochmals an ihn und fragte: Bist du der Messias, der Sohn des Gesegneten[115]? 62 Jesus sagte:

*Ich bin es.
Und ihr werdet diesen Menschen, den Menschensohn*[116],
*zur rechten Hand der Macht sitzen und
mit den Wolken des Himmels kommen sehen.*[117]

---

[114] Gemeint ist, dass die Gerechtigkeit und Liebe bei der Erneuerung der jüdischen Religion eine entscheidende Rolle spielen sollten.

[115] Umschreibung für Gott, um (aus Ehrfurcht) das Wort „Gott" nicht auszusprechen zu müssen.

[116] Errico übersetzt *bar-nasha* (ܠܒܪܗ ܕܢܫܐ, *labrēh dənāšā*, „den Menschensohn") mit „ganz normaler Mann", „menschliches Wesen", also jemand, der keinen Ehrentitel für sich beansprucht (vgl. Errico, *Treasures*, S. 38 ff.; vgl. auch: Lamsa, *Evangelien*, S. 202).

[117] Jemanden mit Macht und Glorie auf den Wolken kommen sehen, ist ein aramäisches Idiom dafür, dass eine Mission, ein Auftrag, erfolgreich zu Ende geführt wird; Wolken standen für das Höchste, das man sich vorstellen konnte. Es geht demnach darum, zu zeigen, dass Jesu Verkündigung und seine Botschaft auf der ganzen Welt – von Gott bestätigt – triumphieren werden. (Vgl. Errico, *Treasures*, S. 46) Ein wortwörtliches Verständnis dieses Idioms dürfte die Vorstellung einer physischen Wiederkunft Jesu gefördert haben.

Das heißt:
Der Auftrag dieses ganz einfachen Mannes
wird von Gott bekräftigt und
höchst erfolgreich vollendet.[118]

63 Da zerriss der Hohepriester sein Gewand und sprach: Wozu brauchen wir noch Zeugen? 64 Ihr habt die Gotteslästerung aus seinem eigenen Mund gehört. Was meint ihr? Und sie fällten einstimmig das Urteil: Er ist des Todes schuldig. 65 Und einige spuckten ihm ins Gesicht, bedeckten sein Gesicht[119], schlugen ihm auf den Kopf und riefen: Sag prophetisch, wer dich schlägt. Auch die Diener schlugen ihn auf die Wangen. 66 Als sich Simon unten im Gerichtshof aufhielt, kam eine von den Mägden des Hohepriesters. 67 Sie sah, wie Simon sich wärmte, blickte ihn an und sprach zu ihm: Auch du warst mit diesem Jesus aus Nazaret zusammen. 68 Er leugnete es und sagte: Ich weiß nicht, wovon du redest. Dann ging er in den Vorhof hinaus. Und der Hahn krähte. 69 Als dieselbe Magd ihn dort bemerkte, sagte sie zu den Umherstehenden: Der ist einer von ihnen. 70 Er aber leugnete es erneut. Wenig später sagten die, die dabeistanden, zu Kephas: Du gehörst wirklich zu ihnen. Du bist doch auch ein Galiläer. Selbst dein Dialekt ist der gleiche.[120] 71 Da fing er an zu fluchen und zu schwören: Ich kenne diesen Menschen nicht, von dem ihr redet. 72 Und sofort krähte der Hahn ein zweites Mal und Simon erinnerte sich an das Wort, das Jesus zu ihm gesagt hatte:

---

[118] Sinnerhellender Zusatz des Übersetzers nicht in Kursivsetzung; idiomatisch wird in Vers 62 herausgestellt, dass Jesu Botschaft zu einem höchst erfolgreichen Ende gelangt.

[119] Einem Verurteilten, der als unrein galt, schaute man nicht ins Gesicht. Man wandte sich ab oder bedeckte sein (blutverschmiertes) Gesicht mit einem Tuch. (Vgl. Lamsa, *Evangelien*, S. 259 f.)

[120] Das Aramäische kennt eine große Zahl von Dialekten. Die galiläische Mundart unterschied sich von der, die in Judäa gesprochen wurde, im Hinblick auf Betonung und Aussprache.
Insgesamt drei Hauptdialekte sind nach Lamsa anzuführen:

*Bevor der Hahn zweimal
kräht,
wirst du mich dreimal
verleugnen.*

Und er begann zu weinen.

Verhör vor Pilatus

15 1 Gleich am Morgen berieten die oberen Priester, die Ältesten und die Schriftkundigen, der ganze Hohe Rat, über Jesus. Sie ließen ihn fesseln, abführen und lieferten ihn Pilatus, dem Herrschenden, aus. 2 Pilatus fragte ihn: Bist du der König der Juden? Er antwortete ihm:

Du sagst es.

3 Die oberen Priester beschuldigten ihn wegen vieler Dinge. 4 Da fragte Pilatus ihn erneut: Willst du nichts dazu sagen? Siehst du nicht, wie viele Anklagen sie gegen dich vorbringen? 5 Doch Jesus gab keine Antwort, sodass Pilatus sich wunderte.[121] 6 Jeweils zum Fest ließ Pilatus einen Gefangenen frei, den sich die Menge wünschen durfte. 7 Damals saß gerade ein Mann namens Bar-Abbas im Gefängnis, zusammen mit anderen Aufständischen, die bei einer Erhebung einen Mord begangen hatten. 8 Die Volksmenge bestürmte Pilatus und verlangte von ihm, auch diesmal dem Brauch entspre-

---

- der nördliche oder galiläische Dialekt, der im Zweistromland gesprochen wurde
- das südliche oder chaldäische Aramäisch
- das westliche Aramäisch

Diese Dialekte unterscheiden sich voneinander überwiegend in der Aussprache und in manchen Redewendungen. Die grammatische Struktur ist größtenteils übereinstimmend. (Vgl. Lamsa, *Evangelien*, S. 260 f.)

[121] Es herrschte die Meinung vor, ein Unschuldiger brauche sich nicht zu verteidigen (vgl. Errico/Lamsa, *Mark & Luke*, S. 87).

chend vorzugehen. 9 Pilatus ging auf sie ein: Wollt ihr, dass ich euch den König der Juden freilasse? 10 Denn er wusste, dass die oberen Priester Jesus nur aus Neid an ihn ausgeliefert hatten. 11 Die oberen Priester aber wiegelten die Menge nun noch mehr auf, die Freilassung des Bar-Abbas zu fordern. 12 Pilatus wandte sich von Neuem an sie und fragte: Was soll ich dann mit dem tun, den ihr den König der Juden nennt? 13 Da schrien sie: Kreuzige ihn. 14 Pilatus sprach zu ihnen: Welches Verbrechen hat er begangen? Sie aber schrien noch eindringlicher: Kreuzige ihn. 15 Um nun die Menge zufriedenzustellen, ließ er Bar-Abbas frei. Nachdem er Jesus hatte geißeln lassen, lieferte er ihn aus, um ihn kreuzigen zu lassen.

Verspottungen

16 Die Soldaten führten ihn in das Gerichtsgebäude ab, das Prätorium heißt, und riefen die ganze Kohorte zusammen. 17 Dann kleideten sie ihn in Lila und flochten eine Dornenkrone. Die setzten sie ihm auf 18 und fingen an, ihn zu grüßen: Heil dir, König der Juden. 19 Sie schlugen ihm mit einem Stock auf den Kopf und spuckten ihm ins Gesicht, beugten die Knie vor ihm und verehrten ihn.

Kreuzweg und Kreuzigung

20 Nachdem sie ihn so verspottet hatten, nahmen sie ihm den Purpur[122] ab und zogen ihm seine eigenen Kleider wieder an. Dann führten sie Jesus hinaus, um ihn zu kreuzigen. 21 Sie zwangen einen Mann, der zufällig vom Feld kam, Simon von Kyrene, den Vater des Alexander und des Rufus, sein Kreuz zu tragen. 22 Und sie brachten ihn an einen Ort namens Golgota. Das heißt übersetzt: Ort des Schädels. 23 Dort gaben sie ihm Wein zu trinken, der mit Myrrhe gemischt war. Er aber wies ihn zurück.[123] 24 Als sie ihn ge-

---

[122] ܐܪܓܘܢܐ, *ʾargāwne*; Wurzel: ܪܓܘܢ, *rgwn* = lila Kleidungsstück, Purpurmantel, Umhang

[123] Dieses Getränk hat eine betäubende und schmerzlindernde Wirkung, die aller-

kreuzigt hatten, verteilten sie seine Kleider, sie warfen das Los über sie, um zu entscheiden, wer was bekommen sollte. 25 Es war die dritte Stunde, als sie ihn kreuzigten. 26 Und eine Aufschrift gab den Grund für seinen Tod an: Das ist der König der Juden. 27 Zusammen mit ihm kreuzigten sie zwei Räuber, den einen rechts von ihm, den andern links. 28 Und so wurde die Schrift erfüllt, die besagt: Er wurde unter die Ungerechten gezählt.

Verspottungen

29 Und die vorbeikamen, lästerten, schüttelten den Kopf und riefen: Du Zerstörer des Tempels[124], der du ihn in drei Tagen wiederaufbauen wolltest? 30 Rette dich selbst und steig vom Kreuz herab. 31 Ebenso verhöhnten ihn auch die oberen Priester und die Schriftkundigen, einer mit dem anderen johlend: Andere hat er gerettet, sich selbst kann er nicht retten. 32 Der Messias, der König von Israel. Er soll nun vom Kreuz herabsteigen, damit wir sehen und glauben. Selbst die beiden Männer, die mit ihm zusammen gekreuzigt worden waren, verspotteten ihn.

Jesu Tod

33 Als die sechste Stunde anbrach, wurde es im ganzen Land bis zur neunten Stunde stockdunkel[125]. 34 Und in der neunten Stunde schrie Jesus mit lauter Stimme:

> ʿEli, ʿEli, lmana shwaqtani.

---

dings auch das Bewusstsein trübt wie Morphin oder Novocain (vgl. Errico/Lamsa, *Mark & Luke*, S. 88 f.).

[124] Idiomatisch ist damit gemeint, dass unangemessene Lehren, die im Tempel vertreten wurden, ersetzt werden sollen.

[125] ܚܫܘܟܐ, *ḥešūḵā* (Adjektiv, männlich, Singular, emphatisch); Wurzel: ܚܫܟ, *ḥšḵ* = dunkel

[126] In Anlehnung an Errico/Lamsa, *Mark & Luke*, S. 90 ff.

Das ist galiläisches Aramäisch und bedeutet in chaldäisches Aramäisch, in die Sprache, die man in Jerusalem sprach, übersetzt[126]:

Alahi, Alahi, lmana shwaqtani.

Also:
*Mein Gott, mein Gott, dafür war ich vorgesehen.
Das ist meine Bestimmung.*[127]

35 Einige von den Männern, die dabeistanden und es hörten, sagten: Er ruft Elija. 36 Einer lief hin, tauchte einen Schwamm in Essig, steckte ihn auf ein Rohr und gab ihm davon zu trinken. Dabei sagte er: Lasst uns sehen, ob Elija kommt und ihn herabnimmt. 37 Jesus aber schrie mit lauter Stimme. Dann starb er.[128] 38 Da riss der Türvorhang im Tempel in zwei Teile von oben bis unten. 39 Als der Hauptmann, der neben ihm stand, ihn auf diese

---

[127] „*Eloï, Eloï, lema sabachtani?*", Mein Gott, mein Gott, warum hast du mich verlassen? So die Übersetzung von Etheridge und Murdock aus der Peschitto-Überlieferung, der gemäß Jesus das jüdische Sterbegebet, den Psalm 22, auf den Lippen hatte, das schließlich in einen Lobpreis Gottes mündet. Auch die niederländische Übersetzung von Nierop sowie die Peschitta auf Afrikaans schließen sich dieser Version in ihrer jeweiligen Übersetzung an. Lamsa übersetzt dagegen aus der Peschitta: Mein Gott, mein Gott, dafür war ich vorgesehen; als ausführlichen Vorschlag für die Übersetzung schwebt Lamsa vor:
„*Mein Gott, mein Gott, dafür wurde ich ausersehen!
Dies ist mein Schicksal, das zu erfüllen ich geboren ward.
Mein Gott, mein Gott, welch großer Absicht diene ich hier!
Für die Erfüllung dieses Zieles wurde ich aufgespart.*"
(Lamsa, *Evangelien*, S. 208)
Errico erläutert: Zu ergänzen sei: „Das ist meine Bestimmung" (vgl. Errico/ Lamsa, *Mark & Luke*, S. 95 f.).

[128] ܘܫܠܡ, *wašlem* (Verb, 3. Person, männlich, Singular, vollendet, Peal); Wurzel: ܫܠܡ, *šlm* = sterben, gehorchen, einverstanden sein, vollständig liefern, abgeschlossen sein

Weise sterben sah, sagte er: Wahrhaftig, dieser Mensch war Gottes Sohn. 40 Es gab auch einige Frauen, die von Weitem zusahen, darunter Maria aus Magdala, Maria, die Mutter von Jakobus dem Jungen und von Joses, sowie Salome. 41 Sie waren Jesus schon in Galiläa nachgefolgt und hatten ihm gedient. Noch viele andere Frauen waren darunter, die mit ihm nach Jerusalem gekommen waren.

Jesu Begräbnis

42 Da es Freitag war, also der Vorbereitungstag vor dem Sabbat, 43 ging Josef von Arimathäa, ein vornehmes Mitglied des Hohen Rats, der auch auf die Verwirklichung von Gottes Ratschlag hoffte, zu Pilatus und bat ihn um den Leichnam Jesu. 44 Pilatus wunderte sich zu hören, dass Jesus schon tot sei. Er rief den Hauptmann und fragte ihn, ob er vor der Zeit gestorben sei. 45 Als der Hauptmann seinen Tod bestätigte, überließ er Josef den Leichnam. 46 Josef kaufte Leinen, nahm Jesus vom Kreuz, wickelte ihn in das Tuch und legte ihn in ein Grab, das in einen Felsen gehauen war. Dann wälzte er einen Stein vor die Tür zum Grab. 47 Maria aus Magdala und Maria, die Mutter des Joses, beobachteten, wo er hingelegt wurde.

Erlebnis der Frauen

16 1 Nach dem Ende des Sabbat kauften Maria aus Magdala, Maria, die Mutter des Jakobus, und Salome duftende Kräuter und Öle, um damit zum Grab zu gehen und ihn zu salben.[129] 2 Am frühen Morgen des ersten Tags der Woche kamen sie zum Grab, als gerade die Sonne aufging. 3 Sie überlegten miteinander: Wer wird uns den Stein vom Eingang des Grabes wegrollen? 4 Als sie hinschauten, merkten sie, dass der Stein schon weggewälzt war. Er war nämlich sehr groß. 5 Sie betraten das Grab und sahen auf der rechten Seite einen jungen Mann sitzen, der mit einem weißen

---

[129] Es gibt eine alte Sitte, das Grab eines Verstorbenen am dritten Tag nach seinem Tod zu besuchen. Dabei besteht die Vorstellung, dass die Seele des Verstorbenen

Gewand bekleidet war. Das verwirrte sie sehr. 6 Er aber sprach zu ihnen: Fürchtet euch nicht. Ihr sucht Jesus von Nazaret, den Gekreuzigten. Er ist auferstanden. Er ist nicht hier. Da ist die Stelle, wo er hingelegt wurde. 7 Nun geht und sagt seinen Jüngern und dem Kephas: Er geht euch voraus nach Galiläa. Dort werdet ihr ihn sehen, wie er es euch gesagt hat. 8 Als sie das hörten, flohen sie und verließen die Grabstätte. Denn Entsetzen und Zittern hatte sie ergriffen. Und sie erzählten niemandem davon. Denn sie hatten Angst.

Erscheinungen des Auferstandenen

9 Am frühen Morgen des ersten Wochentages, als er auferstanden war, erschien er zuerst Maria aus Magdala, die er von sieben Dämonen befreit hatte. 10 Sie ging und erzählte es denen, die mit ihm zusammengewesen waren, die nun klagten und weinten. 11 Als sie hörten, wie die Frauen sagten, er lebe und sei gesehen worden, glaubten sie dies nicht. 12 Danach erschien er zweien von ihnen auf andere Art und Weise, als sie auf dem Weg zu einem Dorf waren. 13 Auch sie kamen und sagten es den anderen und auch ihnen glaubte man nicht. 14 Später erschien er den Elf, als sie zu Tische lagen. Er beklagte sich über ihr fehlendes Vertrauen und die Stumpfheit ihres Herzens, weil sie denen nicht vertrauten, die ihn nach seiner Auferstehung geschaut hatten. 15 Dann sprach er zu ihnen:

Geht hinaus in die ganze Welt
und verbreitet die Botschaft von der freudigen Hoffnung.

Verkündet sie
der ganzen Schöpfung und jeder Kreatur.

---

am dritten Tage zurückkehrt und Abschied vom Körper nimmt. Meist spielen „Klageweiber" eine Rolle bei der Abschiedszeremonie. In diesem Kontext ist die Erwähnung der Frauen am Grab zu sehen. (Vgl. Lamsa, *Evangelien*, S. 263)

16 *Wer glaubt und sich taufen lässt[130],*
wird gerettet werden.

Wer aber nicht glaubt,
macht sich selbst schuldig[131].

17 *Durch die, die zum Glauben gekommen sind,*
werden wunderbare Zeichen geschehen:

In meinem Namen werden sie
Heilungen durchführen.

Sie werden andere Sprachen sprechen,
und ganz neuartig von der freudigen Hoffnung reden.[132]

18 *Sie werden ihre Feinde überwinden,*
dabei wird ihr Charakter keinen Schaden leiden.[133]

Sie werden Kranken ihre Hände auflegen,
und diese werden geheilt.

---

[130] „Taufe" hat den aramäischen Stamm *amadha,* was so viel bedeutet wie: eine Säule werden. Die Getauften sollen daher starke Säulen für den „Tempel" der neuen Glaubensgemeinschaft bilden. (Vgl. Errico/Lamsa, *Mark & Luke*, S. 98 ff.)

[131] Vgl. Errico/Lamsa, *Mark & Luke*, S. 99.

[132] Vgl. Errico/Lamsa, *Mark & Luke*, S. 100 f.

[133] Idiomatische Ausdrücke, wörtlich übersetzt: *Wenn sie Schlangen aufnehmen oder tödliches Gift trinken, wird es ihnen nichts anhaben* (vgl. Errico/Lamsa, *Mark & Luke*, S. 102 f.).

19 Nachdem Jesus, unser Mārā, unser Herr und Meister, zu ihnen dies gesagt hatte, wurde er von Gott aufgenommen und saß zur Rechten Gottes. 20 Sie aber zogen aus und predigten überall. Unser Mārā stand ihnen bei und bekräftigte das Wort durch die wunderbaren Zeichen, die sie bewirkten.

Amen.[134]

---

[134] ܐܡܝܢ = Amen, wahrlich, wahrhaftig; Bestätigung; am Ende eines Textes übernimmt ein Amen die Funktion eines Siegels (vgl. Lamsa, *Evangelien*, S. 265).

Die Botschaft von der freudigen Hoffnung nach
Lukas

1 1 Viele wollten bereits eine Erzählung über die Ereignisse abfassen, die uns vertraut sind, 2 und haben sich an die Überlieferung derer gehalten, die von Anfang an Augenzeugen und Diener seiner Lehre waren. 3 Nun habe auch ich mich entschlossen, für dich, hochverehrter Theophilus[1], der Reihe nach alles korrekt aufzuschreiben, nachdem ich von Anfang an dem Ganzen sorgfältig und gewissenhaft nachgegangen bin. 4 So kannst du dich der Wahrheit der Lehre vergewissern, zu der du bekehrt wurdest[2].

Johannes der Täufer

5 Es gab in den Tagen des Herodes, des Königs von Judäa, einen Priester namens Zacharias, der in Diensten des Abija stand. Seine Frau stammte aus dem Geschlecht Aarons. Ihr Name war Elisabet. 6 Beide lebten gerecht vor Gott und wandelten rechtschaffen und untadelig nach allen Geboten und Verboten des Herrn[3]. 7 Aber sie hatten keinen Sohn, denn Elisabet war unfruchtbar geworden, und beide waren schon in vorgerücktem Alter.[4] 8 Es geschah aber, als Zacharias seinen priesterlichen Dienst[5] vor Gott auszuüben hatte, 9 da war er nach der Priesterordnung dran, in den Tempel des Herrn[6] hineinzugehen und Weihrauch als Opfer darzubringen. 10 Während er das Rauchopfer darbrachte, betete die Menschenversammlung draußen. 11 Da erschien dem Zacharias ein Engel des Herrn. Er stand rechter Hand des Weihrauchaltars. 12 Als Zacharias ihn sah, erschrak er und begann sich

---

[1] Griechisch: Freund Gottes (Eigenname).
[2] Hier wird Lamsas Übersetzung gefolgt, Etheridge und Murdock übersetzen: „in der du unterrichtest wurdest".
[3] Die Übersetzung auf Afrikaans verwendet hier das Tetragramm יהוה.
[4] Oft werden orientalische Frauen als „kinderlos" bezeichnet, wenn sie zwar Mädchen, aber keinen Sohn geboren haben (vgl. Lamsa, *Evangelien*, S. 272).
[5] ܕܬܫܡܫܬܗ, *dateš meštēh*; Wurzel: ܫܡܫ, *šmš* = der tägliche Dienst, die Ordnung
[6] Auch hier wird das Tetragramm יהוה in der Afrikaans-Übersetzung verwendet, wie auch sonst im Folgenden häufig, wenn in der deutschen Übersetzung der Begriff „Herr" gebraucht wird.

Lukas 1, 13–25

zu fürchten. 13 Der Engel aber sagte zu ihm: Fürchte dich nicht, Zacharias. Dein Gebet ist erhört worden. Deine Frau Elisabet wird dir einen Sohn gebären, und du wirst ihm den Namen Johannes geben. 14 Du wirst froh und glücklich sein und viele werden sich über seine Geburt freuen. 15 Denn er wird groß sein vor dem Herrn. Wein und alkoholische Getränke wird er nicht trinken. Schon vom Mutterleib an wird er vom Heiligen Geist, vom Atem der Heiligkeit, erfüllt sein. 16 Viele Kinder Israels wird er veranlassen, sich zum Herrn, ihrem Gott, hinzuwenden. 17 Er wird ihnen mit dem Geist und mit der Kraft des Elija vorangehen, um die Herzen der Eltern den Kindern zuzuwenden und die Ungehorsamen zu Weisheit gerechter Gesinnung zu führen und so ein treues Volk[7] für den Herrn vorzubereiten. 18 Und Zacharias sagte zu dem Engel: Wie soll ich das verstehen? Denn ich bin ein alter Mann, und auch meine Frau ist in die Jahre gekommen. 19 Der Engel antwortete ihm: Ich bin Gabriel, der vor Gottes Gegenwart steht, und ich bin gesandt worden, um mit dir zu reden und dir diese frohe Botschaft zu bringen. 20 Von nun an sollst du stumm sein und nicht mehr reden können bis zu dem Tag, an dem dies geschieht, da du meinen Worten nicht vertraut hast. Diese werden erfüllt, wenn die Zeit gekommen ist. 21 Und das Volk stand draußen und wartete auf Zacharias und wunderte sich, dass er so lange im Tempel blieb. 22 Als er herauskam, konnte er mit ihnen nicht sprechen. Da merkten sie, dass er im Tempel eine Vision gehabt haben musste. Er gab ihnen nur Zeichen und blieb sprachlos. 23 Als die Tage seines Dienstes zu Ende waren, kehrte er nach Hause zurück. 24 Bald darauf wurde seine Frau Elisabet schwanger und zog sich fünf Monate lang zurück. Sie sprach: 25 Der Herr hat mir geholfen. Er hat in diesen Tagen gütig auf mich geschaut und mir die soziale Herabsetzung genommen, der ich wegen der Kinderlosigkeit ausgesetzt war.

---

[7] Hier folgt die Übersetzung Lamsa; Etheridge und Murdock sprechen von einem „vollkommenen Volk".

Ankündigung der Geburt Jesu

26 Im sechsten Monat wurde der Engel Gabriel nun von Gott in eine Stadt in Galiläa namens Nazaret 27 zu einer jungen Frau gesandt. Für sie war bereits das Brautgeld an einen Mann namens Josef bezahlt worden, der aus dem Haus David stammte, und ihr Name war Maria. 28 Und der Engel trat bei ihr ein und sprach: *Schlām lekh*, Friede dir, sei gegrüßt, du voll Begnadete, Mārā[8], unser Herr, sei mit dir. 29 Als sie ihn sah, erschrak sie über sein Wort und überlegte, was für eine Begrüßung dies sein sollte. 30 Da sagte der Engel zu ihr: Fürchte dich nicht, Maria. Denn du hast bei Gott Gnade gefunden. 31 Du wirst schwanger werden und einen Sohn gebären. Und du wirst ihm den Namen Jesus geben. 32 Er wird groß sein und Sohn des Höchsten genannt werden. Und Gott, Mārā, der Herr[9], wird ihm seinen Thron von seinem Vater David geben. 33 Er wird über das Haus Jakob in Ewigkeit herrschen und seine Herrschaft wird ohne Grenzen sein. 34 Maria sagte zu dem Engel: Wie soll das geschehen, da ich in keiner Gemeinschaft mit einem Mann lebe? 35 Der Engel antwortete ihr: Der Heilige Geist wird kommen und Kraft des Höchsten wird auf dir ruhen. Deshalb ist auch das Kind, das von dir geboren wird, heilig und wird der Sohn Gottes genannt werden.[10] 36 Auch deine Verwandte Elisabet hat noch in ihrem Alter einen Sohn empfangen. Obwohl sie als unfruchtbar gilt, ist sie schon im sechsten Monat. 37 Denn für Gott ist nichts unmöglich. 38 Da sagte Maria: Hier bin ich[11], eine Dienerin des Herrn[12]. Lass sich dein Wort an mir erfüllen. Und der Engel verließ sie.

---

[8] *Mārā* = Meister, Herr; in der Peschitta auf Afrikaans steht an dieser Stelle das Tetragramm יהוה.

[9] In der Peschitta auf Afrikaans steht an dieser Stelle das Tetragramm יהוה.

[10] Gemeint ist ein spiritueller Sinn, kein physischer Sinn, bemerkt Errico. Denn Gott sei Geist und die, die ihn verehren, tun dies im Geist und in der Wahrheit (Joh 4,24). Vor Jesus wurde bereits Salomon als „Sohn Gottes" bezeichnet (vgl. Errico/Lamsa, *Mark & Luke*, S. 120).

[11] Formelhafte Antwort im Rahmen von Berufungsgeschichten bei Propheten: *hineni* = hier bin ich.

[12] Tetragramm יהוה in der Afrikaans-Übersetzung.

Lukas 1, 39–51

Maria und Elisabet

39 In diesen Tagen machte sich Maria hastig auf den Weg ins Gebirge, in eine Stadt in Judäa. 40 Sie ging in das Haus des Zacharias und begrüßte Elisabet. 41 Und als Elisabet den Gruß Marias hörte, strampelte das Kind in ihrem Bauch. Da wurde Elisabet vom Geist der Heiligkeit erfüllt 42 und sie rief mit lauter Stimme: Gesegnet bist du unter Frauen und gesegnet ist die Frucht deines Leibes. 43 Wie kommt es, dass die Mutter meines Mārā, meines Herrn, zu mir kommt? 44 Denn in dem Augenblick, als ich deinen Gruß vernahm, hüpfte das Kind mit großer Freude in meinem Leib. 45 Und gesegnet ist, die geglaubt hat, dass sich erfüllen wird, was der Herr ihr gesagt hat. 46 Da sprach Maria:

Meine Seele preist die Größe des Herrn
47 und mein Geist jubelt über Gott,
der Leben gibt und mich erhält.

48 Denn er hat auf die Sanftmut seiner Dienerin geschaut.
Von nun an beneiden[13] und preisen[14] mich alle Geschlechter.
49 Denn der Mächtige hat Großes an mir getan.

Sein Name ist heilig.
50 Er erbarmt sich über Jahrhunderte und Generationen
über alle, die ihn respektieren.

51 Mit seinem Arm ist er siegreich:
Er zersprengt, die sich in ihrem Herzen einbilden,
hoch über allen anderen zu stehen.

---

[13] Übersetzung von Lamsa.
[14] Übersetzung von Etheridge, Murdock.

52 Er hat die Mächtigen
   vom Thron gestürzt
   und die Niedrigen erhöht.

53 Die Hungernden hat er
   mit seinen Gaben beschenkt,
   und er hat die Reichen leer ausgehen lassen.

54 Er hat sich
   seines Knechtes Israel angenommen
   und gedacht an sein Erbarmen.

55 Wie er zu unsern Vorvätern
   gesprochen hat:
   Abraham und seinen Nachkommen auf ewig.

56 Und Maria blieb etwa drei Monate bei ihr und dann kehrte sie nach Hause zurück.

Geburt des Johannes

57 Für Elisabet kam die Zeit, dass sie gebären sollte, und sie brachte einen Sohn zur Welt. 58 Als ihre Nachbarn und Verwandten hörten, wie stark die Zuneigung Gottes zu ihr angewachsen war, freuten sie sich sehr mit ihr. 59 Und es geschah am achten Tag, da kamen sie zur Beschneidung des Kindes und sie wollten ihm den Namen Zacharias nach dem Namen seines Vaters geben. 60 Seine Mutter aber widersprach: Nein, er soll Johannes[15] heißen. 61 Sie antworteten ihr: Es gibt doch niemanden in deiner Familie, der so heißt. 62 Da machten sie seinem Vater Zeichen, um zu erfahren, welchen Namen er ihm geben wollte. 63 Er verlangte ein Schreibtäfelchen und

---

[15] Das bedeutet: Der Herr hat seine Gunst erwiesen (vgl. Errico/Lamsa, *Mark & Luke*, S. 124).

schrieb darauf: Johannes ist sein Name. Und alle waren erstaunt. 64 Im gleichen Augenblick waren sein Mund und seine Zunge wieder frei und er redete und pries Gott. 65 Und alle Nachbarn gerieten in Furcht und diese Dinge wurden zum Gesprächsthema im ganzen Bergland von Judäa. 66 Alle, die davon hörten, bewegten es in ihrem Herzen und sagten: Was wird wohl aus diesem Jungen werden? Denn die Hand des Herrn war mit ihm. 67 Sein Vater Zacharias wurde vom Heiligen Geist erfüllt und begann prophetisch zu reden: 68 Gepriesen sei der Herr, der Gott Israels. Denn er hat sein Volk besucht und ihm Erlösung gebracht. Er hat die Feinde überwunden und die Krieger mit erhobenen Hörnern und unter Siegesjubel zurückgeführt. 69 Er hat uns einen starken Retter erweckt im Haus seines Dieners David. 70 So hat er gesprochen über die Jahrhunderte hinweg durch den Mund seiner heiligen Propheten. 71 Und er hat uns befreit von unseren Feinden und aus der Hand aller, die uns hassen. 72 Er hat Erbarmen an den Vätern gezeigt und sich an seine heilige Bünde gehalten, 73 an die Eide, die er unserm Vater Abraham geschworen hat. 74 Er hat uns erlöst, damit wir aus Feindeshand befreit sind und ihm furchtlos dienen 75 in Rechtschaffenheit und Gerechtigkeit an allen unseren Tagen. 76 Und du, Junge, wirst Prophet des Höchsten heißen. Denn du wirst vor dem Angesicht des Herrn[16] gehen, um ihm den Weg zu bereiten. 77 Du wirst seinem Volk die Erfahrung des Lebens geben durch die Vergebung seiner Sünden, 78 durch die Barmherzigkeit und Freundlichkeit unseres Gottes. So wird uns ein Lichtstrahl aus der Höhe erreichen, 79 um allen Licht zu bringen, die in Finsternis sitzen und im Schatten des Todes, um unsre Schritte zu lenken auf den Weg des Friedens. 80 Der Junge wuchs heran und festigte sich charakterlich. Und er lebte in der Wildnis, *um Schafe zu hüten*[17], bis zu dem Tag, an dem er vor Israel erscheinen sollte.

---

[16] Tetragramm יהוה in der Afrikaans-Übersetzung.
[17] Sinnerhellender Zusatz des Übersetzers in Kursivsetzung aufgrund von: Lamsa, *Evangelien*, S. 275 f.

Geburt Jesu

2 1 Es geschah aber in jenen Tagen, dass Kaiser Augustus ein Dekret erließ, im ganzen Reich zur Steuererfassung Zensuslisten anfertigen zu lassen. 2 Dieser erste Zensus war der erste unter der Regentschaft des Quirinius in Syrien. 3 Da ging jeder in seine eigene Stadt, um sich registrieren zu lassen. 4 So zog auch Josef von Nazaret, einer Stadt in Galiläa, hinauf nach Judäa in die Stadt Davids, die Betlehem heißt. Denn er war aus dem Haus und der Familie Davids. 5 Er wollte sich eintragen lassen mit Maria, seiner Anvertrauten, die ein Kind erwartete. 6 Und während sie dort waren, kamen die Tage, dass sie gebären sollte, 7 und sie gebar ihren erstgeborenen Sohn. Sie wickelte ihn in Windeln und legte ihn in eine Krippe, weil sie nicht genügend Platz dort hatten, wo sie einquartiert waren. 8 In dieser Gegend, in der sie sich befanden, lagerten Hirten auf freiem Feld und bewachten ihre Herde bei Nacht. 9 Da trat ein Engel des Herrn[18] zu ihnen, und die Herrlichkeit des Herrn umstrahlte sie, und sie wurden von großer Furcht ergriffen. 10 Der Engel sagte zu ihnen: Fürchtet euch nicht, denn ich bringe euch Botschaften großer Freude, die der ganzen Welt gelten: 11 Heute ist euch in der Stadt Davids der Retter geboren. Er ist der Messias, Mārā, der Meister und Herr. 12 Und das soll euch als Zeichen dienen: Ihr werdet einen Säugling finden, der in Windeln gewickelt ist und in einer Krippe liegt. 13 Und plötzlich waren bei dem Engel himmlische Heerscharen, die Gott lobten und sprachen: 14 Ehre sei Gott in der Höhe und auf Erden Friede und Hoffnung[19] den Menschen[20]. 15 Und als die Engel von ihnen wieder aufgebrochen und in den Himmel zurückgekehrt waren, sagten die Hirten zueinander: Lasst uns nach Betlehem gehen, um zu sehen, was sich ereignet hat, wie es uns der Herr gezeigt hat. 16 So kamen sie eilig hin und fanden

---

[18] Von *Mārā*, dem Meister und Herrn; Tetragramm יהוה in der Afrikaans-Übersetzung.
[19] Zu ergänzen: auf Gutes.
[20] In der Afrikaans-Übersetzung werden „Friede und Hoffnung für die Menschen auf Erden" konkretisiert: Friede, Vergnügtheit, Gesundheit, Wohlstand, gute Nachrichten.

Maria und Josef und den Säugling, der in der Krippe lag. 17 Als sie es sahen, machten sie bekannt[21], was ihnen über diesen Jungen gesagt worden war. 18 Und alle, die dies hörten, staunten über das, was ihnen die Hirten erzählten. 19 Maria aber bewahrte alle diese Worte und erwog sie in ihrem Herzen. 20 Die Hirten kehrten zurück, rühmten Gott und priesen ihn für alles, was sie gehört und gesehen hatten, so wie es ihnen gesagt worden war. 21 Als acht Tage vorüber waren und das Kind beschnitten werden sollte, gab man ihm den Namen Jesus, weil ihn der Engel so genannt hatte, bevor das Kind im Mutterleib empfangen war.

Simeon und Hanna

22 Als die Tage der vom Gesetz des Mose vorgeschriebenen Reinigung für sie gekommen waren, brachten sie den Jungen nach Jerusalem hinauf, um ihn dem Herrn darzustellen, 23 wie in der Tora geschrieben ist: Jede männliche Erstgeburt soll Mārā, dem Herrn[22], geheiligt werden. 24 Und sie wollten ihr Opfer darbringen, wie es die Tora vorschreibt: ein Paar Turteltauben oder zwei junge Tauben. 25 Und in Jerusalem lebte ein Mann namens Simeon. Dieser Mann war gerecht und fromm und wartete auf den Trost Israels, und der Geist der Heiligkeit ruhte auf ihm. 26 Vom Heiligen Geist war ihm offenbart worden, er werde nicht sterben, ehe er den Messias von Mārā, dem Herrn, gesehen habe. 27 Dieser Mann wurde vom Geist in den Tempel geführt. Und als die Eltern den Jungen Jesus brachten, um mit ihm zu tun, was nach der Tora vorgesehen ist, 28 nahm er ihn in seine Arme und pries Gott und sprach: 29 Nun entlasse, mein Mārā, mein Herr, deinen Knecht in Frieden, wie du gesagt hast. 30 Denn meine Augen haben gesehen, wie groß und gut du 31 im Angesicht aller Völker bist. 32 Du hast ein Licht angezündet zur Erleuchtung derer, die nicht an Gott glauben, und du hast Herrlichkeit deinem Volk Israel bereitet. 33 Sein Vater und seine Mutter staunten über die Worte, die über ihn gesagt wurden. 34 Und Simeon segnete

---

[21] Wörtlich zu ergänzen: das Wort.
[22] In der Peschitta auf Afrikaans steht an dieser Stelle das Tetragramm יהוה.

sie und sagte zu seiner Mutter Maria: Dieser ist dazu auserwählt, in Israel viele stürzen und aufrichten zu lassen, und er wird zum Zeichen des Widerspruchs werden. 35 Und auch deine Seele wird ein Schwert durchdringen. So sollen die Gedanken vieler Herzen offenbar werden.
36 Auch Hanna, die Prophetin, eine Tochter Penuëls, aus dem Stamm Ascher, war schon hochbetagt. In ihrer Jugend hatte sie sieben Jahre lang mit ihrem Mann gelebt. 37 Nun war sie eine Witwe von vierundachtzig Jahren. Sie verließ niemals den Tempel und verehrte Gott Tag und Nacht mit Fasten und Beten. 38 Auch sie trat zu derselben Stunde hinzu, dankte Gott und sprach über ihn zu allen, die auf die Erlösung Jerusalems warteten. 39 Als seine Eltern alles getan hatten, was die Tora vorschreibt, kehrten sie nach Galiläa in ihre Stadt Nazaret zurück. 40 Der Junge wuchs heran und reifte in seiner Persönlichkeit, er nahm zu an Weisheit, und Gottes Gnade ruhte auf ihm.

Jesus im Tempel

41 Jesu Verwandte gingen jedes Jahr nach Jerusalem, um dort das Pessachfest zu feiern. 42 Als er zwölf Jahre alt geworden war, zogen sie wieder hinauf, wie sie es gewohnt waren. 43 Als die Festtage zu Ende waren, machten sie sich auf den Heimweg. Aber Jesus blieb in Jerusalem zurück, ohne dass Josef und Maria es merkten. 44 Sie meinten, er sei in der Pilgergruppe, und reisten eine Tagesstrecke weit. Dann suchten sie ihn bei den Verwandten und Bekannten. 45 Als sie ihn nicht finden konnten, kehrten sie nach Jerusalem zurück und suchten nach ihm. 46 Nach drei Tagen fanden sie ihn schließlich im Tempel. Er saß mitten unter den Malpāne, den Lehrern, hörte ihnen zu und stellte Fragen. 47 Alle, die ihn hörten, waren erstaunt über seine Weisheit und über seine Antworten. 48 Als seine Eltern ihn sahen, waren sie höchst erstaunt und seine Mutter sagte zu ihm: Mein Sohn, warum hast du uns das angetan? Dein *'Abbā*, dein lieber Vater, und ich haben dich voller Sorgen gesucht. 49 Da sprach er zu ihnen:

Lukas 2, 50–3,7

*Warum habt ihr
mich gesucht?*

*Wusstet ihr nicht,
wo ich sein würde?*

Im Haus meines 'Abbā,
meines liebevollen Vaters[23]?

50 Doch sie konnten dieses Wort, das er zu ihnen sagte, nicht begreifen. 51 Dann kehrte er mit ihnen nach Nazaret zurück und war ihnen gehorsam. Seine Mutter bewahrte all die Worte in ihrem Herzen. 52 Sein Ansehen und seine Weisheit nahmen zu und Gott und die Menschen waren ihm zugetan.

Der Täufer

3 1 Im fünfzehnten Jahr der Regierung des Kaisers Tiberius, als Pontius Pilatus in Judäa regierte, als Herodes Tetrarch von Galiläa, sein Bruder Philippus Tetrarch von Ituräa und der Trachonitis, Lysanias Tetrarch von Abilene waren, 2 als Hannas und Kajaphas Hohepriester waren, da erging das Wort Gottes an Johannes, den Sohn des Zacharias. 3 Und er zog durch die Gegend am Jordan und verkündete dort überall die Taufe der Umkehr zur Vergebung der Sünden, 4 wie im Buch der Reden des Propheten Jesaja geschrieben steht: Stimme eines Rufers in der Wildnis: Bereitet den Weg des Herrn. Macht gerade seine Straßen in der Ebene. 5 Jede Schlucht soll aufgefüllt und jeder Berg und Hügel abgetragen werden. Was krumm ist, soll gerade, was uneben ist, soll zur Ebene werden. 6 Und alle Menschen werden das Leben Gottes[24] schauen. 7 Da sprach er zu den Menschen, die hinauszogen, um sich von ihm taufen zu lassen: Ihr Brut von Skorpionen[25],

---

[23] Sinnerhellender Zusatz des Übersetzers nicht in Kursivsetzung.
[24] Lamsa übersetzt: die Erlösung Gottes.
[25] Hier wird dem Vorschlag von Lamsa gefolgt. In anderen Übersetzungen ist

wer hat euch denn gesagt, dass ihr dem kommenden Zorn entrinnen könnt? 8 Handelt so, dass erkennbar wird: eure Umkehr zu Gott ist aufrichtig gemeint.[26] Und denkt nur nicht: Wir haben doch Abraham zum Vater. Denn ich sage euch: Gott kann aus diesen Steinen Kinder Abrahams erwecken. 9 Schon ist die Axt an die Wurzel der Bäume gelegt. Jeder Baum, der keine gute Frucht hervorbringt, wird umgehauen und ins Feuer geworfen. 10 Da fragten ihn die Menschen: Was sollen wir denn tun? 11 Er antwortete ihnen: Wer zwei Tuniken hat, der gebe eine davon dem, der keine hat, und wer etwas zu essen hat, der handle ebenso. 12 Es kamen auch Steuereinnehmer, um sich taufen zu lassen, und sie fragten ihn: Malpānā, Lehrer, was sollen wir tun? 13 Er sagte zu ihnen: Verlangt nicht mehr, als festgesetzt ist. 14 Auch Soldaten fragten ihn: Was sollen wir denn tun? Und er sagte zu ihnen: Misshandelt niemanden, verachtet niemanden, begnügt euch mit eurem Sold. 15 Da die Leute ihre ganze Hoffnung auf Johannes setzten, erwogen alle im Herzen, ob Johannes nicht vielleicht selbst der Messias sei. 16 Doch Johannes gab ihnen allen zur Antwort: Ich taufe euch mit Wasser. Es kommt aber einer nach mir, der stärker ist als ich, und ich bin es nicht wert, ihm die Sandalen auszuziehen. Er wird euch mit dem Heiligen Geist und mit reinigendem Feuer taufen. 17 Schon hält er die Dreschschaufel in der Hand, um damit das gedroschene Getreide gegen den Wind zu werfen und so die Spreu vom Weizen zu trennen.[27] Er will seine Tenne reinigen und den Weizen in seine

---

auch von Vipern- und Natterngezüchten die Rede. Sich gerade auf Skorpione zu beziehen, dürfte mit traditionellen orientalischen Vorstellungen von der Geburt dieses Insekts zu tun haben. Man denkt, das Vatertier sterbe bei der Zeugung, und die Mutter werde von ihm bei der Geburt getötet. In der verwendeten Metapher wird wohl auf das Fehlen einer geistlichen Führung rekurriert. So wie die Skorpione schutzlos ohne Eltern aufwachsen, so haben die angesprochenen Menschen keine spirituelle Orientierung. Sie sind auch nicht in Praktiken der Buße eingeübt und stehen so unter Verdacht, tatsächlich nicht zur Buße fähig zu sein – trotz verbaler Beteuerungen. (Vgl. Lamsa, *Evangelien*, S. 64 f.)

[26] Wörtlich: bringt Früchte, die zeigen: eure Umkehr zu Gott ist aufrichtig gemeint.
[27] Der letzte Halbsatz ist als Erläuterung hinzugefügt, da sich die Funktion der Schaufel dem bzgl. des Dreschens Unkundigen sonst nicht erschließt.

Scheune bringen. Die Spreu aber wird er in nie erlöschendem Feuer verbrennen. 18 Dies und vieles mehr lehrte und predigte er das Volk.
19 Nun kritisierte Johannes den Tetrarchen Herodes sehr wegen Herodias, der Frau seines Bruders, und wegen aller schlechten Taten, die er verübt hatte. 20 Daraufhin ließ Herodes Johannes auch noch ins Gefängnis werfen.

Taufe Jesu

21 Als sich alle möglichen Leute taufen ließen, geschah es, dass auch Jesus getauft wurde. Und während er betete, öffnete sich der Himmel 22 und der Heilige Geist kam auf ihn herab, wie eine Taube[28], und eine Stimme von Gott sprach: Du bist mein geliebter Sohn, an dem ich meine Freude habe.

---

[28] ܐܝܟ ܝܘܢܐ, *ʾayk yawnā* = wie eine Taube, als eine Taube (also übersetzt: Er sah den Geist Gottes wie eine Taube herabkommen). Diese Übersetzung bereitet gewisse Schwierigkeiten. Welchen Sinn soll „die Taube" in diesem Kontext haben? Günther Schwarz schlägt daher beim Wort „kejona" (aramäisch bedeutet Jona = „Taube", ke = „wie") vor, eine andere Vokalisation des Textes vorzunehmen – die jetzige Vokalisation erfolgte übrigens erst tausend Jahre nach Niederschrift, was eine Vielzahl von Übersetzungsmöglichkeiten eröffnet und so das Vorgehen als legitim erscheinen lässt. Bei der neuen Vokalisation bedeutet der Begriff nun „geradewegs". Man könnte dann übersetzen: „Er sah den Geist Gottes *geradewegs* auf sich herabkommen." Eine solche Übertragung wäre sinnvoll (vgl. Rudolf Ott am 3.01.2015, in: *www.theoforum.de* – abgerufen am 26.01.2017). Es spricht aber auch einiges für die Beibehaltung der gewohnten Übersetzung: In nahöstlicher Idiomatik kommt die Taube als Symbol der Sanftmut, Demut und Friedfertigkeit vor. Errico führt etwa die Redewendung an, jemand sei so gut und harmlos, dass sogar eine Taube kommt und auf ihm Platz nimmt. So wird mit dieser Metapher die Demut und Güte eines Menschen zum Ausdruck gebracht. (Vgl. Errico, *Treasures*, S. 10 f.; Errico/Lamsa, *Matthew*, S. 39 ff.) – Bedenkenswert ist die Tatsache, dass eine fast tausendjährige Tradition besagte Stelle mit der „Taube" in Verbindung gebracht hat und das sowohl in der syrischen als auch in der griechischen Tradition gleichermaßen, das lässt es trotz möglicher Bedenken als legitim erscheinen, die Übersetzung im traditionellen Sinne vorzunehmen. Das Aramäische/Semitische hält allerdings oft eine Vielzahl von Interpretationen bereit.

Abstammung des Messias

23 Zu dieser Zeit war Jesus etwa dreißig Jahre alt[29] und er galt als der
Sohn Josefs, des Sohns von Heli. Dieser wiederum war
24 der Sohn des Mattat, dieser war
der Sohn des Levi, dieser war
der Sohn des Melchi, dieser war
der Sohn des Jannai, dieser war
der Sohn des Josef, dieser war
25 der Sohn des Mattitja, dieser war
der Sohn des Amos, dieser war
der Sohn des Nahum, dieser war
der Sohn des Hesli, dieser war
der Sohn des Naggai, dieser war
26 der Sohn des Mahat, dieser war
der Sohn des Mattitja, dieser war
der Sohn des Schimi, dieser war
der Sohn des Josech, dieser war
der Sohn des Joda, dieser war
27 der Sohn des Johanan, dieser war
der Sohn des Resa, dieser war
der Sohn des Serubbabel, dieser war
der Sohn des Schealtiël, dieser war
der Sohn des Neri, dieser war
28 der Sohn des Melchi, dieser war
der Sohn des Addi, dieser war
der Sohn des Kosam, dieser war
der Sohn des Elmadam, dieser war
der Sohn des Er, dieser war
29 der Sohn des Joschua, dieser war
der Sohn des Eliëser, dieser war
der Sohn des Jorim, dieser war

---

[29] Ab diesem Alter wird auf einen Mann gehört, vorher gilt sein Urteil nicht viel.

der Sohn des Mattat, dieser war
der Sohn des Levi, dieser war
30 der Sohn des Simeon, dieser war
der Sohn des Juda, dieser war
der Sohn des Josef, dieser war
der Sohn des Jonam, dieser war
der Sohn des Eljakim, dieser war
31 der Sohn des Melea, dieser war
der Sohn des Menna, dieser war
der Sohn des Mattata, dieser war
der Sohn des Natan, dieser war
der Sohn des David, dieser war
32 der Sohn des Isai, dieser war
der Sohn des Obed, dieser war
der Sohn des Boas, dieser war
der Sohn des Salmon, dieser war
der Sohn des Nachschon, dieser war
33 der Sohn des Amminadab, dieser war
der Sohn des Admin, dieser war
der Sohn des Arni, dieser war
der Sohn des Hezron, dieser war
der Sohn des Perez, dieser war
der Sohn des Juda, dieser war
34 der Sohn des Jakob, dieser war
der Sohn des Isaak, dieser war
der Sohn des Abraham, dieser war
der Sohn des Terach, dieser war
der Sohn des Nahor, dieser war
35 der Sohn des Serug, dieser war
der Sohn des Regu, dieser war
der Sohn des Peleg, dieser war
der Sohn des Eber, dieser war
der Sohn des Schelach, dieser war
36 der Sohn des Kenan, dieser war

der Sohn des Arpachschad, dieser war
der Sohn des Sem, dieser war
der Sohn des Noach, dieser war
der Sohn des Lamech, dieser war
37 der Sohn des Metuschelach, dieser war
der Sohn des Henoch, dieser war
der Sohn des Jered, dieser war
der Sohn des Mahalalel, dieser war
der Sohn des Kenan, dieser war
38 der Sohn des Enosch, dieser war
der Sohn des Set, dieser war
der Sohn des Adam, der
von Gott geschaffen wurde[30].

Versuchung Jesu

4 1 Erfüllt vom Heiligen Geist, kehrte Jesus vom Jordan zurück und der Geist führte ihn weg in die Wildnis, 2 vierzig Tage lang. Dort wurde er vom Widersacher versucht. In jenen Tagen aß er nichts. Als diese Zeit vorüber war, hatte er Hunger. 3 Da sagte der Widersacher zu ihm: Falls du Gottes Sohn bist, so befiehl diesem Stein, sich in Brot zu verwandeln. 4 Jesus antwortete ihm:

Es steht geschrieben:

Der Mensch lebt nicht
vom Brot allein.

Der Mensch lebt
von jedem Wort des Gottes Israels.

---

[30] Im östlichen Text heißt es: *min-Allaha* = erschaffen durch Gott (vgl. Errico/Lamsa, *Mark & Luke*, S. 140).

Lukas 4, 5–11

5 Da führte ihn der Widersacher hinauf auf einen hohen Berg und zeigte ihm in einem Augenblick alle Königreiche der Erde. 6 Und der Widersacher sprach zu ihm: All die Macht und Herrlichkeit dieser Reiche will ich dir geben. Denn sie sind mir überlassen und ich gebe sie, wem es mir gefällt. 7 Wenn du mich anbetest, wird dir alles gehören. 8 Jesus antwortete ihm:

Es steht geschrieben:

Mārā,
den Herrn,
deinen Gott,
sollst du anbeten.
Nur ihm allein
sollst du dienen.

9 Daraufhin brachte ihn der Widersacher nach Jerusalem, veranlasste ihn, sich oben auf den Tempel zu stellen, und sagte zu ihm:

Wenn du Gottes Sohn bist,
so stürz dich von hier hinab.

10 Denn es steht geschrieben:

Seinen Engeln befiehlt er,
dich zu behüten.
11 Und: Sie werden
dich auf ihren Händen tragen,
damit dein Fuß nicht im Entferntesten
mit einem Stein in Berührung kommt,
geschweige denn sich an einem stößt.[31]

---

[31] Das bedeutet: Alles wird für dich gut ausgehen (vgl. Errico/Lamsa, *Mark & Luke*, S. 142).

12 Da antwortete ihm Jesus:

Es ist gesagt:

Du sollst Mārā,
den Herrn,
deinen Gott,
nicht versuchen.

13 Nachdem der Widersacher diese Versuchungen abgeschlossen hatte, entfernte er sich von ihm für einige Zeit.

Auftreten in Galiläa

14 Jesus kehrte, erfüllt von der Kraft des Geistes, nach Galiläa zurück. Und die Kunde von ihm verbreitete sich in der ganzen Umgebung. 15 Er lehrte in den Synagogen und wurde von allen hoch gelobt.

Nazaret

16 So kam er auch nach Nazaret, wo er aufgewachsen war. Er ging, wie gewohnt, am Sabbat in die Synagoge. Und er stand auf, um vorzulesen. 17 Man reichte ihm die Buchrolle des Propheten Jesaja. Er öffnete sie und fand die Stelle, wo geschrieben steht:

18 *Der Geist des Herrn ruht auf mir.*
Denn dafür bin ich gesalbt und gesandt:

Damit ich den Armen
eine frohe Botschaft bringe.

Damit ich die, deren Herz gebrochen ist,
heile, dass sie gesund werden.

*Damit ich den Gefangenen
verkünde, dass sie entlassen werden.*

*Damit ich den Blinden
ankündige, dass sie sehen können.*

*Damit ich die, die verwundet sind,
stärke, indem ich die Sünden vergebe.*

19 *Und ein Jahr der Vergebung
durch den Herrn ausrufe.*

20 Dann schloss er die Buchrolle, gab sie dem Synagogendiener und setzte sich. Die Augen aller in der Synagoge waren auf ihn gerichtet. 21 Dann begann er, zu ihnen zu reden:

*Heute,
an diesem Tag,
hat sich das Schriftwort,
das ihr gehört habt,
erfüllt.*

22 Alle bezeugten es. Sie staunten über die Worte der Gnade, die aus seinem Mund kamen, und sie sagten: Ist das nicht Josefs Sohn? 23 Da entgegnete er ihnen:

*Wahrscheinlich werdet ihr mir
das Sprichwort vorhalten:
Arzt, heile dich selbst.*

*Wenn du alles das getan hast,
was wir von dir aus Kafarnaum gehört haben,
dann tu das auch hier in deiner Heimatstadt.*

24 Und er fügte hinzu:

Amen, ich sage euch:

Kein Prophet wird
in seiner Heimat akzeptiert.

25 *Wahrhaftig, das sage ich euch:*

In Israel gab es
viele Witwen
in den Tagen des Elija.

Drei Jahre und sechs Monate lang
fiel kein Tropfen Regen vom Himmel
und eine große Hungersnot kam über das ganze Land.

26 *Aber zu keiner von ihnen wurde Elija gesandt,*
nur zu einer Witwe
in Sarepta bei Sidon.

27 *In Israel gab es*
viele Aussätzige
zur Zeit des Propheten Elischa.

Aber keiner von ihnen
wurde geheilt,
nur der Syrer Naaman.

28 Als die Leute in der Synagoge das hörten, wurden sie ausnahmslos wütend. 29 Sie sprangen auf und brachten ihn zur Stadt hinaus. Sie trieben ihn zum Abhang des Berges, auf dem ihre Stadt erbaut war, und wollten ihn von einem Felsen hinabstürzen. 30 Er aber schritt mitten durch sie hindurch und ging weg.

Lukas 4, 31–43

Kafarnaum

31 Jesus ging hinab nach Kafarnaum, einer Stadt in Galiläa, und lehrte die Menschen an Sabbattagen. 32 Sie waren voller Staunen über seine Lehre, denn er redete mit Autorität. 33 In der Synagoge war ein Mensch, der einen unreinen Geist hatte.[32] Der schrie mit lauter Stimme: 34 Lass mich in Ruhe. Was habe ich mit dir zu tun, Jesus von Nazaret? Bist du gekommen, um Verderben zu bringen? Ich weiß, wer du bist: der Heilige Gottes. 35 Da sprach Jesus zu ihm:

> *Schweig und sei wieder rein.*

Der Mann wälzte sich in ihrer Mitte und wurde geheilt, ohne Schaden zu erleiden. 36 Alle waren erschrocken und einer fragte den andern: Was ist das für ein Wort? Mit Autorität und Kraft hat er Macht über unreine Geister und sie verschwinden. 37 Und sein Ruf verbreitete sich in der ganzen Umgegend. 38 Als Jesus die Synagoge verlassen hatte, ging er in das Haus des Simon. Die Schwiegermutter des Simon litt an ernstem Fieber und sie baten ihn, etwas für sie zu tun. 39 Er stand ihr bei, brachte das Fieber unter Kontrolle und es verließ sie. Und sie stand sofort auf und bediente sie. 40 Als die Sonne unterging, brachten die Leute ihre Kranken, die alle möglichen Leiden hatten, zu Jesus. Er legte jedem von ihnen die Hand auf und heilte sie. 41 Viele wurden geheilt und sie riefen: Du bist der Messias, der Sohn Gottes. Da hielt er sie zurück und ließ sie nicht reden. Denn sie wussten, dass er der Messias war.

Aufbruch

42 Bei Tagesanbruch machte er sich auf und ging an einen verlassenen Ort. Aber die Menschen suchten ihn, kamen zu ihm hin und hielten ihn fest, damit er nicht von ihnen weggehen könnte. 43 Jesus sprach zu ihnen:

---

[32] Wörtlich: der von einem Dämon besessen war.

*Ich muss auch den anderen Städten
die freudige Hoffnung
von Gottes Rat verkünden.
Denn dazu bin ich gesandt.*

44 Und er predigte in den Synagogen Judäas.

Fischfang und erste Jünger

5 1 Als die Menschen sich um ihn drängten, um zu hören, was er von Gott redete, stand er am Ufer des Sees Genezareth 2 und er sah zwei Boote am See liegen. Die Fischer waren ausgestiegen und wuschen ihre Netze. 3 Eines der Boote gehörte dem Simon Kephas. Daher stieg Jesus in dieses Boot, setzte sich hinein und bat ihn, ein klein wenig vom Land wegzufahren. Dann ließ er sich nieder und lehrte das Volk vom Boot aus. 4 Als er seine Rede beendet hatte, sagte er zu Simon:

*Fahr hinaus
ins tiefe Wasser
und
wirf dein Netz
zum Fangen aus.*

5 Simon antwortete ihm: Rabbī, Lehrer, wir haben die ganze Nacht gearbeitet und nichts gefangen. Doch auf deine Bitte, auf dein Wort hin werde ich das Netz auswerfen. 6 Als sie das getan hatten, fingen sie eine so große Menge an Fischen, dass ihr Netz riss. 7 Und sie gaben den Fischern im anderen Boot, mit denen sie zusammenarbeiteten, Zeichen, sie sollten kommen und ihnen helfen. Sie kamen und füllten beide Boote, sodass sie fast versunken wären. 8 Als Simon Kephas das sah, fiel er Jesus zu Füßen und sprach: Mein Mārā, mein Meister und Herr, lass mich alleine zurück, denn ich bin ein Mensch voller Fehler und Mängel. *Durch diese Worte eigener Geringschätzung wollte er ausdrücken, wie sehr ihn das Erlebte beein-*

Lukas 5, 9–13

druckt hatte und wie hoch er Jesus und seinen Rat wertschätzte.[33] 9 Denn er und alle seine Begleiter waren so erstaunt über den Fang der Fische, den sie gemacht hatten. 10 Ebenso erging es auch Jakobus und Johannes, den Söhnen des Zebedäus, die Partner Simons beim Fischen waren. Da sagte Jesus zu Simon:

> *Hab keine Furcht* davor,
> was aus dir
> werden soll[34]:
>
> *Von jetzt an*
> *wirst du*
> *Menschen fangen,*
>
> *damit sie*
> *zum Leben*
> *kommen.*

11 Und sie brachten die Boote an Land, verließen alles und folgten ihm nach.

Rein werden

12 Als sich Jesus in einer der Städte aufhielt, kam ein Mann voller Lepra auf ihn zu. Er sah Jesus und warf sich auf sein Angesicht und bat ihn: Mein Mārā, mein Meister und Herr, wenn du willst, kannst du mich rein machen. 13 Da streckte Jesus die Hand aus, berührte ihn und sagte:

> *Ich will,*
> *werde rein.*

---

[33] Sinnerhellender Zusatz des Übersetzers in Kursivsetzung.
[34] Sinnerhellender Zusatz des Übersetzers nicht in Kursivsetzung.

Im gleichen Augenblick wich die Lepra von ihm. 14 Jesus legte ihm nahe:

Erzähle niemandem davon.

Stattdessen geh,
zeig dich den Priestern.

Bring das Reinigungsopfer dar,
wie es Mose angeordnet hat.

Das wird sie überzeugen.

15 Sein Ruf verbreitete sich umso mehr, und viele Menschen kamen zusammen, um ihn zu hören und von ihren Krankheiten geheilt zu werden. 16 Doch er zog sich in die Wildnis zurück und betete.

Heil werden

17 Als Jesus eines Tages lehrte, saßen auch Pharisäer und Malpāne, Lehrer der Tora, aus allen Teilen Galiläas und Judäas sowie aus Jerusalem unter den Zuhörern. Und die Kraft von Mārā, von Gott, war bei ihm, um sie zu heilen. 18 Und einige Männer brachten einen Gelähmten auf einer Trage. Sie wollten ihn ins Haus vor Jesus bringen. 19 Als sie aber merkten, dass sie ihn wegen der vielen Menschen nicht in das Haus hineinschaffen konnten, stiegen sie kurzerhand aufs Dach und ließen ihn durch eine Dachöffnung auf dem Bett unmittelbar vor Jesus hinab. 20 Als Jesus ihr Vertrauen sah, sprach er zum Gelähmten:

Mann, deine Sünden sind dir vergeben.

21 Und die Schriftkundigen und die Pharisäer fingen an zu erwägen: Wer ist dieser Mann, der solche Blasphemie von sich gibt? Wer kann denn Sünden vergeben außer Gott allein? 22 Jesus aber erkannte ihre Gedanken und erwiderte ihnen:

Worüber denkt ihr nach?
Welche Gefühle berühren
eure Herzen?

23 *Was ist leichter,*
zu sagen:
Deine Sünden sind dir vergeben.

Oder einfach
zu sagen:
Steh auf und lauf umher?

24 Damit ihr aber erkennt, dass dieser Mensch hier die Autorität hat, auf Erden Sünden zu vergeben, sprach er zum Gelähmten:

Ich sage dir:

Steh auf,
nimm deine Trage
und geh nach Hause.

25 Und sogleich stand er vor ihren Augen auf, nahm seine Trage und ging nach Hause. Und er pries Gott. 26 Alle gerieten ins Staunen. Und sie priesen Gott und sagten voller Betroffenheit und Ehrfurcht: Heute haben wir Wunderbares erfahren.

Nachfolgen

27 Danach ging Jesus hinaus und sah einen Steuereinnehmer mit Namen Levi an seinem Zollhaus sitzen und sprach zu ihm:

Folge mir nach.

28 Sofort verließ Levi alles, stand auf und folgte ihm nach. 29 Und Levi gab in seinem Haus einen großen Empfang für Jesus. Viele Steuereinnehmer und andere waren bei ihnen zu Gast. 30 Da murrten die Schriftkundigen und Pharisäer. Sie sagten zu seinen Jüngern: Wie könnt ihr zusammen mit Steuereintreibern und Sündern essen und trinken? 31 Jesus antwortete ihnen:

> *Die Gesunden brauchen keinen Arzt,*
> *aber die ernsthaft Kranken.*

> 32 *Ich bin nicht gekommen,*
> *um Gerechte zur Umkehr zu rufen.*

> *Sondern ich bin gekommen,*
> *um Sünder zur Umkehr zu rufen.*

Auf Wandlungen einstellen

33 Sie wandten sich an ihn: Die Jünger des Johannes fasten und beten so gut wie immer. Genauso halten es die Anhänger der Pharisäer. Deine Jünger aber haben einen komfortablen Lebensstil[35]. 34 Jesus erwiderte ihnen:

> *Man kann doch unmöglich*
> *die Hochzeitsgäste fasten lassen,*
> *solange der Bräutigam bei ihnen ist?*

> 35 *Aber es werden Tage kommen,*
> *da werden sie ohne Bräutigam sein.*
> *Dann werden sie fasten.*

36 Und er erzählte ihnen ein Gleichnis:

---

[35] Vgl. Errico/Lamsa, *Mark & Luke*, S. 147.

*Niemand schneidet
ein Stück neuen Stoff zurecht
und setzt es auf ein altes Gewand.*

*Sonst würde ja
der neue Stoff
zerschnitten.*

*Zu dem alten Gewand
würde das neue Stück
auch nicht passen.*

Ebenso:

37 *Niemand füllt
jungen Wein
in alte Schläuche.*

*Sonst würde ja
der junge Wein
die Häute zerreißen.*

*Der Wein läuft aus
und die Schläuche
sind auch unbrauchbar.*

38 *Sondern:*

*Jungen Wein füllt man
in neue Schläuche.
Wein und Schläuche bleiben beide erhalten.*

39 *Niemand, der alten Wein trinkt,*
will unmittelbar jungen.
Denn er sagt: Der alte ist köstlich.

Das bedeutet: Alles hat seine eigenen Zeiten und gegebenen Umstände, entsprechend ist es gut und sinnvoll.[36]

Sabbat und Tora

6 1 Als Jesus an einem Sabbat durch die Weizenfelder ging, rissen seine Jünger Ähren ab, zerrieben sie mit den Händen und aßen sie. 2 Aber einige Pharisäer sagten: Warum tut ihr, was am Sabbat aufgrund der Tora nicht erlaubt ist? 3 Jesus erwiderte ihnen:

Habt ihr nicht gelesen,
was David
getan hat,
als er und die,
die ihn begleiteten,
hungrig waren?

4 *Er ging in das Haus Gottes,*
nahm das Brot,
das auf dem Tisch des Herrn lag[37]*,*
aß es und gab es seinen Begleitern,
obwohl es nach der Tora
nur die Priester essen dürfen.

---

[36] Sinnerhellender Zusatz des Übersetzers nicht in Kursivsetzung.

[37] Gemeint sind die „Schaubrote" im Zusammenhang mit der Begebenheit, als David auf der Flucht vor Saul nach Nobe kam und vom Hohepriester Ahimelech die Erlaubnis erhielt, die heiligen Brote zur Stillung des Hungers verzehren zu dürfen. Diese Haltung Ahimelechs veranlasste Saul, die Stadt zu zerstören und die Bewohner grausam umbringen zu lassen. (Vgl. Lamsa, *Evangelien*, S. 229 f.)

5 Und Jesus sprach zu ihnen:

Dieser einfache Mensch hier
ist Mārā,
Herr und Meister,
über
den Sabbat.

Richtschnur für die Weisung

6 An einem anderen Sabbat ging Jesus in die Synagoge und lehrte dort als Malpānā[38]. Dort war ein Mann, dessen rechte Hand atropisch verkümmert war. 7 Die Schriftkundigen und die Pharisäer achteten darauf, ob er am Sabbat heilen würde. Sie suchten nämlich nach einem Grund, um etwas gegen ihn als Anklage in der Hand zu haben. 8 Er aber kannte ihre Gedanken und sagte zu dem Mann mit der verbildeten Hand:

Steh auf und stell dich in die Mitte der Synagoge.

Als der Mann aufstand und sich hinstellte, 9 sprach Jesus zu ihnen:

Ich möchte euch etwas fragen:

Ist es am Sabbat nach der Tora erlaubt,
Gutes zu tun
oder Böses zu tun,
ein Leben zu retten
oder es zugrunde zu richten?

10 Und er sah sie alle der Reihe nach an und sagte dann zu dem Mann:

Streck deine Hand aus.

---

[38] ܘܡܠܦ, *wəmallep*; Wurzel: ܝܠܦ, *ylp* = lehren, lernen; Malpānā,= Lehrer

Er tat es, und seine Hand wurde wiederhergestellt. 11 Sie aber waren verbittert und berieten untereinander, was sie gegen Jesus unternehmen könnten.

Auf den Berg steigen und vom Berg herabsteigen

12 Es geschah in diesen Tagen, dass Jesus auf einen Berg stieg, um zu beten. Und er verbrachte die ganze Nacht im Gebet zu Gott. 13 Am Morgengrauen rief er seine Jünger zu sich und wählte aus ihnen zwölf aus, die er Apostel nannte: 14 Simon, den er auch Kephas nannte, und dessen Bruder Andreas, Jakobus und Johannes, Philippus und Bartholomäus, 15 Matthäus und Thomas, Jakobus, den Sohn des Alphäus, und Simon, genannt der Zelot, 16 Judas, den Sohn des Jakobus, und Judas Iskariot, der zum Verräter wurde. 17 Jesus stieg mit ihnen den Berg hinab und blieb in der Ebene stehen. Zu ihm waren viele seiner Jünger und viele Menschen aus ganz Judäa und Jerusalem und dem Küstengebiet von Tyrus und Sidon gekommen, 18 um ihn zu hören und von ihren Krankheiten geheilt zu werden. Und die, die an unreinen Geistern litten, wurden geheilt. 19 Alle Leute versuchten, ihn zu berühren, weil eine Kraft von ihm ausging. Und er heilte sie alle.

Die Gesegneten

20 Er richtete seine Augen auf seine Jünger und sprach:

Segen euch Armen, Kleinen und Demütigen,[39]
denn ihr entsprecht dem, was Gott rät.

21 *Segen denen, die ihr jetzt hungert,*
denn ihr werdet satt werden.

---

[39] Mit den ܡܣܟܢܐ, *meskīne/miskeneh* (Wurzel: ܡܣܟ, *msk*), den Armen, sind nicht nur die materiell Armen gemeint, ebenso diejenigen, die arm sind an Überheblichkeit, die Demütigen, die Kleinen. Im Judentum der letzten zweihundert Jahre ist der Begriff „arm" nach den rabbinischen Quellen sogar oft gleichbedeutend mit „fromm", „strenggläubig", und „heiligmäßig". (Vgl. Errico/Lamsa, *Mark & Luke*, S. 149)

Lukas 6, 22–25

Segen denen, die ihr jetzt weint,
denn ihr werdet lachen.

22 *Segen euch, wenn euch die Menschen*
hassen und
ausgrenzen und
schmähen und
euren Namen in Verruf bringen
um dieses Menschen willen.

23 *Freut euch und jauchzt an jenem Tag,*
denn euer Lohn bei Gott[40] wird steigen.

Genauso haben es ihre Väter
mit den Propheten gemacht.

24 *Doch:*

Weh euch,
die ihr jetzt reich seid,
denn ihr habt euren Trost
bereits empfangen.

25 *Weh euch,*
die ihr jetzt satt seid,
denn ihr werdet
hungern.[41]

---

[40] Wörtlich: im Himmel.
[41] Errico weist auf die spirituellen Werte hin, die über Besitzdenken hinausführen (vgl. Errico/Lamsa, *Mark & Luke*, S. 151).

Weh euch,
die ihr jetzt lacht,
denn ihr werdet
trauern und weinen.

26 *Weh euch,*
wenn alle Menschen
schön von euch
reden.

Genauso haben es ihre Väter
mit den falschen Propheten gemacht.

Anstöße zum Handeln

27 *Euch aber sage ich,*
weil ihr hört und
das Gehörte befolgt:

Tuet Gutes
euren Feinden,
die euch Böses antun[42]:

Liebt die,
die euch
hassen.

28 *Segnet die,*
die euch
fluchen.

---

[42] Sinnerhellender Zusatz des Übersetzers nicht in Kursivsetzung; Liebe und Hass äußern sich im Verständnis des Orients im Tun, bleiben nicht nur im Gefühlsmäßigen verhaftet.

*Betet für die,
die euch
zwingen, schwere Lasten zu tragen.*

29 *Dem, der dich
auf die eine Wange schlägt,
halt auch die andere hin.*

*Dem, der dir
deinen Mantel wegnimmt,
überlass auch dein Hemd.*

30 *Dem, der dich
bittet, ja jedem,
gib ihm.*

*Dem, der dir gewaltsam
wegnimmt, was dir gehört,
verlange von ihm nichts zurück.*

31 *Genauso wie ihr wollt,
dass euch die Menschen behandeln,
behandelt ihr sie auch.*

32 *Wenn ihr die liebt, die euch lieben:
Welcher über das Übliche hinausreichende Segen
ergibt sich für euch daraus?*

*Auch die sich von Gott entfernt haben,
lieben die, von denen
sie geliebt werden.*

33 *Wenn ihr denen Gutes tut, die euch Gutes tun:*
   Welcher über das Übliche hinausreichende Segen
   ergibt sich für euch daraus?

   Auch diejenigen, die
   sich von Gott entfernt haben,
   handeln genauso.

34 *Wenn ihr nur denen Geld leiht, von denen ihr es zurückzubekommen hofft:*
   Welcher über das Übliche hinausreichende Segen
   ergibt sich für euch daraus?

   Auch diejenigen, die sich von Gott entfernt haben,
   verleihen anderen etwas,
   um das Gleiche zurückzubekommen.

35 *Ihr aber:*

   Tuet Gutes euren Feinden,
   die euch Böses antun,[43]
   ja liebt sie geradezu,
   sie sind ja wie ihr[44]:

   Verleiht auch dann,
   wenn ihr nicht erwarten könnt,
   etwas zurückzubekommen.
   Enttäuscht keine Hoffnungen.

---

[43] Sinnerhellender Zusatz des Übersetzers nicht in Kursivsetzung.

[44] Siehe die Anmerkung zu Mt 19,19, vgl. auch Lev 19,18 und 34; das hebräische כמוך, *kamocha*, kann dabei im Sinne von „er ist wie du" verstanden werden. So ist dann nicht mehr der Gedanke der Selbstliebe als Grundlage der „Nächsten- und Fremdenliebe" bzw. der „Feindesliebe" zu sehen.

Lukas 6, 36–38

Euer Lohn wird sich vermehren
und ihr werdet Söhne des Höchsten sein,
denn er ist gütig auch gegenüber
den Grausamen und Schlimmen.

36 *Seid daher barmherzig,*
wie auch Gott, euer ʾAbbā,
euer liebevoller Vater[45],
barmherzig ist:

37 *Richtet nicht,*
dann werdet
auch ihr
nicht gerichtet werden.

Verurteilt nicht,
dann werdet
auch ihr
nicht verurteilt werden.

Vergebt einander die Schuld,
dann wird eure Schuld
auch euch
vergeben werden.

38 *Gebt weg,*
dann wird
auch euch
gegeben werden.

---

[45] Sinnerhellender Zusatz des Übersetzers nicht in Kursivsetzung, an dieser Stelle ist *ʾAbbā* zum dritten Mal im Lukasevangelium verwendet, in Hinblick auf Gott zum zweiten Mal.

*Ein gutes, volles, gehäuftes,
ja überfließendes Maß
wird euch in den Schoß eures Gewandes[46]
gelegt werden.*

*Denn nach dem Maß,
mit dem ihr messt, wird
auch euch
zugemessen werden.*

Denkanstöße

39 Und er erzählte ihnen gleichnishaft:

*Kann ein blinder Mann einen blinden Mann führen?
Werden nicht beide in eine Grube fallen?*

40 *Es gibt keinen Jünger, der über dem Rabbī steht.
Wer aber umfassend gelernt hat, wird wie sein Rabbī sein.*

41 *Warum siehst du den Splitter im Auge deines Bruders
und bemerkst den Balken in deinem eigenen Auge nicht?*

42 *Oder: Wie kannst du zu deinem Bruder sagen:
Mein Bruder, lass mich den Splitter aus deinem Auge ziehen.*

*Aber du selbst siehst
den Balken in deinem Auge nicht?*

*Ihr Schauspieler und Heuchler. Zieht zuallererst
den Balken aus dem eigenen Auge.*

---

[46] Zu denken ist hier an die traditionell von Männern im Orient getragenen langen Gewänder, in die beim Sitzen auch Gegenstände auf den Schoß gelegt werden können (vgl. Errico/Lamsa, *Mark & Luke*, S. 153).

*Dann erst könnt ihr so klar sehen, dass ihr in der Lage seid,
den Splitter aus dem Auge eures Bruders zu ziehen.*

43 *Es gibt keinen guten Baum,
der schlechte Früchte bringt,*

*Es gibt auch keinen schlechten Baum,
der gute Früchte bringt.*

44 *Jeden Baum erkennt man
an seinen eigenen Früchten:*

*Von den Disteln pflückt man keine Feigen,
vom Dornstrauch erntet man keine Trauben.*

45 *Ein guter Mensch bringt
aus dem guten Schatz seines Herzens das Gute hervor.*

*Der böse Mensch bringt aus dem bösen Inneren
seines Herzens das Böse hervor.*

*Denn wovon das Herz überfließt,
davon spricht der Mund.*

46 *Ihr sagt
zu mir:*

*Mein Mārā, mein Mārā,
mein Meister, mein Herr.*

*Tut ihr aber auch,
was ich sage?*

Häuser bauen

47 *Wenn jemand zu mir kommt und wissen will,*
was einen Menschen ausmacht,
der meine Worte hört und danach handelt,
werde ich ein Gleichnis wie dieses erzählen:

48 *Mit einem Menschen,*
der meine Worte hört und danach handelt,
verhält es sich wie mit einem Mann.

Er baute ein Haus.
Dabei hob er die Erde tief aus.
Das Fundament stellte er auf einen Felsen.

Als ein Hochwasser kam
und die Flut gegen dieses Haus prallte,
konnte sie ihm nichts anhaben.

Das Fundament stand sicher auf einem Felsen.

49 *Mit einem Menschen,*
der meine Worte hört und nicht danach handelt,
verhält es sich auch wie mit einem anderen Mann.

Er baute ein Haus,
allerdings ohne Fundament
auf die Erde.

Als das Hochwasser kam,
prallte die Flutwelle dagegen
und brachte es sofort zum Einsturz.

Der Zerfall dieses Hauses war erheblich.

Lukas 7, 1–9

Heilung und Vertrauen

7 1 Als Jesus alle diese Worte den Menschen nahegebracht hatte, ging er nach Kafarnaum. 2 Und der hochgeschätzte Diener eines Centurion, eines römischen Hauptmanns, war ernsthaft krank und lag im Sterben. 3 Als der Centurion von Jesus hörte, schickte er jüdische Älteste zu ihm. Diese baten ihn, zu kommen und das Leben seines Dieners zu retten. 4 Sie gingen zu Jesus und baten ihn inständig: Er ist es wert, dass du tust, worum er bittet. 5 Denn er liebt unser Volk und er hat uns die Synagoge gebaut.⁴⁷ 6 Da ging Jesus mit ihnen. Als er nicht mehr weit von dem Haus entfernt war, schickte der Centurion Freunde und ließ ihm sagen: mein Mārā, mein Meister und Herr, mach dir keine Umstände. Denn ich verdiene es nicht, dass du unter mein Dach eintrittst. 7 Darum war ich selbst auch nicht würdig, zu dir zu kommen. Aber sprich nur ein Wort, dann wird mein Diener geheilt sein. 8 Denn auch ich muss Befehlen von oben gehorchen und ich habe selbst Soldaten unter mir. Sage ich nun zu einem: Geh weg. Dann geht er. Und sage ich zu einem andern: Komm her. Dann kommt er. Und sage ich zu meinem Diener: Tu das. Dann tut er es. 9 Jesus wunderte sich und bewunderte ihn sogar⁴⁸, als er das hörte. Und er wandte sich um und sprach zu den Leuten, die ihm folgten:

Ich sage euch:

Ein so großes Vertrauen habe ich
nicht einmal in Israel
gefunden.

---

47 Es war nicht außergewöhnlich, dass sich Vertreter der Besatzung auch um die Errichtung jüdischer Einrichtungen bemühten (vgl. Lamsa, *Evangelien*, S. 292).

48 ܐܬܕܡܪ, ʾettəddammar; Wurzel: ܕܡܪ, dmr = erstaunt sein, überrascht sein, bewundern, sich wundern, zum Wunder erklären usw. Etheridge und Murdock sprechen von „bewundern", Lamsa nicht. Beide Übersetzungsmöglichkeiten werden hier in der vorgelegten Fassung verbunden.

10 Als diejenigen, die der Centurion geschickt hatte, in dessen Haus zurückkehrten, fanden sie den Diener, der zuvor krank gewesen war, geheilt.

Totenerweckung

11 Und es geschah am folgenden Tag, dass er in eine Stadt namens Naïn kam. Seine Jünger und viele Menschen waren bei ihm. 12 Als er sich dem Stadttor näherte, sah er, wie ein toter Mann herausgetragen wurde.[49] Es war der einzige Sohn seiner Mutter. Und diese Mutter war eine Witwe. Und viele Leute aus der Stadt begleiteten sie im Trauerzug. 13 Als Jesus die Frau sah, hatte er Mitleid mit ihr und sprach zu ihr:

Weine doch nicht.

14 Dann trat er näher und berührte die Bahre. Die Träger blieben stehen und er sprach:

Junger Mann,
ich sage dir:
Steh auf.

15 Und da setzte sich der Tote auf und begann zu sprechen. Und er gab ihn seiner Mutter. 16 Alle erfüllte großer Respekt und sie priesen Gott und sagten: Ein großer Nabī, ein Prophet, ist unter uns aufgestanden: Gott ist sei-

---

[49] Begräbnisse finden stets außerhalb von Ortschaften statt. Der Trauerzug wird von Priestern angeführt, es folgt der Sarg, dahinter kommen die Familienangehörigen und die übrigen Trauernden. An einer Stelle außerhalb der Mauern wird der Sarg auf den Boden gesetzt, er wird gedreht, sodass nun der Kopf der Stadt am nächsten ist. Die Frauen nehmen im Kreis darum herum Abschied. Denn beim eigentlichen Begräbnis nehmen nur Männer teil. An diesem Punkt des Abschiednehmens dürfte Jesus der Witwe begegnet sein, die sich von ihrem Sohn entfernen musste – ohne Hoffnung auf Trost und Stütze im Alter. (Vgl. Lamsa, *Evangelien*, S. 293)

nem Volk erschienen. Er hat sein Volk besucht. 17 Und diese Botschaft über ihn verbreitete sich überall in Judäa und im ganzen Gebiet ringsum.

Täuferfrage

18 Und die Jünger des Johannes erzählten ihm von all dem. Da rief Johannes zwei seiner Jünger, 19 schickte sie zu Jesus, um anfragen zu lassen: Bist du der, der kommen soll? Oder haben wir auf einen andern zu warten? 20 Die Männer kamen zu Jesus und sagten: Johannes der Täufer hat uns zu dir geschickt und will wissen: Bist du der, der kommen soll? Oder haben wir auf einen andern zu warten? 21 Zu dieser Stunde heilte Jesus gerade viele Menschen von Krankheiten und Leiden sowie von unreinen Geistern und er gab vielen Blinden das Augenlicht. 22 Jesus antwortete ihnen:

Geht und erzählt Johannes,
was ihr gesehen
und gehört habt:

Blinde sehen,
Lahme gehen,
Leprakranke werden rein.

Taube hören,
Tote stehen auf,
Armen wird die freudige Hoffnung[50] verkündet.

23 *Segen dem,*
der an mir
keinen Anstoß nimmt.

---

[50] ܣܒܪܬܐ, *səḇartā* (Substantiv, weiblich, Singular, emphatisch); Wurzel: ܣܒܪ, *sbrh, sbrtʾ* = Botschaft, gute Botschaft, „Evangelium"; Errico übersetzt Evangelium mit „freudige Hoffnung" (vgl. Errico, *Treasures*, S. 12), aber auch mit „Botschaft", „Hoffnung" oder „Erwartung" (vgl. Errico, *Marc & Luke*, S. 10f.).

24 Als die Boten des Johannes weggegangen waren, begann Jesus zu den Menschen über Johannes zu reden:

Was habt ihr denn sehen wollen,
als ihr in die menschenleere Einöde
hinausgegangen seid?

Ein Schilfrohr, das im Wind schwankt?
25 *Oder was habt ihr sehen wollen,*
als ihr hinausgegangen seid?

Einen Mann in feiner Kleidung?
Leute, die sich prächtig kleiden und in Luxus leben,
findet man in den Häusern der Könige.

26 *Oder wozu seid ihr hinausgegangen?*
Um einen Nabī,
einen Propheten, zu sehen?

Ich sage euch:

Sogar mehr als
einen Nabī,
einen Propheten.

27 *Von ihm steht geschrieben:*
Ich sende meinen Boten vor dir her,
der deinen Weg vor dir bereiten wird.

28 *Ich sage euch:*

Unter den Propheten,
die von einer Frau geboren wurden,
gibt es keinen größeren als Johannes.

*Doch der Kleinste,
der dem Rat Gottes folgt,
ist größer als er.*

29 *Alle, die Johannes hörten, sogar die Steuereinnehmer,
wurden vor Gott gerecht und
ließen sich mit der Taufe des Johannes taufen.*

30 *Doch die Pharisäer und die Schriftkundigen
haben den Willen Gottes für sich selbst abgelehnt und
haben sich von Johannes nicht taufen lassen.*

31 *Mit wem also soll ich
die Menschen dieser Generation vergleichen?
Wem sind sie ähnlich?*

32 *Sie gleichen kleinen Jungen, Kindern[51],
die auf der Straße sitzen und einander zurufen:*
Ihr Spielverderber[52].

*Wir haben für euch fröhliche Lieder gesungen,
und ihr habt
nicht getanzt.*

*Wir haben die Totenklage angestimmt,
und ihr habt
nicht geheult.*

---

[51] Lamsa spricht von „Jungen", Etheridge und Murdock sprechen von „Kindern"; beides ist möglich.
[52] Sinnerhellender Zusatz des Übersetzers nicht in Kursivsetzung.

33 *Johannes der Täufer ist gekommen,*
er isst kein Brot
und trinkt keinen Wein.

Und ihr sagt:
Er hat einen
unreinen Geist.

34 *Dieser Mensch hier ist gekommen,*
er isst
und trinkt.

Und ihr sagt:
Er ist ein Fresser und Säufer,
ein Freund der Steuereintreiber und Sünder.

35 *Und doch hat sich gezeigt,*
dass sich alle Taten als gerecht und weise
erwiesen haben.

Salbung

36 Einer der Pharisäer war gekommen, um ihn zum Essen einzuladen. Und er ging in das Haus dieses Pharisäers und nahm als Gast am Mahl teil. 37 Und in dieser Stadt lebte eine Frau, die als Sünderin galt. Als sie erfuhr, dass er im Haus des Pharisäers zu Gast war, kam sie mit einem Alabastergefäß mit Parfümöl, 38 sie trat von hinten an ihn heran und neigte sich zu seinen Füßen. Sie weinte und ihre Tränen fielen auf seine Füße. Sie trocknete die Füße mit den Haaren ihres Hauptes, küsste sie und salbte sie mit dem Duftöl. 39 Als der Pharisäer, der ihn eingeladen hatte, das sah, erwog er bei sich selbst: Wenn dieser wirklich ein Nabī, ein echter Prophet, wäre, dann hätte er gewusst, was für eine Frau das ist und welche Reputation sie hat. Denn die Frau, die ihn berührt hat, ist eine Sünderin. 40 Da antwortete ihm Jesus und sprach:

Lukas 7, 41–47

> *Simon, ich möchte dir etwas sagen.*

Er erwiderte: Sprich, Rabbī.

> 41 *Zwei Männer waren Schuldner eines Geldverleihers.*
> *Einer von ihnen war ihm fünfhundert Denare schuldig*
> *und der andere fünfzig.*
> 42 *Da sie ihre Schulden nicht bezahlen konnten, erließ er sie beiden.*
> *Wer von den beiden wird ihn nun mehr lieben?*

43 Simon antwortete: Ich nehme an, derjenige, dem er mehr geschenkt hat. Jesus sagte zu ihm:

> *Du hast korrekt geurteilt.*

44 Dann wandte er sich zu der Frau und sprach zu Simon:

> *Siehst du diese Frau?*
>
> *Ich kam in dein Haus und*
> *du hast mir kein Wasser für die Füße gegeben.*
>
> *Sie aber hat meine Füße mit ihren Tränen benetzt*
> *und sie mit ihren Haaren abgetrocknet.*
>
> 45 *Du hast mir keinen Kuss gegeben.*
> *Sie aber hat, seit ich hier bin, ohne Ende meine Füße geküsst.*
>
> 46 *Du hast mir nicht das Haupt mit Öl gesalbt.*
> *Sie aber hat meine Füße mit Duftbalsam gesalbt.*
>
> 47 *Deshalb sage ich dir:*

*Ihre vielen Sünden wurden vergeben,
da sie viel geliebt hat.*

*Wem aber wenig vergeben wird,
der liebt auch wenig.*

48 Dann sagte er zu ihr:

Deine Sünden sind dir vergeben.

49 Da begannen die Gäste untereinander zu sagen: Wer ist das, dass er sogar Sünden vergibt? 50 Er aber sprach zu der Frau:

Dein Vertrauen hat dich gerettet. Geh in Frieden[53].

Nachfolgerinnen Jesu

8 1 Danach wanderte Jesus in Städte und Dörfer und verkündete die Botschaft der freudigen Hoffnung vom Rat Gottes. Und die Zwölf begleiteten ihn. 2 Auch einige Frauen waren dabei, die von körperlichen Krankheiten und unreinen Geistern, also von physischen und psychischen Leiden, geheilt worden waren: Maria, genannt Magdalena, die spirituell verwirrt und völlig orientierungslos gewesen war[54] und die Jesus bekehrt und ganz geheilt hatte, 3 Johanna, die Frau des Chuzas, eines Beamten des

---

[53] Die Peschitta auf Afrikaans ergänzt neben „Frieden": Fröhlichkeit, Gesundheit und Wohlstand.

[54] Wörtlich: ܡܢܗ ܢܦܩ ܫܐܕܝܢ ܕܫܒܥܐ, *dəšabᶜā šīḏīn nəpaq mennāh* = von sieben Dämonen besessen; vgl. dazu Lamsas Erläuterung: *Shedana* (= dämonisch) werde jemand genannt, dessen Geist verwirrt sei; auch bei Fehlurteilen wird zuweilen *shedana* verwendet. Die Zahl Sieben steht für „Vollkommenheit". Maria ist insofern als geistlich völlig verwirrt anzusehen; sie wurde durch Jesus vollständig bekehrt und insofern „heil". (Vgl. Lamsa, *Evangelien*, S. 296; Errico/Lamsa, *Mark & Luke*, S. 159 f.)

Herodes, Susanna und viele andere, die Jesus und die Jünger mit ihrem Vermögen unterstützten.

Der Sämann

4 Als sich viele Menschen versammelten, die aus allen möglichen Städten zu ihm kamen, sprach er in Gleichnissen:

> 5 *Der[55] Sämann ging hinaus, um seinen Samen auszusäen.*
>
> *Als er säte,*
> *fiel einiges auf den Weg,*
> *wurde zertreten*
> *und die Vögel des Himmels fraßen es.*
>
> 6 *Anderes fiel auf Felsen.*
> *Als die Saat aufging,*
> *verdorrte sie,*
> *da es nicht feucht genug war.*
>
> 7 *Anderes fiel mitten in die Dornen.*
> *Die Dornen wuchsen*
> *zusammen mit der Saat hoch*
> *und erstickten sie.*
>
> 8 *Anderes fiel auf guten*
> *und fruchtbaren Boden,*
> *ging auf und brachte*
> *hundertfach Frucht.*

---

[55] Bei Lamsa: bestimmter Artikel; bei Etheridge und Murdock: unbestimmter Artikel.

Als Jesus das gesagt hatte, rief er:

Denkt darüber nach, um zu verstehen.[56]

Gleichnisse erschließen

9 Seine Jünger fragten ihn: Worum geht es in dieser Parabel? 10 Da sprach er:

Ihr könnt verstehen,
was es mit den Geheimnissen
um den Rat Gottes
auf sich hat.

Andere verstehen nur schwer.
Zu ihnen wird
in Metaphern und Allegorien
geredet.

Wenn sie sehen,
können sie doch nicht erkennen.
Wenn sie hören,
können sie doch nicht verstehen.

Das Sämann-Gleichnis verstehen

11 *Das ist der Sinn der Allegorie:*

Der Samen ist das Wort Gottes.

12 *Die, bei denen der Samen auf den Weg gefallen ist,*
das sind diejenigen, die das Wort hören.
Dann kommt der Feind

---

[56] Wörtlich: *Wer Ohren hat zu hören, der höre.*

*und nimmt das Wort aus ihrem Herzen,
damit sie nicht glauben
und nicht gerettet werden.*

13 *Die, bei denen der Samen auf den Felsen gefallen ist,
das sind diejenigen, die das Wort hören
und es freudig aufnehmen.
Aber sie haben keine Wurzeln:
Ihr Glaube ist vorübergehend,
in der Zeit der Prüfung fallen sie zurück.*

14 *Die, bei denen der Samen unter die Dornen gefallen ist,
das sind diejenigen, die das Wort hören,
dann aber hingehen
und es in Sorgen, Reichtum und Genüssen des Lebens
ersticken,
und es bringt keine Frucht.*

15 *Die, bei denen der Samen auf guten Boden gefallen ist,
das sind diejenigen, die das Wort hören,
es mit gutem und aufrichtigem Herzen
aufnehmen,
daran festhalten
und es mit Geduld Frucht bringen lassen.*

Richtig hören

16 *Niemand zündet
eine Leuchte an
und deckt sie mit einem Gefäß zu
oder stellt sie unter das Bett.*

*Jedermann stellt
eine Leuchte auf den Leuchter,
damit jeder Eintretende
sein Licht sieht.*

17 *Es gibt nichts Verborgenes,
das nicht offenbar wird,
und nichts Geheimes,
das nicht bekannt wird und ans Licht kommt.*

18 *Achte darauf, wie du hörst.*

*Wer hat, dem wird gegeben.
Wer aber nicht hat,
dem wird auch noch weggenommen,
was er zu haben meint.*

Jesu Familie

19 Es kamen seine Mutter und seine Brüder zu ihm. Sie konnten jedoch wegen der vielen Leute nicht zu ihm durchkommen. 20 Da sagte man zu ihm: Deine Mutter und deine Brüder stehen draußen und möchten dich sehen. 21 Er erwiderte ihnen:

*Meine Mutter und meine Brüder
sind diejenigen,
die das Wort Gottes hören
und es auch tun.*

Sturm auf dem See

22 An einem jener Tage stieg Jesus mit seinen Jüngern in ein Boot. Er sprach zu ihnen:

Lukas 8, 22–28

Lasst uns ans andere Ufer des Sees hinüberfahren.

23 Während sie ruderten, schlief er ein. Und ein Fallwind kam auf und brachte den See in Bewegung, sodass das Boot in Gefahr geriet zu sinken. 24 Da traten sie zu ihm und weckten ihn. Sie sagten: Unser Rabbī, unser Rabbī, unser Lehrer, unser Meister, wir gehen zugrunde. Er stand auf, wandte sich dem Wind und den Wellen zu, sie legten sich und es trat Ruhe ein. 25 Er aber sprach zu ihnen:

Wo ist euer Vertrauen?

Doch voller Schrecken und Staunen fragten sie einander: Wer ist denn dieser Mann, der den Winden und dem Wasser Einhalt gebietet und die Elemente gehorchen ihm sogar?

Heilung und Bekehrung

26 Und sie ruderten in das Gebiet der Gerasener, das Galiläa gegenüberliegt. 27 Als Jesus an Land ging, kam ihm ein Mann aus der Stadt entgegen, der seit langer Zeit einen unreinen Geist hatte[57]. Er trug keine Kleidung mehr und lebte nicht mehr in einem Haus, sondern auf dem Friedhof. 28 Als er

---

[57] Wörtlich: von einem Dämon besessen war. Lamsa spricht – auf die Parallelgeschichte bei Matthäus bezogen – von einem (bzw. zwei) Wahnsinnigen. Nach Lamsa übernimmt der Kranke selbst die Rolle, die sonst den Dämonen zugeschrieben wird. Daraus ergibt sich, dass im Folgenden die Perikope so modifiziert wird, dass der Kranke selbst die Schweine angreift. In den anderen Versionen fahren die Dämonen in die Schweine. Der Version von Lamsa bei Matthäus wird der Vorzug gegeben. Bei der Umformulierung der Perikope bei Lukas werden die Modifikationen von Lamsa als Modell verwendet. Dennoch bleiben bei dieser Perikope viele offene Fragen. Die Übersetzung bleibt dementsprechend heuristisch und für neue Impulse offen.
Die aramäischen Worte „deva" und „shedana" bezeichnen „böse Geister". Lamsa erläutert: Auch wenn diese Ausdrücke „merkwürdig klingen und sich auf Dämonen beziehen, so sind sie doch eigentlich die Namen von Krankheiten,

Jesus sah, schrie er auf, fiel vor ihm nieder und rief mit lauter Stimme: Was haben wir miteinander zu tun, Jesus, Sohn des höchsten Gottes? Ich bitte dich, mich nicht zu quälen. 29 Denn Jesus hatte dem unreinen Geist, also der Krankheit, geboten zu verschwinden. Schon seit Langem war er eingesperrt: Er war gefangen mit Ketten und Fußfesseln. Immer wieder zerriss er die Fesseln und wurde in menschenleere Gegenden getrieben.[58] 30 Jesus fragte ihn:

Was ist los mit dir?[59]

Er antwortete: Legion. *Es ist so viel, das mich krank macht.*[60] 31 *Ich bitte dich um einen reinen Geist und eine klare Orientierung.*[61]
32 Nun weidete dort an einem Berg gerade eine große Schweineherde, die auf dem Hügel graste. Und er bat Jesus zu erlauben, etwas gegen die Schweine zu unternehmen. *Denn er sei bekehrt zum Gott Israels, dem der Umgang mit Schweinen ein Gräuel sei; als Bestätigung dafür und aus Dank für seine neue Lebensausrichtung wolle er gegen die Schweine vorgehen.*[62] Jesus erlaubte es.

---

die im Altertum bekannt waren". Den Geheilten verbot Jesus über ihre Genesung zu sprechen, da es wohl nicht selten zu Übertreibungen gekommen sein dürfte, die kein gutes Licht auf den Heiler selbst warfen. Sich verbal an die bösen Geister zu wenden, war nicht sinnvoll, da diese keine Auskünfte über seine Heilkraft geben konnten. (Vgl. Lamsa, *Evangelien*, S. 224 f.).

[58] Mögliches Symptom (in Begriffen heutiger Psychologie): soziale Phobie mit sozialer Isolation und Depression.

[59] Wörtlich: Wie heißt du?

[60] Die wörtliche Antwort „Legion" weist auf eine multiple Störung hin.

[61] Sinnerhellender Zusatz des Übersetzers in Kursivsetzung; Modifikation im Sinne Lamsas.

[62] Eingeschobener Satz als sinnerhellender Zusatz des Übersetzers in Kursivsetzung (vgl. als Hintergrundinformation: Lamsa, *Evangelien*, S. 112 ff.) Man denke daran, dass Konvertiten oftmals vehement ihre alten, religiös bedingten Verhaltensweisen verändern und dies oftmals mit allem Nachdruck tun.

33 Der Mann wurde geheilt, bekehrte sich und ging gegen die Schweine vor, diese gerieten in Panik, die Herde stürmte den Abhang hinab, stürzte in den See und ertrank.[63]
34 Als die Schweinehirten sahen, was geschehen war, flohen sie und erzählten es in der Stadt und in den Dörfern. 35 Darauf hin machten sich einige Männer auf den Weg, um zu sehen, was geschehen war. Sie kamen zu Jesus und fanden den Mann, der nun von seiner Krankheit geheilt war, bekleidet und bei Verstand, zu Füßen Jesu sitzen. Da bekamen sie Angst. 36 Die Augenzeugen der Heilung erzählten ihnen, wie er gesund geworden war. 37 Daraufhin baten alle im Gebiet der Gerasener Jesus, sie zu verlassen. *Denn sie fürchteten sehr, ihre Schweinezucht und ihr blühender Schweinehandel könnten durch die Bekehrungen zum Erliegen kommen.*[64] Jesus stieg ins Boot und ließ sie hinter sich. 38 Der Mann, den Jesus geheilt hatte, bat ihn, bei ihm bleiben zu dürfen. Doch Jesus schickte ihn weg und sprach:

39 *Geh nach Hause
und erzähl dort alles,
was Gott für dich getan hat.*

Und er ging weg und verkündete überall in der Stadt, was Jesus für ihn getan hatte.

Auferweckung und Krankenheilung

40 Als Jesus zurückkam, empfing ihn eine Menschenmenge. Alle hatten sie schon auf ihn gewartet. 41 Da kam auch ein Mann namens Jaïrus, ein Synagogenvorsteher. Er fiel Jesus zu Füßen und bat ihn, sein Haus zu besuchen. 42 Denn er hatte eine einzige Tochter von etwa zwölf Jahren, die zu sterben drohte. Während Jesus mit ihm aufbrach, drängten sich die Menschen eng um ihn. 43 Nun war da eine Frau, die schon seit zwölf Jahren an

---

[63] Modifikation des Abschnitts durch den Übersetzer nach dem Vorbild Lamsas.
[64] Sinnerhellender Zusatz des Übersetzers in Kursivsetzung.

Blutfluss litt und ihr ganzes Vermögen für Ärzte aufgewandt hatte und doch von niemandem geheilt werden konnte. 44 Sie trat von hinten heran und berührte den Saum seines Gewandes. Und im gleichen Augenblick hörte der Blutfluss auf. 45 Da fragte Jesus:

Wer hat mich berührt?

Als alle es abstritten, sagte Simon Kephas und die mit ihm waren: Unser Rabbī, unser Lehrer, die Leute belästigen dich und zwängen dich ein und du sagst:

Wer hat mich berührt?

46 Aber Jesus erwiderte:

Jemand hat mich berührt.
denn ich weiß,
dass eine Kraft von mir ausgegangen ist.

47 Als die Frau merkte, dass sie nicht verborgen bleiben würde, kam sie zitternd herbei, fiel vor ihm nieder und erklärte vor allen Leuten, warum sie ihn berührt hatte und wie sie unmittelbar geheilt worden war. 48 Da sprach er zu ihr:

Hab Mut, meine Tochter,
dein Vertrauen hat dich gerettet.
Geh in Frieden.[65]

49 Während Jesus noch redete, kam ein Mann von den Leuten des Synagogenvorstehers und sagte: Deine Tochter ist gerade gestorben. Belästige den

---

[65] Die Peschitta auf Afrikaans ergänzt neben „Frieden": Fröhlichkeit, Gesundheit und Wohlstand.

Malpānā, den Lehrer, nicht länger. 50 Jesus hörte es und sprach darauf zum Vater des Mädchens:

Fürchte dich nicht.
Vertraue nur,
dann wird sie leben.

51 Jesus betrat das Haus, er ließ aber niemanden mit sich hineingehen außer Simon, Jakobus und Johannes sowie den Vater und die Mutter des Mädchens. 52 Alle weinten und klagten um sie. Jesus aber sagte:

Weint nicht!
Denn sie ist nicht gestorben,
sondern sie schläft nur.

53 Da lachten sie ihn aus, weil sie wussten, dass sie tot war. 54 Er schickte alle hinaus, fasste sie an der Hand und rief:

Talitha kumi.
Kleines Mädchen,
steh auf.

55 Und ihr Lebensatem kehrte zurück und sie stand sofort auf. Er sorgte dafür, dass man ihr zu essen gab. 56 Ihre Eltern aber waren außer sich vor Erstaunen. Doch Jesus bestand darauf, sie dürften niemandem erzählen, was geschehen war.

Aussendung der Zwölf

9 1 Dann rief er seine Zwölf zu sich und gab ihnen Kraft und Autorität, Krankheiten und Leiden zu heilen. 2 Und er sandte sie aus, die Botschaft vom Rat Gottes zu verbreiten und Kranke gesund zu machen. 3 Er sprach zu ihnen:

Nehmt nichts auf die Reise mit:

*keinen Wanderstab, keine Tasche,
kein Brot, kein Geld,
und habt kein zweites Hemd.*

4 *In welches Haus ihr auch einkehrt,
bleibt dort, bis ihr von diesem Ort
wieder aufbrecht.*

5 *Wenn man euch nicht willkommen heißt,
dann verlasst jene Stadt
und schüttelt den Sand von euren Füßen.*

So wird ihre abweisende Einstellung bezeugt.

6 Und die Apostel brachen auf und wanderten in Dörfer und Städte. Sie verkündeten die freudige Hoffnung und heilten überall.

Herodes über Jesus

7 Der Tetrarch Herodes, einer der vier Regierenden, hörte von allem, was durch seine Hand geschah, und wusste nicht, was er von all dem halten sollte. Manche sagten nämlich: Johannes ist von den Toten auferstanden. 8 Aber andere meinten: Elija ist erschienen. Wieder andere verbreiteten: Einer der alten Nəbīe, der Propheten aus früherer Zeit, ist auferstanden. 9 Herodes aber sagte: Johannes habe ich köpfen lassen. Wer ist dieser, von dem ich solche Dinge höre? Und er wollte ihn sehen.

Satt werden

10 Als die Apostel zurückkehrten, erzählten sie Jesus, was sie alles getan hatten. Dann zog er sich mit ihnen allein an eine einsame Stelle in Betsaida zurück. 11 Die Leute erfuhren davon und gingen ihm nach. Er empfing sie,

redete zu ihnen vom Rat Gottes und er heilte diejenigen, die der Heilung bedurften. 12 Als der Tag zu Ende ging, kamen seine Jünger zu ihm und sagten: Schick die Leute weg, damit sie in die umliegenden Dörfer und auf die Höfe gehen, um dort eine Unterkunft zu finden und etwas zu essen zu bekommen. Denn wir sind hier an einem einsamen und abgelegenen Ort. 13 Jesus sprach zu ihnen:

Gebt ihr ihnen zu essen.

Sie sagten: Aber wir haben nicht mehr als fünf Brote und zwei Fische. Wir müssten erst weggehen und für alle die vielen Leute etwas zu essen kaufen. 14 Es waren etwa fünftausend Menschen. Er aber sagte zu ihnen:

Lasst sie sich in Gruppen lagern, in jeder Gruppe ungefähr fünfzig.

15 Die Jünger taten so und veranlassten alle, sich niederzusetzen. 16 Jesus nahm die fünf Brote und die zwei Fische, blickte zum Himmel auf, segnete sie, brach sie und gab sie den Jüngern, um sie den Menschen vorzusetzen. 17 Alle aßen und wurden satt. Als man die übrig gebliebenen Brotstücke einsammelte, waren es zwölf Körbe.

Bekenntnis und Ankündigung (1)

18 Als Jesus alleine betete und die Jünger bei ihm waren, fragte er sie:

Was sagen die Leute über mich, wer ich bin?

19 Sie antworteten: Einige halten dich für Johannes den Täufer, andere für Elija. Wieder andere sagen: Einer der alten Propheten ist auferstanden. 20 Da sprach er zu ihnen:

Ihr aber, für wen haltet ihr mich?

Simon antwortete: Der Messias, den Gesalbten Gottes. 21 Doch er schärfte ihnen ein, es niemandem zu sagen. 22 Und er sprach:

Dieser Mensch hier muss
sehr vieles erleiden:

Er wird von
den Ältesten,
den oberen Priestern und
den Schriftkundigen
zurückgewiesen werden.
Sie werden ihn töten.
Am dritten Tage
wird er erstehen.

Sich selbst verlieren – sein Leben gewinnen

23 Zu allen Leuten sprach er:

Wenn einer mir folgen will,
nehme er keine Rücksicht
auf sich selbst.
Er nehme täglich
sein Kreuz auf sich
und folge mir nach.

24 *Wer sein Leben bewahren will,*
wird es verfehlen.
Wer aber seine eigenen Lebensimpulse
um meinetwillen
zurückstellt,
wird Sinn in seinem Leben finden.

Lukas 9, 25–27

25 *Was hilft es einem Menschen,*
wenn er die ganze Welt
gewinnt,
dabei aber seine Seele
verliert
oder sie schwächt?

26 *Wer auch immer sich*
meinetwegen und meiner Worte wegen schämt,
dessen wird sich auch dieser Mensch hier schämen,
wenn er mit den heiligen Engeln
in die Herrlichkeit seines 'Abbā,
des liebevollen Vaters[66]*, kommt.*

27 *Ich spreche die Wahrheit zu euch:*

Der Geist einiger,
die hier stehen,
wird für immer leben[67]*,*
bis sie gesehen haben,
wie sich mit Kraft verwirklicht,
was Gott rät[68]*.*

---

[66] ܐܒܘܗܝ, *daḇū* (Substantiv, männlich, Singular, emphatisch, Suffix: 3. Person, männlich, Singular); Wurzel: ܐܒ, *ʾb* = *ʾAbbā*, Vater; intime Anrede eines geliebten Elternteils

[67] So der Sinn des aramäischen Idioms „den Tod nicht schmecken" (vgl. Errico/Lamsa, *Matthew*, S. 223 f.; Errico/Lamsa, *Mark & Luke*, S. 161 f.).

[68] ܡܠܟܘܬܐ, *malkūṯā* (Substantiv, weiblich, Singular, emphatisch); Wurzel: ܡܠܟ, *mlkw, mlkwtʾ* = Reich, Herrschaftsform, Königtum; Errico übersetzt die Wurzel ܡܠܟ, *mlkw, mlkwtʾ* von ܡܠܟܘܬܐ, *malkūṯā* mit „Ratschlag" bzw. „Rat" (vgl. Errico, *Treasures*, S. 12 f.).

Bergbesteigung

28 Etwa acht Tage nach diesen Worten nahm Jesus Simon, Jakobus und Johannes mit sich und stieg auf einen Berg, um zu beten. 29 Und während er betete, veränderte sich das Aussehen seines Gesichtes, und sein Gewand wurde weiß und leuchtend. 30 Und zwei Männer sprachen mit ihm. Es waren Mose und Elija. 31 Sie erschienen in Herrlichkeit und sprachen von seinem Weggang, der sich in Jerusalem vollziehen sollte. 32 Simon und seine Begleiter waren tief eingeschlafen. Als sie wach wurden, sahen sie seine Herrlichkeit und die zwei Männer, die bei ihm standen. 33 Als sich diese von ihm trennen wollten, sagte Simon zu Jesus: Rabbā, Lehrer, Meister, es ist besser, dass wir hier bleiben. Lasst uns drei Hütten bauen, eine für dich, eine für Mose und eine für Elija. Er wusste aber nicht, was er sagte. 34 Während er noch redete, kam eine Wolke und warf ihren Schatten auf sie. Sie fürchteten sich, als sie sahen, wie Moses und Elija in die Wolke hineingerieten. 35 Da erscholl eine Stimme aus der Wolke: Dieser ist mein geliebter Sohn, auf ihn sollt ihr hören. 36 Als die Stimme zu vernehmen war, fanden sie Jesus allein. Und sie schwiegen und sie erzählten in jenen Tagen niemandem davon, was sie gesehen hatten.

Frustrationen

37 Als sie am folgenden Tag vom Berg hinabstiegen, kam ihnen eine große Menschenmenge entgegen. 38 Und ein Mann aus der Menge schrie: Malpānā, Lehrer, ich bitte dich, hab Mitleid mit mir. Ich habe einen einzigen Sohn. 39 Manchmal wird er von seiner Krankheit gepackt[69], schreit plötzlich auf, wird hin und her gezerrt, knirscht mit den Zähnen und bekommt Schaum vor dem Mund. Wenn es ihn einmal ergriffen hat, lässt es ihn nur schwer wieder los. 40 Ich habe schon deine Jünger gebeten, ihn zu heilen, aber sie konnten es nicht. 41 Da antwortete Jesus:

---

[69] Wörtlich: ein Geist ergreift ihn.

Vertraut doch auf Gott.[70]

Wie lange werde ich noch bei euch sein?
Wie oft werde ich euch noch beistehen?

Bring deinen Sohn her[71].

42 Als er ihn brachte, stürzte er zu Boden und wurde hin und her gezerrt. Jesus wandte sich dem Kranken zu[72], heilte den Jungen und gab ihn seinem Vater.

Ankündigung (2)

43 Alle waren hocherstaunt über die Größe Gottes. Jedermann wunderte sich über all das, was Jesus tat, er aber sprach zu seinen Jüngern:

44 *Behaltet diese Worte*
   in euren Ohren
   als einen Schatz.

   Denn dieser Mensch hier wird
   in die Hände bestimmter Menschen
   ausgeliefert werden.

45 Doch sie verstanden dieses Wort nicht. Der Sinn blieb ihnen verborgen, sodass sie es nicht begriffen. Aber sie scheuten sich, Jesus zu fragen, was er damit meinte.

---

[70] Wörtlich: *Du Generation ohne Vertrauen auf Gott.* Hier wurde eine positive Formulierung bevorzugt.
[71] Singular, nicht Plural wie in den Parallelstellen.
[72] Wörtlich: Er drohte dem unreinen Geist.

Kleine sind Größte

46 Unter ihnen kam die Erörterung auf, wer von ihnen der Größte sei. 47 Jesus sah dies in ihren Herzen. Deshalb nahm er ein Kind[73], stellte es neben sich. 48 Und er sagte zu ihnen:

> *Wer ein Kind wie dieses*
> *in meinem Namen aufnimmt,*
> *der nimmt mich auf.*

> *Wer mich aufnimmt,*
> *der nimmt den auf,*
> *der mich geschickt hat.*

> *Denn wer unter euch allen*
> *der Letzte ist,*
> *der soll der Größte sein.*

Heilungen eines Fremden

49 Da sagte Johannes: Rabbī, Lehrer, wir haben gesehen, wie jemand in deinem Namen geheilt hat[74], und wir versuchten, ihn daran zu hindern, weil er dir nicht mit uns zusammen nachfolgt. 50 Jesus sprach zu ihnen:

> *Behindert ihn nicht.*
> *Denn wer nicht gegen euch ist,*
> *der ist doch für euch.*

---

[73] Lamsa spricht von einem Jungen.
[74] Wörtlich: Dämonen ausgetrieben hat.

Lukas 9, 51–56

Fragen zur Nachfolge

51 Als sich die Tage erfüllt hatten, dass er hinweggenommen werden sollte, bereitete Jesus sich intensiv darauf vor, nach Jerusalem zu gehen. 52 Er schickte Boten voraus. Diese gingen los und kamen in ein Dorf der Samariter, wo sie eine Unterkunft für ihn besorgen wollten. 53 Aber man nahm ihn nicht auf, weil er auf direktem Weg nach Jerusalem war.[75] 54 Als die Jünger Jakobus und Johannes[76] das sahen, sagten sie: Unser Mārā, unser Meister und Herr. Sollen wir sagen, dass Feuer vom Himmel fällt und sie vernichtet, so wie es Elija getan hat? 55 Da wandte er sich um und wies sie zurecht:

> *Merkt ihr nicht,*
> *wie jähzornig ihr seid.*[77]

> 56 *Dieser Mensch hier*
> *ist nicht gekommen,*
> *um Seelen zu verletzen,*
> *sondern ist gekommen,*
> *um sie zu retten.*[78]

---

[75] Zwischen den Samaritern und den Juden aus Galiläa gab es die religiöse Kontroverse, wo Gott am besten verehrt werden sollte. Die Samariter taten dies auf dem Berg Garizim, die Galiläer auf dem Tempelberg in Jerusalem.
Lamsa erläutert zusätzlich, zuweilen sei eine größere Gruppe unverheirateter Männer nicht aufgenommen worden, weil man Nachteile erwartete. Im vorliegenden Fall sei noch hinzugekommen, dass Jesus von den Priestern als „Ketzer" angesehen worden sei. Jeder, der ihn und seine Jünger unterstützt hätte, wäre in Gefahr geraten, mit dem offiziellen Judentum in Konflikt zu geraten. (Vgl. Lamsa, *Evangelien*, S. 299 f.)

[76] Mit Beinamen „die Donnerskinder", weil sie ein aufbrausendes Temperament besaßen.

[77] Vgl. Lamsa, *Evangelien*, S. 301. Lamsa weist darauf hin, es handele sich hier um einen idiomatischen Ausdruck, wörtlich: „Wisst ihr nicht, welches Geistes Kinder ihr seid?"

Und sie gingen in ein anderes Dorf. 57 Als sie auf der Reise waren, sagte ein Mann zu Jesus: Ich will dir nachfolgen, zu welchem Ort du auch gehen magst. 58 Jesus antwortete ihm:

Die Füchse haben Höhlen,
der Vogel am Himmel hat ein Nest.
Dieser Mensch hier aber hat nichts,
wohin er sein Haupt legen kann.

59 Zu einem anderen sagte er:

Folge mir nach.

Der erwiderte: Lass mich zuerst weggehen und meinen alten Vater pflegen, bis er gestorben ist. 60 Jesus sprach zu ihm:

Lass die Matta⁷⁹, die Stadt,
die Metta⁸⁰, ihre Toten,
begraben.

Das bedeutet:
Die örtliche Gemeinschaft
wird sich um ihn kümmern.⁸¹

---

⁷⁸ Dieses Wort Jesu fehlt z. B. in der revidierten Einheitsübersetzung von 2016.

⁷⁹ Errico erläutert: Es handelt sich um ein Wortspiel, das bei der Übersetzung ins griechische „Lass die Toten die Toten begraben" verloren gegangen sei – die Vokalisation war nicht immer deutlich zu erkennen: „Matta" bedeutet: „Stadt" – „Metta" bedeutet „die Toten" (vgl. Errico, *Treasures*, S. 36 f.; Errico/Lamsa, *Matthew*, S. 129 f. Der Autor weist darauf hin, dass dies eine hypothetische Lösung von George M. Lamsa sei.).

⁸⁰ ܡܝܬܝܗܘܢ, *mītayhon* (Adjektiv, männlich, Plural, emphatisch, Suffix: 3. Person, männlich, Plural); Wurzel: ܡܬ, *mt* = tot

⁸¹ Sinnerhellender Zusatz des Übersetzers nicht in Kursivsetzung.

*Du aber geh hin
und verkünde,
was Gott rät.*

61 Wieder ein anderer sagte: Ich will dir nachfolgen, mein Mārā, mein Meister und Herr. Zuvor aber erlaube mir, Abschied zu nehmen von denen, die in meinem Hause sind. 62 Jesus erwiderte ihm:

Keiner,

*der die Hand an den Pflug gelegt hat,
ist leidenschaftlich genug
für die Verwirklichung des Rates Gottes,*

wenn er träge *zurückblickt,*
weil er einschätzen will, wie viel
bis zum Feierabend noch zu bearbeiten ist,[82]

wenn er nicht stattdessen
voller Tatendrang[83]
nach vorne sieht.[84]

Aussendung der Jünger

10 1 Danach suchte Jesus zweiundsiebzig aus seinen Jüngern aus und sandte sie zu zweit vor sich her in alle Städte und Ortschaften, in die er selbst gehen sollte. 2 Und er sprach zu ihnen:

---

[82] Sinnerhellender Zusatz des Übersetzers nicht in Kursivsetzung (vgl. Lamsa, *Evangelien*, S. 301).

[83] Sinnerhellender Zusatz des Übersetzers nicht in Kursivsetzung.

[84] Vgl. Lamsa, *Evangelien*, S. 301; Errico/Lamsa, *Mark & Luke*, S. 166.

Die Ernte ist groß,
es gibt aber nur wenige Arbeiter.
Bittet also den Besitzer der Ernte,
Arbeiter für seine Ernte zu schicken.

3 *Geht.*
Ich sende euch
wie Lämmer
mitten unter die Wölfe.

4 *Nehmt*
keinen Geldbeutel mit,
keine Tasche und
keine Schuhe.

Grüßt
niemand Fremden auf der Straße. Vermeidet unnötige Konflikte.[85]
5 *In welches Haus ihr auch kommt, so sagt als Erstes:*
Schlāmā lbaytā hānā. Friede diesem Haus.

6 *Falls dort ein Sohn des Friedens wohnt,*
wird euer Friede auf ihm ruhen.
Falls dort kein Sohn des Friedens wohnt,
wird euer Friede zu euch zurückkehren.

7 *Bleibt*
in diesem Haus und arbeitet dort[86],
esst und trinkt, was man euch anbietet.
Denn wer arbeitet, ist seines Lohnes wert.

---

[85] Sinnerhellender Zusatz des Übersetzers, nicht kursiv. Einen Fremden zu grüßen, konnte zu dem Missverständnis führen, dass man Furcht zeige, was nicht selten zur Folge hatte, dass der Unglückliche ausgeraubt wurde. (Vgl. Errico/Lamsa, *Mark & Luke*, S. 168 ff.)

[86] Sinnerhellender Zusatz des Übersetzers nicht in Kursivsetzung.

Lukas 10, 8–13

> *Zieht*
> *nicht von einem Haus in ein anderes.*
> 8 *In welche Stadt ihr kommt und wo man euch aufnimmt,*
> *da esst, was man euch vorsetzt,* um niemanden zu beleidigen[87].
>
> 9 *Heilt*
> *die Kranken, die dort sind, und sagt ihnen:*
> *Was Gott rät, ist nahe dabei,*
> *Wirklichkeit zu werden.*
>
> 10 *Falls ihr aber in eine Stadt kommt,*
> *in der man euch nicht aufnimmt,*
> *dann geht auf die Straße hinaus*
> *und sagt:*
>
> 11 *Selbst den Sand*
> *an unseren Füßen,*
> *der aus eurer Stadt stammt,*
> *lassen wir euch zurück.*
>
> *Doch das sollt ihr wissen:*
> *Was Gott rät,*
> *ist nahe dabei,*
> *Wirklichkeit zu werden.*
>
> 12 *Ich sage euch:*
>
> *Sodom wird es an jenem Tag besser ergehen*
> *als dieser Stadt.*
> 13 *Wehe dir, Chorazin.*
> *Wehe dir, Betsaida.*

---

[87] Sinnerhellender Zusatz des Übersetzers nicht in Kursivsetzung; es geht um die Gastfreundschaft, die nicht missbraucht oder enttäuscht werden darf (vgl. Lamsa, *Evangelien*, S. 304).

Wären in Tyrus und Sidon die Wundertaten geschehen,
die bei euch geschehen sind,
schon längst wären sie
in Sack und Asche umgekehrt.

14 *Doch Tyrus und Sidon*
wird es am Tag des Gerichts besser ergehen als euch.
15 *Und du, Kafarnaum, wirst du bis zu Gott erhoben werden?*
Bis zur Scheol, zum Totenreich, wirst du hinabsteigen.

16 *Wer euch hört, der hört mich,*
wer euch bedrückt, der bedrückt mich.
Wer aber mich bedrückt, der bedrückt den,
der mich gesandt hat.

Rückkehr der Jünger

17 Die Siebzig, die er ausgesandt hatte, kehrten voller Freude zurück. Sie sprachen: Rabbā, großer Meister, sogar die Krankheiten konnten wir in deinem Namen heilen[88] und Menschen bekehren. 18 Da sprach er zu ihnen:

Ich sah Licht aus der Finsternis hervorbrechen,
ich sah die Wahrheit triumphieren.[89]

19 *Ich habe euch die Macht gegeben,*
auf Schlangen und Skorpione zu treten.
Das heißt: Nichts braucht ihr zu fürchten.[90]
Ich habe euch die ganze Macht über den Feind gegeben.
Nichts wird euch schaden.

---

[88] Wörtlich: die Dämonen sind uns untertan.
[89] Wörtlich: Ich sah den Satan wie einen Blitz aus dem Himmel fallen. Aramäisches Idiom (vgl. Lamsa, *Evangelien*, S. 306; Errico/Lamsa, *Mark & Luke*, S. 172 f.).
[90] Sinnerhellender Zusatz nicht in Kursivsetzung aufgrund von: Errico/Lamsa, *Mark & Luke*, S. 173.

Lukas 10, 20–22

20 *Freut euch aber nicht darüber,*
dass ihr heilen und bekehren könnt.
Freut euch vielmehr darüber,
dass eure Namen im Himmel niedergeschrieben sind.
Das heißt: Niemals seid ihr vergessen, immer in Erinnerung.[91]

21 In dieser Stunde rief Jesus, vom Heiligen Geist erfüllt, voll Freude aus:

Ich preise dich, meinen 'Abbā,
meinen liebevollen Vater[92],
Herr des Himmels und der Erde,
weil du das vor den Weisen und Verständigen verborgen
und es den Kindern offenbart hast.
Ja, mein 'Abbā,
mein liebevoller Vater[93],
so hat es dir gefallen.

Und er wandte sich an seine Jünger und sprach zu ihnen:

22 *Alles ist mir*
von meinem 'Abbā,
meinem liebevollen Vater[94],
gegeben worden.

Niemand weiß,
wer der Sohn ist,
nur der 'Abbā,
der liebevolle Vater[95].

---

[91] Sinnerhellender Zusatz nicht in Kursivsetzung aufgrund von: Errico/Lamsa, *Mark & Luke*, S. 174.

[92, 93, 94, 95, 96] Sinnerhellender Zusatz des Übersetzers nicht in Kursivsetzung.

Niemand weiß,
wer der 'Abbā, der Vater ist,
nur der Sohn und der,
dem es der Sohn offenbaren will.

23 Jesus wandte sich an die Jünger alleine und sprach zu ihnen:

Gesegnet seid ihr,
weil ihr erkennt, was eure Augen sehen,
und weil ihr versteht, was eure Ohren hören.[96]

24 *Denn ich sage euch:*

Viele Propheten und Könige wollten erkennen,
was ihr seht,
und haben es nicht erkannt.

Sie wollten verstehen,
was ihr hört,
und haben es nicht verstanden.

Unerwarteter Retter

25 Ein Schriftkundiger stand auf, um Jesus auf die Probe zu stellen. Er fragte ihn: Malpānā, Lehrer, was muss ich tun, um ewiges Leben zu erhalten? 26 Jesus sagte zu ihm:

Was steht in der Tora geschrieben?
Wie interpretierst du sie?

27 Er antwortete:

Du sollst den Herrn[97],
deinen Gott,
lieben
mit deinem ganzem Herzen und
mit ganzer Seele,
mit deiner ganzen Kraft und
mit all deinem Denken.
Und tue Gutes[98]
deinem Nächsten
wie dir selbst[99].

28 Jesus sagte zu ihm:

Du hast richtig geantwortet.
Handle danach und
du wirst leben.

29 Der Schriftkundige wollte es nicht so stehen lassen und sagte zu Jesus: Und wer ist mein Nächster? 30 Darauf antwortete ihm Jesus:

Ein Mann ging von Jerusalem hinab nach Jericho
und fiel unter die Räuber.
Sie raubten ihn aus und schlugen ihn nieder.
Er aber blieb halbtot zurück.
Und sie gingen weg.

31 *Ein Priester kam zufällig denselben Weg hinab.*
Er sah ihn und ging vorüber.

---

[97] In der Peschitta auf Afrikaans steht das Tetragramm יהוה.
[98] Lieben wird bei den Orientalen eher als Sache des Tuns als Sache des Gefühls angesehen.
[99] ܢܦܫܟ, *napšāk* (Substantiv, weiblich, Singular, emphatisch, Suffix: 2. Person, männlich, Singular); Wurzel: ܢܦܫ, *npš* = eigene Seele, Atem des Lebens, Selbst

32 *Ein Levit kam ebenso zu der Stelle.*
   Er sah ihn und ging vorüber.

33 *Ein Samariter aber, der auf der Reise war, kam zu ihm.*
   Er sah ihn, hatte Mitleid[100] und ging hin zu ihm.

34 *Er versorgte seine Wunden mit Öl und Wein*
   und verband sie.
   Er hob ihn dann auf seinen eigenen Esel,
   brachte ihn zu einer Herberge
   und sorgte für ihn.

35 *Er holte am nächsten Tag zwei Denare hervor.*
   Er gab sie dem Wirt und sagte: Sorge für ihn.
   Falls du mehr für ihn brauchst,
   werde ich es dir erstatten,
   wenn ich wiederkomme.

36 *Was meinst du?*
   Wer von diesen dreien
   wurde der Nächste
   für den,
   der von den Banditen überfallen wurde?

37 Der Schriftkundige antwortete: Der, der Mitleid mit ihm hatte. Da sagte Jesus zu ihm:

Dann geh auch du hin und handle genauso.

---

[100] Lamsa verwendet den Begriff „Mitgefühl" (compassion).

Zwei Schwestern

38 Als sie weiterreisten, kam er in ein Dorf. Eine Frau namens Marta empfing ihn bei sich zu Hause. 39 Sie hatte eine Schwester, die Maria hieß. Maria setzte sich zu Füßen unseres Mārā, unseres Herrn, und hörte seinen Worten zu. 40 Marta aber war ganz davon in Anspruch genommen den Gast zu bedienen. Sie kam zu ihm und sagte: Mein Mārā, mein Meister, stört es dich nicht, dass meine Schwester mich allein bedienen lässt? Sag ihr doch, sie soll mir helfen.[101] 41 Jesus antwortete:

> *Marta, Marta, du bist um vieles besorgt und über vieles erregt.*
> 42 *Aber eines ist notwendiger.*
> *Maria hat für sich selbst den guten Teil gewählt,*
> *der ihr nicht weggenommen wird.*

Vaterunser

11 1 Als Jesus einmal an einem bestimmten Ort gebetet hatte, sprach ihn einer seiner Jünger an: Unser Mārā, unser Herr und Meister, lehre uns beten, wie auch Johannes seine Jünger zu beten gelehrt hat.

2 Da sagte Jesus zu ihnen:

> *Wenn ihr betet, so sprecht:*

---

[101] Den Gast zu bedienen und sich im Hintergrund zu halten, entsprach den orientalischen Sitten. Ihm zuzuhören war der Konvention zufolge nicht notwendig. (Vgl. Errico/Lamsa, *Mark & Luke*, S. 179 ff.)

[102] Sinnerhellender Zusatz des Übersetzers nicht in Kursivsetzung.

[103] ܡܠܟܘܬܐ, *malkūṯā* (Substantiv, weiblich, Singular, emphatisch); Wurzel: ܡܠܟ, *mlkw, mlkwtʾ* = Reich, Herrschaftsform, Königtum; Errico übersetzt die Wurzel

Lukas 11, 3–6

ʾA<u>b</u>on də<u>b</u>ašmayyā

Unser himmlischer ʾAbbā,
unser liebevoller Vater[102]
geheiligt werde dein Name.
Deinem Rat[103] werde gefolgt.
Dein Wille geschehe,
bei dir im Himmel und auf der Erde.

3 *Gib uns das Brot, das wir Tag für Tag brauchen.*
4 *Und vergib uns unsere Sünden,*
so wie wir jedem das erlassen haben,
was er uns schuldig war.
Und lass uns nicht in Versuchung geraten,
und erlöse uns von unserem Irrtum.

5 Dann sagte er zu ihnen:

Stell dir einen Freund vor,
jeder hat doch einen:

Du gehst zu ihm um Mitternacht,
stehst vor seiner Haustür
und sagst:
Freund, leih mir drei Brote.
6 *Denn einer meiner Freunde*
hat auf der Durchreise
unverhofft bei mir angehalten und
ich habe ihm als Gast nichts vorzusetzen.[104]

ܡܠܟ, *mlkw, mlkwtʾ* von ܡܠܟܘܬܐ, *malkūṯā* mit „Ratschlag" bzw. „Rat" (vgl. Errico, *Treasures*, S. 12 f.).

[104] Gastfreundschaft steht bei den Orientalen auf der Werteskala ganz oben. Wenn

Lukas 11, 7–9

7 *Was wird dann der Mann drinnen antworten?*
Belästige mich nicht, mach keine Umstände,
die Tür ist schon abgeschlossen
und meine Kinder schlafen schon?
Sie würden wach, könnten nicht wieder einschlafen,
du bringst alles durcheinander?
Ich kann nicht aufstehen
und dir etwas geben?

8 *Ich sage euch:*

Wenn er schon nicht deshalb aufsteht
und dir etwas gibt,
weil zwischen euch Freundschaft besteht,
so wird er doch
wegen deiner ungehörigen Zudringlichkeit
aufstehen
und wird dir geben,
was du brauchst.

9 *Darum sage ich euch:*

---

unangekündigte Gäste kommen, muss ihnen etwas zu essen angeboten werden. Wenn sie sagen, sie seien nicht hungrig, so muss nach der Etikette siebenmal die freundliche Einladung zurückgewiesen werden, bis die Ablehnung akzeptiert wird. Nötigt der Gastgeber weiter, wird die Einladung zum Mahl angenommen. Der Brotvorrat war oft am Abend erschöpft. Dann musste Brot vom Nachbarn geliehen werden, wenn ein später Besuch eintraf. Denn es wäre für den Besuchten äußerst peinlich, kein Brot anbieten zu können. (Vgl. Lamsa, *Evangelien*, S. 310)

[105] Nicht jedem Anklopfenden wird im Nahen Osten geöffnet. Die Hausfrau erkennt in der Regel die Dringlichkeit des Klopfens. (Vgl. Lamsa, *Evangelien*, S. 312)

Bittet, und es wird euch gegeben.
Sucht, und ihr werdet finden.
Klopft an, und es wird euch geöffnet.
10 *Denn wer bittet, der empfängt.*
Wer sucht, der findet.
Wer anklopft, dem wird geöffnet.[105]

11 *Oder stell dir einen Vater vor,*
jeder kennt doch eine Situation wie die folgende:

Der Sohn bittet ihn um Brot:
Warum sollte der Vater ihm einen Stein geben?
Und wenn er um einen Fisch bittet:
Warum sollte der Vater ihm
statt eines Fisches eine Schlange geben?
12 *Oder wenn er um ein Ei bittet:*
Warum sollte der Vater ihm
einen Skorpion geben?[106]

13 *Wenn nun ihr,*
die ihr fehlerhaft seid
und irren könnt[107]*,*
euren Kindern Gutes schenkt,
wie viel mehr wird 'Abbā,
euer liebevoller Vater[108]*,*
den Heiligen Geist Gottes denen geben,
die ihn erbitten.

---

[106] Im Sommer, wenn Menschen in den Bergen bei den Schafen in Zelten lebten, konnte ein Griff in den Vorrat leicht dazu führen, einen Skorpion zu erwischen, der auf der Suche nach Nahrung zwischen die Eier geraten war (vgl. Errico/Lamsa, *Mark & Luke*, S. 184 f.).
[107] Vgl. Errico/Lamsa, *Mark & Luke*, S. 185.
[108] Sinnerhellender Zusatz des Übersetzers nicht in Kursivsetzung.

Lukas 11, 14–20

Selbstverteidigung

14 Jesus heilte einen Stummen.[109] Als dieser geheilt war, da konnte der Mann reden und die Leute staunten. 15 Einige von ihnen aber sagten: Mithilfe von Beelzebub, dem Herrscher der Teufel, treibt er Teufel aus. 16 Andere wollten ihn auf die Probe stellen und forderten von ihm ein Gotteszeichen. 17 Doch er wusste, was sie dachten, und sagte zu ihnen:

> *Jedes Reich,*
> *das in sich selbst gespalten ist,*
> *wird zerstört.*
>
> *Jedes Haus,*
> *das in sich selbst gespalten ist,*
> *stürzt ein.*
>
> 18 *Wenn der Widersacher also*
> *in sich selbst gespalten ist,*
> *wie kann seine Herrschaft überdauern?*
>
> *Dennoch sagt ihr,*
> *dass ich Teufel*
> *mithilfe von Beelzebub austreibe.*
>
> 19 *Wenn ich also Teufel*
> *durch Beelzebub austreibe,*
> *durch wen treiben dann eure Söhne sie aus?*
>
> *Deswegen werden sie eure Richter sein.*
> 20 *Wenn ich aber Teufel durch den Finger Gottes austreibe,*
> *dann ist der Rat Gottes schon bei euch angekommen.*

---

[109] Wörtlich: trieb einen Dämon aus, der stumm war.

21 *Solange ein bewaffneter starker Mann*
   seinen eigenen Hof bewacht,
   bleibt sein Besitz sicher.

22 *Wenn ihn aber ein bewaffneter Stärkerer*
   mit Gewalt überwältigt,
   wird er ihn besiegen.

   Dann wird ihm der Stärkere seinen ganzen Schutz nehmen,
   auf den er sich doch verlassen hat,
   und wird seine Beute verteilen.

23 *Wer nicht mit mir ist, ist gegen mich.*
   Wer nicht mit mir sammelt, zerstreut.

Rückfall

24 *Wenn ein unreiner Geist*
   aus einem Menschen ausfährt,
   durchwandert er wasserlose Gegenden,
   um Ruhe zu suchen.

   Er findet aber keine.
   Dann sagt er:
   Ich will in mein Haus zurückkehren,
   aus dem ich ausgezogen bin.

25 *Und er kommt und findet es leer,*
   sauber und gut eingerichtet.
26 *Dann geht er*
   und nimmt sieben weitere Geister mit sich.

Diese sind noch weit schlimmer als er selbst.
Sie ziehen ein und hausen dort.
Das Ende jenes Menschen
wird weit schlechter sein als sein Anfang.

Zeichen gefordert

27 Als er das sagte, erhob eine Frau aus der Menge heraus ihre Stimme und rief ihm zu: Gesegnet der Schoß, der dich getragen hat, und die Brüste, die dich gestillt haben. 28 Er aber sprach:

Gesegnet sind vielmehr diejenigen,
die das Wort Gottes hören
und es halten.

29 Als sich immer mehr Menschen versammelten, begann er zu sprechen:

Diese Generation,
die sich von Gott abgewandt hat,
will ein Zeichen,
aber es wird ihr kein Zeichen gegeben werden
außer dem Zeichen des Propheten Jona.

30 *Denn wie Jona*
ein Zeichen
für die Menschen von Ninive war,
so wird dieser Mensch hier
zum Zeichen für diese Generation werden.

31 *Die Königin des Südens*
wird beim Gericht
gegen diese Generation auftreten
und sie wird sie
schuldig sprechen.

*Denn sie kam von den entferntesten Enden der Erde,
um die Weisheit Salomos
hören zu können.
Aber hier handelt es sich
um einen Größeren als Salomo.*

32 *Die Männer von Ninive werden beim Gericht
gegen diese Generation auftreten
und sie schuldig sprechen.
Denn sie sind auf die Botschaft des Jona hin umgekehrt.
Aber hier handelt es sich um mehr als Jona.*

33 *Niemand zündet eine Leuchte an und
stellt sie an eine versteckte Stelle,
wo man sie nicht sehen kann,
sondern auf einen Leuchter,
damit alle Eintretenden das Licht sehen.*

34 *Dein Auge ist die Leuchte des Leibes[110].
Wenn dein Auge gesund ist,* du also charakterlich gut bist[111],
*dann ist dein ganzer Leib erleuchtet.
Wenn es aber erkrankt ist,
dann ist auch dein Leib dunkel.*

35 *Kümmere dich also darum, dass
Licht in dir ist,*
du also einen reinen Charakter besitzt[112],
und nicht Finsternis in dir ist,
wie Missgunst, Eifersucht und Geiz[113].

---

[110] Ein „krankes Auge" bezieht sich metaphorisch auf habsüchtige und geizige Menschen. Wer dagegen ein „lauteres Auge" besitzt, der gilt als „reiner Charakter". (Vgl. Lamsa, *Evangelien*, S. 313; Errico/Lamsa, *Mark & Luke*, S. 186 f.)

[111, 112, 113] Sinnerhellender Zusatz des Übersetzers nicht in Kursivsetzung.

36 *Wenn nun dein ganzer Leib erleuchtet ist*
und es keine Stelle mit Dunkelheit in ihm gibt,
dann wird er ganz hell Licht spenden
wie eine strahlende Leuchte,
die leuchtendes Licht verbreitet.

Pharisäer und Schriftkundige

37 Noch während er so sprach, lud ihn ein Pharisäer ein, mit ihm zusammen zu speisen. Jesus ging zu ihm hin und aß mit ihm. 38 Als der Pharisäer bemerkte, dass er sich vor dem Essen nicht die Hände wusch, war er erstaunt. 39 Da sagte Jesus zu ihm:

Ihr Pharisäer.
Ihr säubert zwar das Äußere
von Tassen und Tellern,
im Inneren aber seid ihr
voller Gier und Ungerechtigkeit.

40 *Versteht ihr denn nicht?*
Hat nicht Gott, der das Äußere schuf,
auch das Innere geschaffen?
41 *Gebt stattdessen lieber Almosen von dem, was ihr habt.*
Dann tut *ihr etwas Gerechtes und es ist alles für euch rein.*

42 *Ihr Pharisäer, weh euch.*
Ihr gebt den Zehnten
von Minze, Gewürzkraut und allem Gemüse,
übersehrt aber die Gerechtigkeit zwischen den Menschen
und die Liebe zu Gott.

Tut das eine, ohne das andere zu unterlassen.

43 *Ihr Pharisäer, weh euch.*
Ihr liebt die vorderen Plätze
in den Versammlungen
und wollt auf den Straßen
ehrenvoll gegrüßt werden.

44 *Ihr Pharisäer und Schriftkundigen,*
weh euch, ihr Schauspieler und Heuchler.
Ihr seid wie Gräber,
die man nicht mehr erkennt:
Die Menschen gehen darüber,
ohne es zu merken.

45 Darauf erwiderte ihm ein Schriftkundiger: Malpānā, Lehrer, Wenn du so sprichst, beleidigst du auch uns. 46 Er antwortete:

Ihr Schriftkundigen, weh auch euch.
Ihr ladet den Menschen unerträgliche Lasten auf.
Ihr selbst aber rührt die Lasten mit keinem eurer Finger an.

47 *Ihr Schriftkundigen, weh euch.*
Ihr errichtet weiß getünchte[114] *Grabmäler für die Propheten:*
Symbole der Reinheit. Doch eure Väter haben sie umgebracht.

48 *Ihr seid Zeugen dafür.*
Ihr bestätigt und billigt damit,
was eure Väter getan haben.

Sie haben die Propheten ermordet.
Ihr errichtet ihnen zum Gedenken[115]
die Grabbauten.

---

[114] Sinnerhellender Zusatz des Übersetzers, auch in der folgenden Zeile, nicht in Kursivsetzung (vgl. Lamsa, *Evangelien*, S. 315).
[115] Sinnerhellender Zusatz des Übersetzers nicht in Kursivsetzung.

Lukas 11, 49–54

49 *Aus diesem Grund hat die Weisheit Gottes gesagt:*
Ich werde Propheten und Apostel senden,
sie werden einige von ihnen verfolgen, andere töten.

50 *So wird das Blut aller Propheten,*
das seit der Erschaffung der Welt vergossen wurde,
über dieser Generation geahndet.

So sage ich es euch:

51 *An dieser Generation wird es gerächt werden:*
Vom Blut Abels bis zum Blut des Zacharias,
der zwischen Altar und Tempelhaus umgebracht wurde.

52 *Ihr Schriftkundigen, weh auch euch.*

Ihr habt den Schlüssel zur Erkenntnis weggenommen:
die Schrift zu erschließen.[116]
Ihr selbst seid nicht hineingegangen:
habt den tieferen Sinn nicht erfasst.[117]
Ihr habt sogar diejenigen daran gehindert,
zur Erkenntnis zu kommen,
die zur Erkenntnis kommen wollten.

53 Als Jesus ihnen das alles gesagt hatte, waren die Schriftkundigen und die Pharisäer höchst verärgert. Sie griffen ihn mit Worten an, 54 waren wütend und kritisierten heftig, was er sagte.

[116, 117] Sinnerhellender Zusatz des Übersetzers nicht in Kursivsetzung.

Achtsam sein

12 1 Als eine überaus große Anzahl von Menschen zusammengekommen war, sodass es ein Gedränge gab, begann Jesus zu seinen Jüngern zu sprechen:

> *Habt Acht vor dem Sauerteig der Pharisäer,*
> *das bedeutet vor Heuchelei.*

> 2 *Nichts ist verdeckt, was nicht enthüllt wird.*
> *Nichts ist verborgen, was nicht bekannt wird.*

> 3 *Alles, was ihr hinter vorgehaltener Hand redet,*
> *wird man in aller Klarheit hören.*

> *Was ihr einander in der geheimen Kammer[118] ins Ohr flüstert,*
> *das wird man auf den Dächern der Häuser verkünden.*

> 4 *Ich sage euch, meinen Freunden:*

> *Fürchtet euch nicht vor denen, die den Leib töten,*
> *danach aber nichts weiter tun können.*

---

[118] ܟܘܬܐ, *dabtawāne*; Wurzel: ܬܘܢ, *twn, twn?* (*tawwān, tawwānā*) = Kammer, Zimmer, aus dem Inneren einer Struktur; Murdock charakterisiert in seiner Übersetzung diese Kammer als „geheim", Lamsa und Etheridge tun dies nicht ausdrücklich. Lamsa erwähnt allerdings in Zusammenhang mit Mt 6,6 einen kleinen Raum im Inneren eines Hauses, der dazu dient, Vorräte und Wertsachen aufzubewahren. Dieses „Kämmerlein" dürfte der einzige „geheime" bzw. „verborgene" Ort im Haus sein. Ansonsten war alles Tun im Haus den Augen der anderen preisgegeben. (Vgl. Lamsa, *Evangelien*, S. 92; Errico/Lamsa, *Mark & Luke*, S. 191)

Lukas 12, 5–10

5 *Ich will euch zeigen,*
wen ihr fürchten sollt:

Fürchtet euch vor dem, der die Macht hat,
euch in die Gehenna[119] zu werfen, nachdem er euch getötet hat.

Das sage ich euch:
Ihn sollt ihr fürchten.

6 *Verkauft man nicht fünf Spatzen für kleine Münzen?*
Doch ist nicht einer von ihnen vor Gott verloren.

7 *Was euch betrifft:*
Alle eure Haare auf dem Kopf sind gezählt.

Fürchtet euch daher nicht.
Ihr seid viel wichtiger als viele Spatzen.

8 *Ich sage euch:*

Jeder, der sich vor den Menschen zu mir bekennt,
zu dem werde auch ich mich vor Gott bekennen.

9 *Wer mich aber vor den Menschen verleugnet,*
der wird auch vor Gott verleugnet werden.

10 *Jedem, der ein Wort gegen mich sagt,*
wird vergeben werden.

---

[119] ܓܗܢܐ, bəgīhannā; Wurzel: ܓܗܢ, ghnʾ = Hölle (abzugrenzen vom Totenreich = Scheol). Der metaphorisch und idiomatisch zu deutende Begriff „Gehenna" enthält Anklänge an: Bedauern, Bereuen, gedankliche Qualen, mentales Leiden, Selbstvorwürfe usw., ist nicht wörtlich konkret zu verstehen. (Vgl. Errico, *Es werde Licht*, S. 58 f.; Errico/Lamsa, *Matthew*, S. 71)

Wer aber blasphemisch den Heiligen Geist verhöhnt,
dem wird nicht vergeben werden.

11 Wenn man euch vor die Gerichte der Synagogen
und vor Herrscher und Autoritäten bringt,
macht euch keine Sorgen,
wie ihr euch verteidigen könnt
oder was ihr sagen sollt.
12 Denn der Heilige Geist
wird euch in dieser Stunde lehren,
was ihr sagen müsst.

Besitz und Reichtum

13 Einer der Anwesenden bat Jesus: Malpānā, Lehrer, sage meinem Bruder doch, er soll das Erbe mit mir teilen. 14 Er erwiderte ihm:

Mann, wer hat mich
zum Richter oder Erbteiler über euch
eingesetzt?

15 Dann sagte er zu den Leuten:

Hütet euch vor aller Habgier.
Denn das Leben hängt nicht
von der Fülle des Wohlstandes ab.

16 Und er erzählte seinen Jüngern ein Gleichnis:

Das Land eines reichen Mannes
brachte ihm eine gute Ernte ein.
17 *Da erwog er bei sich:*
Was soll ich tun?

Lukas 12, 18–21

*Ich habe keinen Platz,
wo ich meine Ernte lagern könnte.*

18 *Schließlich sagte er sich:
Das will ich tun:
Ich werde meine Scheunen
abreißen und vergrößern.
Dort werde ich meinen ganzen Weizen
und meine gesamten Güter unterbringen.*

19 *Dann kann ich zu mir sagen:
Nun hast du
einen großen Vorrat,
für viele Jahre.
Ruh dich aus, iss und trink
und freue dich des Lebens.*

20 *Da sprach Gott zu ihm:
Wie eng ist doch dein Horizont.
Noch in dieser Nacht
wird man
dein Leben
von dir zurückfordern.*

*Wem wird dann das gehören,
was du angehäuft hast?*
21 *So ergeht es einem,
der Schätze nur für sich selbst anhäuft,
aber bei Gott
keine Schätze hat.*

Sich sorgen

22 Und er sprach zu seinen Jüngern:

> *Ich sage euch:*
>
> *Sorgt euch nicht um euer Leben,*
> *was ihr essen sollt,*
> *noch um euren Leib,*
> *wie ihr euch kleiden sollt.*
>
> 23 *Denn Leben besteht aus*
> *mehr als Nahrung.*
> *Der Leib besteht aus*
> *mehr als Kleidung.*
>
> 24 *Beobachtet die Raben:*
> *Sie säen nicht und ernten nicht.*
> *Sie haben keine Vorratskammern und keine Scheunen.*
> *Doch Gott ernährt sie.*
>
> *Wie viel mehr seid ihr wert als die Vögel?*
> 25 *Wer von euch kann mit all dem,*
> *um was er sich kümmert,*
> *sein Leben auch nur ein klein wenig verlängern?*
>
> 26 *Wenn ihr nicht einmal in der Lage seid,*
> *so etwas Geringes fertigzubringen,*
> *warum sorgt ihr euch dann um den Rest,*
> *der übrig bleibt?*

27 *Beobachtet die Blumen[120]:*
Wie sie wachsen und gedeihen.
Sie arbeiten nicht und
spinnen nicht.

Ich sage euch:
Selbst Salomo war
in all seiner Pracht nicht gekleidet
wie eine von ihnen.

28 *Wenn aber Gott das Gras so wunderbar[121] kleidet,*
das heute noch auf dem Feld steht,
aber morgen bereits in den Ofen geworfen wird,
um wie viel mehr kleidet er euch, habt mehr Vertrauen[122].

29 *Macht euch deshalb keine Sorge darum,*
was ihr essen und was ihr trinken sollt.
Lasst euren Geist nicht davon verwirren.
30 *Denn nach all dem streben die, die nicht auf Gott vertrauen.*

Euer 'Abbā, euer liebevoller Vater[123], *weiß,*
dass ihr das alles braucht.
31 *Sucht seinem Rat zu folgen.*
Alles andere wird euch dazu gegeben.

32 *Hab keine Angst, du kleine Herde.*
Denn euer 'Abbā, euer liebevoller Vater[124],
hat beschlossen,
euch seinen Rat zu geben.

---

[120] Nach Lamsa; sonst: Lilien.
[121] Lamsa: mit solcher Mode.
[122] Wörtlich: *ihr Kleingläubigen.*
[123, 124] Sinnerhellender Zusatz des Übersetzers nicht in Kursivsetzung.

33 *Verkauft euren Besitz und*
gebt den Erlös den Armen.
Schafft euch Geldbörsen,
die nicht verrotten können.

Verschafft euch einen Schatz bei Gott,
wo er nicht kleiner werden kann und
wo ihn kein Dieb findet und
wo keine Motte ihn zerstört.

34 *Wo euer Schatz ist, da ist auch euer Herz.*

Wachsam sein

35 *Seid stets zum Aufbruch bereit*
und lasst eure Lampen brennen.

36 *Seid wie Diener,*
die ihren Herrn erwarten,
wenn er von einem Hochzeitsfest[125] zurückkehrt,
damit sie ihm sogleich öffnen,
sobald er kommt und anklopft.

37 *Gesegnet sind die Diener,*
die der Herr wach findet,
wenn er kommt.
Er wird sie am Tisch Platz nehmen lassen
und sie der Reihe nach bedienen.

Amen, so sage ich es euch.

---

[125] ܡܫܬܘܬܐ, *meštūtā*; Wurzel: ܫܬ, *št'* = Hochzeitsfest (nach Lamsa); bei Etheridge und Murdock ist nur von einem Fest die Rede.

Lukas 12, 38–43

38 *Gesegnet sind die Diener,*
die der Herr wach findet,
wenn er erst in der zweiten oder dritten
Nachtwache kommt.

39 *Bedenkt ebenso:*

Wenn der Herr des Hauses gewusst hätte,
zu welcher Stunde der Dieb kommt,
wäre er wach geblieben und
hätte den Einbruch verhindert.

40 *Haltet auch ihr euch deshalb bereit.*
Denn dieser einfache Mensch hier, der Menschensohn[126],
kommt zu einer Stunde,
zu der ihr es nicht erwartet.

41 Da sagte Simon Kephas: Unser Mārā, unser Herr und Meister, sagst du dieses Gleichnis nur zu uns oder auch zu allen Menschen? 42 Jesus antwortete:

Wer ist denn der vertrauenswürdige und weise Verwalter,
den der Mārā, der Herr,
über seinen Hausstand einsetzen will,
damit er ihn zur rechten Zeit
mit Nahrung versorgt?
43 *Gesegnet der Diener,*
den der Mārā, der Herr, damit beschäftigt findet,
wenn er kommt.

---

[126] Der Begriff „Menschensohn" kann vom Aramäischen her als „dieser einfache Mensch" übersetzt werden; der Begriff wird aber häufig – etwa auf dem Hintergrund der Danielapokalypse (Dan 7–12) – auch mit der Vorstellung von einem kommenden „Menschen"/„Menschensohn" (*bar enascha/bar nascha*) als endzeitlichem Richter in Verbindung gebracht.

44 *Wahrhaftig, ich sage euch:*
Er wird ihn über sein ganzes Vermögen einsetzen.

45 *Wenn sich aber der Diener sagt:*
Mein Herr verspätet sich doch bei der Rückkehr.
Wenn er obendrein anfängt,
die anderen Bediensteten zu schlagen, oder auch
zu essen und zu trinken und sich zu berauschen,
46 *dann wird der Mārā, der Herr jenes Dieners*
an einem Tag kommen, an dem er es nicht erwartet,
und zu einer Stunde, die er nicht kennt.
Und der Herr wird ihn strafen und ihm seinen Platz
unter denen zuweisen, die nicht vertrauenswürdig sind.

47 *Der Diener, der die Wünsche seines Mārā, des Herrn kennt,*
sich aber nicht um sie kümmert und nicht danach handelt,
der wird ernsthaft Schläge bekommen.
48 *Wer aber den Willen des Mārā, des Herrn nicht kennt und*
etwas tut, was eigentlich schwer bestraft werden müsste,
der wird weniger Schläge bekommen.
Wem mehr gegeben wurde,
von dem wird mehr zurückgefordert werden,
und wem man viel anvertraut hat,
von dessen Hand wird umso mehr zurückverlangt.

Entscheidungen

49 *Ich bin gekommen,*
um den Frieden zu stören[127].
Doch der Frieden ist ja schon gestört.

---

[127] Wörtlich: *Feuer auf die Erde zu werfen* (Idiom).

Wie froh wäre ich, eine bessere Zukunft wäre schon in Sicht.
50 *Ich muss mit einer Taufe getauft werden,[128]*
und ich bin bedrückt, bis dies geschehen ist.

51 *Meint ihr, ich sei gekommen,*
um Frieden auf der Erde zu bringen?
Nein, sage ich euch: Auseinandersetzung.

52 *Denn von nun an werden fünf Menschen*
im gleichen Haus in Konflikt leben:
Drei werden gegen zwei stehen und zwei gegen drei:

53 *Ein Vater wird gegen seinen Sohn stehen,*
ein Sohn gegen seinen Vater,
eine Mutter gegen ihre Tochter.

Eine Tochter wird gegen ihre Mutter stehen,
eine Schwiegermutter gegen ihre Schwiegertochter,
eine Schwiegertochter gegen ihre Schwiegermutter.

54 Außerdem sagte Jesus zu den Versammelten:

Wenn ihr im Westen eine Wolke aufsteigen seht,
sagt ihr sofort: Es gibt Regen.
Und so geschieht es.

55 *Wenn nun der Wind von Süden weht,*
sagt ihr: Es wird heiß.
Und so geschieht es.

---

[128] Gedacht ist an das eigene Sterben, bei dem er mit seinem Blut besprengt wird (vgl. Errico/Lamsa, *Mark & Luke*, S. 197 f.).

56 *Ihr Schauspieler und Heuchler.*
Das Aussehen der Erde und des Himmels
könnt ihr unterscheiden.

Warum könnt ihr dann
diese gegenwärtige Zeit
nicht deuten?

57 *Warum könnt ihr*
nicht schon von selbst urteilen,
was richtig ist?

58 *Wenn du mit deinem Ankläger zum Gericht gehst,*
bemüh dich noch auf dem Weg,
dich mit ihm zu einigen.

Andernfalls wird er dich vor den Richter schleppen und
der Richter wird dich dem Gerichtsdiener übergeben und
der Gerichtsdiener wird dich ins Gefängnis werfen.

59 *Ich sage dir:*
Du kommst von dort nicht heraus,
bis du auch die letzte Geldschuld bezahlt hast.

Umkehren

13 1 Zu dieser Zeit kamen einige Leute und berichteten Jesus von den Galiläern, die Opfertiere zu einem Fest mitgebracht hatten. Am selben Tag hatte Pilatus diese Galiläer töten lassen.[129] 2 Und er sprach zu ihnen:

---

[129] Vgl. Lamsa, *Evangelien*, S. 320. Lamsa erläutert auch die geschichtlichen Hintergründe: Die genannten Galiläer waren Anhänger von Judas dem Galiläer, der in Aufständen versucht hatte, seine Heimat von den Römern zu befreien. Nach dem

Lukas 13, 3–6

Meint ihr,
dass diese Galiläer größere Sünder waren
als alle anderen Galiläer,
nur weil ihnen das widerfuhr?

3 *Nein, aber*
ich sage euch,
ihr werdet alle ganz genauso umkommen,
wenn ihr nicht umkehrt.

4 *Oder denkt an*
jene achtzehn Menschen,
über die der Turm in Schiloach zusammenfiel
und sie so tötete.

Meint ihr,
dass sie größere Sünder waren
als alle anderen Einwohner
von Jerusalem?

5 *Nein, aber*
ich sage euch,
ihr werdet alle ganz genauso umkommen,
wenn ihr nicht umkehrt.

6 Und er erzählte ihnen dieses Gleichnis:

Ein Mann hatte einen Feigenbaum
in seinem Weinberg gepflanzt.
Als er kam und nachsah,
ob er Früchte trug, fand er keine.

Tod ihres Anführers waren einige der Seinen zum Fest nach Jerusalem gezogen, in der irrigen Annahme, es sei Gras über die Taten von Judas gewachsen. Doch die Besatzer hatten nichts vergessen und schlugen bei günstiger Gelegenheit zu.

7 *Da sagte er zu seinem Arbeiter:*
Jetzt komme ich schon drei Jahre lang und sehe nach,
ob dieser Feigenbaum Früchte trägt,
und ich finde nichts.

Hau ihn um.
Was soll er weiter dem Boden seine Kraft entziehen?
8 *Der Arbeiter erwiderte: Mein Mārā, mein Herr und Meister,*
lass ihn dieses Jahr noch stehen.

Ich will den Boden um ihn herum
aufgraben und düngen.
9 *Vielleicht könnte er doch noch Früchte tragen.*
Falls nicht, lass ihn umhauen.

Heilung am Sabbat

10 Als Jesus an einem Sabbat lehrte in einer der Synagogen lehrte, 11 war da eine Frau, die seit achtzehn Jahren schweres Rheuma hatte. Sie war ganz nach vorne gebückt und konnte ohne Hilfe nicht mehr gerade gehen. 12 Jesus sah sie, rief sie zu sich und sprach:

Frau, dein Leiden hat dich verlassen.

13 Und er legte ihr die Hand auf. Und sofort richtete sie sich auf und pries Gott. 14 Der Vorsteher der Synagoge aber war verärgert darüber, dass Jesus am Sabbat heilte, und er sagte zu den Leuten: Sechs Tage sind dazu da, dass Menschen arbeiten. An diesen Tagen solltet ihr kommen und euch heilen lassen, aber nicht am Sabbat. 15 Jesus erwiderte ihm:

Ihr Schauspieler und Heuchler.
Bindet nicht jeder von euch am Sabbat
seinen Ochsen oder seinen Esel von der Futterstelle los
und führt ihn zur Tränke?

16 *Diese Frau ist eine Tochter Abrahams, und
der Widersacher hat sie schon seit achtzehn Jahren gefesselt.
War es nicht nötig, sie an einem Sabbat
von dieser Fessel zu befreien?*

17 Als er das gesagt hatte, waren alle seine Gegner beschämt. Die Menschen aber freuten sich über all die Wundertaten, die durch seine Hand geschahen.

Senfkorn und Sauerteig

18 Jesus sprach:

> *Wem ist der Rat Gottes ähnlich,
> womit soll ich ihn vergleichen?*

19 *Er ist wie ein Senfkorn,
das ein Mann nahm und in seinen Garten säte.*

*Es wuchs heran und wurde zu einem hohen Baum
und die Vögel nisteten in seinen Zweigen.*

20 Noch einmal sprach Jesus:

> *Wem ist der Rat Gottes ähnlich,
> womit soll ich ihn vergleichen?*

21 *Er ist wie der Sauerteig,
den eine Frau nahm.*

*Sie verbarg ihn unter drei Maßeinheiten Mehl,
bis alles durchsäuert war.*

Zwei Türen

22 Auf seinem Weg nach Jerusalem reiste er durch Dörfer und Städte.
23 Da fragte ihn ein Mann: Sind es nur wenige, die gerettet werden? Er sprach:

24 *Bemüht euch mit allen euren Kräften darum,*
durch die enge Tür zu kommen.
Ich sage euch:
Viele werden versuchen, hineinzukommen,
aber sie werden es nicht schaffen.

25 *Von der Stunde an, wenn der Herr des Hauses*
aufsteht, die Tür verschließt
und ihr draußen steht,
an die Tür klopft und ruft:
Unser Mārā, unser Herr und Meister, mach uns doch auf.

Dann wird er euch antworten:
Ich kenne euch nicht, ich weiß nicht, woher ihr seid.
26 *Dann werdet ihr sagen:*
Wir haben in deinem Beisein gegessen und getrunken
und du hast doch auf unseren Straßen gelehrt.

27 *Er aber wird euch erwidern:*
Ich weiß nicht,
woher ihr seid.
Hinweg von mir,
ihr habt nicht recht gehandelt.

28 *Dort werden Schmerz und Verzweiflung herrschen[130],*
wenn ihr Abraham, Isaak und Jakob und alle Propheten
seht, wie sie dem Rat Gottes gefolgt sind
und sich nun unter Gottes Herrschaft einfinden.
Ihr selbst aber seid ausgeschlossen.

29 *Und sie werden*
von Osten und Westen und
von Norden und Süden kommen
und die, die Gottes Rat folgten,
werden bei ihm Mahl halten.

30 *Es gibt solche, die zunächst hinten waren,*
die werden ganz vorne sein.[131]
Es gibt solche, die zunächst vorne[132] waren[133],
die werden hinten[134] sein.

Bedrohung und Aufbruch

31 An diesem Tag kamen einige Leute der Pharisäer und sagten zu ihm: Mach dich sofort auf den Weg, zieh fort von hier, denn Herodes will dich töten. 32 Er antwortete ihnen:

---

[130] Wörtlich: *Dort werden Heulen und Zähneknirschen sein.*

[131] Die Gegenüberstellung „vorne – hinten" ist je nach Kontext sinnvoller als die Gegenüberstellung „früher – später" oder „erste – letzte".

[132] ܩܕܡܝܐ, *qaḏmāye* (Adjektiv, männlich, Plural, emphatisch); Wurzel: ܩܕܡ, *qdm* = zuerst im Vordergrund, vorne, Vorgänger, zunächst

[133] ܢܗܘܘܢ, *dənehwon* (Verb, 3. Person, männlich, Plural, unvollendet, Peal); Wurzel: ܗܘܐ, *hwʾ* = stehen, sein, werden, existieren, ertragen, geändert werden

[134] ܐܚܪܝܐ, *ḥərāye* (Adjektiv, männlich, Plural, emphatisch); Wurzel: ܐܚܪ, *ʾḥr* = hinten, zuletzt, später, final

Geht und sagt Herodes, diesem Fuchs:
Ich behebe Krankheiten
und heile Menschen,
heute und morgen,
am dritten Tag
werde ich fertig sein.

33 *Heute und morgen*
muss ich meine Arbeit noch tun,
am Tag danach ziehe ich weiter.
Es ist doch ausgeschlossen,
dass ein Prophet
außerhalb Jerusalems umkommt.

34 *Jerusalem, Jerusalem,*
du mordest die Propheten
und steinigst die Boten, die zu dir gesandt sind.
Wie oft wollte ich deine Kinder sammeln,
so wie eine Henne ihre Küken unter ihre Flügel sammelt.
Aber ihr habt es nicht gewollt.

35 *Euer Haus wird euch trostlos selbst überlassen.*
Ich sage euch:
Ihr werdet mich nicht mehr sehen, bis die Zeit kommt,
in der ihr ruft:
Gesegnet ist der,
der kommt im Namen des Herrn.

Heilung an einem Sabbat

14 1 Und Jesus kam an einem Sabbat in das Haus eines führenden Pharisäers, um Brot zu essen. Da beobachtete man ihn ganz genau. 2 Und da stand ein Mann, der an Wassersucht litt, vor ihm. 3 Jesus wandte sich an die Schriftkundigen und Pharisäer und fragte:

> *Ist es nach der Tora erlaubt,*
> *am Sabbat zu heilen?*

4 Sie schwiegen. Da nahm er sich den Mann vor, heilte ihn und ließ ihn gehen. 5 Zu ihnen aber sprach er:

> *Wer von euch wird seinen Sohn oder seinen Ochsen,*
> *der in den Brunnen fällt,*
> *nicht sofort hochziehen und herausholen,*
> *auch am Sabbat?*

6 Daraufhin konnten sie ihm nichts antworten.

Beim Hochzeitsbankett

7 Als er bemerkte, wie sich die Gäste die besten Plätze aussuchten, erzählte er ihnen ein Gleichnis. Er sprach zu ihnen:

> 8 *Wenn du von jemandem*
> *zu einem Hochzeitsbankett*
> *eingeladen bist,*
> *nimm nicht einen*
> *der besten Plätze*
> *ein.*
>
> *Denn es könnte ein anderer von ihm eingeladen sein,*
> *der noch vornehmer ist als du,*
> 9 *und dann würde der Gastgeber,*
> *der dich und ihn eingeladen hat,*
> *kommen und zu dir sagen:*
> *Mach diesen Platz hier frei für ihn.*
>
> *Du aber wärst beschämt, wenn du aufstehen und*
> *den untersten Platz einnehmen musst.*

10 *Wenn du eingeladen bist,*
geh vielmehr hin und setz dich ans unterste Ende,
damit dein Gastgeber zu dir kommt und sagt:
Mein Freund, steh auf und rücke weiter hinauf.

Das wird ehrenhaft für dich
angesichts aller anderen Gästen sein.
11 *Wer sich selbst großmacht,*
wird gedemütigt.
Wer sich selbst kleinmacht,
wird hoch erhoben werden.

12 Dann sprach er zu dem Gastgeber:

Wenn du zu einem Mittagessen
oder zu einem Abendessen einlädst,
lade nicht
deine Freunde oder
deine Brüder,
deine Verwandten oder
deine reichen Nachbarn
ein.
Sie laden wahrscheinlich
auch dich wieder ein und
werden dir alles zurückerstatten.

13 *Wenn du zu einem Essen einlädst,*
mache es anders:
Lade
Arme,
Versehrte,
Lahme und
Blinde
ein.

14 *Gesegnet bist du.*
Sie haben nichts,
um es dir zurückzuerstatten.

Bei der Auferstehung der Gerechten
wird Gott dir alles zurückzahlen[135].

Das Festmahl

15 Als einer der Gäste das hörte, sagte er zu ihm: Gesegnet, wer am Mahl teilnehmen darf[136], wenn Gottes Rat verwirklicht wird. 16 Jesus sprach zu ihm:

Ein Mann gab ein großes Festmahl und lud viele ein.

17 *Zur Zeit des Festmahls schickte er*
seinen Diener aus und ließ denen ausrichten,
die er eingeladen hatte:
Alles ist bereit, kommt.

18 *Aber alle fingen an,*
einer nach dem anderen,
Gründe zu nennen,
warum sie nicht kommen könnten.

Der erste ließ ihm sagen:
Ich habe Land gekauft und
muss dringend hingehen und es besichtigen.
Bitte, entschuldige mich, dass ich nicht kommen kann.

---

[135] Passivum divinum
[136] Wörtlich: *Wer Brot im Reich Gottes essen wird.* Das ist eine aramäische Redewendung: gut und geehrt aufgenommen sein. „Brot" steht manchmal auch für „Wahrheit". (Vgl. Errico/Lamsa, *Mark & Luke*, S. 205 f.)

Lukas 14, 19–23

19 *Ein anderer sagte:*
Ich habe fünf Ochsengespanne gekauft und
bin auf dem Weg, um sie zu überprüfen.
Bitte, entschuldige mich, dass ich nicht kommen kann.

20 *Wieder ein anderer sagte:*
Ich habe geheiratet und
deshalb
kann ich nicht kommen.

21 *Der Diener kehrte zurück*
und berichtete alles dies seinem Herrn.
Da war der Hausherr zornig
und sagte zu seinem Diener:

Geh schnell hinaus
auf die Marktplätze und Straßen der Stadt
und bring die Armen und die Niedergeschlagenen
die Entstellten und die Blinden hierher.

22 *Und der Diener meldete:*
Herr, dein Auftrag ist ausgeführt.
Es sind immer noch Plätze frei.
23 *Da sagte der Herr zu dem Diener:*

Geh zu den Straßen und Zäunen
und bestehe darauf[137]*,*
dass die Leute hereinkommen,
damit mein Haus voll wird.

---

[137] ܐܠܘܨ, *walūṣ* (Verb, Imperativ, 2. Person, männlich, Peal); Wurzel: ܐܠܨ, *ʾlṣ* = zwingen, nötigen, beharren; vgl. Lamsa, *Evangelien*, S. 323. Oft weisen Orientalen eine Einladung siebenmal ab, bevor sie diese annehmen. Der verwen-

Lukas 14, 24–29

24 *Ich sage euch:*
Keiner von denen,
die von mir eingeladen waren,
wird am Festmahl teilnehmen.

Jünger sein

25 Viele Menschen begleiteten ihn, er wandte sich an sie und sprach:

26 *Wenn jemand zu mir kommt*
und nicht
Vater und Mutter,
Frau und Kinder,
Brüder und Schwestern,
ja sogar sein Leben
zurückstellt,
kann er mein Jünger nicht sein.[138]

27 *Wenn jemand von euch*
nicht sein Kreuz trägt und mir folgt,
kann er mein Jünger nicht sein.

28 *Wenn jemand von euch einen Turm bauen will,*
setzt er sich dann nicht zuerst hin
und berechnet die Kosten,
ob seine finanziellen Mittel
für das ganze Bauvorhaben ausreichen?
29 *Sonst könnte es passieren,*
dass er das Fundament gelegt hat,

---

dete aramäische Begriff *alesso (Wurzel: ʾlṣ)* meint: „auf etwas beharren". (Vgl. Errico/Lamsa, *Mark & Luke*, S. 208 f.)

[138] Vgl. Errico/Lamsa, *Matthew*, S. XIV; Errico/Lamsa, *Mark & Luke*, S. 210.

aber den Bau insgesamt nicht fertigstellen kann.
Alle, die es sehen, machen sich lustig über ihn
30 und sagen:
Da hat er einen Bau begonnen,
war aber nicht fähig, ihn zu Ende führen.

31 Oder:

Wenn ein König gegen einen anderen
ihm selbst gleichwertigen in den Krieg zieht,
wird er nicht zuerst genau überlegen,
ob er in der Lage sein wird,
sich mit seinen zehntausend Mann
einem Gegner entgegenzustellen,
der mit zwanzigtausend
gegen ihn anrückt?
32 Ist er nicht dazu in der Lage,
schickt er Gesandte,
solange der andere noch weit weg ist,
und er sucht Friedensverhandlungen.

33 Wenn jemand von euch
nicht auf seinen ganzen Besitz verzichtet.
kann er mein Jünger nicht sein.

34 Salz ist etwas Gutes.
Wenn aber Salz seinen Geschmack verliert,
womit kann man ihm die salzige Würze zurückgeben?
35 Es taugt weder für den Acker noch für die Düngung,
es wird weggeworfen.[139]

Denkt darüber nach, um zu verstehen.[140]

---

[139] Claus-Peter Märt erläutert, zur Zeit Jesu habe man Salz verwendet, das aus

Lukas 15, 1–6

Verlorenes suchen und wiederfinden

15 1 Dann kamen alle möglichen Steuereinnehmer und Menschen, die sich von Gott entfernt hatten, zu ihm, um ihn zu hören. 2 Die Schriftkundigen und Pharisäer murrten darüber und sagten: Dieser nimmt Sünder auf und isst mit ihnen. 3 Da erzählte er ihnen dieses Gleichnis:

> 4 *Stellt euch einen Mann unter euch vor,*
> *der hundert Schafe hat.*
>
> *Wenn er eins davon verliert,*
> *lässt er nicht die neunundneunzig im offenen Gelände zurück*
> *und geht dem einen verlorenen nach, bis er es findet?*
>
> 5 *Wenn er es gefunden hat,*
> *freut er sich nicht überaus*
> *und nimmt es auf seine Schultern.*
>
> 6 *Er kommt nach Hause,*
> *er ruft die Freunde und Nachbarn zusammen und*
> *er sagt zu ihnen:*
>
> *Freut euch mit mir,*
> *denn ich habe mein Schaf wiedergefunden,*
> *das verloren war.*

---

dem Toten Meer stammte und das in einem komplizierten Verfahren gewonnen worden sei. Dieses gewonnene Salz sei nicht so gut wie unser heutiges Speisesalz gewesen und hätte leicht verunreinigt und damit unbrauchbar und geschmacklos werden können. (Vgl. Claus-Peter März/Erfurt, *Salzloses Salz*; *www.kathweb.de*, abgerufen im Oktober 2019)

[140] Wörtlich: *Wer Ohren hat zu hören, der höre.*

7 *Ich sage euch:*

Bei Gott wird solche Freude herrschen
über einen einzigen Sünder,
der umkehrt,

mehr als über neunundneunzig Gerechte,
die keine Umkehr
nötig haben.

8 *Oder:*

Stellt euch eine Frau vor,
die zehn Drachmen hat.[141]

Wenn sie eine davon verliert,
wird sie nicht eine Lampe anzünden, das Haus durchfegen
und sorgfältig suchen, bis sie die Drachme findet?

9 *Wenn sie diese gefunden hat,*
ruft sie die Freundinnen und Nachbarinnen zusammen
und sagt zu ihnen:

---

[141] Häufig waren Münzen im Halsband einer Frau als Schmuckstück verarbeitet. Da es für Kinder kein spezielles Spielzeug gab, konnte es vorkommen, dass Kleinkinder mit dem Halsband spielten und sich eine Münze daraus löste. Ein solches Vorkommnis brachte allerdings andere in Verdacht des Diebstahls. Denn es lebten ja oft mehrere Familien unter einem Dach. Die Nachricht verbreitete sich schnell in dem betroffenen Dorf und konnte das soziale Klima negativ beeinflussen. Wenn die Münze schließlich doch wiedergefunden wurde, war dies ein Anlass großer Freude. (Vgl. Lamsa, *Evangelien*, S. 325 f.; Errico/Lamsa, *Mark & Luke*, S. 212 f.)

Freut euch mit mir,
denn ich habe die Drachme wiedergefunden,
die ich verloren hatte.

10 *Ich sage euch:*

Bei den Engeln Gottes herrscht genau so Freude
über einen einzigen Sünder,
der umkehrt.

Der Vater und die zwei Söhne

11 Weiter sprach Jesus zu ihnen:

Ein Mann hatte
zwei Söhne.[142]
12 *Der jüngere von ihnen*
sagte zu ihm:

---

[142] Lamsa erläutert die Stellung der Söhne in der orientalischen Familie: Der Erstgeborene ist in einer zentralen Rolle. Er wird darauf vorbereitet, nach dem Tod des Vaters dessen Rechte und Funktionen zu übernehmen. Demgegenüber haben die jüngeren Söhne keinerlei Rechte und Zukunftsaussichten innerhalb der Familie. Daraus ergeben sich oft Reibereien und Konflikte. Die Aufgabe der Mutter ist es, diese Konflikte zu schlichten. Der Vater steht dabei fast ausnahmslos aufseiten des ältesten Sohnes. Was immer geschieht, es geschieht im Namen des Vaters. Ist er abwesend, ist der älteste Sohn sein Vertreter.
Der Familienbesitz gehört zu gleichem Teilen den männlichen Familienangehörigen. Von zu Hause wegzuziehen und seinen Anteil am Familienbesitz mitzunehmen, ist nicht unüblich. Darin besteht für die jüngeren Söhne oft die einzige Möglichkeit, aus der Abhängigkeit vom Vater zu treten und die Beziehung zum Vater zu normalisieren. Kommt ein solcher weggezogener Sohn zurück, wird durchaus ein Dankfest veranstaltet, ein Anlass zur Freude und der Begegnung mit vielen Freunden, die den Zurückgekehrten wiedersehen und mit ihm sprechen wollen. (Vgl. Lamsa, *Evangelien*, S. 326–329; Errico/Lamsa, *Mark & Luke*, S. 213 ff.)

*Mein 'Abbā, mein Vater, gib mir den Anteil,
der mir vom Haus als Erbe zusteht.
Da teilte der Vater das Vermögen
unter sie auf.*

13 *Nach wenigen Tagen packte der jüngere Sohn
alles zusammen,
das sein Anteil war,
und zog in ein fernes Land.*

*Dort verschwendete er
sein Vermögen
in einem extravaganten
und exzentrischen Lebensstil.*

14 *Als alles weg war,
was er hatte,
kam eine große Hungersnot über jenes Land
und er begann in Not zu geraten.*

15 *Da zog er los,
lernte einen Mann
aus der Stadt dieses Landes kennen,
der ihn aufs Feld zum Schweinehüten[143] schickte.*

16 *Er hätte gern seinen Magen
mit den Schoten gefüllt,
welche die Schweine als Futter fraßen.[144]
Aber niemand wollte ihm davon geben.*

---

[143] Für einen Mann aus Israel ist dies eine schlimme Sache. Im Talmud heißt es: „Verflucht sei der Mann, der Schweine züchtet" (vgl. Errico/Lamsa, *Mark & Luke*, S. 217).

[144] Die Kharobey-Pflanze kommt in Syrien wild wachsend vor. Wild wachsendes

Lukas 15, 17–21

17 *Als er in sich ging, sagte er sich:*
Wie viele Tagelöhner arbeiten im Haus meines Vaters
und haben viel Brot,
ich aber leide hier Hunger.

18 *Ich will aufbrechen*
und zu meinem Vater
gehen
und zu ihm sagen:

Mein 'Abbā, mein Vater,
ich habe Gott und dir gegenüber gesündigt.
19 *Ich bin nicht mehr wert, dein Sohn genannt zu werden.*
Mach mich zu einem deiner Tagelöhner.

20 *Dann brach er auf*
und ging zu seinem Vater.
Der Vater sah ihn schon von Weitem kommen
und er hatte Mitleid mit ihm.

Er lief dem Sohn entgegen,
fiel ihm um den Hals
und küsste ihn.
21 *Da sagte der Sohn zu ihm:*

Mein 'Abbā, mein Vater,
ich habe Gott und dir gegenüber gesündigt.
Ich bin nicht mehr wert,
dein Sohn genannt zu werden.

Gemüse zu essen, ist eine Sache der Armen. Reiche verzichten auf Gemüse. Es gilt ihnen als sozial deklassierend und demütigend, dieses essen zu müssen. (Vgl. Lamsa, *Evangelien*, S. 328)

22 *Sein Vater aber sagte zu seinen Dienern:*
   Holt schnell das beste Gewand und zieht es ihm an,
   steckt einen Ring an seine Hand
   und gebt ihm Schuhe an seine Füße.

23 *Bringt und schlachtet*
   das Mastkalb.
   Lasst uns essen
   und fröhlich sein.

24 *Denn dieser, mein Sohn,*
   war tot und ist wieder zu Leben gekommen.
   Er war verloren und ist wiedergefunden worden.
   Und sie begannen ausgelassen zu feiern.

25 *Sein älterer Sohn aber war auf dem Feld.*
   Als er in die Nähe des Hauses kam,
   hörte er viele,
   die fröhlich sangen.

26 *Da rief er einen der Diener*
   und fragte ihn,
   was das alles bedeuten solle.
27 *Der Knecht antwortete ihm:*

   Dein Bruder ist gekommen,
   und dein Vater hat das Mastkalb
   schlachten lassen,
   weil er ihn gesund zurückbekommen hat.

28 *Da wurde er zornig*
   und wollte nicht hineingehen.
   Sein Vater aber kam heraus
   und bat ihn, doch hereinzukommen.

29 *Doch er erwiderte seinem Vater:*
Wie viele Jahre diene ich dir schon,
nie habe ich deine Weisung übertreten.
Mir hast du nicht einmal eine kleine Ziege geschenkt.

Ich hätte gerne mit meinen Freunden ein Fest gefeiert.
30 *Kaum ist der hier gekommen, dein Sohn,*
der dein Vermögen mit Dirnen durchgebracht hat,
da hast du für ihn das Mastkalb schlachten lassen.

31 *Der Vater antwortete ihm:*
Mein Sohn, du bist doch mein steter Begleiter
und zugleich der Mitbesitzer von allem, was ich besitze.
32 *Es war ganz richtig, fröhlich zu sein und uns zu freuen.*

Denn dieser, dein Bruder,
war tot und ist wieder lebendig.
Er war verloren und ist
wiedergefunden.[145]

Der Verwalter

16 1 Jesus erzählte den Jüngern eine Parabel:

Ein reicher Mann hatte einen Verwalter.[146]

---

[145] Errico zeichnet einfühlsam auch die versteckte Rolle der Mutter in dieser Parabel (vgl. Errico/Lamsa, *Mark & Luke*, S. 219 f.).

[146] Die Rolle eines Verwalters war dadurch gekennzeichnet, dass er weder ein Knecht noch ein Partner seines Dienstherren war. Er übte große Autorität über den Haushalt aus, stellte Diener und Arbeiter ein und entließ sie, kümmerte sich um Frauen und Kinder seines Herrn und nahm das Geschäftliche wahr. (Vgl. Errico/Lamsa, *Mark & Luke*, S. 124)

Diesen beschuldigte man,
er verschleudere dessen Vermögen.
2 *Darauf ließ der Herr ihn rufen und sagte zu ihm:*
Was muss ich über dich hören?
Leg eine Abrechnung über deine Verwaltung vor.

Du kannst nicht länger mein Verwalter sein.
3 *Da ging der Verwalter in sich und dachte:*
Was soll ich jetzt tun,
wenn mein Herr mir die Verwaltung entzieht?
Ich kann keine Gruben graben, ich schäme mich zu betteln.

4 *Ich weiß nun, was ich tun werde,*
damit mich die Leute in ihre Häuser aufnehmen,
auch wenn ich als Verwalter abgesetzt bin:
5 *Er ließ die Schuldner seines Herrn zu sich kommen,*
einen nach dem anderen.

Einen ersten fragte er:
Wie viel schuldest du meinem Herrn?
6 *Er antwortete: hundert Stück Butter[147].*
Da sagte er zu ihm: Nimm deinen Schuldschein,
setz dich schnell hin und schreib fünfzig.[148]

---

[147] ܡܫܚܐ, *mešḥā* (Substantiv, männlich, Singular, emphatisch); Wurzel: ܡܫܚ, *mšḥ* = Öl, Fett, Butter. Die Übersetzung „Öl" für *mishka/mešḥā* ist nicht angemessen. Butter war gängiges Zahlungsmittel. (Vgl. Lamsa, *Evangelien*, S. 329 f.)

[148] Den Betrag abzuändern war leicht, wurde doch nichts durch Unterschriften abgesichert, zumeist bestanden auch nur mündliche Vereinbarungen (vgl. Lamsa, *Evangelien*, S. 329 f.).

7 *Einen anderen fragte er:*
Wie viel schuldest du meinem Herrn?
Der antwortete: hundert Sack Weizen.
Da sagte er zu ihm: Nimm deinen Schuldschein,
setz dich schnell hin und schreib achtzig.

8 *Und der Herr lobte den ungerechten Verwalter,*
weil er überlegt gehandelt hatte.
Denn die Kinder dieser Welt handeln
in ihrem gesellschaftlichen Umfeld
überlegter als die Kinder des Lichtes.[149]

9 *Ich sage euch:*

Gebraucht den weltlichen Wohlstand,
wie immer ihr zu ihm gekommen seid,
um euch Freunde zu machen.
Ihr werdet einen Ort haben, an dem ihr stets wohnen könnt.
Wenn der Wohlstand weg ist, nehmen die Freunde euch auf.[150]

Die zwei Herren

10 *Wer in den kleinen Dingen zuverlässig ist,*
ist es auch in den großen.
Wer in den kleinen Dingen nicht vertrauenswürdig ist,
der ist es auch bei den großen.

---

[149] Dieser Satz war vermutlich ein späterer Zusatz eines Kopisten.

[150] Lamsa interpretiert diese Parabel auf dem Hintergrund gesellschaftlich üblicher Korruption und Bestechung. Jesus rate uns, nicht mittels Bestechung mit den Einflussreichen dieser Welt Freundschaft zu schließen, sondern durch Großzügigkeit, Erlass von Schulden und Gewährung von Krediten, eben indem wir die „goldene Regel" (z. B. Mt 7,12; Lk 6,31) befolgen. (Vgl. Lamsa, *Evangelien*, 332 f.)

11 *Wenn ihr bereits unzuverlässig seid,*
wenn es um ungerecht erworbenen Wohlstand geht:
Wer wird euch dann zutrauen,
dass ihr wahrhaftig seid?

12 *Wenn ihr nun mit dem, was anderen gehört,*
nicht vertrauenswürdig umgeht:
wer wird euch dann das geben,
was euch selbst zusteht?

13 *Keiner kann zwei Herren dienen:*
Er wird entweder den einen ablehnen und den andern mögen
oder er wird den einen ehren und den andern vernachlässigen.[151]
Ihr könnt nicht Gott dienen und dem Wohlstand.

Vom Rat Gottes

14 Als die Pharisäer, die Geld liebten, das alles hörten, machten sie sich über ihn lustig. 15 Da sprach Jesus zu ihnen:

Vor den Menschen stellt ihr euch selbst als gerecht dar.
Gott aber kennt eure Herzen.
Denn was von Menschen hochgeschätzt wird,
kann vor Gott abscheulich sein.

16 *Tora und Propheten reichen bis zu Johannes.*
Von da an wird die freudige Botschaft
vom Rat Gottes verkündet
und jeder drängt sich, dabei zu sein.

---

[151] Bezug genommen wird auf die nicht seltene Situation, dass ein Hausvater stirbt und mehrere Söhne hinterlässt. Da alle in einem Haus weiterhin zusammenleben, entsteht für die Sklaven eine zuweilen schwierige Situation, nun anstatt einem Herren mehreren Herren dienen zu müssen. Rechtlich hat natürlich der

17 *Eher dürften Himmel und Erde vergehen,*
als dass auch nur ein einziger Buchstabe
der Tora wegfällt,
denn sie kommt von Gott und ist unvergänglich.[152]

18 *Wer sich von seiner Frau scheiden lässt*
und eine andere heiratet, begeht Ehebruch.
Wer eine Frau heiratet, die von ihrem Mann geschieden ist,
begeht Ehebruch.

Der reiche Mann und der arme Lazarus

19 *Es gab einen reichen Mann,*
der sich in Purpur und feines Leinen kleidete
und Tag für Tag überschwänglich
fröhliche Feste feierte.

20 *Es gab aber auch einen armen Mann,*
der vor der Tür des Reichen lag.
Sein Name war Lazarus[153].
Er war voller Geschwüre.

21 *Er sehnte sich danach,*
seinen Magen mit den Überbleibseln zu füllen,
die von der Tafel des Reichen herunterfielen.
Stattdessen leckten die Hunde an seinen Geschwüren.

älteste Sohn eine Vorrangstellung. Die neue Situation muss sich allerdings erst einspielen.

[152] Vgl. Errico/Lamsa, *Mark & Luke*, S. 228.
[153] ܠܥܙܪ, *lāʿāzar*; hebräisch: אלעזר, *Elʿāzār*, das bedeutet: „Gott hat geholfen".

22 *Der Arme starb*
und wurde von den Engeln in Abrahams Schoß getragen.
Der Reiche starb auch
und wurde begraben.

23 *In der Scheol, der Unterwelt,*
litt er qualvolle Schmerzen,
er blickte aus der Distanz auf
und sah Abraham und Lazarus in dessen Schoß.

24 *Da rief er mit lauter Stimme:*
Mein ʾAbbā, mein gütiger Vater[154] *Abraham,*
hab Erbarmen mit mir
und schick Lazarus.

Er soll die Spitze seines Fingers ins Wasser tauchen
und mir die Zunge kühlen.
Denn ich werde fürchterlich gequält
in diesem Feuer.

25 *Abraham aber sagte:*
Mein Sohn, erinnere dich daran,
dass du zu Lebzeiten viele Freuden erhalten hast,
Lazarus hat dagegen nur Schlechtes erfahren.

Jetzt wird er hier getröstet, du aber leidest große Qual.
26 *Außerdem ist zwischen uns und euch ein tiefer Abgrund.*
Selbst wenn es jemand wollte:
Niemand von hier kann zu euch oder kann von dort zu uns kommen.

---

[154] Sinnerhellender Zusatz des Übersetzers nicht in Kursivsetzung.

27 *Da sagte der Reiche:*
Wenn dem so ist, dann bitte ich dich,
mein 'Abbā, mein gütiger Vater[155] *Abraham:*
Schick ihn in das Haus meines Vaters.

28 *Denn ich habe noch fünf Brüder.*
Er soll sie warnen,
damit sie nicht auch
an diesen Ort der Qual kommen.

29 *Abraham aber sagte:*
Sie haben Mose und die Propheten.
Auf die
sollen sie hören.

30 *Er erwiderte:*
Nein, mein 'Abbā, mein gütiger Vater[156] *Abraham.*
Erst wenn einer von den Toten zu ihnen kommt,
werden sie umkehren.

31 *Abraham aber sagte zu ihm:*
Wenn sie auf Mose und die Propheten nicht hören,
werden sie auch nicht glauben,
wenn einer von den Toten aufersteht.

Anregungen zum Handeln

17 1 Jesus sagte zu seinen Jüngern:

Es ist unvermeidlich, dass Vergehen und Verbrechen auftreten.

[155, 156] Sinnerhellender Zusatz des Übersetzers nicht in Kursivsetzung.

Aber wehe dem, durch dessen Hand sie kommen.
2 *Es wäre besser für ihn,*
er würde mit einem schweren Mühlstein[157]
um den Hals ins Meer geworfen,
als dass er für eines dieser Kleinen Anlass zu stolpern wird.

3 *Gebt Acht, wie ihr mit einander umgeht.*
Wenn dein Bruder sündigt,
weise ihn zurecht.
Wenn er umkehrt,
vergib ihm.

4 *Wenn er sich siebenmal am Tag*
gegen dich versündigen sollte
und siebenmal wieder zu dir kommt und sagt:
Ich will umkehren.
Vergib ihm.[158]

5 Die Apostel baten den Herrn: Stärke unser Vertrauen. 6 Er erwiderte:

Wenn ihr Vertrauen hättet wie ein Senfkorn,
könntet ihr zu diesem Maulbeerbaum sagen:
Entwurzle dich und verpflanze dich ins Meer.[159]
Er würde euch gehorchen.
Vertrauen hilft ernsthafte Schwierigkeiten zu überwinden.[160]

---

[157] Aramäisch auch „Eselsmühle" genannt.
[158] Das bedeutet: Es ist stets zu verzeihen.
[159] Eine orientalische Redewendung wie „Berge versetzen" bedeutet, ernsthafte Hindernisse und Schwierigkeiten zu überwinden. Das Idiom ist nicht wörtlich zu nehmen. Analoges gilt auch für „Maulbeerbäume". (Vgl. Errico, *Es werde Licht*, S. 61 f.)
[160] Sinnerhellender Zusatz des Übersetzers nicht in Kursivsetzung.

Lukas 17, 7–13

7 *Wenn einer von euch einen Knecht hat,*
der pflügt oder die Schafe hütet,
wird er etwa zu ihm sagen,
wenn er vom Feld kommt:
Komm her und setz dich hin?

8 *Wird er nicht eher zu ihm sagen:*
Bereite mir etwas zu essen vor,
mach dich zum Servieren fertig und bediene mich,
bis ich gegessen und getrunken habe.
Danach kannst auch du essen und trinken?

9 *Bedankt er sich etwa bei dem Knecht,*
weil er getan hat, was ihm befohlen wurde?
10 *Ich glaube nicht.*
Bei euch soll es so sein: Wenn ihr alles getan habt,
was euch angetragen wurde, sollt ihr sagen:

Wir sind unbeschäftigte Knechte.[161]
Wir haben nur getan, was wir tun sollten.

Dankbarkeit

11 Als Jesus auf dem Weg nach Jerusalem war, zog er durch das Gebiet von Samarien, das an Galiläa grenzt. 12 Er war gerade dabei, in ein Dorf hineinzugehen, da begegneten ihm zehn Aussätzige. Sie blieben auf Abstand stehen 13 und riefen: Jesus, unser Rābbā, unser Meister, hab Mitleid mit uns.

---

[161] ܒܛܝܠܐ, *baṭīle* (Adjektiv, Plural, männlich, emphatisch); Wurzel: ܒܛܠ, *bṭl* = unnötig, unnütz, arbeitslos. Im Orient standen die Diener und Knechte oft zu jeder Zeit ihrem Herrn zur Arbeit zur Verfügung. Es galt als Zeichen von Faulheit, über zu viel Arbeit zu klagen. Für einen guten Arbeiter sprach es, wenn er über zu wenig Arbeit klagte. (Vgl. Lamsa, *Evangelien*, S. 336 f.; Errico/Lamsa, *Mark & Luke*, S. 235)

14 Als er sie sah, sprach er zu ihnen:

> *Geht, zeigt euch den Priestern.*

Und während sie hingingen, wurden sie rein. 15 Einer von ihnen bemerkte, dass er geheilt war, und kehrte um. Mit lauter Stimme lobte er Gott. 16 Er warf sich zu Füßen Jesu auf sein Angesicht nieder und dankte ihm. Und dieser Mann war ein Samariter. 17 Da sprach Jesus:

> *Sind nicht zehn rein geworden?*
> *Wo sind die neun?*
> 18 *Warum haben sie sich abgesondert?*
> *Warum ist keiner umgekehrt, um Gott zu ehren?*
> *Außer diesem Mann, der noch dazu*
> *aus einem fremden Volk stammt?*

19 Und er sagte zu ihm:

> *Steh auf*
> *und geh.*
> *Dein Vertrauen hat dich gerettet.*

Von der Verwirklichung dessen, was Gott rät

20 Als Jesus von den Pharisäern gefragt wurde, wann der Rat Gottes Wirklichkeit würde, antwortete er:

> *Was Gott rät, das verwirklicht sich nicht so,*
> *dass man es beobachten könnte.*
> 21 *Man kann auch nicht sagen:*

> *Schaut, hier ist er verwirklicht.*
> *oder: Dort ist er verwirklicht.*
> *Was Gott rät, das verwirklicht sich in euch selbst.*

Lukas 17, 22–27

Dieser Mensch, der Menschensohn

22 Er sprach zu den Jüngern:

> *Es werden Tage kommen,*
> *in denen ihr euch danach sehnt,*
> *auch nur einen von den Tagen*
> *dieses Menschen, des Menschensohnes, zu sehen.*
>
> *Und ihr werdet ihn nicht sehen.*
> 23 *Wenn sie zu euch sagen:*
> *Er ist hier. Er ist dort.*
> *Geht nicht zu ihnen hin und folgt ihnen nicht.*
>
> 24 *Denn wie der Blitz am Himmel aufscheint*
> *und alles unter dem Himmel plötzlich erhellt,*
> *so wird es sich mit dem Tag verhalten,*
> *an dem dieser Mensch erscheint.*
>
> 25 *Vorher aber muss er*
> *vieles erleiden*
> *und von dieser Generation*
> *zurückgestoßen werden.*
>
> 26 *Wie es in den Tagen*
> *des Noach war,*
> *so wird es auch in den Tagen*
> *dieses Menschen sein:*
>
> 27 *Die Menschen aßen und tranken*
> *und heirateten oder wurden geheiratet bis zu dem Tag,*
> *an dem Noach die Arche bestieg.*
> *Dann kam die Flut und vernichtete jedermann.*

28 *Wie es in den Tagen*
   des Lot war,
   so wird es auch in den Tagen
   dieses Menschen sein:

   Die Menschen
   aßen und tranken,
   kauften und verkauften,
   pflanzten und bauten.

29 *Aber an dem Tag,*
   als Lot Sodom verließ,
   ließ der Herr Feuer und Schwefel vom Himmel regnen
   und vernichtete alle.

30 *So wird es an dem Tag*
   sein, an dem
   dieser Mensch hier
   erscheinen wird:

31 *Wer auf dem Dach ist*
   und seine Sachen im Haus hat,
   soll an jenem Tag nicht hinabsteigen,
   um sie zu holen.

   Wer auf dem Feld ist,
   soll sich auch nicht umdrehen.
32 *Denkt nur*
   an die Frau des Lot.

33 *Wer sein Leben zu bewahren sucht,*
   wird es verlieren.
   Wer es riskiert,
   wird es dagegen bewahren.

Lukas 17, 34–18, 2

34 *Ich sage euch:*

Von zwei Männern,
die in dieser Nacht auf einem Bett liegen:
der eine wird mitgenommen,
der andere zurückgelassen.

35 *Von zwei Frauen,*
die am selben Ort Getreide mahlen:
die eine wird mitgenommen,
die andere zurückgelassen.

36 *Von zwei Männern,*
die in dieser Nacht auf dem Feld arbeiten:
der eine wird mitgenommen,
der andere zurückgelassen.

37 Und sie sprachen: Unser Mārā, unser Herr und Meister. Wo wird das geschehen? Er antwortete:

Wo Aas ist,
da sammeln sich auch die Geier[162].

Richter und Witwe

18 1 Jesus sprach zu ihnen durch eine Parabel, dass sie jederzeit beten und dabei nicht schwach werden sollten:

2 *In einer Stadt lebte ein Richter.*
Er fürchtete Gott nicht.
Er nahm auf keinen Menschen Rücksicht.

---

[162] „Geier" passt philologisch besser und entspricht eher dem Sinn als „Adler". ܢܫܪܐ, *nešre* bedeutet beides.

Lukas 18, 3–9

3 *In dieser Stadt lebte auch eine Witwe.*
Sie kam immer wieder zu ihm und
sie sagte: Verschaffe mir Recht gegenüber meinem Gegner.

4 *Er wollte lange Zeit nicht.*
Er sagte sich dann aber: Ich fürchte Gott nicht
und nehme auch auf keinen Menschen Rücksicht.

5 *Da diese Witwe aber aufdringlich ist,*
will ich ihr Recht verschaffen,
damit sie nicht mehr kommt und mich belästigt.

6 Dann sprach Mārā, unser Meister und Herr:

Hört, was das Gleichnis vom ungerechten Richter sagt[163]*:*
7 *Sollte Gott für seine Auserwählten nicht viel mehr eintreten,*
als es der Richter für die Witwe tat?

Tag und Nacht bestürmen sie ihn,
aber anders als es der Richter war,
ist Gott doch geduldig mit seinen Auserwählten?

8 *Ich sage euch:*

Gott wird unverzüglich für sie eintreten.
Wenn dieser Mensch hier kommt,
wird er aber Vertrauen auf der Erde finden?

Pharisäer und Steuereinnehmer

9 Er erzählte diese Parabel denen gegenüber, die darauf vertrauten, dass sie selbst gerecht seien, und alle anderen verachteten:

---

[163] Wörtlich: *Was der ungerechte Richter sagt.*

Lukas 18, 10–14

10 *Zwei Männer gingen hinauf zum Tempel, um dort zu beten.*
Der eine war ein Pharisäer.
Der andere ein Steuereinnehmer.

11 *Der Pharisäer stellte sich hin*
und betete
wie folgt:

Gott,
ich danke dir,
dass ich nicht wie die übrigen Menschen bin:

die Erpresser, die Gauner, die Ehebrecher
oder auch wie
dieser Steuereintreiber da.

12 *Ich faste zweimal in der Woche*
und gebe den zehnten Teil
meines ganzen Einkommens.

13 *Der Steuereinnehmer aber blieb weit weg stehen*
und wollte nicht einmal seine Augen zu Gott erheben,
sondern schlug sich an die Brust und betete:

Gott,
sei mir gnädig.
Ich bin ein Sünder.

14 *Ich sage euch:*
Dieser ging bestätigter[164] hinunter in sein Haus
als der Pharisäer.[165]

---

[164] ܝܬܝܪ, *yattīr* (Adjektiv); Wurzel: ܝܬܪ, *ytr* = mehr, besser, größer; מזדק, *məzaddaq*

Denn wer sich selbst erhebt, wird gedemütigt,
wer sich aber selbst demütigt, wird erhoben werden.

Kinder

15 Man brachte kleine Kinder[166] zu ihm, damit er sie berühre. Als die Jünger das sahen, wiesen sie die Leute zurecht. 16 Jesus aber rief die Kinder zu sich und sagte:

Erlaubt den Kindern, zu mir zu kommen.
Hindert sie nicht daran.

Was Gott rät,
das verwirklicht sich in ihnen.

17 *Amen, ich sage euch:*

Wer den Rat Gottes nicht so annimmt wie ein Kind[167],
der wird seinen Maßstäben nicht genügen.

Reichtum und Nachfolge

18 Einer von den führenden Männern fragte ihn: Guter Malpānā, guter Lehrer, was muss ich tun, um das ewige Leben zu erhalten? 19 Jesus sprach zu ihm:

    (Verb, 3. Person, männlich, Singular, Partizip Passiv, Peal); Wurzel: ܙܕܩ, *zdq* = rechtfertigen, bestätigen

[165] Im griechischen Text heißt es: Dieser kehrte als Gerechter nach Hause zurück, der andere nicht. Das im Aramäischen anzutreffende „mehr" bzw. „weniger" wird hier im Griechischen durch eine ausschließende, härtere Darlegung ersetzt.

[166, 167] Lamsa spricht von: kleinen Jungen.

Lukas 18, 20–27

> *Warum nennst du mich gut?*
> *Niemand ist gut außer dem Einen.*
> *Das ist Gott.*

20 *Du kennst doch die Gebote:*
Du sollst nicht töten.
Du sollst nicht die Ehe brechen.
Du sollst nicht stehlen.
Du sollst nicht falsch aussagen.
Ehre deinen Vater und deine Mutter.

21 Er erwiderte: Alle diese Gebote habe ich von Kindheit an befolgt.
22 Als Jesus das hörte, sagte er ihm:

Eines fehlt dir noch:

Verkauf alles, was du hast.
Verteil es an die Armen.

Du wirst einen Schatz bei Gott haben.
Dann komm und folge mir nach.

23 Der Mann aber wurde sehr traurig, als er das hörte. Denn er war sehr reich. 24 Jesus sah, dass er sehr sorgenvoll geworden war, und sprach:

Wie schwer ist es doch für Menschen,
die viel besitzen,
den Rat Gottes zu erfüllen.

25 *Denn leichter geht ein Seil*
durch ein Nadelöhr,
als dass ein Reicher Gottes Rat folgt.

26 Diejenigen, die das hörten, sagten zu ihm: Wer kann dann noch gerettet werden? 27 Jesus sprach:

So etwas,
was für Menschen unmöglich ist,
ist für Gott möglich.

28 Da sagte Simon Kephas: Alles, was wir besaßen, haben wir verlassen und sind dir nachgefolgt. 29 Jesus antwortete ihnen:

Amen, ich sage euch:
Jeder, der um des Rates Gottes willen
Haus, Eltern, Brüder, Frau oder Kinder verlässt,
30 *erhält dafür schon in dieser Zeit nicht nur das Vielfache,*
sondern auch in der kommenden Welt das ewige Leben.

Ankündigung (3)

31 Jesus versammelte die Zwölf um sich und sprach zu ihnen:

Wir gehen nun nach Jerusalem hinauf.
Dort wird sich alles erfüllen,
was über diesen Menschen
bei den Propheten aufgeschrieben ist.

32 *Denn dieser Mensch wird denen ausgeliefert,*
die nicht auf Gott vertrauen:

Sie werden ihn verspotten,
sie werden ihm ins Gesicht spucken,
33 *sie werden ihn geißeln,*
sie werden ihn misshandeln,
sie werden ihn töten.

Am dritten Tag wird er wiederauferstehen.

34 Doch die Zwölf verstanden nichts von dem. Der Sinn der Worte blieb ihnen verborgen. Sie begriffen nicht, was er ihnen gesagt hatte.

Blindenheilung

35 Als sie in die Nähe von Jericho kamen, saß ein Blinder am Straßenrand und bettelte. 36 Er hörte, dass Menschen vorbeigingen, und fragte: Wer ist das? 37 Sie sagten ihm: Jesus von Nazaret geht vorüber. 38 Da rief er: Jesus Bar David, du Mann wie David[168], hab Mitleid mit mir.

39 Die Leute, die vorausgingen, legten ihm nahe zu schweigen. Er aber schrie noch viel lauter: du Mann wie David, hab Mitleid mit mir. 40 Jesus blieb stehen und ließ ihn zu sich herführen. Als der Mann vor ihm stand, fragte ihn Jesus:

41 *Was soll ich für dich tun?*

Er antwortete: Mein Mārā, mein Meister und Herr, ich möchte sehen können. 42 Da sagte Jesus zu ihm:

Du kannst sehen.
Dein Vertrauen hat dich gerettet.

43 Sofort konnte er sehen. Da folgte er ihm, pries Gott. Und das ganze Volk, das dies sah, lobte Gott.

Zachäus

19 1 Dann kam er nach Jericho und ging durch die Stadt. 2 Da war ein Mann namens Zachäus, der reich war, denn er war der oberste Steuereinzieher. 3 Er wollte Jesus sehen, um zu erfahren, wer er sei, doch er konnte es nicht wegen der vielen Menschen. Denn Zachäus war klein an

---

[168] Vgl. Lamsa, *Evangelien* S 338; Errico/Lamsa, *Mark & Luke*, S. 241.

Körpergröße. 4 Darum lief er voraus und stieg auf einen Feigenbaum, um Jesus vielleicht zu sehen, weil er dort vorbeikommen musste. 5 Als Jesus zu der Stelle kam, sah er ihn und sprach zu ihm:

> *Komm schnell herunter, Zachäus.*
> *Denn ich muss heute in deinem Haus bleiben.*

6 Er stieg schnell herunter und nahm Jesus mit Freude bei sich auf. 7 Alle, die das sahen, empörten sich und sagten: Er ist im Haus eines Sünders eingekehrt. 8 Zachäus aber wandte sich an Jesus und sagte: Mein Mārā, mein Meister und Herr, die Hälfte meines Vermögens werde ich den Armen geben, und wenn ich von jemandem zu viel gefordert habe, werde ich ihm das Vierfache zurückgeben. 9 Da sprach Jesus zu ihm:

> *Heute ist diesem Haus*
> *Leben geschenkt worden*[169]*,*
> *weil auch dieser Mann*
> *ein Sohn Abrahams ist.*

> 10 *Denn dieser Mensch*
> *ist gekommen,*
> *um zu suchen und zu retten,*
> *was verloren war.*

Das anvertraute Geld

11 Als die Menschen von all dem hörten, erzählte Jesus eine weitere Parabel, denn er war schon nahe bei Jerusalem und die Menschen meinten, der Rat Gottes werde unmittelbar verwirklicht. 12 Er sprach:

---

[169] Lamsa und Murdock sprechen von „Leben", Etheridge spricht von „Heil". ܚܝܐ, ḥayye (Wurzel: ܚܝ, ḥyʾ) kann beides bedeuten.

Lukas 19, 13–14

*Ein Mann aus vornehmer Familie
wollte als Malick über ein kleines Gebiet[170] herrschen.
Daher reiste er in ein fernes Land,
um zum Herrscher ernannt zu werden,
dann wollte er zurückkehren.[171]*

13 *Er rief seine zehn Diener zu sich,
verteilte unter sie zehn Minen,
kleinere Geldbeträge[172], und sagte:
Macht Geschäfte damit,
bis ich wiederkomme.[173]*

14 *Seine Untertanen jedoch hassten ihn
und schickten eine Gesandtschaft
hinter ihm her und ließen sagen:
Wir wollen nicht, dass dieser Mann
über uns herrscht.*

---

[170] Sinnerhellender Zusatz des Übersetzers.

[171] Lamsa erläutert, die Herrscherwürde sei aus der Hand der Römer gegeben worden, die entsprechende Posten verliehen. Eine „Königswürde" im orientalischen Sinne sei nicht mit „wirklichen" Königen in Verbindung zu bringen. Ein Malick, ein Herrscher über vielleicht 200 Familien, konnte man durch Bestechung oder politische Intrigen werden. Starb ein römischer Herrscher, stand der Bestand der Herrschaft zur Debatte. Dann war es für den betroffenen Malick nötig, eine Reise z. B. nach Rom oder zum Sitz der Provinzregierung zu unternehmen, um seine Stellung bestätigen zu lassen. (Vgl. Lamsa, *Evangelien*, S. 338 f.; Errico/Lamsa, *Mark & Luke*, S. 242)

[172] Sinnerhellender Zusatz des Übersetzers, nicht in Kursivsetzung.

[173] Höhergestellte beschäftigten sich selber nicht mit Geldgeschäften, sondern übertrugen diese ihren Dienern bzw. Untergebenen. Es war üblich, zunächst eine kleinere Summe zur Verfügung zu stellen, um zu testen, wie mit dem Geld umgegangen wurde. Bei einem positiven Ergebnis der Geldvermehrung wurde die Summe üblicherweise später erhöht. (Vgl. Lamsa, *Evangelien*, S. 339–341)

15 *Als er die Herrscherwürde empfangen hatte
und zurückkehrte,
ließ er die Diener,
denen er das Geld gegeben hatte,
zu sich rufen.*

*Er wollte sehen,
welchen Gewinn
die Diener
bei ihren Geschäften
erzielt hatten.*

16 *Der erste kam und sagte:
Mein Mārā, mein Herr.
Deine Mine hat
zehn Minen
eingebracht.*

17 *Da sagte der Herrscher zu ihm:
Du bist ein guter Diener.
Da du im Kleinen zuverlässig warst,
sollst du nun mit einem größeren Geldbetrag von zehn Kakra[174]
arbeiten.*

18 *Der zweite kam und sagte:
Mein Mārā, mein Herr.
Deine Mine hat
fünf Minen
eingebracht.*

---

[174] *Kakra* (der größere Geldbetrag) wurde zuweilen mit *karkha* (Herrschaftsgebiet von mehreren Städten) verwechselt, was zu Missverständnissen führt. Denn der genannte Regent konnte als Herrscher über eine einzige Stadt unmöglich einem Diener die Gewalt über 5 oder 10 Städte übertragen. (Vgl. Lamsa, *Evangelien*, S. 340; Errico/Lamsa, *Mark & Luke*, S. 243 f.)

Lukas 19, 19–23

19 *Zu ihm sagte der Herrscher:*
Du sollst nun mit fünf Kakra,
einem entsprechend
höheren Geldbetrag[175],
arbeiten.

20 *Nun kam ein anderer und sagte:*
Mein Mārā, mein Herr.
Hier deine Mine.
Ich habe sie in einen Stoffbeutel aus Leinen
gesteckt und aufgehoben.

21 *Ich hatte Angst vor dir, weil du ein strenger Mann bist:*
Du hebst ab,
was du nicht eingezahlt hast,
und erntest,
was du nicht gesät hast.

22 *Der Herrscher antwortete:*
Aus deinem eigenen Mund
spreche ich dir
das Urteil:
Du schlimmer Diener.

Du hast gewusst, dass ich ein strenger Mann bin.
Dass ich abhebe, was ich nicht eingezahlt habe.
Dass ich ernte, was ich nicht gesät habe.
23 *Warum hast du dann mein Geld nicht auf die Bank gebracht?*
Dann hätte ich es bei der Rückkehr mit Zinsen erhalten können.

---

[175] Sinnerhellender Zusatz des Übersetzers nicht in Kursivsetzung.

24 *Und zu denen, die dabeistanden, sagte er:*
Nehmt ihm die Mine weg.
Gebt sie dem, der die zehn Minen hat.
25 *Sie sagten zu ihm:*
Unser Mārā, unser Herr, der hat doch schon zehn bekommen.

26 *Ich sage euch:*

Wer hat, dem wird gegeben werden.
Wer nicht hat, dem wird noch weggenommen, was er hat.

27 *Meine Feinde aber, die nicht wollten,*
dass ich über sie herrsche:
Bringt sie her und tötet sie vor meinen Augen.[176]

Ankunft in Jerusalem

28 Nachdem Jesus das alles gesagt hatte, machte er sich auf, um nach Jerusalem hinaufzuwandern. 29 Er erreichte Betfage und Betanien, auf der Bergseite, die Ölberg heißt. Dort schickte er zwei seiner Jünger aus 30 und sprach zu ihnen:

Geht in das Dorf, das vor uns liegt.
Wenn ihr hineinkommt,
werdet ihr dort ein Fohlen angebunden finden,
auf dem noch nie jemand geritten ist.

---

[176] Dieser drastische Schluss mag erstaunen. Man vergegenwärtige sich aber, dass es um die grundsätzliche Frage der Loyalität bzw. mangelnder Loyalität geht, die veranschaulicht werden soll. Auch bei der Verwirklichung des Ratschlags Gottes ist Loyalität gefragt. Bei der kommenden Verleumdung des Simon wird dieses Problem erneut aufgegriffen.

Bindet es los und bringt es her.
31 *Wenn euch jemand fragen sollte:*
Warum bindet ihr es los?
Antwortet: Unser Mārā, unser Herr und Meister, braucht es.

32 Und die Ausgesandten machten sich auf den Weg und fanden es so, wie er es ihnen gesagt hatte. 33 Als sie das Fohlen losbanden, sagten die Leute, denen es gehörte: Warum bindet ihr das Fohlen los? 34 Sie antworteten: Unser Mārā, unser Herr und Meister, braucht es. 35 Dann brachten sie es zu Jesus, legten ihre Kleider auf das Fohlen und sie setzen Jesus darauf. 36 Während er voranritt, breiteten sie ihre Kleider auf dem Weg aus. 37 Als er sich dem Abhang des Ölbergs näherte, begann die Menge der Jünger freudig und mit lauter Stimme Gott zu loben wegen all der Wundertaten, die sie gesehen hatten. 38 Sie riefen: Gesegnet sei der König, der kommt im Namen von Mārā, dem Herrn[177]. Sei gegrüßt: *Schlāmā*, Friede Gott und Ehre dem Höchsten. 39 Da riefen ihm einige Pharisäer aus der Menge zu: Rabbī, Lehrer, weise deine Jünger zurecht. 40 Er erwiderte:

Ich sage euch:
Wenn sie schweigen,
würden die Steine aufschreien.

Von der Zerstörung Jerusalems

41 Als er näher kam und die Stadt sah, fing er an, über sie zu weinen. 42 Er sprach:

Wenn du doch die gekannt hättest,
die sich um deinen Frieden bemühen,
selbst an diesem deinem Tag.
Jetzt aber sind sie vor deinen Augen verborgen.

---

[177] In der Peschitta auf Afrikaans steht hier das Tetragramm יהוה.

43 *Es werden Tage über dich kommen,*
an denen deine Feinde dich umzingeln.
Sie werden dich niederwerfen
und deine Kinder in dir.

44 *Sie werden in dir keinen Stein*
auf dem andern lassen,
weil du die Zeit deiner Vernichtung
nicht erkannt hast.

Im Tempel

45 Als er in den Tempel betrat, fing er an diejenigen, die kauften und verkauften[178], feilschten und unsaubere Geschäfte machten[179], hinauszutreiben. 46 Er sprach zu ihnen:

Es steht geschrieben:
Mein Haus ist ein Haus des Gebetes.
Ihr aber habt daraus eine Banditenhöhle gemacht.

47 Er lehrte täglich im Tempel *als Malpānā*[180]. Aber die oberen Priester, die Schriftkundigen und die Ältesten im Volk versuchten ihn loszuwerden.

---

[178] Lamsa erläutert: Es gibt nur einen aramäischen Begriff für „kaufen" und „verkaufen"; steht der Punkt unter dem zweiten Buchstaben, bedeutet der Begriff „kaufen"; mit dem Punkt über dem zweiten Buchstaben bedeutet der Begriff „verkaufen". Wahrscheinlich sind nur die Verkaufenden hier angesprochen, insofern sie dem heiligen Ort unangemessene Geschäfte machten oder auch feilschten, fluchten, spuckten. Die Unehrlichkeit und Profitgier standen im Fokus der Kritik Jesu. (Vgl. Lamsa, *Evangelien*, S. 369) *The Comprehensive Aramaic Lexicon* weist bei der Wortanalyse nicht einmal auf diese kleine Unterscheidung zwischen „kaufen" und „verkaufen" hin.

[179] Sinnerhellender Zusatz des Übersetzers in Kursivsetzung.

[180] Lehrer

48 Sie waren allerdings nicht in der Lage herauszufinden, was sie machen sollten, denn das ganze Volk umringte ihn, um ihm zuzuhören.

Zuspitzung

20 1 Als er eines Tages im Tempel lehrte und die freudige Hoffnung verkündete, standen die oberen Priester und die Schriftkundigen mit den Ältesten gegen ihn auf 2 und fragten ihn: Sag uns: Mit welcher Autorität tust du dies? Wer hat dir diese Autorität gegeben? 3 Er antwortete ihnen:

> *Auch ich will euch eine Frage stellen,*
> *die ihr mir beantworten könnt.*
> 4 *Stammte die Taufe des Johannes*
> *von Gott oder von Menschen?*

5 Da überlegten sie und sagten zueinander: Wenn wir antworten: Von Gott, so wird er sagen: Warum habt ihr ihm dann nicht geglaubt? 6 Wenn wir aber antworten: Von Menschen, dann wird das ganze Volk uns steinigen. Denn es ist überzeugt, dass Johannes ein Prophet war. 7 Darum antworteten sie: Wir wissen nicht, woher sie stammt. 8 Jesus erwiderte ihnen:

> *Dann werde auch*
> *ich euch nicht sagen,*
> *mit welcher Autorität*
> *ich diese Dinge tue.*

Die Winzer

9 Er begann dem Volk diese Parabel zu erzählen:

> *Ein Mann legte einen Weinberg an,*
> *verpachtete ihn an Arbeiter*
> *und verreiste für längere Zeit.*[181]

10 *Als nun die Erntezeit gekommen war,*
schickte er seinen Knecht zu den Arbeitern,
um etwas von den Früchten des Weinbergs zu erhalten.

Die Arbeiter aber schlugen ihn
und jagten ihn
mit leeren Händen fort.

11 *Darauf schickte er*
einen anderen Knecht.
Sie schlugen auch ihn.

Sie misshandelten ihn
und jagten ihn
mit leeren Händen fort.

12 *Er schickte noch einen dritten Knecht.*
Aber auch ihn schlugen sie blutig und
warfen ihn hinaus.

---

[181] Lamsa erläutert das Pachtsystem und seine Schwierigkeiten. In schlechten Jahren ist die Pacht kaum zu bezahlen. Hinzu kommt der Umstand, dass die Angehörigen des Weinbergbesitzers oft so handeln, als gehöre der Weinberg ihnen und als hätten sie das Recht, kostenlos Trauben zu nehmen, auch wenn der Weinberg verpachtet ist. In schlechten Jahren ist so die Abgabenlast kaum zu stemmen: *„Von drückenden Sorgen geplagt werden manche der Winzer dann heftig und schlagen die Diener des Besitzers. Sie hätten es lieber, dass er ihnen den Vertrag kündigte, als die vereinbarte Pachtsumme bezahlen zu müssen, die sie sich trotz aller Bemühungen nicht verdienen konnten. Auf der anderen Seite meinen die Diener, der Weinberg gehöre ihrem Herrn, und darum hätten sie das vollste Recht, trotz der Verpachtung des Gutes, darin Trauben zu pflücken. Einzelne ziehen lieber offenen Streit vor, als sich demütigen zu lassen und mit leeren Körben heimzukehren. Bei solchen Händeln gibt es auf beiden Seiten oft Verwundete und sogar Tote."* (Lamsa, *Evangelien*, S. 342)

13 *Da sagte der Herr des Weinbergs: Was soll ich tun?*
Ich will meinen geliebten Sohn schicken.
Vielleicht werden sie sich schämen, wenn sie ihn sehen.

14 *Als die Arbeiter den Sohn sahen,*
überlegten sie und sagten zueinander:
Das ist der Erbe. Kommt, lasst uns ihn töten.

Dann gehört das Erbe uns.
15 *Und sie warfen ihn aus dem Weinberg hinaus und*
brachten ihn um.

Was wird nun der Besitzer des Weinbergs mit ihnen tun?
16 *Er wird kommen und diese Arbeiter vernichten*
und den Weinberg anderen geben.

Als sie das hörten, sagten sie: Das wird niemals geschehen!

17 Da sah Jesus sie an und sprach:

Was bedeutet dieses Wort aus der Schrift?

Der Stein,
den die Bauleute zurückgewiesen haben,
genau der ist zum Eckstein geworden.

18 *Jeder,*
der auf diesen Stein fällt,
wird zerbrechen.

Aber:
Auf den der Stein fällt,
den wird er zerquetschen.

19 Die Schriftkundigen und die oberen Priester hätten gern noch in derselben Stunde Hand an ihn gelegt. Aber sie fürchteten das Volk. Sie hatten gemerkt, dass er mit diesem Gleichnis gegen sie vorgegangen war.

Steuern zahlen

20 Daher schickten sie Spitzel, die so tun sollten, als wären sie selbst rechtschaffene Männer, um ihn im Gespräch bei einer Äußerung hereinzulegen. Denn sie wollten ihn dem Richter ausliefern und dann der Autorität des Statthalters übergeben. 21 So fragten sie ihn: Malpānā, Lehrer, wir wissen, dass du aufrichtig redest und lehrst und niemanden diskriminierst, sondern wahrhaftig den Weg Gottes lehrst. 22 Entspricht es der Tora, dem Kaiser Kopfsteuer zu zahlen, oder nicht? 23 Er aber durchschaute ihre Hinterlist und sprach zu ihnen:

24 *Warum wollt ihr mich hereinlegen?*
Zeigt mir einen Denar.
Wessen Bild und Schrift sind darauf?

Sie antworteten: die des Kaisers. 25 Da sprach er zu ihnen:

Daher:

Gebt dem Kaiser,
was dem Kaiser gehört.

Gebt Gott,
was Gott gehört.

26 So gelang es ihnen nicht, ihn auf eine Äußerung vor dem Volk festzulegen. Sie waren über seine Antwort erstaunt und blieben ruhig.

Lukas 20, 27–36

Kein Gott der Toten

27 Dann kamen zu ihm noch Anhänger der Sadduzäer, die bestreiten, dass es eine Auferstehung gibt. Sie fragten ihn: 28 Malpānā, Lehrer, Mose hat uns vorgeschrieben: Wenn der Bruder eines Mannes stirbt und eine Frau ohne Kinder zu hinterlässt, dann soll der überlebende[182] Bruder die Frau nehmen und seinem Bruder Nachkommen verschaffen. 29 Nun lebten einmal sieben Brüder. Der erste heiratete, starb aber kinderlos. 30 Da nahm sie der zweite, 31 danach der dritte und ebenso die anderen bis zum siebten. Sie alle starben, ohne Kinder zu hinterlassen. 32 Schließlich starb auch die Frau. 33 Wessen Frau wird sie bei der Auferstehung sein? Alle sieben haben sie doch geheiratet. 34 Da sprach Jesus zu ihnen:

Die Söhne dieser Welt heiraten Frauen,
und Frauen werden von Männern geheiratet[183].

35 *Diejenigen, die für wert gehalten werden,*
an jener anderen kommenden Welt
und an der Auferstehung von den Toten teilzuhaben,
heiraten nicht, sie lassen sich auch nicht heiraten.

36 *Sie können auch nicht mehr sterben,*
weil sie Engeln gleichen.
Sie sind Kinder[184] Gottes,
weil sie Kinder der Auferstehung sind.

---

[182] So ergänzt Murdock.

[183] Zu bedenken ist hier die kulturbedingte Vorstellung, dass Männer heiraten und Frauen geheiratet werden. Heute wird Aktiv und Passiv für alle Geschlechter gewählt.

[184] Lamsa spricht hier von „Söhnen", auch in der folgenden Zeile; Etheridge und Murdock bevorzugen „Kinder".

37 *Was die Auferstehung der Toten betrifft:*
Schon Mose hat in der Geschichte vom Dornbusch angedeutet,
als er Mārā, den Herrn[185], anspricht und ihn
Gott Abrahams, den Gott Isaaks und den Gott Jakobs nennt:

38 *Gott ist doch kein Gott von Toten,*
sondern von Lebenden.
Denn für ihn
leben sie alle.

39 Da sagten einige der Männer und der Schriftkundigen: Malpānā, Lehrer, du hast gut geantwortet. 40 Und sie wagten es nicht mehr, ihn irgendetwas zu fragen.

Weitere Zuspitzung

41 Da fragte er sie:

Wie kann man behaupten,
der Messias[186] sei der Sohn Davids?

42 *Denn David selbst sagt im Buch der Psalmen ja schon:*

Mārā, der Herr, sprach zu meinem Mārā, meinem Herrn[187]:
Setze dich zu meiner rechten Hand,
43 *bis ich deine Feinde als Schemel unter deine Füße lege.*

44 *David nennt ihn also Mārā, den Herrn.*
Wie kann er dann sein Sohn sein?

---

[185] Die Peschitta auf Afrikaans verwendet hier das Tetragramm יהוה.
[186] Lamsa verwendet die griechische Übersetzung: Christus.
[187] Die Peschitta auf Afrikaans verwendet hier das Tetragramm יהוה.

Schriftkundige

45 Während alle möglichen Leute zuhörten, sprach Jesus zu seinen Jüngern:

46 *Nehmt euch in Acht vor den Schriftkundigen.*

Sie gehen gern in langen Gewändern umher und lieben es,
auf den Straßen ehrenvoll gegrüßt zu werden,
in den Synagogen die ersten Plätze
und bei den Banketten die höchsten Positionen einzunehmen.

47 *Sie unterschlagen das Eigentum der Witwen*
unter dem Vorwand, sie müssten lange Gebete verrichten.
Das Urteil, das sie erwartet,
wird hart sein.

Geld opfern

21 1 Jesus blickte darauf, wie die Reichen ihre Gaben in den Opferkasten legten. 2 Er sah aber auch eine arme Witwe, die dort zwei kleine Münzen[188] gab. 3 Da sprach er:

Ich sage euch die Wahrheit:

Diese arme Witwe hat
mehr als alle anderen
gegeben.

4 *Alle anderen haben im Haus der Opfer für Gott*
nur von ihrem Überfluss
gegeben.

---

[188] Gemeint ist die kleinste römische Münze.

*Diese Frau aber hat
ihren ganzen Lebensunterhalt
gegeben.*

Vom Ende

5 Als einige Männer darüber sprachen, dass der Tempel mit schönen Steinen und Opfergeschenken geschmückt sei, sagte Jesus:

6 *Es werden Tage kommen,
an denen von dem,
was ihr seht,
kein Stein auf dem andern bleiben wird,
der nicht niedergerissen wird.*

7 Sie fragten ihn: Malpānā, Lehrer, wann wird das alles geschehen und was ist das Zeichen dafür, wann dies geschehen soll? 8 Er antwortete:

*Seid sorgfältig darauf bedacht,
dass man euch nicht irreführt.
Viele werden unter meinem Namen auftreten
und sagen:
Ich bin der Messias.
Und:
Die Zeit ist nahe.
Folgt ihnen aber nicht.*

9 *Wenn ihr von Kriegen und Revolutionen hört,
fürchtet euch nicht.
Denn dies muss zuerst geschehen.
Aber das Ende kommt noch nicht sofort.*
10 *Volk wird sich gegen Volk
und Reich gegen Reich erheben.*

Lukas 21, 11–19

11 *Es wird gewaltige Erdbeben an vielen Orten*
und Hungersnöte und Seuchen geben.

Angst und Schrecken werden verbreitet.
Am Himmel wird man
gewaltige Zeichen sehen.
Und die Winter werden hart.
12 *Aber bevor das alles geschieht,*
wird man Hand an euch legen und euch verfolgen.
Man wird euch den Synagogen
und den Gefängnissen ausliefern.

Man wird euch vor Könige und Statthalter bringen
um meines Namens willen.
13 *Dann werdet ihr Zeugnis ablegen können.*
14 *Nehmt euch zu Herzen,*
nicht schon im Voraus
eure Antworten zur Verteidigung vorzubereiten.
15 *Denn ich werde euch die Worte und die Weisheit eingeben,*
gegen die alle eure Gegner nicht ankommen.

16 *Sogar eure Eltern und Brüder,*
eure Verwandten und Freunde werden euch ausliefern,
und manche von euch wird man töten.
17 *Und ihr werdet um meines Namens willen*
von allen gehasst werden.
18 *Doch es wird euch kein Haar auf dem Kopf*
gekrümmt werden.
19 *Wenn ihr geduldig bleibt, werdet ihr spirituell wachsen*[189].

---

[189] Wörtlich: *Ihr werdet eure Seelen gewinnen.*

Prophetische Worte

20 *Wenn ihr seht, dass Jerusalem von Heeren eingeschlossen ist,*
   dann erkennt ihr, dass seine Zerstörung bevorsteht.

21 *Diejenigen, die in Judäa sind,*
   sollen ins Gebirge fliehen.

   Diejenigen, die in der Mitte Jerusalems sind,
   sollen fliehen.

   Diejenigen, die auf den Feldern sind,
   sollen nicht in die Stadt gehen.

22 *Das sind die Tage der Vergeltung,*
   damit alles in Erfüllung geht, was geschrieben steht.

23 *Wehe den Frauen, die in jenen Tagen*
   schwanger sind oder ein Kind stillen.

   Große Not wird über das Land hereinbrechen,
   Zorn wird über dieses Volk kommen.

24 *Mit scharfem Schwert wird man sie erschlagen,*
   als Gefangene wird man sie zu allen Völkern verschleppen.

   Jerusalem wird unter den Füßen der Nichtjuden zertreten,
   bis die Zeiten derer, die nicht an Gott glauben, zu Ende sind.

25 *Es werden Zeichen sichtbar werden*
   an Sonne, Mond und Sternen.

   Auf der Erde werden die Völker in Not geraten
   und verwirrt sein über das Toben des Meeres.

26 *Aufruhr und Umwälzung werden Menschen zugrunde richten
wegen der Angst vor dem, was über den Erdkreis kommen soll.*

*Die Kräfte des Universums werden
erschüttert werden.*

27 *Dann wird man diesen Menschen, den Menschensohn,
auf Wolken kommen sehen, mit großer Kraft und Herrlichkeit.*[190]

28 *Wenn dies beginnt, dann fasst Mut und seid nicht mehr traurig.
Denn eure Rettung ist nahe.*

Mahnungen

29 *Und er erzählte ihnen ein Gleichnis:*

Seht euch den Feigenbaum und die anderen Bäume an:

30 *Sobald ihr merkt,
dass sie Blätter treiben,
erkennt ihr:
der Sommer ist nahe.*

31 *So erkennt ihr auch,
wenn ihr das alles geschehen seht:
Was Gott rät, das wird bald
verwirklicht werden.*

---

[190] Jemanden mit Macht und Glorie auf den Wolken kommen sehen, ist eine aramäische Redewendung dafür, dass eine Mission, ein Auftrag erfolgreich zu Ende geführt wird; Wolken standen für das Höchste, das man sich vorstellen konnte. Es geht demnach darum zu zeigen, dass Jesu Verkündigung und seine Botschaft auf der ganzen Welt triumphieren werden. (Vgl. Errico, *Treasures*,

32 *Amen, ich sage euch:*

Diese Generation dürfte nicht vergehen,
bis das alles geschieht.
33 *Himmel und Erde könnten vergehen,*
meine Worte werden aber nicht vergehen.

34 *Nehmt euch in Acht:*

Zügellosigkeit, Trunkenheit und die materiellen Sorgen
des Alltags sollen euer Herz nicht beschweren,
damit jener Tag euch nicht plötzlich überrascht
35 *wie Platzregen, der über alle Erdenbewohner hereinbricht.*

36 *Seid daher jederzeit wachsam und betet unablässig,*
damit ihr allem, was geschehen wird,
entfliehen könnt und in die Lage kommt,
vor diesen Menschen hinzutreten.

37 Tagsüber lehrte Jesus als Malpānā, als Lehrer, im Tempel. Nachtsüber ging er nach draußen und verbrachte die Zeit an dem Berg, der Ölberg heißt. 38 Schon vor ihm früh morgens kam das ganze Volk in den Tempel, um ihn zu hören.

Judas und sein Plan

22 1 Das Fest der ungesäuerten Brote, das Pessach genannt wird, war nahe. 2 Und die oberen Priester und die Schriftkundigen suchten nach einer Möglichkeit, Jesus zu töten. Denn sie fürchteten sich vor dem Volk. 3 Da setzte Judas, genannt Iskariot, der zu den Zwölf gehörte, seinen

---

S. 46; Errico/Lamsa, *Mark & Luke*, S. 252 ff.) Ein wortwörtliches Verständnis dieses Idioms dürfte die Vorstellung einer physischen Wiederkunft Jesu gefördert haben.

verräterischen Plan in die Tat um.[191] 4 Er entfernte sich und sprach mit den höheren Priestern, den Schriftkundigen und den Oberen des Tempels darüber, wie er Jesus an sie ausliefern könnte. 5 Sie freuten sich und versprachen, ihm Geld zu geben. 6 Er sagte zu und suchte nach einer Gelegenheit, ihn an sie auszuliefern, ohne dass das Volk etwas davon mitbekommen sollte.

Das Pessachmahl

7 Dann kam der Tag der ungesäuerten Brote, an dem es Brauch war, das Pessachlamm zu schlachten. 8 Jesus sandte Kephas und Johannes aus und sprach:

> *Geht und*
> *bereitet das Pessachmahl für uns vor,*
> *damit wir es essen können.*

9 Sie fragten ihn: Wo sollen wir es vorbereiten? 10 Er antwortete ihnen:

> *Wenn ihr in die Stadt kommt,*
> *wird euch ein Mann begegnen.*
> *Er trägt ein Wassergefäß.*
> *Folgt ihm in das Haus,*
> *in das er hineingeht,*
>
> 11 *Sagt zu dem Herrn des Hauses:*
> *Unser Rabbā, unser Meister, lässt dich fragen:*
> *Wo ist das Gästezimmer,*
> *in dem ich mit meinen Jüngern*
> *das Pessachlamm essen kann?*

---

[191] Wörtlich: fuhr der Widersacher in Judas.

12 *Und der Hausherr wird euch*
   einen großen Raum
   im Obergeschoss zeigen,
   der mit Mobiliar ausgestattet ist.
   Dort bereitet es vor.

13 Sie gingen und fanden alles so, wie er es ihnen gesagt hatte, und bereiteten das Pessachmahl vor. 14 Als die Zeit gekommen war, setzte er sich mit den Aposteln zu Tisch. 15 Und er sprach zu ihnen:

   Mit großer Sehnsucht habe ich es mir gewünscht,
   dieses Pessachmahl mit euch zu essen, bevor ich leide.
16 *Ich sage euch:*
   Ich werde es nicht mehr essen,
   bis der Rat Gottes verwirklicht wird.

17 *Er nahm den Kelch, sprach das Dankgebet und sagte:*
   Nehmt ihn und teilt ihn untereinander.
18 *Ich sage euch:*
   Ich werde nicht mehr von der Frucht des Weinstocks trinken,
   bis der Rat Gottes verwirklicht wird.

19 *Er nahm Brot, sprach das Dankgebet,*
   brach es und gab es ihnen mit den Worten:
   Das ist mein Leib,
   der um euretwillen hingegeben wird.
   Tut dies zum Andenken an mich.

20 *Ebenso nahm er nach dem Mahl*
   den Kelch und sprach:
   Dieser Kelch ist der neue Bund
   in meinem Blut,
   das für euch vergossen wird.

21 *Doch die Hand dessen, der mich verrät,*
ist mit mir am Tisch. Das heißt:
Wir essen aus der gemeinsamen Schüssel der Freundschaft.
Er isst mein Brot und doch zugleich
verschwört er sich gegen mich.[192]

22 *Dieser Mensch, der Menschensohn, muss zwar den Weg gehen,*
der ihm bestimmt ist.
Aber weh dem Menschen,
durch dessen Hand er
verraten wird.

23 Da versuchte einer vom andern herauszubekommen, wer von ihnen das wohl tun werde.

Dienen und Herrschen

24 Es entstand unter ihnen ein Streit darüber, wer von ihnen wohl der Größte sei. 25 Da sprach Jesus zu ihnen:

Die Könige über die Völker
herrschen über sie wie über ihr Eigentum.
Diejenigen, die Vollmacht über sie haben,
werden Wohltäter genannt.

26 *Bei euch soll es nicht so sein:*

Der Größte unter euch
soll werden wie der Geringste.
Der Führende unter euch
soll sein wie ein Dienender.

---

[192] Sinnerhellender Zusatz des Übersetzers nicht in Kursivsetzung (vgl. Lamsa, *Evangelien*, S. 343; Errico/Lamsa, *Mark & Luke*, S. 255).

27 *Wer ist größer:*
Der bei Tisch sitzt oder der bedient?
Ist es nicht der, der sitzt?
Ich aber bin unter euch wie einer, der bedient.

28 *Ihr aber habt in meinen Prüfungen zu mir gehalten.*
29 *Darum verspreche ich euch*
den Rat Gottes in Frieden und Gelassenheit[193]*,*
wie ihn mir mein Vater versprochen hat:

30 *Ihr dürft an meinem Tisch essen und trinken und*
ihr dürft auf Thronen sitzen und
die zwölf Stämme Israels richten,
wenn der Rat Gottes Wirklichkeit wird.

Kommende Verleumdung des Simon

31 Und Jesus sprach[194]:

Ihr alle sollt auf die Probe
gestellt werden wie Weizen,
der hin und her gerüttelt
und geschüttelt wird.

Weizen wird gesichtet, indem man ihn siebt,
um ihn von Unkraut und Erde zu befreien.
Das Sieb wird gerüttelt und geschüttelt,
bis der Weizen auf dem Boden des Siebes zurückbleibt.[195]

---

[193] Vgl. Errico/Lamsa, *Mark & Luke*, S. 257.
[194] Im griechischen Text: zu Simon; hier: zu allen Jüngern (vgl. Lamsa, *Evangelien*, S. 345).
[195] Sinnerhellender Zusatz des Übersetzers nicht in Kursivsetzung.

Lukas 22, 32–36

32 *Ich habe für euch gebetet,*
dass euer Vertrauen nicht erlischt.
Wenn ihr wieder umkehrt,
stärkt einander als Brüder.

33 Darauf sagte Simon zu ihm: Mein Mārā, mein Herr und Meister, ich bin bereit, mit dir sogar ins Gefängnis und in den Tod zu gehen. 34 Jesus aber sprach:

Ich sage dir, Simon,
bevor der Hahn heute kräht,
wirst du dreimal leugnen, mich zu kennen.

Kommende Not

35 Dann sprach Jesus zu ihnen:

Als ich euch aussandte
ohne Geldbeutel,
ohne Vorratstasche,
ohne Schuhe,
hat euch da irgendetwas gefehlt?

Sie antworteten: Nein. 36 Da sprach er zu ihnen:

Jetzt aber soll der,
der einen Geldbeutel hat,
ihn mitnehmen und ebenso die Tasche.
Denn die Lage ist
äußerst alarmierend.[196]

---

[196] Sinn der idiomatischen Aussage: „seinen Mantel verkaufen und sich ein Schwert kaufen" ist: „die Lage ist alarmierend" (vgl. Lamsa, *Evangelien*, S. 346).

37 *Ich sage euch:*

An mir muss sich erfüllen
alles, was über mich geschrieben steht:

Er wird zu den Schlimmen
und Gottlosen gerechnet werden.

Alles, was mich betrifft:
Es wird sich erfüllen.

38 Da sagten sie: Unser Mārā, unser Herr, hier haben wir zwei Schwerter. Er erwiderte:

Genug davon.
Habt ihr immer noch nicht verstanden?[197]

Getsemani

39 Dann ging er hinaus und begab sich, wie er es gewohnt war, zum Ölberg. Seine Jünger folgten ihm nach. 40 Als er angekommen war, sprach er zu ihnen:

Betet,
dass ihr nicht durch den Anreiz des Materiellen
im Spirituellen in die Irre geht.[198]

---

[197] Sinnerhellender Zusatz, der deutlich machen soll, dass das Idiom nicht wortwörtlich zu verstehen ist. Der Gebrauch von Gewalt entspricht nicht der Vorstellung des leidenden Gottesknechtes.
[198] Alternativ: in Versuchung geratet.

Lukas 22, 41–46

Seid also wachsam,
dass die Kräfte des Geistes und der Seele
nicht durch Weltliches schwach werden.[199]

41 Dann trennte er sich von ihnen, entfernte sich ungefähr einen Steinwurf weit weg, kniete nieder und betete:

42 *'Abbā, liebevoller Vater*[200]*,*
wenn du willst,
nimm diesen Kelch von mir.

Aber nicht, was ich will,
was du willst,
wird geschehen.

43 Da erschien ihm ein Engel Gottes und stärkte ihn. 44 Er hatte übergroße Angst, betete noch inständiger und war zutiefst erschüttert[201]. Und er fiel zu Boden. 45 Nach dem Gebet stand er auf, ging zu den Jüngern zurück und traf sie dabei an, wie sie sich ausruhten[202]. Denn sie waren von Kummer und Sorge erschöpft. 46 Da sprach er zu ihnen:

Warum ruht ihr euch aus?

---

[199] Sinnerhellender Zusatz des Übersetzers nicht in Kursivsetzung (vgl. Lamsa, *Evangelien*, S. 346 f.).

[200] Sinnerhellender Zusatz des Übersetzers nicht in Kursivsetzung.

[201] Wörtlich: „sein Schweiß war wie Blut, das auf die Erde tropfte"; es handelt sich um ein aramäisches Idiom (vgl. Lamsa, *Evangelien*, S. 348).

[202] ܕܡܟܝܢ, *dāmkīn* (2. Person, männlich, Plural); Wurzel ܕܡܟ, *dmk* = ausruhen, träumen, schlafen, dösen, niederlegen usw. Der aramäische Begriff *damkeen/ dāmkīn* bedeutet nicht nur „schlafend", sondern auch „dösend", „träumend", „ausruhend", „liegend", „entspannt" (vgl. Errico/Lamsa, *Mark & Luke*, S. 260 f.).

Steht auf und betet,
dass die Kräfte des Geistes und der Seele
nicht durch Weltliches auf Abwege geraten.

Seid wachsam,
durch den Anreiz des Materiellen
im Spirituellen keinen Schaden zu erleiden.[203]

Gefangennahme Jesu

47 Noch während er redete, kam eine größere Zahl von Männern. Der, der Judas hieß, einer der Zwölf, führte sie an. Er näherte sich Jesus und küsste ihn. Denn das war das Zeichen, das er ihnen gegeben hatte.[204] Der, den ich küsse, der ist es. 48 Jesus sprach zu ihm:

Judas, verrätst du diesen Menschen hier mit einem Kuss?

49 Als die, die Jesus begleiteten, merkten, was bevorstand, fragten sie ihn: Unser Mārā, unser Meister und Herr, sollen wir mit dem Schwert vorgehen? 50 Und einer von ihnen schlug auf den Diener des Hohepriesters ein und hieb ihm das rechte Ohr ab. 51 Da sprach Jesus:

Lasst es jetzt.

Und er berührte das Ohr von dem, der verwundet war, und heilte es. 52 Zu den oberen Priestern, den Ältesten und den Hauptleuten des Tempels, die gekommen waren, um Hand an ihn zu legen, sagte Jesus:

---

[203] Sinnerhellender Zusatz des Übersetzers nicht in Kursivsetzung (vgl. Lamsa, *Evangelien*, S. 346 f.).

[204] Der Kuss ist unter Männern im Orient Zeichen geheiligter Freundschaft. Durch den Kuss konnte Judas vermeiden, dass sein Verrat öffentlich wurde. Denn nach außen hin blieb der Kuss ja Zeichen seiner Jüngerschaft Jesu. Beim Prozess

Lukas 22, 53–64

Seid ihr herausgekommen,
um mich wie einen Banditen
mit Schwertern und Lanzen
festzunehmen?

53 *An jedem Tag war ich doch bei euch im Tempel,*
und ihr habt nicht einmal mit Händen auf mich gezeigt.
Jetzt seid ihr an der Reihe[205]
und die Macht der Finsternis.

54 Sie nahmen ihn fest und brachten ihn in das Gebäude des Hohepriesters. Simon folgte von Weitem. 55 Mitten im Hof brannte ein Feuer und sie saßen um es herum. Simon setzte sich dazu. 56 Eine junge Frau sah ihn am Feuer sitzen, schaute ihn genau an und sagte: Dieser Mann war auch mit ihm zusammen. 57 Er aber leugnete es und sagte: Frau, ich kenne ihn nicht. 58 Kurz danach sah ihn jemand anders und sagte zu ihm: Du gehörst doch auch zu ihnen. Simon erwiderte: Nein, ich nicht. 59 Eine Stunde später behauptete wieder jemand: Wahrhaftig, dieser Mann war auch mit ihm zusammen. Denn er ist genau wie er Galiläer. 60 Kephas erwiderte: Mensch, ich weiß nicht, wovon du sprichst. Noch während er redete, krähte sogleich ein Hahn. 61 Da wandte sich Jesus um und blickte Simon an. Und Simon erinnerte sich an das Wort, das unser Mārā, unser Meister und Herr, zu ihm gesagt hatte:

Bevor heute der Hahn kräht,
wirst du mich dreimal verleugnen.

62 Und Simon ging hinaus und weinte bitterlich. 63 Die Männer, die Jesus bewachten, verspotteten ihn. 64 Sie verdeckten seinen Kopf, schlugen ihn

---

tritt er ja auch nicht in Erscheinung. Dabei hätte seine Aussage großen Einfluss auf die Verhandlung gehabt. (Vgl. Lamsa, *Evangelien*, S. 348 f.)

[205] Der aramäische Begriff *shaa* (Wurzel: ܫܥܐ) bedeutet „Stunde", aber auch „Reihe" (vgl. Errico/Lamsa, *Mark & Luke*, S. 263).

und fragten: Wer hat dich geschlagen? Du bist doch ein Prophet. 65 Und sie lästerten gegen ihn noch weiter auf unterschiedliche Weise.

Vor dem Hohen Rat

66 Als es Tag wurde, versammelte sich die Ältesten, die oberen Priester und die Schriftkundigen und ließen Jesus vor ihren Hohen Rat führen. 67 Sie sagten zu ihm: Wenn du der Messias bist, sag es uns. Er antwortete ihnen:

Wenn ich es euch sage,
glaubt ihr mir ja
doch nicht.

68 *Wenn ich euch etwas frage,*
werdet ihr mir weder antworten
noch mich freilassen.

69 *Von nun an wird dieser Mensch*
zur rechten Hand[206]
der Macht Gottes sitzen.

70 Da sagten alle: Du bist also der Sohn Gottes? Er antwortete ihnen:

Ihr sagt es:
ich bin es.

71 Da riefen sie: Wozu brauchen wir noch Zeugenaussagen? Wir haben es doch selbst aus seinem eigenen Mund gehört.

---

[206] ܝܡܝܢܐ, *yamīnā* (Substantiv, Singular, weiblich, emphatisch); Wurzel: ܝܡܢ, *ymn* = die Rechte, die rechte Hand. Die „rechte Hand Gottes" ist ein symbolischer Begriff, der als Zeichen von Macht und Autorität gilt (vgl. Lamsa, *Evangelien*, S. 350).

Vor Pilatus und Herodes

23 1 Daraufhin stand die ganze Versammlung auf und man brachte Jesus zu Pilatus. 2 Dort begannen sie ihn anzuklagen. Sie sagten: Wir haben gefunden, dass dieser Mensch unser Volk verführt, ihm verboten hat, dem Kaiser Kopfsteuer zu zahlen, und er behauptet im Hinblick auf seine eigene Person, er sei ein König, sogar der Messias. 3 Pilatus fragte ihn: Bist du der König der Juden? Er antwortete ihm:

Du sagst das.

4 Da sagte Pilatus zu den oberen Priestern und zu den Leuten: Ich finde kein Verschulden bei diesem Menschen. 5 Sie aber blieben beharrten darauf und sagten: Er wiegelt das Volk auf. Er lehrt in Judäa, angefangen hat er in Galiläa, bis er hierher kam. 6 Als Pilatus den Namen Galiläa hörte, fragte er nach, ob der Mann ein Galiläer sei. 7 Als er erfuhr, dass Jesus zunächst der Jurisdiktion des Herodes unterstand, schickte er ihn zu Herodes, der in jenen Tagen ebenfalls in Jerusalem war. 8 Herodes freute sich sehr, als er Jesus sah. Er hatte sich schon lange gewünscht, ihn zu sehen, denn er hatte viel von ihm gehört und hoffte, ein Wunder von ihm zu sehen. 9 Er stellte ihm viele Fragen, doch Jesus gab ihm keine Antwort. 10 Die oberen Priester und die Schriftkundigen standen gegen ihn auf und beschuldigten ihn schwer. 11 Herodes und seine Soldaten beleidigten ihn, trieben ihren Spott mit ihm, kleideten ihn in ein scharlachrotes Prunkgewand und schickten ihn so zu Pilatus. 12 An diesem Tag wurden Herodes und Pilatus Freunde. Vorher hatte über lange Zeit hinweg Feindschaft zwischen ihnen geherrscht. 13 Pilatus rief die oberen Priester und die führenden Männer des Volkes zusammen 14 und sagte zu ihnen: Ihr habt mir diesen Menschen hergebracht, als hätte er das Volk verführt. Ich selbst habe ihn vor euren Augen verhört und habe an diesem Menschen kein Verschulden gefunden, wegen all der Dinge, die ihr ihm vorwerft. 15 Nicht einmal Herodes hat etwas Entsprechendes gefunden. Er hat nichts getan, worauf die Todesstrafe steht. 16 Daher will ich ihn auspeitschen lassen und dann freilassen. 17 Da gab es jedoch einen Brauch, dem Volk einen Verurteilten zum Fest freizulassen.

18 Da schrien sie alle miteinander: Weg mit ihm; lass den Bar-Abbas frei. 19 Dieser Mann war wegen Aufruhrs und wegen Mordes ins Gefängnis geworfen worden, die in der Stadt passiert waren. 20 Pilatus aber redete wieder auf sie ein, weil er Jesus freilassen wollte. 21 Doch sie schrien: Kreuzige ihn, kreuzige ihn! 22 Zum dritten Mal sagte er zu ihnen: Was für ein Verbrechen hat er begangen? Ich habe nichts Todeswürdiges feststellen können. Daher will ich ihn auspeitschen lassen und dann werde ich ihn freilassen. 23 Sie forderten immer lauter, er solle Jesus kreuzigen lassen, und mit ihrem Geschrei setzten sie sich durch. 24 Da entschied Pilatus, dass ihre Forderung erfüllt werden solle. 25 Er ließ den Mann frei, der wegen Aufruhrs und Mordes im Gefängnis saß und den sie gefordert hatten. Jesus aber lieferte er ihrem Willen gemäß aus.

Kreuzweg

26 Als sie Jesus hinausführten, kam gerade Simon, ein Mann aus Kyrene, vom Feld. Sie griffen ihn auf luden ihm das untere Ende vom Kreuz auf, damit er es mit Jesus zusammen trage, um ihn ein wenig zu entlasten[207]. 27 Es folgten ihm viele Leute, darunter auch Frauen, die um ihn klagten und weinten. 28 Jesus wandte sich zu ihnen um und sprach:

> *Töchter Jerusalems,*
> *weint nicht über mich,*
> *weint vielmehr über euch und*
> *weint über eure Kinder.*
>
> 29 *Denn es kommen Tage,*
> *an denen man sagen wird:*

---

[207] Sinnerhellender Zusatz des Übersetzers nicht in Kursivsetzung (vgl. Lamsa, *Evangelien*, S. 350).

Lukas 23, 30–34

> *Gesegnet die Frauen,*
> *die unfruchtbar sind,*
> *die nicht geboren und*
> *die nicht gestillt haben.*

30 *Dann wird man*
zu den Bergen sagen:

Fallt auf uns herab.

Zu den Hügeln
wird man sagen:

Deckt uns zu.

31 *Wenn das mit dem grünen Holz geschieht,*
was wird dann erst mit dem dürren Holz werden? [208]

32 Zusammen mit Jesus wurden zwei Verbrecher zur Hinrichtung gebracht. 33 Als sie an den Ort kamen, der Schädel heißt, streckten sie seine Arme aus und nagelten die Hände ans Kreuz. Ebenso taten sie es mit den Verbrechern, den einen rechts von ihm, den andern links.[209] 34 Jesus sprach:

---

[208] Nach Lamsa handelt es sich um eine symbolisch zu verstehende aramäische Redewendung, die sich auf Feuer und Holz bezieht. Feuer verzehrt grünes, saftiges Holz langsamer, dürres dagegen schneller. Allegorisch steht grünes Holz für „Unschuld" und dürres Holz für „Schuld". „Wenn einem unschuldigen Menschen Leid auferlegt wurde, wie viel mehr würden die Sünder zu erdulden bekommen?", so die Frage. (Vgl. Lamsa, *Evangelien*, S. 351)

[209] Lamsa verweist auf das aramäische Wort *zakpo*, das bedeutet: die Hände ausstrecken und auf das Kreuz nageln. Die Nägel verursachten große Schmerzen, beschleunigten aber den Sterbevorgang erheblich. (Vgl. Lamsa, *Evangelien*, S. 352)

'Abbā,
liebevoller Vater[210],
*vergib ihnen,
sie wissen nicht,
was sie tun.*

Sie verteilten seine Kleider, indem sie das Los warfen. 35 Die Leute standen dabei und schauten zu. Selbst die führenden Männer der Synagoge machten sich lustig. Sie sagten: Andere hat er gerettet, soll er sich nun selbst retten, wenn er der Messias ist, Gottes Erwählter. 36 Die Soldaten verspotteten ihn. Sie traten vor ihn hin, reichten ihm Essig 37 und sagten: Wenn du der König der Juden bist, dann rette dich doch selbst. 38 Über ihm war eine Aufschrift angebracht in Griechisch, Latein und Aramäisch: Das ist der König der Juden. 39 Einer der Verbrecher, die neben ihm hingen, verhöhnte ihn: Wenn du der Messias bist, rette dich selbst und rette auch uns. 40 Der andere aber wies ihn zurecht und sagte: Fürchtest du nicht wenigstens Gott? Dich hat doch das gleiche Urteil getroffen. 41 Uns trifft das Urteil gerechterweise. Wir erhalten, was wir für das verdienen, was wir getan haben. Er aber hat nichts Falsches getan. 42 Dann sagte er: Jesus, denk an mich, mein Mārā, mein Meister und Herr, wenn du herrschen wirst. 43 Jesus sprach zu ihm:

*Amen,
ich sage dir heute[211]:
Du wirst mit mir zusammen im Paradies sein.*

Tod

44 Um die sechste Stunde brach eine Finsternis über das ganze Land herein, sie dauerte bis zur neunten Stunde. 45 Die Sonne verdunkelte sich. Der Vorhang der Türen im Tempel riss mitten entzwei. 46 Jesus rief mit lauter Stimme:

---

[210] Sinnerhellender Zusatz des Übersetzers nicht in Kursivsetzung.
[211] Im Orient wird bei einem Versprechen gerne der Tag genannt, an dem es gegeben wurde (vgl. Lamsa, *Evangelien*, S. 353; Errico/Lamsa, *Mark & Luke*, S. 269).

Lukas 23, 47–56

Mein 'Abbā,
mein liebevoller Vater[212],
in deine Hände lege ich mein Leben[213].

Er sagte dies und starb. 47 Als der Centurion[214] sah, was geschehen war, pries er Gott und sagte: Wahrlich, dieser Mensch war ein Gerechter. 48 Und alle Menschen, die herbeigeströmt waren, um diesen Anblick zu erleben, sahen, was sich ereignet hatte. Sie kehrten nach Hause zurück und schlugen sich an die Brust. 49 Alle seine Bekannten aber standen in einiger Entfernung. Auch die Frauen, die ihm von Galiläa aus nachgefolgt waren, sahen diese Dinge.

Begräbnis

50 Da war ein Mann mit Namen Josef, der Ratsherr von Arimathäa, einer Stadt in Judäa, ein guter und gerechter Mensch. 51 Dieser hatte dem Beschluss und Vorgehen des Hohen Rats nicht zugestimmt. Er wartete auf die Verwirklichung von Gottes Rat. 52 Nun ging er zu Pilatus und bat um den Leichnam Jesu.[215] 53 Er nahm ihn vom Kreuz, wickelte ihn in ein Leinentuch und legte ihn in ein Felsengrab, in dem bisher noch niemand bestattet worden war. 54 Das war an einem Freitag, kurz bevor der Sabbat nach Sonnenuntergang anbrach. 55 Die Frauen, die mit Jesus aus Galiläa gekommen waren und näher kamen, sahen das Grab und wie der Leichnam bestattet wurde. 56 Dann kehrten sie um und bereiteten wohlriechende Salben und Öle vor. Am Sabbat selbst hielten sie die vom Gebot vorgeschriebene Ruhe ein.

---

[212] Sinnerhellender Zusatz des Übersetzers nicht in Kursivsetzung.

[213] Oft wird auch übersetzt: „meinen Geist"; der Begriff „Leben" ist allerdings umfassender und kann vom Aramäischen her genauso gerechtfertigt werden.

[214] ܩܢܛܪܘܢܐ, *qenṭərūnā*; Wurzel: ܩܢܛܪܘܢ, *qnṭrwnʾ* = römischer Hauptmann

[215] Ein Begräbnis verursacht im Orient keine zusätzlichen Ausgaben, weil sich viele um die Angehörigen kümmerten. In der Regel ist es eine Aufgabe der Stadt bzw. der Gemeinschaft. „Tote zu begraben betrachtete man als eine besondere Gelegenheit, um Gutes zu tun" (Lamsa, *Evangelien*, S. 353 f.).

Erlebnis der Frauen

24 1 Am ersten Tag der Woche gingen die Frauen in aller Frühe, als es noch dunkel war, mit den wohlriechenden Salben, die sie zubereitet hatten, zum Grab. Mit dabei waren noch andere Frauen. 2 Da sahen sie, dass der Stein vom Grab weggerollt war. 3 Sie gingen hinein, aber den Leichnam Jesu fanden sie nicht. 4 Noch ganz verwirrt darüber, traten zwei Männer in leuchtenden Gewändern zu ihnen. 5 Die Frauen fürchteten sich und blickten zu Boden. Die Männer sprachen zu ihnen: Was sucht ihr den Lebenden auf dem Friedhof bei den Toten? 6 Er ist nicht hier, sondern er ist auferstanden. Erinnert euch an das, was er euch gesagt hat, als er noch in Galiläa war:

> 7 *Dieser Mensch*
> *muss in die Hände von Menschen ausgeliefert werden,*
> *die sich von Gott abgewandt haben.*
>
> *Dieser Mensch*
> *muss gekreuzigt*
> *werden.*
>
> *Dieser Mensch*
> *muss am dritten Tag*
> *wiederauferstehen.*

8 Da erinnerten sie sich an seine Worte. 9 Sie kehrten vom Grab zurück und berichteten alles den Elf und den Übrigen. 10 Es waren Maria von Magdala, Johanna und Maria, die Mutter des Jakobus, und die übrigen Frauen mit ihnen, die es den Aposteln erzählten. 11 Doch die Apostel hielten diese Reden für Einbildung und glaubten ihnen nicht. 12 Simon aber stand auf und lief zum Grab. Er schaute hinein, sah aber nur die Leinenbinden. Dann ging er weg, voller Verwunderung darüber, was geschehen war.

Lukas 24, 13–25

Die Emmausjünger

13 Am gleichen Tag waren zwei von den Jüngern auf dem Weg in ein Dorf namens Emmaus, das sechs Meilen von Jerusalem entfernt liegt. 14 Sie sprachen miteinander über all das, was sich ereignet hatte. 15 Und während sie redeten und ihre Fragen besprachen, kam Jesus selbst hinzu und ging mit ihnen. 16 Sie nahmen ihn zwar mit den Augen wahr, aber sie konnten ihn nicht mit dem Herzen *als ihren Mārā, ihren Herrn und Meister*[216], erkennen. 17 Er sprach zu ihnen:

> *Was sind das für Worte,*
> *über die ihr auf eurem Weg miteinander redet*
> *und die so traurig sind?*

18 Der eine von ihnen, der Kleopas hieß, antwortete ihm: Bist du der einzige Fremde in Jerusalem, der nicht weiß, was in diesen Tagen dort geschehen ist? 19 Er fragte sie:

> *Was denn?*

Sie antworteten ihm: Das mit Jesus aus Nazaret. Er war ein Prophet, mächtig in Tat und Wort vor Gott und dem ganzen Volk. 20 Doch unsere oberen Priester, Führer und Ältesten haben ihn zum Tod ausgeliefert und ans Kreuz schlagen lassen. 21 Wir hatten gehofft, dass er Israel erlösen werde. Nun ist heute schon der dritte Tag, seitdem das alles geschehen ist. 22 Doch auch einige Frauen aus unserem Kreis haben uns verwundert. Sie waren in der Frühe beim Grab, 23 fanden aber seinen Leichnam nicht. Als sie zurückkamen, erzählten sie, ihnen seien Engel erschienen und hätten gesagt: Er lebt. 24 Einige von uns gingen dann zum Grab und fanden alles so, wie die Frauen gesagt hatten. Ihn selbst aber sahen sie nicht. 25 Da sprach er zu ihnen:

---

[216] Sinnerhellender Zusatz des Übersetzers in Kursivsetzung.

*Ihr im Geiste Schwerfälligen
und im Herzen Trägen.*

*Ihr seid lahm und lustlos, um alles zu glauben,
was die Propheten gesagt haben.*

26 *Musste nicht der Messias das erleiden,
um so in seine Herrlichkeit zu gelangen?*

27 Er begann ihnen darzulegen, ausgehend von Mose und allen Propheten, was in der gesamten Schrift über ihn geschrieben steht. 28 So erreichten sie das Dorf, zu dem sie unterwegs waren. Jesus tat so, als wolle er weitergehen. 29 Aber sie drängten ihn und sagten: Bleibe bei uns. Es wird Abend, der Tag hat sich schon geneigt und bald ist es dunkel. Da ging er mit hinein, um bei ihnen zu bleiben. 30 Als er mit ihnen bei Tisch war, nahm er das Brot, sprach den Lobpreis, brach es und gab es ihnen. 31 Da wurden ihre Augen sofort aufgetan und sie erkannten ihn. Und er wurde ihnen entrückt. 32 Und sie sagten zueinander: Wurde nicht unser Herz schwer, als er unterwegs mit uns redete und uns den Sinn der Schriften erklärte? 33 Noch in derselben Stunde brachen sie auf und kehrten nach Jerusalem zurück und sie fanden die Elf und die mit ihnen versammelt waren. 34 Diese sagten: Wahrhaftig. Unser Mārā, unser Meister und Herr, ist wirklich auferstanden und ist dem Simon erschienen. 35 Da erzählten auch sie, was sie unterwegs erlebt und wie sie ihn erkannt hatten, als er das Brot brach.

Erscheinen in Jerusalem

36 Während sie noch darüber redeten, trat Jesus selbst in ihre Mitte und sprach zu ihnen:

*Seid gegrüßt:
Schlāmā, Friede sei mit euch.
Ich bin es. Fürchtet euch nicht.*

Lukas 24, 37–44

37 Sie waren verwirrt und hatten große Angst, denn sie meinten, einen Geist zu sehen. 38 Da sprach er zu ihnen:

Warum zittert ihr so?
Warum lasst ihr in euren Herzen Zweifel aufkommen?

39 *Seht meine Hände und meine Füße an:*
Ich bin es selbst.

Fasst mich an
und begreift:

Kein Geist hat Fleisch und Knochen wie ich,
ihr seht es doch.

40 Bei diesen Worten zeigte er ihnen seine Hände und Füße. 41 Als sie es vor Freude immer noch nicht glauben konnten und verwirrt waren, sprach er zu ihnen:

Habt ihr etwas zu essen da?

42 Sie gaben ihm eine Portion von gebratenem Fisch und von einer Honigwabe.[217] 43 Er nahm beides und aß es vor ihren Augen. 44 Dann sprach er zu ihnen:

---

[217] ܟܟܪܝܬܐ, *kakkārītā* (*dədebšā*) (Substantiv, weiblich, Singular, emphatisch); Wurzel: ܟܟܪܬ, *kkrt'* = Honigwabe. Im griechischen Text ist nur von Fisch die Rede. Der Honig fällt weg. Im aramäischen Text ist ein umfassenderes Menschenbild impliziert: Der salzige Fisch wird durch den süßen Honig ergänzt. Metaphorisch heißt dies: Leben ist nicht nur von Kummer bestimmt, sondern hat auch frohe Seiten. Als Analogie sei hier auf einen jüdischen Brauch an Rosch HaShana, dem jüdischen Neujahrsfest, hingewiesen. An diesem Tag wird ein säuerlicher Apfel mit Honig verspeist: Verbindung zweier Seiten des Lebens.

*Als ich noch unter euch war,
habe ich diese Worte
bei euch
gesprochen:*

*Alles muss in Erfüllung gehen,
was in der Tora,
bei den Propheten und
in den Psalmen über mich geschrieben steht.*

45 Er eröffnete ihnen so ein Verständnis, den Sinn der Schriften zu verstehen. 46 Er sprach zu ihnen:

So steht es geschrieben:

*Der Messias wird leiden,
am dritten Tag wird er
von den Toten auferstehen.*

47 *In seinem Namen
wird allen Völkern Umkehr verkündet,
damit ihre Sünden vergeben werden.*

Angefangen in Jerusalem,
48 *seid ihr Zeugen
für alles das.*

49 *Ich werde die Verheißung meines ’Abbā,
meines liebevollen Vaters*[218]*,
auf euch herabsenden.*

---

[218] Sinnerhellender Zusatz des Übersetzers nicht in Kursivsetzung.

*Bleibt in der Stadt Jerusalem,
bis ihr mit der Kraft
von oben erfüllt werdet.*

Jesus bei Gott

50 Dann führte er sie hinaus in die Nähe von Betanien. Dort erhob er seine Hände und segnete sie. 51 Während er sie segnete, verließ er sie und wurde zu Gott[219] emporgehoben. 52 Sie aber verehrten ihn. Dann kehrten sie in großer Freude nach Jerusalem zurück. 53 Und sie hielten sich gewöhnlich im Tempel auf. Sie priesen Gott[220] und Gott segnete sie.

ܐܡܝܢ
Amen.

---

[219] Der aramäische Begriff für „Himmel" umfasst wie im Deutschen beides: das Firmament, das Universum etc., englisch: „sky"; aber auch Gott, die Nähe zu Gott im Himmel, englisch: „heaven" (vgl. Errico/Lamsa, *Mark & Luke*, S. 272 f.).

[220] Hier endet der griechische Text.

Die Botschaft von der freudigen Hoffnung nach Johannes

Leitmotiv

1 1 Das Wort[1],
 das im Anfang[2] war,
 es war
 immer schon da.

 Das Wort,
 das war Er, der
 immer schon
 bei Gott war.

 Das Wort,
 genau dieses Wort war
 immer schon
 Gott selber.

 2 Von Anfang an
 war Er
 das Wort
 bei Gott.

 3 Alles ist durch
 dieses Wort geworden.
 Ohne ihn wurde überhaupt nichts.
 Kein einzelnes Ding wäre vorhanden.

---

[1] ܡܠܬܐ, *mellā, melləṯā* (Substantiv, weiblich, Singular); Wurzel: ܡܠ, *ml* = Wort, Sache, Grund, Angelegenheit etc.; in diesem Kontext wird der Begriff maskulin verwendet, da er zum Titel wird.

[2] ܒܪܝܫܝܬ, *bərīšīṯ* (Substantiv, weiblich, Singular); Wurzel: ܪܝܫ, *ryš* = Anfang, im Plural: die ersten Früchte; der Ausdruck ܒܪܝܫܝܬ ist identisch mit dem ersten Wort des TaNaCh (Tora, Propheten, Schriften) bzw. der Tora בראשית. Hier ist es das

Johannes 1, 4–8

4 Durch ihn wurde
alles Leben.
Dieses Leben ist
das Licht der Menschheit.

5 Er, dasselbe Licht,
scheint in Dunkelheit.
Die Dunkelheit konnte
dieses Licht nicht überwältigen.

  6 Ein Mensch trat auf,
er war von Gott gesandt.
Sein Name war
Johannes.

  7 Er kam als Zeuge,
um Zeugnis abzulegen für
das Licht, damit alle
durch ihn zum Glauben kommen.

  8 Er war nicht selbst
das Licht.
Er sollte nur Zeugnis ablegen
für das Licht.[3]

---

erste Wort bei Johannes und fungiert so als Klammer zwischen Tora und Evangelium, der Botschaft von der freudigen Hoffnung.

[3] Die eingerückte Textgestaltung bezieht sich inhaltlich auf Johannes den Täufer. Sie folgt: Errico/Lamsa, *John*, S. 14.

9 Er, das Wort, kam
   unleugbar in die Welt[4]
   als das Licht von Glaubwürdigkeit[5] und Vertrauen,
   das jeden erleuchten lässt.

10 Er war in der Welt.
   Die Welt ist durch ihn geworden.
   Die Welt erkannte ihn
   aber nicht.

11 Er kam zu den Eigenen.
   Die Seinen
   empfingen ihn
   aber nicht.

12 Denen, die ihn empfingen,
   gab er Macht,
   Kinder Gottes zu werden,
   denen, die an seinen Namen glauben,

13 die nicht von besonderer Abstammung sind,
   die nicht aus dem Willen des Fleisches hervorgegangen sind,
   die nicht aus dem Willen des Mannes wurden,
   denen, die aus Gott geboren sind.

---

[4] ܠܥܠܡܐ, *ləʿālmā* (Substantiv, männlich, Singular, nachdrücklich); Wurzel: ܥܠܡ, *ʿlmʾ* = Alter, Ewigkeit, Welt etc. Das aramäische Wort *ālmā* bezeichnet sowohl die kosmische Weltordnung wie auch die Welt der Menschheit (vgl. Errico/Lamsa, *John*, S. 14).

[5] Das aramäische Wort für „Wahrheit" ist ܫܪܪܐ, *schrārā* und enthält die Wurzel ܫܪ, *schārā*, was bedeutet: sicher sein, ernsthaft, glaubwürdig (vgl. Errico/Lamsa, *John*, S. 120).

Johannes 1, 14–17

14 Nun hat das Wort menschliche Form angenommen
und blieb unter uns.
Wir haben seine Kostbarkeit
erfahren.

Es ist eine Kostbarkeit wie die, die ein 'Abbā,
ein Vater zu seinem ersten, dem geliebten Sohn[6], empfindet,
ein 'Abbā, der erfüllt ist von
liebevoller Güte und Gerechtigkeit.

15 Johannes legte Zeugnis für ihn ab und rief:
Dieser ist es, von dem ich gesagt habe:
Er kommt nach mir,
aber er ist mir voraus, weil er vor mir war.

16 Aus seinem Überfluss
haben wir alle liebevolle Güte
und darüber hinaus übergroße Freundlichkeit
empfangen.

17 Denn die Tora wurde
durch Mose gegeben.
Die sichere Glaubwürdigkeit[7] und liebevolle Güte
kamen durch Jesus, den Messias.

---

[6] ܝܚܝܕܝܐ, *dīḥīdāyā* (Adjektiv, männlich, Singular, nachdrücklich); Wurzel: ܝܚܕ, *yḥd* = erstgeboren, einzigartig, einsam usw. Der erste Sohn hatte eine besondere Stellung innerhalb der Familie: auf ihn richten sich alle Blicke, er ist der alleinige Erbe. Er wird als der „geliebte Sohn" bezeichnet. Stirbt ein Vater ohne einen Sohn, geht das Vermögen an die männlichen Verwandten, die Töchter gehen leer aus. Im vorliegenden Kontext auf Jesus und Gott bezogen ist *yeheedaya* metaphorisch zu verstehen. (Vgl. Lamsa, *Evangelien*, S. 362; Errico/Lamsa, *John*, S. 16)

18 Gott wurde von niemandem je gesehen.[8]
Außer von dem ersten, dem Geliebten Gottes,
der am Herzen des ’Abbā, *des liebevollen Vaters*[9], ruht.
Er hat als Botschafter gesprochen.

Der Täufer

19 Und dies ist die Aufzeichnung des Johannes, als die Yīhūḏāye[10] von Jerusalem zu ihm Priester und Leviten sandten, um ihn fragen zu lassen: Wer bist du? 20 Er bekannte und stritt nicht ab. Er bekannte: Ich bin nicht der Messias. 21 Sie fragten ihn: Was dann? Bist du Elija? Er sagte: Ich bin es nicht. Bist du ein Prophet? Er antwortete: Nein. 22 Da sagten sie zu ihm: Wer bist du? Wir müssen denen, die uns geschickt haben, Antwort geben.

---

7   Das aramäische Wort für „Wahrheit" ist ܫܪܪܐ, *schrārā/šərārā*, und enthält die Wurzel ܫܪ, *schr/šr*, was bedeutet: sicher sein, ernsthaft, stark, glaubwürdig (vgl. Errico/Lamsa, *John*, S. 120).

8   Eine Möglichkeit vom unsichtbaren Gott zu reden, besteht in Analogien und Metaphern in poetischer Sprache.

9   Sinnerhellender Zusatz des Übersetzers in Kursivsetzung.

10 ܝܗܘܕܝܐ, *yīhūḏāye* (Adjektiv, männlich, Plural, empathisch); Wurzel: ܝܗܘܕ, *yhwd* = „Juden"; zur Zeit Jesu gab es drei Regionen, in denen die jüdische Religion eine Rolle spielte: Die Yīhūḏāye im Süden mit der Bevölkerung aus den Stämmen Juda und Benjamin. In ihrem Gebiet befand sich auch Jerusalem mit dem Tempel. Dann die Galiläer, die im Norden angesiedelt waren; der assyrische König Salmanasser hat sie nach dem babylonischen Exil dort angesiedelt; die Galiläer verehrten Gott im Tempel von Jerusalem, hielten aber bestimmte Gebote nicht strikt ein, etwa: das Händewaschen vor dem Essen, Fastenzeiten, die Sabbatruhe. Aus diesem Grund wurden sie nicht sehr geschätzt von den Yīhūḏāye. Und des Weiteren die Samariter, die geografisch zwischen beiden Regionen lebten; sie verehrten Gott auf dem Berg Garizim, bekannten sich aber schon zur Tora; von den Yīhūḏāye wurden sie verachtet und man hielt keine Gemeinschaft mit ihnen. Elf der Jünger Jesu kamen aus Galiläa, einer aus Judäa: Judas Ischariot. (Vgl. Lamsa, *Evangelien*, S. 393)

Johannes 1, 23–33

Was sagst du über dich selbst? 23 Er sagte: Ich bin die Stimme eines Rufers in der Wildnis: Ebnet den Weg für Mārā, den Herrn. So wie der Prophet Jesaja es gesagt hat. 24 Die Abgesandten gehörten zu den Pharisäern. 25 Sie fragten Johannes und sagten zu ihm: Warum taufst du dann, wenn du nicht der Messias bist, nicht Elija und nicht ein Prophet? 26 Johannes antwortete ihnen: Ich taufe mit Wasser. Mitten unter euch steht einer, den ihr nicht kennt. 27 Er kommt nach mir. Ich bin nicht wert, ihm die Riemen der Sandalen aufzubinden. 28 Dies geschah in Betanien, am Übergang über den Jordan, wo Johannes taufte.

29 Am Tag darauf sah Johannes, dass Jesus auf ihn zukam, und sagte: Seht, das Lamm Gottes, *das vorgesehene unschuldige und makellose Lamm zum Opfern*[11]. Er zerstört die Macht der Sünde der Welt. *Er befreit aus ihrer Herrschaft und ermöglicht eine Welt von Menschlichkeit.*[12] 30 Er ist es, von dem ich gesagt habe: Der Mann, der nach mir kommt, ist mir bereits voraus, weil er vor mir war. 31 Ich kannte ihn nicht. Ich bin gekommen und taufe mit Wasser, damit er Israel bekannt machen würde. 32 Und Johannes bezeugte: Ich sah, dass der Geist geradewegs[13] von Gott herabkam und auf ihm blieb. 33 Auch ich kannte ihn nicht. Der aber, der mich gesandt hat, um mit Wasser zu taufen, hat zu mir gesprochen: Auf wen du den Geist

---

[11] Sinnerhellender Zusatz des Übersetzers in Kursivsetzung (vgl. Lamsa, *Evangelien*, S. 362; Errico/Lamsa, *John*, S. 23 f.).

[12] Sinnerhellender Zusatz des Übersetzers (vgl. Errico/Lamsa, *John*, S. 24).

[13] ܐܝܟ ܝܘܢܐ, ʾayk yawnā (Wurzel: ܐܝܟ ܝܘܢ, ʾyk ywnʾ) = wörtlich übersetzt: Er sah den Geist Gottes „wie eine Taube" herabkommen. Diese Übersetzung bereitet gewisse Schwierigkeiten. Welchen Sinn soll „die Taube" in diesem Kontext haben? Günther Schwarz schlägt daher beim Wort „kejona" (aramäisch bedeutet ܝܘܢ, ywnʾ = „Taube", ܐܝܟ, ʾyk = „wie") vor, eine andere Vokalisation des Textes vorzunehmen – die jetzige Vokalisation erfolgte übrigens erst tausend Jahre nach Niederschrift, was die offene Textgestalt stützt und so das Vorgehen als legitim erscheinen lässt. Bei der neuen Vokalisation bedeutet der Begriff nun „geradewegs". Man könnte dann übersetzen: „Ich sah, dass der Geist *geradewegs* von Gott herabkam und auf ihm blieb." Eine solche Übertragung

herabkommen und auf ihm bleiben siehst, der ist es, der mit dem Heiligen Geist tauft. 34 Und ich habe es gesehen und bezeugt, dass dieser der Sohn Gottes ist.

Die ersten Jünger

35 Am Tag darauf stand Johannes wieder dort und zwei seiner Jünger standen bei ihm. 36 Johannes richtete seinen Blick auf Jesus, als er vorüberging, und sprach: Das Lamm Gottes. 37 Als er es sagte, hörten es die beiden Jünger. Sie folgten Jesus nach. 38 Jesus aber wandte sich um und er sah, dass sie ihm folgten. Da sprach er zu ihnen:

Was wollt ihr?

Sie sagten zu ihm: Unser Rabbā, unser Lehrmeister, wo lebst du? 39 Er sagte zu ihnen:

Kommt, und ihr werdet es sehen.

---

wäre sinnvoll (vgl. Rudolf Ott am 03.01.2015, in: *www.theoforum.de*, abgerufen am 26.01.2017) und diskussionswürdig. Es spricht aber auch einiges für die Beibehaltung der gewohnten Übersetzung:
In nahöstlicher Idiomatik kommt die Taube als Symbol der Sanftmut, Demut und Friedfertigkeit vor. Errico führt etwa die Redewendung an, jemand sei so gut und harmlos, dass sogar eine Taube kommt und auf ihm Platz nimmt. So werde mit dieser Metapher die Demut und Güte eines Menschen zum Ausdruck gebracht. (Vgl. Errico, *Treasures*, S. 10 f.; Errico/Lamsa, *Matthew*, S. 39 ff.)
Bedenkenswert ist die Tatsache, dass eine fast tausendjährige Tradition besagte Stelle mit der „Taube" in Verbindung gebracht hat und das sowohl in der syrischen wie griechischen Tradition gleichermaßen, das lässt es trotz möglicher Bedenken als legitim erscheinen, die Übersetzung im traditionellen Sinne vorzunehmen. Das Aramäische/Semitische hält allerdings oft angesichts der offenen Textgestalt eine Vielzahl von Interpretationen bereit.

Johannes 1, 40–48

Da kamen sie mit und sahen, wo er wohnte, und blieben an diesem Tag bei ihm. Es war um die zehnte Stunde. 40 Andreas, der Bruder des Simon, war einer der beiden, die Johannes angehört hatten und Jesus gefolgt waren. 41 Dieser sah seinen Bruder Simon zuerst und sagte zu ihm: Wir haben den Messias gefunden. 42 Er brachte ihn zu Jesus. Jesus blickte ihn an und sagte: Du bist Simon, der Sohn des Jonah. Du hast doch den Spitznamen Kephas, das bedeutet: ein Fels.[14]

43 Am Tag darauf wollte Jesus nach Galiläa aufbrechen. Da traf er Philippus. Und Jesus sagte zu ihm: Folge mir nach. 44 Philippus stammte aus Betsaida, der Stadt, aus der auch Andreas und Simon kamen. 45 Philippus traf Natanaël und sagte zu ihm: Wir haben den gefunden, über den in der Tora und auch bei den Propheten geschrieben wurde: Jesus, den Sohn Josefs, aus Nazaret. 46 Da sagte Natanaël zu ihm: Kann aus Nazaret etwas Gutes kommen? Philippus sagte zu ihm: Komm, und du wirst es sehen. 47 Jesus sah Natanaël auf sich zukommen und sagte über ihn:

Ein echter Israelit,
an dem nichts falsch ist.

48 Natanaël sagte zu ihm: Woher kennst du mich? Jesus antwortete ihm:

Schon bevor dich Philippus rief,
habe ich dich bereits gesehen,
als du noch unter dem Feigenbaum warst.

Das heißt: Ich habe dich schon als kleinen Säugling gekannt,
  deine Mutter hat dich damals während der Arbeit auf dem Felde
  in den Baumschatten abgelegt.[15]

---

[14] Dieser Spitzname wurde gerne Personen gegeben, die ein wenig schwer von Begriff waren. Hätte Jesus dem Simon diesen Namen, ܟܐܦܐ, *kīpā*, von sich aus gegeben, wäre dies einer Beleidigung gleichgekommen. Er musste von diesem Beinamen durch seinen Bruder Andreas schon vorher Kenntnis gehabt haben. (Vgl. Lamsa, *Evangelien*, S. 364 f.; Errico/Lamsa, *John*, S. 26 f.)

49 Natanaël antwortete ihm: Rabbā, Lehrmeister. Du bist der Sohn Gottes, du bist der König von Israel. 50 Jesus antwortete ihm:

Glaubst du das,
weil ich dir sagte,
dass ich dich unter dem Feigenbaum sah
also dass ich dich schon von frühester Kindheit an kenne?[16]
Du wirst Größeres sehen als dies.

51 Und er sprach zu ihm:

Amen. Amen.
Ich sage euch:

Ihr werdet den Himmel offen sehen
und wie die Engel Gottes aufsteigen und niedersteigen
über diesem Menschen.[17]

Wunder und Zeichen in Galiläa (1)

2 1 Am dritten Tag fand in Kana, einer Stadt in Galiläa, eine Hochzeitsfeier statt, und die Mutter Jesu war auch dabei. 2 Jesus und seine Jünger waren ebenfalls zur Hochzeit eingeladen. 3 Als der Wein ausging, sagte die Mutter Jesu zu ihm: Sie haben keinen Wein mehr. 4 Jesus erwiderte ihr:

---

[15] Das Idiom „unter dem Feigenbaum sehen" bedeutet: jemanden schon von Kindheit an kennen. Feigenbäume dienten im Sommer als Sonnenschutz. Wenn die Mütter auf den Feldern zu arbeiten hatten, wurden die Babys in den Schatten der Bäume gelegt. Das Idiom sagt also: Ich kenne dich sehr gut aus dem Familienzusammenhang heraus. (Vgl. Lamsa, *Evangelien*, S. 365; Errico/Lamsa, *John*, S. 29 f.)

[16] Sinnerhellender Zusatz nicht in Kursivsetzung.

[17] Idiomatische Redewendung, die verdeutlichen soll: Von nun an gibt es Botschaften zwischen Gott und Jesus. Der „offene Himmel" steht für „die Offen-

Johannes 2, 5–8

Was hat das mit mir und dir zu tun, Frau? Ich bin noch nicht an der Reihe.[18]

5 Seine Mutter sagte zu den Dienern: Was er euch sagt, das tut. 6 Es standen dort sechs steinerne Wasserkrüge, wie es der Reinigungssitte der Yīhūḏāye entsprach. Jeder fasste eine größere Zahl von Litern. 7 Jesus sagte zu den Dienern:

Füllt die Krüge mit Wasser.

Sie füllten sie bis zum Rand. 8 Er sagte zu ihnen:

Schöpft jetzt und bringt es dem vornehmsten Gast des Festes, der für das Festmahl verantwortlich ist[19].

---

barung von Geheimnissen", näherhin „göttlichen Gedanken", von „seinem Rat, seinen Ratschlägen", „Gott offenbart sich der Menschheit" (vgl. Errico/Lamsa, *John*, S. 30 f.).

Der Begriff „Menschensohn" kann vom Aramäischen her als „dieser Mensch" übersetzt werden; der Begriff wird aber häufig – etwa auf dem Hintergrund der Danielapokalypse (Dan 7–12) – auch mit der Vorstellung von einem kommenden „Menschen"/„Menschensohn" (ܒܪܗ ܕܐܢܫܐ, *bəreh dənāšā*) als endzeitlichem Richter in Verbindung gebracht.

[18] Lamsa erläutert, Jesus erteile seiner Mutter keinen Verweis, wie man nach westlichen Übersetzungen meinen könnte. Hintergrund ist vielmehr der Hochzeitsbrauch der gastlichen Bewirtung bei einer Hochzeit: Die Männer sitzen in einer Reihe am Boden entsprechend der gesellschaftlichen Stellung. Die Frauen sitzen davon getrennt in einem Kreis gegenüber. Für den Wein haben die Gäste zu sorgen. Sie geben der Reihe nach den Auftrag, ihren Wein auszuschenken. Dabei wird jeweils der Name des Spenders von den Helfern genannt. Alle trinken dann auf das Wohl des Brautpaares. Nach östlicher Etikette darf ein Gast nur dann den Auftrag erteilen, Wein auszuschenken, wenn er an der Reihe ist. Außer der Reihe Wein ausschenken zu lassen, würde von den Höhergestellten als Beleidigung empfunden. Alle am Fest Beteiligten haben ihre feste Rolle: Der vornehmste Gast hat so die Verantwortung für das Festmahl. In seiner

Sie brachten es ihm. 9 Als der vornehmste Gast das Wasser kostete, das zu Wein geworden war, wusste er nicht, woher der Wein kam. Die Helfer aber, die das Wasser geschöpft hatten, wussten es. Da ließ der vornehmste Gast den Bräutigam rufen 10 und sagte zu ihm: Jeder setzt zuerst den guten Wein vor und erst, wenn die Gäste zu viel getrunken haben, den schwachen. Du jedoch hast den guten Wein bis jetzt aufbewahrt. 11 So tat Jesus sein erstes der Wunder und Zeichen[20] in Kana in Galiläa und zeigte seine Herrlichkeit, und seine Jünger glaubten an ihn. 12 Danach zog er mit seiner Mutter, seinen Brüdern und seinen Jüngern nach Kafarnaum hinab. Dort blieben sie für wenige Tage.

Kritik an der Tempelpraxis

13 Das jüdische Pessachfest war nahe und Jesus zog nach Jerusalem hinauf. 14 Im Tempel fand er die Verkäufer von Rindern, Schafen und Tauben und die Geldwechsler, die dort saßen. 15 Er machte eine Peitsche aus Stricken und trieb sie alle aus dem Tempel hinaus einschließlich der Schafe und Rinder. Das Wechselgeld der Wechsler brachte er durcheinander, ihre tragbaren Tische stieß er um. 16 Und zu den Taubenhändlern sagte er:

Schafft das hier weg,
macht das Haus meines ʾAbbā,
meines liebevollen Vaters[21]*,*
nicht zu einem Kaufladen.

Kompetenz liegen auch die Getränke. (Vgl. Lamsa, *Evangelien*, S. 365–368; Errico/ Lamsa, *John*, S. 32–36)

[19] Sinnerhellender Zusatz des Übersetzers nicht in Kursivsetzung.
[20] Der aramäische Begriff ܐܬܐ, *ʾātā* (Wurzel: ܐܬܐ, *ʾtʾ*) umfasst sowohl „Wunder" als auch „Zeichen" – im Griechischen ist nur von „Zeichen" (σημεῖον, *semeion*) die Rede.
[21] Sinnerhellender Zusatz des Übersetzers nicht in Kursivsetzung.

17 Seine Jünger erinnerten sich, dass geschrieben steht: Der Eifer für dein Haus hat mir Mut gemacht.[22] 18 Da ergriffen die Yīhūḏāye das Wort und sagten zu ihm: Welches Zeichen gibst du uns damit, dass du dies tust? 19 Jesus antwortete ihnen:

Reißt diesen Tempel nieder und in drei Tagen werde ich ihn wieder aufrichten.[23]

20 Da sagten die Yīhūḏāye: Es brauchte sechsundvierzig Jahre, um diesen Tempel zu erbauen und du willst ihn in drei Tagen wieder aufrichten? 21 Er aber meinte den Tempel seines Leibes. 22 Als er von den Toten auferstanden war, erinnerten sich seine Jünger, dass er dies gesagt hatte, und sie glaubten der Schrift und dem Wort, das Jesus gesprochen hatte. 23 Während er zum Pessachfest in Jerusalem war, kamen viele zum Glauben an ihn, da sie die Wunder und Zeichen[24] sahen, die er tat. 24 Jesus selbst aber vertraute sich ihnen nicht an. 25 Er brauchte von keinem eine Bestätigung über irgendjemanden. Denn er verstand, was in Menschen vor sich geht.

Nikodemus

3 1 Es gab da einen Mann von den Pharisäern namens Nikodemus, ein Führer der Yīhūḏāye. 2 Der kam bei Nacht zu Jesus und sagte zu ihm: Rabbī[25], Meister, wir wissen, du bist ein Malpānā, ein Lehrer, von Gott gekommen. Denn niemand kann die Wunder und Zeichen wirken, die du tust, wenn Gott nicht mit ihm ist. 3 Jesus antwortete ihm:

Amen. Amen.
Ich sage dir:

---

[22] Gemeint ist im neuen Kontext die Konfrontation mit den Vertretern des Tempels, die Jesus auf sich nimmt, um gegen Profitgier und „unsaubere" Geschäfte vorzugehen (vgl. Lamsa, *Evangelien*, S. 370).

[23] Idiomatisch ist damit gemeint, dass unangemessene, im Äußerlichen bleibende

*Wenn jemand nicht anfängt,
alles von vorne neu zu lernen
wie ein Neugeborenes,
kann er Gottes Rat nicht erfassen.*

4 Nikodemus entgegnete ihm: Wie kann ein alter Mann wiedergeboren werden? Kann er etwa ein zweites Mal in den Schoß seiner Mutter zurückkehren und noch einmal geboren werden? 5 Jesus antwortete:

*Amen. Amen.
Ich sage dir:*

Wenn jemand nicht durch Wasser und Geist,
also äußerlich und innerlich völlig gereinigt[26],

Traditionen, Gottesdienstordnungen und Lehren, die im Tempel vertreten wurden und die auf Menschen zurückzuführen sind, durch religiöse Innerlichkeit ersetzt werden sollen. Gerechtigkeit und Liebe sollen bei der Erneuerung der jüdischen Religion eine entscheidende Rolle spielen. – Die Ankündigung, den Tempel niederzureißen, wurde von den Zuhörern zumeist wörtlich und damit unsachgemäß verstanden. Eine Interpretation auf dem Hintergrund nahöstlicher Mentalität legt allerdings eine metaphorische Deutung nahe. Der Hinweis darauf, den Tempel in drei Tagen wieder erstehen zu lassen, wurde entsprechend häufig nicht auf die Auferstehung Jesu bezogen, sondern war ebenfalls einem wörtlichen Missverständnis ausgesetzt. Ein Ausdruck wie der, den Tempel „einzureißen", dürfte zudem blasphemisch gewirkt haben, da man bei einem so „heiligen Ort" niemals so unverblümt sprechen durfte. (Vgl. Lamsa, *Evangelien*, S. 370 f.; Errico/Lamsa, *John*, S. 38–41)

[24] Der aramäische Begriff ܐܬܐ, ʾātā (Wurzel: ܐܬܐ, ʾtʾ) umfasst die Bedeutung „Wunder" und „Zeichen". Lamsa beschränkt sich auf „Wunder". Etheridge und Murdock sprechen von „Zeichen".

[25] ܪܒܝ, rabbī (Substantiv, männlich, Singular); Wurzel: ܪܒ, rb = Rabbī, Meister

[26] Sinnerhellender Zusatz des Übersetzers nicht in Kursivsetzung (vgl. Errico/Lamsa, *John*, S. 43 f.).

Johannes 3, 6–10

wie ein neugeborenes kleines Kind wird[27]*,*
das alles von Anfang an neu lernen muss,[28]
kann er nicht befolgen,
was Gott rät.

6 *Was aus dem Fleisch geboren ist,*
das ist Fleisch.
Was aus dem Geist geboren ist,
das ist Geist.
7 *Sei nicht verwundert, weil ich dir sagte:*
Ihr alle müsst Neugeborene werden.

8 *Der Wind bläst, wo es ihm gefällt.*
Du hörst ihn wehen,
weißt aber nicht,
woher er kommt und wohin er geht.
So ergeht es jedem,
der aus dem Geist geboren ist:

Er wird zum ursprünglichen Menschen,
wie es Gott bei der Schöpfung wollte,
dass er werden sollte.[29]

9 Nikodemus erwiderte ihm: Wie kann das geschehen? 10 Jesus antwortete:

Du bist ein Malpānā von Israel, ein Lehrer, und verstehst das nicht?

---

[27] Der Ausdruck „wiedergeboren werden" ist ein nordaramäisches Idiom (vgl. Lamsa, *Evangelien*, S. 372 f.).
[28] Sinnerhellender Zusatz des Übersetzers nicht in Kursivsetzung.
[29] Sinnerhellender Zusatz des Übersetzers nicht in Kursivsetzung (vgl. Errico/Lamsa, *John*, S. 45).

11 *Amen. Amen.*
Ich sage dir:

Wir reden nur von dem,
was wir wissen.
Wir bezeugen nur,
was wir gesehen haben.
Ihr aber nehmt unser Zeugnis
nicht an.

12 *Wenn ich zu euch*
über Irdisches gesprochen habe
und ihr mir nicht glaubt,
wie werdet ihr mir glauben,
wenn ich zu euch
über Himmlisches spreche?

13 *Niemand ist zu Gott,*
in den Himmel hinaufgestiegen
außer dem, der von Gott,
vom Himmel herabgestiegen ist:
dieser Mensch,
der im Himmel bei Gott ist[30].

14 *Genau wie Mose*
die Schlange in der Wildnis erhöht hat[31],
so ist dieser Mensch bereit,
erhöht zu werden,

---

[30] Der Begriff „Menschensohn" kann vom Aramäischen her als „dieser Mensch" übersetzt werden; der Begriff wird aber häufig – etwa auf dem Hintergrund der Danielapokalypse (Dan 7–12) – auch mit der Vorstellung von einem kommenden „Menschen"/„Menschensohn" (ܒܪܗ ܕܐܢܫܐ, bəreh dənāšā) als endzeitlichem Richter in Verbindung gebracht.

[31] Die Schlange, die von Moses auf einem Stock gezeigt wurde, um gesehen zu

Johannes 3, 15–19

15 *damit jeder, der an ihn glaubt,*
nicht verloren geht, sondern ewiges Leben habe.

16 *Denn Gott hat die Welt so sehr geliebt,*
dass er seinen geliebten Sohn hingab,
damit jeder,
der an ihn glaubt,
nicht verloren geht,
sondern ewiges Leben habe.

17 *Denn Gott hat seinen Sohn nicht in die Welt gesandt,*
damit er die Welt verdamme,
sondern
damit die Welt
durch ihn
gerettet wird.

18 *Wer an ihn glaubt, wird nicht verurteilt.*
Wer nicht glaubt, ist schon verurteilt,
weil er auf den Namen des geliebten Sohnes Gottes
nicht vertraut hat,
den Weg der Gewaltlosigkeit
und Liebe zu gehen[32].

19 *Denn darin besteht*
das Gericht:
Das Licht kam in die Welt,

---

werden, war Symbol der Heilung. Das Kreuz Jesu wird zum Symbol der Heilung von Sünde und Gewalt. (Vgl. Errico/Lamsa, *John*, S. 47 ff.)

[32] Sinnerhellender Zusatz des Übersetzers nicht in Kursivsetzung (vgl. Errico/Lamsa, *John*, S. 58).

*doch die Menschen liebten
die Finsternis mehr als das Licht,
weil ihre Taten böse waren.*[33]

20 *Jeder, der Schlimmes tut,
hasst das Licht und kommt nicht zum Licht,
damit seine Taten nicht entdeckt werden.*
21 *Wer aber wahrhaftig handelt, kommt zum Licht,
damit bekannt wird,
dass sein Handeln durch Gott erfolgt ist.*

In Judäa

22 Darauf kam Jesus mit seinen Jüngern nach Judäa. Dort hielt er sich mit ihnen auf und taufte. 23 Aber auch Johannes taufte damals, und zwar an der Quelle von Änon bei Salim am Westufer des Jordans, weil dort viel Wasser war. Die Leute kamen und ließen sich taufen. 24 Johannes war nämlich noch nicht ins Gefängnis geworfen worden. 25 Da kam es zwischen einem der Jünger des Johannes und einem der Yīhūḏāye zum Streit über die Zeremonie der Reinigung. 26 Beide kamen zu Johannes und sagten zu ihm: Unser Rabbī[34], unser Meister, der Mann, der auf der anderen Seite des Jordan bei dir war und für den du eingetreten bist, der tauft jetzt und alle kommen zu ihm. 27 Johannes antwortete: Kein Mensch kann etwas erhalten, wenn es ihm nicht von Gott gegeben ist. 28 Ihr selbst seid meine Zeugen, dass ich gesagt habe: Ich bin nicht der Messias, sondern nur ein Bote, der vor ihm hergeht. 29 Wer die Braut hat, ist der Bräutigam.[35] Der Freund des Bräutigams aber, der beste Mann[36], der dabeisteht und ihn hört, ist voller Freude

---

[33] Die Nacht ist traditionell die Zeit der Verbrechen und Übeltäter.
[34] ܪܒܝ, *rabbī* (Substantiv, männlich, Singular); Wurzel: ܪܒ, *rb* = Rabbī, Meister
[35] Die Metapher des Bräutigams impliziert die Vorstellung eines schüchternen jungen Mannes, der zum ersten Mal in Kontakt mit dem ansonsten separat lebenden weiblichen Geschlecht kommt.
[36] Sinnerhellender Zusatz des Übersetzers: der „beste Mann". Das ist in angel-

über das, was der Bräutigam sagt. *Er freut sich ja für seinen Freund, den Bräutigam.*[37] Diese Freude hat sich nun bei mir vollendet. 30 Er muss größer werden, ich aber muss geringer werden. 31 Denn er kommt ja von oben und steht über allen. *Seine umfassende Sichtweise umfängt alle Menschen.*[38] Wer von der Erde stammt, ist irdisch und redet über irdische Dinge. Wer von Gott kommt, steht über allen. 32 Was er gesehen und gehört hat, bezeugt er, und doch begrüßt man sein Zeugnis nicht. 33 Wer sein Zeugnis annimmt, hat besiegelt[39], dass Gott wahrhaftig und treu ist. 34 Denn der Gesandte Gottes spricht die Worte Gottes. Er gibt den Geist ohne Maß. 35 ʾAbbā, *der liebevolle Vater*[40], liebt den Sohn und hat alles in seine Hand gegeben. 36 Wer dem Sohn vertraut, hat das ewige Leben. Wer aber nicht auf den Sohn hört, wird das ewige Leben nicht sehen. Gott jedoch gefällt dies nicht.

Frau am Brunnen

4 1 Als Jesus erfahren hatte, dass die Pharisäer wussten, er gewinne viele Jünger und taufe mehr als Johannes, 3 verließ er Judäa und ging wieder nach Galiläa. 2 Allerdings taufte Jesus nicht selbst, sondern seine Jünger tauften stellvertretend für ihn. 4 Er musste so den Weg durch das Gebiet von Samarien nehmen. 5 So kam er zu einer Stadt in Samarien, die Sychar hieß und nahe bei dem Feld lag, das Jakob seinem Sohn Josef gegeben hatte. 6 Dort befand sich der Jakobsbrunnen. Jesus war müde von der Anstrengung der Reise und setzte sich daher an den Brunnen. Es war um die sechste Stunde. 7 Da kam eine Frau aus Samarien, um Wasser zu holen. Jesus sagte zu ihr[41]:

---

sächsischen Ländern die Bezeichnung für den männlichen Haupt-Trauzeugen des Bräutigams. Es trifft auf den zu, der hier „Freund" genannt wird. (Vgl. Errico/Lamsa, *John*, S. 61)

37, 38 Sinnerhellender Zusatz des Übersetzers in Kursivsetzung.

39 Wörtlich: hat besiegelt; das heißt, ist hoch und heilig davon überzeugt. Die Besiegelung ist eine entsprechende Metapher (vgl. Errico/Lamsa, *John*, S. 63).

40 Sinnerhellender Zusatz des Übersetzers in Kursivsetzung.

41 Eine Frau als Fremder am Brunnen anzusprechen, entsprach nicht den üblichen Umgangsformen.

Gib mir Wasser zu trinken.

8 Seine Jünger waren nämlich in die Stadt gegangen, um etwas zu essen zu kaufen. 9 Die Samariterin sagte zu ihm: Wie soll das gehen? Du bist doch ein Jude. Und dennoch bittest du um etwas zu trinken von mir, einer Samariterin? Die Yīhūḏāye haben nämlich keinen sozialen Kontakt mit den Samaritern. 10 Jesus antwortete ihr:

Wenn du nur um das Geschenk Gottes wüsstest.
Wer es ist, der zu dir sagt: Gib mir zu trinken.
Dann hättest du ihn um Wasser gebeten
und er hätte dir lebendiges Wasser gegeben.

11 Sie sagte zu ihm: Mein Mārā, mein Herr, du hast kein Ledergefäß zum Wasserschöpfen und der Brunnen ist tief. Woher bekommst du also das lebendige Wasser? 12 Bist du etwa größer als unser Vater Jakob, der uns den Brunnen gegeben und selbst daraus getrunken hat, wie auch seine Söhne und seine Schafe? 13 Jesus antwortete ihr:

Wer von diesem Wasser trinkt,
wird wieder Durst bekommen.
14 *Wer aber von dem Wasser trinkt,*
das ich ihm gebe,
wird niemals mehr Durst haben.

Vielmehr wird das Wasser,
das ich ihm gebe,
in ihm zu einer Quelle werden,
deren Wasser
ins ewige Leben fließt.

15 Da sagte die Frau zu ihm: Herr, gib mir dieses Wasser, damit ich keinen Durst mehr habe und nicht mehr hierherkommen muss, um Wasser zu holen. 16 Er sagte zu ihr:

Johannes 4, 17–22

> *Geh,*
> *ruf deinen Mann*
> *und komm wieder her.*

17 Die Frau antwortete: Ich habe keinen Mann. Jesus sagte zu ihr:

> *Du hast richtig gesagt:*
> *Ich habe keinen Mann.*
> 18 *Denn fünf Männer hast du gehabt.*
>
> *Und der, den du jetzt hast,*
> *ist nicht dein Ehemann.*
> *Damit hast du die Wahrheit gesagt.*

19 Die Frau sagte zu ihm: Mein Mārā, mein Herr, ich erkenne, dass du ein Nabīā, ein Prophet, bist. 20 Unsere Vorväter haben auf diesem Berg Gott angebetet. Ihr aber sagt, in Jerusalem sei die Stelle, an der Menschen Gott anbeten sollen. 21 Jesus sprach zu ihr:

> *Glaube mir, Frau:*
>
> *Die Zeit bricht an,*
> *zu der weder auf diesem Berg*
> *noch in Jerusalem*
> *'Abbā, der liebevolle Vater*[42],
> *angebetet wird.*
>
> 22 *Ihr betet an,*
> *was ihr nicht kennt.*
> *Wir beten an, was wir kennen.*
> *Denn das Heil*
> *kommt von den Yīhūḏāye, den Juden.*

[42, 43, 44] Sinnerhellender Zusatz des Übersetzers nicht in Kursivsetzung.

23 *Die Zeit bricht an*
und sie ist schon da,
zu der die wahren Beter
'Abbā, den liebevollen Vater,[43] *anbeten werden*
im Geist und in Wahrhaftigkeit.

Denn so will 'Abbā, der Vater,
angebetet werden:

24 *Gott ist Geist und überall*[44]
und die, die ihn anbeten,
sollen ihn anbeten
im Geist und
in Wahrhaftigkeit.

25 Die Frau sagte zu ihm: Ich weiß, dass der Messias kommen soll. Wenn er kommt, wird er uns alles lehren. 26 Da sprach Jesus zu ihr:

Ich bin es, der mit dir spricht.

27 Während er noch sprach, kamen seine Jünger zurück. Sie wunderten sich, dass er mit einer verheirateten Frau sprach, doch keiner sagte: Was willst du von ihr? Oder: Über was redest du mit ihr?[45] 28 Die Frau ließ ihren Wasserkrug stehen, kehrte zurück in die Stadt und sagte zu den Menschen: 29 Kommt her, seht, da ist ein Mann, der mir alles gesagt hat, was ich getan habe: Warum? Ist er vielleicht der Messias? 30 Da gingen sie aus der Stadt heraus und kamen zu ihm. 31 Währenddessen baten ihn seine Jünger: Rabbī[46], Meister, iss. 32 Er aber sagte zu ihnen:

Ich habe eine Speise zu essen, die ihr nicht kennt.

---

[45] Dass es erwähnt wird, dass solche Fragen nicht gestellt wurden, zeigt, wie außergewöhnlich das Verhalten Jesu auf Außenstehende gewirkt haben muss.

[46] ܪܒܝ, *rabbī* (Substantiv, männlich, Singular); Wurzel: ܪܒ, *rb* = Rabbī, Meister

Johannes 4, 33–36

33 Da sagten die Jünger zueinander: Hat ihm jemand etwas zu essen gebracht? 34 Jesus sprach zu ihnen:

Meine Speise ist es,
den Willen dessen zu tun,
der mich gesandt hat,
und sein Werk abzuschließen.[47]

35 *Sagt ihr nicht,*
dass es noch
vier Monate
bis zur Ernte dauert?[48]

Ich sage euch:

Erhebt eure Augen.
Schaut auf die Felder.
Sie sind schon weiß
und zur Ernte bereit.[49]

36 *Schon empfängt der Schnitter seinen Lohn*
und sammelt Frucht für ewiges Leben,
sodass sich der Sämann und der Schnitter
gemeinsam freuen.

---

[47] Eine analoge Redewendung findet sich auch bei Mor Aphrêm Sûryoyo/Ephräm dem Syrer (306–373), der einmal gesagt haben soll: „Meine Speise sind meine Bücher."

[48] Im Nahen Osten dauert die Zeit von der Aussaat bis zur Ernte gewöhnlich vier Monate.

[49] Nach der relativ früh im Jahr stattfindenden Ernte der Gerste wird der Weizen weiß. Es werden zusätzliche Arbeiter eingestellt und die Sicheln werden vorbereitet. (Vgl. Lamsa, *Evangelien*, S. 380)

37 *In diesem Fall bewahrheitet*
sich das Sprichwort:
Einer sät und
ein anderer erntet.

38 *Ich habe euch gesandt zu ernten,*
wofür ihr euch nicht gemüht habt.
Andere haben sich abgemüht,
euch ist ihre Mühe zugutegekommen.

39 Aus jener Stadt kamen sehr viele Samariter zum Glauben an Jesus auf das Wort der Frau hin, die bezeugt hatte: Er hat mir alles gesagt, was ich getan habe. 40 Als die Samariter zu ihm kamen, baten sie ihn, bei ihnen zu bleiben. Er blieb dort zwei Tage. 41 Und noch viel mehr Leute kamen zum Glauben an ihn aufgrund seiner Worte. 42 Und sie sagten zu der Frau: Nicht mehr aufgrund deiner Rede glauben wir, denn wir haben es selbst gehört und wissen nun: Er ist wirklich der Messias, der Retter der Welt.

Der verachtete Prophet

43 Zwei Tage später ging er von dort weiter nach Galiläa. 44 Jesus selbst hatte nämlich bezeugt:

Ein Prophet wird in seiner eigenen Heimatstadt nicht geehrt.

45 Als er nun nach Galiläa kam, nahmen ihn die Galiläer auf, weil sie all die Wunder und Zeichen gesehen hatten, die er in Jerusalem während der Festzeit getan hatte. Denn auch sie waren zum Fest gekommen.

Wunder und Zeichen in Galiläa (2)

46 Jesus kam wieder nach Kana in Galiläa, wo er aus Wasser Wein gemacht hatte. In Kafarnaum lebte ein königlicher Diener, dessen Sohn erkrankt war. 47 Als er hörte, dass Jesus von Judäa nach Galiläa gekommen war, kam er

zu ihm und bat ihn, herabzukommen und seinen Sohn zu heilen. Denn er war dem Tod schon nah. 48 Da sagte Jesus zu ihm:

Wenn ihr nicht Wunder und Zeichen seht, glaubt ihr nicht.

49 Der Diener bat ihn: Mein Mārā, mein Meister und Herr, komm herab, ehe mein Junge stirbt. 50 Jesus erwiderte ihm:

Geh, dein Sohn ist geheilt.

Der Mann vertraute dem Wort, das Jesus zu ihm gesagt hatte, und machte sich auf den Weg. 51 Noch während er hinabging, kamen ihm seine Bediensteten entgegen und brachten ihm die gute Nachricht: Dein Junge ist geheilt. 52 Da fragte er sie: Zu welcher genauen Zeit wurde er wieder gesund? Sie antworteten: Gestern in der siebten Stunde hat das Fieber ihn verlassen. 53 Da wusste der Vater, dass es genau zu der Stunde war, als Jesus zu ihm gesagt hatte:

Dein Sohn ist geheilt.

Und er selbst glaubte und mit ihm sein ganzes Haus. 54 So tat Jesus sein zweites Wunder[50], nachdem er von Judäa nach Galiläa gekommen war.

Heilung am Festtag

5 1 Danach war ein jüdischer Feiertag, und Jesus ging hinauf nach Jerusalem. 2 In Jerusalem gab es ein Wasserbecken, das zu kultischen Waschungen verwendet wurde und das auf Hebräisch Betesda heißt. Dieses Becken hat fünf Zugänge. 3 An diesen Eingängen lagen sehr viele Kranke, Blinde, Lahme und andere körperlich Behinderte. Sie warteten darauf, dass das Wasser in Bewegung käme. 4 Denn ein Engel Gottes kam zu einer be-

---

[50] Alternativ korrekt wäre auch die Übersetzung: Zeichen.

stimmten Zeit herab in das Wasserbecken und brachte das Wasser in Wallung. Der erste aber, der danach das Wasser erreichte, wurde geheilt von jeglicher Krankheit, die er hatte.[51] 5 Dort war auch ein Mann, der schon achtunddreißig Jahre krank war. 6 Jesus sah ihn dort liegen und erkannte, dass er schon lange Zeit gewartet hatte. So fragte er ihn:

Willst du geheilt sein?

7 Der Kranke antwortete ihm: Mein Mārā, mein Meister und Herr. Aber ich habe niemanden, der mich in das Becken trägt, sobald das Wasser in Bewegung ist. Während ich mich noch hinschleppe, steigt schon ein anderer vor mir hinein. 8 Da sprach Jesus zu ihm:

Steh auf, nimm deine Liege und geh umher.

9 Sofort war der Mann geheilt, er stand auf, nahm seine Liege und ging umher. Dieser Tag aber war ein Sabbat. 10 Da sagten die Yīhūḏāye zu dem Geheilten: Es ist Sabbat, es entspricht nicht der Tora, dass du deine Liege trägst. 11 Er erwiderte ihnen: Der, der mich geheilt hat, sagte zu mir:

Nimm deine Liege und geh.

12 Sie fragten ihn: Wer ist denn der Mensch, der zu dir gesagt hat:

Nimm deine Liege und geh?

13 Der Geheilte wusste aber nicht, wer es war. Jesus war nämlich von einer große Menschenmenge weggedrängt worden, die auf dem Platz war. 14 Nach einer Weile fand Jesus ihn im Tempel und sagte zu ihm:

---

[51] Dieser Vers fehlt etwa in der revidierten Einheitsübersetzung von 2016 und in der revidierten Lutherbibel von 2017.

Johannes 5, 15–19

Du bist geheilt worden.
Sündige nicht wieder,
damit dir nicht noch Schlimmeres als zuvor passiert.

15 Der Mann ging fort und teilte den Yīhūḏāye mit, dass es Jesus war, der ihn geheilt hatte. 16 Aus diesem Grund verfolgten die Yīhūḏāye Jesus und wollten ihn töten, weil er das an einem Sabbat getan hatte. 17 Jesus aber entgegnete ihnen:

Mein 'Abbā, mein liebevoller Vater[52],
arbeitet bis jetzt,
und deshalb
arbeite auch ich.

18 Darum wollten die Yīhūḏāye ihn noch mehr töten, nicht nur weil er den Sabbat schwächte, sondern auch weil er im Blick auf Gott diesen seinen *'Abbā, seinen liebevollen Vater*[53], nannte. Damit werde zugelassen, dass ihm die gleiche Würde zukommt, die nur Gott verdient.[54] 19 Jesus aber sprach zu ihnen:

Amen. Amen.
Ich sage euch:

Der Sohn kann nichts von sich aus tun,
sondern nur im Einklang,
wenn er den 'Abbā, den liebevollen Vater[55],

---

[52] Sinnerhellender Zusatz des Übersetzers nicht in Kursivsetzung.
[53] Sinnerhellender Zusatz des Übersetzers in Kursivsetzung.
[54] ܘܡܫܘܐ, wəmašwe (Verb, 3. Person, männlich, Singular, Partizip aktiv, Áphel); Wurzel: ܫܘܐ, šwʾ = gleich sein, gleich machen, würdig sein, zustimmen, verbreiten usw. Die Konstruktion des Áphel lässt offen, ob es sich um ein aktives Tun oder ein Zulassen handelt, wobei der Verursacher nicht eigens genannt wird. Die Antwort Jesu in Vers 19 setzt den Áphel hier in diesem Vers voraus,

etwas tun sieht.
Was nämlich der Vater tut,
das tut in gleicher Weise der Sohn.

20 *Denn der ʾAbbā, der Vater,*
liebt den Sohn
und zeigt ihm alles,
was er tut,
und er wird ihm noch größere Werke zeigen,
sodass ihr euch wundern werdet.

21 *Denn wie der Vater*
die Toten auferweckt und
ihnen Leben gibt,
so gibt auch der Sohn
denjenigen Leben,
denen er Leben geben will.

22 *Auch richtet ʾAbbā,* der liebevolle Vater[56],
niemanden,
sondern er hat das Richten
ganz dem Sohn übertragen,
23 *damit alle den Sohn ehren,*
wie er den ʾAbbā, den Vater, ehrt.

---

denn nun stehen die Fragen im Fokus, die ja in Vers 18 offenblieben. Im griechischen Text wird von den Gegnern Jesu ihm vorgeworfen, er habe sich selbst Gott gleichgestellt. Durch den Áphel im aramäischen Text wird offengehalten, ob dies auf ihn selbst zurückgeht oder ob ihm dieses Gleichsein mit Gott von anderer Seite zugeschrieben wird.

[55, 56] Sinnerhellender Zusatz des Übersetzers nicht in Kursivsetzung.

Johannes 5, 24–25

Wer den Sohn
nicht ehrt,
ehrt auch ʾAbbā,
den liebevollen Vater[57],
nicht, der ihn ja
gesandt hat.

24 *Amen. Amen.*
Ich sage euch:

Wer mein Wort hört
und auf den vertraut,
der mich gesandt hat,
hat ewiges Leben.
Er kommt nicht vor das Gericht.
Er geht vielmehr aus dem Tod hinüber ins Leben.

25 *Amen. Amen.*
Ich sage euch:

Die Stunde bricht an,
sie ist schon da,
in der die Toten die Stimme des Sohnes Gottes
hören werden.
Diejenigen, die sie hören,
werden leben.

---

[57] Sinnerhellender Zusatz des Übersetzers nicht in Kursivsetzung.
[58] Der Begriff „Menschensohn" kann vom Aramäischen her als „dieser Mensch" übersetzt werden; der Begriff wird aber häufig – etwa auf dem Hintergrund der Danielapokalypse (Dan 7–12) – auch mit der Vorstellung von einem kommenden „Menschen"/„Menschensohn" (ܒܪܗ ܕܐܢܫܐ, *bəreh dənāšā*) als endzeitlichem Richter in Verbindung gebracht.

Johannes 5, 26–32

26 *Denn wie 'Abbā, der Vater, das Leben in sich hat,*
so hat er es auch dem Sohn gegeben,
Leben in sich selbst zu haben.
27 *Er hat ihm Autorität gegeben,*
auch Gericht zu halten,
weil er der Menschensohn[58] ist.

28 *Wundert euch nicht darüber.*
Die Stunde bricht an, in der alle,
die in den Gräbern sind,
seine Stimme hören
29 *und herauskommen werden:*

Diejenigen, die gute Werke getan haben,
werden zum Leben auferstehen.
Diejenigen, die böse Werke getan haben,
werden zum Gericht auferstehen.
30 *Ich kann nichts von mir selbst aus tun.*

Ich richte und mein Gericht ist gerecht,
weil ich nicht meinen eigenen Willen
umzusetzen suche,
sondern den Willen dessen,
der mich gesandt hat.

31 *Wenn ich über mich selbst Zeugnis ablege,*
ist mein Zeugnis nicht ehrlich.
32 *Ein anderer ist es, der über das,*
was mich betrifft, Zeugnis ablegt.
Ich weiß: Dieses Zeugnis über mich ist wahr.

Johannes 5, 33–38

33 *Ihr habt zu Johannes geschickt*
und er hat für die Wahrhaftigkeit und Treue Zeugnis abgelegt.
34 *Ich aber nehme kein Zeugnis von Menschen an,*
sondern ich sage dies nur,
damit ihr gerettet werdet.

35 *Jener war die Lampe, die brennt und Licht gibt,*
doch ihr wolltet euch nur eine Zeit lang
an ihrem Licht erfreuen.
36 *Ich aber habe ein wichtigeres Zeugnis*
als das des Johannes:

Die Werke, die mein 'Abbā, mein liebevoller Vater[59],
mir übertragen hat,
damit ich sie zu Ende führe,
legen, was mich betrifft, Zeugnis dafür ab,
dass mich 'Abbā, der Vater, gesandt hat.

37 *Auch 'Abbā,* der liebevolle Vater[60],
der mich gesandt hat,
hat über mich Zeugnis abgelegt.
Ihr habt weder seine Stimme je gehört
noch seine Erscheinung gesehen.

38 *Auch sein Wort*
bleibt nicht in euch,
wenn ihr ihm nicht vertraut
und dem nicht glaubt,
den er gesandt hat.

[59, 60] Sinnerhellender Zusatz des Übersetzers nicht in Kursivsetzung.

39 *Erforscht die Schriften[61],*
 auf die ihr setzt, weil ihr meint,
 in ihnen ewiges Leben zu finden.
 Doch gerade sie legen Zeugnis ab,
 was mich betrifft.

40 *Dennoch wollt ihr nicht zu mir kommen,*
 um ewiges Leben zu finden.
41 *Ehre von Menschen nehme ich nicht an.*
42 *Ich habe euch jedoch erkannt:*
 ihr habt keine Liebe zu Gott in euch.

43 *Ich bin im Namen meines 'Abbā,*
 meines liebevollen Vaters[62]*, gekommen,*
 und ihr nehmt mich nicht an.
 Wenn aber ein anderer
 in seinem eigenen Namen kommt,
 dann werdet ihr ihn annehmen.

44 *Wie könnt ihr zum Glauben kommen,*
 wenn ihr auf Ehre und Lob von denen aus seid,
 die euch gleichgestellt sind,
 ihr aber nicht Ehre und Lob sucht,
 die von Gott alleine kommen?

45 *Warum denkt ihr,*
 dass ich euch bei 'Abbā,
 beim Vater, anklagen will.
 Da ist einer, der euch anklagt, sogar Mose,
 auf den ihr eure Hoffnung setzt.

---

[61] Gemeint ist vor allem die Tora, die im Judentum als Inbegriff für Wahrheit und Moral steht.

[62] Sinnerhellender Zusatz des Übersetzers nicht in Kursivsetzung.

Johannes 5, 46–6, 12

46 *Wenn ihr Mose geglaubt hättet,*
hättet ihr auch mir geglaubt.
Denn über mich hat er geschrieben.
47 *Wenn ihr aber seinen Schriften nicht glaubt,*
wie könnt ihr dann meinen Worten glauben?

Geschehnisse in Galiläa

6 1 Danach ging Jesus zum Hafen von Tiberias am See von Galiläa. 2 Sehr viele Menschen folgten ihm, weil sie die Zeichen und Wunder sahen, die er an den Kranken tat. 3 Jesus stieg den Berg hinauf und setzte sich dort mit seinen Jüngern nieder. 4 Das jüdische Pessachfest stand kurz bevor. 5 Als Jesus aufblickte und so viele Leute zu ihm kommen sah, fragte er Philippus:

Wo können wir Brot kaufen, damit alle diese Leute zu essen haben?

6 Das sagte er aber nur, um ihn auf die Probe zu stellen. Denn er selbst wusste, was er tun würde. 7 Philippus antwortete ihm: Brot für zweihundert Denare wird nicht ausreichen, selbst wenn jeder von ihnen auch nur ein kleines Stück bekommen soll. 8 Einer seiner Jünger, Andreas, der Bruder des Simon Kephas, sagte zu ihm: 9 Hier ist ein kleiner Junge, der hat fünf Gerstenbrote und zwei Fische. Doch was ist das für sie alle? 10 Jesus sprach:

Lasst die Leute sich hinsetzen.

Es gab dort nämlich viel Gras. Da setzten sich die Männer hin. Es waren etwa fünftausend. 11 Dann nahm Jesus das Brot, segnete es und teilte es an die Leute aus. Ebenso machte er es mit den Fischen. Sie durften so viel essen, wie sie wollten. 12 Als sie satt geworden waren, sprach er zu seinen Jüngern:

Sammelt die übrig gebliebenen Stücke ein,
damit nichts verdirbt.

Johannes 6, 13–21

13 Sie sammelten und füllten zwölf Körbe mit den Stücken, die von den fünf Gerstenbroten übrig geblieben waren, nachdem sie gegessen hatten. 14 Als die Menschen das Wunder sahen, das er getan hatte, sagten sie: Das ist wahrhaft der Prophet, der in die Welt kommen soll. 15 Da erkannte Jesus, dass sie bereit waren, auf ihn zuzugehen, um ihn zum König zu machen. Daher zog er sich alleine auf den Berg zurück. 16 Als es Abend wurde, gingen seine Jünger zum See hinab, 17 bestiegen ein Boot und fuhren über den See, auf den Hafen von Kafarnaum zu. Es war bereits dunkel geworden und Jesus war noch nicht zu ihnen gestoßen. 18 Da wurde der See bewegt, denn es blies ein starker Wind. 19 Als sie etwa fünfundzwanzig oder dreißig Stadien gefahren waren, sahen sie, wie Jesus am Seeufer entlangging[63] und sich dem Boot näherte. Sie fürchteten sich. 20 Er aber rief ihnen zu:

Ich bin es. Fürchtet euch nicht.

21 Sie hatten daher vor[64], ihn ins Boot aufnehmen, aber bald war das Boot an dem Ufer, zu dem sie hinwollten.

---

[63] Das Aramäische ermöglicht es nach Lamsa, den hier verwendeten Ausdruck mit „auf dem Meer wandeln", genauso gut aber auch mit „am Ufer entlang wandeln" zu übersetzen. Was sinnvoller sei, hänge u. a. von der Geografie ab. Lamsa selbst sieht in Mt 14,22–33 und Mk 6,45–51 „begründete Notwendigkeiten" für die erste Variante gegeben. Im Kontext von Joh 6,19 sieht er solche Notwendigkeiten nicht: *„Kapernaum und Tiberias ... befinden sich nahe beieinander am Westufer des Meeres von Galiläa. ... Man kommt leichter und schneller zu Fuß von der einen Stadt zur anderen als mit einem Boot. Jesus vermied es, mit den Jüngern zusammen zurückzukehren, um der aufgeregten Menge aus dem Weg zu gehen, die ihn mit aller Gewalt zum König ausrufen wollte. ... Wie aus der Übersetzung des aramäischen Textes und der geografischen Lage von Tiberias hervorgeht, bestand für Jesus keinerlei Notwendigkeit, das Meer von Galiläa zu überqueren."* (Lamsa, *Evangelien*, S. 389)

[64] ܘܨܒܘ, *waṣbaw* (Verb, 3. Person, männlich, Plural, Perfekt, Peal); Wurzel: ܨܒܐ, *ṣbʾ* = wollen, wünschen, beabsichtigen

Johannes 6, 22–27

In der Synagoge von Kafarnaum

22 Am nächsten Tag sah die Menge, die am Seehafen gestanden hatte, um auf Jesus zu warten, dass nur ein Boot dort gewesen war und dass Jesus selbst nicht mit seinen Jüngern ins Boot gestiegen war. 23 Aber andere Boote waren aus Tiberias gekommen, nahe der Stelle, wo sie Brot gegessen hatten, das Jesus gesegnet hatte. 24 Als die Leute sahen, dass weder Jesus noch seine Jünger dort waren, stiegen sie in die Boote, fuhren nach Kafarnaum und suchten Jesus. 25 Als sie ihn am Hafen fanden, fragten sie ihn: Rabbā, unser Lehrmeister, wann bist du hierhergekommen? 26 Jesus antwortete ihnen:

Amen. Amen.
Ich sage euch:

Ihr sucht mich nicht,
weil ihr die Wunder und Zeichen[65] *gesehen habt,*
sondern weil ihr Brot
gegessen habt
und satt geworden seid.

27 *Müht euch nicht ab für die Speise,*
die verdirbt,
sondern für die Speise,
die bis ins ewige Leben erhalten bleibt,
die dieser Mensch hier[66] *euch geben wird.*

---

[65] Etheridge und Murdock sprechen von „Zeichen", Lamsa spricht von „Wundern". Beides ist sprachlich möglich.

[66] Der Begriff „Menschensohn" kann vom Aramäischen her als „dieser Mensch hier" übersetzt werden; der Begriff wird aber häufig – etwa auf dem Hintergrund der Danielapokalypse (Dan 7–12) – auch mit der Vorstellung von einem kommenden „Menschen"/„Menschensohn" (ܒܪܗ ܕܐܢܫܐ, bərēh dənāšā) als endzeitlichem Richter in Verbindung gebracht. Hier sind beide Aspekte berührt.

Johannes 6, 28–35

Denn ihn hat Gott, ʾAbbā,
der liebevolle Vater,[67]
mit seinem Siegel beglaubigt.

28 Da fragten sie ihn: Was sollen wir tun, um die Werke Gottes zu tun?
29 Jesus antwortete ihnen:

Das ist das Werk Gottes, dass ihr dem vertraut, den er gesandt hat.

30 Sie sagten zu ihm: Welches Zeichen tust du, damit wir es sehen und dir vertrauen? Was hast du getan? 31 Unsere Vorväter haben das Manna in der Wildnis gegessen, wie es in der Schrift heißt: Er gab ihnen Brot vom Himmel zu essen. 32 Jesus sagte zu ihnen:

Amen. Amen.
Ich sage euch:

Nicht Mose hat euch
das Brot vom Himmel gegeben,
sondern mein ʾAbbā,
mein liebevoller Vater,[68]
gibt euch das wahre Brot vom Himmel.

33 *Denn das Brot,*
das Gott gibt,
besteht in dem,
der vom Himmel herabkommt
und der Welt das Leben gibt.

34 Da baten sie ihn: Unser Mārā, unser Herr, gib uns dieses Brot immer.
35 Jesus antwortete ihnen:

[67, 68] Sinnerhellende Zusatz des Übersetzers nicht in Kursivsetzung.

Ich bin das Brot des Lebens.
Wer zu mir kommt,
wird nie mehr Hunger leiden.
Wer auf mich vertraut,
wird nie mehr Durst haben.

36 *Aber ich habe euch gesagt:*

Ihr habt gesehen und doch glaubt ihr nicht.
37 *Jeder, den 'Abbā,*
der liebevolle Vater,[69] *mir gibt,*
wird zu mir kommen.
Wer zu mir kommt,
den werde ich nicht abweisen.

38 *Denn ich bin nicht*
vom Himmel herabgekommen,
um meinen eigenen Willen zu tun,
sondern den Willen dessen zu erfüllen,
der mich gesandt hat.

39 *Das ist der Wille dessen,*
der mich gesandt hat,
dass ich keinen von denen,
die er mir gegeben hat,
zugrunde gehen lasse,
dass ich ihn vielmehr auferwecke am Jüngsten Tag.

40 *Das ist der Wille meines 'Abbā,*
meines liebevollen Vaters,[70]
dass jeder, der den Sohn sieht
und ihm vertraut,
das ewige Leben hat,
dass ich ihn auferwecke am Jüngsten Tag.

Johannes 6, 41–46

41 Da murrten die Yīhūḏāye gegen ihn, weil er gesagt hatte:

Ich bin das Brot, das vom Himmel herabgekommen ist.

42 Und sie sagten: Ist das nicht Jesus, der Sohn Josefs, dessen Vater und Mutter wir kennen? Wie kann er jetzt sagen:

Ich bin von Gott herabgekommen?

43 Jesus sagte zu ihnen:

Murrt nicht miteinander.
44 *Niemand kann zu mir kommen,*
wenn nicht 'Abbā,
mein liebevoller Vater,[71]
der mich gesandt hat,
ihn hinführt.
Ich werde ihn auferwecken am Jüngsten Tag.

45 *Bei den Propheten steht geschrieben:*
Alle werden von Gott selber lernen.
Jeder, der von 'Abbā, dem Vater, hört
und von ihm lernt,
wird zu mir kommen.

46 *Niemand kann*
'Abbā, den Vater sehen
außer dem,
der von Gott ist.
Er kann den Vater sehen.

[69, 70, 71] Sinnerhellender Zusatz des Übersetzers nicht in Kursivsetzung.

47 *Amen. Amen.*
Ich sage euch:

Wer mir vertraut, hat das ewige Leben.
48 *Ich bin das Brot des Lebens.*
49 *Eure Vorväter haben in der Wildnis*
Manna gegessen
und sind gestorben.

50 *Mit dem Brot,*
das vom Himmel herabkommt, verhält es sich so:
Wenn jemand davon isst, wird er nicht sterben.
51 *Ich bin das lebendige Brot,*
weil ich vom Himmel herabgekommen bin.

Wer von diesem Brot isst,
wird in Ewigkeit leben.
Das Brot, das ich geben werde,
ist mein Leib
für das Leben der Welt.

52 Da stritten sich die Yīhūḏāye untereinander und sagten: Wie kann er uns seinen Leib zu essen geben? 53 Jesus sagte zu ihnen:

Amen. Amen.
Ich sage euch:

Wenn ihr das Fleisch
dieses Menschen, des Menschensohnes[72]*, nicht esst*
und sein Blut nicht trinkt,
habt ihr das Leben nicht in euch.[73]

Johannes 6, 54–56

54 *Wer meinen Leib isst
und mein Blut trinkt,
hat das ewige Leben.
ich werde ihn auferwecken am Jüngsten Tag.*

55 *Denn mein Leib ist wirklich eine Speise
und mein Blut ist wirklich ein Trank.*
56 *Wer meinen Leib isst und mein Blut trinkt,
bleibt in mir und ich bleibe in ihm.*

---

[72] Der Begriff „Menschensohn" kann vom Aramäischen her als „dieser Mensch" übersetzt werden; der Begriff wird aber häufig – etwa auf dem Hintergrund der Danielapokalypse (Dan 7–12) – auch mit der Vorstellung von einem kommenden „Menschen"/„Menschensohn" (ܒܪܗ ܕܐܢܫܐ, *bərēh dənāšā*) als endzeitlichem Richter in Verbindung gebracht. Zuweilen scheinen wie hier sogar beide Aspekte verbunden.

[73] Der Ausdruck „sein Blut trinken und seinen Leib essen" hat einen idiomatischen nordaramäischen Hintergrund, der bedeutet: „bis zur Erschöpfung gearbeitet haben". „Ich habe den Leib meiner toten ... gegessen" bedeutet: „Ich habe unter extremen Schwierigkeiten gearbeitet und mich eingesetzt." Jesus stieß also an, hart zu arbeiten und zu leiden, soweit es ging.
Indem Brot und Wein in Verbindung mit diesen Worten gemeinsam verzehrt werden, wird ausgedrückt, dass die Jünger teilhaben können an dem Werk Jesu. Das gemeinsame Brot essen als Symbol der Freundschaft wird verbunden mit dem Teilen der übergroßen Anstrengungen.
Errico fasst zusammen, das Fleisch Jesu zu essen bedeute letztlich, seine Wahrheit zu einem Teil des eigenen Lebens zu machen. Das unterstützen aramäische Idiome, die mit dem Essen zu tun haben: Die aramäische Ausdrucksweise „ein Buch zu essen" bedeute etwa: „mach dieses Buch zu einem Teil deines Lebens" oder „lerne es auswendig und rezitiere dieses Buch". Wenn Freunde untereinander sagen, „Ich möchte dich essen", bedeutet dies: „Ich liebe dich." Im Deutschen ist eine Redewendung verbreitet, die Ähnliches besagt: „Ich habe dich zum Fressen gern." (Vgl. Lamsa, *Evangelien*, S. 391 ff.; Errico/Lamsa, *John*, S. 101 ff.)

57 *Wie mich der lebendige 'Abbā, der Vater, gesandt hat*
und wie ich durch 'Abbā, den liebevollen Vater[74]*, lebe,*
so wird jeder, der mich isst,
durch mich leben.

58 *Dies ist das Brot, das vom Himmel her gekommen ist.*
Es ist nicht wie das Brot, das die Väter gegessen haben,
sie sind gestorben.
Wer aber dieses Brot isst, wird leben in Ewigkeit.

59 Diese Worte sprach Jesus in der Synagoge, als er in Kafarnaum lehrte.

Anstoß überwinden?

60 Viele seiner Jünger, die ihm zuhörten, sagten: Was er sagt, ist hart. Wer kann ihm zuhören? 61 Jesus merkte, dass seine Jünger darüber murrten. So fragte er sie:

Nehmt ihr daran Anstoß?

62 *Was würdet ihr sagen,*
wenn ihr diesen Menschen hier, den Menschensohn[75]*,*
an den Ort
aufsteigen seht,
wo er vorher war?

---

[74] Sinnerhellender Zusatz des Übersetzers nicht in Kursivsetzung.

[75] Der Begriff „Menschensohn" kann vom Aramäischen her als „dieser Mensch hier" übersetzt werden; der Begriff wird aber häufig – etwa auf dem Hintergrund der Danielapokalypse (Dan 7–12) – auch mit der Vorstellung von einem kommenden „Menschen"/„Menschensohn" (ܒܪܗ ܕܐܢܫܐ, bərēh dənāšā) als endzeitlichem Richter in Verbindung gebracht. Hier scheinen beide Aspekte angesprochen.

63 *Der Geist ist es,*
   der Leben gibt.
   Der äußere Körper hat für sich alleine keinen Wert.
   Die Worte, die ich zu euch gesprochen habe,
   sind Geist und sind Leben.

64 *Aber es gibt unter euch einige, die nicht glauben.*

Jesus wusste nämlich seit langer Zeit, welche es waren, die nicht glaubten, und wer ihn verraten würde. 65 Und er sagte zu ihnen:

Deshalb habe ich zu euch gesagt:
Niemand kann zu mir kommen,
wenn es ihm nicht von meinem 'Abbā,
dem liebevollen Vater[76], gegeben ist.

66 Genau wegen dieser Rede zogen sich viele seiner Jünger zurück und gingen nicht mehr mit ihm umher. 67 Da fragte Jesus die Zwölf:

Warum nur? Wollt auch ihr weggehen?

68 Simon Kephas antwortete ihm: Mein Mārā, mein Herr und Meister, zu wem sollen wir gehen? Du hast Worte des ewigen Lebens. 69 Wir sind zum Glauben gekommen und haben erkannt: Du bist der Messias, der Sohn des lebendigen Gottes. 70 Jesus erwiderte:

Habe ich nicht euch, die Zwölf, erwählt,
und doch ist einer von euch ein Betrüger[77]?

71 Er sprach so und meinte Judas, den Sohn des Simon Iskariot. Denn er war der eine der Zwölf, der ihn verraten sollte.

---

[76] Sinnerhellender Zusatz des Übersetzers nicht in Kursivsetzung.
[77] Lamsa spricht von „Satan".

Johannes 7, 1–15

Laubhüttenfest

7 1 Danach reiste Jesus in Galiläa umher. Denn er wollte nicht in Judäa herumziehen, weil die Yīhūḏāye ihn töten wollten. 2 Das jüdische Laubhüttenfest rückte näher. 3 Da sagten seine Brüder zu Jesus: Verlasse diese Gegend und zieh nach Judäa, damit auch deine Jünger die Taten sehen, die du tust. 4 Denn niemand bewirkt irgendetwas im Geheimen, wenn er öffentlich bekannt werden möchte. Wenn du dies tust, zeige dich den Menschen. 5 Selbst seine Brüder glaubten nämlich nicht an Jesus. 6 Jesus sprach zu ihnen:

Ich bin noch nicht an der Reihe.
Ihr aber seid immer dran.

7 *Euch kann die Welt nicht hassen.*
Mich aber hasst sie.

Denn ich lege gegen sie Zeugnis ab,
dass ihre Taten falsch sind.

8 *Ihr geht hinauf zum Fest.*
Ich gehe jetzt noch nicht zu diesem Fest.

Denn:
Ich bin noch nicht an der Reihe.

9 Er sagte dies zu ihnen und blieb in Galiläa. 10 Als aber seine Brüder zum Fest hinaufgegangen waren, zog auch er hinauf, jedoch nicht offen, sondern geheim. 11 Die Yīhūḏāye suchten auf dem Fest nach ihm und sagten: Wo ist er? 12 Und unter den Leuten wurde viel über ihn getuschelt. Die einen sagten: Er ist ein guter Mensch. Andere sagten: Nein, er verführt das Volk. 13 Aber niemand redete offen über ihn aus Furcht vor den Yīhūḏāye. 14 Schon war die Hälfte der Festwoche vorüber, da ging Jesus zum Tempel hinauf und lehrte als Malpānā. 15 Die Yīhūḏāye wunderten sich und sagten:

Johannes 7, 16–21

Wie kann dieser Mann lesen[78] und die Schrift verstehen[79], ohne dafür ausgebildet zu sein? 16 Darauf antwortete ihnen Jesus:

Was ich lehre, habe ich nicht aus mir selbst,
sondern von dem, der mich gesandt hat.
17 *Wer den Willen Gottes tun will,*
wird verstehen,
ob das, was ich lehre, von Gott kommt
oder ob ich aus mir selbst spreche.

18 *Wer aus sich selbst spricht,*
sucht die eigene Ehre.
Wer aber die Ehre dessen sucht,
der ihn gesandt hat,
der ist ehrlich und
in ihm ist keine unrechte Gesinnung.

19 *Hat Mose euch nicht*
die Tora gegeben?
Aber keiner von euch
befolgt die Weisung.
Warum wollt ihr mich
töten?

20 Die Menge antwortete: Du bist verrückt. Warum soll dich denn jemand töten wollen? 21 Jesus entgegnete ihnen:

Ich habe nur
ein Werk getan.
Ihr alle staunt darüber.

---

[78] Entsprechend der Übersetzung von Lamsa.
[79] Entsprechend der Übersetzung von Etheridge, die mit Lamsas Übersetzung verbunden wird.

Johannes 7, 22–28

22 *Mose hat euch die Beschneidung gegeben.*
Sie stammt nicht von Mose selbst, sondern von den Vorvätern.
Und ihr beschneidet einen Menschen, ein Kind[80], auch am Sabbat.

23 *Wenn ein Kind am Sabbat*
die Beschneidung empfängt,
wird damit die Tora nicht missachtet.

Warum beschwert ihr euch,
wenn ich am Sabbat einen Erwachsenen
als ganzen Menschen geheilt habe?

24 *Urteilt nicht aufgrund von Teilaspekten.*
Schaut auf das Ganze.
Dann urteilt ihr gerecht.

25 Da sagten einige Leute aus Jerusalem: Ist das nicht der Mann, den sie töten wollen? 26 Und doch redet er in der Öffentlichkeit, und sie sagen nichts gegen ihn. Vielleicht haben die Oberen herausgefunden, dass er tatsächlich der Messias ist? 27 Aber wir wissen von dem hier, woher er stammt. Wenn jedoch der Messias kommt, dann wird niemand wissen, woher er kommt. 28 Jesus erhob daraufhin seine Stimme, als er im Tempel lehrte:

Ihr kennt mich
und wisst, woher ich komme.
Aber ich bin nicht von mir aus da.

---

[80] Lamsa und Etheridge sprechen von einem „Mann" bzw. „Menschen", der beschnitten wird. Murdock spricht von einem Kind. Die Gegenüberstellung von „Kind" und „Erwachsenem" sowie „Beschneiden" und „Heilen", einem „speziellen Tun" und einer „ganzheitlichen Handlung" kommt in der hier gewählten Übertragung kontrastiv zum Ausdruck. Lamsas Übersetzung ist integriert.

Der mich gesandt hat,
ist ehrlich, treu und wahr.
Aber ihr kennt ihn nicht.

29 *Ich kenne ihn,*
weil ich von ihm komme.
Denn er hat mich gesandt.

30 Da wollten sie ihn ergreifen. Keiner legte Hand an ihn, denn er war noch nicht an der Reihe. 31 Aus der Menge kamen sehr viele Leute zum Glauben an ihn. Sie sagten: Wenn der Messias kommt, wird er dann größere Zeichen und Wunder tun, als dieser Mann tut? 32 Die Pharisäer hörten, was die Leute über ihn redeten. Da schickten die oberen Priester und die Pharisäer Soldaten aus, um ihn festnehmen zu lassen. 33 Jesus aber sagte:

Ich bin nur noch kurze Zeit bei euch.
Dann gehe ich zu dem,
der mich gesandt hat.

34 *Ihr werdet mich suchen,*
ihr werdet mich aber nicht finden.
Wo ich bin, könnt ihr nicht hinkommen.

35 Da sprachen die Yīhūḏāye untereinander: Wohin will er denn gehen, wo wir ihn nicht finden können? Plant er etwa in die Länder zu gehen, in denen nicht an den Gott Israels geglaubt wird, und will er dort die lehren, die nicht auf Gott vertrauen? 36 Was bedeutet es, wenn er gesagt hat: Ihr werdet mich suchen, aber nicht finden. Wo ich bin, dorthin könnt ihr nicht hinkommen?

Streit um Jesus

37 Am höchsten Tag des Festes stellte sich Jesus hin und rief mit fester Stimme:

Johannes 7, 38–53

*Wer Durst hat,
soll zu mir kommen und trinken.*

38 *Wer an mich glaubt, dem soll es gehen,
wie es die Schriften gesagt haben:*

*Aus seinem Inneren werden Ströme
lebendigen Wassers fließen.*

39 Er sprach dies im Hinblick auf den Geist, den alle empfangen sollten, die an ihn glauben. Denn der Geist war noch nicht gegeben, weil Jesus noch nicht verherrlicht war. 40 Viele aus dem Volk, die diese Worte hörten, sagten: Dieser ist wirklich ein Prophet. 41 Andere sagten: Dieser ist der Messias. Wieder andere sagten: Kommt denn der Messias aus Galiläa? 42 Sagt nicht die Schrift: Der Messias kommt aus dem Geschlecht Davids und aus Betlehem, der Stadt Davids? 43 Seinetwegen entstand so ein Zwiespalt in der Menge. 44 Einige von ihnen wollten ihn ergreifen. Doch keiner tat dies tatsächlich. 45 Als die Soldaten zu den oberen Priestern und Pharisäern zurückkamen, fragten diese: Warum habt ihr ihn nicht hergebracht? 46 Die Soldaten antworteten: Noch nie hat ein Mensch so gesprochen, wie dieser Mann spricht. 47 Da entgegneten ihnen die Pharisäer: Habt auch ihr euch von ihm hinreißen lassen? 48 Ist irgendeiner von den Oberen oder von den Pharisäern jemals zum Glauben an ihn gekommen? 49 Außer diesem Volk, das von der Tora nichts versteht? 50 Nikodemus aber, einer aus ihren eigenen Reihen, der früher einmal Jesus in der Nacht aufgesucht hatte, sagte zu ihnen: 51 Verurteilt unsere eigene Rechtsprechung einen Menschen, bevor man ihn gehört und herausgefunden hat, was er getan hat? 52 Sie erwiderten ihm: Bist du vielleicht auch aus Galiläa? Forsche in den Schriften und lies doch nach: Kein Prophet kommt aus Galiläa. 53 Deshalb gingen sie, *ohne Einigung*[81], jeder für sich nach Haus.

---

[81] Sinnerhellender Zusatz des Übersetzers in Kursivsetzung.

Steinigen?

8 1 Dann ging Jesus zum Ölberg. 2 Am frühen Morgen begab er sich wieder in den Tempel. Viele Menschen kamen zu ihm. Er setzte sich und lehrte sie. 3 Da brachten die Schriftkundigen und die Pharisäer eine Frau, die wegen Ehebruchs gefangen genommen war. Sie zwangen sie, sich in die Mitte zu stellen 4 und sagten zu ihm: Malpānā, Lehrer, diese Frau wurde des Ehebruchs auf frischer Tat überführt. 5 Mose hat uns in der Tora vorgeschrieben, solche Frauen zu steinigen. Was sagst du dazu? 6 Mit diesen Worten wollten sie ihn auf die Probe stellen, damit sie einen Grund hätten, um ihn anzuklagen. Jesus aber bückte sich und schrieb mit dem Finger auf die Erde.[82] 7 Als sie mit seiner Befragung fertig waren, richtete er sich auf und sprach zu ihnen:

Wer von euch ohne Sünde ist,
der soll als Erster einen Stein auf sie werfen.

8 Und als er sich erneut bückte, schrieb er etwas auf den Boden.[83] 9 Als sie das hörten, verschwand einer nach dem anderen, zuerst die Ältesten, bis die Frau in der Mitte allein zurückblieb. 10 Als Jesus sich aufrichtete, sprach er zu der Frau:

Wo sind sie geblieben?
Hat dich keiner verurteilt?

---

[82] Lamsa erläutert, es sei ein orientalischer Brauch, Figuren auf den Boden zu zeichnen, ohne dass tatsächlich etwas aufgezeichnet oder aufgeschrieben würde. Vielmehr erhöhe die scheinbare Ablenkung die Konzentration. Während Jesus etwas kritzelte, habe er nachdenken können, um zu einem Urteil zu kommen. (Vgl. Lamsa, *Evangelien*, S. 395 f.)

[83] Die umherstehenden Männer, die wussten, dass Jesus prophetische Fähigkeiten hatte, mussten bei erneutem Bücken befürchten, dass er auch ihr Handeln offenlegen konnte und so in der Lage war, sie in eine unangenehme Situation zu bringen (vgl. Lamsa, *Evangelien,* S. 395 f.).

11 Sie antwortete: Keiner, mein Mārā, mein Meister und Herr. Da sagte Jesus zu ihr:

Auch ich verurteile dich nicht.
Geh und sündige von jetzt an nicht mehr.

Streitgespräche

12 Wieder sprach Jesus zu ihnen:

Ich bin das Licht der Welt.
Wer mir nachfolgt,
wird nicht in der Finsternis umhergehen.
Er wird vielmehr für sich das Licht des Lebens finden.

13 Da sagten die Pharisäer zu ihm: Du legst über dich selbst Zeugnis ab. Dein Zeugnis ist nicht zuverlässig. 14 Jesus erwiderte ihnen:

Auch wenn ich über mich selbst Zeugnis ablege,
ist mein Zeugnis wahr.
Ich weiß nämlich,
woher ich gekommen bin und wohin ich gehe.
Ihr aber wisst nicht,
woher ich komme und wohin ich gehe.

15 *Ihr urteilt, wie Menschen eben urteilen.*
Ich urteile über keinen Menschen.
16 *Wenn ich aber urteile, ist mein Urteil zuverlässig.*
Denn ich bin nicht allein,
sondern ich und mein ʾAbbā, mein liebevoller Vater[84]*,*
der mich gesandt hat, wir sind zusammen.

Johannes 8, 17–21

17 *In eurer Weisung steht geschrieben:*
Das Zeugnis von zwei Männern ist wahr.
18 *Ich bin es, der über mich Zeugnis ablegt,*
und auch mein 'Abbā, mein liebevoller Vater[85]*,*
der mich gesandt hat,
legt über mich Zeugnis ab.

19 Da fragten sie ihn: Wo ist dein *'Abbā,* dein Vater? Jesus antwortete:

Ihr kennt weder mich
noch meinen 'Abbā,
den liebevollen Vater[86].

Würdet ihr mich kennen,
dann würdet ihr auch meinen 'Abbā,
meinen Vater, kennen.

20 Diese Worte sagte er in der Schatzkammer, als er im Tempel lehrte. Aber niemand nahm ihn fest. Denn er war noch nicht an der Reihe, seine Zeit war noch nicht da. 21 Ein andermal sagte Jesus zu ihnen:

Ich gehe fort.
Ihr werdet mich suchen.

Ihr werdet in euren Sünden sterben.
Ihr habt euch von Gott abgewandt und seid getrennt von ihm.[87]

Wohin ich gehe:
ihr könnt dort nicht hinkommen.

[84, 85, 86, 87] Sinnerhellender Zusatz des Übersetzers nicht in Kursivsetzung.

Johannes 8, 22–26

22 Da sagten die Yīhūḏāye: Will er sich etwa selbst umbringen? Warum sagt er sonst: Wohin ich gehe, dorthin könnt ihr nicht kommen? 23 Er sprach zu ihnen:

Ihr seid von unten.
Ich bin von oben.

Ihr seid aus dieser Welt.
Ich bin nicht aus dieser Welt.

24 *Ich habe euch gesagt:*
Ihr werdet in euren Sünden sterben.

Das heißt:
Ihr werdet getrennt bleiben von Gott[88].

Wenn ihr nicht glaubt, dass ich es bin,
werdet ihr in euren Sünden sterben.

25 Da fragten die Yīhūḏāye ihn: Wer bist du? Jesus antwortete:

Auch wenn ich euch bestätigen wollte:

26 *Ich habe viel anzuführen*
und viel zu richten über euch.

Er, der mich gesandt hat,
ist wahrhaftig.[89]

Nur was ich von ihm gehört habe,
das sage ich der Welt.

---

[88] Sinnerhellender Zusatz des Übersetzers nicht in Kursivsetzung.
[89] Lamsa verweist auf ein aramäisches Sprichwort: „Was ich sage, ist wahr, so

27 Sie verstanden nicht, dass er damit den 'Abbā, den Vater, meinte. 28 Da sprach Jesus weiter zu ihnen:

Wenn ihr diesen Menschen, den Menschensohn[90], erhöht habt,
dann werdet ihr erkennen,
dass ich es bin.

Ihr werdet erkennen,
dass ich nichts
von mir aus tue.

Ich sage nur das,
was mich 'Abbā, der liebevolle Vater[91]*,*
gelehrt hat.

29 *Und er,*
der mich gesandt hat,
ist bei mir.

Er hat mich nie alleine gelassen,
weil ich immer das tue,
was ihm gefällt.

30 Als Jesus das sagte, glaubten sehr viele an ihn.

---

wahr wie Gott wahrhaftig ist." In diesem Sinne kann hier der Begriff „wahrhaftig" interpretiert werden. (Vgl. Lamsa, *Evangelien*, S. 397)

[90] Der Begriff „Menschensohn" kann vom Aramäischen her als „dieser Mensch" übersetzt werden; der Begriff wird aber häufig – etwa auf dem Hintergrund der Danielapokalypse (Dan 7–12) – auch mit der Vorstellung von einem kommenden „Menschen"/„Menschensohn" (ܒܪܗ ܕܐܢܫܐ, bərēh dənāšā) als endzeitlichem Richter in Verbindung gebracht. Im Johannesevangelium wird mit der „Erhöhung des Menschensohnes" auf Jesu Tod am Kreuz angespielt.

[91] Sinnerhellender Zusatz des Übersetzers nicht in Kursivsetzung.

Johannes 8, 31–35

Abraham und Jesus

31 Da sagte er zu den Yīhūḏāye, die ihm vertrauten:

> *Wenn ihr an meinem Wort festhaltet,*
> *seid ihr wahrhaft meine Jünger.*
>
> 32 *Dann werdet ihr Gewissheit und Klarheit haben*
> *und die daraus erwachsende Stärke wird euch befreien.*[92]

33 Sie erwiderten ihm: Wir sind Nachkommen Abrahams und sind noch nie Unfreie, Diener, gewesen. Wie kannst du sagen: Ihr werdet freie Söhne sein? 34 Jesus antwortete ihnen:

> *Amen. Amen.*
> *Ich sage euch:*
>
> *Wer sündigt,*
> das heißt: Wer sich von Gott abwendet,[93]
> *ist Diener der Sünde.*
>
> 35 *Ein Diener wechselt öfter den Dienstherren.*
> *Er ist ja zumeist nur auf Zeit eingestellt.*
> *Für immer bleibt der Sohn, der Erbe.*[94]

---

[92] Eine gängige Übersetzung aus dem Griechischen: Die Wahrheit wird euch frei machen. Das aramäische Wort für „Wahrheit" ist ܫܪܪܐ, *schrārā/šərārā*, und enthält die Wurzel ܫܪ, *schr/šr*, was bedeutet: sicher sein, ernsthaft, stark, glaubwürdig (vgl. Errico/Lamsa, *John*, S. 120).

[93] Sinnerhellender Zusatz des Übersetzers nicht in Kursivsetzung.

[94] Vgl. Errico/Lamsa, *John*, S. 121.

Johannes 8, 36–42

36 *Wenn euch also*
der Sohn befreit,
dann werdet ihr wirklich Freie.

37 *Ich weiß, dass ihr Nachkommen Abrahams seid.*
Doch ihr sucht mich zu töten.
Denn mein Wort hat in euch keinen Raum.

38 *Ich sage, was ich bei meinem ʾAbbā,*
meinem liebevollen Vater[95], *gesehen habe.*
Ihr tut, was ihr von eurem Vater gehört habt.

39 Sie antworteten ihm: Unser ʾAbbā, unser Vater, ist Abraham. Jesus sprach zu ihnen:

Wenn ihr die Söhne Abrahams wärt,
würdet ihr die Werke Abrahams tun.

40 *Jetzt aber sucht ihr mich zu töten,*
ja einen Menschen,
der euch klar und sicher verkündet hat,
was er von Gott gehört hat.

So hat Abraham
nicht gehandelt.
41 *Ihr vollbringt die Werke*
eines anderen Vaters.

Sie entgegneten ihm: Wir sind Gott gegenüber[96] nicht untreu, sondern wir haben nur den einen ʾAbbā, den einen Vater: Gott. 42 Jesus sprach zu ihnen:

---

[95] Sinnerhellender Zusatz des Übersetzers nicht in Kursivsetzung.
[96] Lamsa übersetzt ܙܢܝܘ, *zānyū, zānyūṯā,* mit „Unzucht". Das Aramäische lässt

Johannes 8, 43–44

Wenn Gott euer 'Abbā,
der liebevolle Vater[97], *wäre,*
würdet ihr mich lieben.

Denn von Gott bin ich ausgegangen und von ihm gekommen.
Ich bin nicht von mir aus gekommen.
Er hat mich gesandt.

43 *Warum versteht ihr nicht, was ich sage?*

Ihr seid nicht imstande,
mein Wort zu befolgen.
44 *Ihr kommt vom Ankläger.*

Er ist euer 'Abbā, euer Vater.
und ihr wollt das tun,
wonach es euren Vater verlangt.

Er hat sich von Anfang an gegen alle gestellt,
die auf der Seite des Lebens stehen.[98]
Und er ist nicht glaubwürdig.

Denn es ist keine Wahrhaftigkeit in ihm.
Wenn er lügt und Menschen vom Weg zu Gott abbringt,[99]
sagt er das, was aus ihm selbst kommt.

---

auch die Übersetzung „Unglaube gegenüber Gott" oder „Untreue gegenüber Gott" als übertragene Bedeutung zu.

[97] Sinnerhellender Zusatz des Übersetzers nicht in Kursivsetzung.

[98] Das griechische ἐκεῖνος ἀνθρωποκτόνος ἦν, *ekeinos anthropoktonos än* wird oft übersetzt mit: Er war ein Mörder. Das Aramäische lässt die hier gewählte Übersetzung genauso zu (vgl. *The Comprehensive Aramaic Lexicon*).

[99] Sinnerhellender Zusatz des Übersetzers nicht in Kursivsetzung (vgl. Errico/Lamsa, *John*, S. 122).

Denn er ist ein Lügner und von ihm geht Misstrauen aus.
45 *Mir vertraut ihr nicht,*
obwohl ich die Wahrheit sage.

46 *Wer von euch kann mich*
wegen einer Sünde zurechtweisen?
Ich bin vertrauenswürdig:

Warum glaubt ihr mir nicht?

47 *Wer von Gott kommt,*
hört die Worte Gottes.
Ihr hört sie deshalb nicht:

Ihr kommt nicht von Gott.

48 Da antworteten ihm die Yīhūḏāye: Sagen wir nicht mit Recht: Du bist ein Samariter und verrückt? 49 Jesus erwiderte:

Ich bin nicht verrückt,
sondern ich ehre meinen ʾAbbā,
den liebevollen Vater[100].

Ihr aber verflucht mich.
50 *Ich suche nicht*
meine eigene Ehre.

Doch es gibt einen,
der sie sucht
und der richtet.

---

[100] Sinnerhellender Zusatz des Übersetzers nicht in Kursivsetzung.

Johannes 8, 51–55

51 *Amen. Amen.*
Ich sage euch:

Wer mein Wort hört
und ihm in seinen Taten folgt,
wird auf ewig den Tod nicht schauen.

52 Da sagten die Yīhūḏāye zu ihm: Jetzt sind wir sicher, dass du krank bist. Abraham und die Propheten sind gestorben, du aber sagst: Wenn jemand an meinem Wort festhält, wird er auf ewig den Tod nicht schauen. 53 Bist du etwa größer als unser 'Abbā, unser Vater Abraham? Er ist gestorben und die Propheten sind gestorben. Für wen gibst du dich aus? 54 Jesus antwortete:

Wenn ich mich selbst ehre,
bedeutet die Ehre nichts.

Mein Vater ist es aber,
'Abbā, der liebevolle Vater[101], *der mich ehrt.*

Er ist es doch, von dem ihr sagt:
Er ist unser Gott.

55 *Ihr habt ihn jedoch*
nicht erkannt.

Ich aber kenne ihn.
Wenn ich sagen würde:

Ich kenne ihn nicht,
so wäre ich ein Lügner wie ihr.

---

[101] Sinnerhellender Zusatz des Übersetzers nicht in Kursivsetzung.

Ich kenne ihn aber.
Ich gehorche seinem Wort.

56 *Euer Vater Abraham hat gejubelt,*
dass er meinen Tag sehen würde.

Er sah ihn
und freute sich.

57 Die Yīhūḏāye entgegneten: Du bist noch keine fünfzig Jahre alt, also noch jung, und willst Abraham gesehen haben? 58 Jesus erwiderte ihnen:

Amen. Amen.
Ich sage euch:

Noch ehe Abraham geboren wurde,
war ich.[102, 103]

59 Da hoben sie Steine auf, um ihn zu steinigen. Jesus aber versteckte sich und verließ den Tempelbereich. Er ging durch ihre Mitte und verschwand.

---

[102] Etheridge übersetzt: „bin ich". Murdock und Lamsa übersetzen: „war ich". Im Griechischen heißt es: ἐγώ εἰμι, *ego eimi* = bin ich: im Aramäischen übernimmt ܐܝܬܝ, *ʾīṯay,* die Funktion einer Kopula mit der Bedeutung: es besteht, es bestand, es ist, es war. Eine Übersetzung in der Vergangenheit und auch in der Gegenwart ist möglich. Der Kontext entscheidet.

[103] Das heißt: Das Versprechen Gottes an Abraham, dass alle Völker gesegnet werden sollten, war schon vor aller Zeit grundgelegt (vgl. Errico/Lamsa, *John,* S. 127).

Johannes 9, 1–7

Der Blindgeborene

9 1 Als Jesus unterwegs war, kam er an einen Mann vorbei, der von seiner Geburt an blind war. 2 Da fragten ihn seine Jünger: Rabbī[104], unser Meister, wer hat gesündigt? Er selbst oder seine Eltern, sodass er blind geboren wurde? 3 Jesus antwortete:

> *Weder er noch seine Eltern haben gesündigt.*
> *An ihm sollen vielmehr die Werke Gottes*
> *erkannt werden können.*

> 4 *Ich muss die Werke dessen tun,*
> *der mich gesandt hat,*
> *solange es Tag ist.*

> *Die Nacht bricht an,*
> *in der niemand mehr*
> *etwas wirken kann.*

> 5 *Solange ich in der Welt bin,*
> *bin ich*
> *das Licht der Welt.*

6 Als er dies sagte, spuckte er auf den Boden, formte mit dem Speichel einen Teig, strich ihn dem Blinden auf die Augen. 7 Dann sprach er zu ihm:

> *Geh und wasch dich*
> *in dem für religiöse Waschungen vorgesehenen Becken*
> *von Schiloach*[105].

---

[104] ܪܒܢ, *rabban* (Substantiv, männlich, Singular; Suffix: 1. Person Plural); Wurzel: ܪܒ, *rb* = Rabbī, Meister; hier: unser Rabbī, unser Meister

[105] ܫܝܠܘܚܐ, *šīlūḥā* (Wurzel: ܫܠܚ, *šylwḥʾ*) = der Gesandte

Der Mann ging hin und reinigte sich. Als er zurückkam, konnte er sehen. 8 Seine Nachbarn und jene, die ihn früher als Bettler gesehen hatten, sagten: Ist das nicht der Mann, der gewöhnlich dasaß und bettelte? 9 Einige sagten: Er ist es. Andere sagten: Nein, er sieht ihm nur ähnlich. Er selbst aber sagte: Ich bin es. 10 Da sagten sie zu ihm: Wie sind deine Augen geöffnet worden? 11 Er antwortete: Ein Mann, der Jesus heißt, machte einen Teig, bestrich damit meine Augen und sagte zu mir: Geh und reinige dich im Becken von Schiloach. Ich ging hin, reinigte mich und ich kann sehen. 12 Sie fragten ihn: Wo ist er? Er sagte: Ich weiß es nicht. 13 Da brachten sie den Mann, der blind gewesen war, zu den Pharisäern. 14 Es war aber Sabbat an dem Tag, als Jesus den Teig machte und ihm die Augen öffnete. 15 Auch die Pharisäer fragten ihn: Wie hast du dein Augenlicht erhalten? Er antwortete ihnen: Er legte mir einen Teig auf die Augen und ich reinigte mich und jetzt sehe ich. 16 Einige der Pharisäer sagten: Dieser Mensch ist nicht von Gott, weil er den Sabbat nicht hält. Andere aber sagten: Wie kann ein Mensch solche Zeichen tun, wenn er ein Sünder sein sollte? So entstand Zwietracht unter ihnen. 17 Da fragten sie den Blinden noch einmal: Was sagst du selbst über ihn? Er hat deine Augen geöffnet. Der Mann sagte: Ich denke, er ist ein Prophet. 18 Die Yīhūḏāye aber wollten nicht glauben, dass er tatsächlich blind gewesen sein sollte und sein Augenlicht zurückerhalten hatte. Daher ließen sie die Eltern des von der Blindheit Geheilten rufen 19 und fragten sie: Ist das euer Sohn, von dem ihr sagt, dass er blind geboren wurde? Wie kommt es, dass er jetzt sieht? 20 Seine Eltern antworteten: Wir wissen, dass er unser Sohn ist und dass er blind geboren wurde. 21 Wie es kommt, dass er jetzt sieht, oder wer seine Augen geöffnet hat, das wissen wir nicht. Fragt doch ihn selbst, er ist alt genug und wird für sich selbst sprechen. 22 Das sagten seine Eltern, weil sie sich vor den Yīhūḏāye fürchteten. Denn die Yīhūḏāye hatten bereits beschlossen, jeden aus der Synagoge auszustoßen, der ihn als den Messias bekennen sollte. 23 Deswegen sagten seine Eltern: Er ist alt genug, fragt ihn selbst. 24 Da riefen die Pharisäer den Mann, der blind gewesen war, zum zweiten Mal und sagten zu ihm: Gib Gott die Ehre. Wir wissen, dass dieser Mensch ein Sünder ist. 25 Er antwortete: Ich weiß nicht, ob er ein Sünder ist. Aber das eine weiß ich, dass ich blind war und jetzt tatsächlich sehe. 26 Sie fragten ihn erneut: Was hat er mit dir gemacht?

Johannes 9, 27–39

Wie hat er deine Augen geöffnet? 27 Er antwortete ihnen: Ich habe es euch doch schon gesagt, ihr habt nicht richtig zugehört. Warum wollt ihr es noch einmal hören? Wollt ihr etwa auch seine Jünger werden? 28 Da verfluchten sie ihn: Du bist sein Jünger. Wir sind Jünger des Mose. 29 Wir wissen, dass Gott zu Mose gesprochen hat. Aber von dem Menschen da wissen wir nicht, woher er kommt. 30 Der Mann antwortete ihnen: Das ist ja erstaunlich, dass ihr nicht wisst, woher er kommt. Dabei hat er doch meine Augen geöffnet. 31 Wir wissen, dass Gott auf die Stimme von Sündern nicht hört. Wer aber Gott fürchtet und seinen Willen tut, den erhört er. 32 Seit ewigen Zeiten hat man nie davon gehört, dass jemand die Augen eines Blindgeborenen geöffnet hat. 33 Wenn dieser nicht von Gott wäre, dann hätte er das nicht tun können. 34 Sie entgegneten ihm: Du bist ganz und gar in Sünden geboren und du willst uns belehren? Und sie stießen ihn hinaus. 35 Als Jesus hörte, dass sie ihn gefunden hatten, sprach er zu ihm:

Glaubst du an den Sohn Gottes?

36 Da antwortete jener und sagte: Wer ist das, mein Mārā, mein Herr und Meister. Sag es mir, damit ich mich ihm anvertraue und glaube? 37 Jesus sprach zu ihm:

Du hast ihn bereits gesehen:
Er, der mit dir spricht,
er ist es.

38 Der Mann aber sagte: Ich glaube, mein Mārā, mein Herr und Meister. Und er warf sich vor ihm nieder. 39 Da sprach Jesus:

Ich bin gekommen,
um diese Welt
zu richten:

*Diejenigen,
die nicht sehen,
sollen sehen können.*

*Diejenigen,
die sehen,
können blind werden.*

40 Einige Pharisäer, die bei ihm waren, hörten diese Worte. Und sie fragten ihn: Sind wir etwa auch blind? 41 Jesus sprach zu ihnen:

*Wenn ihr blind wärt,
hättet ihr keine Sünde.*

*Jetzt aber sagt ihr:
Wir sehen.*

*Genau deshalb
bleibt eure Sünde.*

Guter Hirte

10 1 *Amen. Amen.
Ich sage euch:*

*Wer nicht durch die Tür
in den Schafstall hineingeht,
sondern auf andere Weise einsteigt,
der ist ein Dieb
und ein Bandit.*

Johannes 10, 2–7

> 2 *Wer aber*
> *durch die Tür*
> *hineingeht,*
> *ist der Hirt*[106]
> *der Schafe.*
>
> 3 *Ihm öffnet der Türhüter die Tür*
> *und die Schafe hören auf seine Stimme.*
> *Er ruft seine eigenen Schafe*
> *bei ihren Namen*
> *und führt sie hinaus.*
>
> 4 *Wenn er seine Schafe*
> *hinausgetrieben hat,*
> *geht er ihnen voraus*
> *und seine eigenen Schafe folgen ihm.*
> *Denn sie kennen seine Stimme.*
>
> 5 *Die Schafe folgen*
> *einem Fremden nicht,*
> *sondern sie fliehen vor ihm,*
> *weil sie die Stimme*
> *eines Fremden nicht kennen.*

6 Jesus erzählte ihnen dieses Gleichnis. Aber sie verstanden nicht, was er ihnen gesagt hatte. 7 Weiter sprach Jesus zu ihnen:

> *Amen. Amen.*
> *Ich sage euch:*

---

[106] ܪܥܝܐ, *rā'yā* (Substantiv, männlich, Singular); Wurzel: ܪܥܐ, *r'ɔ* = Schäfer, Hirt, lateinisch: Pastor

[107] ܬܪܥܗ, *tar'ēh* (Substantiv, männlich, Singular, nachdrücklich); Wurzel: ܬܪܥ, *tr'* = Eingang am Gatter, Öffnung, Tor, Tür, Gatter usw.

Johannes 10, 8–13

Ich öffne und schließe das Gatter[107] *zu den Schafen.*
8 *Wenn die Schafe nicht auf diejenigen gehört haben,*
die zu ihnen kamen, dann waren es Diebe und Banditen.

9 *Ich bilde den Einlass. Wer durch mich hineingeht, wird leben.*
Er wird hineingehen und herausgehen
und grünes Weideland finden.

10 *Ein Dieb kommt nur,*
um zu stehlen,
zu schlachten und zu vernichten.

Ich bin gekommen,
damit sie das Leben haben
und es in Fülle haben.

11 *Ich bin der gute Hirt.*
Der gute Hirt riskiert sein Leben
zum Wohl seiner Schafe.

12 *Der bezahlte Knecht*[108],
der nicht Hirt ist und dem die Schafe nicht gehören,
sieht den Wolf kommen, lässt die Schafe im Stich und flieht.

13 *Der bezahlte Knecht rennt davon,*
weil er nur ein bezahlter Knecht ist.
Er kümmert sich nicht ernsthaft um die Schafe.

---

[108] ܐܓܝܪܐ, $\ʾagīrā$ (Adjektiv, männlich, Singular, emphatisch); Wurzel: ܐܓܪ, $\ʾgr$ = Mietling, bezahlter Knecht

Johannes 10, 14–18

14 *Ich bin der gute Hirt.*
Ich kenne die Meinen,
und die Meinen kennen mich.

15 *So wie mich mein ʾAbbā,* mein liebevoller Vater[109], *kennt,*
genauso kenne ich den ʾAbbā.
und ich gebe mein Leben hin zum Wohl der Schafe.

16 *Ich habe noch andere Schafe,*
die nicht aus dieser Herde sind.
Auch sie muss ich erreichen.

Sie werden auf meine Stimme hören.
Dann werden alle Schafe zu einer einzigen Herde werden
und es wird nur einen Hirten geben.

17 *Deshalb liebt mich mein ʾAbbā,* mein liebevoller Vater[110],
weil ich mein Leben hingebe,
damit es angenommen wird.

18 *Niemand nimmt es mir fort,*
sondern ich gebe es
von mir aus hin.

Ich habe Macht, es hinzugeben,
und ich habe Macht,
dass es angenommen wird.

Diesen Auftrag habe ich
von meinem ʾAbbā empfangen,
dem liebevollen Vater[111].

[109, 110, 111, 112, 113] Sinnerhellender Zusatz des Übersetzers nicht in Kursivsetzung.

19 Wegen dieser Worte kam es unter den Yīhūḏāye erneut zu Spannungen. 20 Viele von ihnen sagten: Er ist krank und redet im Wahn. Warum hört ihr ihm zu? 21 Andere sagten: So redet kein Verrückter. Kann ein Verrückter die Augen von Blinden öffnen?

Tempelweihe in Jerusalem

22 Dann fand in Jerusalem das Tempelweihfest statt. Es war Winter. 23 Jesus ging im Tempel in der Halle Salomos auf und ab. 24 Da umringten ihn Yīhūḏāye und fragten ihn: Wie lange quälst du uns noch mit Ungewissheit? Wenn du der Messias bist, sag es uns offen. 25 Jesus antwortete ihnen:

Ich habe es euch gesagt,
ihr aber vertraut mir nicht.

Die Werke, die ich im Namen meines ʾAbbā,
des liebevollen Vaters[112]*, tue,*
legen Zeugnis für mich ab.

26 *Ihr aber glaubt nicht,*
weil ihr nicht zu meinen Schafen gehört,
so wie ich es euch gesagt habe.

27 *Meine Schafe erkennen meine Stimme.*
Ich kenne sie und sie folgen mir.
28 *Ich gebe ihnen ewiges Leben.*

Sie werden niemals zugrunde gehen
und niemand wird sie
von mir wegnehmen.

29 *Mein Vater, mein ʾAbbā, der liebevolle Vater*[113]*,*
der sie mir gab,
ist größer als alle.

Johannes 10, 30–36

Niemand kann sie der Hand meines ʾAbbā,
meines liebevollen Vaters[114]*, entreißen.*
30 *Ich und der ʾAbbā stimmen darin miteinander überein.*

31 Da hoben die Yīhūḏāye wiederum Steine auf, um ihn zu steinigen. 32 Jesus hielt ihnen entgegen:

Viele gute Werke von meinem ʾAbbā,
dem liebevollen Vater[115]*, habe ich euch gezeigt.*
Für welches dieser Werke steinigt ihr mich?

33 Die Yīhūḏāye antworteten ihm: Wir steinigen dich nicht wegen eines guten Werkes, sondern wegen deiner Gotteslästerung. Denn du bist nur ein Mensch, aber du tust so, als könntest du an Gottes Stelle handeln[116]. 34 Jesus erwiderte ihnen:

Steht nicht in eurer Weisung geschrieben:
Ich habe gesagt: Ihr seid Götter?
35 *Wenn die Tora jene Menschen Götter genannt hat,*
weil sie das Wort Gottes angenommen hatten,
und wenn die Schrift nicht aufgehoben werden kann,
36 *dürft ihr dann von dem,*
den der ʾAbbā, der liebevolle Vater[117]*, geheiligt*
und in die Welt gesandt hat, sagen:
Du bist blasphemisch,
weil ich gesagt habe: Ich bin Gottes Sohn?

[114, 115] Sinnerhellender Zusatz des Übersetzers nicht in Kursivsetzung.

[116] ܥܒܕ, ᶜāḇeḏ (Verb, 2. Person, männlich, Singular, Partizip aktiv, Peal); Wurzel: ܥܒܕ, ᶜbḏ = tun, handeln, an jemandes Stelle handeln, simulieren, so tun als ob usw.

[117] Sinnerhellender Zusatz des Übersetzers nicht in Kursivsetzung.

37 *Wenn ich nicht die Werke meines ’Abbā,*
meines liebevollen Vaters[118] *vollbringe,*
dann glaubt mir nicht.

38 *Wenn ich sie aber vollbringe,*
dann glaubt wenigstens den Werken,
wenn ihr mir schon nicht vertraut.

Dann werdet ihr erkennen und einsehen,
dass in mir der ’Abbā, der liebevolle Vater[119], *ist*
und ich im ’Abbā bin.

39 Wieder suchten sie ihn zu ergreifen. Er aber floh vor ihrem Zugriff.

Übergang

40 Dann ging Jesus weg zum Übergang über den Jordan, an den Ort, wo Johannes zuerst getauft hatte, und er blieb dort. 41 Viele Menschen kamen zu ihm und sagten: Johannes hat kein einziges Zeichen getan. Aber alles, was Johannes über diesen gesagt hat, ist wahr. 42 Und viele glaubten an ihn.

Lazarus

11 1 Ein Mann war krank, Lazarus[120] aus der Stadt Betanien, der Bruder von Maria und Marta. 2 Maria war diejenige, die die Füße Jesu mit Öl gesalbt und sie mit ihren Haaren getrocknet hatte. Der kranke Bruder Lazarus war ihr Bruder. 3 Daher ließen die beiden Schwestern Jesus die Nachricht zukommen: Unser Mārā, unser Meister und Herr. Der, den du liebst, er ist krank. 4 Als Jesus das hörte, sagte er:

[118, 119] Sinnerhellender Zusatz des Übersetzers nicht in Kursivsetzung.

[120] ܠܥܙܪ, *lāʿāzar*; hebräisch: אֶלְעָזָר, *Elʿāzār*, das bedeutet: „Gott hat geholfen".

Johannes 11, 5–11

Diese Krankheit führt nicht zum Tod,
sondern dient der Ehre Gottes.
Durch sie soll der Sohn Gottes gewürdigt werden.

5 Jesus war mit Marta und Maria und Lazarus eng befreundet. 6 Als er hörte, dass Lazarus krank war, blieb er noch zwei Tage an dem Ort, wo er sich aufhielt. 7 Danach sagte er zu den Jüngern:

Lasst uns wieder nach Judäa gehen.

8 Die Jünger sagten zu ihm: Unser Rabbā, unser Lehrmeister, eben noch wollten dich die Yīhūḏāye steinigen und du willst wieder zu ihnen gehen? 9 Jesus antwortete:

Hat der Tag nicht zwölf Stunden?

Wenn jemand am hellen Tag umhergeht,
stolpert er nicht,
weil er das Licht dieser Welt sieht.

10 *Wenn jemand aber in der dunklen Nacht umherzieht,*
stolpert er,
weil kein Licht vorhanden ist.

11 So sprach er. Dann sagte er zu ihnen:

Lazarus, unser Freund, liegt danieder[121].
Ich gehe hin, um ihn aufzuwecken.

---

[121] ܫܟܒ, *šəkeḇ* (Verb, 3. Person, männlich, Singular, Perfekt); Wurzel: ܫܟܒ, *škḇ* = sich hinlegen, schlafen, sterben usw.; die gleichzeitige Bedeutung von „schlafen" und „sterben" bei diesem aramäischen Begriff macht das folgende in den Versen 12–14 geschilderte Missverständnis des Wortes Jesu von Vers 11 erst möglich.

Danieder zu liegen, das bedeutet im Aramäischen mehreres:
Er hat sich nur hingelegt, um zu schlafen. Es kann aber genauso gut
heißen: Er ist bereits tot. Beides ist möglich.[122]

12 Da sagten die Jünger zu ihm: Unser Mārā, unser Herr und Meister. Wenn
er schläft, dann wird er gesund werden. 13 Jesus hatte aber von seinem Tod
gesprochen, während sie dachten, er spreche von dem gewöhnlichen Schlaf.
14 Darauf sagte ihnen Jesus ganz eindeutig:

Lazarus ist gestorben.

15 *Ich freue mich für euch,*
dass ich nicht dort war.
Denn so könnt ihr glauben.
Lasst uns zu ihm hingehen.

16 Da sagte Thomas, genannt der Zwilling, zu den anderen Jüngern: Lasst
uns mit ihm gehen, um mit ihm zu sterben. 17 Als Jesus nach Betanien kam,
sah er, dass Lazarus schon vier Tage im Grab gelegen hatte. 18 Betanien
war nahe bei Jerusalem, etwa zwei Meilen entfernt. 19 Viele Yīhūḏāye
waren zu Marta und Maria gekommen, um sie wegen ihres Bruders zu trösten.
20 Als Marta hörte, dass Jesus im Begriff war anzukommen, ging sie
ihm entgegen, Maria aber blieb im Haus sitzen. 21 Marta sagte zu Jesus:
Mein Mārā, mein Herr und Meister. Wärst du hier gewesen, dann wäre mein
Bruder nicht gestorben. 22 Aber auch jetzt weiß ich: Alles, worum du Gott
bittest, wird Gott dir geben. 23 Jesus sagte zu ihr:

Dein Bruder wird auferstehen.[123]

---

[122] Sinnerhellender Zusatz des Übersetzers nicht in Kursivsetzung.

[123] ܩܐܡ, *qoəm* (Verb, 3. Person, männlich, Singular, Partizip aktiv, Peal); Wurzel:
ܩܡ, qəm = aufstehen, auferstehen, aufwecken, auferweckt werden, leben, lebendig sein, überdauern, bleiben, es schaffen, steigen, stehen, halten, erhöht

Johannes 11, 24–34

24 Marta sagte zu ihm: Ich weiß, dass er auferstehen wird bei der Auferstehung am Jüngsten Tag. 25 Jesus sagte zu ihr:

In mir findest du
Auferstehung und Leben:
ich tröste und ich rette.[124]

Wer mir vertraut,
wird leben,
auch wenn er stirbt.

26 *Jeder, der lebt*
und mir vertraut,
wird niemals sterben.

Glaubst du das?

27 Marta sagte zu ihm: Ja, mein Mārā, mein Herr und Meister. Ich glaube, dass du der Messias bist, der Sohn Gottes, der in die Welt kommen soll. 28 Nach diesen Worten ging sie weg, rief heimlich ihre Schwester Maria und sagte zu ihr: Unser Rabbā, unser Lehrmeister, ist da und lässt dich rufen. 29 Als Maria das hörte, stand sie sofort auf und ging zu ihm. 30 Denn Jesus war noch nicht in die Stadt gekommen. Er war noch dort, wo ihn Marta getroffen hatte. 31 Die Yīhūḏāye, die bei Maria im Haus waren und sie trösteten, sahen, dass sie plötzlich aufstand und hinausging. Da folgten sie ihr, weil sie meinten, sie gehe zum Grab, um dort zu weinen. 32 Als Maria dorthin kam, wo Jesus war, und ihn sah, warf sie sich ihm zu Füßen und sagte zu ihm: Mein Mārā, mein Herr und Meister. Wärst du hier gewesen, dann wäre mein Bruder nicht gestorben. 33 Als Jesus sie weinen sah und wie auch die Yīhūḏāye weinten, die mit ihr gekommen waren, war er äußerst erregt und erschüttert. 34 Er sagte:

---

werden, von einer Krankheit gesunden, vom Schlaf erwachen, getröstet werden, trösten usw.

[124] Häufiger wörtlich übersetzt mit: Ich bin die Auferstehung und das Leben.

Wo habt ihr ihn hingelegt?

Sie sagten zu ihm: Unser Mārā, unser Herr und Meister. Komm und sieh. 35 Da kamen Jesus die Tränen. 36 Die Yīhūḏāye sagten: Seht, wie sehr er mit ihm verbunden war. 37 Einige aber sagten: Wenn er dem Blinden die Augen geöffnet hat, hätte er dann nicht auch diesen Mann hier davor bewahren können zu sterben? 38 Da wurde Jesus wiederum innerlich erregt und er ging zum Grab. Es war eine Höhle, die mit einem Stein vor dem Eingang verschlossen war. 39 Jesus sagte:

Nehmt den Stein weg.

Marta, die Schwester des Verstorbenen, sagte zu ihm: Mein Mārā, mein Herr und Meister. Er verwest aber schon, denn er ist bereits seit vier Tagen tot. 40 Jesus sagte zu ihr:

Habe ich dir nicht gesagt:
Wenn du vertraust und glaubst,
wirst du die Herrlichkeit Gottes sehen?

41 Da nahmen sie den Stein weg. Jesus aber erhob seine Augen und sprach:

'Abbā, liebevoller Vater[125]*,*
ich danke dir,
dass du mich erhört hast.
42 *Ich wusste,*
dass du mich stets erhörst.

Ich habe dies
wegen der Menschen gesagt,
die um mich herumstehen.
Sie sollen glauben können,
dass du mich gesandt hast.

---

[125] Sinnerhellender Zusatz des Übersetzers nicht in Kursivsetzung.

Johannes 11, 43–56

43 Nachdem er so gesprochen hatte, rief er mit lauter Stimme:

Lazarus, komm nach draußen.

44 Da kam der Verstorbene heraus. Um seine Füße und Hände waren Binden gewickelt, wie sie bei Begräbnissen verwendet werden, und sein Gesicht war mit einem Mundtuch verhüllt. Jesus sagte zu ihnen:

Befreit ihn von den Binden und lasst ihn gehen.

45 Viele der Yīhūḏāye, die zu Maria gekommen waren, sahen, was Jesus getan hatte, und glaubten nun an ihn. 46 Aber einige der Yīhūḏāye gingen zu den Pharisäern und erzählten ihnen alles, was Jesus getan hatte.

Zuspitzung

47 Da kamen die Hohepriester und die Pharisäer zusammen. Sie sagten: Was sollen wir tun? Dieser Mensch tut viele Zeichen und Wunder. 48 Wenn wir es zulassen, dass er so weitermacht, werden alle an ihn glauben. Dann werden die Römer kommen und uns das Land und die Leute nehmen. 49 Einer von ihnen, Kajaphas, der Hohepriester in jenem Jahr, sagte zu ihnen: Ihr versteht nichts. 50 Ihr bedenkt nicht, dass es besser für euch ist, wenn ein einziger Mensch für das Volk stirbt, als wenn das ganze Volk zugrunde geht. 51 Das sagte er nicht aus sich selbst, sondern weil er der Hohepriester jenes Jahres war. Und er sagte prophetisch voraus, dass Jesus für das Volk sterben musste. 52 Aber er sollte nicht nur für das Volk sterben, sondern auch, um die versprengten Kinder Gottes wieder zu sammeln. 53 Von diesem Tag an hatten sie entschieden, ihn zu töten. 54 Jesus bewegte sich daher nicht mehr öffentlich unter den Yīhūḏāye, sondern zog sich von dort in die Gegend nahe der Wildnis zurück, in die Provinz namens Efraim. Dort blieb er mit seinen Jüngern. 55 Das jüdische Pessachfest rückte näher, und viele zogen schon vor dem Pessachfest aus dem ganzen Land nach Jerusalem hinauf, um sich zu reinigen. 56 Sie suchten Jesus und sagten zueinander, als sie im Tempel zusammenstanden: Was meint ihr? Wird er nicht

zum Fest kommen? 57 Die oberen Priester und die Pharisäer hatten nämlich bereits angeordnet, wenn jemand wisse, wo er sich befinde, solle er es mitteilen, damit sie ihn ergreifen könnten.

Salbung

12 1 Sechs Tage vor dem Pessachfest kam Jesus nach Betanien, wo Lazarus war, den Jesus von den Toten auferweckt hatte. 2 Dort bereiteten sie ihm ein Bankett. Marta bediente sie. Lazarus war unter den Gästen, die mit ihm zusammen waren. 3 Da nahm Maria einen kleinen Behälter mit reinem und kostbaren Nardenöl, salbte die Füße Jesu damit und trocknete sie mit ihren Haaren. Das Haus wurde vom Duft des Öls erfüllt. 4 Judas Iskariot, einer von seinen Jüngern, der ihn später verraten sollte, sagte: 5 Warum hat man dieses Öl nicht für dreihundert Denare verkauft und das Geld dafür den Armen gegeben? 6 Das sagte er aber nicht, weil er ein Herz für die Armen gehabt hätte, sondern weil er ein Dieb war. Er hatte nämlich die Kasse zu verwalten und hielt die Einkünfte fest. 7 Jesus jedoch sagte:

> *Lasst sie.*
> *Was sie tut, ist richtig.*
>
> *Sie hat das Öl für den Tag*
> *meines Begräbnisses vorgesehen.*
>
> 8 *Die Armen habt ihr immer bei euch,*
> *mich aber habt ihr nicht immer bei euch.*

9 Viele der Yīhūḏāye hatten gehört, dass Jesus dort war. So kamen sie. Doch es ging ihnen nicht nur um Jesus, sondern auch darum, Lazarus zu sehen, den er von den Toten auferweckt hatte. 10 Die oberen Priester dachten daher daran, auch Lazarus zu töten, 11 weil sich viele Yīhūḏāye seinetwegen aufmachten und auf Jesus vertrauten.

Johannes 12, 12–23

Ankunft in Jerusalem

12 Am Tag darauf hörte die große Volksmenge, die sich zum Fest eingefunden hatte, Jesus komme nach Jerusalem. 13 Da nahmen sie Palmzweige, zogen hinaus, um ihn zu grüßen, und riefen mit lauter Stimme: Hosanna. Gesegnet sei der König Israels, der im Namen des Herrn kommt. 14 Jesus fand einen jungen Esel und setzte sich darauf, so wie es in der Schrift steht: 15 Fürchte dich nicht, Tochter Zion. Dein König kommt zu dir. Er sitzt auf dem Fohlen einer Eselin. 16 Das alles verstanden seine Jünger zu diesem Zeitpunkt noch nicht. Als Jesus aber verherrlicht war, erinnerten sie sich daran, dass es so über ihn geschrieben stand und dass man so an ihm gehandelt hatte. 17 Die Menschen, die bei Jesus gewesen waren, als er Lazarus aus dem Grab rief und von den Toten erweckte, legten Zeugnis für ihn ab. 18 Gerade deshalb waren so viele ausgezogen, um ihn zu sehen, weil sie gehört hatten, er habe dieses Wunder getan. 19 Die Pharisäer aber sagten zueinander: Seht ihr nicht, dass ihr nichts gegen ihn erreichen könnt? Alle diese Menschen sind ihm hinterhergerannt.

Zeit zur Entscheidung

20 Unter den Pilgern, die beim Fest Gott anbeten wollten, gab es auch einige Nichtjuden. 21 Diese traten an Philippus heran, der aus Betsaida in Galiläa stammte, und baten ihn: Mein Mārā, mein Herr und Meister, wir möchten Jesus sehen. 22 Philippus ging und sagte es Andreas. Andreas und Philippus gingen und sagten es Jesus. 23 Jesus aber antwortete ihnen:

> *Nun ist es soweit,*
> *dass dieser Mensch hier[126] verherrlicht werden soll.*

---

[126] Der Begriff „Menschensohn" kann vom Aramäischen her als „dieser Mensch hier" übersetzt werden; der Begriff wird aber häufig – etwa auf dem Hintergrund der Danielapokalypse (Dan 7–12) – auch mit der Vorstellung von einem kommenden „Menschen"/„Menschensohn" (ܒܪܗ ܕܐܢܫܐ, bərēh dənāšā) als endzeitlichem Richter in Verbindung gebracht.

24 *Amen. Amen.*
Ich sage euch:

Wenn ein Weizenkorn nicht
in die Erde fällt und im Boden stirbt,
bleibt es allein.

Wenn es aber stirbt,
bringt es
reiche Frucht.

25 *Wer an seinem irdischen Leben*
allzu sehr hängt,
riskiert sein ewiges Leben.

Wer aber sein Leben
in dieser Welt riskiert,
wird es erhalten bis ins ewige Leben.

26 *Wenn einer*
mir dienen will,
soll er mir nachfolgen.

Wo ich bin,
dort wird auch
mein Diener sein.

Den, der mir dient,
den wird mein 'Abbā,
mein liebevoller Vater[127]*, ehren.*

---

[127] Sinnerhellender Zusatz des Übersetzers nicht in Kursivsetzung.

Johannes 12, 27–31

> 27 *Jetzt bin ich innerlich*
> *erschüttert.*
> *Was soll ich sagen?*
>
> *Mein 'Abbā,* mein liebevoller Vater[128]
> *rette mich nun,*
> *aus der Bedrängnis dieser Stunde?*
>
> *Aber deshalb bin ich doch*
> *gerade zu dieser Stunde*
> *gekommen.*
>
> 28 *'Abbā,* liebevoller Vater[129],
> *verherrliche*
> *deinen Namen.*

Da kam eine Stimme von Gott[130]: Ich bin schon verherrlicht und werde wieder verherrlicht werden. 29 Die Menge, die dabeistand und das hörte, sagte: Es hat gedonnert. Andere sagten: Ein Engel hat zu ihm geredet. 30 Jesus antwortete ihnen:

> *Diese Stimme*
> *galt nicht mir,*
> *sondern euch.*
>
> 31 *Jetzt wird Gericht gehalten über diese Welt.*
> *Jetzt wird der Herrscher dieser Welt*
> *hinausgeworfen.*

[128, 129] Sinnerhellender Zusatz des Übersetzers nicht in Kursivsetzung.
[130] Wörtlich: vom Himmel.

32 *Wenn ich aber über die Erde erhöht bin,*
wenn ich also gekreuzigt bin,
dann werde ich alle zu mir ziehen.

33 Das sagte er, um aufzuzeigen, auf welche Weise er sterben werde. 34 Die Menschen hielten ihm entgegen: Wir haben aus der Tora gehört, dass der Messias bis in Ewigkeit bleiben wird. Wie kannst du sagen, dieser einfache Mensch müsse erhöht werden? Wer ist dieser einfache Mensch? 35 Da sagte Jesus zu ihnen:

Das Licht ist bei euch nur noch für kurze Zeit.
Geht euren Weg,
solange ihr das Licht noch bei euch habt,
damit die Finsternis
euch nicht überwältigt.

Wer in der Finsternis geht,
weiß nicht, wohin er gerät.
36 *Solange ihr das Licht noch bei euch habt,*
vertraut dem Licht,
damit ihr die Söhne[131] des Lichts werden könnt.

Dies sprach Jesus. Und er ging fort und versteckte sich vor ihnen.

Rückblick

37 Obwohl Jesus so viele Zeichen und Wunder vor ihnen getan hatte, glaubten sie nicht an ihn. 38 So sollte sich das Wort erfüllen, das der Prophet Jesaja gesprochen hat: Mein Mārā, mein Herr und Meister. Wer wird unserer Botschaft glauben? Wem wurde der Arm von Mārā, vom Herrn und Meister[132], von seiner Macht, offenbart? 39 Sie konnten nicht glauben,

---

[131] Murdock und Errico übersetzen: Kinder des Lichts. Lamsa spricht von Söhnen.
[132] Die Peschitta auf Afrikaans verwendet hier das Tetragramm יהוה.

Johannes 12, 40–45

Jesaja hat an einer anderen Stelle ja auch gesagt: 40 Ihre Augen waren blind und ihr Herz war verdunkelt, so konnten sie mit ihren Augen nicht erkennen und mit ihrem Herzen nicht verstehen. Wenn sie sich bekehren, werde ich sie heilen. 41 Das sagte Jesaja alles, weil er Jesu Herrlichkeit bereits gesehen hatte. Jesaja hat nämlich über ihn gesprochen. 42 Viele von den führenden Männern kamen zum Glauben an ihn. Aber wegen der Pharisäer bekannten sie es nicht offen, um nicht aus der Synagoge ausgestoßen zu werden. 43 Denn sie liebten die Ehre der Menschen mehr als die Verherrlichung Gottes.

Impuls zu glauben

44 Jesus aber rief aus:

Wer an mich
glaubt,
glaubt
nicht an mich.

Wer an mich
glaubt,
glaubt an den,
der mich gesandt hat.

45 *Wer mich*
erkennt,
hat bereits den gesehen[133],
der mich gesandt hat.

---

[133] Lamsa übersetzt im Perfekt: „hat bereits den gesehen". Etheridge und Murdock wählen die Gegenwart. Hier wird Lamsa gefolgt. ܚܙܐ, ḥəzā (mit der Wurzel ܚܙ, ḥzʾ) ist als Perfekt zu identifizieren.

*46 Ich bin als Licht
in die Welt gekommen,
damit jeder, der an mich glaubt,
nicht in der Finsternis bleiben muss.*

*47 Wer meine Worte
nur hört,
sie aber nicht befolgt,
den richte ich nicht.*

*Ich bin nicht gekommen,
um die Welt zu richten.
Ich bin gekommen,
um die Welt zu retten.*

*48 Wer mich zurückweist
und meine Worte nicht annimmt,
der hat schon einen gefunden,
der ihn richtet:*

*Das Wort,
das ich gesprochen habe,
wird ihn richten
am Jüngsten Tag.*

*49 Denn ich habe nicht
von mir aus gesprochen.
'Abbā,* der liebevolle Vater[134]*,
hat mich gesandt.*

---

[134] Sinnerhellender Zusatz des Übersetzers nicht in Kursivsetzung.

Johannes 12, 50–13, 8

*Er hat mir vielmehr
aufgetragen,
was ich sagen
und reden soll.*

50 *Ich weiß:
sein Auftrag bedeutet ewiges Leben.
Alles, was ich sage, sage ich so,
wie es mir mein ʾAbbā gesagt hat.*

Füße waschen

13 1 Es war vor dem Pessachfest. Jesus wusste, dass seine Stunde gekommen war, um aus dieser Welt zum ʾAbbā, zum Vater, zu gehen. Er liebte die Seinen, die in der Welt waren, er liebte sie bis zum Ende. 2 Während des Mahls hatte Judas, der Sohn des Simon Iskariot, bereits den schlimmen Plan, ihn zu verraten. 3 Jesus, der wusste, dass ihm ʾAbbā, der liebevolle Vater, alles in die Hand[135] gegeben hatte und dass er von Gott gekommen war und zu Gott zurückkehrte, 4 stand vom Mahl auf, legte sein Übergewand ab, nahm ein Leinentuch und schnürte es um den Körper. 5 Dann goss er Wasser in eine Schüssel und begann, den Jüngern die Füße zu waschen und mit dem Leinentuch abzutrocknen, mit dem er umgürtet war. 6 Als er zu Simon Kephas kam, sagte dieser zu ihm: Mein Mārā, mein Herr und Meister. Du willst mir die Füße waschen? 7 Jesus sprach zu ihm:

*Was ich tue,
verstehst du jetzt noch nicht.
Später wirst du es begreifen.*

8 Simon Kephas entgegnete ihm: Niemals sollst du mir die Füße waschen. Jesus erwiderte ihm:

---

[135] Wörtlich: die Hände.

Wenn ich dich nicht wasche,
hast du keinen Anteil an mir.

9 Da sagte Simon Kephas zu ihm: Mein Mārā, mein Herr und Meister. Dann wasche nicht nur meine Füße, sondern auch die Hände und den Kopf. 10 Jesus sprach zu ihm:

Wer ein Bad genommen hat,
ist ganz sauber und muss sich nicht weiter reinigen.
Er braucht sich nur noch die Füße zu waschen.
Ihr seid auch ganz rein, aber nicht jeder von euch.

11 *Er wusste nämlich,*
wer ihn ausliefern würde.
Darum sagte er:
Nicht jeder von euch ist rein.

12 Als er ihnen die Füße gewaschen, sein Kleidung wieder angezogen und Platz genommen hatte, sagte er zu ihnen:

Begreift ihr, was ich für euch getan habe?

13 *Ihr sagt zu mir:*
Unser Rabbā, unser Lehrmeister.
Und ihr nennt mich mit Recht so.
Denn ich bin es.

14 *Wenn nun ich, euer Rabbā, euer Lehrmeister,*
euch die Füße gewaschen habe,
um wie viel mehr müsst ihr dann
einander die Füße waschen.

Johannes 13, 15–20

15 *Ich habe euch damit
ein Beispiel gegeben,
damit auch ihr so untereinander handelt,
wie ich an euch gehandelt habe.*

16 *Amen. Amen.
Ich sage euch:*

*Es gibt keinen Diener,
der größer als sein Herr ist.
Es gibt keinen Apostel,
der größer als der ist,
der ihn gesandt hat.*

17 *Wenn ihr das wisst:
gesegnet seid ihr,
wenn ihr danach handelt.*
18 *Ich sage das nicht von euch allen.
Ich weiß wohl, wen ich erwählt habe.*

*So soll sich
das Schriftwort erfüllen:
Der mein Brot isst,
hat seine Ferse
gegen mich erhoben.*

19 *Ich sage es euch schon jetzt,
noch bevor es geschieht.
Wenn es geschehen ist,
könnt ihr so eher glauben,
dass ich es bin.*

20 *Amen. Amen.
Ich sage euch:*

Wer einen aufnimmt,
den ich sende,
nimmt mich auf.

Wer mich aufnimmt,
nimmt den auf,
der mich gesandt hat.

Ankündigung

21 Nach diesen Worten war Jesus innerlich erschüttert und bezeugte:

Amen. Amen.
Ich sage euch:

Einer von euch
wird mich verraten.

22 Die Jünger blickten sich ratlos an, weil sie nicht wussten, wen er meinte. 23 Einer von den Jüngern lag an der Seite Jesu. Es war der, den Jesus liebte. 24 Simon Kephas gab ihm mit den Augen zu verstehen, er solle fragen, von wem Jesus spreche. 25 Da lehnte sich dieser zurück an die Brust Jesu und fragte ihn: Mein Mārā, mein Herr und Meister. Wer ist es? 26 Jesus antwortete:

Es ist der,
dem ich den Bissen Brot
geben werde,
nachdem ich das Brot eingetaucht habe.

Als er es eingetaucht hatte, nahm er es und gab es Judas, dem Sohn des Simon Iskariot. 27 Als Judas den Bissen Brot genommen hatte, entschloss

Johannes 13, 28–33

er sich, seinen schlimmen Plan in die Tat umzusetzen.[136] Jesus sagte zu ihm:

Was du tun willst,
tue es bald.

28 Aber keiner derer, die am Essen teilnahmen, verstand, warum er ihm das sagte. 29 Da Judas die Kasse verwaltete, meinten einige, Jesus wolle ihm sagen: Kaufe, was zum Fest gebraucht wird. Oder er solle den Armen etwas geben. 30 Als Judas den Bissen Brot genommen hatte, ging er sofort hinaus. Es war bereits dunkle Nacht.

Zwischenrede

31 Dann sprach Jesus:

Jetzt wird dieser Mensch hier[137] verherrlicht
und Gott wird durch ihn verherrlicht.
32 Wenn Gott durch ihn verherrlicht wird,
wird auch Gott ihn durch sich selbst verherrlichen
und er wird ihn nun verherrlichen.

33 Meine Söhne[138], ich bin nur noch kurze Zeit bei euch.
Ihr werdet mich suchen.
Was ich den Yīhūḏāye gesagt habe,
sage ich jetzt auch euch:
Wohin ich gehe, dorthin könnt ihr nicht kommen.

---

[136] Wörtlich: nahm Satan Besitz von ihm (idiomatisch).

[137] Der Begriff „Menschensohn" kann vom Aramäischen her als „dieser Mensch hier" übersetzt werden; der Begriff wird aber häufig – etwa auf dem Hintergrund der Danielapokalypse (Dan 7–12) – auch mit der Vorstellung von einem kommenden „Menschen"/„Menschensohn" (ܒܪܗ ܕܐܢܫܐ, bərēh dənāšā) als endzeitlichem Richter in Verbindung gebracht.

34 *Ein neues Gebot*
gebe ich euch:
Liebt einander.
Wie ich euch geliebt habe,
so sollt auch ihr einander lieben.

35 *Daran werden*
alle erkennen,
dass ihr meine Jünger seid:
wenn ihr
einander liebt.

36 Simon Kephas fragte ihn: Mein Mārā, mein Herr und Meister. Wohin gehst du? Jesus antwortete ihm:

Wohin ich gehe,
dorthin kannst du
mir jetzt nicht folgen.

Wohin ich gehe,
dorthin wirst du
mir aber später folgen.

37 Petrus sagte zu ihm: Mein Mārā, mein Herr und Meister. Warum kann ich dir jetzt nicht folgen? Mein Leben will ich für dich hingeben. 38 Jesus entgegnete:

Du willst für mich
dein Leben hingeben?

Amen. Amen.
Ich sage dir:

---

[138] Murdock übersetzt mit: Kinder. Hier wird Lamsa gefolgt.

Du wirst mich dreimal verleugnen,
noch ehe der Hahn kräht.

Zum Abschied (1)

14 ¹ *Lasst euer Herz nicht besorgt sein.*
Vertraut auf Gott und glaubt ebenso an mich.

2 *Im Haus meines ʾAbbā,*
meines liebevollen Vaters[139],
gibt es viele Wohnungen.
Wenn es nicht so wäre,
hätte ich es euch gesagt.
Ich gehe, um einen Platz für euch
vorzubereiten.

3 *Wenn ich gehe und*
einen Platz für euch
vorbereite,
werde ich wiederkommen und
euch zu mir holen,
damit auch ihr dort sein könnt,
wo ich bin.

4 *Wohin ich gehe,*
wisst ihr.
Den Weg dorthin
kennt ihr.

5 Thomas sagte zu ihm: Unser Mārā, unser Herr und Meister. Wir wissen nicht, wohin du gehst. Wie können wir dann den Weg kennen? 6 Jesus sprach zu ihm:

---

[139] Sinnerhellender Zusatz des Übersetzers nicht in Kursivsetzung.

Durch mich findet ihr zuverlässig den rettenden Weg zum Leben.[140]
Keiner kommt zum 'Abbā, dem liebevollen Vater[141],
außer durch mich.

7 *Wenn ihr mich erkannt hättet,*
würdet ihr auch meinen 'Abbā, meinen Vater, erkennen.
Schon jetzt kennt ihr ihn und habt ihn gesehen.

8 Philippus sagte zu ihm: Unser Mārā, unser Herr und Meister. Zeige uns den 'Abbā, den Vater. Das genügt uns. 9 Jesus sagte zu ihm:

Schon so lange bin ich bei euch
und du kennst mich immer noch nicht, Philippus?

Wer mich gesehen hat,
hat den 'Abbā, den liebevollen Vater[142], *gesehen.*

Wie kannst du sagen:
Zeig uns den 'Abbā, den Vater?

---

[140] Häufiger wörtlich übersetzt mit: Ich bin der Weg und die Wahrheit und das Leben. ܐܘܪܚܐ, *'ūrḥā* (Substantiv, weiblich, Singular, emphatisch); Wurzel: ܐܪܚ, *'rḥ* = Weg, Straße, Schnellweg, Reise, Art und Weise zu leben usw.; ܫܪܪܐ, *wašrārā* (Substantiv, männlich, Singular emphatisch); Wurzel: ܫܪ, *šr* = Festigkeit, Wahrheit, Beständigkeit, Glaube usw.; ܚܝܐ, *wəḥayye* (Substantiv, männlich, Plural, emphatisch); Wurzel: ܚܝ, *ḥy'* = Leben, Lebensdauer, Gesundheit, Wohlergehen, Heil, Rettung usw.
Die Peschitta auf Afrikaans übersetzt: "אנא אנא, Ich bin und werde sein, der ich war: der Weg, die Wahrheit und das Leben. "אנא אנא = Ich bin, der ich bin bzw. Ich werde sein, der ich sein werde (wörtlich übersetzt): Anspielung auf 2. Mose 3,14; alternative Übersetzung: Ich bin dabei, werde für euch da sein. Oder: Ich bin der auf die Erfordernisse von morgen eingeht (Errico), Ich bin der lebendige Gott (Lamsa).

[141, 142] Sinnerhellender Zusatz des Übersetzers nicht in Kursivsetzung.

Johannes 14, 10–13

10 *Glaubst du nicht, dass ich mit meinem 'Abbā,*
meinem Vater, vereinigt bin?

Und glaubst du nicht, dass mein 'Abbā,
mein Vater, mit mir vereint ist?

Die Worte, die ich zu euch sage,
habe ich nicht aus mir selbst.

Mein 'Abbā, mein Vater, der in mir bleibt,
tut diese Werke.

11 *Glaubt mir doch, dass ich im 'Abbā,*
dem liebevollen Vater[143], *bin und dass der Vater in mir ist.*

Wenn ihr das nicht glaubt,
dann glaubt doch wegen dieser Werke.

12 *Amen. Amen.*
Ich sage euch:

Wer mir vertraut,
wird die Werke, die ich tue,
auch tun.

Er wird sogar noch größere
als diese tun,
denn ich gehe zu meinem 'Abbā, dem liebevollen Vater[144].

13 *Alles, um was ihr*
in meinem Namen bittet,
ich werde es tun.

[143, 144] Sinnerhellender Zusatz des Übersetzers nicht in Kursivsetzung.

So soll der 'Abbā, der Vater,
durch den Sohn
verherrlicht werden.

14 *Wenn ihr mich um etwas*
in meinem Namen bittet,
werde ich es tun.

15 *Wenn ihr mich liebt,*
dann haltet
meine Gebote.

16 *Und ich werde 'Abbā, den Vater, bitten*
und er wird euch einen anderen Beistand geben,
der für immer bei euch bleibt.

17 *Er ist sogar der Geist der Wahrheit,*
den die Welt nicht empfangen kann,
weil sie ihn nicht gesehen hat und ihn nicht kennt.

Ihr aber kennt ihn,
weil er bei euch bleibt und
weil er in euch sein wird.

18 *Ich werde euch nicht als Waisen zurücklassen,*
nach einer kleinen Weile
werde ich zu euch zurückkommen.

19 *Die Welt sieht mich nicht mehr.*
Ihr aber seht mich, weil ich lebe,
und auch ihr werdet leben.

Johannes 14, 20–24

20 *An jenem Tag werdet ihr wissen:*
Ich bin in meinem Vater,
ihr seid in mir und ich bin in euch.

21 *Wer meine Gebote hat und sie hält,*
der ist es,
der mich liebt.

Wer mich aber liebt,
wird von meinem 'Abbā, meinem Vater,
geliebt werden.

Auch ich werde
ihn lieben
und mich ihm offenbaren.

22 Judas[145] fragte ihn: Mein Mārā, mein Herr und Meister. Wie kommt es, dass du dich nur uns offenbaren willst und nicht der Welt? 23 Jesus antwortete ihm:

Wer mich liebt,
hält mein Wort.
Mein 'Abbā, mein liebevoller Vater[146], *wird ihn lieben.*
Wir werden zu ihm kommen
und einen Ort schaffen,
an dem wir bei ihm bleiben können.

24 *Wer mich nicht liebt,*
hält mein Wort nicht.
Dieses Wort, das ihr hört,
stammt nicht von mir,
sondern von 'Abbā, vom Vater,
der mich gesandt hat.

---

[145] Nicht der Iskariot.

25 *Das alles habe ich zu euch gesagt,*
   während ich noch bei euch bin.
26 *Der Beistand aber, der Heilige Geist,*
   den mein 'Abbā, mein Vater,
   in meinem Namen senden wird,
   der wird euch alles lehren.

   Dieser Beistand, der Heilige Geist,
   den der 'Abbā, der Vater,
   in meinem Namen
   senden wird,
   soll euch auch an alles erinnern,
   was ich euch gesagt habe.

27 *Schlāmā, Frieden, lasse ich euch,*
   meinen Frieden gebe ich euch.
   nicht, wie die Welt ihn gibt,
   gebe ich ihn euch.
   Euer Herz sei nicht besorgt.
   Habt keine Angst.

28 *Ihr habt gehört,*
   dass ich zu euch sagte:
   Ich gehe weg und komme wieder zu euch zurück.
   Wenn ihr mich liebtet, würdet ihr euch freuen,
   weil ich zu meinem 'Abbā, zum liebevollen Vater[147], *gehe.*
   Denn der 'Abbā, der Vater, ist größer als ich.

[146, 147] Sinnerhellender Zusatz des Übersetzers nicht in Kursivsetzung.

29 *Jetzt schon*
habe ich es euch gesagt,
bevor es geschieht,
damit ihr,
wenn es geschieht,
zum Glauben kommen können.

30 *Ich werde von jetzt an nicht mehr viel zu euch sagen.*
Denn der Herrscher der Welt kommt.
Er hat nichts gegen mich.
31 *Aber die Welt soll erkennen, dass ich meinen ʾAbbā,*
meinen Vater, liebe und so handle,
wie es mir mein ʾAbbā, mein Vater, aufgetragen hat.

Steht auf, wir wollen von hier weggehen.

Zum Abschied (2)

15 1 *Ich bin der echte Weinstock und*
mein ʾAbbā, mein Vater, ist der Arbeiter[148].

2 *Jede Rebe an mir, die keine Frucht bringt,*
beschneidet er,
und jede Rebe, die Frucht bringt,
reinigt er,
damit sie mehr Frucht bringt.

3 *Ihr seid schon gereinigt*
wegen des Wortes,
das ich zu euch gesprochen habe.

---

[148] So Lamsa, Murdock übersetzt: Winzer.

4 *Bleibt in mir, und ich bleibe in euch.*
Wie die Rebe aus sich keine Frucht bringen kann,
sondern nur, wenn sie am Weinstock bleibt,
so auch ihr, wenn ihr in mir bleibt.

5 *Ich bin der Weinstock, ihr seid die Reben.*
Wer in mir bleibt und in wem ich bleibe,
der bringt reiche Frucht.
Doch getrennt von mir könnt ihr nichts tun.
6 *Wer nicht in mir bleibt,*
wird wie eine Rebe weggeworfen,
die verwelkt und verdorrt ist.

Man sammelt solche Reben,
wirft sie ins Feuer, um sie zu verbrennen.
7 *Wenn ihr in mir bleibt*
und meine Worte in euch bleiben,
dann wird alles,
um das ihr bittet,
für euch getan.

8 ʾAbbā, der liebevolle Vater[149],
wird dadurch verherrlicht,
dass ihr reiche Frucht bringt
und meine Jünger seid.
9 *Wie mich mein ʾAbbā, mein Vater, geliebt hat,*
so habe auch ich euch geliebt.
Bleibt in meiner Liebe.

---

[149] Sinnerhellender Zusatz des Übersetzers nicht in Kursivsetzung.

Johannes 15, 10–15

10 *Wenn ihr meine Gebote haltet,*
werdet ihr in meiner Liebe bleiben,
so wie ich die Gebote
meines ʼAbbā, des liebevollen Vaters[150],
gehalten habe
und in seiner Liebe bleibe.

11 *Dies habe ich euch gesagt,*
damit meine Freude in euch ist und
damit eure Freude vollendet wird.
12 *Das ist mein Gebot,*
dass ihr einander liebt,
so wie ich euch geliebt habe.

13 *Es gibt keine größere Liebe als die,*
wenn jemand sein Leben
für seine Freunde gibt.
14 *Ihr seid meine Freunde,*
wenn ihr ganz so handelt,
wie ich es euch als meinen letzten Willen hinterlasse[151].

15 *Ich nenne euch von nun an nicht mehr Diener.*
Ein Diener weiß ja nicht,
was sein Herr tut.
Ich habe euch vielmehr stets Freunde genannt.
Ich habe euch ja alles erläutert,
was ich von meinem ʼAbbā, von meinem Vater,
gehört habe.

---

[150] Sinnerhellender Zusatz des Übersetzers nicht in Kursivsetzung.
[151] Zuweilen wird auch übersetzt: „was ich euch befehle" oder „was ich euch als Testament gebe". Die letzte Übersetzungsmöglichkeit klingt weniger streng angesichts der Tatsache, dass Jesus ja zu seinen „Freunden" spricht.

16 *Ihr habt mich nicht erwählt.*
Ich habe euch erwählt
und dazu bestimmt,
dass ihr euch aufmacht
und Frucht bringt
und dass eure Frucht
bleibt.

Dann wird euch mein ʾAbbā,
mein liebevoller Vater[152], *alles geben,*
um was ihr ihn in meinem Namen bittet.
17 *Dies trage ich euch auf,*
dass ihr einander liebt.
18 *Wenn die Welt euch hasst, dann wisst,*
dass sie mich schon vor euch gehasst hat.

19 *Wenn ihr von dieser Welt wärt,*
würde die Welt euch lieben,
wie sie diejenigen liebt,
die zu ihr gehören.
Da ihr aber nicht zur Welt gehört,
sondern weil ich euch aus der Welt erwählt habe,
deshalb hasst euch die Welt.

20 *Denkt an das Wort,*
das ich euch gesagt habe:
Kein Diener ist größer als sein Herr.
Wenn sie mich verfolgt haben,
werden sie auch euch verfolgen.
Wenn sie mein Wort gehalten haben,
werden sie auch an eurem Wort festhalten.

---

[152] Sinnerhellender Zusatz des Übersetzers nicht in Kursivsetzung.

Johannes 15, 21–27

21 *Doch dies alles werden sie euch*
um meines Namens willen antun.
Denn sie kennen den nicht,
der mich gesandt hat.
22 *Wenn ich nicht gekommen wäre*
und nicht zu ihnen gesprochen hätte,
dann hätten sie keine Schuld.

Jetzt aber haben sie keine Entschuldigung
für ihre Sünden.
23 Wer mich hasst, hasst auch meinen ʾAbbā,
meinen liebevollen Vater[153].
24 *Wenn ich vor ihren Augen nicht die Werke getan hätte,*
die kein anderer getan hat,
wären sie ohne Sünde.

Jetzt aber haben sie die Werke gesehen
und doch haben sie mich
und meinen ʾAbbā,
meinen liebevollen Vater[154], *gehasst.*
25 *Aber das Wort sollte sich erfüllen,*
das in ihrer Weisung geschrieben steht:
Ohne Grund haben sie mich gehasst.

26 *Wenn aber der Beistand kommt,*
den ich euch von meinem ʾAbbā,
meinem liebevollen Vater[155], *aus senden werde,*
der Geist der Wahrheit, Glaubwürdigkeit und Stärke,
der vom ʾAbbā ausgeht, dann wird er Zeugnis für mich ablegen.
27 *Und auch ihr legt Zeugnis ab,*
weil ihr von Anfang an bei mir gewesen seid.

[153, 154, 155] Sinnerhellender Zusatz des Übersetzers nicht in Kursivsetzung.

16

1 *Ich habe euch das gesagt,*
  damit ihr keinen Anstoß nehmt.

2 *Sie werden euch aus der Synagoge ausstoßen,*
  ja es kommt die Stunde,
  in der jeder meint,
  Gott eine Gabe gegeben zu haben,
  wenn er euch tötet.

3 *Sie werden euch das antun,*
  weil sie weder den ʾAbbā,
  den liebevollen Vater[156],
  noch mich
  erkannt haben.

Zum Abschied (3)

4 *Ich habe es euch gesagt,*
  damit ihr euch,
  wenn die Zeit kommt,
  daran erinnert,
  dass ich es euch gesagt habe.
  Das habe ich euch nicht früher gesagt.
  Ich war ja bei euch.

5 *Ich gehe jetzt aber zu dem,*
  der mich gesandt hat,
  und keiner von euch fragt mich:
  Wohin gehst du?
6 *Vielmehr seid ihr*
  voller Sorgen in eurem Herzen,
  weil ich euch das gesagt habe.

---

[156] Sinnerhellender Zusatz des Übersetzers nicht in Kursivsetzung.

Johannes 16, 7–13

7 *Doch es ist mir ganz ernst damit*[157]*:*
Es ist gut für euch,
dass ich fortgehe.
Denn wenn ich nicht fortgehe,
wird der Beistand nicht zu euch kommen.
Gehe ich aber,
so werde ich ihn zu euch senden.

8 *Und wenn er kommt,*
wird er die Welt
hinsichtlich dessen,
was ansteht, überführen:
der Sünde,
der Gerechtigkeit,
des Gerichts.

9 *Der Sünde wird er die Welt überführen,*
weil sie mir nicht vertrauen.
10 *Der Gerechtigkeit wird er die Welt überführen,*
weil ich zum 'Abbā, zum liebevollen Vater[158]*, gehe*
und ihr mich nicht mehr seht.
11 *Des Gerichts wird er die Welt überführen,*
weil der Herrscher dieser Welt gerichtet ist.

12 *Ich wiederhole mich:*
Vieles habe ich euch zu sagen,
aber ihr könnt es jetzt nicht tragen.
13 *Wenn aber jener kommt,*
der Geist der Wahrheit, Glaubwürdigkeit und Stärke,
wird er euch
in die ganze Wahrheit einführen.

---

[157] Wörtlich: „Ich sage euch die Wahrheit" (vgl. Lamsa, *Evangelien*, S. 422).
[158] Sinnerhellender Zusatz des Übersetzers nicht in Kursivsetzung.

Er wird nicht aus sich selbst heraus reden:
Er wird reden, was er hört.
Er wird euch mit dem bekannt machen,
was in der Zukunft kommen wird.
14 *Er wird mich verherrlichen.*
Er wird deshalb von dem nehmen, was mir gehört.
Er wird es euch auch zeigen.

15 *Alles, was mein 'Abbā,*
mein liebevoller Vater[159]*, hat,*
ist mein.
Darum habe ich auch gesagt:
Er nimmt von dem,
was mir gehört,
und wird es euch zeigen.

16 *Noch eine kurze Zeit,*
und ihr werdet mich
nicht mehr sehen,
und wieder eine kurze Zeit,
und ihr werdet mich
erneut sehen.
Denn ich gehe zum 'Abbā, zum Vater.[160]

17 Einige von seinen Jüngern sagten zueinander: Was meint er, wenn er zu uns sagt: Noch eine kurze Zeit, und ihr werdet mich nicht mehr sehen, und wieder eine kurze Zeit, und ihr werdet mich erneut sehen? Und: Ich gehe zum 'Abbā, zum Vater? 18 Sie sagten: Was heißt das, wenn er sagt: eine kurze Zeit? Wir verstehen nicht, wovon er redet. 19 Jesus merkte, dass sie ihn gerne gefragt hätten, und so sprach er zu ihnen:

---

[159] Sinnerhellender Zusatz des Übersetzers nicht in Kursivsetzung.
[160] Diese Begründung fehlt bei Übersetzungen aus dem Griechischen, wie etwa der revidierten Einheitsübersetzung von 2016.

Johannes 16, 20–23

Macht ihr euch untereinander
Gedanken darüber,
dass ich euch gesagt habe:
Noch eine kurze Zeit,
und ihr werdet mich nicht mehr sehen,
und wieder eine kurze Zeit,
und ihr werdet mich erneut sehen?

20 *Amen. Amen.*
Ich sage euch:

Ihr werdet weinen und klagen.
Die Welt aber wird sich freuen.
Ihr werdet traurig sein,
Eure Trauer wird sich aber
in Freude verwandeln.

21 *Wenn eine Frau gebären soll,*
ist sie niedergeschlagen, weil ihr Tag gekommen ist.
Aber wenn sie einen Jungen[161] geboren hat,
denkt sie nicht mehr an ihre Not angesichts der Freude,
dass ein Junge zur Welt gekommen ist.

22 *So seid auch ihr jetzt deprimiert.*
Ich werde euch aber wiedersehen.
Euer Herz wird sich dann freuen
und keiner kann euch eure Freude nehmen.
23 *An diesem Tag werdet ihr mich nichts mehr fragen.*

Amen. Amen,
Ich sage euch:

---

[161] Die Freude über ein Mädchen war gewöhnlich nicht so groß.

Johannes 16, 24–27

Um was ihr meinen 'Abbā,
meinen liebevollen Vater,
in meinem Namen bittet,
das wird er euch geben.
24 *Bis jetzt habt ihr noch um nichts*
in meinem Namen gebetet.
Bittet, und ihr werdet empfangen,
damit ihr voller Freude seid.

25 *Dies habe ich*
in Metaphern, Gleichnissen und Allegorien
zu euch gesagt.
Die Zeit rückt näher,
dass ich nicht mehr
in Metaphern, Gleichnissen und Allegorien
zu euch sprechen werde,
sondern offen vom 'Abbā, vom Vater.

26 *An diesem Tag werdet ihr*
in meinem Namen
bitten.
Ich sage euch nicht,
dass ich den 'Abbā,
den liebevollen Vater,[162]
für euch
bitten werde.

27 *Denn 'Abbā,*
der liebevolle Vater,[163]
selbst liebt euch,
weil ihr mich geliebt habt und

[162, 163] Sinnerhellender Zusatz des Übersetzers nicht in Kursivsetzung.

Johannes 16, 28–32

weil ihr geglaubt habt,
dass ich vom 'Abbā,
vom Vater,
gekommen bin.

28 *Ich bin vom*
'Abbā, vom Vater,
ausgegangen
und in die Welt gekommen.
Ich verlasse die Welt wieder
und ich gehe zurück
zum 'Abbā,
zum liebevollen Vater,[164].

29 Seine Jünger sagten zu ihm: Jetzt redest du offen und sprichst nicht mehr in Metaphern, Allegorien und Gleichnissen. 30 Jetzt haben wir verstanden, dass du alles weißt. Du brauchst niemanden, der dich etwas fragt. Darum glauben wir, dass du von Gott ausgegangen bist. 31 Jesus sprach zu ihnen:

Habt nur Vertrauen.

32 *Die Stunde bricht bereits an,*
sie ist schon da,
in der ihr verstreut werdet,
jeder in sein eigenes Land.

Ihr werdet mich alleinlassen.
Ich bin aber dennoch nicht allein.
Denn 'Abbā, der liebevolle Vater,[165]
ist bei mir.

[163, 164, 165, 166] Sinnerhellender Zusatz des Übersetzers nicht in Kursivsetzung.

33 *Dies habe ich zu euch gesagt,*
   damit ihr in mir Schlāmā findet: Frieden und Halt.
   In der Welt seid ihr in Sorge und Bedrängnis.
   Habt dennoch Mut: Ich habe die Welt besiegt.

Abschiedsgebet

17 1 Jesus sprach von all dem. Dann erhob er seine Augen zum Himmel und sprach:

Mein 'Abbā, mein liebevoller Vater[166],
die Stunde ist gekommen.
Verherrliche deinen Sohn,
damit der Sohn dich verherrlichen kann.

2 *Du hast ihm bereits Macht*
  über alle Menschen gegeben,
  damit er allen, die du ihm anvertraut hast,
  ewiges Leben schenkt.

3 *Das ist ewiges Leben:*
  Dass sie dich, den einzigen wahren Gott,
  erkennen können und dass du der bist,
  der Jesus den Messias gesandt hat.

4 *Ich habe dich bereits auf der Erde verherrlicht*
  und das Werk,
  das du mir aufgetragen hast,
  habe ich zu Ende geführt.

Johannes 17, 5–8

> 5 *Jetzt verherrliche du mich,*
> *mein 'Abbā,* mein liebevoller Vater,[167]
> *bei dir mit der Herrlichkeit,*
> *die ich bei dir hatte, bevor die Welt war.*
>
> 6 *Ich habe deinen Namen*
> *den Menschen bekannt gemacht,*
> *die du mir aus der Welt*
> *anvertraut hast.*
>
> *Sie gehörten zu dir.*
> *Du hast sie mir anvertraut*
> *und sie haben*
> *dein Wort behalten.*
>
> 7 *Sie haben jetzt erkannt,*
> *dass alles, was du*
> *mir gegeben hast,*
> *von dir kommt.*
>
> 8 *Denn die Worte,*
> *die du mir gegeben hast,*
> *habe ich ihnen gegeben*
> *und sie haben sie angenommen.*
>
> *Sie haben wahrhaftig erkannt,*
> *dass ich von dir ausgegangen bin,*
> *und sie glauben,*
> *dass du mich gesandt hast.*

[167, 168] Sinnerhellender Zusatz des Übersetzers nicht in Kursivsetzung.

9 *Ich bitte für sie.*
Ich bitte nicht für die Welt,
sondern für alle, die du mir anvertraut hast.
Denn sie gehören zu dir.

10 *Alles, was mir gehört, gehört dir.*
Alles, was dir gehört, gehört mir.
Ich bin durch sie
verherrlicht.

11 *Ich bin von nun an*
nicht mehr in der Welt,
aber sie sind in der Welt und
ich komme zu dir.

'Abbā, liebevoller Vater,[168] heiliger Vater,
beschütze sie in deinem Namen,
den du mir gegeben hast,
damit sie eins sind wie wir.

12 *Solange ich bei ihnen war,*
beschützte ich sie
in deinem Namen,
den du mir gegeben hast.

Und ich habe sie behütet,
und keiner von ihnen ging verloren,
außer dem Sohn des Verderbens,
damit sich die Schrift erfüllen sollte.

13 *Jetzt aber bin ich dabei,*
zu dir zu kommen,
und rede dies noch in der Welt,
damit sie meine übergroße Freude in sich haben.

Johannes 17, 14–20

14 *Ich habe ihnen dein Wort gegeben.*
Die Welt hat sie gehasst,
weil sie nicht von der Welt sind.
Ich bin ja genauso nicht von dieser Welt.

15 *Ich bitte nicht darum,*
dass du sie aus der Welt nimmst,
sondern dass du sie
vor dem Bösen behütest.

16 *Denn sie sind nicht*
von der Welt,
wie auch ich nicht
von der Welt bin.

17 '*Abbā*, liebevoller Vater[169],
heilige sie durch die Wahrheit.
Denn dein Wort ist
glaubwürdig und voller Kraft[170].

18 *Wie du mich in die Welt gesandt hast,*
so habe auch ich sie in die Welt gesandt.
19 *Ich heilige mich für sie,*
damit auch sie in der Wahrheit geheiligt sind.

20 *Ich bitte nicht allein für diese hier,*
sondern auch für diejenigen,
die aufgrund ihrer eigenen Erwägung[171]
auf mich vertrauen und an mich glauben.

---

[169] Sinnerhellender Zusatz des Übersetzers nicht in Kursivsetzung.
[170] Das aramäische Wort für „Wahrheit" ist ܫܪܪܐ, *schrārā/šərārā,* und enthält die Wurzel ܫܪ, *schr/šr*, was u. a. bedeutet: sicher sein, ernsthaft, stark, glaubwürdig (vgl. Errico/Lamsa, *John*, S. 120).

Johannes 17, 21–24

21 *Alle sollen eins sein:*

Wie du, mein 'Abbā, mein liebevoller Vater[172],
*in mir bist und ich in dir bin,
sollen auch sie in uns eins sein,
damit die Welt glaubt, dass du mich gesandt hast.*

22 *Und ich habe ihnen die Herrlichkeit gegeben,
die du mir gegeben hast,
damit sie eins sind, wie wir eins sind,*
23 *ich in ihnen und du in mir.*

*So sollen sie vollendet sein in der Einheit,
damit die Welt erkennt, dass du mich gesandt hast
und sie ebenso geliebt hast,
wie du mich geliebt hast.*

24 *'Abbā,* liebevoller Vater,[173]
*ich will, dass die,
die du mir anvertraut hast,
dort bei mir sind, wo ich bin.*

*Sie sollen so meine Herrlichkeit sehen,
die du mir gegeben hast,
weil du mich schon geliebt hast,
bevor die Welt Gestalt annahm.*

---

[171] ܒܡܠܬܗܘܢ, *bəmellathon* (Substantiv, weiblich, Singular, Suffix: 3. Person, männlich, Plural); Wurzel: ܡܠ, *ml* = Wort, Erklärung, Fall, Angelegenheit, Ursache, Begründung, Konsens, Diskurs usw.

[172, 173] Sinnerhellender Zusatz des Übersetzers nicht in Kursivsetzung.

25 *'Abbā,* liebevoller Vater[174], *gerechter Vater,*
die Welt hat dich nicht erkannt.
Ich habe dich aber erkannt und sie haben erkannt,
dass du mich gesandt hast.

26 *Ich habe ihnen deinen Namen bekannt gemacht*
und ich mache ihn noch mehr bekannt,
damit die Liebe, mit der du mich geliebt hast,
in ihnen ist und ich in ihnen bin.

Verhaftung

18 1 Nachem Jesus diese Worte gesprochen hatte, ging er mit seinen Jüngern hinaus auf die andere Seite des Baches Kidron. Dort war ein Garten, den er mit seinen Jüngern betrat. 2 Auch Judas, der ihn verriet, kannte den Ort, weil sich Jesus dort regelmäßig mit seinen Jüngern eingefunden hatte. 3 Judas holte Soldaten und Wachen der oberen Priester und Pharisäer und kam dorthin mit Fackeln, Laternen und Waffen. 4 Jesus, der um alles wusste, was geschehen sollte, ging hinaus und fragte sie:

Wen sucht ihr?

5 Sie antworteten ihm: Jesus, den Nazarener. Er sagte zu ihnen:

Ich bin es.

Auch Judas, der Verräter, stand bei ihnen. 6 Als er zu ihnen sagte:

Ich bin es,

wichen sie zurück und fielen zu Boden. 7 Er fragte sie noch einmal:

[174, 175] Sinnerhellender Zusatz des Übersetzers nicht in Kursivsetzung.

Wen sucht ihr?

Sie sagten: Jesus, den Nazarener. 8 Jesus antwortete:

*Ich habe euch gesagt,
dass ich es bin.*

*Lasst diese weggehen,
wenn ihr mich sucht.*

9 So sollte sich das Wort erfüllen, das er gesagt hatte: Ich habe keinen einzigen von denen verloren, die du mir anvertraut hast. 10 Simon Kephas, der ein Schwert bei sich hatte, zog es, traf damit den Diener des Hohepriesters und schlug ihm das rechte Ohr ab. Der Name des Dieners war Malchus. 11 Da sagte Jesus zu Simon:

*Steck das Schwert in die Scheide.
Soll ich den Kelch,
den mir 'Abbā, der liebevolle Vater[175],
gegeben hat, nicht trinken?*

Vor Hannas

12 Die Soldaten, die Hauptmänner und die Wachen der Yīhūḏāye ergriffen Jesus, fesselten ihn 13 und führten ihn zuerst zu Hannas, weil dieser der Schwiegervater des Kajaphas war, des Hohepriesters in diesem Jahr. 14 Kajaphas aber war es, der den Yīhūḏāye den Rat gegeben hatte: Es ist besser, dass ein einziger Mensch stirbt als das ganze Volk. 15 Simon Kephas und ein anderer Jünger folgten Jesus. Diesen Jünger kannte der Hohepriester. Daher ging er mit Jesus in den Gerichtshof des Hohepriesters. 16 Simon aber blieb draußen an der Tür stehen. Da kam der andere Jünger, der Bekannte des Hohepriesters, heraus. redete mit der Pförtnerin und ließ Simon hinein. 17 Da sagte die junge Pförtnerin zu Simon: Bist du nicht auch einer von den Jüngern dieses Menschen? Er sagte: Nein. 18 Die Diener und die

Johannes 18, 19–25

Wachen hatten sich ein Feuer angezündet und standen dabei, um sich zu wärmen, da es kalt war. Auch Simon stand bei ihnen und wärmte sich. 19 Der Hohepriester befragte Jesus über seine Jünger und über das, was er gelehrt hatte. 20 Jesus antwortete ihm:

Ich habe stets offen
zu den Menschen gesprochen.
Ich habe gewöhnlich in der Synagoge
und im Tempel gelehrt,
wo alle Yīhūḏāye zusammenkommen.

Ich habe nichts
im Geheimen gesprochen.
21 *Frag doch die, die gehört haben,*
was ich zu ihnen gesagt habe.
Sie wissen, was ich geredet habe.

Warum fragst du mich?

22 Als er dies sagte, schlug einer von den Wachen, der dabeistand, Jesus ins Gesicht und sagte: Antwortest du so dem Hohepriester? 23 Jesus entgegnete ihm:

Was ich gesagt habe:

Wenn es nicht recht war,
weise es mir nach.

Wenn es aber recht war,
warum schlägst du mich?

24 Hannas schickte ihn gefesselt zum Hohepriester Kajaphas. 25 Simon Kephas aber stand da und wärmte sich. Da sagten sie zu ihm: Bist nicht auch du einer von seinen Jüngern? Er leugnete es und sagte: Ich bin es nicht.

26 Einer von den Dienern des Hohepriesters, ein Verwandter dessen, dem Simon das Ohr abgehauen hatte, sagte daraufhin: Habe ich dich nicht im Garten bei ihm gesehen? 27 Wieder leugnete Simon und zu dieser Stunde krähte der Hahn.

Vor Pilatus

28 Von Kajaphas brachten sie Jesus zum Prätorium. Es war am Morgen. Sie selbst gingen nicht in das Gebäude hinein, um nicht dafür unrein zu werden und das Pessachlamm essen zu können. 29 Dann kam Pilatus zu ihnen heraus und fragte: Welche Anklage erhebt ihr gegen diesen Mann? 30 Sie antworteten ihm: Wenn er kein Übeltäter wäre, hätten wir ihn dir nicht ausgeliefert. 31 Pilatus sagte zu ihnen: Nehmt ihr ihn und richtet ihn nach eurer eigenen Rechtsprechung. Die Yīhūḏāye antworteten ihm: Wir haben nicht die Macht, jemanden zu töten. 32 So sollte sich das Wort Jesu erfüllen, mit dem er verdeutlicht hatte, welchen Tod er sterben werde. 33 Da ging Pilatus in das Prätorium hinein, ließ Jesus rufen und fragte ihn: Bist du der König der Yīhūḏāye? 34 Jesus antwortete:

Du bist es, der behauptet, ich sei ein König.

Sagst du das von dir aus?
Oder haben dir das andere über mich zugetragen?

Ich habe das jedenfalls nie behauptet.[176]

35 Pilatus entgegnete: Bin ich denn ein Jude? Dein Volk und die Hohepriester haben dich an mich ausgeliefert. Was hast du getan? 36 Jesus antwortete:

Mein Königtum ist nicht von dieser Welt.[177]

---

[176] Vgl. Lamsa, *Evangelien*, S. 432 f.
[177] Nach Errico besteht das Reich Gottes darin, dem Ratschlag bzw. Rat Gottes zu folgen (vgl. Errico/Lamsa, *John*, S. 211 ff.).

Johannes 18, 37–19, 4

Wenn mein Königtum von dieser Welt wäre,
würden meine Leute für mich kämpfen.
Dann würde ich den Yīhūḏāye nicht ausgeliefert.

Mein Königtum ist aber nicht von hier.

37 Da sagte Pilatus zu ihm: Also bist du doch ein König? Jesus antwortete:

Du sagst es, ich bin ein König.

Ich bin dazu geboren und
ich bin dazu in die Welt gekommen,
für die Wahrheit[178] Zeugnis abzulegen.

Jeder, der wahrhaftig ist, wird meine Stimme hören.

38 Pilatus sagte zu ihm: Was ist diese, deine Wahrheit? Welche religiöse Auffassung vertrittst du denn?[179] Nachdem er das gesagt hatte, ging er wieder zu den Yīhūḏāye hinaus und sagte zu ihnen: Ich bin nicht in der Lage, irgendeine Schuld an ihm zu finden. 39 Ihr habt einen Brauch, dass ich euch zum Pessachfest einen Gefangenen freilasse. Wollt ihr also, dass ich euch den König der Yīhūḏāye freilasse? 40 Da schrien sie alle: Nicht diesen, sondern Bar-Abbas. Bar-Abbas aber war ein Bandit.

19 1 Darauf ließ Pilatus Jesus geißeln. 2 Die Soldaten flochten eine Krone aus Dornen und setzten sie ihm auf das Haupt und legten ihm purpurrote Gewänder an. 3 Sie sagten: Sei gegrüßt, König der Yīhūḏāye. Und sie schlugen ihm ins Gesicht. 4 Pilatus ging wieder hinaus und sagte

---

[178] Das aramäische Wort für „Wahrheit" ist ܫܪܪܐ, schrārā/šərārā und enthält die Wurzel ܫܪ, schr/šr, was bedeutet: sicher sein, ernsthaft, stark, glaubwürdig (vgl. Errico/Lamsa, *John*, S. 120).

[179] Vgl. Lamsa, *Evangelien*, S. 433.

zu ihnen: Ich bringe ihn zu euch heraus. Ihr sollt wissen, dass ich keine Schuld an ihm finde. 5 Jesus kam also heraus. Er trug die Dornenkrone und den purpurroten Mantel. Pilatus sagte zu ihnen: Was für ein Mann. 6 Als die Hohepriester und die Wachen ihn sahen, schrien sie: Kreuzige ihn, kreuzige ihn. Pilatus sagte zu ihnen: Nehmt ihr ihn und kreuzigt ihn. Ich selbst finde keine Schuld an ihm. 7 Die Yīhūḏāye entgegneten ihm: Wir haben ein Gesetz, und nach dem Gesetz muss er sterben, weil er sich selbst zum Sohn Gottes gemacht hat. 8 Als Pilatus das hörte, fürchtete er sich noch mehr. 9 Er ging wieder in das Prätorium hinein und fragte Jesus: Woher bist du? Jesus aber gab ihm keine Antwort. 10 Da sagte Pilatus zu ihm: Willst du nicht einmal mit mir sprechen? Weißt du nicht, dass ich Macht habe, dich freizulassen, und Macht habe, dich kreuzigen zu lassen? 11 Jesus antwortete ihm:

Du hättest keine Macht über mich,
wenn sie dir nicht von oben gegeben wäre.

Darum hat auch der eine größere Schuld,
der mich dir ausgeliefert hat.

12 Daraufhin wollte Pilatus ihn freilassen, aber die Yīhūḏāye schrien: Wenn du diesen freilässt, bist du kein Freund des Kaisers. Jeder, der sich zum König macht, ist gegen den Kaiser. 13 Als Pilatus diese Worte hörte, ließ er Jesus herausführen. Dann begab er sich auf den erhöhten Standplatz an der Hausseite, von dem aus bei besonderen Anlässen Ansprachen an das Volk gehalten und auch Gerichtsprozesse durchgeführt wurden.[180] 14 Es war am Freitag vor dem Pessachfest, ungefähr zur sechsten Stunde. Pilatus sagte zu den Yīhūḏāye: Schaut her, euer König. 15 Sie aber schrien: Weg mit ihm, weg mit ihm, kreuzige ihn, kreuzige ihn. Pilatus sagte zu ihnen: Soll ich euren König kreuzigen lassen? Die oberen Priester antworteten: Wir haben keinen König außer dem Kaiser.

---

[180] Vgl. Lamsa, *Evangelien*, S. 434 f.

Johannes 19, 16–29

Der Weg zum Kreuz

16 Da lieferte er ihnen Jesus aus, um ihn kreuzigen zu lassen. Sie übernahmen Jesus und führten ihn hinaus. 17 Er selbst trug das Kreuz und ging zu einer Stelle mit Namen Schädel, die auf Aramäisch Golgota heißt. 18 Dort kreuzigten sie ihn und mit ihm zwei andere, auf jeder Seite einen, Jesus in der Mitte. 19 Pilatus ließ auch eine Steintafel anfertigen und oben am Kreuz befestigen. Darauf stand geschrieben: Das ist Jesus von Nazaret, der König der Yīhūḏāye. 20 Diese Tafel lasen viele Yīhūḏāye, weil der Platz, wo Jesus gekreuzigt wurde, nahe bei der Stadt lag. Die Inschrift war aramäisch, lateinisch und griechisch abgefasst. 21 Da sagten die oberen Priester der Yīhūḏāye zu Pilatus: Schreib nicht: Der König der Yīhūḏāye, sondern dass er gesagt hat: Ich bin der König der Yīhūḏāye. 22 Pilatus antwortete: Was ich geschrieben habe, habe ich geschrieben. 23 Als die Soldaten Jesus gekreuzigt hatten, nahmen sie seine Kleider und machten vier Teile daraus, für jeden Soldaten einen Teil, und dazu die Tunika[181]. Die Tunika aus Leinen war ohne Naht von oben ganz durchgewoben. 24 Da sagten sie zueinander: Wir wollen sie nicht zerschneiden, sondern darum losen, wem sie gehören soll. So sollte sich das Schriftwort erfüllen: Sie verteilten meine Kleider unter sich und warfen das Los um mein Gewand. Dies taten die Soldaten. 25 Beim Kreuz Jesu standen seine Mutter und die Schwester seiner Mutter, Maria, die Frau des Klopas, und Maria von Magdala. 26 Als Jesus die Mutter und bei ihr den Jünger, den er liebte, stehen sah, sprach er zu seiner Mutter: Frau, dein Sohn. 27 Dann sagte er zu dem Jünger: Deine Mutter. Und von jener Stunde an nahm der Jünger sie zu sich. 28 Da Jesus wusste, dass nun alles vollbracht war, sprach er, damit sich die Schrift erfüllte:

Ich habe Durst.

29 Ein Gefäß voll Essig stand da. Sie steckten einen mit Essig durchtränkten

---

[181] ܟܘܬܝܢܗ, *kūttīnēh* (Substantiv, weiblich, Singular, nachdrücklich, Suffix: 3. Person, männlich); Wurzel: ܟܬܢ, *ktnʾ* = Tunika, Mantel, Kleidungsstück

Johannes 19, 30–42

Schwamm auf einen Zweig und hielten ihn an seinen Mund. 30 Als Jesus von dem Essig genommen hatte, sprach er:

Es ist vollbracht.

Und er neigte das Haupt und hörte auf zu atmen[182]. 31 Da es Freitag war und die Körper während des Sabbats nicht am Kreuz bleiben sollten, dieser Sabbat war ein hoher Feiertag, baten die Yīhūḏāye Pilatus, man möge den Gekreuzigten die Beine zerschlagen und sie dann abnehmen. 32 So kamen die Soldaten und zerschlugen dem ersten die Beine, dann dem anderen, der mit ihm gekreuzigt worden war. 33 Als sie aber zu Jesus kamen und sahen, dass er schon tot war, zerschlugen sie ihm die Beine nicht, 34 Aber einer der Soldaten stieß mit der Lanze in seine Seite und es floss sofort Blut und Wasser heraus. 35 Wer es gesehen hat, hat es bezeugt, und sein Zeugnis ist zutreffend. Und er weiß genau, dass er Wahres sagt, damit auch ihr glauben könnt. 36 Denn das ist geschehen, damit sich die Schrift erfüllen sollte: Man wird an ihm kein Gebein zerbrechen. 37 Ein anderes Schriftwort sagt wiederum: Sie werden auf den schauen, den sie durchbohrt haben.
38 Josef aus Arimathäa war ein Jünger Jesu, aber aus Furcht vor den Yīhūḏāye war er dies nur im Verborgenen. Er bat nun Pilatus, den Leichnam Jesu abnehmen zu dürfen. Und Pilatus gab ihm die Erlaubnis. Also kam er und nahm den Leichnam ab. 39 Es kam auch Nikodemus, der früher einmal Jesus bei Nacht aufgesucht hatte. Er brachte eine Mischung aus Myrrhe und Aloe, etwa hundert Pfund. 40 Sie nahmen den Leichnam Jesu und wickelten um ihn Leinenbinden, dabei verwendeten sie wohlriechende Salben, wie es beim jüdischen Begräbnis üblich ist. 41 An dem Ort, wo man ihn gekreuzigt hatte, war ein Garten. In diesem Garten war ein neues Grab, in dem noch niemand bestattet worden war. 42 Da der Sabbat näher rückte und weil das Grab in der Nähe lag, legten sie Jesus dort hinein.

---

[182] Lamsa übersetzt ܘܐܫܠܡ ܪܘܚܗ, *wašlem rūḥēh*: gab seinen Geist auf.

Johannes 20, 1–15

Am Grab

20 1 Am ersten Tag der Woche kam Maria von Magdala frühmorgens, als es noch dunkel war, zum Grab und sah, dass der Stein vom Grab weggenommen war. 2 Da lief sie schnell los und kam zu Simon Kephas und zu dem anderen Jünger, den Jesus liebte, und sagte zu ihnen: Sie haben unseren Mārā, unseren Herrn und Meister, aus dem Grab weggenommen, und wir wissen nicht, wohin sie ihn gelegt haben. 3 Da gingen Simon und der andere Jünger hinaus und kamen zum Grab. 4 Sie liefen beide zusammen, aber weil der andere Jünger schneller war als Simon, kam er zuerst ans Grab. 5 Er schaute hinein und sah die Leinenbinden dort liegen, aber er ging nicht hinein. 6 Da kam auch Simon Kephas, der ihm gefolgt war, und ging in das Grab hinein. Er sah die Leinenbinden liegen 7 und das Tuch, das auf dem Haupt Jesu gelegen hatte. Es war aber nicht bei den Leinenbinden, sondern zusammengelegt daneben an einer besonderen Stelle. 8 Da ging auch der andere Jünger, der zuerst am Grab angekommen war, hinein. Er sah und glaubte. 9 Denn sie hatten noch nicht aus der Schrift verstanden, dass er von den Toten auferstehen müsse. 10 Dann entfernten sich die Jünger wieder, um zu ihrer vorübergehenden Unterkunft zurückzukehren.

11 Maria aber stand vor dem Grab und weinte. Während sie weinte, schaute sie in die Grabkammer hinein. 12 Da sah sie zwei Engel in Weiß sitzen, den einen dort, wo der Kopf, den anderen dort, wo die Füße des Leichnams Jesu gelegen hatten. 13 Diese sprachen zu ihr: Warum weinst du, Frau? Sie antwortete ihnen: Sie haben meinen Mārā, meinen Herrn und Meister, weggenommen, und ich weiß nicht, wohin sie ihn gelegt haben. 14 Sie sagte dies, wandte sich um und sah Jesus dastehen, wusste aber nicht, dass es Jesus war. 15 Jesus sagte zu ihr:

Frau, warum weinst du? Wen suchst du?

Sie meinte, es sei der Gärtner, und sagte zu ihm: mein Mārā, mein Herr und

---

[183] Sinnerhellender Zusatz des Übersetzers nicht in Kursivsetzung.

Meister, wenn du ihn weggebracht hast, sag mir, wohin du ihn gelegt hast. Dann will ich kommen und ihn holen. 16 Jesus sagte zu ihr:

Maria.

Da wandte sie sich um und sagte auf Aramäisch zu ihm: Rabbuni, das heißt: mein Malpānā, mein Lehrer, aber auch: mein Meister. 17 Jesus sprach zu ihr:

Komm mir nicht zu nahe.
Halte mich nicht fest.

Denn ich bin noch nicht zum ʾAbbā,
dem liebevollen Vater,[183] *hinaufgegangen.*

Geh aber zu meinen Brüdern
und sag ihnen:

Ich gehe hinauf zu meinem ʾAbbā und eurem ʾAbbā,
zu meinem Gott und eurem Gott.

18 Maria von Magdala kam zu den Jüngern und brachte ihnen die gute Botschaft: Ich habe unseren Mārā, unseren Herrn und Meister, gesehen. Und sie erzählte, was er ihr gesagt hatte.

Erscheinung Jesu

19 Am Abend dieses ersten Tages der Woche, als die Jünger aus Furcht vor den Yīhūḏāye bei verschlossenen Türen beisammen waren, kam Jesus, trat in ihre Mitte und sprach zu ihnen:

Seid gegrüßt. Schlāmā, Friede sei mit euch.

20 Nach diesen Worten zeigte er ihnen seine Hände und seine Seite. Da freuten sich die Jünger, als sie unseren Mārā, unseren Herrn und Meister, sahen. 21 Jesus sprach noch einmal zu ihnen:

> *Schlāmā, Friede sei mit euch.*
> *Wie mich der 'Abbā, der liebevolle Vater,[184]*
> *gesandt hat,*
> *genauso sende ich euch.*

22 Nachdem er das gesagt hatte, stärkte er ihren Mut.[185] Dann sprach er zu ihnen:

> *Empfangt den Heiligen Geist.*
>
> 23 *Wenn ihr jemandem die Sünden erlasst,*
> *dann sind sie genommen.*
>
> *Wenn ihr jemandem die Sünden lasst,*
> *dann werden sie behalten.[186]*

Thomas

24 Thomas, der Zwilling genannt wurde, einer der Zwölf, war nicht bei ihnen, als Jesus kam. 25 Die anderen Jünger sagten zu ihm: Wir haben unseren Mārā, unseren Herrn und Meister, gesehen. Er sagte zu ihnen: Wenn ich nicht die Stellen sehe, an der die Nägel an seinen Händen waren, und wenn ich meinen Finger nicht an diese Stellen und meine Hand nicht in seine Seite lege, werde ich nicht glauben. 26 Acht Tage darauf waren seine

---

[184] Sinnerhellender Zusatz des Übersetzers nicht in Kursivsetzung.
[185] Wörtlich: blies er sie an.
[186] Die in der Vorlage verwendete positive Formulierung kann im Deutschen nur schwer positiv ausgedrückt werden.

Jünger wieder drinnen zusammen und Thomas war dabei. Da kam Jesus bei verschlossenen Türen, trat in ihre Mitte und sprach:

Schlāmā, Friede sei mit euch.

27 Dann sagte er zu Thomas:

*Streck deinen Finger hierher aus
und sieh dir meine Hände an.*

*Streck deine Hand aus
und leg sie in meine Seite.*

*Lege deinen Unglauben ab
und vertraue mir und glaube vielmehr.*

28 Thomas antwortete und sagte zu ihm: Mein Mārā, mein Herr und Meister, und mein Gott. 29 Jesus sprach zu ihm:

*Du hast mich gesehen.
Deshalb vertraust du mir und glaubst du.*

*Gesegnet sind diejenigen,
die nicht sehen und doch vertrauen und glauben.*

Schluss (1)

30 Noch viele andere Zeichen und Wunder hat Jesus vor den Augen seiner Jünger getan, die nicht in diesem Buch aufgeschrieben sind. 31 Diese aber sind aufgeschrieben, damit ihr glaubt, dass Jesus der Messias ist, der Sohn Gottes. Wenn ihr vertraut und glaubt, werdet ihr ewiges Leben haben in seinem Namen.

Johannes 21, 1–10

Am See Tiberias

21 1 Danach zeigte sich Jesus den Jüngern erneut am See von Tiberias, und er erschien in folgender Weise: 2 Simon Kephas, Thomas, genannt Zwilling, Natanaël aus Kana in Galiläa, die Söhne des Zebedäus und zwei andere von seinen Jüngern waren alle zusammen. 3 Simon Kephas sagte zu ihnen: Ich mache mich auf, um zu fischen. Sie sagten zu ihm: Wir kommen auch mit. Sie gingen hinaus und stiegen ins Boot. In dieser Nacht fingen sie nichts. 4 Als es schon Morgen wurde, stand Jesus am Seeufer. Die Jünger wussten nicht, dass es Jesus war. 5 Jesus sagte zu ihnen:

Männer, habt ihr keinen Fisch zu essen?

Sie antworteten ihm: Nein. 6 Er aber sprach zu ihnen:

Werft das Netz auf der rechten Seite des Bootes aus,
und ihr werdet etwas fangen.

Sie warfen das Netz aus und konnten es wegen der vielen Fische nicht einholen. 7 Da sagte der Jünger, den Jesus liebte, zu Simon: Es ist unser Mārā, unser Herr und Meister. Als Simon Kephas hörte, dass es unser Mārā, unser Herr und Meister, sei, zog er die Tunika über, weil er nackt war. Er sprang in den See, um zu Jesus zu kommen. 8 Die anderen Jünger nahmen das Boot. Sie waren nicht weit vom Land entfernt, nur etwa zweihundert Ellen. Sie zogen das Netz mit den Fischen vorsichtig hinter sich her. 9 Als sie an Land gingen, sahen sie ein Kohlenfeuer und darüber Fisch und Brot[187] liegen. 10 Jesus sprach zu ihnen:

Bringt einige von den Fischen, die ihr gerade gefangen habt.

---

[187] Brot und Fisch bilden komplementäre Nahrungsmittel aus dem Meer und vom Land.

Johannes 21, 11–12

11 Da stieg Simon Kephas ans Ufer und zog das Netz an Land. Es war mit einhundertdreiundfünfzig[188] großen Fischen gefüllt, und trotz des Gewichts zerriss das Netz nicht. 12 Jesus sprach zu ihnen:

Kommt her und brecht das Fasten.

---

[188] Um die mathematische Bedeutung von 153 aufzuschlüsseln, kann man zunächst die Zahl in ihre Faktoren zerlegen: 153 ist 9 mal 17. Dabei ist auffällig, dass 153 eine „Dreieckszahl" ist. Ein Gedankenexperiment: Man stelle sich vor, man hätte Münzen auf folgende Weise auszulegen: Zu beginnen ist in der ersten Reihe mit 17 Münzen. Dann kommen in der zweiten Reihe in die Einbuchtungen zwischen den Münzen 16 Münzen darüber. Es folgen 15 in der dritten Reihe usw., bis zur Spitze, wo dann nur noch eine einzige Münze liegt. Wie viele Münzen liegen in diesem Dreieck? Um das herauszubekommen, muss man die Zahlen 1, 2, 3, bis 17 zusammenzählen. Daraus ergibt sich genau 153. 153 ist also die 17-te Dreieckszahl. Man kann 153 allerdings auch auf andere Weise zerlegen: indem man von den einzelnen Ziffern die dritten Potenzen ausrechnet und diese Zahlen addiert. Darüber hinaus lassen sich weitere Überlegungen zur 153 anstellen. (Vgl. ohne Autorenangabe, *Die merkwürdigste Zahl*, https://www.wissenschaft.de/astronomie-physik/die-merkwuerdigste-zahl/ – abgerufen im Oktober 2019)
Interessante Überlegungen zur theologischen Thematik „153 Fische im Johannesevangelium 21,11" werden auf *www.decemsys.de* angestellt. Addiere man die Punkte, Flächen und Linien eines Zahlendreiecks vom ersten Punkt an laufend, erhalte man als Ergebnis die jeweilige Zahl in der dritten Potenz. Die zwei Punkte der Zahl 2 etwa ermöglicht die Bildung des ersten Dreiecks mit 3 Punkten, 1 Fläche und 3 Linien = 7 Elementen. Zählt man den ersten Punkt der Reihe hinzu, ist das Ergebnis $1 + 7 = 8 = 2^3$. Dieses mathematische Seriengesetz – für das es eine Reihe von Einzelgesetzen gebe – lasse den Rückschluss zu, dass auch die Ausgangszahl 1 in der dritten Potenz stehe. Der mathematische Ausdruck 1^3 könne demnach als ein Hinweis auf den einen Gott in drei Personen gelten. (Vgl. ohne Autorenangabe, https://www.decemsys.de/system/zahlen/153.htm – abgerufen im Oktober 2019)
Schließlich soll eine Deutung von 153 vor dem Hintergrund jüdischer Zahlenmystik vorgestellt und zur Diskussion gestellt werden: Herbert Antonius Weiler

Johannes 21, 13–15

Keiner von den Jüngern wagte ihn zu fragen: Wer bist du? Denn sie wussten, dass es unser Mārā war, unser Herr und Meister. 13 Jesus trat näher heran, nahm Brot und Fisch und gab sie ihnen. 14 Dies war schon das dritte Mal, dass Jesus den Jüngern erschien, seitdem er von den Toten auferstanden war.

Simon und die Nachfolge

15 Als sie gegessen hatten, sagte Jesus zu Simon Kephas:

---

versucht einen ungewöhnlichen Zugang zur Deutung der Zahl der aus dem nächtlichen See gezogenen 153 Fische bei Johannes. Diese Zahl werde ohne weiteren rechnerischen und erzählerischen Zusammenhang genannt, sie erscheine wie eine Aussage, die eine besondere, aber verborgene Bedeutung enthält. Werde der hebräische (zu ergänzen ist: auch der aramäische) Hintergrund und Kontext der neutestamentlichen Texte bedacht, könnten auch Momente jüdischer Zahlenmystik die Überlegungen zur Deutung bereichern. Denn jedem hebräischen/aramäischen Buchstaben komme ja auch ein Zahlenwert zu. Dieser Zahlenwert repräsentiere zugleich symbolisch eine wesentliche verbale Aussage der Zahl. Stelle man die Zahl 153 in hebräischer/aramäischer Schreibweise dar, ergäben sich die Zeichen ק, *kuph* = 100, נ , *nun* = 50, ג , *gimel* = 3. Bei Verwendung der aramäischen Zeichen ergibt sich *qwf* = 100, *nun* = 50, *gomal* = 3. Diese Buchstaben enthielten in jüdischer Tradition die Metaphern von „Seil" (Weiler spricht noch von: Kamel), „Fisch" und „Nadelöhr", *gimel* = ג , *nun* = נ und *kuph* = ק.

Die aus den anderen drei Evangelien bekannte Konstellation von „Seil" (bzw. Kamel) und „Nadelöhr" erscheine hier um ein drittes Element ergänzt, um den Fisch – das *nun*.

Das Zeichen „nun" stehe aber in der mystischen Tradition des Judentums für die Individuation des Menschen. Es gehe demzufolge bei der Zahl 153 um die Frage von Besitz und Ablösung, die jetzt um das „nun" ergänzt wird, um den Buchstaben נ, der in der Zahl in der Mitte eine Schlüsselstellung einnehme innerhalb des Themenkomplexes von Reichtum, Loslassen des Reichtums und der Entwicklung von Identität in diesem Spannungsfeld. (Vgl. Weiler, *Von den hundertdreiundfünfzig Fischen*, S. 5 ff.)

Simon, Sohn des Jonah,
liebst du mich?
Sogar mehr als deinen Beruf als Fischer?[189]

Er antwortete ihm: Ja, mein Mārā, mein Herr und Meister. Du weißt, dass ich dich liebe. Jesus sprach zu ihm[190]:

Weide meine männlichen Lämmer.

16 Zum zweiten Mal fragte er ihn:

Simon, Sohn des Jonah, liebst du mich?

Er antwortete ihm:

Ja, mein Mārā, mein Herr und Meister. Du weißt, dass ich dich liebe.

Jesus sagte zu ihm:

Weide meine Schafe.

17 Zum dritten Mal fragte er ihn:

Simon, Sohn des Jonah, liebst du mich?

---

[189] Vgl. Lamsa, *Evangelien*, S. 443 f.

[190] Es war üblich, zwischen männlichen Lämmern und Böcken, weiblichen Lämmern und Schafen zu unterscheiden. Die Tiere wurden in drei Herden separat gehalten, vor allem wegen der Sommermonate. Hintergrund dafür ist die Milchgewinnung, die im Gegensatz zur Schafzucht in anderen Ländern Zweck der Tierhaltung war. Die drei Herden hatten verschiedene Hirten, die von einem Oberhirten beaufsichtigt wurden. Allegorisch standen diese drei Herden für die Yīhūḏāye, die Galiläer und diejenigen, die ursprünglich nicht an den Gott Israels glaubten. (Vgl. Lamsa, *Evangelien*, S. 444 f.)

Johannes 21, 18–22

Da wurde Petrus traurig, weil Jesus ihn zum dritten Mal gefragt hatte:

Liebst du mich?

Er gab ihm zur Antwort: Ja, mein Mārā, mein Herr und Meister. Du verstehst alles gut. Du weißt, dass ich dich liebe. Jesus sprach zu ihm:

Weide meine weiblichen Lämmer.

18 *Amen. Amen.*
Ich sage dir:

Als du jünger warst,
konntest du dich selbst ankleiden
und du konntest hingehen,
wohin du wolltest.

Wenn du alt geworden bist,
wirst du deine Hände ausstrecken
und ein anderer wird dich anziehen und dich führen,
wohin du nicht willst.

19 Das sagte Jesus, um anzudeuten, durch welchen Tod er Gott verherrlichen werde. Nach diesen Worten sprach er zu ihm:

Folge mir nach.

Zukunft von Johannes?

20 Simon wandte sich um und sah, wie der Jünger ihm folgte, den Jesus liebte und der beim Abendmahl an seiner Brust gelegen und ihm gesagt hatte: Herr, wer ist es, der dich verraten wird? 21 Als Simon diesen sah, sagte er zu Jesus: Mein Mārā, mein Herr und Meister. Was wird denn aus ihm? 22 Jesus sagte zu ihm:

Ob ich will,
dass er so lange lebt,
bis das,
was Gott rät,
erfolgreich angenommen ist,
das bespreche ich mit Johannes selbst.[191]

Du, Simon, folge mir nach.

23 Da verbreitete sich unter den Brüdern die Meinung: Jener Jünger stirbt nicht. Doch Jesus hatte ihm nicht gesagt: Er stirbt nicht, sondern:

Ob ich will,
dass er so lange lebt,
bis das,
was Gott rät,
erfolgreich angenommen ist,
das bespreche ich mit Johannes selbst.

Schluss (2)

24 Dies ist der Jünger, der all das bezeugt und der es auch aufgeschrieben hat. Wir wissen, dass sein Zeugnis glaubwürdig ist. 25 Es gibt aber noch vieles andere, was Jesus getan hat. Ich nehme an: Wenn man alles Stück für Stück aufschreiben wollte, so könnte nicht einmal die ganze Welt die dann geschriebenen Bücher fassen.

ܐܡܝܢ
Amen.

---

[191] Wörtlich übersetzt: „Welchen Unterschied macht das für dich?" Oder: „Was geht das dich an?" (Vgl. Errico/Lamsa, *John*, S. 237 f.)

*Aramäisches Vaterunser auf dem Altarkreuz
der syrisch-orthodoxen Kirche in Wiedenbrück/Westfalen*

(Foto: Georg Bubolz)

Nachwort

Zur Vaterunser-Übersetzung
Jesus sprach aramäisch

Warum es sich lohnt, den sprachlichen und kulturellen Wurzeln des Vaterunsers nachzuspüren – Und: Wie sich westliche Theologie aus der Dominanz des Griechischen befreien kann

1. Die Problemlage

Ein Theologe fordert die Absetzung von Papst Franziskus, nennt ihn einen Populisten und begründet seine Forderung mit dem Argument, Franziskus habe dazu aufgefordert, das Vaterunser anders zu beten, als es in der Übersetzung der Bibel stehe.[1] Statt der Bibelübersetzung „Und führe uns nicht in Versuchung" hatte der Papst vorgeschlagen zu beten: „Und lasse uns nicht in Versuchung geraten." Denn ein Vater tue so etwas nicht; ein Vater helfe sofort, wieder aufzustehen. Wer dich in Versuchung führe, das sei der Satan. Ich bin es, der falle, aber es sei nicht Gott, der mich in Versuchung führe.

Der als Gastprofessor in Harvard Theologie lehrende Alexander Görlach meinte, dieses Mal habe der Papst eine Linie überschritten. Denn es seien keine antiken Schriftrollen, die eine Änderung, wie sie der Papst vorschlage, gefunden worden. Wenn der Papst meine, Gott mache so etwas nicht, Gott führe aktiv doch niemanden in Versuchung, sei das noch lange kein hinreichendes Argument. Daher seine Konsequenz: Um Streit und Polarisierung innerhalb der Kirche zu verhindern, bleibe letztlich nur die Absetzung des

---

[1] Vgl. Alexander Görlach, Interview mit der *Bild am Sonntag* vom 16.12.2017; *https://www.bild.de/politik/ausland/papst-franziskus/theologe-fordert-amtsenthebung-54215088.bild.html* (abgerufen im Oktober 2019).

Papstes. Denn auch ein Papst dürfe sich nicht „einen einfachen Gott zurechtbasteln, wie es ihm gerade passt"².

Schützenhilfe gegen den Papst erhält Professor Görlach in Deutschland vom Vorsitzenden der Deutschen Bischofskonferenz Kardinal Reinhard Marx. Auch dieser verwehrt sich gegen eine Änderung der Vaterunser-Bitte, wenngleich nicht ganz so vehement.³

Ganz genau so sähen es die 27 Bistumsleitungen der katholischen Kirche sowie die evangelische Kirche, stellen Clara Pfeffer und Florentine Fritzen in der FAZ fest. „Das Vaterunser bleibt" ist der Titel ihres Beitrags. Gemeint ist die sechste Vaterunser-Bitte in ihrem tradierten Wortlaut. In Deutschland und in anderen deutschsprachigen Ländern sei die Formulierung zudem als gemeinsamer Text von evangelischer und katholischer Kirche von höchster ökumenischer Bedeutung.⁴

In gewisser Weise fühle ich mich persönlich angesichts dieser Kontroverse

---

2   Ebd.
3   Vgl. die Nachrichtensendung „heute"; *www.zdf.de* (abgerufen am 17.12.2017).
4   Vgl. Clara Pfeffer/Florentine Fritzen: „Das Vaterunser bleibt", in: *Frankfurter Allgemeine Zeitung* vom 17.12.2017; *www.faz.net* (abgerufen im Oktober 2019). Dass dieses ökumenische Argument nicht zu überzeugen vermag, zeigt die Entwicklung in der französischsprachigen Schweiz. Dort wurde die neue Übersetzung der sechsten Vaterunserbitte an Ostern 2018 eingeführt. Die katholischen, reformierten und evangelischen Kirchen der Schweiz teilten mit, durch die neue, gemeinsame Übersetzung und durch die gleichzeitige Einführung in die Liturgie werde der Geist der christlichen Einheit bestätigt. „Lass uns nicht in Versuchung geraten" („Ne nous laisse pas entrer en tentation"), so lautet die neue Version. Nicht mehr verwendet wird die alte Version „Unterwirf uns nicht der Versuchung" („Ne nous soumets pas à la tentation"). In den protestantischen und katholischen Kirchen der deutschsprachigen Schweizer Gebiete werde es jedoch beim traditionellen Vaterunser bleiben, wurde ausgeführt. Vgl. *https://www.evangelisch.de/inhalte/149415/01-04-2018/kirchen-der-franzoesischen-schweiz-fuehren-neues-vaterunser-ein* (abgerufen im Oktober 2019). Angemerkt sei, dass auch in der englischsprachigen Welt die Neugestaltung der sechsten Vaterunserbitte in der katholischen Liturgie diskutiert wird.

in die Zeit um die Jahrtausendwende versetzt. Damals hielt ich es noch ganz so, wie ich es bei historisch-kritischen Theologinnen und Theologen gelernt hatte. Was nicht mithilfe von neuen Funden alter Papyri, Kodizes oder zumindest von Fragmenten belegt werden konnte, das hatte es schwer – auch von mir persönlich – anerkannt zu werden. Das Griechische des Neuen Testaments, also das Koine-Griechisch des Neuen Testaments, war maßgebend. Ein koptisches Fragment wurde angesichts der Ähnlichkeit der Textgestalt zu griechischen Texten freudig begrüßt. Die Kopten als eine ganz alte christliche Kirche gibt es ja heute noch in Ägypten. Sie haben ihr Alphabet weitgehend von den Griechen übernommen. Ihre Schriften ähneln äußerlich betrachtet griechischen Texten. – Syrische bzw. aramäische Texte existierten in meinem Blickfeld kaum. Das Aramäische gab es für mich nur als alte tote Sprache einer untergegangenen Epoche. An Worte, die ursprünglich auf Aramäisch geäußert worden wären und heute noch gesprochen würden, wagte ich nicht zu denken. Wie sollte es möglich sein, etwa an originär aramäische Herrenworte zu kommen? (Das Hebräische war ja zur Zeit Jesu bereits weitgehend auf die Liturgie und Schriftlesung zurückgedrängt, im Alltag wurde zumeist aramäisch gesprochen.) Etwa durch „(Rück-)Übersetzungen" vom Griechischen ins Aramäische und wieder ins Deutsche? Das alles schien mir viel zu hypothetisch. Die in Salzburg lehrende Exegetin Marlies Gielen hätte damals ihre Freude an mir gehabt. Denn eine Argumentation, die eine Auseinandersetzung mit „einem hypothetisch rekonstruierten aramäischen Urtext" ins Zentrum stellt, erwies sich in ihren und – ich muss wohl ergänzen – damals auch in meinen Augen als problematisch. Was feststand, war doch das historische Faktum der Hellenisierung des Vorderen Orients, die Dominanz des Griechischen in Sprache und Kultur zur Zeit Jesu. Oder?

2. Zurück zu den Ursprüngen – Exegetische Überlegungen

2.1 Die Aramäer[5]

Doch dann ergab sich bei mir eines Tages im Jahr 2000 eine Wende. Ich arbeitete seinerzeit als schulfachlicher Dezernent bei der Schulaufsicht in Düsseldorf und war unter anderem mit der Einführung des syrisch-orthodoxen Religionsunterrichts in NRW betraut. Zwei Vertreter der syrisch-orthodoxen Kirche hatten sich bei mir angemeldet und wurden zu einem Planungsgespräch in meinem Dienstzimmer empfangen. Es handelte sich um Adnan Mermertas und Aho Shemunkasho, die als Koordinatoren zwischen Staat und Kirche vermitteln sollten, um dem Einführungserlass des Schulministeriums zu genügen. Sie stellten mir in groben Zügen ihre Kirche vor und erläuterten mir mit Begeisterung, dass in ihren Gottesdiensten die alte aramäische Sprache am Leben erhalten werde. Auch heute noch spreche man in ihrer Liturgie die Sprache Jesu. Als wertvollsten Besitz hätten die syrisch-orthodoxen Christen aber das Gebet des Herrn, das Vaterunser in der Formulierung Jesu. Nicht nur in der Liturgie, bei fast jeder Gelegenheit werde es gesprochen: vor dem Essen, nach dem Essen, bei religiösen Zusammenkünften und natürlich zu den Gebetszeiten. Am Ende unserer Unterredung wurde mir ein Schmuckdruck des Vaterunsers in Aramäisch überreicht. Unverhofft hatten sich die verschollen bzw. ausgestorben geglaubten Aramäer als lebendige Christen erwiesen. Und – wie sich zeigen wird – hatten sie manches Bedenkenswerte zu bieten.

Bei späteren Gesprächen erfuhr ich, wie das Vaterunser in der syrischen Tradition in seiner Sprachgestalt unverändert weitergegeben worden sei. Im Orient wurde früher viel auswendig gelernt. Die Struktur des Aramäischen war dabei behilflich. Denn Aramäisch ist eine Sprache voller Poesie.

---

[5] Unter „Aramäer" werden hier aramäischsprachige Syrer, Chaldäer oder Assyrer gefasst. Die Sprache steht im Vordergrund, keinesfalls eine bestimmte Nationalität.

Zumeist wird auswendig zu Lernendes in Versform gebracht. Auch das Vaterunser ist ein Gedicht, dessen vollkommene Form es vor willkürlichen inhaltlichen Änderungen schützt. Denn ein Gedicht lässt sich nicht so leicht verändern, ohne Rhythmus oder Reim zu verändern. Es spricht also vieles dafür, dass man bei den ersten aramäischsprachigen Christen diese Jesusworte voller Poesie quasi als kurze authentische Zusammenfassung des Evangeliums[6] hoch in Ehren gehalten und strengstens auf ihre exakte wortwörtliche Weitergabe geachtet hat.

Im Übrigen gibt es selbst die syrische Grammatik in Versform. Poesie überstrahlt das ganze Leben.

Interessant für mich zu erfahren war, dass es ein Umstand wohl mit bewirkt hat, dass es so gut wie keine ganz frühen Evangelientexte auf Aramäisch (und nur wenige auf Griechisch) mehr gibt. Denn es war – nicht nur bei Aramäern, sondern auch bei Juden – üblich, liturgische Geräte und auch im Gottesdienst verwendete Schriften, die nicht mehr zu gebrauchen waren, zu verbrennen oder wie Menschen zu begraben. So sollte verhindert werden, dass sie in falsche Hände gerieten.

Ausgehend von der angesprochenen poetischen Gestalt des Aramäischen hat Sebastian Brock das Christentum als „Dreistromland" charakterisiert, das sich aus dem Hauptstrom des lateinischen Westens, dem des griechischen Ostens und dem des oft vergessenen syrischen Orients zusammensetzt. Das Christentum bekomme man nur ganz in den Blick, wenn man es als Dreistromland überschaut. Nur wenige Kenner wüssten, dass im Osten eben jener dritte, ursprüngliche Strom von ganz eigener Art fließe: die syrische Tradition. Als ihr Charakteristikum, in dem sie unübertroffen sei, hat Sebastian Brock ihre theologische Poesie herausgestellt. Auffallend sei, dass die großen syrischen Theologen begnadete Dichter gewesen seien,

---

[6] Der im 2. Jahrhundert geborene Kirchenvater Tertullian spricht vom Vaterunser sogar als von einem „breviarium totius Evangelii", also geradezu einer Kurzformel des Glaubens.

allen voran Ephräm der Syrer (306–373). Wie es die Bibel tue, näherten sie sich in Metaphern und Gleichnissen, mit Paradoxien und Parallelismen, immer aber mit großer Ehrfurcht und heiliger Scheu dem verborgenen Geheimnis, von dem jede Blume und jede Ähre, der Vogel in den Wolken und der Fisch im Wasser, das Brot auf dem Altar und der Wein im Kelch künden. „Nicht mit philosophischem Scharfsinn, sondern mit dem Reichtum der Bilder vermitteln sie eine Ahnung von den Heilsgedanken und Großtaten des Guten, der die Menschen liebt."[7]

Allmählich entwickelte sich so bei mir die Erkenntnis, dass es wohl nicht reicht, sich nur – wie die meisten Exegetinnen und Exegeten – mit toten Texten zu beschäftigen, sondern sich auch heute lebenden Menschen zuzuwenden, die dem Kulturkreis der Bibel nahestehen, sich ins Gespräch über ihre Glaubenstraditionen und ihre Sprache als Vermittlungsträgerin zu begeben, sich mit ihren Vorstellungen auseinanderzusetzen und auch von ihnen zu lernen, wenn ihre Interpretationen weiterzuführen versprechen.

All dies hat natürlich auch Auswirkungen auf ein besseres Verständnis des Vaterunsers.

So gründete sich durch die Begegnung mit Mitgliedern der syrisch-orthodoxen Kirche die Einsicht: Es gibt sie auch heute noch, die syro-aramäisch sprechenden Christen, deren ganzer Stolz es ist, die Muttersprache Jesu in der Liturgie zu verwenden und in verschiedensten Dialekten auch im Alltag heute noch zu sprechen. Die Mitglieder der syrisch-orthodoxen Kirche gehören dazu. Sie weisen zu Recht darauf hin, dass nach der Apostelgeschichte die Anhänger des „neuen Weges" in Antiochien zum ersten Mal „Christen" genannt wurden (vgl. Apg 11,25 f.). Mit dem Ansteigen der Flüchtlingszahlen während der 1970er- und 1980er-Jahre kamen viele dieser „ersten" Christen aus dem Süden der Türkei nach Deutschland. Heute leben ca. 100 000 bei uns. Sie feiern ihre Liturgie auf Aramäisch, in der alten Liturgiesprache. Ihre Umgangssprache hat sich freilich weiterentwickelt.

---

[7] Andreas Heinz, *Feste feiern im Kirchenjahr nach dem Ritus der Syrisch-Orthodoxen Kirche von Antiochien*, Trier 1998, S. 15.

Ganz zentral steht im religiösen Leben das Vaterunser, das man aus Respekt vor seinem Urheber in der alten ursprünglichen Form beibehalten hat. Bei der Teilnahme an einem syrisch-orthodoxen Gottesdienst (in Warburg, Wanne, Wiedenbrück, Gütersloh und anderswo) begegnet man so dem Klang der Worte Jesu in einer dem Original ähnlichen urtümlichen Form.[8]

Darüber hinaus gibt es – wie ich im Laufe meiner syrisch-orthodoxen Begegnungen erfahren durfte, auch alte Manuskripte und Bibeln in syrisch-aramäischer Sprache. Von Exegeten oft übersehen, existieren tatsächlich aramäische Fassungen der Bibel, etwa die aus dem 5. Jahrhundert stammende Peschitta[9] (deren alttestamentlicher Teil auch von Juden hoch geschätzt wird).

Als Konsens westlicher und östlicher Exegeten kann festgehalten werden, dass der Text der Peschitta dem Sprach- und Denkhorizont von Menschen aus dem kulturellen Umfeld Jesu verpflichtet ist und so oft ein erhellendes Licht auf schwierige Textpassagen werfen kann.

Kontrovers bleibt die Frage, ob einzelne neutestamentliche Schriften aus dem Griechischen ins Syro-Aramäische übersetzt wurden: eine aus exegetischer Sicht hochkomplexe Thematik. Syrische Christen tun sich naturgemäß schwer damit, hier von einer „Übersetzung" zu reden, da sie ihre eigenen Texte in der Muttersprache Jesu für authentisch halten. Mancher

---

[8] In Gesprächen wurde darauf verwiesen, dass es nach der Legende von König Abgar eine Korrespondenz zwischen dem König und Jesus gegeben habe. Daraus wird geschlossen, dass sie dieselbe Sprache gesprochen haben müssen, also das Syro-Aramäische in der Form, wie es im Norden des Zweistromlandes, im Tur Abdin (einer Gegend in der heutigen Türkei), gebräuchlich war bzw. ist. Ob diese Argumentation bereits hinreicht, soll hier nicht weiter erörtert werden.

[9] Aus westlicher Perspektive wird zuweilen behauptet, an manchen alten syrischen Manuskripten sei zu erkennen, wie im Laufe der Zeit zunehmend griechische „Verbesserungen" in die aramäischen Manuskripte hineingeschrieben wurden. Es habe wohl bei den Westsyrern die Tendenz gegeben, die Einheit mit der griechischsprachigen Welt zu suchen und dabei an einzelnen Stellen auf typisch Aramäisches mehr und mehr zu verzichten, ohne es aufzugeben.

orientalische Exeget vertritt auch die Meinung, es habe ein aramäisches Ur-Matthäusevangelium gegeben, selbst wenn man keine eindeutigen, stringenten Belege dafür vorweisen könne.

Auf einer ersten Fortbildung für die syrisch-orthodoxen Religionslehrer Nordrhein-Westfalens, die in Warburg stattfand, erfuhr ich, wie schwierig es war, die Textkritik, Literarkritik, Traditions- bzw. Redaktionsgeschichte auf die Entstehung syro-aramäischer Texte des Neuen Testaments anzuwenden. Ein Mitarbeiter des Aland-Instituts von der Universität Münster klärte als Gastreferent auf:

Der Syrer Tatian (um 120–173) verfasste um 170 eine Evangelienharmonie, in der er die vier Evangelien zu einem Text zusammenfügte. Diese konnte sich im Gottesdienst längerfristig aber nicht durchsetzen. Wir haben zunächst nur von dieser Evangelienharmonie Kenntnis, weil Ephräm der Syrer (um 310–373) einen Kommentar zu diesem „Diatessaron" (griechisch: „aus den vieren") geschrieben hat, aus dem Rückschlüsse auf den Text erfolgen können. Später wurden auch Textfragmente gefunden. Das wohl auf Syro-Aramäisch verfasste Diatessaron[10] muss tatsächlich unter syrischen Christen in Gebrauch gewesen sein. Die Existenz und Datierung des Diatessarons ist insofern wichtig, da so klar wird, dass die Evangelien von Matthäus, Markus, Lukas und Johannes im 2. Jahrhundert schon weitverbreitet gewesen sein mussten. Interessant ist, dass das Diatessaron sich nur auf die vier anerkannten Evangelien bezieht, die apokryphen Schriften aber unbeachtet lässt.

Die bereits angesprochene Peschitta (englisch: „Peshitta") aus dem 5. Jahrhundert wurde – wie Forschungen ergaben – im Norden des Zweistromlandes verwendet. Entstanden ist „die Einfache" (so die Übersetzung der Bezeichnung „Peschitta") wohl während des 2. oder 3. Jahrhunderts. Allerdings fehlten in der Peschitta die Bücher 2. Petrusbrief, 2. und 3. Johannesbrief, Judasbrief und die Offenbarung des Johannes. In einer gefundenen Pe-

---

[10] Es könnte aus exegetischer Perspektive auch griechisch verfasst sein, darüber sind sich westliche Historiker nicht einig.

schitta-Handschrift ist das Jahr 459/460 angegeben. Damit ist diese die älteste existierende Bibelhandschrift mit einem konkreten Datum überhaupt.

Die fünf fehlenden Bücher des Neuen Testaments wurden um 508 bei einer Revision der Peschitta mit in die neue Fassung übernommen. Diese neue Fassung des Neuen Testament wird als Philoxeniana bezeichnet.

Bei der Suche nach noch älteren syrischen Handschriften gab es allerdings auch zwei große Erfolge. Eine erste syrische Handschrift aus dem 5. Jahrhundert verbarg sich unter einer Vielzahl von Manuskripten, die das Britische Museum 1842 von einem Kloster in der Nitrischen Wüste in Ägypten erworben hatte. Ihren Namen Cureton-Syrer erhielt diese Handschrift, weil der Bibliothekar William Cureton sie entdeckte. Hier sind die vier Evangelien in der Reihenfolge Matthäus, Markus, Johannes und Lukas anzutreffen. Die zweite Handschrift, genannt „der Sinai-Syrer" geht auf die Entdeckung der Zwillingsschwestern Agnes Smith Lewis und Margaret Dunlop Gibson aus dem Jahr 1892 zurück, die eine abenteuerliche Reise durch den Sinai machten. In einer dunklen Kammer des Katharinenklosters fand Agnes unter frommen Schriften zum Leben von Heiligen einen fast vollständigen syrischen Kodex der vier Evangelien. Es handelte sich um eine sogenannte Palimpsest-Handschrift, d.h. der Originaltext war entfernt und neu beschrieben worden. Dieser Kodex, der Sinai-Syrer, dürfte bereits aus dem 4. Jahrhundert stammen und ist zu den wichtigsten biblischen Manuskripten überhaupt zu zählen. Und da es sich wohl beim Sinai-Syrer wie beim Cureton-Syrer um Abschriften handeln *muss*, dürfen wir vermuten, dass die Originale Ende des 2. oder zu Beginn des 3. Jahrhunderts niedergelegt wurden. Diese altsyrischen neutestamentlichen Texte, die aus der Zeit vor der Verbreitung der Peschitta stammen, werden „Vetus Syra" genannt, denn sie bilden die alte syrische Überlieferung.

Am Rande sei noch die „Palästinensisch-Syrische Version" der Harklensis, eines weiteren syrischen Manuskripts, erwähnt. Vollzähligkeit wird in unserem Kontext aber nicht angestrebt.

Syrisch-orthodoxe Christen bzw. chaldäische Christen bewerten einzelne dieser Manuskripte anders und ordnen sie auch anders ein als manche am exegetischen Mainstream orientierte Westler. Exemplarisch sei George M. Lamsa genannt, der die Auffassung vertritt, in der Peschitta läge die treueste

Überlieferung der Jesusgeschichte vor. Sein Schüler Rocco A. Errico verweist wie er auf das klassische östliche Peschitta-Manuskript, das 1950 in der Mosul-Bagdad-Ausgabe im Irak erschienen ist. Auch in der vorliegenden Übersetzung wird darauf Bezug genommen.

Überall dort, wo man mit den alten aramäischen Texten[11], mit Übersetzungen ins Aramäische[12] und mit dem Blick auf die gegenwärtige Liturgie[13] nicht weiterkommt, können mit Vorsicht auch „(Rück-)Übersetzungen"[14] helfen, vom kulturellen Kontext der Ursprungssituation aus weiter zu fragen, neue Problemlagen zu ermitteln – zumindest ist der Versuch nicht grundsätzlich zurückzuweisen. Zurückzuführen ist dieser methodische Vorschlag auf den Göttinger Theologieprofessor Julius Wellhausen, der einmal gesagt haben soll, wer die Reden Jesu wissenschaftlich erklären wolle, müsse imstande sein, sie nötigenfalls in die Sprache zurückzuübersetzen, die Jesus gebraucht hat.[15] Alle Fragen wird man natürlich mit diesem Mittel nicht lösen können. Aber gelegentlich können sich hypothetisch neue Sichtweisen eröffnen.

Die Frage der Hellenisierung des Vorderen Orients zur Zeit Jesu dürfte dabei – nach meiner Überzeugung – von Fachexegeten oft überschätzt werden. Zweifellos verstand und sprach man in den städtischen Regionen griechisch. Aber wenn man nur ein wenig vom urbanen Umfeld abwich, gelangte man

---

[11] Gemeint sind die Texte, die ursprünglich auf Aramäisch verfasst wurden.
[12] Gemeint sind solche Texte, die bereits in der Antike aus dem Griechischen ins Aramäische übersetzt sein könnten.
[13] Gemeint sind die Texte der Liturgie in Aramäisch.
[14] Angesprochen werden hier Schrifttexte, die z. B. aus einer deutschen Übersetzung (auf Grundlage des griechischen Textes) nun ins Aramäische übersetzt werden und dann aus dem Aramäischen wieder ins Deutsche übertragen werden.
[15] Vgl. Julius Wellhausen, *Der syrische Evangelienpalimpsest vom Sinai. Nachrichten der Königlichen Gesellschaft der Wissenschaften zu Göttingen*. Philologisch-hist. Klasse, Heft 1 (1895), S. 11.

schnell in Regionen, die von der aramäischen Kultur und Sprache durchdrungen waren.

Bei einer Studienreise nach Syrien und in den Süden der Türkei, die 2007 – also noch vor dem Krieg – von den syrisch-orthodoxen Religionslehrern in Nordrhein-Westfalen durchgeführt wurde und an der ich teilnehmen durfte, konnte ich erleben, wie in einem arabischsprachigen oder türkischsprachigen Umfeld sich immer wieder in mehr oder weniger abgelegenen Gegenden aramäischsprachige Inseln auftaten. Diese hatten die Invasion der Araber, Osmanen und zuvor die der Griechen überstanden, ohne ihre sprachliche und kulturelle Identität aufgegeben zu haben. Vielen bekannt dürfte durch die Erzählungen von Rafik Schami der kleine Ort Maalula sein, in dem ein besonderer aramäischer Dialekt gesprochen wurde. Dass die Hellenisierung zur Zeit Jesu also nur oberflächliche Wirkung zeigte, liegt auf der Hand. Dass Jesus sich im aramäischsprachigen Umfeld bewegte und in Aramäisch predigte, bedarf keiner weiteren Erläuterung.

2.2 Zur Auslegung des Vaterunsers im Kontext syro-aramäischer Schrifttradition

Zurück zur Frage einer authentischen Übersetzung der sechsten Bitte im Vaterunser. Schon vor Jahren wurde mir aufgrund zahlreicher Begegnungen mit aramäischsprachigen syrisch-orthodoxen Christen klar, dass mehr Indizien für ein Textverständnis auf aramäischer Grundlage sprechen als dagegen.
Die Übung der mündlichen Weitergabe in einer Kultur kaum ausgebildeter Schriftlichkeit, die zum Auswendiglernen anregt, Versformen in poetischer Schönheit kreieren lässt, die den Wortlaut konservieren, ist wohl ein starkes Argument für die Authentizität.

Auffallend an den Argumenten der Papstkritiker ist ihre Vorstellung, dass die Grundlage für Übersetzungen des Neuen Testaments ins Deutsche die griechische Vorlage sei. Dabei müsste jedem theologisch Gebildeten eigentlich klar sein, dass Jesus selbst seine Predigten nicht auf Griechisch, sondern auf Aramäisch gehalten haben muss. Jesus war aramäischsprachiger Jude. Er sprach galiläisches Aramäisch, das mit dem ost- und westsyrischen eng verwandt ist. Das wird von keinem heutigen Exegeten bezweifelt. Insofern kann geschlossen werden, dass alles, was in den Evangelien als Jesuswort gilt, bereits zuvor aus dem Aramäischen, einer semitischen Sprache, ins Griechische übertragen worden ist.

Semitisches Denken impliziert nun bestimmte sprachliche Eigenarten und grammatische Strukturen, die mit dem griechischen Denken nicht unmittelbar kompatibel sind. Übersetzungsfehler sind dabei nicht auszuschließen. Semitisches Denken in griechische Kategorien zu fassen, ist offensichtlich eine Leistung von höchstem Anspruch. In die heutige Zeit übertragen, könnte der Graben zwischen Griechisch und Aramäisch/Hebräisch etwa mit dem zwischen dem Deutschen und Arabischen verglichen werden.

Zurück zum Vaterunser (auf der biblischen Grundlage von Lk 11,1–4 und Mt 6,5–15 – ohne die frühchristliche Doxologie; in der Peschitta ist die liturgisch gebräuchliche Vaterunser-Fassung einschließlich der Doxologie im Matthäusevangelium anzutreffen): „Warum wird exegetisch also nicht der mit gewisser Wahrscheinlichkeit dem ursprünglichen Wortlaut der Worte Jesu recht nahe kommende Text des aramäischen Vaterunsers mit in die Interpretationsbemühungen eingeschlossen, um zum Sinn seiner Worte vorzustoßen?", fragen sich Interessierte. Es wäre doch bereichernd, wenn sich die Exegetinnen/Exegeten des Neuen Testaments auch mit der Sprache und dem Kulturkreis der Aramäer beschäftigten! Man könnte sogar so weit gehen, die Ausbildung der Theologiestudentinnen und -studenten mit Studien zum Aramäischen anzuregen. Sollten nicht auch Gespräche von ihnen mit syrisch-orthodoxen oder assyrischen Christen vor Ort arrangiert werden, um Wissen über deren kulturellen Hintergrund zu vermitteln? Im Rahmen der Studienabschlüsse wird Aramäisch allerdings weder von katholischer noch von evangelischer Seite von den Studierenden gefordert. Warum eigentlich nicht? Es liegt doch nahe, dass ein Versuch mit gewissenhaftem Abwägen hermeneutischer Argumente nur Vorteile für das Verstehen von Worten Jesu brächte!

Nachwort

Im Hinblick auf das Vaterunser soll – als Konsequenz aus den bisherigen Überlegungen – im Folgenden auf die lebendige Tradition der syrisch-orthodoxen Liturgie als einem vorzüglichen Weg zurückgegriffen werden. Daneben sind chaldäische Quellen und – soweit zugänglich – galiläische bzw. nordaramäische Quellen heranzuziehen. Die Peschitta dürfte als solides Fundament zu betrachten sein, obwohl sie zeitlich überwiegend erst im 5. Jahrhundert angesiedelt wird.

Man kann die Poesie des Vaterunsers, dieses in Reim und Rhythmus gestalteten Textes, spüren, und erfahren, von welcher außerordentlichen geistlichen Kraft er durchdrungen ist. Der aramäische Text lautet im westsyrischen Dialekt:

ᵓAbun dəbaschmajo:
Nethqadasch schmoch
tithe malkuthoch
nehwe ṣebjonoch.
Eikano dəbaschmajo of barᶜo.
Hablan lahmo dəsunqonan jaumono.
Waschbuq lan haubein wachtohein
eikano dof hnan schbaqn ləhajobein.
Wəlo taᶜlan lənesjuno
ᵓello faṣṣo lan men bischo.

Meṭṭul dədiloch hi malkutho
wəheilo wəteschbihto
ləᶜolam ᶜolmin.
Amin.

Ohne Taube und Kamel

Die Übersetzung aus dem westaramäischen Text von Mt 6,9–13 lautet nach Rocco A. Errico wie folgt:

Unser Vater, der überall ist,
heilig ist (sei) dein Name.
Lass dein Reich (deinen Rat) kommen.
Lass deinen Willen (Begehren) sein
wie im Universum, so auch auf der Erde.
Gib uns unser nötiges Brot von Tag zu Tag.
Und vergib uns unsere Vergehen,
so wie wir unseren Schuldigern vergeben haben.
Und lass uns nicht in Versuchung geraten,
sondern befreie uns von Fehlern (Irrtümern).

Denn dein ist das Reich und die Macht und die Herrlichkeit,
von allen Zeitaltern in alle Zeitalter.
Amen.[16]

Der aramäische Text lautet hier in ostsyrischem Dialekt (in der Umschrift bei Rocco A. Errico):

Awuun dwaschmeiya
Nithkadasch schmach
Teʾethey malkuthach
Nehweh seweiyanach
Ekana dwaschmeiya ap barʿah
Hau-län lachma sunkannan yaumana
Waschwok-län haubejn ekana dap
Hanan schwakan le-hayawejn
(W)la taʿlän le-nisyona

---

[16] Vgl. *www.bunkahle.com/Aktuelles/Religion/Aramaeisches_Vaterunser.html* (abgerufen im Oktober 2019). Rocco A. Errico, *Das aramäische Vaterunser. Jesu ursprüngliche Botschaft entschlüsselt*, S. 78.

Ella pasan min-biescha
Meʾtol dielachʾi malkutha
(W)haila (w)ateschbochʾta
Leʾalem almien.
Amen[17]

Eine wörtliche Übersetzung aus dem Ostsyrischen lautet bei Rocco A. Errico wie folgt:

Unser Vater, der überall (in den Himmeln) (ist),
heilig ist dein Name.
Lass kommen dein Reich (deinen Rat).
Lass sein deinen Willen (Begehren oder Wunsch)
so wie in (den) Himmeln (dem Universum)
auch auf (der) Erde.
Gib uns (stelle zur Verfügung) Brot
für unseren Bedarf von Tag zu Tag.
Und vergib uns unsere Vergehen,
so wie wir vergeben haben
unseren Übeltätern (Schuldigern).
Und (tue) nicht uns eintreten lassen
in die Versuchung, sondern
befreie uns vom Bösen (Fehler, Irrtum).
Denn dein ist (sind) (das) Reich und (die) Macht und (die) Herrlichkeit
von allen Zeitaltern durch alle Zeitalter. Amen.[18]

---

[17] Vgl. Rocco A. Errico, *Das aramäische Vaterunser*, S. 81–83.
[18] Rocco A. Errico, *Das aramäische Vaterunser*, S. 80 und 82.

Ohne Taube und Kamel

Eine andere mögliche Übersetzung lautet:

Unser Vater im Himmel.
Dein Name werde geheiligt.
Dein Reich komme.
Dein Wille geschehe
wie im Himmel so auf Erden.
Gib uns Tag um Tag
das benötigte Brot.
Und vergib uns unsere Schulden,
wie wir vergeben haben
unseren Schuldnern.
Führe uns, damit wir nicht
in Versuchung fallen.
Und erlöse uns von dem Bösen.
Denn dein ist das Reich und
die Kraft und die Herrlichkeit
in Ewigkeit. Amen.

Eine eigene Übertragung in kindgerechte Sprache könnte zu folgendem Ergebnis kommen:

Gott im Himmel,
du bist für uns da wie liebevolle Eltern,
du bist so gut,
komm zu uns.
Du willst eine bessere Welt.
Wir wollen dabei helfen.
Lass uns nicht Not leiden.
Schenk' uns, was wir zum Leben brauchen.
Vergib uns,
wenn wir Fehler begangen haben.
Wir haben bereits allen vergeben, die zu uns schlecht waren.

Lass uns nicht in Versuchung geraten,
wenn wir so viel wie möglich besitzen möchten.
Befreie uns davon, immer mehr haben zu wollen.
Wir wollen mehr für *dich* offen sein.
Wir danken dir und loben dich. Amen.

Wie auch immer übersetzt wird, die Vieldeutigkeit der aramäischen Begriffe hält viele Möglichkeiten offen.

2.3 Die umstrittene sechste Vaterunser-Bitte aus syro-aramäischer Sicht

Bei der schon angesprochenen Bitte, nicht in Versuchung zu geraten, liegt im ersten Teil interessanterweise grammatisch betrachtet ein „Aphel", d.h. ein kausativer Verbstamm, vor, der unseren sprachlichen Möglichkeiten fremd ist. Im Aramäischen (wie im Arabischen) besteht also eine Verbform, die je nach Kontext das Subjekt eines Satzes als Verursacher oder als Zulassenden einer Handlung bzw. eines Geschehens bezeichnen kann. Vor dem Hintergrund dieser Grammatik ging die Übersetzungsvariante, die von der kausativen Verbform mit der Nuance der Zulassung ausgeht, bei der Übertragung ins Griechische verloren; ihr könnte nun aber im Sinne des Papstes gegebenenfalls wieder Geltung verschafft werden.

Die umstrittene Bitte „Wəlo taᶜlan lənesjuno ʾello faṣṣo lan men bischo" (westsyrisch) kann dann wie folgt aus dem Syro-Aramäischen übersetzt werden:
„Lass uns nicht in Versuchung geraten ..."

Ähnlich sieht ja auch der Vorschlag des Papstes (und der französischen Bischöfe) aus.

Ein zweiter Übersetzungsvorschlag, der sogar beide Aspekte, den des Tuns wie den des Zulassens in gewisser Weise zusammenführt, könnte wie folgt lauten: „Führe uns, damit wir nicht in Versuchung fallen ..."

Rocco A. Errico gibt die aramäische Sicht zu bedenken:

„Wie würden wir uns fühlen, wenn unsere Kinder uns bäten: ‚Vater, Mutter, führe uns nicht in Versuchung', und das jeden Tag? Was für Eltern wären wir? Nein, unsere Kinder wissen, dass wir sie von Problemen und Versuchungen wegführen. Dies gilt auch für 'Abbā, unseren himmlischen Vater."

Und Errico bezieht sich – daran anschließend – auf den Jakobusbrief:

„Niemand sage, wenn er versucht wird, er werde von Gott versucht; denn Gott kann durch das Böse nicht versucht werden, noch versucht er irgendjemanden: Aber jeder wird durch seine eigenen Wünsche versucht; er begehrt und wird verführt." (Jak 1,13–14)[19]

Entscheidend für die Interpretation der umstrittenen sechsten Bitte dürfte die Einordnung in den entsprechenden Kontext sein.

Der Kontext des Gebetes insgesamt hat Gott als „Abbo" (westsyrisch) bzw. als „Abba" (ostsyrisch) zum Adressaten. Die Verwendung der Umschrift „'Abbā" wird beiden Dialektvarianten gerecht. Was bedeutet diese Gebetsanrede an Gott für die Interpretation der sechsten Vaterunser-Bitte? Die theologische Frage nach dem „Gottesbild" dürfte zu einem entscheidenen Kriterium einer möglichst authentischen Übertragung werden.

Jesus bewegte sich innerhalb der jüdischen Sprachmöglichkeiten. Er redet Gott mit „'Abbā" an, der für das Judentum immer schon – auch – Vater gewesen sei.[20] Die Anrede 'Abbā wurde nicht nur von kleinen Kindern verwendet, sondern war auch unter Erwachsenen üblich. Dementsprechend sind verschiedene Bedeutungsnuancen möglich. Das Aramäische lässt viele Möglichkeiten offen. Hier entscheidet oft der Kontext, wie ein Begriff zu deuten ist.

Wie dies im Einzelnen auch zu sehen sei, „'Abbā" beinhaltet im Judentum zur Zeit Jesu grundsätzlich eine enge positive Beziehung zwischen ei-

---

[19] Vgl. Errico, *Das aramäische Vaterunser*, S. 103.
[20] So etwa Ulrich Luz, *Das Matthäusevangelium*. Bd. 1, Köln – Einsiedeln 1985, S. 341.

nander Nahestehenden. Es ist die Anrede an eine geliebte Person, in der Regel an einen Elternteil, Vater oder auch Mutter[21].

Die Vorstellung von einem gütigen und liebenden Gott ist auch in der jüdischen Tradition, z. B. in der Liturgie, fest verwurzelt. Das Gebet „Awinu Malkenu, unser Vater, unser König", das am Jom Kippur (Versöhnungstag) eine Rolle spielt, enthält viermal die Anrede „Unser Vater". Auch der Ausdruck „Unser Vater im Himmel" besteht in jüdischer Gebetstradition von der Antike an. Die jüdische Überlieferung hat mit dieser Anrede Gottes eine Metapher gewählt, bei der die liebevolle Zuneigung Gottes im partnerschaftlichen Umgang von Gott und Mensch zum Ausdruck kommt.

Das Gebet, das Jesus spricht, nimmt seine Jünger als Kinder Gottes mit in die Gottesbeziehung hinein. Das bedeutet nicht unbedingt, als ein kleines Kind betrachtet zu werden, es geht vielmehr um die innige und nahe Beziehung zu Gott.

Der Kontext der sechsten Vaterunser-Bitte dürfte also im Rückgriff auf das Aramäische die Vorstellungen des Papstes stützen. Die Metapher vom liebevollen Vater, die in der ʾAbbā-Anrede zum Ausdruck kommt und die ganz im Einklang mit einem Teil jüdischer Tradition steht[22], lässt auch die Frage aufkommen, inwiefern „Versuchung" im Sinne jüdischer Tradition angesprochen ist. Ist die Frage nach der Versuchung nicht bereits in der jüdischen Weisheitsliteratur der Hebräisch-Aramäischen Bibel im Buch Ijob/Hiob anzutreffen? Dort ist es allerdings die Figur des Satans, der Hiob in Versuchung führt. Gott lässt diese nur zu.

Die gemeinschaftsbezogene Anrede Abun/Abon[23], d.h. „unser ʾAbbā", zeigt, wie stark die innige Beziehung zwischen Mensch und Gott akzentuiert ist. Hier im Vaterunser kommt dem ʾAbbā-Bezug eine besondere Bedeutung zu.

---

[21] Dass das auch bei der Mutter so üblich war, wenn dies auch nicht so häufig belegt ist wie beim Vater, ist für manche Leser sicher überraschend.

[22] Die Pluralität im Judentum verbietet zumeist generelle Aussagen. Vgl. Gilbert S. Rosenthal / Walter Homolka, *Das Judentum hat viele Gesichter*, Knesebeck, München 1999.

[23] „Abun/Abon" ist im Westsyrischen wie Ostsyrischen identisch.

3. Kirchengeschichtliche und dogmatische/systematische Überlegungen zur Anerkennung des Vaterunsers aus der Peschitta

3.1 Katholische Perspektiven

Das wohl überzeugendste Argument dafür, sich bei einer deutschen Fassung des Vaterunsers auf das syro-aramäische Vaterunser zu beziehen, besteht – aus katholischer Sicht – in der Tatsache, dass in der römisch-katholischen Kirche das syro-aramäische Vaterunser bereits seit ca. 400 Jahren anerkannt wird. Wir brauchen nur auf den konfessionellen Flickenteppich im Nahen Osten zu schauen. Da gibt es bereits die syrisch-katholische Kirche (*ito suryaito qatoliqaito*), die sich seit 1628 durch den Einfluss von Jesuiten, Kapuzinern und anderen Orden in der Gegend von Aleppo konstituierte. Dieser Kirche traten viele syrisch-orthodoxe Christen bei, denen die Beibehaltung ihrer alten aramäischen Liturgie zugesagt wurde. Im Jahr 1782 trat sogar der gewählte Patriarch der syrisch-orthodoxen Kirche, kurz nach seiner Wahl zum Oberhaupt, zum Katholizismus über und begründete damit eine katholische Sukzessionslinie. Der Gottesdienst folgt dem antiochenischen Ritus. Die Liturgiesprache war und ist heute noch das Aramäische. Im Alltag wird zumeist arabisch gesprochen. Seit den 1990er-Jahren wird eine Annäherung an die syrisch-orthodoxe Kirche gesucht. Das bedeutet also: Die katholische Kirche hat bereits das Vaterunser wie auch die Peschitta in Syro-Aramäisch bei einer ihrer unierten katholischen Kirche in Gebrauch.

Kaum zu glauben, dass es auch eine weitere, eine ostsyrische Kirche gibt, die mit Rom schon seit dem 16. Jahrhundert – also noch vor der Verbindung mit den syrisch-katholischen Christen – uniert ist. Auch diese Kirche feiert die Liturgie in Aramäisch (in Form des ostsyrischen Dialekts). Es handelt sich um die chaldäisch-katholische Kirche (*ita kaldetha qathuliqetha*).

Was liegt da näher, als eine Übersetzung aus der syro-aramäischen Sprache auch in der römisch-katholischen Kirche zuzulassen? Es wird angeregt, sich dem bereits katholischerseits anerkannten Vaterunser-Text in Syro-Aramäisch anzuschließen, der der Sprach- und Denkweise Jesu nahekommt!

Angesichts der bereits innerhalb der katholischen Welt anzutreffenden Vielfalt wird daher vorgeschlagen, sich der unterschiedlichen Traditionen auch theologischerseits noch viel stärker bewusst zu werden. Für diejenigen Orientalen, die ja zur römisch-katholischen Kirche dazugehören, weil sie in Glaubens-, Gebets- und Sakramentengemeinschaft stehen, wird damit zugleich ein unersetzliches ökumenisches Zeichen auf Einheit hin gesetzt. Dass die syrisch-katholische und chaldäisch-katholische Kirche bereits vor der Aufklärung (mit Grundlegung einer historisch-kritischen Exegese) zur Einheit mit Rom gekommen ist, sollte von westlicher Seite nicht überheblich betrachtet werden. Vielmehr sehen wir heute ja auch die Grenzen „aufgeklärten" Denkens und Forschens.

Dies beinhaltet auch, Traditionen anderer Kirchen zu respektieren, mit denen Gemeinschaft gesucht wird. In Deutschland wird – aus römisch-katholischer Sicht – bei ökumenischer Zusammenarbeit zumeist an die Kirchen der Reformation gedacht. Der Blick ist ebenso auf die orthodoxe Kirche und die orientalischen Kirchen hin zu erweitern.

Wenn nach katholischem Verständnis „Schrift und Tradition" Richtschnur für den Glauben sind, dann wäre der Peschitta ein hoher Wert beizumessen, selbst wenn sie „nur" als Teil der Tradition betrachtet würde. In jedem Fall steht einer intensivierten Forschung am aramäischen Text aus katholischer Sicht nichts entgegen.

3.2 Evangelische Perspektiven

Auch auf evangelischer Seite sollte sich etwas bewegen. Gibt es doch syrische Kirchen, wie etwa die syrisch-evangelische Gemeinde und die assyrisch-evangelische Kirche. Hier bestehen Anknüpfungspunkte, die genutzt werden können. Allerdings sind mögliche Konsequenzen wegen der grundsätzlich pluralen Struktur der evangelischen Kirchen kaum stringent zu formulieren. Das reformatorische Schriftprinzip („sola scriptura") lässt zwar ein fokussiertes Interesse an der Ursprünglichkeit der aramäischen Peschitta zu, dennoch hat sich die evangelische Tradition von Beginn an den griechischen Schriften des Neuen Testaments verschrieben. Eine Revision dieser Sichtweise würde von manch einem evangelischen Christen insofern als Traditionsbruch aufgefasst werden können, der nur schwer zu akzeptieren ist. Solange die Peschitta nach Auffassung des westlichen theologischen Mainstreams „nur" als „rückübersetzt" gilt, ergeben sich Schwierigkeiten, sie als Fundament des Glaubens zu akzeptieren. Wird die Peschitta allerdings als Grundlage akzeptiert, werden bislang ungeahnte Chancen eröffnet, Jesus auf dem Hintergrund seiner Muttersprache mit ihren Eigenheiten besser zu verstehen. Die Tatsache, dass bei der überarbeiteten Lutherbibel von 2017 das Aramäische nicht bedacht wurde[24], zeigt, dass hier noch ein weiter und mühsamer Weg des Bewusstseinswandels zu beschreiten ist.

---

[24] Dies wird etwa bei der Übersetzung des Logions, des Jesus-Wortes, vom „Seil" (im Griechischen mit „Kamel" übertragen) und vom „Nadelöhr" in Mt 19,24 exemplarisch deutlich.

4. Konsequenzen

4.1 Folgerungen für ein besseres Verständnis des Vaterunsers

Inzwischen haben die deutschen katholischen Bischöfe entschieden. Sie wollen den deutschen Wortlaut des Vaterunsers und damit auch die Bitte „Und führe uns nicht in Versuchung" unverändert lassen. Ersatzweise wird auf Bildungsprozesse gesetzt, die den Hintergrund dieser Vaterunser-Bitte erhellen sollen. Damit wird zugleich ein Diskurs eröffnet, der schließlich die Bischöfe zur Revision ihrer Haltung veranlassen könnte. Denn die Klärung der Zusammenhänge wird mit hoher Wahrscheinlichkeit zum Ergebnis kommen: Die umstrittene Vaterunser-Bitte ist im Deutschen zu verbessern.

Die Argumente des Papstes und der französischen Bischöfe zur Einführung der neuen Vaterunser-Übersetzung in der Liturgie ab 1. Advent 2017 sind nur schwer zu widerlegen. Aus der Stellungnahme der französischen Bischöfe zur neuen Übersetzung „Lass uns nicht in Versuchung fallen" (wörtlich: „ne nous laisse pas entrer en tentation") geht hervor: Die komplexen exegetischen Schwierigkeiten seien ihnen klar gewesen. So die französischen Bischöfe. Aber: „Derrière l'expression grec (…) se trouve une manière sémitique de dire les choses." Genau hier liegt der Schlüssel für die neue Übersetzung, nämlich die Erkenntnis, dass das semitische Sprechen und Denken bei der Übersetzung der Vaterunser-Bitte eine Rolle gespielt hat. Genauer hätten sich die Bischöfe natürlich auf das Aramäische bzw. Syro-Aramäische beziehen können.

Zusammenfassend hier einzelne Eckpunkte, die bei der Diskussion um die Revision der sechsten Vaterunser-Bitte eine Rolle spielen können:

Es ist eine Tatsache, dass es in der aramäischen Sprache die Offenheit gibt, mehrere Denkmöglichkeiten sprachlich zugleich auszudrücken. Die grammatische Konstruktion des „Aphel" kann z. B. ein aktives Tun *und* ein Zulassen beschreiben. Erst durch den Kontext wird die eine oder andere Möglichkeit mehr oder weniger plausibel. Oft ist den Übersetzenden klar, dass sie bei jeder Entscheidung für eine der möglichen Übersetzungen bestimmte andere denkbare Aspekte wegfallen lassen. Jede Übersetzung ist zugleich Interpretation. Bei der sechsten Vaterunser-Bitte ist aufgrund der Anrede Gottes als ʼAbbā wohl der Interpretation des „Zulassens" der Vorzug zu geben. Denn die Vater-Metapher lässt an Gottes Güte denken. Am besten wäre es, wir hätten in unserer eigenen Sprache ähnliche grammatische Konstruktionsmöglichkeiten wie im (Syro-)Aramäischen. Dann wären Ambiguität und Doppeldeutigkeit leichter zu vermeiden. Da dies nicht der Fall ist, können wir immer nur annäherungsweise eine korrekte Übersetzung suchen. Vielleicht kommt die folgende Übersetzung noch dem vermuteten Sinn am nächsten: „Führe uns, damit wir nicht in Versuchung fallen." Denn hier sind sowohl der Gedanke der Aktivität Gottes als auch seines Zulassens, in Versuchung einzutreten, miteinander verbunden.

Es ist bedenkenswert, dass es diese grammatische Möglichkeit in der syrisch-aramäischen Tradition bereits seit der Antike gibt. Dadurch lässt sich nicht nur pastoral, sondern auch philologisch die Position von Papst Franziskus kontextuell stützen:

- Gott, der liebevolle *ʼAbbā,* führt nicht in Versuchung.
- Er lässt allerdings zu, dass Menschen in Versuchung geraten können, durch wen auch immer. Das Syro-Aramäische lässt den Urheber offen.
- „Lass uns nicht in Versuchung geraten …" Oder: „Führe uns, damit wir nicht in Versuchung kommen." Das sind Übersetzungen der sechsten Vaterunser-Bitte, bei der „Gottes Güte" nicht infrage gestellt wird. Vielmehr ist daran gedacht, dass Gott beisteht.

Die Anrede Gottes als liebevoller ʼAbbā schließt nicht aus, dass Jesus selbst als Jude seiner Zeit auch die Anreden Gottes in den Gebeten des Judentums, etwa in den Psalmen, gebraucht hat. Seine Gottesanrede stammt ganz aus dem jüdischen Kontext.

Angesichts dieses Befundes wäre ein Gedankenexperiment gegebenenfalls auch für die moderne historisch-kritische Exegese interessant: Was wäre, wenn wir hier beim Vaterunser tatsächlich authentischen Worten Jesu nahe kämen? Aber auch wenn Exegetinnen oder Exegeten darauf insistieren, es handele sich beim Vaterunser in (Syro-)Aramäisch „nur" um eine Übersetzung („Rückübersetzung"), wird man doch nicht übersehen dürfen, dass diese mutmaßliche Übersetzung seit der Antike traditionsbildend gewirkt hat und insofern auch Respekt verdient. In jedem Fall spiegelt sich im (syro-)aramäischen Text die Struktur semitischen Denkens und Fühlens. Und genau dieser Struktur war auch Jesus sprachlich – die Semantik und Grammatik betreffend – verbunden.

Mit seinem pastoralen Vorschlag der Revision der sechsten Vaterunser-Bitte hat der Papst implizit – ob bewusst oder unbewusst kann hier nicht entschieden werden – einen ökumenisch relevanten Schritt auf eine weitere Annäherung zwischen der römisch-katholischen Kirche und den Kirchen syrischer Tradition vollzogen. In der mit Rom unierten syrisch-katholischen Kirche oder auch bei den chaldäisch-katholischen Christen wird das Vaterunser ja bereits seit Jahrhunderten in Syro-Aramäisch gebetet. Als Jesuit dürfte er die Grundzüge der Missionsgeschichte seines eigenen Ordens wohl kennen und um diesen urtümlichen Reichtum aus der Tradition des Orients wissen.

Ein kirchenpolitisches Argument kommt hinzu: Mit den genannten unierten katholischen Christen des Orients besteht ja auch bezüglich der Anerkennung als Kirchen Einheit, mit den evangelischen Christen des Okzident nicht. Diese unierten Orientalen sind Teil der römisch-katholischen Kirche, sie saßen seit Jahrhunderten und sitzen also bei Verhandlungen mit der evangelischen Seite immer „anonym"[25] mit am „Konferenztisch". Was liegt da näher, als die Schatztruhe dieser katholischen Kirchen zu öffnen und der Weltkirche anzubieten. Die nicht unierten Kirchen syrischer Tradition werden dies dankbar aufnehmen.

---

[25] Hier wird auf die Formulierung des katholischen Theologen Karl Rahner (1904–1984) angespielt, der im Rahmen seiner Beschreibung der „unsichtbaren Kirche" vom „anonymen Christen" spricht (vgl. Albert Raffelt, „Anonyme Christen" und „konfessioneller Verein" bei Karl Rahner, in: *Theologie und Philosophie 72* (1997), S. 565–573.)

Von evangelischer seite wäre eine offene Forschung zur Exegese des Neuen Testaments hilfreich, die auch das Aramäische berücksichtigt. Einzelne Ansätze sind erkennbar, etwa im Institut für Neutestamentliche Textforschung der Evangelisch-Theologischen Fakultät der Universität Münster. Die Hypothese vom Primat des Griechischen bleibt dort allerdings bestehen. Es ist abzuwarten, wie die Gemeinden vor Ort etwa auf die Evangelien in neuem Licht reagieren.

Die bei der Interpretation der sechsten Vaterunser-Bitte verwendete exegetische Methode, das Aramäische mit in die Überlegungen bei der Übersetzung einzubeziehen, kann anhand weiterer einleuchtender Beispiele gestützt werden.

Exegeten mögen darauf bestehen, dass das Neue Testament aus dem Griechischen zu übertragen ist, Dogmatiker/Systematiker werden es auch für bedenkenswert halten, den Sinn der Schrift als Teil der Tradition im Blick zu behalten. Die daraus erwachsende Weitung des Blicks kann neue Impulse für das Verständnis des Glaubens und die Theologie bieten.

Ein anschauliches Beispiel: Nach einer Fortbildung der syrisch-orthodoxen Religionslehrer von NRW in Paderborn entwickelte sich bei einem Abendessen eine angeregte Diskussion zum Thema, wie das „Kamel" von Mt 19,24 in die deutschen Bibelübersetzungen geraten sei. Sowohl in der revidierten Einheitsübersetzung von 2016 wie auch in der Neufassung der parallel dazu erschienenen Luther-Bibel von 2017 ist ebenfalls vom „Kamel" die Rede. In deutschen Bibelkommentaren zum Logion „Eher kommt ein Kamel durch ein Nadelöhr, als dass ein Reicher in den Himmel kommt" hatte einer der Malfone (Lehrer) gelesen, das „Nadelöhr" beziehe sich auf eine antike Stadtmauer mit einer so schmalen Öffnung, dass nicht einmal ein Kamel hindurchpasse. Eine originelle, aber doch eher unwahrscheinliche Deutung!

Dabei ist alles doch so einfach zu erklären, wenn man auf das (Syro-)Aramäische schaut. Das sei ein Übersetzungsfehler, hieß es bei den Malfone. Denn das aramäische Wort „gamlā" habe nicht nur eine einzige Bedeutung, wie es ja bei vielen aramäischen Begriffen der Fall sei. Es heiße sowohl „Kamel", aber eben auch gleichzeitig „Seil". Eine solche Bedeutung macht Sinn. Es heißt dann: „Eher geht ein Seil durch ein Nadelöhr, als dass ein Reicher in den Himmel kommt." Der Übersetzer hat wohl nur die gängige

Bedeutung „Kamel" gekannt – so mag spekuliert werden –, als er das Wort Jesu ins Griechische transponierte. Die gefundene stimmige Übersetzung war wahrscheinlich nicht in seinem sprachlichen Horizont.

Vielleicht hat auch der phonetisch ähnliche Begriff „gamlan" („reicher, wichtiger Mann"), der in diesem Logion nicht vorkommt, aber in manchen Ohren Assoziationen zu „gamlā" („Kamel") hervorrufen dürfte, zu der eigenartigen Übersetzung ins Griechische geführt. Die Hörer haben wohl assoziiert: Eher geht ein gamlā („Seil", „Kamel") durch ein Nadelöhr als dass ein gamlan („reicher Mann") dem Rat Gottes folgt. Subtil wird der Reiche mit einem Kamel verknüpft. Die Bedeutungsvielfalt vieler aramäischer Begriffe begünstigt solche gedanklichen Verbindungen.

Es zeigt sich also, wie wortgewaltig Jesus mit seiner Sprache spielen konnte und wie poetisch und prägnant zugleich er seine Botschaft auszudrücken vermochte. Dabei neigte er durchaus zu Formulierungen, die in ihrer Tendenz zur Ausschmückung gelegentlich auch die Fantasie seiner Hörerinnen und Hörer zu berühren imstande waren. Es wird klar, wie schwierig eine Übersetzung aus dem (Syro-)Aramäischen ist, die allen semantischen Anforderungen gewachsen ist.

Der historisch-kritisch geschulte Exeget wird herausstellen: Es handelt sich bei diesem Logion – was die Gattung betrifft – um prophetische Rede. Die Sozialkritik der Propheten ist aufgegriffen und pointiert zur Sprache gebracht. Und die Gefahren des Reichtums sind drastisch aufgezeigt: Eine Haltung von Gerechtigkeit gegenüber den Armen ist gefordert.

Papst Franziskus, der sich als „Anwalt der Armen" versteht, könnte auch unter Bezug auf dieses Logion vom Reichen mit dem idiomatischen Ausdruck vom „Seil" und dem „Nadelöhr" Impulse zur Revision der Bibelübersetzung und zu einem tieferen Glaubensverständnis sowie einer weiter reichenden Praxis geben. In sein „Programm" würde dies sicher gut passen.

Festzuhalten bleibt: In den alten syrischen Manuskripten tritt uns die spezifische Denkweise entgegen, die (syro-)aramäisch sprechenden Menschen zu eigen ist. Insofern ist auch Jesus in seinem kulturellen geschichtlichen Kontext tangiert.

4.2 Folgerungen für die theologische Forschung

Auf der Ebene akademischer Schriftauslegung sollte das Aramäische als Grundlage des Neuen Testaments von westlicher Theologie anerkannt werden, um sich aus der Dominanz des Griechischen zu befreien. An der Übersetzung der Septuaginta[26] lässt sich verdeutlichen, wie der Vorrang des Griechischen in der Geschichte wirkte. Die Septuaginta besteht aus einer ab dem 3. Jahrhundert vor Chr. entstandenen Sammlung jüdischer Schriften in griechischer Sprache. Sie enthält überwiegend Schriften, die aus dem Hebräischen bzw. Aramäischen übersetzt wurden. Entscheidend an der Septuaginta-Übersetzung war die Vorstellung, dass die Übertragung bereits als göttlich inspiriert galt. Das führte dazu, die hebräische bzw. aramäische Übersetzungsvorlage in ihrer Einzigartigkeit zu entwerten. Man könnte auch sagen: Sie wurde zugunsten der griechischen Übersetzung verraten. Sie wurde „ersetzt".

Ist das Griechische dem Aramäischen/Hebräischen zu Recht vorzuziehen?

Die TaNaCh-Zitate[27] im griechischen Neuen Testament sind im Wesentlichen der Septuaginta entnommen. So sieht man, welch enorme Wirkung diese Übersetzung ins Griechische auf die weitere Übersetzungsgeschichte ausübte. Bis ins späte 15. Jahrhundert war die Septuaginta Grundlage von weiteren Übersetzungen in eine Vielzahl von Sprachen. In der Liturgie der griechisch-orthodoxen Kirche wird sie noch heute verwendet.[28]

---

[26] Übliche Abkürzung dieser Bibelübersetzung durch die lateinischen Ziffern für 70 = LXX.

[27] Kunstwort, das die jüdische Bibel beschreibt: Sie besteht aus Tora, Propheten und Schriften.

[28] Vgl. Carsten Ziegert / Siegfried Kreuzer, Artikel: „*Septuaginta* (AT)", erstellt 2012; *https://www.bibelwissenschaft.de/wibilex/das-bibellexikon/lexikon/sachwort/anzeigen/details/septuaginta-at/ch/b8178fbbe0907a93cf4eb0207e56fd95/* (abgerufen am 23.10.2018); vgl. auch: „Zur Legende von der Übersetzung der Septuaginta", in: Wolfgang Kraus / Martin Karrer, *Septuaginta deutsch. Das griechische Alte Testament in deutscher Übersetzung*, Stuttgart 2009, S. 1503–1507.

Vor diesem geschichtlichen Hintergrund ist leicht verständlich, dass das griechische Neue Testament in der vom Hellenismus geprägten antiken Welt unmittelbar als inspirierte Schrift wahrgenommen wurde. Eine Auseinandersetzung mit aramäischen Vorlagen schien dementsprechend nicht mehr notwendig bzw. war überflüssig. Das Griechische eroberte den Vorrang unter den inspirierten Quellen der Bibel.

So wird bis in die Gegenwart von westlicher Exegese das Axiom vertreten, die Schriften des Neuen Testaments seien allesamt ursprünglich auf Griechisch geschrieben worden. Bei den auf Aramäisch vorliegenden Texten aus dem Neuen Testament handele es sich daher um Übersetzungen aus dem Griechischen. Orientalische Bibelauslegung stellt diesem Axiom die Vorstellung entgegen, Jesus habe aramäisch gesprochen, seine Lehre sei in Aramäisch zunächst mündlich, dann aber auch schriftlich tradiert worden. Daher komme dem Aramäischen eine Schlüsselstellung bei der Erschließung neutestamentlicher Texte zu. Es ist leicht nachzuvollziehen, dass diese beiden kontroversen Positionen nur schwerlich auf einen Nenner zu bringen sind.

Positionen zum Stellenwert des Aramäischen für das Verständnis der Evangelien

Da die westliche universitäre Forschung bislang keine eindeutig positive Stellungnahme zugunsten der aramäischen Texte des Neuen Testaments abgeben konnte, ist nach anderen Wegen zu suchen, wie der Wert des Aramäischen für die Exegese ausgelotet werden kann. Weiter unten soll einem Gedankenexperiment gefolgt werden, bei dem es darum geht, zu sehen, welche Konsequenzen sich für die Exegese ergeben. Folgende idealtypische[29] Positionen sind aus unterschiedlicher Perspektive im Hinblick auf die Peschitta denkbar:

---

[29] Dieses Vorgehen bezieht sich wissenschaftstheoretisch auf den soziologischen Ansatz von Max Weber (1864–1920). Ein Idealtypus beschreibt, ordnet und erfasst Ausschnitte der sozialen Wirklichkeit, indem er die wesentlichen Aspekte der sozialen Realität heraushebt und oft mit Absicht überzeichnet. Insofern stellt er ein Gedanken- bzw. Idealbild dar und grenzt dieses vom empirisch

1. **Position:** Es handelt sich tatsächlich weitgehend um authentisches aramäisches Material aus der ersten Zeit, also nicht um Rückübersetzungen aus dem Griechischen. Diese Annahme würde es ermöglichen, etwa den ursprünglichen Worten Jesu in den aramäischen Texten der Evangelien, näherhin im östlichen Text der Peschitta, begegnen zu können. Im Osten konnte der griechische Einfluss nicht greifen. Als renommiertester Vertreter dieser Position kann George M. Lamsa gelten.

Einzelne Argumente, die für diese Position sprechen (in Auswahl):

- Nie wurde in der Geschichte des Ostens erwähnt, dass die aramäischen Schriften je verloren gegangen seien. Ebenso steht fest, dass es keinerlei Hinweis auf eine Übersetzung aus dem Griechischen in der aramäischen Literatur gibt.[30]
- Die im antiken Orient ausgeprägte Kultur des Auswendiglernens und Memorierens in einer vornehmlich im Mündlichen beheimateten Umwelt ermöglichte die Erinnerung an authentische Worte Jesu. Die mündliche Tradierung legte die Niederschrift in Aramäisch nahe.
- Die Eigenart des Aramäischen führte dazu, Gedanken in Verse zu bringen, die weniger durch den Reim als durch den Rhythmus die Gedichtform zur Blüte gebracht hat. Man denke nur daran, dass ja selbst die Grammatik des Syro-Aramäischen in Gedichtform abgefasst wurde. Solche Gedichte konnten sich über längere Zeiträume in mündlicher Überlieferung halten. Die Versform war dabei ein Schutz vor Eingriffen und Veränderungen des Textes.
- Die Art der Phraseologie, der Idiome, der Sprechweise in den Evangelien entspricht genau dem Duktus im Aramäischen, etwa: „Wahrlich, wahrlich, ich sage euch", „In jenen Tagen", „Es ereignete sich", „Er sprach zu ihnen". Dies ist typisch aramäisch. Im Griechischen erkennen wir, wie das Aramäische die griechische Übersetzung bestimmt hat.

---

durchschnittlich gegebenen Realtypus ab. In einem erweiterten Sinne kann man heute sagen, dass die Analyse der sozialen Realität mithilfe von Idealtypen ein geläufiges Mittel sozialwissenschaftlicher Theoriebildung darstellt.

[30] Vgl. George M. Lamsa, *Ursprung des Neuen Testaments*, S. 16 f.

- Die Alltagserfahrung macht es plausibel, dass Worte eines bedeutenden Lehrers zunächst in der Sprache fixiert werden, die dieser Lehrer selbst verwendet hat. Liegt es doch auf der Hand, dass bei der Übertragung Fehler und Ungenauigkeiten auftreten, die ja gerade wegen der Bedeutsamkeit dessen, was gelehrt wurde, vermieden werden sollen. Das bedeutet, die mündlichen Überlieferungen sind zuerst in Aramäisch fixiert worden, erst später erfolgte die Übersetzung ins Griechische.
- Die Verbreitung des christlichen Glaubens fand zunächst unter den „verlorenen Schafen Israels" statt, also Aramäisch sprechenden Menschen.

Das Problem dieser Argumente ist es, dass es dafür – aus westlicher Sicht – keinen stringenten Beweis zu geben scheint.

2. **Position:** Abweichend von der 1. Position ist die Tatsache, dass das Westsyrische unter einen gewissen Einfluss des Hellenismus geriet und sich dem gegenüber zu behaupten hatte. Nicht immer war die Abschottung erfolgreich, sodass griechische Begriffe in die alten aramäischen Texte einflossen, wenn auch nur in überschaubarem Ausmaß. Das Resultat war der Peschitto-Text. John Wesley Etheridge und James Murdock sind die bekanntesten Übersetzer des Peschitto-Textes im 19. Jahrhundert.

3. **Position:** Einerseits wird die Peschitta als authentische Schrift relativiert, andererseits das Aramäische in seinem Wert für ein besseres Verständnis des Neuen Testament bzw. der Gestalt Jesu für wertvoll erachtet. Nur sei der moderne Exeget selbst gefordert, neu Worte Jesu in seine aramäische Muttersprache zurückzuübersetzen, um so an den Jesus der Geschichte heranzukommen.[31] Zu erinnern ist an den bereits erwähnten methodischen Vorschlag des Göttinger Theologieprofessors Julius Wellhausen vom Ende des 19. Jahrhunderts, der einmal gesagt haben soll, wer die Reden Jesu wissenschaftlich erklären wolle, müsse imstande sein, sie nötigenfalls in die Sprache zurückzuübersetzen, die Jesus selbst

---

[31] So etwa Franz Alt, der solche Rückübersetzungen in Anlehnung an Günther Schwarz empfiehlt.

gebraucht hat.[32] Vertreter dieses Ansatzes sind etwa Günther Schwarz oder Franz Alt, die eine Übersetzung vom Deutschen ins Aramäische und dann eine Rückübersetzung ins Deutsche fordern.

Es zeigen sich allerdings Schwächen und Fragen zu dieser Hypothese. Denn es bleibt nachzufragen, ob sich durch eine intensivere Beschäftigung mit den bereits bestehenden aramäischen Vorlagen (etwa der Peschitta) eine Rückübersetzung erübrigt, vielmehr eine Übersetzung aus dem Aramäischen, eben etwa aus der Peschitta in andere Sprachen, ansteht.

Der Buchtitel der Schrift von Franz Alt *Was Jesus wirklich gesagt hat* zeugt allerdings von einer gewissen Unkenntnis des Aramäischen (bzw. einer reißerischen Aufmachung bei der Titelwahl). Denn das Aramäische lässt ja zumeist viele Deutungen zu. Erst der vermutete Kontext führt zu einer Festlegung auf eine Übersetzung. Insofern sind auch die Worte Jesu oft nicht eindeutig festzulegen, wenn sich auch oft eine plausible Richtung erkennen lässt.

4. Position: Bei den Texten der Peschitta handele sich weitestgehend um Übersetzungen aus dem Griechischen, also um kein authentisches aramäisches Material aus der ersten Zeit. Wenn es sich bei der Peschitta allerdings um kein authentisches Material handeln sollte, sondern um eine Übersetzung, dann dürfte deren Vorhandensein auf der Suche nach dem „historischen Jesus" für manchen Forscher nicht beachtenswert sein und ihr kein hoher Stellenwert zum besseren Verständnis des Neuen Testaments zugedacht werden können. „Rückübersetzungen" werden als zu hypothetisch abgelehnt. Sie brächten keinen gesicherten Erkenntnisfortschritt. Um nur zwei Vertreter zu nennen:

Thomas Söding führt an: „Uns ist als einzige verbindliche Quelle der griechische Text der Bibel zugänglich. Viele überlieferte Jesusworte darin sind so alt, wie sie nur alt sein können. Sie gehen zurück auf den Umkreis der ersten Jünger." Söding kommt zum Schluss, man könne

---

[32] Vgl. Julius Wellhausen, „Der syrische Evangelienpalimpsest vom Sinai" in: *Nachrichten der Königlichen Gesellschaft der Wissenschaften zu Göttingen. Philologisch-hist. Klasse*, Heft 1 (1895), S. 11.

nicht aus einer „angeblich falschen Übersetzung das richtige Original rekonstruieren wollen." Das hielte er für methodisch absurd.[33]

Die Bibelwissenschaftlerin Marlies Gielen vertritt die Auffassung, der aramäische „O-Ton" des Vaterunsers sei nicht mehr zugänglich. Die entsprechenden griechischen Vorlagen bei Lukas und Matthäus seien „korrekt wörtlich übersetzt".[34]

Bei der Einschätzung des Wertes der Peschitta ist gegebenenfalls (aus westlicher Sicht) die komplizierte Vorgeschichte zu berücksichtigen.[35]

Festzuhalten bleibt in jedem Fall: Die Peschitta bildet die Basis syrischer Spiritualität.[36]

---

[33] Vgl. epd / 11.12.2017: Theologe Söding: Vaterunser-Übersetzung ist präzise und tief. Der Bochumer Theologieprofessor Thomas Söding hat die Kritik von Papst Franziskus an der deutschen Übersetzung des Vaterunsers zurückgewiesen. In: *www.evangelisch.de* (abgerufen im Oktober 2019).

[34] Vgl. Marlies Gielen, „Und führe uns nicht in Versuchung", Die 6. Vater-Unser Bitte – eine Anfechtung für das biblische Gottesbild? In: *Zeitschrift für neutestamentliche Wissenschaft und die Kund der älteren Kirche*, Band 89 (1998), Heft 3–4, S. 201–216, hier besonders: 202 ff.; Verlag: Walter de Gruyter 1998. – Es ist freilich zu fragen, ob eine „korrekte wörtliche Übersetzung" ausreicht, wenn die aramäische Idiomatik unberücksichtigt bleibt.

[35] Das Cureton-Manuskript und das Sinai-Manuskript enthalten das alte syrische Evangelium. Sie werden „Evangelion da-Mepharreshe", Evangelium der Einzelevangelien, genannt. Damit sind sie abgesetzt vom sogenannten Diatessaron, des „Evangelion da-Mehallete", einer Zusammenstellung der Evangelien in einer Evangelienharmonie. Schließlich ersetzte in der Liturgie die Peschitta das Diatessaron, dessen Text verloren ging. Ob und wie einzelne ursprüngliche Teile in die Peschitta übernommen wurden, kann nicht mit Sicherheit bestimmt werden. Ein möglicher Einfluss des Griechischen auf die syrische Textgestalt der Peschittā wird von Sebastian Brock grundsätzlich nicht abgestritten (vgl. Sebastian P. Brock, *The Bible in the Syrian Tradition*, Piscataway 2006, S. 55 ff.)

[36] Vgl. Sebastian P. Brock, *The Bible in the Syrian Tradition*, S. 99 ff.

Die Positionen im Überblick

	Charakterisierung	Beurteilung des Wertes der Peschitta	Idealtypische Zuordnung von Vertretern
1. Position	Peschitta (östlicher Text) besteht aus authentischem aramäischem Material	sehr hoch, mit ihr kommt man Jesus am nächsten	George M. Lamsa, Rocco A. Errico u. a.
2. Position	Peschitto (westlicher Text) ist an einzelnen Stellen auch griechisch beeinflusst	sehr hoch, mit ihr kommt man Jesus sehr nahe	John W. Etheridge, James Murdock u. a.
3. Position	Peschitta sei als Quelle zu vernachlässigen; Rückübersetzungen sind angefragt, um Jesus näher zu kommen	kaum Wert im Hinblick auf Authentizität, Favorisierung des Aramäischen durch „Rückübersetzungen"	Julius Wellhausen, Günther Schwarz, Franz Alt u. a.
4. Position	Peschitta bestehe in der Übersetzung aus dem Griechischen; Rückübersetzungen brächten nichts, um Jesus näher zu kommen	kein Wert im Hinblick auf Authentizität, Ablehnung des Aramäischen zur Erhellung schwer zu verstehender Stellen im Neuen Testament	Thomas Söding, Marlies Gielen u. a.

Im deutschsprachigen Raum hat sich die universitäre Theologie – aus welchen Gründen auch immer – (noch) nicht zur Akzeptanz der 1. oder 2. Position (in einer bestimmten konkreten Fassung) durchringen können. Sowohl die katholische revidierte Einheitsübersetzung von 2016 wie auch die revidierte Lutherübersetzung von 2017 nehmen von aramäischen Vorlagen keinerlei Kenntnis, wie etwa ein Blick auf Mt 19,24 zeigt. Dabei könnte doch die eingehende Beschäftigung mit der Peschitta deutlich machen, dass die Evangelien auf Aramäisch (mit „der vierfältigen freudigen Botschaft des Messias", wie es aus aramäischer Sicht heißt) zahlreiche Anstöße zum Nachdenken geben können, die hilfreich beim Verstehen der Evangelientexte sind. Wer dieser Arbeitshypothese folgt, sollte realistische Erwartungen an den aramäischen Text stellen: Die syro-aramäischen Texte der Peschitta sollten mit der Intention gelesen werden, sich in die semitische Denk- und Gefühlswelt hineinzubegeben. Über diesen Weg könnte manche Unklarheit aufgelöst und ein gangbarer Weg zum besseren Verstehen erschlossen werden.

Ein Gedankenexperiment

In der Philosophie wird die Methode des „Gedankenexperiments" verwendet, wenn die Lösung eines Problems nicht mit empirischen Mitteln möglich ist. Warum sollte diese Methode nicht auch bei der Frage nach dem Wert der Peschitta verwendet werden?

Um die Frage zu beantworten, welcher Stellenwert der Peschitta zukommen sollte, wäre zu überlegen, welche Vorteile es brächte, wenn man von der Voraussetzung ausginge, die Peschitta sei tatsächlich das authentische Fundament der neutestamentlichen Schriften. Ein Vergleich zwischen dem Peschitta-Text und dem griechischen Text könnte das im Detail an verschiedenen Stellen exemplarisch verdeutlichen. Das vermutete Ergebnis dürfte sein, dass viele unverständliche Stellen in den Evangelien geklärt werden können, wenn man den Peschitta-Text zugrunde legt.

In den Tabellen auf den folgenden Seiten werden einzelne Schriftstellen herangezogen, um paradigmatisch auf der Grundlage des griechischen Text entstehende Verständnisprobleme zu skizzieren und daneben Lösungsmöglichkeiten aufzuzeigen, die daraus resultieren, wenn der aramäische Text der Peschitta herangezogen wird.

Stelle	Problem aufgrund des griechischen Textes	Problemlösung aufgrund des Peschitta-Textes
Mt 5,48	*„Darum sollt ihr vollkommen sein, wie euer himmlischer Vater vollkommen ist."*	*„Handelt also ganzheitlich, richtet den Blick auf alle Menschen, so wie Gott, euer 'Abbā, der liebevolle Vater, übergreifend und umfassend auf alle Menschen schaut."*
	Es bleibt wenig konkret, was unter „vollkommen" (τέλειος – *teleios*) zu verstehen ist.	ܓܡܝܪܐ – *gəmīre* (Adjektiv, 3. Person, männlich, Plural, emphatisch) – Wurzel: ܓܡܪ – *gmr* = perfekt, vollkommen, gereift, komplett, abgeschlossen, insgesamt, ganzheitlich, umfassend, übergreifend etc.
Lk 17,10	*„So auch ihr. Wenn ihr alles getan habt, was euch befohlen ist, so sprecht: Wir sind unnütze Knechte, wir haben getan, was wir zu tun schuldig waren."*	*„Bei euch soll es so sein: Wenn ihr alles getan habt, was euch befohlen wurde, sollt ihr sagen: Wir sind unbeschäftigte Knechte. Wir haben nur getan, was wir tun sollten."*
	Die Selbstbezeichnung als „unnütze Knechte" macht auf dem Hintergrund der Zeitgeschichte keinen Sinn. Die orientalische Mentalität bleibt unberücksichtigt.	Zeitgeschichtliche Erhellung: Es galt als Zeichen von Faulheit, über zu viel Arbeit zu klagen. Für einen guten Arbeiter sprach es, wenn er über zu wenig Arbeit klagte.
Lk 18,9–14	*„Dieser (der Zöllner) ging gerechtfertigt nach Hause, jener (der Pharisäer) nicht."*	*„Dieser (der Steuereinnehmer) ging bestätigter hinunter in sein Haus als der Pharisäer."*
	In Ausschließlichkeit wird das Handeln des Pharisäers zurückgewiesen; dabei sind ihm gute Werke nicht abzusprechen.	Der Komparativ nimmt die ausschließende Schärfe aus diesem Wort Jesu.

Stelle	Problem aufgrund des griechischen Textes	Problemlösung aufgrund des Peschitta-Textes
Lk 24, 41–43	„*Habt ihr hier etwas zu essen?*" Und sie legten ihm ein Stück gebratenen Fisch vor. Und er nahm's und aß vor ihnen. Es stellt sich die Frage: Welches Menschenbild ist zu erkennen? Was bedeutet das Essen des Fisches?	„*Habt ihr etwas zu essen da?*" Sie gaben ihm eine Portion von gebratenem Fisch und von einer Honigwabe. Er nahm beides und aß es vor ihren Augen. Im griechischen Text ist nur von Fisch die Rede. Der Honig fällt weg. Im aramäischen Text ist ein umfassenderes Menschenbild impliziert: Der salzige Fisch wird durch den süßen Honig ergänzt. Metaphorisch heißt dies: Leben ist nicht nur von Kummer bestimmt, sondern hat auch frohe Seiten. (Die Botschaft von der freudigen Hoffnung darf wohl dazu gerechnet werden.)
Joh 1,48	Nathanael spricht zu ihm: Woher kennst du mich? Jesus antwortete und sprach zu ihm: *„Bevor Philippus dich rief, als du unter dem Feigenbaum warst, habe ich dich gesehen."* Es bleibt offen, was es bedeutet zu sagen, man habe jemanden unter dem Feigenbaum gesehen.	Natanaël sagte zu ihm: Woher kennst du mich? Jesus antwortete ihm: *„Schon bevor dich Philippus rief, habe ich dich bereits gesehen, als du noch unter dem Feigenbaum warst."* Das heißt: Ich habe dich schon als kleinen Säugling gekannt, deine Mutter hat dich damals während der Arbeit auf dem Felde in den Baumschatten abgelegt. Die Worte Jesu werden als aramäische Redewendung identifiziert.

Stelle	Problem aufgrund des griechischen Textes	Problemlösung aufgrund des Peschitta-Textes
Joh 2,3–4	Als der Wein ausging, spricht die Mutter Jesu zu ihm: Sie haben keinen Wein mehr. Jesus spricht zu ihr: *„Was habe ich mit dir zu schaffen, Frau? Meine Stunde ist noch nicht gekommen."* Die Worte Jesu an seine Mutter klingen wie ein Vorwurf. Der Grund für diesen „Verweis" wird nicht deutlich.	Als der Wein ausging, sagte die Mutter Jesu zu ihm: Sie haben keinen Wein mehr. Jesus erwiderte ihr: *„Was hat das mit mir und dir zu tun, Frau? Ich bin noch nicht an der Reihe."* Die Kenntnis der Hochzeitsbräuche hilft bei der Übersetzung aus dem Aramäischen weiter: Jesus erteile seiner Mutter keinen Verweis, wie man nach westlichen Übersetzungen meinen könnte. Hintergrund ist vielmehr der Hochzeitsbrauch der gastlichen Bewirtung bei einer Hochzeit: Die Männer sitzen in einer Reihe am Boden entsprechend der gesellschaftlichen Stellung. Die Frauen sitzen davon getrennt in einem Kreis gegenüber. Für den Wein haben die Gäste zu sorgen. Sie geben der Reihe nach den Auftrag, ihren Wein auszuschenken. Dabei wird jeweils der Name des Spenders von den Helfern genannt. Alle trinken dann auf das Wohl des Brautpaares. Nach östlicher Etikette darf ein Gast nur dann den Auftrag erteilen, Wein auszuschenken, wenn er an der Reihe ist. Außer der Reihe Wein ausschenken zu lassen, würde von den Höhergestellten als Beleidigung empfunden. Alle am Fest Beteiligten haben ihre feste Rolle: Der vornehmste Gast hat so die Verantwortung für das Festmahl. In seiner Kompetenz liegen auch die Getränke.

Stelle	Problem aufgrund des griechischen Textes	Problemlösung aufgrund des Peschitta-Textes
Joh 11, 11–14	„*Lazarus, unser Freund, schläft; aber ich gehe hin, um ihn aufzuwecken.*"	„*Lazarus, unser Freund, liegt danieder. Ich gehe hin, um ihn aufzuwecken.*"
		Danieder liegen bedeutet im Aramäischen: Er hat sich nur hingelegt, um zu schlafen. Es kann aber genauso gut heißen: Er ist bereits tot. Beides ist möglich (Anmerkung des Übersetzers).
	Da sagten die Jünger zu ihm: Herr, wenn er schläft, dann wird er gesund werden. Jesus hatte aber von seinem Tod gesprochen, während sie meinten, er spreche von dem gewöhnlichen Schlaf. Darauf sagte ihnen Jesus unverhüllt: „*Lazarus ist gestorben.*"	Da sagten die Jünger zu ihm: Unser Mārā, unser Herr und Meister. Wenn er schläft, dann wird er gesund werden. Jesus hatte aber von seinem Tod gesprochen, während sie dachten, er spreche von dem gewöhnlichen Schlaf. Darauf sagte ihnen Jesus ganz eindeutig: „*Lazarus ist gestorben.*"
	Wie kommt es zu dem Missverständnis der Jünger, Lazarus schlafe nur? Gibt es dafür eine plausible Erklärung?	„Lazarus liegt danieder": ܫܟܒ – *šəḵeḇ* (Verb, 3. Person, männlich, Singular, Perfekt) – Wurzel: ܐܫܟܒ – *ᵓšḵḇ* = sich hinlegen, schlafen, sterben usw.; die gleichzeitige Bedeutung von „schlafen" und „sterben" bei diesem aramäischen Begriff macht das folgende in den Versen 12–14 geschilderte Missverständnis des Wortes Jesu von Vers 11 erst möglich. Nur so ist der Duktus des Erzählten zu verstehen. Schließlich präzisiert Jesus das Gemeinte aus dem Spektrum der Bedeutungsmöglichkeiten des aramäischen Begriffs.

Schon diese wenigen Beispiele machen deutlich, wie lohnend es ist, sich auf die aramäische Peschitta einzulassen. Viele biblische Details werden besser bzw. überhaupt erst verständlich.

Vielleicht hilft die Lektüre der vorgelegten Übersetzung dabei, sich zwischen den verschiedenen Positionen auf der Ebene von Plausibilitäten besser entscheiden zu können und gegebenenfalls auch neue Wege zu beschreiten, die den Wert der Peschitta im Blick haben.

Literatur (Auswahl)

Alt, Franz: *Was Jesus wirklich gesagt hat,* Gütersloh 2015 (Gütersloher Verlagshaus)

Alt, Franz: *Die 100 wichtigsten Worte Jesu. Wie er sie wirklich gesagt hat*, Gütersloh 2016 (Gütersloher Verlagshaus)

d'Angelo, Mary Rose: „Abba isn't Daddy", in: *Journal of Biblical Literature,* Vol. 111, No. 4 (Winter, 1992)

Aydin, Eliyo und Maria: *Die Großmutter und der Fuchs*, Glane/Niederlande 2012 (Bar Hebraeus Verlag)

Bartelmus, Rüdiger: *Einführung in das Biblische Hebräisch – Mit einem Anhang Biblisches Aramäisch*, 2. Auflage, Zürich 2009 (TVZ Theologischer Verlag)

Bazzi, Michael und Errico, Rocco A.: *Classical Aramaic. Elementary Book 1,* Imperial Beach/California 2015 (Let in the Light Publishing)

Boman, Thorleif: *Das hebräische Denken im Vergleich mit dem griechischen*, 7. Auflage, Göttingen 1983 (Vandenhoeck & Ruprecht)

Bubolz, Georg (Hrsg.): *Am Anfang war das Wort*. Religion Gymnasiale Oberstufe, München 2017 (Patmos/Cornelsen)

Brock, Sebastian P.: *The Bible in the Syrian Tradition*, 2. Auflage, Piscataway, NJ 2006 (Gorgias Press)

Daub, Friedrich: *Die Stellvertretung Jesu Christi. Ein Aspekt des Gott-Mensch-Verhältnisses bei Dietrich Bonhoeffer*, Berlin 2006 (Litt Verlag)

„Theologe Söding: Vaterunser-Übersetzung ist präzise und tief. Der Bochumer Theologieprofessor Thomas Söding hat die Kritik von Papst Franziskus an der deutschen Übersetzung des Vaterunsers zurückgewiesen", unter: *www.evangelisch.de* [abgerufen im Oktober 2019]

Ephräm der Syrer, zitiert in: Lange, Christian (Hrsg.): *Kommentar zum Diatessaron I*, Fontes Christiani Bd. 54/1, Turnhout 2008 (Brepols Publishers)

Etheridge, John Wesley: *The Syrian Churches. Their early History, Liturgies and Literature: With a literal translation of the Four Gospels, from the Peschito*, London 1846 (Longman)

Errico, Rocco: *Treasures from the Language of Jesus*, Marina del Rey/California 1987 (Devorss & Company)

Errico, Rocco A.: *The Message of Matthew, An Annotated Parallel Aramaic-English Gospel of Matthew,* 2nd Edition, Santa Fe/New Mexico 1996 (Noohra Foundation)

Errico, Rocco A./Lamsa, George M.: *Aramaic Light on the Gospel of Matthew,* Smyrna/Georgia 2000 (Noohra Foundation)

Errico, Rocco A./Lamsa, George M.: *Aramaic Light on the Gospels of Mark & Luke,* Smyrna/Georgia 2001 (Noohra Foundation)

Errico, Rocco A./Lamsa, George M.: *Aramaic Light on the Gospel of John,* Smyrna/Georgia 2002 (Noohra Foundation)

Errico, Rocco A.: *Das aramäische Vaterunser. Jesu ursprüngliche Botschaft entschlüsselt,* Freiburg 2006 (Verlag Hans-Jürgen Maurer)

Errico, Rocco A.: *Es werde Licht. Die sieben Schlüssel zur aramäischen Welt der Bibel,* 2. Auflage, Frankfurt am Main 2011 (Verlag Hans-Jürgen Maurer)

Gadamer, Hans-Georg: „Wie weit schreibt Sprache das Denken vor?", in: Ders., *Gesammelte Werke, Bd. 2: Hermeneutik II. Wahrheit und Methode. Ergänzungen, Register,* S. 199–206, Tübingen 1986/1993 (Mohr Siebeck)

Gemeinsame Erklärung Papst Johannes Pauls II. und des syrisch-orthodoxen Patriarchen von Antiochien Moran Mar Ignatius Zakka I. Iwas, Suryoyo Kathpedia, unter: *http://www.kathpedia.com/index.php?title=Gemeinsame_Erklärung_vom_23._Juni_1984_in_Rom* [abgerufen am 01.08.2019]

Gielen, Marlies: „Und führe uns nicht in Versuchung – Die 6. Vater-Unser Bitte – eine Anfechtung für das biblische Gottesbild?", in: *Zeitschrift für neutestamentliche Wissenschaft und die Kunde der älteren Kirche,* Bd. 89 (1998), Heft 3–4, S. 201–216, hier besonders: 202ff., Berlin 1998 (de Gruyter)

Görlach, Alexander: Interview mit der „Bild am Sonntag" vom 16.12.2017, unter: *https://www.bild.de/politik/ausland/papst-franziskus/theologe-fordert-amtsent hebung-54215088.bild.html* [abgerufen im Oktober 2019]

Heinz, Andreas: *Feste feiern im Kirchenjahr nach dem Ritus der Syrisch-Orthodoxen Kirche von Antiochien,* Trier 1998 (Paulinus Verlag)

Jeremias, Joachim: *Neutestamentliche Theologie, Erster Teil – Die Verkündigung Jesu,* Gütersloh 1988 (Gütersloher Verlagshaus Gerd Mohn)

Lamsa, George M.: *Die Evangelien in aramäischer Sicht,* 5. Auflage (der Ausgabe von 1963) (*Gospel Light,* 9. Auflage), Lugano 2016 (Neuer Johannes Verlag)

Lamsa, George M.: *Ursprung des Neuen Testaments,* (*New Testament Origin,* 1947), Lugano 1988 (Neuer Johannes Verlag)

Lapide, Pinchas: *Ist die Bibel richtig übersetzt?,* Gütersloh 1986 (Gütersloher Verlagshaus)

Luz, Ulrich: *Das Matthäusevangelium*. Bd. 1, Köln und Einsiedeln / Neukirchen-Vluyn 1985 (Benziger Verlag/Neukirchener Verlag)

Petzel, Paul: *Von Abba bis Zorn Gottes: Irrtümer aufklären – das Judentum verstehen*, 2. Auflage, Ostfildern (Patmos)

Pfeffer, Clara / Fritzen, Florentine: „Das Vaterunser bleibt", in: *Frankfurter Allgemeine Zeitung* vom 17.12.2017, unter: *www.faz.net* [abgerufen im Oktober 2019 (Bezahlschranke)]

Rihbany, Abraham M.: *Jesus aus dem Nahen Osten*, Freiburg 2004 (Verlag Hans-Jürgen Maurer)

Schelbert, Georg: *ABBA Vater. Der literarische Befund vom Altaramäischen bis zu den Midrasch- und Haggada-Werken in Auseinandersetzung mit den Thesen von Joachim Jeremias*, Göttingen 2011 (Vandenhoeck & Ruprecht)

Tauber, Ezriel: *So wie im Himmel, so auf der Erde*, Zürich: Jüdisches Informationszentrum 5762. [Ezriel Tauber ist als orthodoxer Rabbiner Direktor des Shalhevet Seminars in Monsey, NY.]

Vorgrimler, Herbert: *Wie griechisch ist das Evangelium?* Radioessay im Südwestfunk, Manuskript Nr. 901293/03.95

Weiler, Herbert Antonius: *Von den hundertdreiundfünfzig Fischen: Identität und Ereignis im Bild einer Zahl. Von einer verborgenen Beziehung zwischen der Schrift des Johannes und den drei anderen Evangelien*, Norderstedt 2014 (BoD – Books on Demand)

Wengst, Klaus: *Das Regierungsprogramm des Himmelreichs. Eine Auslegung der Bergpredigt in ihrem jüdischen Kontext*, Stuttgart 2010 (Kohlhammer)

Yalcin, Augin: *Was Havo und Gabro aus ihrem Leben machen wollen. Von Vorbildern, Heiligen und Menschen wie du und ich. Ein Unterrichtsprojekt für die Klassen 7/8 im Syrisch-Orthodoxen Religionsunterricht*, Glane/Niederlande 2010 (Bar Ebroyo Verlag)

Yalcin, Augin / Bubolz, Georg: *Syrisch-orthodoxes Religionsbuch 3./4. Kommentar für Lehrerinnen und Lehrer*, Glane/Niederlande 2019 (Bar Ebroyo Verlag)

Ziegert, Carsten / Kreuzer, Siegfried: Artikel: *Septuaginta* (AT), erstellt 2012, unter: *https://www.bibelwissenschaft.de/wibilex/das-bibellexikon/lexikon/sachwortanzeigen/details/septuaginta-at/ch/b8178fbbe0907a93cf4eb0207e56fd95/* [abgerufen im Oktober 2019 ; vgl. auch: „Zur Legende von der Übersetzung der Septuaginta", in: Wolfgang Kraus / Martin Karrer, *Septuaginta deutsch. Das griechische Alte Testament in deutscher Übersetzung*, S. 1503–1507, Stuttgart 2009 (Deutsche Bibelgesellschaft)

Bibelausgaben/Übersetzungen:

British and Foreign Bible Society, Swindon/England 1905/1920; http://www.dukhrana.com/peshitta/index.php

Church of England, *King James Bible* (englisch), London 1611; https://www.kingjamesbibleonline.org/index.php

Coetzee, Gerrie C.: *Pad van Waarheid tot die Lewe*, Pretoria/Südafrika 2015 (PadWLewe) (Peschitta-Übersetzung auf Afrikaans)

Deutsche Bibelgesellschaft, *Biblia Hebraica*, Stuttgartensia, Stuttgart 1983 (Deutsche Bibelgesellschaft)

Etheridge, John Wesley: *The Syrian Churches. Their early History, Liturgies and Literature: With a literal translation of the Four Gospels, from the Peschito*, London 1846 (Longman) (Grundlage: Peschitto-Text)

Grimme, Holger: *Verkündigung von Yochanan. Aramäisch-Deutsches Neues Testament ADNT*, 1. Ausgabe, Wallenfels im Rodachtal 2009 (Inspire Verlag)

Grimme, Holger: *Verkündigung von Mattai • Verkündigung von Luqa • Philemon • Yehuda, Aramäisch – Deutsches Neues Testament ADNT III*, 1. Ausgabe, Wallenfels im Rodachtal 2011 (Inspire Verlag)

Institut für Neutestamentliche Textforschung Münster: *The Greek New Testament: Fifth Revised Edition*, Stuttgart 2014 (Deutsche Bibelgesellschaft)

Lamsa, George M.: *The Holy Bible from the Ancient Eastern Text, George M. Lamsa's Translation from the Aramaic of the Peshitta*, originally published by A. J. Holman Company 1933; A. J. Holman Co./HarperCollins, New York 1957

Murdock, James: *The New Testament, translated from the Syriac Peshito version*, New York 1852, (Stanford and Swords) (Peschitto-Text)

Nierop, Egbert: *De heilige boeken van het Nieuwe Testament (NT), Gebaseerd op het Aramees, Yeshu' editie*, AL Zwaag/NL 2018 (Pumbo.Nl BV – Selfpublishing)

Nierop, Egbert: *De heilige boeken van het Nieuwe Testament (NT), Gebaseerd op het Aramees, Christelijke editie*, AL Zwaag/NL 2018 (Pumbo.Nl BV – Selfpublishing)

Das Neue Testament, Peschitta-Text, Klassisches östliches (assyrisch-chaldäisches) aramäisches Manuskript. Mosul/Bagdad 1950

Schwarz, Günther / Schwarz, Jörn: *Das Jesus-Evangelium. Zusammengestellt und übersetzt aus griechischen und altsyrischen Vorlagen und außerbiblischen Quellen*, München 1993 (Ukkam-Verlag)

Schwarz, Günther: *Worte des Rabbi Jeschu. Eine Wiederherstellung*, Reihe: Bibliothek der Unruhe und des Bewahrens. Bd. 6, Wien 2003 (Styria-Pichler Verlag)

Zum Autor

Dr. Georg Bubolz (*1951) hat Theologie, Philosophie und Erziehungswissenschaft studiert. Er war als schulfachlicher Dezernent ab 2000 für die Einführung des syrisch-orthodoxen Religionsunterrichts in Nordrhein-Westfalen mitverantwortlich. Nach seiner Pensionierung ist er seit 2015 im Studiengang „Master of Syrian Studies" an der Universität Salzburg Lehrbeauftragter für den Bereich „Syrisch-orthodoxe Religionspädagogik und Didaktik des syrisch-orthodoxen Religionsunterrichts". Er ist seit 2014 Subdiakon der syrisch-orthodoxen Kirche.

Seine Homepage: *schulbuecherundmehr.de*

Rocco A. Errico

Es werde Licht
272 Seiten, Paperback
Euro (D) 18,90
ISBN 978-3-929345-46-9

Das aramäische Vaterunser
132 Seiten, Paperback
Euro (D) 14,90
978-3-929345-16-2

www.maurer.press

George M. Lamsa

**Die Evangelien
in aramäischer Sicht**

480 Seiten, Paperback
Euro (D) 28,70
ISBN 978-3-907119-03-7

**Ursprung des
Neuen Testaments**

114 Seiten, Paperback
Euro (D) 15,50
978-3-907119-04-4

Neuer Johannes Verlag, Lugano/Schweiz
In Deutschland und Österreich im Vertrieb durch
Verlag Hans-Jürgen Maurer

www.maurer.press